독한공무원 — dokgong.com

임병주
행정법총론

판례 기출족보 OX 1500제

마이패스 북스

머리말

　행정법 시험문제 출제비중의 약 80% 이상을 차지하는 판례를 정리하는 것은 고득점을 위한 필수과정입니다. 진도별로 그 많은 판례를 어떻게 정리할 것인지 엄두가 나지 않는 분들을 위해 판례정리집을 출간했습니다. 주목할 것은 최근 판례(1~3년)가 출제되는 것이 아니라 행정법의 법원리와 관련된 주요한 판례가 출제된다는 것과 빈출판례는 계속 빈출된다는 것입니다. 이점에 주목하여 수험적합적으로 적정한 분량으로 정리된 판례집의 필요성이 대두됩니다.

본 교재의 특징은 다음과 같습니다.

1. 진도별 주요판례에 기출연도를 표시하였습니다.
　기출연도 표시가 많을수록 재출제될 확률이 높아지므로 확실히 본인 것으로 만들어야 합니다.

2. 주요 판례를 OX문제로 지문화하여 복습할 수 있도록 하였습니다.
　문제지문의 정답을 풀어보고 그 해답을 판례원문을 보면서 맞춰가며 암기가 될 수 있도록 편재하였습니다.

3. 논리구성이 필요한 판례는 판례원문을 수록하였고, 분류하여 암기할 판례는 지문식으로 정리하였습니다.
　시험 대비 판례의 논리를 이해해야 하는 경우와 사건별로 유형화시켜서 암기를 해야 하는 판례가 있습니다. 수험 준비의 편의를 위해 이를 분류해 놓았습니다.

　판례정리도 행정법을 1회독한다는 의미에서 반드시 진행해야 할 수험과정입니다. 수업을 통해 흐름을 잡은 후 틀리거나 어려워하는 판례 부분은 체크 후 반드시 본인의 것으로 만드시기 바랍니다. 적당한 점수가 아닌 고득점을 목표로 공부를 해야 합니다.

　수험생 여러분의 꿈이 이루어지기를 기원합니다.

2025년 5월
임병주

목차

01 법치행정 | 006
02 통치행위 | 011
03 행정법의 법원 | 015
04 행정법의 일반원칙 | 020
05 행정법령의 효력범위 | 044
06 행정상 법률관계 | 050
07 특별권력관계 | 056
08 행정법관계의 당사자 | 058
09 행정법상의 법률요건과 법률사실 | 074
10 사인의 공법행위 | 079
11 법규명령 | 093
12 행정규칙 | 108
13 행정행위의 개념 | 118
14 재량행위 | 122
15 법률행위적 행정행위 | 132
16 준법률행위적 행정행위 | 151
17 부관부 행정행위 | 162
18 행정행위의 효력 | 169
19 행정행위의 하자 | 177
20 하자의 승계 | 192
21 하자의 치유와 전환 | 198
22 행정행위의 취소와 철회 | 204
23 확약과 단계적 행정행위 | 214
24 행정계획 | 218
25 공법상 계약 | 228
26 행정지도 | 237
27 행정절차법 | 242
28 정보공개와 개인정보 보호 | 256
29 강제집행 | 277
30 즉시강제와 행정조사 | 296
31 행정벌 | 300
32 새로운 실효성 확보수단 | 307
33 국가배상 | 316
34 손실보상 | 346
35 행정심판 | 364
36 행정소송 | 371

임병주 행정법총론

판례 기출족보 OX 1500제

01 | 법치행정

■ 본질사항유보 개관

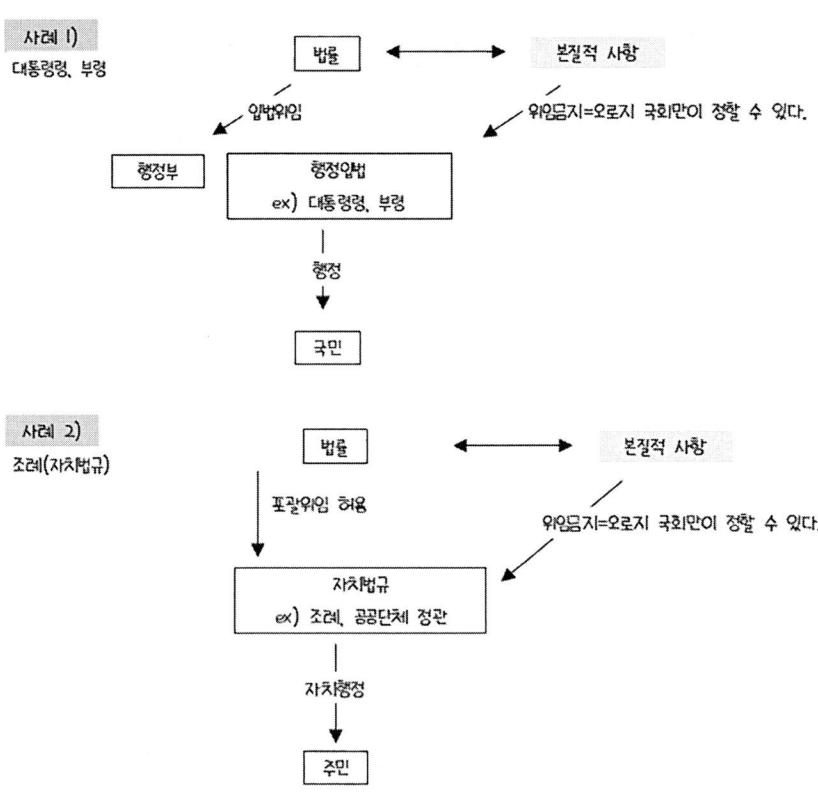

행정기본법 제8조(법치행정의 원칙) 행정작용은 법률에 위반되어서는 아니 되며, 국민의 권리를 제한하거나 의무를 부과하는 경우와 그 밖에 국민생활에 중요한 영향을 미치는 경우에는 법률에 근거하여야 한다. 2023 지방직 9급

제16조(결격사유) ① 자격이나 신분 등을 취득 또는 부여할 수 없거나 인가, 허가, 지정, 승인, 영업등록, 신고 수리 등(이하 "인허가"라 한다)을 필요로 하는 영업 또는 사업 등을 할 수 없는 사유(이하 이 조에서 "결격사유"라 한다)는 법률로 정한다.

1. 우리 헌법 제40조는 "입법권은 국회에 속한다"라고 규정하면서, 아울러 제75조는 "대통령은 법률에서 구체적으로 범위를 정하여 위임받은 사항과 법률을 집행하기 위하여 필요한 사항에 관하여 대통령령을 발할 수 있다." 제95조는 "국무총리 또는 행정각부의 장은 소관사무에 관하여 법률이나 대통령령의 위임 또는 직권으로 총리령 또는 부령을 발할 수 있다."고 각 규정함으로서 행정기관으로의 위임입법을 인정하고 있는데, 우리 헌법 제40조의 의미는 적어도 국민의 권리와 의무의 형성에 관한 사항을 비롯하여 국가의 통치조직과 작용에 관한 기본적이고 본질적인 사항은 반드시 국회가 정하여야 한다는 것이다(헌재 1998.5.28. 96헌가1). 2021·2019 국가직 9급, 2019 서울시 9급

2. 기본권 제한에 관한 법률유보원칙은 '법률에 근거한 규율'을 요청하는 것이므로, 그 형식이 반드시 법률일 필요는 없다 하더라도 법률상의 근거는 있어야 한다. 따라서 모법의 위임범위를 벗어난 하위법령은 법률의 근거가 없는 것으로 법률유보원칙에 위반된다(헌재 2014.9.25. 2012헌마1029). 2025·2022·2021 소방간부, 2017 지방직 9급, 2019 서울시 9급

3. ① 헌법상 법치주의는 법률유보원칙, 즉 행정작용에는 국회가 제정한 형식적 법률의 근거가 요청된다는 원칙을 핵심적 내용으로 한다. 나아가 오늘날의 법률유보원칙은 단순히 행정작용이 법률에 근거를 두기만 하면 충분한 것이 아니라, 국가공동체와 그 구성원에게 기본적이고도 중요한 의미를 갖는 영역, 특히 국민의 기본권 실현에 관련된 영역에 있어서는 행정에 맡길 것이 아니고 국민의 대표자인 입법자 스스로 그 본질적 사항에 대하여 결정하여야 한다는 요구, 즉 의회유보원칙까지 내포하는 것으로 이해되고 있다. ② 여기서 어떠한 사안이 국회가 형식적 법률로 스스로 규정하여야 하는 본질적 사항에 해당되는지는, 구체적 사례에서 관련된 이익 내지 가치의 중요성, 규제 또는 침해의 정도와 방법 등을 고려하여 개별적으로 결정하여야 하지만, 규율대상이 국민의 기본권과 관련한 중요성을 가질수록 그리고 그에 관한 공개적 토론의 필요성 또는 상충하는 이익 사이의 조정 필요성이 클수록, 그것이 국회의 법률에 의하여 직접 규율될 필요성은 더 중대된다. 따라서 국민의 권리·의무에 관한 기본적이고 본질적인 사항은 국회가 정하여야 하고, 헌법상 보장된 국민의 자유나 권리를 제한할 때에는 적어도 그 제한의 본질적인 사항에 관하여 국회가 법률로써 스스로 규율하여야 한다(대판 2020.9.3. 2016두32992). 2023 소방간부, 2019 국회직 8급, 2019 국가직 9급, 2023 지방직 9급

4. 예산은 일종의 법규범이고 법률과 마찬가지로 국회의 의결을 거쳐 제정되지만 법률과 달리 국가기관만을 구속할 뿐 일반국민을 구속하지 않는다(헌재 2006.4.25. 2006헌마409). 2019 서울시 9급

5. 구 여객자동차운수사업법 제76조 제1항 제15호, 같은 법 시행령 제29조에는 관할관청은 개인택시운송사업자의 운전면허가 취소된 때에 그의 개인택시운송사업면허를 취소할 수 있도록 규정되어 있을 뿐 그에게 운전면허 취소사유가 있다는 사유만으로 개인택시운송사업면허를 취소할 수 있도록 하는 규정은 없으므로, 관할관청으로서는 비록 개인택시운송사업자에게 운전면허 취소사유가 있다 하더라도 그로 인하여 운전면허 취소처분이 이루어지지 않은 이상 개인택시운송사업면허를 취소할 수는 없다(대판 2008.5.15. 2007두26001). 2023 경찰간부, 2019 국회직 8급, 2019 국가직 9급

0001 헌법상 법률의 구체적 위임에 의한 행정입법이 인정된다. O | X

0002 헌법 제40조의 의미는 적어도 국민의 권리와 의무의 형성에 관한 사항을 비롯하여 국가의 통치조직과 작용에 관한 기본적이고 본질적인 사항은 반드시 국회가 정하여야 한다는 것이다. O | X

0003 법률유보 원칙은 행정작용이 법률에 근거를 두기만 하면 충분한 것으로 국민의 기본권실현과 관련된 영역에 있어서 입법자가 그 본질적 사항에 대해서 스스로 결정하여야 한다는 의회유보 원칙까지 내포하는 것은 아니다. O | X

0004 헌법재판소는 국회의 의결을 거쳐 확정되는 예산도 일종의 법규범이므로 법률과 마찬가지로 국가기관뿐만 아니라 국민도 구속한다고 본다. O | X

0005 개인택시운송사업자의 운전면허가 아직 취소되지 않았더라도 운전면허 취소사유가 있다면 행정청은 명문 규정이 없더라도 개인택시운송사업면허를 취소할 수 있다. O | X

---

1. 법률이 공법적 단체 등의 정관에 자치법적 사항을 위임한 경우에는 헌법 제75조가 정하는 포괄적인 위임입법의 금지는 원칙적으로 적용되지 않는다고 봄이 상당하고, 그렇다 하더라도 그 사항이 국민의 권리·의무에 관련되는 것일 경우에는 적어도 국민의 권리·의무에 관한 기본적이고 본질적인 사항은 국회가 정하여야 한다(대판 2007.10.12. 2006두14476). *2022 국회직 8급, 2015 지방직 9급, 2017 서울시 7급*

2. 조례의 제정권자인 지방의회는 선거를 통해서 그 지역적인 민주적 정당성을 지니고 있는 주민의 대표기관이고, 헌법이 지방자치단체에 대해 포괄적인 자치권을 보장하고 있는 취지로 볼 때 조례제정권에 대한 지나친 제약은 바람직하지 않으므로 조례에 대한 법률의 위임은 법규명령에 대한 법률의 위임과 같이 반드시 구체적으로 범위를 정하여 할 필요가 없으며 포괄적인 것으로 족하다고 할 것이다(헌재 1996.4.20. 92헌마264). *2022 국회직 8급, 2022 지방직 9급*

0006 법률이 공법적 단체 등의 정관에 자치법적 사항을 위임한 경우에는 헌법 제75조가 정하는 포괄적인 위임입법의 금지는 원칙적으로 적용된다. O | X

0007 자치법적 사항이라도 국민의 권리·의무에 관련되는 것일 경우에는 적어도 국민의 권리·의무에 관한 기본적이고 본질적인 사항은 국회가 정하여야 한다. O | X

정답 및 해설

0001 O
0002 O
0003 X 법률유보 원칙은 입법자가 그 본질적 사항에 대해서 스스로 결정하여야 한다는 의회유보원칙까지 내포하고 있다.
0004 X 예산은 국민에 대한 직접적 구속력이 없다.
0005 X 행정청은 명문 규정없이 개인택시운송사업면허를 취소할 수 없다.
0006 X 법률이 자치법적 사항을 위임한 경우에는 포괄위임금지의 원칙이 적용되지 않는다.
0007 O

본질사항 긍정(법률로 정할 사항)

① 교육에 관한 기본정책 또는 기본방침(헌재결 1991.2.11. 90헌가27)   2017 지방직 9급
② 토지초과이득세법상의 기준시가(헌재결 1994.7.29. 92헌바49)
③ 취득세 중과세 대상되는 고급주택과 고급오락장의 범위(헌재결 87.7.16. 96헌바52)
④ 납세의무자에게 신고의무까지 부과하는 경우에는 신고의무 이행에 필요한 기본적인 사항과 신고의무불이행 시 입게 될 불이익(대판 2015.8.20. 2012두23808)   2017 국가직 7급
⑤ 교통안전분담금의 분담방법 및 분담비율(헌재결 1999.1.28. 97헌가8)
⑥ 텔레비전방송수신료 납부의무자의 범위와 수신료금액(헌재결 1999.5.27. 98헌바70)   2021 소방간부, 2022 국회직 8급, 2013 지방직 9급, 2019 서울시 9급
⑦ 법인세법상 특별부가세의 과세대상의 범위(헌재결 2000.1.27. 96헌바95)
⑧ 병의 복무기간(대판 1985.2.28. 85초13)
⑨ 지방의회의원에 대하여 유급보좌인력을 두는 것(대판 2013.1.16. 2012추84)   2021 소방간부, 2017 국가직 9급, 2018 서울시 9급
⑩ 살수차 사용요건이나 기준(헌재 2018.5.31. 2015헌마476)
⑪ 도시환경정비사업시행인가 신청시의 토지 등 소유자의 동의 요건(헌재결 2012.4.24. 2010헌바1)   2022 국회직 8급, 2017 국가직 9급, 2017 지방직 9급, 2018 서울시 9급
⑫ 「공공기관의 운영에 관한 법률」상 입찰참가자격 제한처분의 주체, 사유, 대상, 기간 및 내용(헌재 2017.8.31. 2015헌바368)

본질사항 부정

① 교육에 관한 기본정책 또는 기본방침을 제외한 세부적 시행사항(중학교 의무교육실시 시기 등)   2017 지방직 9급
② 국가유공자단체의 대의원 선출에 관한 사항(헌재결 2006.3.30. 2005헌바31)
③ 수신료 징수업무를 한국방송공사가 직접 수행할 것인지 제3자에게 위탁할 것인지(헌재 2008.2.8. 2006헌바70)   2019 서울시 9급
④ 주택재개발 사업시행인가 신청에 필요한 토지 등 소유자의 동의요건(대판 2007.10.12. 2006두14476)   2017 지방직 9급
⑤ 증권상장폐지의 구체적인 내용・절차 등의 사항(헌재 2021.5.27. 2019헌바332)
⑥ 입주자대표회의의 구성원인 동별 대표자가 될 수 있는 자격(헌재 2016.7.28. 2014헌바158)
⑦ 「공공기관의 운영에 관한 법률」상 입찰참가자격의 제한기준에 관한 필요한 사항(헌재 2017.8.31. 2015헌바368)   2021 소방간부, 2019 국회직 8급

0008 텔레비전 수신료 금액의 결정은 납부의무자의 범위와는 달리 수신료에 관한 본질적인 중요한 사항이 아니므로 국회가 스스로 결정할 필요는 없다. O | X

0009 헌법재판소는 구 「토지초과이득세법」상의 기준시가는 국민의 납세의무의 성부 및 범위와 직접적인 관계를 가지고 있는 중요한 사항이므로 해당 내용을 위임할 수 없다고 하였다. O | X

0010 헌법재판소는 토지등소유자가 도시환경정비사업을 시행하는 경우 사업시행인가 신청 시 요구되는 토지등소유자의 동의정족수를 정하는 것은 본질적 사항이 아니므로 반드시 법률로 정할 필요가 없다고 본다. O | X

0011 국가유공자단체의 대의원선출에 관한 사항은 본질적 사항으로 국회가 반드시 법률로 정해야 한다. O | X

0012 대법원은 지방의회의원에 대하여 유급보좌인력을 두는 것은 개별 지방의회의 조례로써 규정할 사항이 아니라 국회의 법률로써 규정하여야 할 입법사항이라고 한다. O | X

0013 납세의무자에게 조세의 납부의무뿐만 아니라 스스로 과세표준과 세액을 계산하여 신고하여야 하는 의무까지 부과하는 경우에 신고의무불이행에 따른 납세의무자가 입게 될 불이익은 법률로 정하여야 한다. O | X

정답 및 해설

0008 X 텔레비전수신료금액의 결정은 본질적 사항으로 국회가 결정해야 한다.
0009 O
0010 X 헌법재판소는 법률로 정할 사항으로 본다.
0011 X 국가유공자단체의 대의원선출에 관한 사항은 본질적 사항으로 보지 않는다.
0012 O
0013 O

02 | 통치행위

■ 통치행위 개관

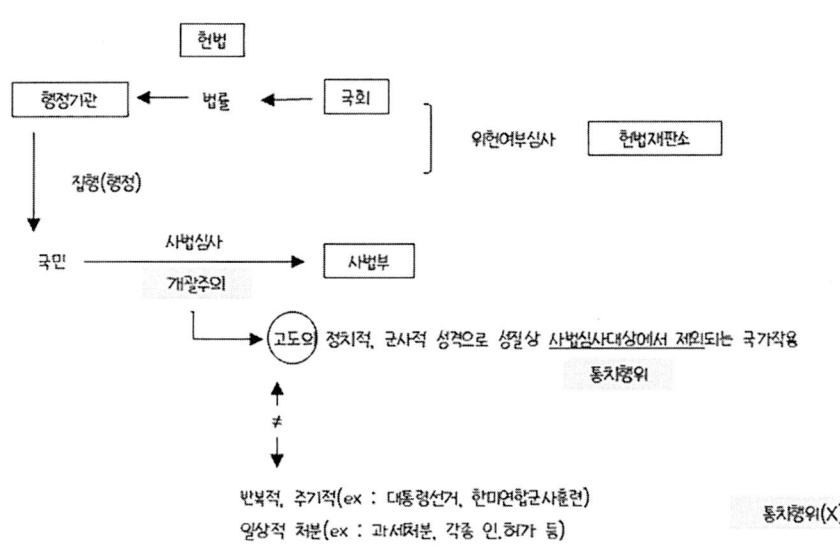

입헌적 법치주의국가의 기본원칙은 어떠한 국가행위나 국가작용도 헌법과 법률에 근거하여 그 테두리 안에서 합헌적·합법적으로 행하여질 것을 요구하며, 이러한 합헌성과 합법성의 판단은 본질적으로 사법의 권능에 속하는 것이고, 다만 국가행위 중에는 고도의 정치성을 띤 것이 있고, 그러한 고도의 정치행위에 대하여 정치적 책임을 지지 않는 법원이 정치의 합목적성이나 정당성을 도외시한 채 합법성의 심사를 감행함으로써 정책결정이 좌우되는 일은 결코 바람직한 일이 아니며, 법원이 정치문제에 개입되어 그 중립성과 독립성을 침해당할 위험성도 부인할 수 없으므로, 고도의 정치성을 띤 국가행위에 대하여는 이른바 통치행위라 하여 법원 스스로 사법심사권의 행사를 억제하여 그 심사대상에서 제외하는 영역이 있으나, 이와 같이 통치행위의 개념을 인정한다고 하더라도 과도한 사법심사의 자제가 기본권을 보장하고 법치주의 이념을 구현하여야 할 법원의 책무를 태만히 하거나 포기하는 것이 되지 않도록 그 인정을 지극히 신중하게 하여야 하며, 그 판단은 오로지 사법부만에 의하여 이루어져야 한다(대판 2004.3.26. 2003도7878). **2013 지방직 9급**

0014 국가작용 중 고도의 정치성을 띤 국가행위에 대하여 이른바 통치행위라 하여 법원의 사법심사가 부정되는 영역이 인정된다. O|X

0015 고도의 정치적 행위에 대해서 정치적 책임을 지지 않는 법원이 합법성의 심사를 감행하여 정책결정을 좌우하는 것은 바람직하다고 볼 수 없다. O|X

0016 통치행위를 인정하는 경우에도 기본권을 보장하고 법치주의 이념을 구현하여야 할 법원의 책무를 태만히 하거나 포기하는 것이 되지 않도록 신중하게 인정하여야 한다. O|X

0017 통치행위성의 인정여부는 오로지 사법부만 판단하는 것은 아니고 대통령과 국회가 통치행위 여부를 판단할 수 있다. O|X

[대법원]

1. 사법기관인 법원이 계엄선포의 요건구비나 선포의 당·부당을 심사하는 것은 사법권의 내재적·본질적 한계를 넘어서는 것이 되어 적절한 바가 못된다(대판 1979.12.7. 79초70).

2. 비상계엄의 선포나 확대가 국헌문란의 목적을 달성하기 위하여 행하여진 경우에는 법원은 그 자체가 범죄행위에 해당하는지의 여부에 관하여 심사할 수 있다(대판 1997.4.17. 96도3376). 2015 국가직 9급

3. 남북정상회담의 개최는 고도의 정치적 성격을 지니고 있는 행위라 할 것이므로 특별한 사정이 없는 한 그 당부를 심판하는 것은 사법권의 내재적·본질적 한계를 넘어서는 것이 되어 적절하지 못하지만, 남북정상회담의 개최과정에서 재정경제부장관에게 신고하지 아니하거나 통일부장관의 협력사업 승인을 얻지 아니한 채 북한측에 사업권의 대가 명목으로 송금한 행위 자체는 헌법상 법치국가의 원리와 법 앞에 평등원칙 등에 비추어 볼 때 사법심사의 대상이 된다(대판 2004.3.26. 2003도7878). 2015 국가직 9급, 2017·2013 지방직 9급

4. 군사시설보호법에 의한 군사시설보호구역의 설정, 변경 또는 해제와 같은 행위는 행정청에 의한 공법행위라는 점에서는 넓은 의미의 행정행위라고 할 것이나 이는 행정입법행위 또는 통치행위라는 점에서 협의의 행정행위와 구별된다(대판 1983.6.14. 83누43).

5. 서훈취소가 대통령이 국가원수로서 행하는 행위라고 하더라도 법원이 사법심사를 자제하여야 할 고도의 정치성을 띤 행위라고 볼 수는 없다(대판 2015.4.23. 2012두26920).

정답 및 해설

0014 O   0015 O   0016 O
0017 X   통치행위의 인정여부는 오로지 사법부만에 의해 이루어져야 한다.

[헌법재판소]

1. 대통령의 긴급재정경제명령은 국가긴급권의 일종으로서 고도의 정치적 결단에 의하여 발동되는 행위이고 그 결단을 존중하여야 할 필요성이 있는 행위라는 의미에서 이른바 통치행위에 속한다고 할 수 있으나, 통치행위를 포함하여 모든 국가작용은 국민의 기본권적 가치를 실현하기 위한 수단이라는 한계를 반드시 지켜야 하는 것이고, 헌법재판소는 헌법의 수호와 국민의 기본권 보장을 사명으로 하는 국가기관이므로 비록 고도의 정치적 결단에 의하여 행해지는 국가작용이라고 할지라도 그것이 국민의 기본권 침해와 직접 관련되는 경우에는 당연히 헌법재판소의 심판대상이 될 수 있는 것일 뿐만 아니라, 긴급재정경제명령은 법률의 효력을 갖는 것이므로 마땅히 헌법에 기속되어야 할 것이다(헌재 1996.2.29. 93헌마186).

2. 신행정수도건설이나 수도이전의 문제를 국민투표에 붙일지 여부에 관한 대통령의 의사결정이 사법심사의 대상이 될 경우 의사결정은 고도의 정치적 결단을 요하는 문제여서 사법심사를 자제함이 바람직하다고는 할 수 있고, 이에 따라 그 의사결정에 관련된 흠을 들어 위헌성이 주장되는 법률에 대한 사법심사 또한 자제함이 바람직하다고는 할 수 있다. 그러나 대통령의 위 의사결정이 국민의 기본권침해와 직접 관련되는 경우에는 헌법재판소의 심판대상이 될 수 있고, 이에 따라 위 의사결정과 관련된 법률도 헌법재판소의 심판대상이 될 수 있다(헌재 2004.10.21. 2004헌마554·556 병합).

3. 한미연합 군사훈련은 1978. 한미연합사령부의 창설 및 1979.2.15. 한미연합연습 양해각서의 체결 이후 연례적으로 실시되어 왔고, 특히 이 사건 연습은 대표적인 한미연합 군사훈련으로서, 피청구인이 2007.3.경에 한 이 사건 연습결정이 새삼 국방에 관련되는 고도의 정치적 결단에 해당하여 사법심사를 자제하여야 하는 통치행위에 해당된다고 보기 어렵다(헌재 2009.5.28. 2007헌마369).

4. 사면은 형의 선고의 효력 또는 공소권을 상실시키거나, 형의 집행을 면제시키는 국가원수의 고유한 권한을 의미하며, 사법부의 판단을 변경하는 제도로서 권력분립의 원리에 대한 예외가 된다(헌재 2000.6.1. 97헌바74).

5. 이라크파견결정은 그 성격상 국방 및 외교에 관련된 고도의 정치적 결단을 요하는 문제로서, 헌법과 법률이 정한 절차를 지켜 이루어진 것임이 명백한 이 사건에 있어서는, 대통령과 국회의 판단은 존중되어야 하고 우리 재판소가 사법적 기준만으로 이를 심판하는 것은 자제되어야 한다(헌재 2003.12.18. 2003헌마255·256 병합).

0018 대통령의 계엄선포행위는 고도의 정치적·군사적 성격을 띠는 통치행위에 속한다. O | X

0019 사법기관인 법원이 계엄선포의 요건구비나 선포의 당·부당을 심사하는 것은 사법권의 내재적·본질적 한계를 넘어서는 것이 되어 적절한 바가 못 된다. O | X

0020 비상계엄의 선포나 확대가 국헌문란의 목적을 달성하기 위하여 행하여진 경우에는 법원은 그 자체가 범죄행위에 해당하는지의 여부에 관하여 심사할 수 없다. O | X

정답 및 해설

0018 O
0019 O
0020 X   비상계엄의 선포나 확대가 국헌문란의 목적을 달성하기 위하여 행하여진 경우에는 법원의 사법심사의 대상이 된다.

0021 남북정상회담 개최의 당부를 심판하는 것은 사법권의 내재적·본질적 한계를 넘어서는 것이 되어 적절하지 못하다. O | X

0022 남북정상회담의 개최과정에서 북한측에 사업권의 대가 명목으로 송금한 행위는 사법심사의 대상이 되지 않는다. O | X

0023 서훈취소는 서훈수여의 경우와는 달리 이미 발생된 서훈대상자 등의 권리 등에 영향을 미치는 행위로서 관련 당사자에게 미치는 불이익의 내용과 정도 등을 고려하면 사법심사의 필요성이 크다. O | X

0024 신행정수도건설이나 수도이전의 문제를 국민투표에 붙일지 여부에 관한 대통령의 의사결정은 고도의 정치적 결단을 요하는 문제여서 사법심사를 자제함이 바람직하다고는 할 수 있다. O | X

0025 따라서 대통령의 위 의사결정이 국민의 기본권침해와 직접 관련되는 경우에도 헌법재판소의 심판대상이 될 수 없고, 이에 따라 위 의사결정과 관련된 법률도 헌법재판소의 심판대상이 될 수 없다. O | X

0026 대통령의 긴급재정경제명령의 발동이 고도의 정치적 결단에 의하여 행해지는 국가작용이라고 할지라도 그것이 국민의 기본권침해와 직접 관련되는 경우에는 당연히 헌법재판소의 심판대상이 된다. O | X

0027 한미연합 군사훈련은 국방에 관련된 고도의 정치적 결단을 요하는 통치행위에 속한다. O | X

0028 대통령의 사면은 국가원수의 고유한 권한으로 사법부의 판단을 변경하는 제도로서 권력분립의 원리에 대한 예외가 된다. O | X

0029 일반사병 이라크파병 결정은 그 성격상 국방 및 외교에 관련된 고도의 정치적 결단을 요하는 문제로서, 헌법과 법률이 정한 절차를 지켜 이루어진 것임이 명백하므로 대통령과 국회의 판단은 존중되어야 하고 헌법재판소가 사법적 기준만으로 이를 심판하는 것은 자제되어야 한다. O | X

정답 및 해설

0021 O
0022 X 대북송금행위는 사법심사의 대상이 된다는 것이 판례이다.
0023 O
0024 O
0025 X 대통령의 위 의사결정이 국민의 기본권침해와 직접 관련되는 경우 사법심사의 대상이 된다는 것이 판례이다.
0026 O
0027 X 연례적으로 이루어지는 한미연합 군사훈련은 통치행위에 해당하지 않는다.
0028 O
0029 O

03 | 행정법의 법원

> **행정기본법 제2조(정의)** 이 법에서 사용하는 용어의 뜻은 다음과 같다.
> 1. "법령등"이란 다음 각 목의 것을 말한다.
>   가. 법령 : 다음의 어느 하나에 해당하는 것
>   1) 법률 및 대통령령·총리령·부령
>   2) 국회규칙·대법원규칙·헌법재판소규칙·중앙선거관리위원회규칙 및 감사원규칙
>   3) 1) 또는 2)의 위임을 받아 중앙행정기관(「정부조직법」 및 그 밖의 법률에 따라 설치된 중앙행정기관을 말한다. 이하 같다)의 장, 국회의장, 대법원장, 헌법재판소장, 중앙선거관리위원회위원장, 감사원장 등이 정한 훈령·예규 및 고시 등 행정규칙
>   나. 자치법규: 지방자치단체의 조례 및 규칙

'남북 사이의 화해와 불가침 및 교류협력에 관한 합의서'는 남북관계가 '나라와 나라 사이의 관계가 아닌 통일을 지향하는 과정에서 잠정적으로 형성되는 특수관계'임을 전제로, 조국의 평화적 통일을 이룩해야 할 공동의 정치적 책무(책임과 의무)를 지는 남북한 당국의 특수관계인 남북관계에 관하여 채택한 합의문서로서, 남북한 당국이 각기 정치적인 책임을 지고 상호간에 그 성의 있는 이행을 약속한 것이기는 하나 법적 구속력이 있는 것은 아니어서 이를 국가간의 조약 또는 이에 준하는 것으로 볼 수 없고, 따라서 국내법과 동일한 효력이 인정되는 것도 아니다(대판 1999.7.23. 98두14525).

0030　대법원은 「남북 사이의 화해와 불가침 및 교류협력에 관한 합의서」를 조약이라고 판시하였다.　O | X

0031　「남북 사이의 화해와 불가침 및 교류협력에 관한 합의서」는 국내법과 동일한 효력이 인정된다.　O | X

정답 및 해설

0030　**X**　남북합의서는 국가간의 조약으로 볼 수 없다.
0031　**X**　따라서 국내법과 동일한 효력이 없다.

우리나라가 1994.12.16. 국회의 비준동의를 얻어 1995.1.1. 발효된 '1994년 국제무역기구 설립을 위한 마라케쉬협정'(WTO 협정)의 일부인 '1994년 관세 및 무역에 관한 일반협정 제6조의 이행에 관한 협정' 중 그 판시 덤핑규제 관련 규정을 근거로 이 사건 규칙의 적법 여부를 다투는 주장도 포함되어 있으나, 위 협정은 국가와 국가 사이의 권리·의무관계를 설정하는 국제협정으로, 그 내용 및 성질에 비추어 이와 관련한 법적 분쟁은 위 WTO 분쟁해결기구에서 해결하는 것이 원칙이고, 사인에 대하여는 위 협정의 직접 효력이 미치지 아니한다고 보아야 할 것이므로, 위 협정에 따른 회원국 정부의 반덤핑부과처분이 WTO 협정위반이라는 이유만으로 사인이 직접 국내 법원에 회원국 정부를 상대로 그 처분의 취소를 구하는 소를 제기하거나 위 협정위반을 처분의 독립된 취소사유로 주장할 수는 없다(대판 2009.1.30. 2008두17936). 2017 국가직 9급, 2019 서울시 9급

0032 WTO 협정은 국가와 국가 사이의 권리의무관계를 설정하는 것으로 사인에 대해서는 직접 효력이 미치지 않는다. O | X

0033 사인이 WTO 협정위반이라는 이유로 회원국 정부를 상대로 직접 국내 법원에 반덤핑부과처분의 취소를 제기할 수 없다. O | X

헌법상 형식적 의미의 법률은 아니지만 국내법과 동일한 효력이 인정되는 '헌법에 의하여 체결·공포된 조약과 일반적으로 승인된 국제법규'의 위헌 여부의 심사권한은 헌법재판소에 전속한다(헌재 2013.3.21. 2010헌바132).

0034 헌법재판소는 국내법과 동일한 효력이 인정되는 '헌법에 의하여 체결·공포된 조약과 일반적으로 승인된 국제법규'의 위헌 여부의 심사권한은 최종적으로 대법원에 있다고 본다. O | X

0035 헌법에 의하여 체결·공포된 조약은 법률적 효력이 있다는 것이 헌법재판소의 입장이다. O | X

정답 및 해설

0032 **O**
0033 **O**
0034 **X** 최종적 헌법재판소에 있다는 것이 헌법재판소의 입장이다.
0035 **O**

특정 지방자치단체의 초·중·고등학교에서 실시하는 학교급식을 위해 위 지방자치단체에서 생산되는 우수 농수축산물과 이를 재료로 사용하는 가공식품을 우선적으로 사용하도록 하고 그러한 우수농산물을 사용하는 자를 선별하여 식재료나 식재료 구입비의 일부를 지원하며 지원을 받은 학교는 지원금을 반드시 우수농산물을 구입하는 데 사용하도록 하는 것을 내용으로 하는 위 지방자치단체의 조례안이 내국민대우원칙을 규정한 '1994년 관세 및 무역에 관한 일반협정'에 위반되어 그 효력이 없다(대판 2005.9.9. 2004추10).

0036 국내법의 효력이 있는 조약은 지방자치단체의 자치법규인 조례보다 상위법의 효력이 있다. O | X

0037 학교급식을 위해 국내 우수농산물을 사용하는 자에게 식재료나 구입비의 일부를 지원하는 것 등을 내용으로 하는 지방자치단체의 조례안은 「1994년 관세 및 무역에 관한 일반협정」에 위반되어 그 효력이 없다. O | X

1. 관습법이란 사회의 거듭된 관행으로 생성한 사회생활규범이 사회의 법적 확신과 인식에 의하여 법적 규범으로 승인·강행되기에 이른 것을 말하고, 그러한 관습법은 법원으로서 법령에 저촉되지 아니하는 한 법칙으로서의 효력이 있는 것이고, 또 사회의 거듭된 관행으로 생성한 어떤 사회생활규범이 법적 규범으로 승인되기에 이르렀다고 하기 위하여는 헌법을 최상위 규범으로 하는 전체 법질서에 반하지 아니하는 것으로서 정당성과 합리성이 있다고 인정될 수 있는 것이어야 하고, 그렇지 아니한 사회생활규범은 비록 그것이 사회의 거듭된 관행으로 생성된 것이라고 할지라도 이를 법적 규범으로 삼아 관습법으로서의 효력을 인정할 수 없다(대판 2005.7.21. 2002다1178).

2. 사회의 거듭된 관행으로 생성된 사회생활규범이 관습법으로 승인되었다고 하더라도 사회 구성원들이 그러한 관행의 법적 구속력에 대하여 확신을 갖지 않게 되었다거나, 사회를 지배하는 기본적 이념이나 사회질서의 변화로 인하여 그러한 관습법을 적용하여야 할 시점에 있어서의 전체 법질서에 부합하지 않게 되었다면 그러한 관습법은 법적 규범으로서의 효력이 부정될 수밖에 없다(대판 2005.7.21. 2002다1178).

0038 사회의 거듭된 관행으로 생성한 사회생활규범이 사회의 법적 확신과 인식에 의하여 법적 규범으로 승인·강행되기에 이른 것을 관습법이라 한다. O | X

0039 헌법을 최상위 규범으로 하는 전체 법질서에 반하지 아니하는 것으로서 정당성과 합리성이 있다고 인정될 수 있는 것이어야 관습법의 효력을 인정할 수 있다. O | X

0040 사회의 거듭된 관행으로 생성된 사회생활규범이 관습법으로 승인되었다고 하더라도 사회 구성원들이 그러한 관행의 법적 구속력에 대하여 확신을 갖지 않게 되었다면 그러한 관습법은 법적 규범으로서의 효력이 부정될 수 밖에 없다. O | X

> 서울이 수도라는 점은 우리의 제정헌법이 있기 전부터 전통적으로 존재하여온 헌법적 관습이며 우리 헌법조항에서 명문으로 밝힌 것은 아니지만 자명하고 헌법에 전제된 규범으로서, 관습헌법으로 성립된 불문헌법에 해당한다(헌재 2004.10.21. 2004헌마554).

0041 대한민국의 수도가 서울이라는 것은 관습헌법으로 불문헌법에 해당한다. O | X

0042 헌법재판소는 관습헌법은 성문헌법과 같은 헌법개정절차를 통해서 개정될 수 있다고 판시하였다. O | X

> 1. 비과세관행이 성립되었다고 하려면, 장기간에 걸쳐 그 사항에 대하여 과세하지 아니하였다는 객관적 사실이 존재할 뿐 아니라, 과세관청이 자신이 그 사항에 대하여 과세할 수 있음을 알면서도 어떤 특별한 사정에 의하여 과세하지 않는다는 의사가 있고 이와 같은 의사가 명시적 또는 묵시적으로 표시되어야 할 것이므로, 과세할 수 있는 어느 사항에 대하여 비록 장기간에 걸쳐 과세하지 아니한 상태가 계속되었다 하더라도 그것이 착오로 인한 것이라면, 이와 같은 비과세는 일반적으로 납세자에게 받아들여진 관행이라고 할 수 없다(대판 1985.3.12. 84누389). **2013 국가직 7급**
> 2. 비과세관행은 과세관청의 공적 견해의 표시 또는 국세행정의 관행이 특정한 납세자가 아닌 불특정한 일반의 납세자에게 이의 없이 받아들여지고 납세자가 이를 신뢰하는 것이 무리가 아니라고 인정될 정도에 이른 경우에 적용된다(대판 2001.4.24. 99두5412). **2017 지방직 7급**

0043 비과세의 관행이 성립되려면 장기간에 걸쳐 그 사항에 관하여 과세하지 아니하였다는 객관적 사실이 일단 존재해야 한다. O | X

0044 과세관청도 그 사항에 관하여 과세할 수 있음을 알면서 어떤 특별한 사정에 의하여 과세하지 않는다는 의사가 있어야 한다. O | X

0045 과세관청의 의사표시는 명시적이어야 하고 묵시적인 의사표명은 비과세의 의사표명으로 볼 수 없다. O | X

0046 착오에 의한 장기간에 걸친 비과세도 일반적으로 납세자에게 받아들여진 관행이라고 볼 수 있다. O | X

0047 비과세의 관행이 성립했는지의 판단여부는 일반납세자가 아닌 특정납세자를 기준으로 판단하여야 한다. O | X

정답 및 해설

0041 O 0042 O 0043 O 0044 O
0045 X 묵시적인 의사표명도 비과세의 의사표명으로 볼 수 있다.
0046 X 착오에 의한 비과세는 비과세의 관행으로 볼 수 없다.
0047 X 일반납세자를 기준으로 판단한다.

> 공무원이 적극적으로 상급기관의 유권해석이나 지휘를 받음이 없이 종전의 행정선례에 따라 업무처리를 하였다고 하여 이를 지방공무원법 제69조 제1항 제2호에 규정된 직무상의 의무에 위반하거나 직무를 태만히 한 경우에 해당된다고 할 수는 없다(대판 1986.8.19. 86누359).

0048 공무원이 종전의 행정선례에 따라 업무처리를 하였다면 「지방공무원법」상 직무상의 의무위반으로 볼 수 없다. O | X

> 1. 대법원의 판례가 법률해석의 일반적인 기준을 제시한 경우에 유사한 사건을 재판하는 하급심의 법관은 판례의 견해를 존중하여 재판하여야 하는 것이나, 판례가 사안이 서로 다른 사건을 재판하는 하급심법원을 직접 기속하는 효력이 있는 것이 아니다(대판 1996.10.25. 96다31307).
> 2. 헌법재판소의 위헌결정의 효력은 위헌제청을 한 당해 사건, 위헌결정이 있기 전에 이와 동종의 위헌 여부에 관하여 헌법재판소에 위헌여부심판제청을 하였거나 법원에 위헌여부제청신청을 한 경우의 당해 사건과 따로 위헌제청신청은 아니하였지만 당해 법률 또는 법률의 조항이 재판의 전제가 되어 법원에 계속 중인 사건뿐만 아니라 위헌결정 이후에 위와 같은 이유로 제소된 일반사건에도 미친다(대판 1993.1.15. 92다12377).

0049 대법원의 판례가 법률해석의 일반적인 기준을 제시한 경우에 유사한 사건을 재판하는 하급심의 법관은 판례의 견해를 존중하여 재판하여야 한다. O | X

0050 판례가 사안이 서로 다른 사건을 재판하는 하급심법원을 직접 기속하는 효력이 있다. O | X

0051 헌법재판소의 위헌결정의 효력은 위헌결정 이후에 위와 같은 이유로 제소된 일반사건에는 미치지 않는다. O | X

정답 및 해설

0048 **O**
0049 **O**
0050 **X** 직접 기속하는 효력이 없다.
0051 **X** 헌법재판소의 위헌결정은 일반사건에도 위헌결정의 효력이 미친다.

04 | 행정법의 일반원칙

행정기본법 제9조(평등의 원칙) 행정청은 합리적 이유 없이 국민을 차별하여서는 아니 된다.

평등권의 침해 여부에 대한 심사는 그 심사기준에 따라 자의금지원칙에 의한 심사와 비례의 원칙에 의한 심사로 크게 나누어 볼 수 있다(헌재 2006.2.23. 2004헌마675 · 981 · 1022(병합)).

평등원칙에 위반된다는 사례

① 지방의회가 조례로써 지방의회에 출석요구를 받고도 정당한 이유없이 불출석하는 자에게 사회적 신분에 따라 차등적으로 과태료를 부과한 것 _{2025 국가직 9급, 2016 국가직 7급, 2017 서울시 9급}
② 동일한 징계사유(당직 중 화투놀이)에 해당하는 공무원 중 1인에게만 파면처분을 하고 나머지 3명은 견책처분한 경우 _{2013 서울시 7급}
③ 해외근무자들의 자녀를 대상으로 한 특별전형에서 외교관, 공무원의 자녀에 대하여만 획일적으로 과목별 실제취득점수에 20퍼센트의 가산점을 부여하여 합격 사정을 하는 것
④ 청원경찰의 인원감축을 위한 면직처분대상자를 선정함에 있어서 초등학교 졸업 이하 학력소지자 집단과 중학교 중퇴 이상 학력소지자 집단으로 나누어 각 집단별로 같은 감원비율 상당의 인원을 선정한 것
⑤ 다른 직종들에 대해서는 법인을 구성하여 업무를 수행할 수 있도록 하면서 약사에게만 이를 금지하는 것
⑥ 국 · 공립학교의 채용시험에 국가유공자와 그 가족이 응시하는 경우 만점의 10퍼센트를 가산하는 경우
⑦ 제대군인에게 가산점을 지급하는 경우

평등원칙에 위반되지 않는다는 사례

① 지역의료보험조합 정관에서 피보험자의 생활수준별로 구분한 등급에 따라 소득금액을 차등 규정한 것
② 유예기간 없이 개인택시운송사업면허기준을 변경하고 그에 기하여 한 행정청의 면허신청접수거부처분
③ 같은 정도의 비위를 저지른 자들 사이에서도 그 개전의 정이 있는지 여부에 따라 징계의 종류의 선택과 양정을 달리한 경우 _{2020 지방직 9급}
④ 먹는샘물 수입판매업자에 대한 수질개선부담금을 부과하는 것은 수돗물 우선정책의 필요성에 의한 것으로 합리적 이유가 인정
⑤ 「국가유공자법 제4조 제1항이 정한 국가유공자 중 4.19혁명부상자 등을 지원대상에서 제외한 조례
⑥ 한국전기통신공사 일반직 직원과 전화교환직렬 직원 간의 5년간의 정년차등을 둔 것
⑦ 대통령과 달리 국회의원과 지방의회의원이 공직선거법상 공무원의 선거중립의무조항의 적용을 받지 않는 것

0052 청원경찰의 인원감축을 위하여 초등학교 졸업이하 학력소지자집단과 중학교 중퇴 이상 학력소지자 집단으로 나누어 각 집단별로 같은 감원비율의 인원을 선정한 것은 합리적 이유가 있는 것으로 허용된다. O | X

0053 지방의회가 조례로써 지방의회에 출석요구를 받고도 정당한 이유없이 불출석하는 자에게 사회적 신분에 따라 차등적으로 과태료를 부과한 것은 평등의 원칙에 반하지 않는다. O | X

정답 및 해설

0052 **X** 학력소지자 집단으로 나누는 것은 합리적 이유가 없는 차별이다.
0053 **X** 신분에 따라 차등적 과태료를 부과하는 것은 평등의 원칙에 위반된다.

■ 자기구속의 원칙

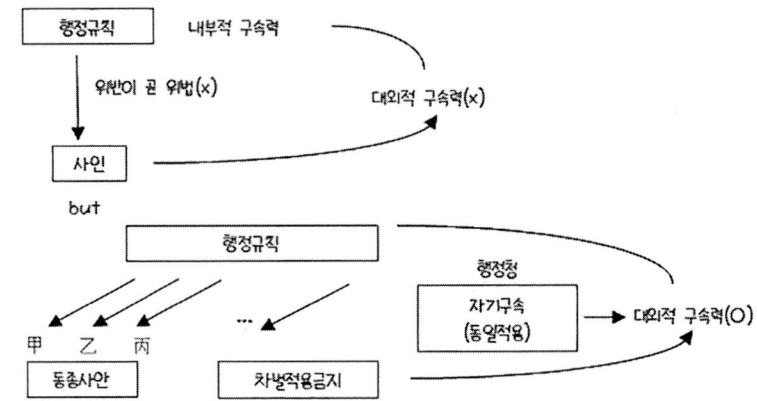

1. 행정규칙은 일반적으로 행정조직 내부에서만 효력을 가지는 것이고 대외적인 구속력을 갖는 것이 아니다. 다만, 행정규칙이 법령의 규정에 의하여 행정관청에 법령의 구체적 내용을 보충할 권한을 부여할 경우, 또는 재량권 행사의 준칙인 규칙이 되풀이 시행되어 행정관행이 이룩되게 되면 평등의 원칙이나 신뢰보호의 원칙에 따라 행정기관은 그 상대방에 대한 관계에서 그 규칙에 따라야 할 자기구속을 당하게 되는 경우에는 대외적인 구속력을 가지게 된다(헌재 1990.9.3. 90헌마13). _{2023·2020·2018·2017 국가직 9급, 2016 국가직 7급, 2023·2021·2020·2016 지방직 9급, 2019 서울시 7급}

2. 상급행정기관이 하급행정기관에 대하여 업무처리지침이나 법령의 해석적용에 관한 기준을 정하여 발하는 이른바 '행정규칙이나 내부지침'은 일반적으로 행정조직 내부에서만 효력을 가질 뿐 대외적인 구속력을 갖는 것은 아니므로 행정처분이 그에 위반하였다고 하여 그러한 사정만으로 곧바로 위법하게 되는 것은 아니다. 다만, 재량권 행사의 준칙인 행정규칙이 그 정한 바에 따라 되풀이 시행되어 행정관행이 이루어지게 되면 평등의 원칙이나 신뢰보호의 원칙에 따라 행정기관은 그 상대방에 대한 관계에서 그 규칙에 따라야 할 자기구속을 받게 되므로, 이러한 경우에는 특별한 사정이 없는 한 그를 위반하는 처분은 평등의 원칙이나 신뢰보호의 원칙에 위배되어 재량권을 일탈·남용한 위법한 처분이 된다(대판 2009.12.24. 2009두7967). _{2017 국가직 9급, 2023·2015 지방직 7급, 2018 서울시 7급}

3. 위법한 행정처분이 수차례에 걸쳐 반복적으로 행하여졌다 하더라도 그러한 처분이 위법한 것인 때에는 행정청에 대하여 자기구속력을 갖게 된다고 할 수 없다(대판 2009.6.25. 2008두13132). _{2025 소방간부, 2018·2013 국가직 9급, 2024·2022·2017 국가직 7급, 2016 지방직 9급}

4. 실제의 공원구역과 다르게 경계측량 및 표지를 설치함으로 인하여 원고들이 그 잘못된 경계를 믿고 행정청으로부터 초지조성허가를 받아 초지를 조성하고 축사를 신축하여 그러한 상태가 십수년이 경과하였다 하여도, … 그 후 위와 같은 착오를 발견한 피고가 이 사건 토지는 그 공원구역 안에 있는 것으로 지형도를 수정한 조치를 가리켜 신뢰보호의 원칙에 위배된다거나 행정의 자기구속의 법리에 반하는 것이라고도 할 수 없다(대판 1992.10.13. 92누2325).

0054 행정규칙이나 내부지침은 대외적 구속력을 갖는 것이 아니므로 행정처분이 그에 위반하였다고 하여 곧바로 위법하게 되는 것은 아니다. O | X

0055 행정기관은 그 상대방에 대한 관계에서 그 규칙에 따라야 할 자기구속을 당하게 되는 경우에는 대외적인 구속력을 가진다. O | X

0056 대법원과 헌법재판소는 평등의 원칙과 신뢰보호의 원칙을 행정의 자기구속의 원칙의 근거로 삼고 있다. O | X

0057 재량준칙이 일단 공표되었다면 재량준칙이 되풀이 시행되지 않은 경우라도 행정의 자기구속원칙이 적용될 수 있다. O | X

0058 위법한 행정처분이 수차례에 걸쳐 반복적으로 행하여진 경우 행정의 자기구속의 원칙이 적용된다. O | X

0059 실제 공원구역과 다르게 경계측량 및 표지를 설치하고 십수년 후에 착오를 발견하여 지형도를 수정한 조치는 신뢰보호의 원칙과 자기구속의 법리에 위반되는 것으로 볼 수 있다. O | X

정답 및 해설

0054 O 0055 O 0056 O
0057 X 공표만으로 자기구속의 원칙이 적용되지 않는다.
0058 X 위법한 행정선례에는 자기구속의 원칙이 적용되지 않는다.
0059 X 십수년 후에 착오를 수정하는 것은 신뢰보호의 원칙과 자기구속의 원칙에 위반되지 않는다.

행정기본법 제10조(비례의 원칙) 행정작용은 다음 각 호의 원칙에 따라야 한다
1. 행정목적을 달성하는 데 유효하고 적절할 것
2. 행정목적을 달성하는 데 필요한 최소한도에 그칠 것
3. 행정작용으로 인한 국민의 이익 침해가 그 행정작용이 의도하는 공익보다 크지 아니할 것

1. 과잉금지의 원칙이라 함은 국민의 기본권을 제한함에 있어서 국가작용의 한계를 명시한 것으로서 목적의 정당성, 방법의 적정성, 피해의 최소성, 법익의 균형성 등을 의미하며, 그 어느 하나에라도 저촉이 되면 위헌이 된다는 헌법상의 원칙을 말한다(헌재 2000.2.24. 98헌바94).
2. 국민의 자유와 권리를 제한함에 있어서는 규제하려는 쪽에서 국민의 기본권을 보다 덜 제한하는 다른 방법이 있는지를 모색해야 할 것이지, 제한당하는 국민의 쪽에서 볼 때 그 기본권을 실현할 다른 수단이 있다고 하여 그와 같은 사유만으로 기본권의 제한이 정당화되는 것은 아니고 목적과 수단등 상관관계는 단계적으로 검토해야 한다(대판 1994.3.8. 92누1728).

0060 헌법재판소는 비례의 원칙 내용으로 목적의 정당성, 방법의 적정성, 피해의 최소성, 법익의 균형성을 제시한다. O | X

0061 행정규제의 상대방에게 침해되는 권익을 보호할 수 있는 다른 대체수단이 존재하고 있는 경우 그와 같은 사유만으로 기본권 제한은 정당화 되어 비례원칙을 충족한 것으로 볼 수 있다. O | X

정답 및 해설

0060 **O**
0061 **X** 비례의 원칙을 충족한 것으로 볼 수 없다.

비례원칙 위반되는 사례

① 수익적 행정처분을 취소하거나 중지시킬 사유가 있더라도 그 처분으로 인하여 공익상의 필요보다 상대방이 받게 되는 불이익 등이 막대한 경우에는 재량권의 한계를 일탈한 것으로서 그 자체가 위법임을 면치 못한다(대판 1990.10.10. 89누6433).
② 성년자로 오인할 수 있는 사정이 있는 자의 유흥업소 출입 1회 위반에 대한 영업취소는 비례원칙에 반한다(대판 1977.9.13. 77누15).
③ 유죄가 확정되지 아니한 미결수용자에게 수사 또는 재판을 받을 때에도 사복을 입지 못하게 하고 재소자용 의류를 입게 하는 것은 비례원칙에 반한다(헌재 1999.5.27. 97헌마137).
④ 청소년유해매체물로 결정·고시된 만화인 줄 모르고 청소년에게 대여한 도서대여업자에게 그 고시일로부터 8일 후 이를 위반한 이유로 금700만원의 과징금을 부과한 것은 비례의 원칙에 반한다(대판 2001.7.27. 99두9490).
⑤ 불공정거래행위인 사원판매행위에 대하여 부과된 과징금의 액수가 사원판매행위로 인하여 취득한 이익의 규모를 크게 초과하여 매출액에 육박하게 된 경우 비례원칙 위반에 반한다(대판 2001.2.9. 2000두6206).
⑥ 단원에게 지급될 급량비를 바로 지급하지 않고 모아두었다가 지급한 시립무용단원에 대한 해촉은 비례원칙에 반한다(대판 1995.12.22. 95누4636).
⑦ 단지 1회 훈령에 위반하여 요정출입을 하다가 적발된 공무원에 대하여 파면처분을 한 것은 비례원칙에 반한다(대판 1967.5.2. 67누24). 2018 소방직
⑧ 양도인이 등유가 섞인 유사휘발유를 판매한 사실을 모르고 이를 양수한 석유판매업자에게 전운영자의 위법사유를 들어 사업정지기간 중 최장기간인 6월의 사업정지에 처한 것은 비례원칙에 반한다(대판 1992.2.25. 91누13106).
⑨ 지병인 만성신부전증 등으로 몸이 아파쉬면서 생계유지를 위하여 일시 대리운전을 하게 하고, 또 전날 과음한 탓으로 쉬면서 대리운전을 하게 하여 2회 적발된 자에 대한 개인택시운송사업면허취소처분은 비례의 원칙에 반한다(대판 1991.11.8. 91누4973).
⑩ 당초 음주운전이 아닌 다른 혐의로 파출소로 갔다가 갑자기 경관으로부터 음주측정요구를 받게 되었던 자에 대한 운전면허취소처분은 비례원칙에 반한다(대판 1991.7.23. 90누8954).
⑪ 공정한 업무처리에 대한 사의로 업무처리 후 사후에 임의로 두고간 돈 30만원이 든 봉투를 소지하는 피동적 형태로 금품을 수수하고 이를 돌려준 자에 대한 해임처분은 비례원칙에 반한다(대판 1991.7.23. 90누8954).
⑫ 석회석 채굴을 위한 산림훼손허가를 받은 임야에 대한 88올림픽 성화봉송을 위한 미관보호를 이유로 한 산림훼손중지처분은 비례원칙에 반한다(대판 1990.10.10. 89누6433).
⑬ 보존음료수의 국내판매를 완전 금지하는 것은 비례원칙에 반한다(대판 1994.3.8. 92누178).
⑭ 주유소의 관리인이 부정휘발유를 구입 판매한 것을 허가자로 몰랐던 경우 이를 이유로 위험물취급소 설치허가를 취소한 행정처분은 비례원칙에 반한다(대판 1989.3.28. 87누436).

비례원칙에 위반되지 않는 사례

① 직무와 관련한 부탁을 받거나 때로는 스스로 사례를 요구하며 위의 금원을 수수한 비위에 대한 해임징계는 정당하다(대판 2008.6.26. 2008두6387).
② 음주운전을 방지해야할 공익상의 필요는 음주운전으로 면허를 취소하는 경우 당사자의 불이익보다 더욱 강조되어야 한다(대판 1995.9.29. 95누8126).
③ 도로교통법」제148조의 2 제1항 1호의 「도로교통법」제44조 제1항을 2회 이상 위반한' 것에 구 「도로교통법」제44조 제1항을 위반한 음주운전 전과도 포함된다고 해석하는 것은 정당하다(대판 2012.11.29. 2012도10269). 2013 국가직 9급
④ 다른 차들의 통행을 원활히 하기 위하여 주차목적으로 음주운전한 경우 면허정지처분을 받은 전례가 있고 만취상태에서 운전한 자에 대한 운전면허취소처분은 비례원칙에 반하지 않는다(대판 1996.9.6. 96누5995).
⑤ 경찰공무원이 받은 돈이 1만원에 해당하더라도 경찰공무원을 해임처분한 것은 정당하다(대판 2006.12.21. 2006두16274).

⑥ 주택임대사업계획승인 신청을 국토 및 자연의 유지와 환경의 보존등 중대한 공익상의 필요를 이유로 거부한 경우 비례원칙에 반하지 않는다(대판 2002.6.14. 2000두10663). **2018 지방직 7급**
⑦ 생물학적 동등성 시험자료에 조작이 있음을 이유로 의약품의 회수 및 폐기를 명한 행정처분은 재량권의 일탈·남용이 아니다(대판 2008.11.13. 2008두8628).
⑧ 태국에서 수입하는 냉동새우에 유해화학물질인 말라카이트그린이 들어 있음에도 수입신고서에 그 사실을 기재하지 않았음을 이유로 영업정지 1개월의 처분은 재량권 일탈·남용이 아니다(대판 2010.4.8. 2009두22997).
⑨ 미결수용자가 수감되어 있는 동안 구치소 등 수용시설 안에서 사복을 입지 못하게 하고 재소자용 의류를 입게 한 행위는 기본권의 침해가 아니다(헌재 1999.5.27. 97헌마137).
⑩ 수입 녹용 중 전지 3대를 절단부위로부터 5cm까지의 부분을 절단하여 측정한 회분함량이 기준치를 0.5% 초과하였다는 이유로 수입 녹용 전부에 대하여 전량 폐기 또는 반송처리를 지시한 처분은 재량권을 일탈·남용한 경우에 해당하지 않는다(대판 2006.4.14. 2004두3854). **2019 소방간부**

0062 법규에 명문의 근거가 없는 경우에 환경보전을 이유로 산림훼손허가를 거부하는 것은 비례원칙에 반한다. O | X

0063 청소년유해매체물로 결정·고시된 만화인 사실을 모르고 있던 도서대여업자가 그 고시일로부터 8일 후에 청소년에게 그 만화를 대여한 것을 사유로 그 도서대여업자에게 금 700만원의 과징금이 부과된 경우 비례의 원칙에 반하지 않는다. O | X

0064 운전면허취소에 있어서는 일반의 수익적 행정행위의 취소와는 달리 그 취소로 인하여 입게 될 당사자의 불이익보다는 음주운전을 방지하여야 하는 일반예방적 측면이 더욱 강조되어야 할 것이다. O | X

0065 주유소 영업의 양도인이 등유가 섞인 유사휘발유를 판매한 바를 모르고 이를 양수한 석유판매영업자에게 전 운영자인 양도인의 위법사유를 들어 6월의 사업정지에 처한 것은 공익목적의 실현이라는 측면에서 비례원칙에 위반되지 않아 적법하다. O | X

0066 이미 음주운전으로 적발되어 면허정지처분을 받은 적이 있는데도 혈중알콜농도 0.182%의 만취상태에서 운전한 것이라면 교통사고가 발생하지 않았더라도 운전면허취소처분은 적법하다. O | X

정답 및 해설

0062 X 비례원칙에 반하지 않는다.
0063 X 과도한 과징금부과로 비례원칙에 위반된다.
0064 O
0065 X 과도한 영업정지로 비례원칙에 위반된다.
0066 O

0067 경찰공무원이 받은 돈이 1만원에 해당하고 30년 근속의 경찰공무원을 해임하는 것은 비례원칙에 반한다. O│X

0068 공정한 업무처리에 대한 사의로 업무처리 후 사후에 임의로 두고간 돈 30만원이 든 봉투를 소지하는 피동적 형태로 금품을 수수하고 이를 돌려준 자에 대한 해임처분은 비례원칙에 반한다. O│X

0069 유해화학물질인 말라카이트그린이 사용된 냉동새우를 수입하면서 수입신고서에 그 사실을 누락한 회사에 대하여 영업정지 1월의 처분은 재량권을 일탈·남용한 것이다. O│X

0070 단원에게 지급될 급량비를 바로 지급하지 않고 모아두었다가 지급한 시립 무용단원에 대한 해촉처분은 재량권 일탈·남용에 해당한다. O│X

0071 판례에 의하면 산림훼손허가를 발급한 후 국제행사를 위한 미관보호를 이유로 산림훼손중지명령을 내리기 위해서는 공익과 사익을 비교형량해야 한다. O│X

정답 및 해설

0067 **X** 비례원칙에 위반되지 않는다.
0068 **O**
0069 **X** 재량권을 일탈·남용한 것으로 볼 수 없다.
0070 **O**
0071 **O**

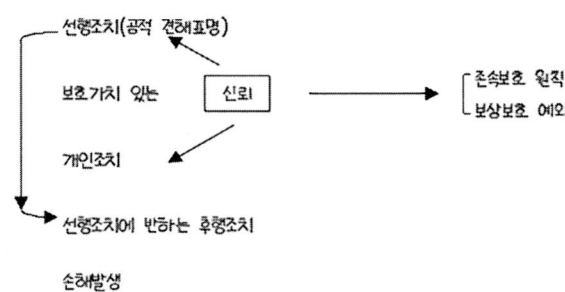

행정기본법 제12조(신뢰보호의 원칙) ① 행정청은 공익 또는 제3자의 이익을 현저히 해칠 우려가 있는 경우를 제외하고는 행정에 대한 국민의 정당하고 합리적인 신뢰를 보호하여야 한다. _{2023 국가직 7급}
② 행정청은 권한 행사의 기회가 있음에도 불구하고 장기간 권한을 행사하지 아니하여 국민이 그 권한이 행사되지 아니할 것으로 믿을 만한 정당한 사유가 있는 경우에는 그 권한을 행사해서는 아니 된다. 다만, 공익 또는 제3자의 이익을 현저히 해칠 우려가 있는 경우는 예외로 한다.

1. 일반적으로 행정상의 법률관계에 있어서 행정청의 행위에 대하여 신뢰보호의 원칙이 적용되기 위하여는, 첫째 행정청이 개인에 대하여 신뢰의 대상이 되는 공적인 견해표명을 하여야 하고, 둘째 행정청의 견해표명이 정당하다고 신뢰한 데에 대하여 그 개인에게 귀책사유가 없어야 하며, 셋째 그 개인이 그 견해표명을 신뢰하고 이에 기초하여 어떠한 행위를 하였어야 하고, 넷째 행정청이 위 견해표명에 반하는 처분을 함으로써 그 견해표명을 신뢰한 개인의 이익이 침해되는 결과가 초래되어야 하는바, 어떠한 행정처분이 이러한 요건을 충족하는 때에는 공익 또는 제3자의 정당한 이익을 현저히 해할 우려가 있는 경우가 아닌 한 신뢰보호의 원칙에 반하는 행위로서 위법하다(대판 2008.1.17. 2006두10931). _{2024 소방간부}

2. 신의성실의 원칙이나 소급과세금지의 원칙이 적용되기 위한 요건의 하나인 "과세관청이 납세자에게 신뢰의 대상이 되는 공적인 견해를 표명하였다"는 사실은, 납세자가 주장·입증하여야 한다고 보는 것이 상당하다(대판 1992.3.31. 91누9824). _{2022 소방간부}

3. 법률에 따른 개인의 행위가 국가에 의하여 일정 방향으로 유인된 것이라면 특별히 보호가치가 있는 신뢰이익이 인정될 수 있다. 개인의 신뢰이익에 대한 보호가치는 ① 법령에 따른 개인의 행위가 국가에 의하여 일정방향으로 유인된 신뢰의 행사인지, ② 아니면 단지 법률이 부여한 기회를 활용한 것으로서 원칙적으로 사적 위험부담의 범위에 속하는 것인지 여부에 따라 달라진다. 만일 법률에 따른 개인의 행위가 단지 법률이 반사적으로 부여하는 기회의 활용을 넘어서 국가에 의하여 일정 방향으로 유인된 것이라면 특별히 보호가치가 있는 신뢰이익이 인정될 수 있고, 원칙적으로 개인의 신뢰보호가 국가의 법률개정이익에 우선된다고 볼 여지가 있다(헌재 2002.11.28. 2002헌바45). _{2018 국가직 7급, 2016 지방직 9급}

4. 재건축조합에서 일단 내부 규범이 정립되면 조합원들은 특별한 사정이 없는 한 그것이 존속하리라는 신뢰를 가지게 되므로, 내부 규범 변경을 통해 달성하려는 이익이 종전 내부 규범의 존속을 신뢰한 조합원들의 이익보다 우월해야 한다(대판 2020.5.25. 2018두34732). _{2021 국회직 8급}

0072 신뢰보호의 원칙은 절대적으로 보호되는 원칙은 아니며 공익 또는 제3자의 정당한 이익을 현저히 해할 우려가 있는 경우에는 제한될 수 있다. O | X

0073 사인이 아무런 조치를 취하지 않았다 하더라도 공적 견해표명의 신뢰는 보호된다. O | X

0074 신뢰보호의 원칙은 행정청의 견해표명이 정당하다고 신뢰한 데에 대하여 그 개인에게 귀책사유가 없어야 한다. O | X

0075 법률에 따른 개인의 행위가 국가에 의하여 일정 방향으로 유인된 신뢰의 행사가 아니라 단지 법률이 부여한 기회를 활용한 것이라 하더라도, 신뢰보호의 이익이 인정된다. O | X

0076 재건축조합에서 일단 내부 규범이 정립되면 조합원들은 특별한 사정이 없는 한 그것이 존속하리라는 신뢰를 가지게 되므로, 내부 규범 변경을 통해 달성하려는 이익이 종전 내부 규범의 존속을 신뢰한 조합원들의 이익보다 우월해야 한다. O | X

0077 납세자에게 신뢰의 대상이 되는 공적인 견해가 표명되었다는 사실은 과세처분의 적법성에 대한 증명책임이 있는 과세관청이 주장·입증하여야 한다. O | X

과세관청의 공적 견해표명이 있었는지의 여부를 판단하는 데 있어 반드시 행정조직상의 형식적인 권한분장에 구애될 것은 아니고 담당자의 조직상의 지위와 임무, 당해 언동을 하게 된 구체적인 경위 및 그에 대한 납세자의 신뢰가능성에 비추어 실질에 의하여 판단하여야 한다(대판 1996.1.23. 95누13746).

2019 소방간부, 2017 국회직 8급, 2020·2017 국가직 9급, 2021 국가직 7급, 2021·2016 지방직 9급

0078 행정청의 공적 견해표명이 있었는지의 여부는 반드시 행정조직상의 형식적 권한분장에 의하여 판단하여야 한다. O | X

0079 과세관청의 공적 견해표명은 담당자의 조직상의 지위와 임무, 당해 언동을 하게 된 구체적인 경위 및 그에 대한 납세자의 신뢰가능성에 비추어 실질에 의하여 판단하여야 한다. O | X

정답 및 해설

0072 O
0073 X 공적 견해표명에 대한 신뢰를 기초로 개인의 조치가 있어야 한다.
0074 O
0075 X 법률에 따른 개인의 행위가 국가에 의하여 일정 방향으로 유인된 신뢰의 행사가 있어야 한다.
0076 O
0077 X 납세의무자가 입증하여야 한다.
0078 X 반드시 행정조직상의 형식적 권한분장에 의하여 판단할 것은 아니다.
0079 O

1. 비과세의 사실상태가 장기간에 걸쳐 계속된 경우에 그것이 과세관청의 묵시적인 의사표시로 볼 수 있는 경우에는 이를 국세행정의 관행이라고 인정할 수 있다(대판 1987.2.24. 86누571). _{2022 소방간부, 2017 지방직 7급, 2018 서울시 7급}

2. 보세운송면허세의 부과근거규정이던 지방세법시행령이 1973.10.1에 제정되어 폐지될 때까지 근 4년간 위 면허세가 단 한건도 부과된 적이 없고, 그 주무관청인 관세청장도 수출확대라는 공익상의 필요 등에서 관계법조문의 삭제를 건의하였다면 그로써 위 면허세의 비과세의 관행이 이루어졌다고 보아야 한다(대판 1982.6.8. 81누38). _{2020 지방직 7급}

3. 비과세관행은 과세관청의 공적 견해의 표시 또는 국세행정의 관행이 특정한 납세자가 아닌 불특정한 일반의 납세자에게 이의 없이 받아들여지고 납세자가 이를 신뢰하는 것이 무리가 아니라고 인정될 정도에 이른 경우에 적용된다(대판 2001.4.24. 99두5412). _{2025 소방간부}

4. 과세할 수 있는 어느 사항에 대하여 비록 장기간에 걸쳐 과세하지 아니한 상태가 계속되었다 하더라도 그것이 착오로 인한 것이라면, 이와 같은 비과세는 일반적으로 납세자에게 받아들여진 관행이라고 할 수 없다(대판 1985.3.12. 84누389).

0080 비과세의 사실상태가 장기간에 걸쳐 계속된 경우 과세관청의 묵시적 의사표시로 볼 수 있는 경우에 이를 국세행정의 관행이라고 인정할 수 있다. O | X

0081 보세운송면허세의 근거법령이 폐지될 때까지 4년 동안 그 면허세를 부과할 수 있는 정을 알면서도 수출확대라는 공익상 필요로 한 건도 부과한 일이 없었다면 비과세의 관행이 이루어진 것으로 봐야 한다. O | X

0082 비과세의 관행은 특정납세자에게 이의 없이 받아들여진 경우에 적용된다. O | X

0083 착오로 장기간에 걸쳐 과세하지 아니한 상태가 계속되었다면 이러한 비과세는 일반적으로 납세자에게 받아들여진 관행이라고 할 수 없다. O | X

정답 및 해설

0080	O	
0081	O	
0082	X	일반납세자에게 이의 없이 받아들여진 경우에 적용된다.
0083	O	

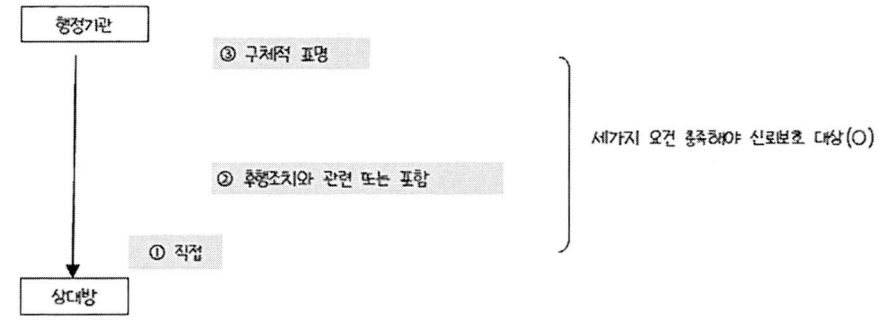

공적 견해표명을 인정한 판례

① 토지거래허가 담당공무원의 토지형질변경이 가능하다는 견해표명

종교법인이 도시계획구역 내 생산녹지로 답인 토지에 대하여 종교회관 건립을 이용목적으로 하는 토지거래계약의 허가를 받으면서 담당공무원이 관련 법규상 허용된다 하여 이를 신뢰하고 건축준비를 하였으나 그 후 당해 지방자치단체장이 다른 사유를 들어 토지형질변경허가신청을 불허가 한 것이 신뢰보호원칙에 반한다(대판 1997.9.12. 96누18380). **2013 국가직 9급**

② 시의 도시계획국장이 완충녹지지정 해제와 환매약속

시의 도시계획과장과 도시계획국장이 도시계획사업의 준공과 동시에 사업부지에 편입한 토지에 대한 완충녹지 지정을 해제함과 아울러 당초의 토지소유자들에게 환매하겠다는 약속을 했음에도, 이를 믿고 토지를 협의매매한 토지소유자의 완충녹지지정해제신청을 거부한 것은, 행정상 신뢰보호의 원칙을 위반한 것으로 위법하다(대판 2008.10.9. 2008두6127).

③ 보건복지부장관의 의료취약지 병원설립자에 대한 지방세 비과세

보건사회부장관이 "의료취약지 병원설립운영자 신청공고"를 하면서 국세 및 지방세를 비과세하겠다고 발표하였고, 그 후 내무부장관이나 시·도지사가 도 또는 시·군에 대하여 지방세 감면조례제정을 지시하여 그 조례에 대한 승인의 의사를 미리 표명하였다면, 보건사회부장관에 의하여 이루어진 위 비과세의 견해표명은 당해 과세관청의 그것과 마찬가지로 볼 여지가 충분하다고 할 것이고, 또한 납세자로서는 위와 같은 정부의 일정한 절차를 거친 공고에 대하여서는 보다 고도의 신뢰를 갖는 것이 일반적이다(대판 1996.1.23. 95누13746).

④ 폐기물처리사업계획서 적정통보는 폐기물처리업허가에 대한 공적 견해표명

폐기물처리업에 대하여 사전에 관할 관청으로부터 적정통보를 받고 막대한 비용을 들여 허가요건을 갖춘 다음 허가신청을 하였음에도 다수 청소업자의 난립으로 안정적이고 효율적인 청소업무의 수행에 지장이 있다는 이유로 한 불허가처분이 신뢰보호의 원칙 및 비례의 원칙에 반한다(대판 1998.5.8. 98두4061). **2025 국가직 9급, 2017 서울시 9급**

⑤ 구 지방세법에 정한 '기술진흥단체인지 여부에 관한 질의에 대해 건설교통부장관과 내무부장관이 비과세의견으로 회신

취득세 등이 면제되는 구 지방세법(2005.1.5. 법률 제7332호로 개정되기 전의 것) 제288조 제2항에 정한 '기술진흥단체'인지 여부에 관한 질의에 대하여 건설교통부장관과 내무부장관이 비과세 의견으로 회신한 경우, 공적인 견해표명에 해당한다(대판 2008.6.12. 2008두1115).

⑥ 대통령의 담화와 이에 따른 국방부장관의 삼청교육관련 피해자들에 대한 보상공고

대통령이 담화를 발표하고 이에 따라 국방부장관이 삼청교육 관련 피해자들에게 그 피해를 보상하겠다고 공고하고 피해신고까지 받은 것은, 대통령이 정부의 수반인 지위에서 피해자들인 국민에 대하여 향후 입법조치 등을 통하여 그 피해를 보상해 주겠다고 구체적 사안에 관하여 종국적으로 약속한 것이다(대판 2001.7.10. 98다38364). **2025 국가직 9급**

⑦ 행정청이 착오로 인하여 국적이탈을 이유로 주민등록을 말소한 행위

행정청이 대외적으로 공신력 있는 주민등록표상 국적이탈을 이유로 원고의 주민등록을 말소한 행위는 원고에게 간접적으로 국적이탈이 법령에 따라 이미 처리되었다는 견해를 표명한 것이라고 보아야 한다(대판 2008.1.17. 200610931). **2022 소방간부**

공적 견해표명을 부정한 판례

① 문화관광부장관의 지방자치단체장에 대한 회신
문화관광부장관의 지방자치단체장에 대한 회신인 「관광숙박시설지원 등에 관한 특별법」의 유효기간까지 관광호텔업 사업계획승인신청을 한 경우에는 그 유효기간이 경과한 이후에도 특별법을 적용할 수 있다는 내용의 회신내용은 장관이 피고 행정청에 한 회신이고 원고인 사인의 신뢰보호의 대상되는 공적 견해표명이 아니다(대판 2006.4.28. 2005두6539).

② 법원이 직권으로 개시·결정하는 과태료재판
법원이 비송사건절차법에 따라서 하는 과태료 재판은 관할 관청이 부과한 과태료처분에 대한 당부를 심판하는 행정소송절차가 아니라 법원이 직권으로 개시·결정하는 것이므로, 원칙적으로 과태료 재판에서는 행정소송에서와 같은 신뢰보호의 원칙 위반 여부가 문제로 되지 아니한다(대판 2006.4.28. 2003마715).

③ 총무과 민원팀장에 불과한 공무원이 민원봉사차원에서 상담에 응하여 안내한 것
병무청 담당부서의 담당공무원에게 공적 견해의 표명을 구하는 정식의 서면질의 등을 하지 아니한 채 총무과 민원팀장에 불과한 공무원이 민원봉사차원에서 상담에 응하여 안내한 것을 신뢰한 경우, 신뢰보호 원칙이 적용되지 아니한다(대판 2003.12.26. 2003두1875).

④ 인터넷 국세종합상담센터직원의 납세의무자에 대한 답변
인터넷 국세종합상담센터의 답변에 따라 세액을 과소신고·납부하게 되었다 하더라도 그 답변은 과세관청의 공식적인 견해표명이 아니라 상담직원의 단순한 상담에 불과하다는 이유로 원고에게 신고·납세의무의 위반을 탓할 수 없는 정당한 사유가 있다고 보기 어렵다고 판단한 것은 정당하다(대판 2009.4.23. 2007두3107).

⑤ 추상적 질의에 대한 과세관청의 일반론적인 견해표명
과세관청의 의사표시가 일반론적인 견해표명에 불과한 경우에는 위 원칙의 적용이 부정된다(대판 2010.4.29. 2007두19447).

⑥ 면세사업자등록증의 교부가 비과세에 대한 공적 견해표명으로 볼 수 없다.
부가가치세법상의 사업자등록은 과세관청으로 하여금 부가가치세의 납세의무자를 파악하고 그 과세자료를 확보케 하려는 데 입법 취지가 있는 것으로서, 이는 단순한 사업사실의 신고로서 사업자가 소관 세무서장에게 소정의 사업자등록신청서를 제출함으로써 성립되는 것이고, 사업자등록증의 교부는 이와 같은 등록사실을 증명하는 증서의 교부행위에 불과한 것으로 과세관청이 납세의무자에게 면세사업자등록증을 교부하고 수년간 면세사업자로서 한 부가가치세 예정신고 및 확정신고를 받은 행위만으로는 과세관청이 납세의무자에게 그가 영위하는 사업에 관하여 부가가치세를 과세하지 아니함을 시사하는 언동이나 공적인 견해를 표명한 것이라 할 수 없다(대판 2002.9.4. 2001두9370).

⑦ "개발이익환수에 관한 법률"에 저촉되지 않는다는 통보가 동법상 개발부담금 부과대상이 아니라는 공적 견해표명을 한 것으로 볼 수 없다. 개발이익환수에 관한 법률에 정한 개발사업을 시행하기 전에, 행정청이 토지 지상에 예식장 등을 건축하는 것이 관계 법령상 가능한지 여부를 질의하는 민원예비심사에 대하여 관련부서 의견으로 개발이익환수에 관한 법률에 '저촉사항 없음'이라고 기재하였다고 하더라도, 이후의 개발부담금부과처분에 관하여 신뢰보호의 원칙을 적용하기 위한 요건인, 개인에 대하여 신뢰의 대상이 되는 공적인 견해표명을 한 것이라고는 보기 어렵다(대판 2006.6.9. 2004두46).

⑧ 교육장이 보완요청서에 휴양 콘도미니엄업이 교육환경법상 금지행위 및 시설로 규정되어 있지 않다는 의견은 최종적 교육환경평가를 승인해 주겠다는 공적 견해표명으로 볼 수 없다. 교육장이 보완요청서에서 '휴양 콘도미니엄업이 교육환경법 제9조 제27호에 따른 금지행위 및 시설로 규정되어 있지 않다'는 의견을 밝힌 바 있으나, 이는 교육장이 최종적으로 교육환경평가를 승인해 주겠다는 취지의 공적 견해를 표명한 것이라고 볼 수 없다(대판 2020.4.29. 2019두52799).

⑨ 폐기물관리법상 폐기물처리사업계획적정통보는 국토계획법상 국토이용계획승인의 공적 견해표명이 아니다.
폐기물관리법령에 의한 폐기물처리업 사업계획에 대한 적정통보와 국토이용관리법령에 의한 국토이용계획변경은 각기 그 제도적 취지와 결정단계에서 고려해야 할 사항들이 다르므로, 폐기물처리업 사업계획에 대하여 적정통보를 한 것만으로 그 사업부지 토지에 대한 국토이용계획변경신청을 승인하여 주겠다는 취지의 공적인 견해표명을 한 것으로 볼 수 없다(대판 2005.4.28. 2004두8828). 2024 경찰간부, 2022 소방간부, 2020 국가직 9급, 2019 지방직 9급, 2017 서울시 9급, 2018 서울시 7급

⑩ 폐기물처리업 사업계획에 대한 적정통보는 토지에 대한 형질변경신청을 허가한다는 공적 견해표명이 아니다.
일반적으로 폐기물처리업 사업계획에 대한 적정통보에 당해 토지에 대한 형질변경허가신청을 허가하는 취지의 공적 견해표명이 있는 것으로는 볼 수 없다고 할 것이고, 더구나 토지의 지목변경 등을 조건으로 그 토지상의 폐기물처리업 사업계획에 대한 적정통보를 한 경우에는 위 조건부적정통보에 토지에 대한 형질변경허가의 공적 견해표명이 포함되어 있었다고 볼 수 없다(대판 1998.9.25. 98두6494). 2021 국가직 9급

⑪ 당초 정구장 시설을 설치한다는 도시계획결정만으로 사업시행자 지정을 받게 된다는 공적 견해표명으로 볼 수 없다.
당초 정구장 시설을 설치한다는 도시계획결정을 하였다가 정구장 대신 청소년 수련시설을 설치한다는 도시계획 변경결정 및 지적승인을 한 경우, 당초의 도시계획결정만으로는 도시계획사업의 시행자 지정을 받게 된다는 공적인 견해를 표명하였다고 할 수 없다는 이유로 그 후의 도시계획 변경결정 및 지적승인이 도시계획사업의 시행자로 지정받을 것을 예상하고 정구장 설계 비용 등을 지출한 자의 신뢰이익을 침해한 것으로 볼 수 없다(대판 2000.11.10. 2000두727).

⑫ 헌법재판소 위헌결정은 그 결정에 관련한 개인의 행위에 대하여 신뢰보호의 원칙이 적용되지 아니한다. 헌법재판소의 위헌결정은 행정청이 개인에 대하여 신뢰의 대상이 되는 공적인 견해를 표명한 것이라고 할 수 없으므로 그 결정에 관련한 개인의 행위에 대하여는 신뢰보호의 원칙이 적용되지 아니한다(대판 2003.06.27. 2002두6965). 2014 국회직 8급, 2023 국가직 7급, 2019 지방직 9급, 2015 서울시 7급

⑬ 행정청이 용도지역을 자연녹지지역으로 결정한 것만으로는 공적 견해표명이라고 볼 수 없다.
국토계획법상 국토이용행정청이 용도지역을 자연녹지지역으로 지정결정하였다가 그보다 규제가 엄한 보전녹지지역으로 지정결정하는 내용으로 도시계획을 변경한 경우, 행정청이 용도지역을 자연녹지지역으로 결정한 것만으로는 그 결정 후 그 토지의 소유권을 취득한 자에게 용도지역을 종래와 같이 자연녹지지역으로 유지하거나 보전녹지지역으로 변경하지 않겠다는 취지의 공적인 견해표명을 한 것이라고 볼 수 없다(대판 2005.3.10. 2002두5474).

⑭ 행정청이 지구단위계획을 수립하면서 그 권장용도를 판매·위락·숙박시설로 결정하여 고시한 것만으로 숙박시설에 대한 건축허가가 가능하리라는 공적 견해표명이라고 볼 수 없다.
이 사건에서 피고가 위와 같은 계획을 수립하여 고시하고 관련도서를 비치하여 열람하게 한 행위로서 표명한 공적 견해는 숙박시설의 건축허가를 불허하여야 할 중대한 공익상의 필요가 없음을 전제로 숙박시설 건축허가도 가능하다는 것이지, 이를 H지구 내에서는 공익과 무관하게 언제든지 숙박시설에 대한 건축허가가 가능하리라는 취지의 공적 견해를 표명한 것이라고 평가할 수는 없을 것이다(대판 2005.11.25. 2004두6822). 2017 지방직 7급, 2015 서울시 7급

⑮ 도시관리계획을 고시한 것만으로 사업시행에 대해 승인하겠다는 공적 견해표명으로 볼 수 없다.
도시관리계획을 고시한 것만으로는 피고가 이 사건 도시관리계획의 유지나 원고들의 이 사건 사업 시행에 관한 공적인 견해를 표명하였다고 보기 어렵다(대판 2018.10.12. 2015두50382).

⑯ 법령이 확정되지 않은 이상 신뢰보호대상 부정
법령이 확정되기 이전에는 법적 효과가 발생할 수 없다. 따라서 입법 예고를 통해 법령안의 내용을 국민에게 예고한 적이 있다고 하더라도 그것이 법령으로 확정되지 아니한 이상 국가가 이해관계자들에게 위 법령안에 관련된 사항을 약속하였다고 볼 수 없으며, 이러한 사정만으로 어떠한 신뢰를 부여하였다고 볼 수도 없다(대판 2018.6.15. 2017다249769). 2020 국가직 9급

⑰ 공무원임용결격사유자에 대한 임용취소에는 신뢰보호 주장할 수 없다.
국가가 공무원임용결격사유가 있는 자에 대하여 결격사유가 있는 것을 알지 못하고 공무원으로 임용하였다가 사후에 결격사유가 있는 자임을 발견하고 공무원 임용행위를 취소하는 것은 당사자에게 원래의 임용행위가 당초부터 당연무효이었음을 통지하여 확인시켜 주는 행위에 지나지 아니하는 것이므로, 그러한 의미에서 당초의 임용처분을 취소함에 있어서는 신의칙 내지 신뢰의 원칙을 적용할 수 없다(대판 1987.4.14. 86누459).

⑱ 유예기간 없이 개인택시 운송사업면허기준을 변경하고 변경기준에 따라 면허신청을 거부한 것
매년 그 때의 상황에 따라 적절히 면허 숫자를 조절해야 할 필요성이 있는 개인택시 면허제도의 성격상 그 자격요건이나 우선순위의 요건을 일정한 범위 내에서 강화하고 그 요건을 변경함에 있어 유예기간을 두지 아니하였다 하더라도 그러한 점만으로는 행정청의 면허신청 접수거부처분이 신뢰보호의 원칙이나 형평의 원칙, 재량권의 남용에 해당하지 아니한다(대판 1996.7.30. 95누12897).

0084 병무청 총무과 민원팀장에 불과한 공무원이 민원봉사차원에서 상담에 응하여 안내 한 것을 신뢰한 경우 신뢰보호의 원칙이 적용된다. O | X

0085 과세관청의 의사표시가 일반론적인 견해표명인 경우 신뢰보호원칙을 적용하지 않는다. O | X

0086 토지거래계약의 허가를 하는 과정에서 그 소속 공무원들을 통해 형질변경이 가능하다는 견해표명은 행정청에 의한 것이 아니라도 토지형질변경 가능성에 대한 공적 견해표명에 해당한다. O | X

0087 헌법재판소의 위헌결정은 사인에 대한 신뢰보호의 대상이 되는 공적 견해표명이다. O | X

0088 문화관광부장관이 지방자치단체장에게 한 사업승인가능성에 대한 회신은 사업신청자에 대한 공적 견해표명이다. O | X

0089 보건복지부장관의 의료취약지 병원설립운용자에 대한 5년간의 지방세 면제 취지의 공고는 조직법상 보건복지부장관의 권한이 아니므로 지방세 면제의 공적 견해표명에 해당하지 않는다. O | X

0090 폐기물처리업 사업계획에 대한 적정통보와 국토이용관리법령에 의한 국토이용계획변경은 각기 그 제도적 취지와 결정단계에서 고려해야할 사항이 다르다. O | X

0091 폐기물처리업 사업계획에 대한 적정통보는 국토이용관리법령에 의한 국토이용계획변경에 대한 공적 견해표명이다. O | X

0092 폐기물처리업 사업계획에 대한 적정통보는 토지형질변경에 대한 공적 견해표명으로 볼 수 없다. O | X

0093 폐기물처리업 사업계획에 대한 적정통보를 받은 자의 폐기물처리업 허가신청에 대해 다수 청소업자의 난립으로 효율적 청소업무의 수행에 지장이 있다는 이유로 불허가 하는 것은 신뢰보호의 원칙에 반한다. O | X

0094 정구장시설 설치의 도시계획결정을 청소년수련시설 설치의 도시계획으로 변경한 경우 사업시행자로 지정받을 것을 예상하고 정구장 설계비용 등을 지출한 자의 신뢰이익을 침해한 것으로 볼 수 있다. O | X

0095 국회에서 일정한 법률안을 심의하거나 의결한 적이 있다고 하더라도, 법률로 확정되지 아니한 이상 국가가 이해관계자들에게 위 법률안에 관련된 사항을 약속하였다고 볼 수 없다. O | X

0096 「개발이익환수에 관한 법률」에 정한 개발사업을 시행하기 전에 행정청이 민원예비심사로서 관련부서 의견으로 '저촉사항 없음'이라고 기재한 것은 개발부담금을 부과하지 않는다는 공적 견해표명에 해당한다. O | X

0097 교육장이 보완요청서에서 '휴양 콘도미니엄업이 교육환경법 제9조 제27호에 따른 금지행위 및 시설로 규정되어 있지 않다'는 의견을 밝힌 바 있으나, 이는 교육장이 최종적으로 교육환경평가를 승인해 주겠다는 취지의 공적 견해를 표명한 것이라고 볼 수 없다. O | X

0098 공무원임용결격사유에 해당하는 자를 국가가 과실로 알지 못하여 임용한 이상 십수년 후에 임용취소를 하는 것은 신뢰보호에 반하여 허용될 수 없다. O | X

0099 행정청이 지구단위계획을 수립하면서 권장용도를 숙박시설로 하였다 해도, 항상 숙박시설에 대한 건축허가가 가능하리라는 공적 견해를 표명한 것으로 볼 수는 없다. O | X

0100 국토이용행정청이 용도지역을 자연녹지지역으로 지정결정하였다가 그보다 규제가 엄한 보전녹지지역으로 지정결정하는 내용으로 도시계획을 변경하는 것은 토지소유자에 대한 신뢰보호의 원칙에 반하여 위법하다. O | X

0101 도시관리계획을 고시한 것은 도시관리계획을 유지하겠다는 공적 견해표명으로 보아야 한다. O | X

0102 행정청이 착오로 인하여 국적이탈을 이유로 주민등록을 말소한 행위를 법령에 따라 국적이탈이 처리되었다는 견해를 표명한 것으로 볼 수는 없으며, 상대방이 이러한 주민등록말소를 통하여 자신의 국적이탈이 적법하게 처리된 것으로 신뢰하였다고 하더라도 이는 보호할 가치가 있는 신뢰에 해당하지 않는다. O | X

정답 및 해설

0084 X 상담에 응하여 안내한 것만으로 신뢰보호원칙이 적용되지 않는다.
0085 O   0086 O
0087 X 공적 견해표명에 해당하지 않는다.
0088 X 사업신청자에게 공적 견해표명을 한 것이 아니다.
0089 X 실질적 신뢰가능성이 있으므로 공적 견해표명에 해당한다.
0090 O
0091 X 서로 결정단계에서 고려할 사항이 다르므로 공적 견해표명에 해당하지 않는다.
0092 O   0093 O
0094 X 사업시행자로 지정해 준다는 공적 견해표명이 없으므로 신뢰이익을 침해하지 않는다.
0095 O
0096 X 관련부서의 의견일 뿐이므로 공적 견해표명에 해당하지 않는다.
0097 O
0098 X 임용취소는 무효를 확인하는 것으로 신뢰보호에 위반되지 않는다.
0099 O
0100 X 도시계획을 변경하지 않겠다는 공적 견해표명이 없으므로 위법하지 않다.
0101 X 공적 견해표명으로 볼 수 없다.
0102 X 국적이탈이 처리되었다는 공적 견해표명으로 보고 이러한 신뢰는 보호가치가 있는 신뢰에 해당한다.

> 1. 신뢰보호의 원칙이 적용되기 위해서는 행정청의 견해표명이 정당하다고 신뢰한 데에 대하여 그 개인에게 귀책사유가 없어야 하는데 여기서 귀책사유라 함은 행정청의 견해표명의 하자가 상대방 등 관계자의 사실은폐나 기타 사위의 방법에 의한 신청행위 등 부정행위에 기인한 것이거나 그러한 부정행위가 없다고 하더라도 하자가 있음을 알았거나 중대한 과실로 알지 못한 경우 등을 의미한다고 해석함이 상당하고, 귀책사유의 유무는 상대방과 그로부터 신청행위를 위임받은 수임인 등 관계자 모두를 기준으로 판단하여야 한다(대판 2002.11.8. 2001두1512).
>
> 2024 소방간부, 2015 국회직 8급, 2021 국가직 7급, 2018 지방직 9급, 2017 서울시 9급, 2018 서울시 7급
>
> 2. 상대방의 신뢰를 보호하기 위하여 수익적 처분의 취소에는 일정한 제한이 따르는 것이나, 수익적 처분이 상대방의 허위 기타 부정한 방법으로 인하여 행하여졌다면 상대방은 그 처분이 그와 같은 사유로 인하여 취소될 것임을 예상할 수 없었다고 할 수 없으므로, 이러한 경우까지 상대방의 신뢰를 보호하여야 하는 것은 아니라고 할 것이다(대판 1995.1.20. 94누6529).
>
> 2019 지방직 9급

0103 수익적 처분의 하자가 상대방의 허위 기타 부정한 방법으로 인한 경우 수익적 처분을 취소하는 경우 상대방의 신뢰는 보호되지 않는다. O | X

0104 수익적 처분의 하자가 상대방의 허위 기타 부정한 방법으로 인한 경우 상대방은 그 수익적 처분이 그와 같은 사유로 인하여 취소될 것임을 예상할 수 없었다고 보아야 한다. O | X

0105 행정청의 견해표명의 하자가 상대방 등 관계자의 사실은폐나 기타 사위의 방법에 의한 신청행위 등 부정행위가 없었다면 하자가 있음을 알았거나 중대한 과실로 알지 못한 경우라도 상대방에게는 귀책사유가 없다. O | X

0106 수익적 처분의 하자에 대한 귀책사유의 유무는 상대방과 그로부터 신청행위를 위임받은 수임인 등 관계자 모두를 기준으로 판단하여야 한다. O | X

0107 건축설계를 위임받은 건축사가 건축한계선의 제한이 있다는 사실을 간과한 채 건축설계를 하고 이를 토대로 건축물의 신축허가를 받은 경우, 신축허가에 대한 건축주의 신뢰는 보호되어야 한다. O | X

정답 및 해설

0103 O
0104 X 그 처분이 그와 같은 사유로 취소될 것이라는 것을 예상할 수 있었다고 본다.
0105 X 하자가 있음을 알았거나 중대한 과실로 알지 못한 경우 상대방에게는 귀책사유가 있다.
0106 O
0107 X 수임인인 건축사의 귀책사유에 의한 것으로 위임인인 건축주의 신뢰는 보호되지 않는다.

> 1. 동일한 사유에 관하여 보다 무거운 면허취소처분을 하기 위하여 이미 행하여진 가벼운 면허정지처분을 취소하는 것은 선행처분에 대한 당사자의 신뢰 및 법적 안정성을 크게 저해하는 것이 되어 허용될 수 없다 할 것이다(대판 2000.2.25. 99두10520).
>
> 2. 종전의 과세처분이 위법하다는 이유로 이를 취소하는 판결이 선고·확정된 후 1년 내에 과세관청이 그 잘못을 바로 잡아 다시 과세처분을 한 경우에는 구 국세기본법(1993.12.31. 법률 제4672호로 개정되기 전의 것)제26조의 2 제1항이 정한 제척기간의 적용이 없고, 과세관청은 납세자에게 유리한 재처분만 할 수 있을 뿐 납세자에게 불리한 재처분을 할 수 없다는 국세행정관행이 존재한다고 볼 수 없다(대판 2002.7.23. 200두6237).

0108 동일한 사유에 관하여 보다 무거운 면허취소처분을 하기 위해 이미 행하여진 가벼운 면허정지처분을 취소하는 것은 허용되지 않는다. O | X

0109 선행 과세처분이 위법하여 취소판결이 난 경우 과세관청은 납세자에게 유리한 재처분만 할 수 있을 뿐 납세자에게 불리한 재처분을 할 수 없다. O | X

> 1. 행정청이 상대방에게 장차 어떤 처분을 하겠다고 확약 또는 공적인 의사표명을 하였다고 하더라도, 그 자체에서 상대방으로 하여금 언제까지 처분의 발령을 신청을 하도록 유효기간을 두었는데도 그 기간 내에 상대방의 신청이 없었다거나 확약 또는 공적인 의사표명이 있은 후에 사실적·법률적 상태가 변경되었다면, 그와 같은 확약 또는 공적인 의사표명은 행정청의 별다른 의사표시를 기다리지 않고 실효된다(대판 1996.8.20. 95누10877).
>
> 2. 신뢰보호의 원칙은 행정청이 공적인 견해를 표명할 당시의 사정이 그대로 유지됨을 전제로 적용되는 것이 원칙이므로, 사후에 그와 같은 사정이 변경된 경우에는 그 공적 견해가 더 이상 개인에게 신뢰의 대상이 된다고 보기 어려운 만큼, 특별한 사정이 없는 한 행정청이 그 견해표명에 반하는 처분을 하더라도 신뢰보호의 원칙에 위반된다고 할 수 없다(대판 2020.6.25. 2018두34732).

0110 공적 견해표명 후 사정변경이 생긴 경우 행정청의 철회의 의사표시가 없다면 공적 견해표명은 실효되지 않는다. O | X

0111 행정청의 공적 견해표명 당시 상대방으로 하여금 처분에 대한 신청기간을 두었는데도 그 기간 내에 신청이 없는 경우 공적 견해표명은 실효된다. O | X

정답 및 해설

0108 O
0109 X 납세자에게 불리한 재처분을 할 수도 있다.
0110 X 공적 견해표명은 실효된다.
0111 O

1. 실권 또는 실효의 법리는 법의 일반원리인 신의성실의 원칙에 바탕을 둔 파생원칙인 것이므로 공법관계가운데 관리관계는 물론이고 권력관계에도 적용되어야 함을 배제할 수는 없다(대판 1988.4.27. 87누915).
2. 택시운전사가 운전면허 정지기간 중의 운전행위를 하다가 적발되어 형사처벌을 받았으나 행정청으로부터 아무런 행정조치가 없어 안심하고 계속 운전업무에 종사하던 중 3년여가 지나서 이를 이유로 운전면허를 취소하는 행정처분을 하였다면 신뢰보호의 원칙에 반한다(대판 1987.9.8. 87누373).
3. 자동차운수사업법 제31조 제1항 제5호 소정의 "중대한 교통사고"를 이유로 사고로부터 1년 10개월 후 사고택시에 대하여 한 운송사업면허의 취소가 재량권을 일탈·남용했다 볼 수 없다(대판 1989.6.27. 88누6283). 2013 국가직 9급
4. 행정서사업무허가를 행한 뒤 20년이 다 되어 허가를 취소하였더라도, 그 취소사유를 행정청이 모르는 상태에 있다가 취소처분이 있기 직전에 알았다면, 실권의 법리가 적용되지 않고 그 취소는 정당하다(대판 1988.4.27. 87누915).

0112 대법원은 실권의 법리를 신의성실의 원칙에 바탕을 둔 파생원칙으로 보았다. O | X

0113 교통사고가 일어난 지 1년 10개월이 지난 뒤 그 교통사고를 일으킨 택시에 대해 운송사업면허를 취소한 경우 신뢰의 이익을 주장할 수는 없다. O | X

0114 운전면허정지기간 중에 운전을 하여 운전면허취소사유에 해당되더라도 3년이나 지나서 면허를 취소한 것은 위법하다. O | X

정답 및 해설
0112 O   0113 O   0114 O

행정기본법 제13조(부당결부금지의 원칙) 행정청은 행정작용을 할 때 상대방에게 해당 행정작용과 실질적인 관련이 없는 의무를 부과해서는 아니 된다.

[부당결부금지원칙 일반]

1. 사업자에게 주택사업계획 승인을 하면서 그 주택사업과는 아무런 관련이 없는 토지를 기부채납하도록 하는 부관을 주택사업계획승인에 붙인 경우, 그 부관은 부당결부금지의 원칙에 위반되어 위법하지만, 부관의 하자가 중대하고 명백하여 당연무효라고 볼 수는 없다(대판 1997.3.11. 96다49650). 2024 소방간부, 2025·2015 국가직 9급, 2022·2016년 국가직 7급, 2019 지방직 9급, 2018 서울시 7급

2. 주택사업계획을 승인하면서 입주민이 주로 이용하는 진입도로의 개설 또는 확장, 공원부지, 학교부지의 조성과 함께 그의 기부 또는 학교용지부담금의 지급을 개발사업자에게 의무지우는 것은 부당결부금지에 위반되지 않는다(대판 1997.3.11. 96다49650). 2020 소방간부

3. 건축물에 인접한 도로의 개설을 위한 도시계획사업시행허가처분은 건축물에 대한 건축허가처분과는 별개의 행정처분이므로, 사업시행허가를 함에 있어 조건으로 내세운 기부채납의무를 이행하지 않았음을 이유로 한 건축물에 대한 준공거부처분은「건축법」에 근거 없이 이루어진 것으로서 위법하다(대판 1992.11.27. 92누10364). 2013 국가직 9급

4. 고속도로 관리청이 고속도로 부지와 접도구역에 송유관 매설을 허가하면서 상대방과 체결한 협약에 따라 송유관 시설을 이전하게 된 경우 그 비용을 상대방에게 부담하도록 하였고, 그 후「도로법 시행규칙」이 개정되어 접도구역에는 관리청의 허가 없이도 송유관을 매설할 수 있게 된 경우 위 협약이 효력을 상실하지 않을 뿐만 아니라 위 협약에 포함된 부관이 부당결부금지의 원칙에도 반하지 않는다(대판 2009.2.12. 2005다65500). 2019 국회직 8급

[복수의 운전면허에 대한 처분]

1. 한 사람이 여러 종류의 자동차운전면허를 취득하는 경우뿐만 아니라 이를 취소 또는 정지함에 있어서도 서로 별개의 것으로 취급함이 원칙이라 할 것이고, 그 취소나 정지의 사유가 특정의 면허에 관한 것이 아니고 다른 면허와 공통된 것이거나 운전면허를 받은 사람에 관한 것일 경우에는 여러 운전면허 전부를 취소 또는 정지할 수도 있다고 보는 것이 상당하다(대판 2000.9.26. 2000두5425). 2014 국회직 8급, 2018 지방직 9급

2. 제1종 보통 운전면허와 제1종 대형 운전면허를 취득한 자가 대형화물자동차를 운전하다가 교통사고를 낸 것과 관련하여 행정청이 운전면허정지처분을 하면서 면허의 종별을 기재하지 않고 면허번호만을 특정한 경우, 위 각 운전면허가 1개의 면허번호에 의하여 통합관리되고 있다고 하더라도 운전면허정지처분의 대상은 제1종 대형운전면허에 국한되므로 제1종 보통운전면허는 정지되지 않는다(대판 2000.9.26. 2000두5425).

3. 제1종 대형면허나 제1종 보통면허의 취소에는 당연히 원동기장치자전거의 운전까지 금지하는 취지가 포함된 것이어서 이들 세 종류의 운전면허는 서로 관련된 것이라고 할 것이므로 제1종 보통면허로 운전할 수 있는 차량을 음주운전한 경우에 이와 관련된 면허인 제1종 대형면허와 원동기장치자전거면허까지 취소할 수 있는 것으로 보아야 한다(대판 1994.11.25. 94누9672). 2022 소방간부, 2015 국가직 9급, 2024 국가직 7급

4. 이륜자동차로서 제2종 소형면허를 가진 사람만이 운전할 수 있는 오토바이는 제1종 대형면허나 보통면허를 가지고서도 이를 운전할 수 없는 것이어서 이와 같은 이륜자동차의 운전은 제1종 대형면허나 보통면허와는 아무런 관련이 없는 것이므로 이륜자동차를 음주운전한 사유만 가지고서는 제1종 대형면허나 보통면허의 취소나 정지를 할 수 없다(대판 1992.9.22. 91누8289). 2023 경찰간부

5. 제1종 보통, 대형 및 특수 면허를 가지고 있는 자가 레이카크레인을 음주운전한 행위는 제1종 특수면허의 취소사유에 해당될 뿐 제1종 보통 및 대형 면허의 취소사유는 아니다(대판 1995.11.16. 95누8850).

0115 주택사업계획 승인을 하면서 그 주택사업과는 아무런 관련이 없는 토지를 기부채납하도록 하는 부관을 붙인 경우 부당결부금지원칙에 반한다. O | X

0116 주택사업계획 승인을 하면서 그 주택사업과는 아무런 관련이 없는 토지를 기부채납하도록 하는 부관을 붙인 경우 그 부관은 무효이다. O | X

0117 주택사업계획을 승인하면서 입주민이 이용하는 진입도로의 개설 및 확장과 이의 기부채납의무를 부담하는 것은 부당결부금지의 원칙에 반한다. O | X

0118 건축물에 인접한 도로의 개설을 위한 도시계획사업시행허가처분은 건축물에 대한 건축허가처분과는 별개의 행정처분이다. O | X

0119 도시계획사업시행허가를 함에 있어 조건으로 내세운 기부채납의무를 이행하지 않았음을 이유로 한 건축물에 대한 준공거부처분은 「건축법」에 근거 없이 이루어진 경우 위법하다. O | X

0120 고속도로 관리청이 고속도로 부지와 접도구역에 송유관 매설을 허가하면서 상대방과 체결한 협약에 따라 송유관 시설을 이전하게 된 경우 그 비용을 상대방에게 부담하도록 한 경우 이는 부당결부금지의 원칙에 위반된다. O | X

정답 및 해설

0115 O
0116 X 취소사유로 본다.
0117 X 주택사업계획승인과 실질적 관련이 있는 부관으로 부당결부금지원칙에 위반되지 않는다.
0118 O
0119 O
0120 X 상대방과 협약에 의한 것으로 부당결부금지원칙에 위반되지 않는다.

0121 한 사람에 대한 여러 종류의 자동차운전면허를 취소 또는 정지하는 경우 서로 별개의 것으로 취급하는 것이 원칙이다. O | X

0122 자동차운전면허 취소사유가 다른 면허와 공통된 것이거나 운전면허를 받은 사람에 관한 것일 경우에는 여러 면허를 전부 취소할 수도 있다. O | X

0123 제1종 보통 운전면허와 제1종 대형 운전면허를 취득한 자가 대형화물자동차를 운전하다가 교통사고를 낸 경우 제1종 보통 운전면허와 제1종 대형 운전면허 모두 면허정지 할 수 있다. O | X

0124 제1종 보통면허로 운전할 수 있는 차량을 음주운전한 경우 제1종 보통면허의 취소 외에 동일인이 소지하고 있는 제1종 대형면허와 원동기장치자전거면허는 취소할 수 없다. O | X

0125 승합차를 음주운전 한 경우 제1종 보통운전면허 외에 제1종 대형운전면허까지 취소한 행정청의 처분은 부당결부금지 원칙에 반한다. O | X

0126 제1종 보통, 대형 및 특수 면허를 가지고 있는 자가 레이카크레인을 음주운전한 경우 제1종 보통, 대형운전면허의 취소사유에 해당하지 않는다. O | X

정답 및 해설

0121 **O**
0122 **O**
0123 **X** 1종 대형면허만 면허정지할 수 있다.
0124 **X** 관련면허 전부를 취소할 수 있다.
0125 **X** 관련면허 전부를 취소할 수 있으므로 부당결부금지원칙에 위반되지 않는다.
0126 **O**

행정기본법 제11조(성실의무 및 권한남용금지의 원칙) ① 행정청은 법령등에 따른 의무를 성실히 수행하여야 한다.
② 행정청은 행정권한을 남용하거나 그 권한의 범위를 넘어서는 아니 된다.

1. 신의성실의 원칙은 법률관계의 당사자는 상대방의 이익을 배려하여 형평에 어긋나거나 신뢰를 저버리는 내용 또는 방법으로 권리를 행사하거나 의무를 이행하여서는 아니된다는 추상적 규범을 말하는 것으로서, 신의성실의 원칙에 위배된다는 이유로 그 권리의 행사를 부정하기 위하여는 상대방에게 신의를 주었다거나 객관적으로 보아 상대방이 그러한 신의를 가짐이 정당한 상태에 이르러야 하고, 이와 같은 상대방의 신의에 반하여 권리를 행사하는 것이 정의 관념에 비추어 용인될 수 없는 정도의 상태에 이르러야 하고, 일반 행정법률관계에서 관청의 행위에 대하여 신의칙이 적용되기 위해서는 합법성의 원칙을 희생하여서라도 처분의 상대방의 신뢰를 보호함이 정의 관념에 부합하는 것으로 인정되는 특별한 사정이 있을 경우에 한하여 예외적으로 적용된다(대판 2004.7.22. 2002두11233).

2. 관할관청이 위법한 직업능력개발훈련과정 인정제한처분을 하여 사업주로 하여금 제때 훈련과정 인정신청을 할 수 없도록 하였음에도, 인정제한처분에 대한 취소판결 확정 후 사업주가 인정제한 기간 내에 실제로 실시하였던 훈련에 관하여 비용지원신청을 한 경우에, 관할관청은 단지 해당 훈련과정에 관하여 사전에 훈련과정 인정을 받지 않았다는 이유만을 들어 훈련비용 지원을 거부할 수는 없음이 원칙이다. 이러한 거부행위는 위법한 훈련과정 인정제한처분을 함으로써 사업주로 하여금 제때 훈련과정 인정신청을 할 수 없게 한 장애사유를 만든 행정청이 사업주에 대하여 사전에 훈련과정 인정신청을 하지 않았음을 탓하는 것과 다름없으므로 신의성실의 원칙에 반하여 허용될 수 없다(대판 2019.1.31. 2016두52019). **2021 국회직 8급**

3. 근로자가 입은 부상이나 질병이 업무상 재해에 해당하는지 여부에 따라 요양급여 신청의 승인, 휴업급여청구권의 발생 여부가 차례로 결정되고, 따라서 근로복지공단의 요양불승인처분의 적법 여부는 사실상 근로자의 휴업급여청구권 발생의 전제가 된다고 볼 수 있는 점 등에 비추어, 근로자가 요양불승인에 대한 취소소송의 판결확정시까지 근로복지공단에 휴업급여를 청구하지 않았던 것은 이를 행사할 수 없는 사실상의 장애사유가 있었기 때문이라고 보아야 하므로, 근로복지공단의 소멸시효 항변은 신의성실의 원칙에 반하여 허용될 수 없다(대판 2008.9.18. 2007두2173). **2021 국회직 8급**

4. 피징계자가 징계처분에 중대하고 명백한 흠이 있음을 알면서도 퇴직시에 지급되는 퇴직금 등 급여를 지급받으면서 그 징계처분에 대하여 위 흠을 들어 항고하였다가 곧 취하하고 그 후 5년 이상이나 그 징계처분의 효력을 일체 다투지 아니하다가 위 비위사실에 대한 공소시효가 완성되어 더이상 형사소추를 당할 우려가 없게 되자 새삼 위 흠을 들어 그 징계처분의 무효확인을 구하는 소를 제기하기에 이르렀고 한편 징계권자로서도 그후 오랜 기간동안 피징계자의 퇴직을 전제로 승진·보직 등 인사를 단행하여 신분관계를 설정하였다면 피징계자가 이제와서 위 흠을 내세워 그 징계처분의 무효확인을 구하는 것은 신의칙에 반한다(대판 1989.12.12. 88누8869).

5. 세무조사가 과세자료의 수집 또는 신고내용의 정확성 검증이라는 본연의 목적이 아니라 부정한 목적을 위하여 행하여진 것이라면 이는 세무조사에 중대한 위법사유가 있는 경우에 해당하고 이러한 세무조사에 의하여 수집된 과세자료를 기초로 한 과세처분 역시 위법하다(대판 2016.12.15. 2016두47659).

6. 지방공무원 임용신청 당시 잘못 기재된 호적상 출생연월일을 생년월일로 기재하고, 이에 근거한 공무원인사기록카드의 생년월일 기재에 대하여 처음 임용된 때부터 약 36년 동안 전혀 이의를 제기하지 않다가, 정년을 1년 3개월 앞두고 호적상 출생연월일을 정정한 후 그 출생연월일을 기준으로 정년의 연장을 요구하는 것이 신의성실의 원칙에 반하지 않는다(대판 2009.3.26. 2008두21300). **2021 국가직 9급, 2015 서울시 7급**

0127 근로복지공단의 요양불승인처분의 적법 여부는 사실상 근로자의 휴업급여청구권 발생의 전제가 된다고 볼 수 있는 점 등에 비추어, 근로자가 요양불승인에 대한 취소소송의 판결확정 시까지 근로복지공단에 휴업급여를 청구하지 않았던 것에 대한 근로복지공단의 소멸시효 항변은 신의성실의 원칙에 반하여 허용될 수 없다. O | X

0128 관할 관청이 위법한 직업능력개발훈련과정 인정제한처분을 하여 사업주로 하여금 제때 훈련과정 인정신청을 할 수 없도록 하였음에도, 인정제한처분에 대한 취소판결 확정 후 사업주가 인정제한기간 내에 실제로 실시하였던 훈련에 관하여 비용지원신청을 한 경우에, 사전에 훈련과정 인정을 받지 않았다는 이유만을 들어 훈련비용 지원을 거부한 것은 신의성실의 원칙에 반하여 허용될 수 없다. O | X

0129 지방공무원 임용신청 당시 잘못 기재된 생년월일에 근거하여 36년 동안 공무원으로 근무하다 정년을 1년 3개월 앞두고 생년월일을 정정한 후 그에 기초하여 정년연장을 요구하는 것은 신의성실의 원칙에 반한다. O | X

정답 및 해설

0127 O
0128 O
0129 X 신의성실의 원칙에 위반되지 않는다.

05 | 행정법령의 효력범위

법령 등 공포에 관한 법률 제11조(공포 및 공고의 절차) ① 헌법개정·법률·조약·대통령령·총리령 및 부령의 공포와 헌법개정안·예산 및 예산 외 국고부담계약의 공고는 관보(官報)에 게재함으로써 한다.
② 「국회법」제98조제3항 전단에 따라 하는 국회의장의 법률 공포는 서울특별시에서 발행되는 둘 이상의 일간신문에 게재함으로써 한다.
③ 제1항에 따른 관보는 종이로 발행되는 관보(이하 "종이관보"라 한다)와 전자적인 형태로 발행되는 관보(이하 "전자관보"라 한다)로 운영한다.
④ 관보의 내용 해석 및 적용 시기 등에 대하여 종이관보와 전자관보는 동일한 효력을 가진다. _{2024 경찰간부, 2021 지방직 9급}

제12조(공포일·공고일) 제11조의 법령 등의 공포일 또는 공고일은 해당 법령 등을 게재한 관보 또는 신문이 발행된 날로 한다. _{2024 소방간부}

제13조(시행일) 대통령령, 총리령 및 부령은 특별한 규정이 없으면 공포한 날부터 20일이 경과함으로써 효력을 발생한다. _{2024 소방간부}

제13조의2(법령의 시행유예기간) 국민의 권리 제한 또는 의무 부과와 직접 관련되는 법률, 대통령령, 총리령 및 부령은 긴급히 시행하여야 할 특별한 사유가 있는 경우를 제외하고는 공포일부터 적어도 30일이 경과한 날부터 시행되도록 하여야 한다. _{2024 소방간부}

지방자치법 제33조(조례와 규칙의 공포 방법 등) ① 조례와 규칙의 공포는 해당 지방자치단체의 공보에 게재하는 방법으로 한다. 다만, 제32조제6항 후단에 따라 지방의회의 의장이 조례를 공포하는 경우에는 공보나 일간신문에 게재하거나 게시판에 게시한다. _{2015 지방직 9급}
② 제1항에 따른 공보는 종이로 발행되는 공보(이하 이 조에서 "종이공보"라 한다) 또는 전자적인 형태로 발행되는 공보(이하 이 조에서 "전자공보"라 한다)로 운영한다.
③ 공보의 내용 해석 및 적용 시기 등에 대하여 종이공보와 전자공보는 동일한 효력을 가진다.

행정기본법 제14조(법 적용의 기준) ① 새로운 법령등은 법령등에 특별한 규정이 있는 경우를 제외하고는 그 법령등의 효력 발생 전에 완성되거나 종결된 사실관계 또는 법률관계에 대해서는 적용되지 아니한다. _{2023 소방간부}
② 당사자의 신청에 따른 처분은 법령등에 특별한 규정이 있거나 처분 당시의 법령등을 적용하기 곤란한 특별한 사정이 있는 경우를 제외하고는 처분 당시의 법령등에 따른다. _{2024·2023 소방간부}
③ 법령등을 위반한 행위의 성립과 이에 대한 제재처분은 법령등에 특별한 규정이 있는 경우를 제외하고는 법령등을 위반한 행위 당시의 법령등에 따른다. 다만, 법령등을 위반한 행위 후 법령등의 변경에 의하여 그 행위가 법령등을 위반한 행위에 해당하지 아니하거나 제재처분 기준이 가벼워진 경우로서 해당 법령등에 특별한 규정이 없는 경우에는 변경된 법령등을 적용한다. _{2024 경찰간부, 2023 소방간부}

1. 법령이 변경된 경우 신 법령이 피적용자에게 유리하여 이를 적용하도록 하는 경과규정을 두는 등의 특별한 규정이 없는 한 헌법 제13조 등의 규정에 비추어 볼 때 그 변경 전에 발생한 사항에 대하여는 변경 후의 신 법령이 아니라 변경 전의 구 법령이 적용되어야 한다. 과징금부과처분을 하는 경우 구체적인 부과기준에 대하여는 처분 시의 시행령이 행위 시의 시행령보다 불리하게 개정되었고 어느 시행령을 적용할 것인지에 대하여 특별한 규정이 없으므로, 행위 시의 시행령을 적용하여야 한다(대판 2002.12.10. 2001두3228). _{2015·2014 국가직 9급}

2. 사건발생시 법령에 따라 법률관계가 확정되고 행정청이 이를 확인하는 처분을 하는 경우 처분시법이 아니라 법률관계 확정시의 법령을 적용하는 것이 원칙이지만 법령을 개정하는 동기가 위헌적 요소를 없애려는 반성적 고려에서 이루어진 경우 예외적으로 개정시행령을 적용해야 한다(대판 2007.2.22. 2004두12957).

3. 산업재해보상보험법상 장해급여는 근로자가 업무상의 사유로 부상을 당하거나 질병에 걸려 치료를 종결한 후 신체 등에 장해가 있는 경우 그 지급 사유가 발생하고, 그때 근로자는 장해급여 지급청구권을 취득하므로, 장해급여 지급을 위한 장해등급 결정 역시 장해급여 지급청구권을 취득할 당시, 즉 그 지급 사유 발생 당시의 법령에 따르는 것이 원칙이다(대판 2007.2.22. 2004두12957). 국민연금법상 장애연금지급을 위한 장애등급결정도 동일(대판 2014.10.15. 2012두15135) _{2017 국가직 7급, 2015 지방직 9급, 2014 지방직 7급}

4. 개발제한구역의 지정 및 관리에 관한 특별조치법 제11조 제3항 및 같은 법 시행규칙 관련 조항의 신설로 허가나 신고 없이 개발제한구역 내 공작물 설치행위를 할 수 있도록 법령이 개정된 경우, 그 법령의 시행 전에 이미 범하여진 위법한 설치행위에 대한 가벌성이 소멸하지 않는다(대판 2007.9.6. 2007도4197). _{2020 국가직 9급}

0130 법령이 변경된 경우 특별한 규정이 없는 한 그 변경 전에 발생한 사항에 대하여는 변경된 후의 신법령이 아니라 변경 전의 구 법령이 적용되어야 한다. O | X

0131 과징금부과처분을 하는 경우 행위 시의 시행령과 부과 시의 시행령의 부과기준이 다른 경우 특별한 규정이 없는 경우 부과처분 시의 시행령을 적용하여야 한다. O | X

0132 사건발생시 법령에 따라 법률관계가 확정되고 행정청이 이를 확인하는 처분을 하는 경우 처분시법이 아니라 법률관계 확정시의 법령을 적용하는 것이 원칙이다. O | X

0133 법령을 개정하는 동기가 위헌적 요소를 없애려는 반성적 고려에서 이루어진 경우 예외적으로 개정시행령을 적용해야 한다. O | X

0134 개발제한구역의 지정 및 관리에 관한 특별조치법령의 개정으로 허가나 신고 없이 개발제한구역 내 공작물 설치행위를 할 수 있게 되었다면, 그 법령의 시행 전에 이미 범하여진 위법한 설치행위에 대한 가벌성은 소멸한다. O | X

정답 및 해설

0130 O
0131 X 행위시의 시행령을 적용하여야 한다.
0132 O
0133 O
0134 X 행위 당시의 가벌성이 소멸하는 것은 아니다.

■ 소급입법

1. 진정소급입법

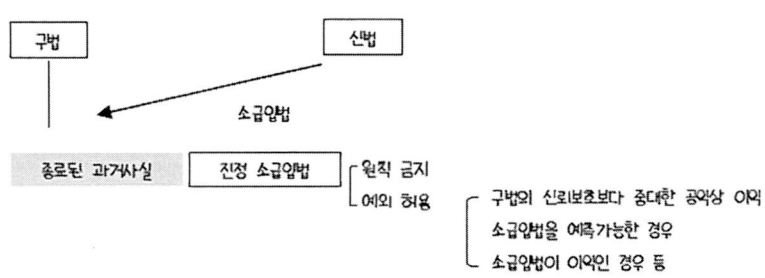

2. 부진정소급입법

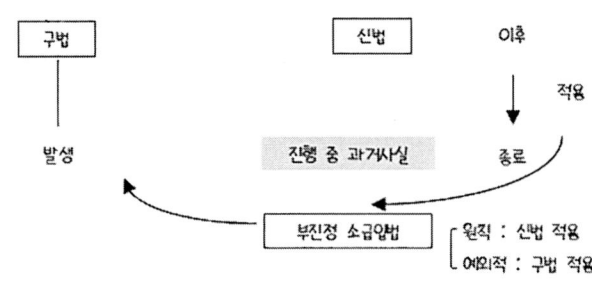

1. 소급입법은 신법이 이미 종료된 사실관계에 작용하는지 아니면 현재 진행중인 사실관계에 작용하는지에 따라 "진정소급입법"과 "부진정소급입법"으로 구분된다(헌재 2004.7.15. 2002헌바63).

2. 진정소급입법은 헌법적으로 허용되지 않는 것이 원칙이며, 일반적으로 국민이 소급입법을 예상할 수 있었거나 법적 상태가 불확실하고 혼란스러워 보호할만한 신뢰이익이 적은 경우와 소급입법에 의한 당사자의 손실이 없거나 아주 경미한 경우 그리고 신뢰보호의 요청에 우선하는 심히 중대한 공익상의 사유가 소급입법을 정당화하는 경우 등에는 예외적으로 진정소급입법이 허용된다(대판 2002.12.10. 2001두3228). 2024 국회직 8급, 2020·2014 국가직 9급, 2024 국가직 7급, 2015 서울시 9급

3. 이 사건 귀속조항은 진정소급입법에 해당하지만, 진정소급입법이라 할지라도 예외적으로 국민이 소급입법을 예상할 수 있었던 경우와 같이 소급입법이 정당화되는 경우에는 허용될 수 있다. 친일재산의 취득 경위에 내포된 민족배반적 성격, 대한민국임시정부의 법통 계승을 선언한 헌법 전문 등에 비추어 친일반민족행위자측으로서는 친일재산의 소급적 박탈을 충분히 예상할 수 있었고, 친일재산 환수 문제는 그 시대적 배경에 비추어 역사적으로 매우 이례적인 공동체적 과업이므로 이러한 소급입법의 합헌성을 인정한다고 하더라도 이를 계기로 진정소급입법이 빈번하게 발생할 것이라는 우려는 충분히 불식될 수 있다. 따라서 이 사건 귀속조항은 진정소급입법에 해당하나 헌법 제13조 제2항에 반하지 않는다(헌재 2011.3.31. 2008헌바141 등).

4. 현재 진행중인 사실관계에 작용케 하는 부진정소급입법은 원칙적으로 허용되지만 소급효를 요구하는 공익상의 사유와 신뢰보호의 요청 사이의 교량과정에서 신뢰보호의 관점이 입법자의 형성권에 제한을 가하게 된다(헌재 1998.11.26. 97헌바58). 2021 국회직 8급, 2017 국가직 7급

5. 행정처분은 그 근거 법령이 개정된 경우에도 경과 규정에서 달리 정함이 없는 한 처분 당시 시행되는 개정 법령과 그에서 정한 기준에 의하는 것이 원칙이고, 그 개정 법령이 기존의 사실 또는 법률관계를 적용대상으로 하면서 종전보다 불리한 법률효과를 규정하고 있는 경우에도 그러한 사실 또는 법률관계가 개정 법률이 시행되기 이전에 이미 종결된 것이 아니라면 이를 헌법상 금지되는 소급입법이라고 할 수는 없으며, 그러한 개정 법률의 적용과 관련하여서는 개정 전 법령의 존속에 대한 국민의 신뢰가 개정 법령의 적용에 관한 공익상의 요구보다 더 보호가치가 있다고 인정되는 경우에 그러한 국민의 신뢰보호를 보호하기 위하여 그 적용이 제한될 수 있는 여지가 있을 따름이다(대판 2010.3.11. 2008두15169). **2018 국가직 7급**

6. 과세단위가 시간적으로 정해지는 조세에 있어 과세표준기간인 과세연도 진행 중에 세율인상 등 납세의무를 가중하는 세법의 제정이 있는 경우에는 이미 충족되지 아니한 과세요건을 대상으로 하는 강학상 이른바 부진정소급효의 경우이므로 그 과세연도 개시시에 소급적용이 허용된다(대판 1983.4.26. 81누423). **2015 서울시 9급**

7. 개발이익환수에관한법률 부칙 제2조는 동법이 시행된 1990.1.1.이전에 이미 개발을 완료한 사업에 대하여 소급하여 개발부담금을 부과하려는 것이 아니라 동법 시행 당시 개발이 진행중인 사업에 대하여 장차 개발이 완료되면 개발부담금을 부과하려는 것이므로, 이는 아직 완성되지 아니하여 진행과정에 있는 사실관계 또는 법률관계를 규율대상으로 하는 이른바 부진정소급입법에 해당하는 것이어서 원칙적으로 헌법상 허용되는 것이다(헌재 2001.2.22. 98헌바19).

8. 대학이 성적불량을 이유로 학생에 대하여 징계처분을 하는 경우에 있어서 수강신청이 있은 후 징계요건을 완화하는 학칙개정이 이루어지고 이어 당해 시험이 실시되어 그 개정학칙에 따라 징계처분을 한 경우라면 이는 이른바 부진정소급효에 관한 것으로서 구 학칙의 존속에 관한 학생의 신뢰보호가 대학당국의 학칙개정의 목적달성보다 더 중요하다고 인정되는 특별한 사정이 없는 한 위법이라고 할 수 없다(대법원 1989.7.11. 선고 87누1123). **2022 국가직 9급**

9. 행정행위는 처분 당시에 시행중인 법령 및 허가기준에 의하여 하는 것이 원칙이고, 인·허가신청 후 처분 전에 관계 법령이 개정 시행된 경우 신법령 부칙에서 신법령 시행 전에 이미 허가신청이 있는 때에는 종전의 규정에 의한다는 취지의 경과규정을 두지 아니한 이상 당연히 허가신청 당시의 법령에 의하여 허가 여부를 판단하여야 하는 것은 아니며, 소관 행정청이 허가신청을 수리하고도 정당한 이유 없이 처리를 늦추어 그 사이에 법령 및 허가기준이 변경된 것이 아닌 한 새로운 법령 및 허가기준에 따라서 한 불허가처분이 위법하다고 할 수 없다(대판 1992.12.8. 92누13813). **2023 소방간부, 2017 국가직 7급, 2018 지방직 9급, 2018 지방직 7급**

0135 신법이 이미 종료된 과거사실에 작용되는 경우 진정소급입법이라 하고 현재 진행 중인 사실관계에 작용하면 부진정소급입법이라 한다. O | X

0136 진정소급입법은 구법에 대한 신뢰보호의 요청에 우선하는 심히 중대한 공익상 사유가 있는 경우에도 허용되지 않는다. O | X

0137 일반적으로 국민이 소급입법을 예상할 수 있었던 경우 진정소급입법은 허용된다. O | X

정답 및 해설

0135 O
0136 X 허용된다.
0137 O

0138 계속된 사실이나 새 법령 시행후에 발생한 부과요건에 대해 새법령을 적용하는 것은 소급입법금지의 원칙에 저촉되어 허용되지 않는다. O | X

0139 부진정소급입법은 원칙적 허용되지만 소급효를 요구하는 공익상의 사유와 신뢰보호의 요청 사이의 교량과정에서 신뢰보호의 관점이 입법자의 형성권에 제한을 가하게 된다. O | X

0140 세법이 개정되어 세율이 인상된 경우, 법 개정 전부터 개정법이 발효된 후에까지 걸쳐 있는 과세기간(1년)의 전체 소득에 대하여 인상된 세율을 적용하는 것은 재산권에 대한 소급적 박탈이 되므로 위법하다. O | X

0141 법률시행 이후의 사항에 대하여 신법을 적용하도록 정한 「개발이익 환수에 관한 법률」의 부칙은 진정소급입법으로 원칙적으로 헌법상 허용될 수 없다. O | X

0142 '친일재산은 그 취득·증여 등 원인행위시에 국가의 소유로 한다.'고 정한 「친일반민족행위자 재산의 국가귀속에 관한 특별법」규정은 진정소급입법에 해당하므로 헌법상 허용되지 않는다. O | X

0143 수강신청 후에 징계요건을 완화하는 학칙개정이 이루어지고 이어 시험이 실시되어 그 개정학칙에 따라 대학이 성적 불량을 이유로 학생에 대하여 징계처분을 한 경우라면 이는 이른바 부진정소급효에 관한 것으로서 특별한 사정이 없는 한 위법이라고 할 수 없다. O | X

0144 건축허가 신청 후 건축허가기준에 관한 관계 법령 및 조례의 규정이 신청인에게 불리하게 개정된 경우, 당사자의 신뢰를 보호하기 위해 처분 시가 아닌 신청 시 법령에서 정한 기준에 의하여 건축허가 여부를 결정하는 것이 원칙이다. O | X

정답 및 해설

0138 X 소급입법금지원칙에 저촉되지 않는다.
0139 O
0140 X 부진정소급입법으로 위법하지 않다.
0141 X 진정소급입법이 아니므로 원칙적 허용된다.
0142 X 진정소급입법이지만 중대한 공익상 이유로 허용된다.
0143 O
0144 X 처분 시 법령에 의하는 것이 원칙이다.

> 법률의 개정시에 종전 법률부칙의 경과규정을 개정하거나 삭제하는 명시적인 조치가 없다면, 개정법률에 다시 경과규정을 두지 않았더라도 부칙의 경과규정이 당연실효되는 것은 아니지만, 개정법률이 전문개정인 경우에는 기존법률을 폐지하고 새로운 법률을 제정하는 것과 마찬가지여서, 종전의 본칙은 물론 부칙규정도 모두 소멸하는 것으로 보아야 할 것이므로, 특별한 사정이 없는 한 종전의 법률부칙의 경과규정도 모두 실효된다고 보아야 한다(대판 2002.7.26. 2001두68).

0145 개정 법률이 전문개정인 경우 기존 법률을 폐지하고 새로운 법률을 제정하는 것과 마찬가지가 된다. O | X

0146 전문개정의 경우 기존법률의 본칙은 물론 부칙규정도 모두 소멸하지만 특별한 사정이 없는 한 종전의 법률부칙의 경과규정은 실효되지 않는다. O | X

정답 및 해설

0145 **O**
0146 **X** 종전의 법률의 경과규정도 실효된다.

06 | 행정상 법률관계

구 분	공법관계	사법관계
재산관계	① 국유재산무단점유자에 대한 변상금부과처분 2025·2024 소방간부, 2023·2013 국회직 8급, 2017 국가직 7급, 2017 지방직 9급, 2016 지방직 7급, 2019·2015·2013 서울시 9급 ② 귀속재산매각처분　　　　　　2017 국가직 7급 ③ 행정재산의 목적 외 사용허가　2017 국회직 8급 ④ 행정재산의 사용·수익허가 관계(허가, 취소, 사용료부과, 신청거부) 2021·2015 국회직 8급, 2020 국가직 7급, 2018·2016 지방직 9급, 2019·2013 서울시 9급 ⑤ 조세채무관계 ⑥ 기부채납 받은 행정재산의 사용수익허가	① 국유일반재산 매각행위 ② 국유일반재산(임야) 대부행위 및 대부료의 납입고지 2021 소방간부, 2022·2016 국회직 8급, 2017·2016 지방직 9급, 2016 지방직 7급 ③ 국유재산불하 ④ 행정재산의 목적 외 사용허가를 받은 행정재산을 전대하는 계약　　　　2023·2016 국회직 8급 ⑤ 국유광업권 매각 ⑥ 기부채납 받은 공유재산을 무상으로 기부자에게 사용을 허용하는 행위　　　　2015 서울시 9급
근무관계	① 농지개량조합과 직원의 근무관계 2016 지방직 7급, 2015 서울시 9급 ② 국가나 지방자치단체에 근무하는 청원경찰의 근무관계 2018 지방직 9급, 2015 서울시 9급 ③ 도시재개발조합의 조합원 지위확인 ④ 행정주체인 재건축조합을 상대로 관리처분계획안에 대한 조합총회결의의 효력을 다투는 것 2024·2021 소방간부, 2019 국가직 7급, 2017 국가직 7급, 2018 서울시 9급 ⑤ 토지개량조합의 직원에 대한 징계(급여청구권은 사법관계) ⑥ 어업협동조합의 임원선출 ⑦ 공무원연금관리공단의 퇴직공무원에 대한 급여결정	① 한국방송공사의 직원 채용관계(응시자격 채용공고 헌법소원 대상인 공권력 부정)　2016 지방직 7급 ② 종합유선방송위원회 직원의 근무관계 ③ 서울특별시지하철공사의 임원과 직원의 근무관계 2015 서울시 9급 ④ 주한미군 한국인 직원의료보험조합직원의 근무관계 2024 국회직 8급 ⑤ 창덕궁 비원 안내원들의 근무관계 ⑥ 도시 및 주거환경정비법상 재개발조합과 조합장 또는 조합임원 사이의 선임·해임 등을 둘러싼 법률관계　　　　　　　　　　　2013 지방직 9급 ⑦ 한국마사회의 기수면허부여 또는 취소 2021 소방간부, 2015 국회직 8급, 2022 국가직 7급, 2015 지방직 9급

계약	① 서울특별시의 경찰국 산하 서울대공전술연구소 소장채용계약 ② 서울특별시 시립무용단원의 위촉 2023 국회직 8급, 2014 지방직 7급 ③ 사립학교법인의 교원징계에 대한 소청심사 2020 국회직 8급 ④ 공립유치원 전임교사의 근무관계 2018 서울시 9급 ⑤ 공중보건의사 채용계약 ⑥ 「국가를 당사자로 하는 계약에 관한 법률」상 중앙행정기관 장의 입찰참가자격제한 2021 소방간부, 2021·2016·2013 국회직 8급 ⑦ 「공공기관운영에 관한 법률」상 각종 공사·공단의 입찰참가자격제한 2017 국회직 8급 ⑧ 중소기업 정보화지원사업에 따른 지원금 출연을 위하여 중소기업청장이 체결하는 협약 ⑨ 조달청의 나라장터 종합쇼핑몰에 대한 거래정지조치 2021·2020 국회직 8급 ⑩ 국립의료원 부설주차장에 관한 위탁관리용역운영계약(행정재산의 사용·수익 허가로서 강학상 특허) 2021 소방간부, 2018 국회직 8급 ⑪ 중학교 의무교육의 위탁관계 2024 소방간부	① 시의 물품구입계약 ② 사립학교법인의 교원에 대한 징계 2021 국회직 8급 ③ 공익사업위한 토지 등 협의취득 2016·2013 국회직 8급, 2019 국가직 9급, 2020 국가직 7급, 2016 지방직 9급 ④ 예산회계법(현 국가를 당사자로 하는 계약에 관한 법률)상 입찰보증금 국고귀속조치 2025 소방간부, 2023·2013 국회직 8급, 2019 국가직 9급, 2020·2016 국가직 7급, 2020·2016 지방직 9급, 2016·2014 지방직 7급 ⑤ 「국가를 당사자로 하는 계약에 관한 법률」상 공공계약 2021·2017 국회직 8급, 2019 지방직 9급 ⑥ 공설시장 점포에 대한 시장의 사용허가 및 취소행위 ⑦ 각종 공사·공단의 회계규정에 의한 특정기업 입찰참가자격제한 ⑧ 국고수표발행, 국가의 주식매입, 국·공채발행
공공 서비스	① 전화요금 강제징수 ② 수도료의 부과·징수와 수도료의 납부관계 2019 국가직 9급 ③ 국립병원 강제입원	① 전화가입 계약·해지 ② 국공립병원의 유료입원 ③ 공기업이용관계(철도·지하철·시영버스·시영식당 이용관계)
권리	① 「공유수면매립법」에 정한 권리를 가진 자가 취득한 손실보상청구권 ② 「하천법」상 준용하천의 제외지로 편입된 토지소유자의 손실보상청구권 2016 지방직 9급, 2018·2013 서울시 9급 ③ 「공익사업을 위한 토지등의 취득 및 보상에 관한 법률」상 보상금증감 청구소송 2025 소방간부, 2016 지방직 9급 ④ 「부가가치세법」상 환급청구권 2025·2024·2021 소방간부, 2014 지방직 7급 ⑤ 「석탄산업법」상 석탄가격 안정지원금 지급청구권 2017 국회직 8급	① 무효인 과세처분에 기한 부당이득반환청구권 2021 국가직 7급 ② 개발부담금 부과처분이 취소된 경우 그 과오납금의 반환청구 2024 소방간부, 2018 국회직 8급, 2020·2017 국가직 7급, 2018 지방직 9급, 2018 서울시 9급 ③ 환매권 2020·2016 국회직 8급, 2022 국가직 9급, 2017 국가직 7급 ④ 구 「수산업법」상 어업권 침해에 대한 손실보상청구 ⑤ 국가배상청구권 ⑥ 국가에 대한 사무관리에 기한 필요비, 유익비 상환청구권 2022 국가직 9급

0147 공유재산의 관리청이 행하는 행정재산의 사용·수익허가는 공법관계이다.   O | X

0148 국유일반재산의 대부료 납입고지에 대해서는 민사소송의 방법에 의하여야 한다.   O | X

0149 기부채납 받은 행정재산의 사용·수익허가는 관리청이 공권력 주체로서 행하는 행정처분이다.   O | X

0150 국립의료원 부설주차장 운영계약은 사경제주체로서 원고와 대등한 위치에서 행한 사법상 계약에 해당한다.
O | X

0151 종합유선방송위원회 직원의 근무관계는 공법관계이다.   O | X

0152 농지개량조합의 직원에 대한 징계처분은 민사소송으로 다투어야 한다.   O | X

0153 서울특별시지하철공사 임직원의 근무관계는 사법상 법률관계에 해당한다.   O | X

0154 한국방송공사의 직원채용관계는 한국방송공사의 자율에 맡겨진 셈이어서 사법적인 법률관계에 해당한다.
O | X

0155 한국방송공사의 채용시험의 응시자격을 정한 공고는 헌법소원의 대상이 되는 공권력의 행사에 해당한다.
O | X

0156 「도시 및 주거환경정비법」상 관리처분계획안에 대한 조합 총회결의의 효력을 다투는 소송은 행정소송인 당사자소송에 의한다.   O | X

정답 및 해설

0147 O   0148 O   0149 O
0150 X   그 실질은 강학상 특허로서 행정처분으로 본다.
0151 X   사법상의 근무관계로 본다.
0152 X   특별권력관계로서 공법상 처분으로 항고소송에 의한다.
0153 O
0154 O
0155 X   사법상 채용관계로 공권력 행사에 해당하지 않는다.
0156 O

0157 구 「도시재개발법」에 의한 재개발조합을 상대로 조합원의 지위확인을 구하는 것은 행정소송인 당사자소송에 의한다. O | X

0158 재개발조합과 조합장 또는 조합임원 사이의 선임·해임 등을 둘러싼 법률관계는 공법상의 법률관계로서 행정소송인 당사자소송에 의한다. O | X

0159 공무원연금관리공단의 급여에 관한 결정은 항고소송의 대상이 되는 처분이다. O | X

0160 한국마사회가 조교사 또는 기수의 면허를 부여하거나 취소하는 것은 항고소송의 대상이 되는 처분에 해당한다. O | X

0161 서울특별시립무용단 단원의 위촉은 공법상의 계약이다. O | X

0162 광주광역시립합창단원으로서 위촉기간이 만료되는 자들의 재위촉 신청에 대하여 광주광역시문화예술회관장이 실기와 근무성적에 대한 평정을 실시하여 재위촉을 하지 아니한 것은 항고소송의 대상이 되는 불합격처분에 해당한다. O | X

0163 공립유치원의 임용기간을 정한 전임강사에 대한 해임처분의 시정 및 수령지체된 보수의 지급을 구하는 소송은 민사소송에 의한다. O | X

0164 국가나 지방자치단체에 근무하는 청원경찰의 직무상 불법행위에 대해서는 「국가배상법」이 적용된다. O | X

0165 국가나 지방자치단체에 근무하는 청원경찰 대한 징계처분의 시정을 구하는 소는 행정소송의 대상이지 민사소송의 대상이 아니다. O | X

정답 및 해설

0157 O
0158 X 조합내부의 사법상 법률관계로 민사소송에 의한다.
0159 O
0160 X 한국마사회의 내부 사법관계에 의한 것으로 공권력 행사로서 처분에 해당하지 않는다.
0161 O
0162 X 공법상 계약관계로서 항고소송의 대상되는 처분에 해당하지 않는다.
0163 X 공법관계로서 행정소송인 당사자소송에 의한다.
0164 O
0165 O

0166 「공익사업을 위한 토지 등의 취득 및 보상에 관한 법률」에 의한 협의취득은 사법상 법률행위에 해당한다. O | X

0167 협의취득의 당사자는 공익사업을 위한 토지 등의 취득 및 보상에 관한 법에 의해서만 매매대금 과부족금에 대한 지급의무를 약정하고 자유로운 의사로 정할 수 없다. O | X

0168 구 「예산회계법」상 입찰보증금 국고귀속조치는 항고소송의 대상되는 처분이다. O | X

0169 수도권매립지관리공사의 회계관리규정에 의한 부정당업자에 대한 입찰참가자격제한은 항고소송의 대상되는 처분이다. O | X

0170 수도권매립지관리공사의 회계관리규정에 의한 부정당업자에 대한 입찰참가자격제한에 대해 취소소송을 제기하면서 집행정지를 신청할 수 있다. O | X

0171 「국가를 당사자로 하는 계약에 관한 법률」상 국방부장관의 특정기업에 대한 입찰참가자격제한은 행정소송으로 분쟁을 해결하는 공법관계에 해당한다. O | X

0172 공공기관운영법 제39조 제2항과 그 하위법령에 따른 입찰참가자격제한 조치는 '구체적 사실에 관한 법집행으로서의 공권력의 행사'로서 행정처분에 해당한다. O | X

0173 국가의 철도운행사업은 사경제작용이라는 것이 판례이다. O | X

0174 국가의 철도운행사업에 공무원이 간여한 경우 일반 「민법」이 아닌 「국가배상법」이 적용된다. O | X

0175 전화가입계약은 영조물 이용계약으로서 공법상 계약에 해당한다. O | X

정답 및 해설

0166 O
0167 X 협의취득은 사법상 계약의 성격이므로 법정금액 이하로 자유롭게 정할 수 있다.
0168 X 사법상 계약관계에 의한 것으로 처분에 해당하지 않는다.
0169 X 회계관리규정에 근거한 경우 사법관계로 본다.
0170 X 회계관리규정에 근거한 입찰참가자격제한은 취소소송의 대상이 되지 못하므로 집행정지 신청도 불가하다.
0171 O   0172 O   0173 O
0174 X 철도운행사업은 사경제 작용으로 민법이 적용된다.
0175 X 사법상 계약관계로 본다.

0176 수도료의 부과징수와 납부관계는 공법상의 권리의무관계에 해당한다. O | X

0177 환매권 행사에 의한 매매의 효력은 국가와 사인간의 사법상 계약에 해당한다. O | X

0178 환매권의 존부에 관한 확인을 구하는 소송은 당사자소송에 의한다. O | X

0179 조세과세처분의 당연무효를 전제로 하여 이미 납부한 세금의 반환을 청구하는 것은 민사소송에 의한다. O | X

0180 「부가가치세법」상 부가가치세 환급세액 지급청구는 민사소송절차에 따라야 한다. O | X

0181 구 「하천법」상 하천구역 편입토지에 대한 손실보상청구는 공법상의 권리라고 보아 당사자소송에 의하여야 한다는 것이 판례이다. O | X

0182 사무처리의 긴급성으로 인하여 해양경찰의 직접적인 지휘를 받아 보조로 방제작업을 한 경우, 사인은 그 사무를 처리하며 지출한 필요비 내지 유익비의 상환을 국가에 대하여 민사소송으로 청구할 수 있다. O | X

0183 구 「한국공항공단법」에 의하여 한국공항공단이 정부로부터 무상사용허가를 받은 행정재산을 전대(轉貸)하는 행위는 행정소송의 대상이 되는 행정처분이다. O | X

0184 주한미군 한국인 직원의료보험조합 직원의 근무관계는 공법관계에 속하는 것이다. O | X

정답 및 해설

0176 O   0177 O   0178 X   0179 O
0180 X 민사소송에 의한다.
0181 O
0182 O
0183 X 구 「한국공항공단법」에 의하여 한국공항공단이 정부로부터 무상사용허가를 받은 행정재산을 전대하는 행위는 통상의 사인간의 임대차와 다를 바가 없다고 하여 행정소송의 대상이 되는 행정처분으로 보지 않는다(대판 2004. 1. 15. 2001다12638).
0184 X 주한미군 한국인 직원의료보험조합직원의 근무관계는 사법관계에 속하는 것이므로 동조합 직원에 대한 위 조합의 징계면직처분은 항고소송의 대상이 되는 행정처분이 아니고 사법상의 법률행위라고 보아야 한다(대법원 1987. 12. 8. 87누884).

07 | 특별권력관계

1. 경찰공무원을 비롯한 공무원의 근무관계인 이른바 특별권력관계에 있어서도 일반 행정법관계에 있어서와 마찬가지로 행정청의 위법한 처분 또는 공권력의 행사·불행사 등으로 인하여 권리 또는 법적 이익을 침해당한 자는 행정소송 등에 의하여 그 위법한 처분 등의 취소를 구할 수 있다고 보아야 할 것이다(헌재 1995.12.28. 91헌마80). **2013 지방직 7급**

2. 국립 교육대학 학생에 대한 퇴학처분은, 국가가 설립·경영하는 교육기관인 동 대학의 교무를 통할하고 학생을 지도하는 지위에 있는 학장이 교육목적실현과 학교의 내부질서유지를 위해 학칙 위반자인 재학생에 대한 구체적 법집행으로서 국가공권력의 하나인 징계권을 발동하여 학생으로서의 신분을 일방적으로 박탈하는 국가의 교육행정에 관한 의사를 외부에 표시한 것이므로, 행정처분임이 명백하다(대판 1991.11.22. 91누2144). **2013 지방직 7급**

3. 동장과 구청장과의 관계는 이른바 행정상의 특별권력관계에 해당되며, 이러한 특별권력관계에 있어서도 위법·부당한 특별권력의 발동으로 말미암아 권리를 침해당한 자는 처분의 취소를 구할 수 있다(대판 1982.9.27. 80누86).

4. 군인이 상관의 지시나 명령에 대하여 재판청구권을 행사하는 경우에 그것이 위법·위헌인 지시와 명령을 시정하려는데 목적이 있을 뿐, 군 내부의 상명하복관계를 파괴하고 명령불복종 수단으로서 재판청구권의 외형만을 빌리거나 그 밖에 다른 불순한 의도가 있지 않다면, 정당한 기본권의 행사이므로 군인의 복종의무를 위반하였다고 볼 수 없다(대판 2018.3.22. 2012두26401).

5. 서울특별시지하철공사의 임원과 직원의 근무관계의 성질은 지방공기업법의 모든 규정을 살펴보아도 공법상의 특별권력관계라고는 볼 수 없고 사법관계에 속할 뿐만 아니라, 위 지하철공사의 사장이 그 이사회의 결의를 거쳐 제정된 인사규정에 의거하여 소속직원에 대한 징계처분을 한 경우 위 사장은 행정소송법 제13조 제1항 본문과 제2조 제2항 소정의 행정청에 해당되지 않으므로 공권력발동주체로서 위 징계처분을 행한 것으로 볼 수 없고, 따라서 이에 대한 불복절차는 민사소송에 의할 것이지 행정소송에 의할 수는 없다(대판 1989.9.12. 89누2103). **2013 지방직 7급**

6. 군인복무 및 군인훈련의 특수성과 헌법이 대통령에게 국군통수권을 부여하고 있는 점을 고려하면, 군인사법 제47조의2가 군인의 복무에 관한 사항에 관한 규율권한을 대통령령에 위임하면서 대통령령으로 규정될 사항 및 범위의 기본사항을 구체적으로 규정하지 아니하고 다소 개괄적으로 위임하였다고 하여 헌법 제75조의 포괄위임금지원칙에 어긋난다고 보기 어렵다고 할 것이다(헌재 2010.10.28. 2007헌마890). **2023 국회직 8급**

0185 경찰공무원을 비롯한 공무원의 근무관계인 이른바 특별권력관계에 있어서는 위법한 처분 등의 취소를 항고소송으로 구할 수 없다. O | X

0186 국립 교육대학 학생에 대한 퇴학처분은 항고소송의 대상이 되는 처분이다. O | X

0187 동장과 구청장과의 관계는 이른바 행정상의 특별권력관계에 해당하지 않는다. O | X

0188 서울특별시지하철공사의 임원과 직원의 근무관계는 특별권력관계에 해당한다. O | X

0189 서울지하철공사의 사장이 소속직원에 대한 징계처분은 항고소송의 대상이 되는 처분에 해당한다. O | X

0190 군인이 일반적인 복종의무가 있는 상관의 지시나 명령에 대하여 재판청구권을 행사하는 경우에는 재판청구권이 군인의 복종의무와 외견상 충돌하는 모습으로 나타날 수 있다. O | X

0191 상관의 지시나 명령 그 자체를 따르지 않는 행위와 상관의 지시나 명령은 준수하면서도 그것이 위법·위헌이라는 이유로 재판청구권을 행사하는 행위는 구별되어야 한다. O | X

0192 군인이 상관의 지시나 명령에 대하여 재판청구권을 행사하는 경우에 군 내부의 상명하복관계를 파괴하고 명령불복종 수단으로서 재판청구권의 외형만을 빌리거나 그 밖에 다른 불순한 의도가 있다면 복종의무를 위반하였다고 볼 수 있다. O | X

0193 군인이 상관의 지시나 명령에 대하여 재판청구권을 행사하는 경우에 그것이 위법·위헌인 지시와 명령을 시정하려는 데 목적이 있는 경우 군인의 복종의무를 위반하였다고 볼 수 있다. O | X

0194 군법무관들이 군복무규율의 고충심사를 거치지 않고 공동하여 헌법소원을 제기한 행위가 군복무에 관한 기강을 저해하거나 기타 그 본분에 배치되는 등 군무의 본질을 해치는 특정 목적을 위한 집단행위라고 봐야 한다. O | X

0195 군인의 복무에 관한 사항을 규율할 권한을 대통령령에 위임하는 경우에는 대통령령으로 규정될 내용 및 범위에 관한 기본적인 사항을 다소 광범위하게 위임하였다 하더라도 포괄위임금지원칙에 위배된다고 볼 수 없다. O | X

정답 및 해설

0185 X 특별권력관계 내의 행위라도 위법한 처분의 취소를 항고소송으로 다툴 수 있다.
0186 O
0187 X 특별권력관계에 해당한다.
0188 X 사법상 법률관계로 특별권력관계에 해당하지 않는다.
0189 X 사법상 법률관계에 의한 것으로 공권력 행사로서 처분이 되지 않는다.
0190 O   0191 O   0192 O
0193 X 위헌·위법을 시정할 목적이라면 복종의무를 위반한 것으로 볼 수 없다.
0194 X 고충심사를 거치지 않고 헌법소원을 제기한 것만으로 군무의 본질을 해치는 특정 목적을 가진 집단으로 볼 수 없다.
0195 O

08 | 행정법관계의 당사자

1. 원천징수하는 소득세에 있어서는 납세의무자의 신고나 과세관청의 부과결정이 없이 법령이 정하는 바에 따라 그 세액이 자동적으로 확정되고, 원천징수의무자는 소득세법 제142조 및 제143조의 규정에 의하여 이와 같이 자동적으로 확정되는 세액을 수급자로부터 징수하여 과세관청에 납부하여야 할 의무를 부담하고 있으므로, 원천징수의무자가 비록 과세관청과 같은 행정청이더라도 그의 원천징수행위는 법령에서 규정된 징수 및 납부의무를 이행하기 위한 것에 불과한 것이지, 공권력의 행사로서의 행정처분을 한 경우에 해당되지 아니한다(대판 1990.3.22. 89누4789).

2. 과세관청의 소득처분과 그에 따른 소득금액변동통지가 있는 경우 원천징수의무자인 법인은 소득금액변동통지서를 받은 날에 그 통지서에 기재된 소득의 귀속자에게 당해 소득금액을 지급한 것으로 의제되어 그 때 원천징수하는 소득세의 납세의무가 성립함과 동시에 확정되고, 원천징수의무자인 법인으로서는 소득금액변동통지서에 기재된 소득처분의 내용에 따라 원천징수세액을 그 다음달 10일까지 관할 세무서장 등에게 납부하여야 할 의무를 부담하며, 만일 이를 이행하지 아니하는 경우에는 가산세의 제재를 받게 됨은 물론이고 형사처벌까지 받도록 규정되어 있는 점에 비추어 보면, 소득금액변동통지는 원천징수의무자인 법인의 납세의무에 직접 영향을 미치는 과세관청의 행위로서, 항고소송의 대상이 되는 조세행정처분이라고 봄이 상당하다(대판 2006.4.20. 2002두1878). **2020 국회직 8급, 2017 국가직 7급**

3. 소득의 귀속자에 대한 소득금액변동통지는 원천납세의무자인 소득의 귀속자에 대한 법률상 지위에 직접적인 변동을 가져오는 것이 아니므로 항고소송의 대상이 되는 행정처분에 해당하지 않는다. 그런데 구 소득세법 시행령 제192조 제1항 단서는 제134조 제1항에 따라 소득의 귀속자에게 종합소득 과세표준의 추가신고 및 자진납부의 기회를 주기 위하여 마련된 특칙으로서 원천납세의무에 따른 신고·납부기한과 이를 전제로 한 가산세의 존부나 범위를 결정하는 요건이 되므로, 구 소득세법 시행령 제192조 제1항 단서에 따른 소득의 귀속자에게 소득금액변동통지가 없거나 그것이 적법하지 아니한 경우에는 원천납세의무자인 소득의 귀속자는 과세처분취소소송 등에서 그 흠을 주장하여 다툴 수 있다(대판 2015.1.29. 2013두4118).

0196 원천징수하는 소득세는 「소득세법」 규정에 의해 자동적으로 그 세액이 확정된다. O | X

0197 원천징수의무자의 원천징수행위는 과세관청의 공권력행사로서의 행정처분으로 볼 수 없다. O | X

0198 법인에 대한 소득금액변동통지는 항고소송의 대상되는 처분에 해당한다. O | X

정답 및 해설

0196 O 0197 O 0198 O

0199 소득의 귀속자에 대한 소득금액변동통지는 항고소송의 대상되는 처분에 해당한다. O | X

0200 소득의 귀속자에게 소득금액변동통지가 없거나 그것이 적법하지 아니한 경우에는 원천납세의무자인 소득의 귀속자는 과세처분취소소송 등에서 그 흠을 주장하여 다툴 수 있다. O | X

> 1. 법률상 이익은 당해 처분의 근거법률에 의하여 보호되는 직접적이고 구체적인 이익이 있는 경우를 말하고, 다만 공익보호의 결과로 국민 일반이 공통적으로 가지는 추상적·평균적·일반적 이익과 같이 간접적이나 사실적·경제적 이해관계를 가지는 데 불과한 경우는 여기에 포함되지 않는다(대판 1995.9.26. 94누14554).
> 2. 서울특별시의 철거민에 대한 시영아파트특별분양개선지침은 서울특별시 내부에 있어서의 행정지침에 불과하며, 그 지침 소정의 자에게 공법상의 분양신청권이 부여되는 것은 아니라고 할 것이어서, 서울특별시의 위 아파트에 대한 분양불허의 의사표시는 항고소송의 대상이 되는 신청거부의 행정처분으로 볼 수 없다(대판 1989.12.26. 87누1214).

0201 법률상 이익은 당해 처분의 근거법률에 의하여 보호되는 직접적 구체적 이익을 말한다. O | X

0202 당해 처분의 근거법률이 공익보호의 결과로 국민 일반이 가지는 추상적·평균적·일반적 이익도 법률상 이익에 해당한다. O | X

0203 당해 처분의 근거법률이 공익보호의 결과로 인해 가지게 되는 간접적·사실적·경제적 이해관계도 법률상 이익에 포함된다. O | X

0204 서울특별시의 철거민에 대한 시영아파트특별분양개선지침은 서울특별시 내부에 있어서의 행정지침에 해당한다. O | X

0205 서울특별시의 철거민에 대한 시영아파트특별분양개선지침에 의하여 공법상의 분양신청권이 인정된다. O | X

정답 및 해설

0199 X 소득의 귀속자에 대한 소득금액변동통지는 처분에 해당하지 않는다.
0200 O
0201 O
0202 X 국민 일반이 가지는 추상적·평균적·일반적 이익은 법률상 이익으로 볼 수 없다.
0203 X 간접적·사실적·경제적 이해관계는 법률상 이익에 포함되지 않는다.
0204 O
0205 X 행정규칙에 근거해서는 분양신청권이 인정되지 않는다.

1. 지방자치단체장이 도매시장법인의 대표이사에 대하여 위 지방자치단체장이 개설한 농수산물도매시장의 도매시장법인으로 다시 지정함에 있어서 그 지정조건으로 '지정기간 중이라도 개설자가 농수산물 유통정책의 방침에 따라 도매시장법인 이전 및 지정취소 또는 폐쇄 지시에도 일체 소송이나 손실보상을 청구할 수 없다.'라는 부관을 붙였으나, 그 중 부제소특약에 관한 부분은 당사자가 임의로 처분할 수 없는 공법상의 권리관계를 대상으로 하여 사인의 국가에 대한 공권인 소권을 당사자의 합의로 포기하는 것으로서 허용될 수 없다(대판 1998.8.21. 선고 98두8919). <small>2017 국회직 8급, 2013 지방직 7급, 2019 서울시 9급</small>

2. 회사합병이 있는 경우에는 피합병회사의 권리·의무는 사법상의 관계나 공법상의 관계를 불문하고 그의 성질상 이전을 허용하지 않는 것을 제외하고는 모두 합병으로 인하여 존속한 회사에게 승계되는 것으로 보아야 할 것이고, 공인회계사법에 의하여 설립된 회계법인 간의 흡수합병이라고 하여 이와 달리 볼 것은 아니다(대판 2004.7.8. 2002두1946).

3. [가] 채석허가는 수허가자에 대하여 일반적·상대적 금지를 해제하여 줌으로써 채석행위를 자유롭게 할 수 있는 자유를 회복시켜 주는 것일 뿐 권리를 설정하는 것이 아니라 하더라도, 대물적 허가의 성질을 아울러 가지고 있는 점 등을 감안하여 보면, 수허가자가 사망한 경우 특별한 사정이 없는 한 수허가자의 상속인이 수허가자로서의 지위를 승계한다고 봄이 상당하다.
   [나] 산림을 무단형질변경한 자가 사망한 경우 당해 토지의 소유권 또는 점유권을 승계한 상속인은 그 복구의무를 부담한다고 봄이 상당하고, 따라서 관할 행정청은 그 상속인에 대하여 복구명령을 할 수 있다고 보아야 한다(대판 2005.8.19. 2003두9817, 9824). <small>2018 국회직 8급, 2021 국가직 7급</small>

4. 석유판매업(주유소)허가는 소위 대물적 허가의 성질을 갖는 것이어서 그 사업의 양도도 가능하고 이 경우 양수인은 양도인의 지위를 승계하게 됨에 따라 양도인의 위 허가에 따른 권리의무가 양수인에게 이전되는 것이므로 만약 양도인에게 그 허가를 취소할 위법사유가 있다면 허가관청은 이를 이유로 양수인에게 응분의 제재조치를 취할 수 있다 할 것이고, 양수인이 그 양수후 허가관청으로부터 석유판매업허가를 다시 받았다 하더라도 이는 석유판매업의 양도를 전제로 한 것이어서 이로써 양도인의 지위승계가 부정되는 것은 아니므로 양도인의 귀책사유는 양수인에게 그 효력이 미친다(대판 1986.7.22. 86누203). <small>2017 서울시 9급</small>

5. 공중위생업의 양수인이 그 양수 후 행정청에 새로운 영업소개설통보를 하였다 하더라도, 그로 인하여 영업양도·양수로 영업소에 관한 권리의무가 양수인에게 이전하는 법률효과까지 부정되는 것은 아니라 할 것인바, 만일 어떠한 공중위생영업에 대하여 그 영업을 정지할 위법사유가 있다면, 관할 행정청은 그 영업이 양도·양수되었다 하더라도 그 업소의 양수인에 대하여 영업정지처분을 할 수 있다고 봄이 상당하다(대판 2001.6.29. 2001두1611). <small>2024 소방간부, 2021 국가직 9급</small>

0206 부제소 특약은 사인의 국가에 대한 공권인 소권을 당사자의 합의로 포기하는 것으로서 허용될 수 없다. O | X

0207 행정청이 특정 개발사업의 시행자를 지정하는 처분을 하면서 상대방에게 지정처분의 취소에 대한 소권을 포기하도록 하는 내용의 부관을 붙이는 것은 단지 부제소특약만을 덧붙이는 것이어서 허용된다. O | X

0208 채석허가의 수허가자가 사망한 경우 특별한 사정이 없는 한 수허가자의 상속인이 채석허가자로서의 지위를 승계한다. O | X

0209 산림을 무단형질변경한 자가 사망한 경우 당해 토지의 소유권 또는 점유권을 승계한 상속인이 그 복구의무를 부담한다. O | X

0210 석유판매업자의 지위를 승계한 자에 대하여 종전의 석유판매업자의 위법행위를 이유로 영업정지등의 제재처분을 가할 수 없다. O | X

0211 구 「공중위생관리법」상 공중위생영업에 대하여 영업을 정지할 위법사유가 있다면, 관할 행정청은 그 영업이 양도·양수되었다 하더라도 양수인에 대하여 영업정지처분을 할 수 있다. O | X

정답 및 해설

0206 **O**
0207 **X** 부제소특약은 포기할 수 없는 권리를 대상으로 하는 것으로 무효이다.
0208 **O**
0209 **O**
0210 **X** 종전의 석유판매업자의 위법행위를 이유로 지위를 승계한 자에 대하여 제재처분을 할 수 있다.
0211 **O**

1. 형사소송법 제89조 및 제213조의2가 규정하고 있는 구속된 피고인 또는 피의자의 타인과의 접견권은 위와 같은 헌법상의 기본권을 확인하는 것일 뿐 형사소송법의 규정에 의하여 비로소 피고인 또는 피의자의 접견권이 창설되는 것으로는 볼 수 없다(대판 1992.5. 91부8).

2. 정보공개청구에 대한 불합리한 부작위는 국민의 정부에 대한 일반적 정보공개를 구할 권리로서 인정되는 알권리를 침해한 것이고 위 열람·복사 민원의 처리는 법률의 제정이 없더라도 불가능한 것은 아니다(헌재 1989.9.4. 88헌마22).

3. 국세청장의 지정행위에 대해 청구인의 기본권인 경쟁의 자유가 바로 행정청의 지정행위의 취소를 구할 법률상 이익이 된다 할 것이다(헌재1998.4.30. 헌마141).

4. 사회적 기본권의 성격을 가지는 의료보험수급권은 국가에 대하여 적극적으로 급부를 요구하는 것이므로 헌법규정(제34조 제1항)만으로는 이를 실현할 수 없고 법률에 의한 형성을 필요로 한다. 의료보험수급권의 구제척 내용, 수급요건·수급권자의 범위·급여금액 등은 법률에 의하여 비로소 확정된다(헌재 2003.12.18. 2002헌바1).

5. 근로자가 퇴직급여를 청구할 수 있는 권리도 헌법상 바로 도출되는 것이 아니라 퇴직급여법 등 관련 법률이 구체적으로 정하는 바에 따라 비로소 인정될 수 있는 것이므로 계속근로기간 1년 미만인 근로자가 퇴직급여를 청구할 수 있는 권리가 헌법 제32조 제1항에 의하여 보장된다고 보기는 어렵다(헌재 2011.7.28. 2009헌마408).

6. 공무원연금제도는 구체적인 급여의 내용, 기여금의 액수 등을 형성하는 데에 있어서는 직업공무원제도나 사회보험원리에 입각한 사회보장적 급여로서의 성격으로 인하여 일반적인 재산권에 비하여 입법자에게 상대적으로 보다 폭넓은 재량이 헌법상 허용된다고 볼 수 있다(헌재 2005.6.30. 2004헌바42).

7. 헌법 제35조 제1항에서 정하고 있는 환경권에 관한 규정만으로는 그 권리의 주체·대상·내용·행사방법 등이 구체적으로 정립되어 있다고 볼 수 없고, 환경정책기본법 제6조도 그 규정 내용 등에 비추어 국민에게 구체적인 권리를 부여한 것으로 볼 수 없다는 이유로, 환경영향평가 대상지역 밖에 거주하는 주민에게 헌법상의 환경권 또는 환경정책기본법에 근거하여 공유수면매립면허처분과 농지개량사업 시행인가처분의 무효확인을 구할 원고적격이 없다(대판 2006.3.16. 2006두330).

0212 구속된 피고인 또는 피의자의 접견권은 「형사소송법」의 규정에 의해 비로서 접견권이 창설된다. O | X

0213 국가등에 정보공개를 구할 권리는 법률의 제정이 있어야 가능하고 「헌법」만으로는 인정되지 않는다. O | X

0214 기본권인 경쟁의 자유는 법률의 규정이 없더라도 「헌법」상 인정되는 구체적 법률상 이익이 된다. O | X

0215 의료보험수급권은 국가에 대하여 적극적 급부를 요구하는 사회적 기본권의 성격을 가진다. O | X

0216 사회적 기본권의 성격을 가지는 의료보험수급권은 헌법규정만으로 이를 실현할 수 있는 구체적 권리이다. O | X

0217 근로자가 퇴직급여를 청구할 수 있는 권리는 헌법상 바로 도출 되는 것이 아니라 법률이 구체적으로 정하는 바에 따라 비로소 인정될 수 있다. O | X

0218 공무원연금수급권은 헌법규정만으로는 이를 실현할 수 없고 그 수급요건, 수급권자의 범위 및 급여금액은 법률에 의하여 비로소 확정된다. O | X

0219 헌법에서 정하고 있는 환경권에 관한 규정만으로 그 권리의 주체·대상·내용·행사방법 등이 구체적으로 정립되어 있다고 볼 수 없다. O | X

0220 환경영향평가 대상지역 밖에 거주하는 주민에게 헌법상의 환경권 또는 「환경정책기본법」에 근거하여 공유수면매립면허처분과 농지개량사업 시행인가처분의 무효확인을 구할 원고적격이 인정된다. O | X

정답 및 해설

0212 X 헌법상 기본권만으로 구체적 권리성이 인정된다.
0213 X 정보공개청구권은 법률의 제정이 없더라도 헌법상 기본권만으로 인정된다.
0214 O 0215 O
0216 X 의료보험수급권은 법률의 제정이 있어야 구체적 권리로서 인정된다.
0217 O 0218 O 0219 O
0220 X 헌법상 환경권 또는 환경정책기본법에 근거하여 처분의 무효확인을 구할 원고적격이 부정된다.

■ 경업자와 경원자의 관계

1. 경업자소송

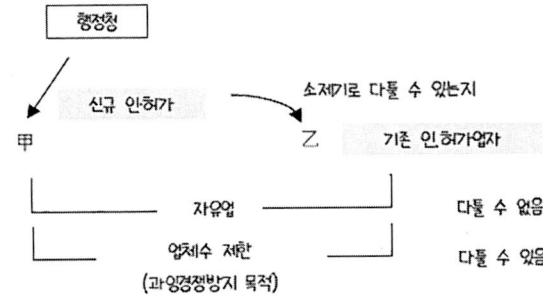

2. 경원자소송

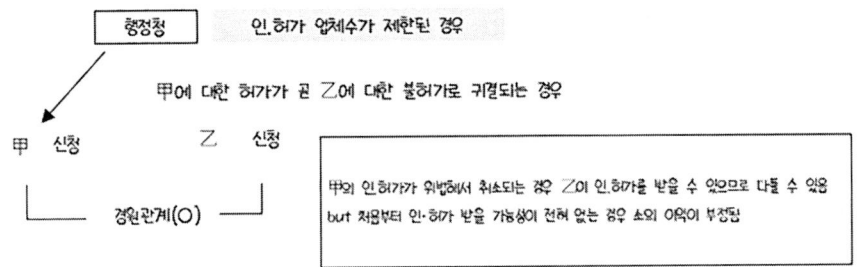

3. 환경침해

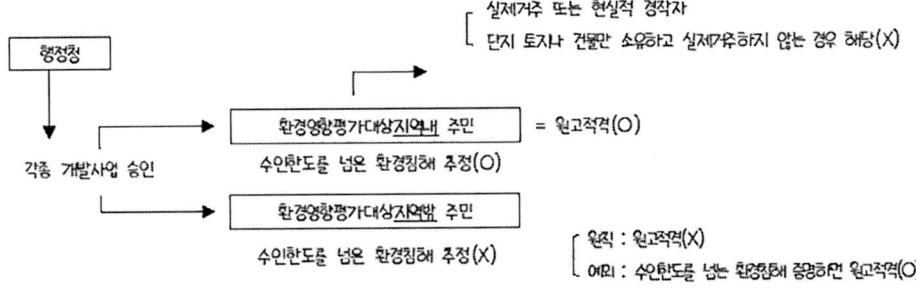

1. [가] 행정처분에 있어서 불이익처분의 상대방은 직접 개인적 이익의 침해를 받은 자로서 원고적격이 인정되지만 수익처분의 상대방은 그의 권리나 법률상 보호되는 이익이 침해되었다고 볼 수 없으므로 달리 특별한 사정이 없는 한 취소를 구할 이익이 없다. _{2017 국가직 9급}

   [나] 행정처분의 직접 상대방이 아닌 제3자라도 당해 행정처분의 취소를 구할 법률상의 이익이 있는 경우에는 원고적격이 인정되나 여기서 말하는 법률상의 이익이란 당해 처분의 근거 법률에 의하여 보호되는 직접적이고 구체적인 이익이 있는 경우를 말하는 것이고 다만 간접적이거나 사실적 · 경제적 이해관계를 가지는 데 불과한 경우는 여기에 포함되지 않는다(대판 1995.8.22. 94누8129).

2. [가] 인 · 허가 등의 수익적 행정처분을 신청한 수인이 서로 경쟁관계에 있어서 일방에 대한 허가 등의 처분이 타방에 대한 불허가 등으로 귀결될 수밖에 없을 때 허가 등의 처분을 받지 못한 자는 비록 경원자에 대하여 이루어진 허가 등 처분의 상대방이 아니라 하더라도 당해 처분의 취소를 구할 원고 적격이 있다. 다만, 명백한 법적 장애로 인하여 원고 자신의 신청이 인용될 가능성이 처음부터 배제되어 있는 경우에는 당해 처분의 취소를 구할 정당한 이익이 없다(대판 2009.12.10. 2009두8359). _{2023·2017·2013 국회직 8급, 2024·2017 지방직 9급}

   [나] 인가 · 허가 등 수익적 행정처분을 신청한 여러 사람이 서로 경원관계에 있어서 한 사람에 대한 허가 등 처분이 다른 사람에 대한 불허가 등으로 귀결될 수밖에 없을 때 허가 등 처분을 받지 못한 사람은 신청에 대한 거부처분의 직접 상대방으로서 원칙적으로 자신에 대한 거부처분의 취소를 구할 원고적격이 있다(대판 2015.10.29. 2013두27517). _{2021 소방간부, 2018 국회직 8급, 2016 지방직 7급}

3. 한의사 면허는 경찰금지를 해제하는 명령적 행위(강학상 허가)에 해당하고, 한약조제시험을 통하여 약사에게 한약조제권을 인정함으로써 한의사들의 영업상 이익이 감소되었다고 하더라도 이러한 이익은 사실상의 이익에 불과하고 약사법이나 의료법 등의 법률에 의하여 보호되는 이익이라고는 볼 수 없으므로, 한의사들이 한약조제시험을 통하여 한약조제권을 인정받은 약사들에 대한 합격처분의 무효확인을 구하는 당해 소는 원고적격이 없는 자들이 제기한 소로서 부적법하다(대판 1998.3.10. 97누4289). _{2024 소방간부, 2014 지방직 9급}

4. 원고에 대한 공중목욕장업경영허가는 경찰금지의 해제로 인한 영업자유의 회복이라고 볼 것이므로, 이 영업의 자유는 법률이 직접 공중목욕장업 피허가자의 이익을 보호함을 목적으로 한 경우에 해당되는 것이 아니고 법률이 공중위생이라는 공공의 복리를 보호하는 결과로서 영업의 자유가 제한됨으로 인하여 간접적으로 관계자인 영업자유의 제한이 해제된 피허가자에게 이익을 부여하게 되는 경우에 해당되는 것이고, 원고가 이 사건허가처분에 의하여 목욕장업에 의한 이익이 사실상 감소된다하여도 이 불이익은 본 건 허가처분의 단순한 사실상의 반사적 결과에 불과하고 이로 말미암아 원고의 권리를 침해하는 것이라고는 할 수 없으므로, 원고는 … 목욕장업허가처분에 대하여 그 취소를 구할 법률상 이익이 없다(대판 1963.8.31. 63누101).

5. 면허받은 장의자동차운송사업구역에 위반하였음을 이유로 한 행정청의 과징금부과처분에 의하여 동종업자의 영업이 보호되는 결과는 사업구역제도의 반사적 이익에 불과하기 때문에 그 과징금부과처분을 취소한 재결에 대하여 처분의 상대방 아닌 제3자는 그 취소를 구할 법률상 이익이 없다(대판 1992.12.8. 91누13700).

6. 자동차 운수사업법 제6조 제1호에서 당해 사업계획이 당해 노선 또는 사업구역의 수송수요와 수송력 공급에 적합할 것을 면허의 기준으로 한 것은 주로 자동차 운수사업에 관한 질서를 확립하고 자동차운수의 종합적인 발달을 도모하여 공공복리의 증진을 목적으로 하고 있으며, 동시에, 한편으로는 업자간의 경쟁으로 인한 경영의 불합리를 미리 방지하는 것이 공공의 복리를 위하여 필요하므로 면허조건을 제한하여 기존업자의 경영의 합리화를 보호하자는 데도 그 목적이 있다할 것이다. 따라서 이러한 기존업자의 이익은 단순한 사실상의 이익이 아니고, 법에 의하여 보호되는 이익이라고 해석된다. 원심이, 당해 노선에 관한 기존업자인 원고에게 본건 행정처분의 취소를 구할 법률상의 이익이 있다(대판 1974.4.9. 73누173). _{2023 국회직 8급}

7. 주류제조면허는 국가의 수입확보를 위하여 설정된 재정허가의 일종이지만 일단 이 면허를 얻은 자의 이득은 단순한 사실상의 반사적 이익에만 그치는 것이 아니라 주세법의 규정에 따라 보호되는 이득이다(대판 1989.12.22. 89누46). _{2024 지방직 9급}

8. 방송법은 중계유선방송사업의 허가요건, 기준, 절차에 관하여 엄격하게 규정함으로써 중계유선방송사업의 합리적인 관리를 통하여 중계유선방송사업의 건전한 발전과 이용의 효율화를 기함으로써 공공복리를 증진하려는 목적과 함께 엄격한 요건을 통과한 사업자에 대하여는 사실상 독점적 지위에서 영업할 수 있는 지역사업권을 부여하여 무허가업자의 경업이나 허가를 받은 업자간 과당경쟁으로 인한 유선방송사업 경영의 불합리를 방지함으로써 사익을 보호하려는 목적도 있다고 할 것이므로, 허가를 받은 중계유선방송사업자의 사업상 이익은 단순한 반사적 이익에 그치는 것이 아니라 방송법에 의하여 보호되는 법률상 이익이라고 보아야 한다(대판 2007.5.11. 2004다11162).

9. 담배 일반소매인의 지정기준으로서 일반소매인의 영업소 간에 일정한 거리제한을 두고 있는 것은 담배유통구조의 확립을 통하여 국민의 건강과 관련되고 국가 등의 주요 세원이 되는 담배산업 전반의 건전한 발전 도모 및 국민경제에의 이바지라는 공익목적을 달성하고자 함과 동시에 일반소매인 간의 과당경쟁으로 인한 불합리한 경영을 방지함으로써 일반소매인의 경영상 이익을 보호하는 데에도 그 목적이 있다고 보이므로, 일반소매인으로 지정되어 영업을 하고 있는 기존업자의 신규 일반소매인에 대한 이익은 단순한 사실상의 반사적 이익이 아니라 법률상 보호되는 이익이라고 해석함이 상당하다(대판 2008.3.27. 2007두23811). **2023·2020 국회직 8급**

10. 구내소매인과 일반소매인 사이에서는 구내소매인의 영업소와 일반소매인의 영업소 간에 거리제한을 두지 아니할 뿐 아니라 건축물 또는 시설물의 구조·상주인원 및 이용인원 등을 고려하여 동일 시설물 내 2개소 이상의 장소에 구내소매인을 지정할 수 있으며 … 일반소매인의 입장에서 구내소매인과의 과당경쟁으로 인한 경영의 불합리를 방지하는 것을 그 목적으로 할 수 있다고 보기 어려우므로, 일반소매인으로 지정되어 영업을 하고 있는 기존업자의 신규 구내소매인에 대한 이익은 법률상 보호되는 이익이 아니라 단순한 사실상의 반사적 이익이라고 해석함이 상당하므로, 기존 일반소매인은 신규 구내소매인 지정처분의 취소를 구할 원고적격이 없다(대판 2008.4.10. 2008두402).

경업자소송의 원고적격	
법률상 이익 인정	① 약종상영업소 이전허가에 대한 기존업자의 취소청구 ② 기존 주유소업자가 거리제한으로 얻은 이익 ③ 주류제조면허업자의 영업상 이익 ④ 분뇨 등 관련 영업허가를 받아 영업을 하고 있는 기존 업자의 이익 ⑤ 일반담배소매업자의 거리제한으로 인한 기존업자의 이익 **2020 국회직 8급** ⑥ 자동차운송사업의 노선연장인가에 대한 기존업자의 이익 ⑦ 자동차증차인가에 대한 기존업자의 이익 ⑧ 선박운송사업 면허처분에 대한 기존업자의 이익 ⑨ 시외버스의 시내버스로의 전환을 허용하는 사업계획인가처분에 대한 기존업자의 이익 **2022·2021 소방간부, 2022·2021·2015 국회직 8급, 2016 지방직 9급** ⑩ 한정면허를 받은 시외버스운송사업자가 일반면허를 받은 시외버스운송사업자에 대한 사업계획변경인가처분의 취소를 구할 법률상 이익
법률상 이익 부정	① 양곡가공업허가에 의해 양곡가공업자가 누리는 이익 ② 석탄가공업허가에 의해 석탄가공업자가 누리는 이익 **2013 국회직 8급** ③ 숙박업 구조변경 허가처분을 받은 건물의 인근에서 여관을 경영하는 자의 숙박업 구조변경허가처분 ④ 기존 공중목욕장업자가 거리제한으로 받는 이익 ⑤ 무역거래법상의 수입제한·금지조치로 국내생산업체가 받는 이익 ⑥ 약사의 한약조제로 인한 기존한의사의 이익 ⑦ 유기장영업허가로 인한 기존업자의 이익 ⑧ 과징금부과처분에 대한 취소재결에 대해 경쟁업자가 얻는 이익

0221 인·허가 등의 수익적 행정처분을 신청한 수인이 서로 경쟁관계에 있어서 일방에 대한 허가 등의 처분이 타방에 대한 불허가 등으로 귀결될 수밖에 없는 경우 경원관계라 한다. O | X

0222 일방에 대한 허가 등의 처분이 타방에 대한 불허가 등으로 귀결될 수밖에 없는 때 허가 등의 처분을 받지 못한 자는 경원자에 대한 인·허가를 다툴 수 있다. O | X

0223 경원자는 명백한 법적 장애로 인하여 원고 자신의 신청이 인용될 가능성이 처음부터 배제되어 있는 경우에도 당해 처분의 취소를 구할 정당한 이익이 있다. O | X

0224 한의사 면허는 상대방에게 권리를 부여하는 강학상 특허에 해당한다. O | X

정답 및 해설

0221 **O**
0222 **O**
0223 **X** 자신의 신청이 인용될 가능성이 처음부터 배제되어 있는 경우 취소를 구할 정당한 이익이 없다.
0224 **X** 한의사 면허는 강학상 허가에 해당한다.

0225 한약조제시험을 통하여 약사에게 한약조제권을 인정함으로써 한의사들의 영업상 이익이 감소된 경우 한의사는 이를 다툴 법률상 이익이 인정된다. O | X

0226 공중목욕장업경영허가는 경찰금지의 해제로 인한 영업자유의 회복이라고 봐야 한다. O | X

0227 공중목욕장업경영허가로 얻게 되는 영업상 이익은 법률상 이익에 해당한다. O | X

0228 행정청의 과징금부과처분으로 인하여 동종업자의 영업이 보호되는 결과는 법률상 이익에 해당한다. O | X

0229 과징금부과처분을 취소한 재결에 대하여 처분의 상대방 아닌 제3자는 그 취소를 구할 법률상 이익이 없다. O | X

0230 「자동차운수사업법」에서 사업계획이 당해 노선 또는 사업구역의 수송수요와 수송력 공급에 적합할 것을 면허의 기준으로 한 것은 기존업자의 경영의 합리화를 보호하자는 데도 그 목적이 있다. O | X

0231 「자동차운수사업법」상 신규버스 노선연장 인가처분에 대하여 해당 노선에 관한 기존의 자동차운송사업자가 그 취소를 구할 법률상의 이익이 있다. O | X

0232 주류제조면허는 재정허가의 일종이지만 면허를 얻은 자의 이득은 법률상 이익이다. O | X

0233 중계유선방송사업자의 사업상 이익은 단순한 반사적 이익에 불과하다. O | X

0234 담배 일반소매인의 지정기준으로 거리제한을 두는 것은 공공일반의 이익을 위한 것이지 담배 일반소매인의 경영상 이익을 보호하고자 하는 취지는 아니다. O | X

0235 기존의 담배 일반소매인은 신규 일반소매인 지정에 대하여 이를 다툴 법률상 이익이 인정되지 않는다. O | X

0236 기존의 담배 일반소매인은 신규 구내소매인 지정에 대하여 이를 다툴 법률상 이익이 인정되지 않는다. O | X

정답 및 해설

0225 **X** 한의사의 영업상 이익은 반사적 이익에 불과하다.
0226 **O**
0227 **X** 공중목욕장경영허가로 얻게 되는 영업상 이익은 반사적 이익에 해당한다.
0228 **X** 과징금부과에 의한 동종업자의 이익은 반사적 이익에 해당한다.
0229 **O**　　0230 **O**　　0231 **O**　　0232 **O**
0233 **X** 중계유선방송사업자의 사업상 이익은 법률상 이익에 해당한다.
0234 **X** 담배 일반소매인 지정기준으로 거리제한으로 인해 얻는 기존업자의 이익은 법률상 이익이다.
0235 **X** 기존 일반 담배소매인은 신규 일반소매인 지정에 대해 다툴 법률상 이익이 인정된다.
0236 **O**

1. 건물의 준공처분은 건축허가를 받아 건축된 건물이 건축허가서 대로 건축행정목적에 적합한가의 여부를 확인하고 준공검사필증을 교부하여 줌으로써 허가받은 자로 하여금 건축한 건물을 사용·수익할 수 있게 하는 법률효과를 발생시키는 것에 불과하며, 건축한 건물이 인접주택소유자의 권리를 침해하는 경우 준공처분이 그러한 침해까지 정당화하는 것은 아닐 뿐만 아니라, 인접주택소유자가 입는 생활환경상의 이익침해는 실제로 위 건물의 전부 또는 일부가 철거됨으로써 회복되거나 보호받을 수는 있는 것인데, … 인접건물소유자들로서는 위 준공처분의 무효확인이나 취소를 구할 법률상 이익이 없다고 할 것이다(대판 1993.11.9. 93누13988).

2. 상수원보호구역설정의 근거가 되는 수도법 제5조 제1항 및 동시행령 제7조 제1항이 보호하고자 하는 것은 상수원의 확보와 수질보전일 뿐이고, 그 상수원에서 급수를 받고 있는 지역주민들이 받을 이익은 직접적이고 구체적으로 보호하고 있지 않음이 명백하여 위 지역주민들이 가지는 이익은 상수원의 확보와 수질보호라는 공공의 이익이 달성됨에 따라 반사적으로 얻게 되는 이익에 불과하므로, 지역주민들에 불과한 원고들에게는 위 상수원보호구역변경처분의 취소를 구할 법률상의 이익이 없다(대판 1995.9.26. 94누14544).

3. 생태·자연도는 토지이용 및 개발계획의 수립이나 시행에 활용하여 자연환경을 체계적으로 보전·관리하기 위한 것일 뿐, 1등급 권역의 인근 주민들이 가지는 생활상 이익을 직접적이고 구체적으로 보호하기 위한 것이 아님이 명백하고, 1등급 권역의 인근 주민들이 가지는 이익은 환경보호라는 공공의 이익이 달성됨에 따라 반사적으로 얻게 되는 이익에 불과하므로, 인근 주민에 불과한 갑은 생태·자연도 등급권역을 1등급에서 일부는 2등급으로, 일부는 3등급으로 변경한 결정의 무효 확인을 구할 원고적격이 없다(대판 2014.02.21. 2011두29052).

4. 도시계획법과 건축법의 규정 취지에 비추어 볼 때 이 법률들이 주거지역 내에서의 일정한 건축을 금지하고 또는 제한하고 있는 것은 도시계획법과 건축법이 추구하는 공공복리의 증진을 도모하고자 하는데 그 목적이 있는 동시에 한편으로는 주거지역내에 거주하는 사람의 '주거의 안녕과 생활환경을 보호'하고자 하는 데도 그 목적이 있는 것으로 해석이 된다. 그러므로 주거지역내에 거주하는 사람이 받는 위와 같은 보호이익은 단순한 반사적 이익이나 사실상의 이익이 아니라 바로 법률에 의하여 보호되는 이익이라고 할 것이다(대판 1975.5.13. 73누96·97).

5. 같은법시행령 제4조 제2호가 공설화장장은 20호 이상의 인가가 밀집한 지역, 학교 또는 공중이 수시 집합하는 시설 또는 장소로부터 1,000m 이상 떨어진 곳에 설치하도록 제한을 가하고, 같은법시행령 제9조가 국민보건상 위해를 끼칠 우려가 있는 지역, 도시계획법 제17조의 규정에 의한 주거지역, 상업지역, 공업지역 및 녹지지역 안의 풍치지구 등에의 공설화장장 설치를 금지함에 의하여 보호되는 부근 주민들의 이익은 위 도시계획결정처분의 근거 법률에 의하여 보호되는 법률상 이익이다(대판 1995.9.26. 94누14544).

6. 납골당 설치장소에서 500m 내에 20호 이상의 인가가 밀집한 지역에 거주하는 주민들에게는 납골당이 누구에 의하여 설치되는지를 따질 필요 없이 납골당 설치에 대하여 환경 이익 침해 또는 침해 우려가 있는 것으로 사실상 추정되어 원고적격이 인정된다고 보는 것이 타당하다(대판 2011.9.8. 2009두6766).

7. 공유수면매립면허처분과 농지개량사업 시행인가처분의 근거 법규 또는 관련 법규의 각 관련 규정의 취지는, 공유수면매립과 농지개량사업시행으로 인하여 직접적이고 중대한 환경피해를 입으리라고 예상되는 환경영향평가 대상지역 안의 주민들이 전과 비교하여 수인한도를 넘는 환경침해를 받지 아니하고 쾌적한 환경에서 생활할 수 있는 개별적 이익까지도 이를 보호하려는 데에 있다고 할 것이므로, 위 주민들이 공유수면매립면허처분 등과 관련하여 갖고 있는 위와 같은 환경상의 이익은 주민 개개인에 대하여 개별적으로 보호되는 직접적·구체적 이익으로서 그들에 대하여는 특단의 사정이 없는 한 환경상의 이익에 대한 침해 또는 침해우려가 있는 것으로 사실상 추정되어 공유수면매립면허처분 등의 무효확인을 구할 원고적격이 인정된다. 한편, 환경영향평가 대상지역 밖의 주민이라 할지라도 공유수면매립면허처분 등으로 인하여 그 처분 전과 비교하여 수인한도를 넘는 환경피해를 받거나 받을 우려가 있는 경우에는, 공유수면매립면허처분 등으로 인하여 환경상 이익에 대한 침해 또는 침해우려가 있다는 것을 입증함으로써 그 처분 등의 무효확인을 구할 원고적격을 인정받을 수 있다(대판 2006.3.16. 2006두330).

8. [1] 행정처분의 근거 법규 또는 관련 법규에 그 처분으로써 이루어지는 행위 등 사업으로 인하여 환경상 침해를 받으리라고 예상되는 영향권의 범위가 구체적으로 규정되어 있는 경우에는, 그 영향권 내의 주민들에 대하여는 당해 처분으로 인하여 직접적이고 중대한 환경피해를 입으리라고 예상할 수 있고, 이와 같은 환경상의 이익은 주민 개개인에 대하여 개별적으로 보호되는 직접적·구체적 이익으로서 그들에 대하여는 특단의 사정이 없는 한 환경상 이익에 대한 침해 또는 침해 우려가 있는 것으로 사실상 추정되어 법률상 보호되는 이익으로 인정됨으로써 원고적격이 인정되며, 그 영향권 밖의 주민들은 당해 처분으로 인하여 그 처분 전과 비교하여 수인한도를 넘는 환경피해를 받거나 받을 우려가 있다는 자신의 환경상 이익에 대한 침해 또는 침해 우려가 있음을 증명하여야만 법률상 보호되는 이익으로 인정되어 원고적격이 인정된다(대판 2010.4.15. 2007두16127). **2021 소방간부, 2013 국회직 8급**

    [2] 수돗물을 공급받아 이를 마시거나 이용하는 주민들로서는 위 근거 법규 및 관련 법규가 환경상 이익의 침해를 받지 않은 채 깨끗한 수돗물을 마시거나 이용할 수 있는 자신들의 생활환경상의 개별적 이익을 직접적·구체적으로 보호하고 있음을 증명하여 원고적격을 인정받을 수 있다(대판 2010.4.15. 2007두16127). **2021 소방간부, 2013 국회직 8급**

9. 환경상 이익에 대한 침해 또는 침해 우려가 있는 것으로 사실상 추정되어 원고적격이 인정되는 자는 환경상 침해를 받으리라고 예상되는 영향권 내의 주민들을 비롯하여 그 영향권 내에서 농작물을 경작하는 등 현실적으로 환경상 이익을 향유하는 자도 포함된다고 할 것이나, 단지 그 영향권 내의 건물·토지를 소유하거나 환경상 이익을 일시적으로 향유하는 데 그치는 자는 포함되지 않는다고 할 것이다(대판 2009.9.24. 2009두2825).

10. 일반적으로 도로는 국가나 지방자치단체가 직접 공중의 통행에 제공하는 것으로서 일반국민은 이를 자유로이 이용할 수 있는 것이기는 하나, 그렇다고 하여 그 이용관계로부터 당연히 그 도로에 관하여 특정한 권리나 법령에 의하여 보호되는 이익이 개인에게 부여되는 것이라고까지는 말할 수 없다(대판 1992.9.22. 91누13212).

11. 공물의 인접주민은 다른 일반인보다 인접공물의 일반사용에 있어 특별한 이해관계를 가지는 경우가 있고, 그러한 의미에서 다른 사람에게 인정되지 아니하는 이른바 고양된 일반사용권이 보장될 수 있으며, 이러한 고양된 일반사용권이 침해된 경우 다른 개인과의 관계에서 민법상으로도 보호될 수 있으나, … 따라서 구체적으로 공물을 사용하지 않고 있는 이상 그 공물의 인접주민이라는 사정만으로는 공물에 대한 고양된 일반사용권이 인정될 수 없다(대판 2006.12.22. 2004다68311).

12. 문화재는 문화재의 지정이나 그 보호구역으로 지정이 있음으로써 유적의 보존 관리 등이 법적으로 확보되어 지역주민이나 국민일반 또는 학술연구자가 이를 활용하고 그로 인한 이익을 얻는 것이지만, 그 지정은 문화재를 보존하여 이를 활용함으로써 국민의 문화적 향상을 도모함과 아울러 인류문화의 발전에 기여한다고 하는 목적을 위하여 행해지는 것이지, 그 이익이 일반 국민이나 인근주민의 문화재를 향유할 구체적이고도 법률적인 이익이라고 할 수는 없다(대판 1992.9.22. 91누13212).

13. 문화재보호구역 내에 있는 토지소유자 등으로서는 위 보호구역의 지정해제를 요구할 수 있는 법규상 또는 조리상의 신청권이 있다고 할 것이고, 이러한 신청에 대한 거부행위는 항고소송의 대상이 되는 행정처분에 해당한다. (대판 2004.4.27. 2003두8821)

인인소송의 원고적격	
법률상 이익 인정	① 연탄공장 설치허가에 대한 인근주민의 취소청구 ② LPG충전소 설치허가에 대한 인근주민의 취소청구 ③ 원자로부지 사전승인처분에 대한 인근주민의 취소청구 ④ 환경영향평가대상지역 안의 주민의 환경영향평가대상사업에 관한 변경승인 및 허가처분에 대한 취소청구 ⑤ 환경영향평가대상지역 밖의 주민의 경우 수인한도를 넘는 환경피해를 받거나 받을 우려가 있는 경우 ⑥ 도로의 용도폐지처분에 대해 개별적·구체적이며 직접적인 이해관계를 가진 자의 처분취소청구(통상적으로 일반인들의 도로의 용도폐지를 다툴 법률상 이익은 인정되지 않으나 인접주민의 등의 경우 인정된다) ⑦ 일정지역에 공설화장장 설치를 금지함에 의하여 보호되는 부근주민들의 이익
법률상 이익 부정	① 지역주민들의 상수원보호구역 변경처분의 취소를 구한 제3자인 지역주민 ② 문화재로 지정하거나 문화재 보호구역으로 지정하여 지역주민이나 국민일반 또는 학술연구자가 이를 활용하여 그로 인하여 얻는 이익 ③ 일반적인 시민생활에서 도로를 이용만 하는 사람의 도로용도폐지를 다툴 이익 ④ 환경영향평가대상지역 밖의 주민들이 얻는 환경상 이익 ⑤ 단지 환경영향권 내의 건물·토지를 소유하거나 환경상 이익을 일시적으로 향유하는데 그치는 사람

0237 상수원보호구역설정의 근거가 되는 수도법이 보호하고자 하는 것은 상수원의 확보와 수질보전일 뿐이고, 그 상수원에서 급수를 받고 있는 지역주민들이 받을 이익은 직접적이고 구체적으로 보호하고 있지 않다. O│X

0238 지역주민들에 불과한 원고들에게는 위 상수원보호구역변경처분의 취소를 구할 법률상의 이익이 없다. O│X

0239 「도시계획법」과 「건축법」이 주거지역내에서 일정한 건축을 금지함으로써 주거지역내 주민들이 얻는 이익은 반사적 이익에 불과하다. O│X

0240 「도시계획법」과 「건축법」이 주거지역내에서 일정한 건축을 금지하는 것은 공공복리의 증진을 도모하고자 하는 것이고 주거지역내에 거주하는 사람의 '주거의 안녕과 생활환경을 보호'하고자 하는 데는 목적이 없다. O│X

0241 납골당 설치장소로부터 500m 내에 20호 이상의 인가가 밀집하는 지역에 거주하는 주민들의 경우, 납골당이 누구에 의하여 설치되는 지와 관계없이 납골당 설치에 대하여 환경이익 침해 또는 침해우려가 있는 것으로 사실상 추정되어 납골당설치 신고수리를 다툴 원고적격이 인정된다. O│X

정답 및 해설

0237 O
0238 O
0239 X 주거지역내 주민들이 얻는 이익은 법률상 이익이다.
0240 X 주거지역내 거주하는 사람의 '주거의 안녕과 생활환경을 보호'하고자 하는 데도 목적이 있다.
0241 O

0242 공유수면매립과 농지개량사업시행으로 인하여 직접적이고 중대한 환경피해를 입으리라고 예상되는 환경영향평가 대상지역 안의 주민들이 전과 비교하여 수인한도를 넘는 환경침해를 받지 아니하고 쾌적한 환경에서 생활할 수 있는 개별적 이익은 법률상 이익이다. O | X

0243 환경영향평가 대상지역 안의 주민들은 특단의 사정이 없는 한 환경상의 이익에 대한 침해 또는 침해우려가 있는 것으로 사실상 추정되어 공유수면매립면허처분 등의 무효확인을 구할 원고적격이 인정된다. O | X

0244 공유수면매립면허처분에 있어서 환경영향평가 대상지역 밖에 거주하는 주민에게는 그 처분 전과 비교하여 수인한도를 넘는 환경피해를 받거나 받을 우려가 있는 경우로 추정되지 않는다. O | X

0245 공유수면매립면허처분에 있어서 환경영향평가 대상지역 밖에 거주하는 주민에게는 그 처분 전과 비교하여 수인한도를 넘는 환경피해를 받거나 받을 우려가 있는 경우라 하더라도 당해 처분의 무효확인을 구할 원고적격을 인정할 수 없다. O | X

0246 일반적으로 도로를 이용하는 일반국민들에게 그 도로에 관하여 특정한 권리나 법령에 의하여 보호되는 이익이 부여되는 것이라고까지 할 수 없다. O | X

0247 공물의 인접주민은 다른 일반인보다 인접공물의 일반사용에 있어 특별한 이해관계를 가지는 경우가 있고 그런 의미에서 이른바 '고양된 일반사용권'이 보장된다. O | X

0248 공물의 인접주민은 공물을 사용하지 않고 있는 경우라도 공물의 인접주민이라는 사정만으로도 공물에 대한 '고양된 일반사용권'이 인정될 수 있다. O | X

0249 문화재의 지정이나 그 보호구역으로 지정하는 것에 대해 일반국민이나 인근주민은 이를 다툴 법률상 이익이 인정된다. O | X

0250 문화재보호구역 내에 있는 토지소유자는 보호구역의 지정해제를 요구할 수 있는 법규상 또는 조리상의 신청권이 있다. O | X

정답 및 해설

0242 O   0243 O   0244 O
0245 X 수인한도를 넘는 환경피해를 받거나 받을 우려가 있는 경우 원고적격이 인정된다.
0246 O   0247 O
0248 X 공물을 사용하고 있지 않은 경우에는 '고양된 일반사용권'이 인정되지 않는다.
0249 X 일반국민이나 인근주민에게는 법률상 이익이 인정되지 않는다.
0250 O

> 검사의 임용에 있어서 임용권자가 임용여부에 관하여 어떠한 내용의 응답을 할 것인지는 임용권자의 자유재량에 속하므로 일단 임용거부라는 응답을 한 이상 설사 그 응답내용이 부당하다고 하여도 사법심사의 대상으로 삼을 수 없는 것이 원칙이나, 적어도 재량권의 한계 일탈이나 남용이 없는 위법하지 않은 응답을 할 의무가 임용권자에게 있고 이에 대응하여 임용신청자로서도 재량권의 한계 일탈이나 남용이 없는 적법한 응답을 요구할 권리가 있다고 할 것이며, 이러한 응답신청권에 기하여 재량권 남용의 위법한 거부처분에 대하여는 항고소송으로서 그 취소를 구할 수 있다고 보아야 하므로 임용신청자가 임용거부처분이 재량권을 남용한 위법한 처분이라고 주장하면서 그 취소를 구하는 경우에는 법원은 재량권남용 여부를 심리하여 본안에 관한 판단으로서 청구의 인용 여부를 가려야 한다(대판 1991.2.12. 90누5825). 2014 국회직 8급, 2015 국가직 9급

0251 검사의 임용여부는 임용권자의 자유재량에 속한다. O | X

0252 다수의 검사 임용신청자 중 일부만을 검사로 임용하는 결정을 함에 있어, 임용신청자들에게 전형의 결과인 임용 여부의 응답을 할 것인지는 임용권자의 편의재량사항이다. O | X

0253 임용권자가 임용거부라는 응답을 한 이상 설사 응답내용이 부당하다고 하여도 사법심사의 대상으로 삼을 수 없다. O | X

0254 임용신청자로서도 재량권의 일탈이나 남용이 없는 적법한 응답을 요구할 권리가 없다. O | X

0255 임용신청자가 임용거부처분이 재량권을 남용한 위법한 처분이라고 주장하면서 그 취소를 구하는 경우 법원은 이를 각하하여야 한다. O | X

> 대학 스스로 교원의 임용규정이나 신규채용업무시행지침 등을 제정하여 그에 따라 교원을 신규임용하여 온 경우, 임용지원자가 당해 대학의 교원임용규정 등에 정한 심사단계 중 중요한 대부분의 단계를 통과하여 다수의 임용지원자 중 유일한 면접심사 대상자로 선정되는 등으로 장차 나머지 일부의 심사단계를 거쳐 대학교원으로 임용될 것을 상당한 정도로 기대할 수 있는 지위에 이르렀다면, 그러한 임용지원자는 임용에 관한 법률상 이익을 가진 자로서 임용권자에 대하여 나머지 심사를 공정하게 진행하여 그 심사에서 통과되면 대학교원으로 임용해 줄 것을 신청할 조리상의 권리가 있다고 보아야 한다(대판 2004.6.11. 2001두7053).

0256 일반적으로 대학교원임용신청권이 인정되지 않는다. O | X

0257 다수의 임용지원자 중 유일한 면접심사 대상자로 선정된 자는 나머지 심사를 공정하게 진행하여 그 심사에 통과되면 대학교원으로 임용해 줄 것을 신청할 조리상의 권리가 있다. O | X

정답 및 해설

0251 O
0252 X 응답여부 그 자체는 임용권자의 의무이다.
0253 O
0254 X 응답을 요구할 권리가 있다.
0255 X 재량처분도 항고소송의 대상이 되므로 각하해서는 안된다.
0256 O   0257 O

09 | 행정법상의 법률요건과 법률사실

■ 소멸시효

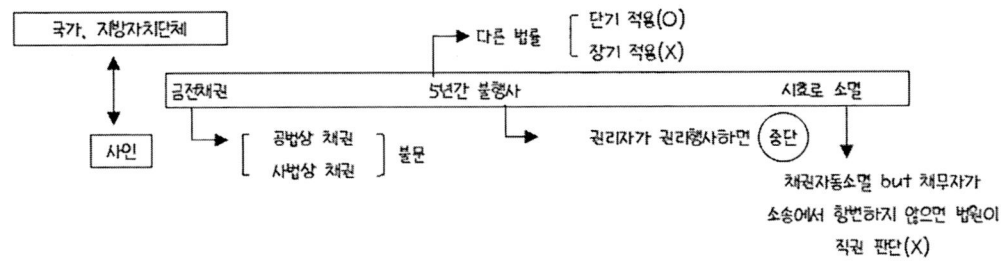

행정기본법 제6조(행정에 관한 기간의 계산) ① 행정에 관한 기간의 계산에 관하여는 이 법 또는 다른 법령등에 특별한 규정이 있는 경우를 제외하고는 「민법」을 준용한다.
② 법령등 또는 처분에서 국민의 권익을 제한하거나 의무를 부과하는 경우 권익이 제한되거나 의무가 지속되는 기간의 계산은 다음 각 호의 기준에 따른다. 다만, 다음 각 호의 기준에 따르는 것이 국민에게 불리한 경우에는 그러하지 아니하다.
1. 기간을 일, 주, 월 또는 연으로 정한 경우에는 기간의 첫날을 산입한다.
2. 기간의 말일이 토요일 또는 공휴일인 경우에도 기간은 그 날로 만료한다.
제7조(법령등 시행일의 기간 계산) 법령등(훈령·예규·고시·지침 등을 포함한다. 이하 이 조에서 같다)의 시행일을 정하거나 계산할 때에는 다음 각 호의 기준에 따른다.
1. 법령등을 공포한 날부터 시행하는 경우에는 공포한 날을 시행일로 한다.
2. 법령등을 공포한 날부터 일정 기간이 경과한 날부터 시행하는 경우 법령등을 공포한 날을 첫날에 산입하지 아니한다.
3. 법령등을 공포한 날부터 일정 기간이 경과한 날부터 시행하는 경우 그 기간의 말일이 토요일 또는 공휴일인 때에는 그 말일로 기간이 만료한다.
제7조의2(행정에 관한 나이의 계산 및 표시) 행정에 관한 나이는 다른 법령등에 특별한 규정이 있는 경우를 제외하고는 출생일을 산입하여 만(滿) 나이로 계산하고, 연수(年數)로 표시한다. 다만, 1세에 이르지 아니한 경우에는 월수(月數)로 표시할 수 있다.

[취득시효]

1. 행정재산은 공용이 폐지되지 않는 한 사법상 거래의 대상이 될 수 없으므로 취득시효의 대상이 되지 않는다(대판 1994.3.22. 93다56220). **2016 국가직 9급**

2. 공용폐지의 의사표시는 명시적이든 묵시적이든 상관이 없으나 적법한 의사표시가 있어야 하고, 행정재산이 사실상 본래의 용도에 사용되지 않고 있다는 사실만으로 용도폐지의 의사표시가 있었다고 볼 수는 없으며, 원래의 행정재산이 공용폐지되어 취득시효의 대상이 된다는 사실에 대한 입증책임은 시효취득을 주장하는 자에게 있다(대판 1994.3.22. 93다56220).

3. 국유잡종재산은 사경제적 거래의 대상으로서 사적 자치의 원칙이 지배되고 있으므로 시효제도의 적용에 있어서도 동일하게 보아야 하고, 국유잡종재산에 대한 시효취득을 부인하는 동 규정은 합리적 근거 없이 국가만을 우대하는 불평등한 규정으로서 헌법상의 평등의 원칙과 사유재산권 보장의 이념 및 과잉금지의 원칙에 반한다(헌재 1992.5.13. 89헌가97). **2016 지방직 9급**

[소멸시효]

1. 구 예산회계법(현행 국가재정법) 제71조의 금전이 급부를 목적으로 하는 국가의 권리라 함은 금전의 급부를 목적으로 하는 권리인 이상 금전급부의 발생원인에 관하여는 아무런 제한이 없으므로 국가의 공권력의 발동으로 하는 행위는 물론 국가의 사법상의 행위에서 발생한 국가에 대한 금전채무도 포함한다(대판 1967.7.4. 67다751). **2016 지방직 9급**

2. 입법자가 소멸시효의 중단 문제를 어떻게 정할 것인가 하는 점은 상당한 정도로 입법재량이 허용된다. … 입법자가 비록 사법상의 원인에 기한 국가채권의 경우에도 납입의 고지에 있어 민법상의 최고의 경우보다 더 강한 시효중단 효력을 인정한 것은 합리적 이유가 있어 평등권을 침해하지 않는다(헌재 2004.3.25. 2003헌바22).

3. 일반적으로 위법한 행정처분의 취소, 변경을 구하는 행정소송은 사권을 행사하는 것으로 볼 수 없으므로 사권에 대한 시효중단사유가 되지 못하는 것이나, 다만, 과세처분의 취소 또는 무효확인청구의 소가 비록 행정소송이라고 할지라도 조세환급을 구하는 부당이득반환청구권의 소멸시효중단사유인 재판상 청구에 해당한다고 볼 수 있다(대판 1992.3.31. 91다32053).

4. 변상금 부과처분에 대한 취소소송이 진행중이라도 그 부과권자로서는 위법한 처분을 스스로 취소하고 그 하자를 보완하여 다시 적법한 부과처분을 할 수도 있는 것이어서 그 권리행사에 법률상의 장애사유가 있는 경우에 해당한다고 할 수 없으므로, 그 처분에 대한 취소소송이 진행되는 동안에도 그 부과권의 소멸시효가 진행된다(대판 2006.2.10. 2003두5686). **2022 소방간부, 2017 국가직 9급**

5. 예산회계법 제98조에서 법령의 규정에 의한 납입고지를 시효중단 사유로 규정하고 있는바, 이러한 납입고지에 의한 시효중단의 효력은 그 납입고지에 의한 부과처분이 취소되더라도 상실되지 않는다(대판 2000.9.8. 98두19933). **2016 지방직 9급**

6. 세무공무원이 국세징수법 제26조에 의하여 체납자의 가옥·선박·창고 기타의 장소를 수색하였으나 압류할 목적물을 찾아내지 못하여 압류를 실행하지 못하고 수색조서를 작성하는 데 그친 경우에도 소멸시효 중단의 효력이 있다(대판 2001.8.21. 2000다12419).

7. 채권자가 동일한 목적을 달성하기 위하여 복수의 채권을 갖고 있는 경우, 어느 하나의 청구권을 행사하는 것이 다른 채권에 대한 소멸시효 중단의 효력이 있다고 할 수 없다(대판 2002.5.10. 2000다39735).

8. 북한에 납북된 사람이 국가를 상대로 대한민국 법원에 소장을 제출하는 등으로 권리를 행사하는 것은 객관적으로도 불가능하므로, 납북상태가 지속되는 동안은 소멸시효가 진행하지 않는다(대판 2012.4.13. 2009다33754).

9. 소멸시효에 있어서 그 시효기간이 만료되면 권리는 당연히 소멸하지만 그 시효의 이익을 받는 자가 소송에서 소멸시효의 주장을 하지 아니하면 그 의사에 반하여 재판할 수 없고, 그 시효이익을 받는 자는 시효기간 만료로 인하여 소멸하는 권리의 의무자를 말한다(대판 1991.7.26. 91다5631).

10. 조세에 관한 소멸시효가 완성되면 국가의 조세부과권과 납세의무자의 납세의무는 당연히 소멸한다 할 것이므로 소멸시효완성후에 부과된 부과처분은 납세의무 없는 자에 대하여 부과처분을 한 것으로서 그와 같은 하자는 중대하고 명백하여 그 처분의 효력은 당연무효이다(대판 1985.05.14. 83누655). **2022 소방간부, 2016 지방직 9급**

0258 행정재산은 공용폐지 되지 않는 한 사인이 취득시효할 수 없다. O | X

0259 행정재산이 사실상 본래의 용도에 사용되지 않고 있다는 사실만으로도 용도폐지의 의사표시가 있다고 볼 수 있다. O | X

0260 국유일반재산에 대해 사인의 취득시효를 금지하는 것은 「헌법」상 평등의 원칙에 위반된다. O | X

0261 입법자가 사법상의 원인에 기한 국가채권의 경우에도 납입의 고지에 있어 민법상의 최고의 경우보다 더 강한 시효중단 효력을 인정한 것은 평등권을 침해한 것이다. O | X

0262 소멸시효기간이 만료되면 권리는 당연히 소멸한다. O | X

0263 일반적으로 위법한 행정처분의 취소, 변경을 구하는 행정소송은 사권에 대한 시효중단사유가 되지 못한다. O | X

0264 과세처분의 취소 또는 무효확인청구의 소가 비록 행정소송이라고 할지라도 조세환급을 구하는 부당이득 반환청구권의 소멸시효중단사유에 해당한다. O | X

0265 변상금 부과처분에 대한 취소소송이 진행중이라도 그 부과권자로서는 위법한 처분을 스스로 취소하고 그 하자를 보완하여 다시 적법한 부과처분을 할 수도 있다. O | X

0266 변상금 부과처분에 대한 취소소송이 진행되는 동안에는 국가의 변상금부과권의 소멸시효가 중단된다. O | X

0267 납입고지에 의한 시효중단의 효력은 그 납입고지에 의한 부과처분이 취소되면 상실된다. O | X

0268 세무공무원이 체납자의 가옥·선박·창고 기타의 장소를 수색하였으나 압류할 목적물을 찾아내지 못하여 압류를 실행하지 못한 경우 소멸시효의 진행이 중단되지 않는다. O | X

0269 납북상태가 지속되는 동안은 국가배상청구권의 소멸시효가 진행하지 않는다. O | X

정답 및 해설

0258 O
0259 X 단지 사용하고 있다는 것 외에 명시적 또는 묵시적 공용폐지의 의사표시가 있어야 한다.
0260 O
0261 X 합리적 이유가 있는 차별로 평등원칙을 위반하지 않는다.
0262 O   0263 O   0264 O   0265 O
0266 X 소멸시효가 진행한다.
0267 X 시효중단의 효력은 상실되지 않는다.
0268 X 소멸시효의 진행은 중단된다.
0269 O

1. 조세의 과오납이 부당이득이 되기 위하여는 납세 또는 조세의 징수가 실체법적으로나 절차법적으로 전혀 법률상의 근거가 없거나 과세처분의 하자가 중대하고 명백하여 당연무효이어야 하고, 과세처분의 하자가 단지 취소할 수 있는 정도에 불과할 때에는 과세관청이 이를 스스로 취소하거나 항고소송절차에 의하여 취소되지 않는 한 그로 인한 조세의 납부가 부당이득이 된다고 할 수 없다(대판 1994.11.11. 94다28000). **2018 국회직 8급, 2013 국가직 9급, 2019·2014 지방직 9급, 2018 지방직 7급**

2. 조세과세처분의 당연무효를 전제로 하여 이미 납부한 세금의 반환을 청구하는 것은 민사상의 부당이득반환청구로서 민사소송절차에 따라야 한다(대판 1995.4.28. 94다55019). **2021 국가직 7급**

3. 부가가치세법령의 내용, 형식 및 입법 취지 등에 비추어 보면, 납세의무자에 대한 국가의 부가가치세 환급세액 지급의무는 그 납세의무자로부터 어느 과세기간에 과다하게 거래징수된 세액 상당을 국가가 실제로 납부받았는지와 관계없이 부가가치세법령의 규정에 의하여 직접 발생하는 것으로서, … 그렇다면 납세의무자에 대한 국가의 부가가치세 환급세액 지급의무에 대응하는 국가에 대한 납세의무자의 부가가치세 환급세액 지급청구는 민사소송이 아니라 행정소송법 제3조 제2호에 규정된 당사자소송의 절차에 따라야 한다(대판 2013.3.21. 2011다95564). **2018 국가직 7급, 2017 지방직 9급**

4. 국세징수법 시행령 제74조 제1항은 제3자가 국세징수법 제71조 제1항에 따라 체납자의 체납액을 납부할 때에는 체납자의 명의로만 하도록 규정하고 있고, 국세징수법 시행령 제74조 제2항은 제3자가 체납자의 명의로 납부를 한 경우에 국가에 대하여 그 반환을 청구할 수 없도록 규정하고 있다. 이와 같이 제3자가 체납자가 납부하여야 할 체납액을 체납자의 명의로 납부한 경우에는 원칙적으로 체납자의 조세채무에 대한 유효한 이행이 되고, 이로 인하여 국가의 조세채권은 만족을 얻어 소멸하므로, 국가가 체납액을 납부받은 것에 법률상 원인이 없다고 할 수 없고, 제3자는 국가에 대하여 부당이득반환을 청구할 수 없다. 이는 세무서장 등이 체납액을 징수하기 위하여 실시한 체납처분압류가 무효인 경우에도 다르지 아니하다. **2022 소방간부**

5. 지방재정법 제87조 제1항에 의한 변상금부과처분이 당연무효인 경우에 이 변상금부과처분에 의하여 납부자가 납부하거나 징수당한 오납금은 지방자치단체가 법률상 원인 없이 취득한 부당이득에 해당하고, 이러한 오납금에 대한 납부자의 부당이득반환청구권은 처음부터 법률상 원인이 없이 납부 또는 징수된 것이므로 납부 또는 징수시에 발생하여 확정되며, 그 때부터 소멸시효가 진행한다(대판 2005.1.27. 2004다50143). **2020 국가직 9급**

6. 취소소송에 병합할 수 있는 당해 처분과 관련되는 부당이득반환소송에는 당해 처분의 취소를 선결문제로 하는 부당이득반환청구가 포함되고, 이러한 부당이득반환청구가 인용되기 위해서는 그 소송절차에서 판결에 의해 당해 처분이 취소되면 충분하고 그 처분의 취소가 확정되어야 하는 것은 아니라고 보아야 한다(대판 2009.4.9. 2008두23153). **2015 국가직 9급, 2018·2017 국가직 7급**

7. 임용행위가 당연무효이거나 취소된 공무원의 공무원 임용 시부터 퇴직 시까지의 사실상의 근로는 법률상 원인 없이 제공된 것으로서, 국가 및 지방자치단체는 이 사건 근로를 제공받아 이득을 얻은 반면 임용결격공무원 등은 이 사건 근로를 제공하는 손해를 입었다 할 것이므로, 손해의 범위 내에서 국가 및 지방자치단체는 위 이득을 민법 제741조에 의한 부당이득으로 반환할 의무가 있다(대판 2017.5.11. 2012다200486).

8. 임용행위가 당연무효이거나 취소된 공무원의 공무원 임용 시부터 퇴직 시까지의 사실상의 근로는 법률상 원인 없이 제공된 것으로서, 국가 및 지방자치단체는 이 사건 근로를 제공받아 이득을 얻은 반면 임용결격공무원 등은 이 사건 근로를 제공하는 손해를 입었다 할 것이므로, 손해의 범위 내에서 국가 및 지방자치단체는 위 이득을 민법 제741조에 의한 부당이득으로 반환할 의무가 있다(대판 2017.5.11. 2012다200486).

9. 보상법 제18조 제1항 제2호에 따라 보상금 등을 받은 당사자로부터 잘못 지급된 부분을 환수하는 처분을 함에 있어서는 … 잘못 지급된 보상금 등에 해당하는 금액을 징수하는 처분을 해야 할 공익상 필요와 그로 인하여 당사자가 입게 될 기득권과 신뢰의 보호 및 법률생활 안정의 침해 등의 불이익을 비교·교량한 후, 공익상 필요가 당사자가 입게 될 불이익을 정당화할 만큼 강한 경우에 한하여 보상금 등을 받은 당사자로부터 잘못 지급된 보상금 등에 해당하는 금액을 환수하는 처분을 하여야 한다고 봄이 타당하다(대판 2014.10.27. 2012두17186). **2017 지방직 9급**

0270   변상금부과처분이 당연무효인 경우 납부자가 변상금을 납부한 경우 지방자치단체가 법률상 원인 없이 취득한 부당이득에 해당하고 그 때부터 반환청구권의 소멸시효가 진행한다. O | X

0271   위법한 과세처분이라도 취소되기 전까지는 이로 인한 조세납부가 부당이득이라 할 수 없다. O | X

0272   취소소송에 부당이득반환청구가 병합된 경우 부당이득반환청구가 인용되기 위해서는 그 소송절차에서 판결에 의해 당해 처분이 취소되면 충분하지 않고 그 처분의 취소가 확정되어야 한다. O | X

0273   임용행위가 당연무효이거나 취소된 공무원의 공무원 임용 시부터 퇴직 시까지의 사실상의 근로에 대해서는 국가 및 지방자치단체의 부당이득반환의무가 있다. O | X

0274   부가가치세법령에 따른 환급세액 지급의무 등의 규정과 그 입법취지에 비추어 볼 때 부가가치세 환급세액 반환은 공법상 부당이득반환으로서의 민사소송의 대상이 된다. O | X

0275   잘못 지급된 보상금에 해당하는 금액의 징수처분을 해야 할 공익상 필요가 당사자가 입게 될 불이익을 정당화할 만큼 강한 경우, 보상금을 받은 당사자로부터 오지급금액의 환수처분이 가능하다. O | X

0276   제3자는 「국세징수법」에 따라 체납자의 명의로 체납액을 완납한 경우 국가에 대하여 부당이득반환을 청구할 수 있다. O | X

정답 및 해설

0270	O	
0271	O	
0272	X	그 소송절차에서 판결에 의해 당해 처분이 취소되면 충분하다.
0273	O	
0274	X	부가가치세법령에 따른 환급세액 지급의무는 부당이득반환이 아니다.
0275	O	
0276	X	이는 부당이득이 아니므로 부당이득반환청구를 할 수 없다.

10 | 사인의 공법행위

1. 「민법」의 법률행위에 관한 규정은 행위의 격식화를 특색으로 하는 공법행위에 당연히 타당하다고 말할 수 없으므로 공법행위인 영업재개업신고에 민법 제107조는 적용될 수 없다(대판 1978.7.25. 76누276). **2015 지방직 7급**

2. 전역지원의 의사표시가 진의 아닌 의사표시라 하더라도 그 무효에 관한 법리를 선언한 민법 제107조 제1항 단서의 규정은 그 성질상 사인의 공법행위에는 적용되지 않는다 할 것이므로 그 표시된 대로 유효한 것으로 보아야 한다(대판 1994.1.11. 93누10057). **2021 지방직 7급**

3. 일괄사표의 제출과 선별수리의 형식으로 공무원에 대한 의원면직처분이 이루어진 경우, 사직원 제출행위가 강압에 의하여 의사결정의 자유를 박탈당한 상태에서 이루어진 것이라고 할 수 없고 민법상 비진의 의사표시의 무효에 관한 규정은 사인의 공법행위에 적용되지 않는다는 등의 이유로 그 의원면직처분을 당연무효라고 할 수 없다(대판 2001.8.24. 99두9971). **2022·2016 지방직 7급**

4. 사직서의 제출이 감사기관이나 상급관청 등의 강박에 의한 경우에는 그 정도가 의사결정의 자유를 박탈할 정도에 이른 것이라면 그 사직의 의사표시가 무효로 될 것이고 그렇지 않고 의사결정의 자유를 제한하는 정도에 그친 경우라면 그 성질에 반하지 아니하는 한 의사표시에 관한 민법 제110조의 규정을 준용하여 그 효력을 따져보아야 할 것이다(대판 1997.12.12. 97누13962).

5. 공무원이 한 사직의 의사표시는 그에 터잡은 의원면직처분이 있을 때까지는 원칙적으로 이를 철회할 수 있는 것이지만, 다만 의원면직처분이 있기 전이라도 사직의 의사표시를 철회하는 것이 신의칙에 반한다고 인정되는 특별한 사정이 있는 경우에는 그 철회는 허용되지 아니한다(대판 1993.7.27. 92누16942). **2022 소방간부, 2013 국회직 8급, 2017 국가직 9급, 2023 국가직 7급, 2023 지방직 9급**

6. 납세의무자의 신고행위가 중대하고 명백한 하자로 인하여 당연무효로 되지 아니하는 한 그것이 바로 부당이득에 해당한다고 할 수 없고, 여기에서 신고행위의 하자가 중대하고 명백하여 당연무효에 해당하는지의 여부에 대하여는 신고행위의 근거가 되는 법규의 목적, 의미, 기능 및 하자 있는 신고행위에 대한 법적 구제수단 등을 목적론적으로 고찰함과 동시에 신고행위에 이르게 된 구체적 사정을 개별적으로 파악하여 합리적으로 판단하여야 한다(대법원 1996. 4. 12. 선고 96다3807). **2025 소방간부**

0277 「민법」상의 비진의 의사표시에 관한 무효의 법리가 적용되지 않는다. O | X

0278 여군의 전역지원의 의사표시가 진의 아닌 의사표시라면 민법 제107조 단서의 적용에 의하여 무효라는 것이 판례이다. O | X

0279 공무원에 의해 제출된 사직원은 그에 따른 의원면직처분이 있을 때까지는 철회할 수 있지만, 일단 면직처분이 있고 난 이후에는 철회할 수 없다. O | X

0280 사직원 제출자의 내심의 의사가 사직할 뜻이 없었던 경우 그 사직원을 받아들인 의원면직처분도 당연무효라고 봐야 한다. O | X

0281 납세의무자가 취득세를 신고·납부한 경우, 신고에 하자가 있다면 그 신고는 당연무효이므로 취득세의 신고에 하자가 있다는 사실만으로도 이미 납부하여 국가가 보유하고 있는 취득세액은 부당이득에 해당한다. O | X

정답 및 해설

0277 **O**
0278 **X** 전역지원의 의사표시가 진의 아닌 의사표시라도 표시대로 유효인 것이 원칙이다.
0279 **O**
0280 **X** 사직원 제출이 비진의 의사표시라도 의원면직처분은 유효이다.
0281 **X** 납세의무자의 신고행위가 중대하고 명백한 하자로 인하여 당연무효로 되지 아니하는 한 그것이 바로 부당이득에 해당한다고 할 수 없다.

행정절차법 제17조(처분의 신청) ⑤ 행정청은 신청에 구비서류의 미비 등 흠이 있는 경우에는 보완에 필요한 상당한 기간을 정하여 지체 없이 신청인에게 보완을 요구하여야 한다.
⑥ 행정청은 신청인이 제5항에 따른 기간 내에 보완을 하지 아니하였을 때에는 그 이유를 구체적으로 밝혀 접수된 신청을 되돌려 보낼 수 있다.

1. 이처럼 행정절차법 제17조가 '구비서류의 미비 등 흠의 보완'과 '신청 내용의 보완'을 분명하게 구분하고 있는 점에 비추어 보면, 행정절차법 제17조 제5항은 신청인이 신청할 때 관계 법령에서 필수적으로 첨부하여 제출하도록 규정한 서류를 첨부하지 않은 경우와 같이 쉽게 보완이 가능한 사항을 누락하는 등의 흠이 있을 때 행정청이 곧바로 거부처분을 하는 것보다는 신청인에게 보완할 기회를 주도록 함으로써 행정의 공정성·투명성 및 신뢰성을 확보하고 국민의 권익을 보호하려는 행정절차법의 입법 목적을 달성하고자 함이지, 행정청으로 하여금 신청에 대하여 거부처분을 하기 전에 반드시 신청인에게 신청의 내용이나 처분의 실체적 발급요건에 관한 사항까지 보완할 기회를 부여하여야 할 의무를 정한 것은 아니라고 보아야 한다(대판 2020.7.23. 2020두36007). *2022 지방직 7급*

2. 행정기관은 민원사항의 신청이 있는 때에는 다른 법령에 특별한 규정이 있는 경우를 제외하고는 그 접수를 보류하거나 거부할 수 없으며, 민원서류에 흠이 있는 경우에는 보완에 필요한 상당한 기간을 정하여 지체 없이 민원인에게 보완을 요구하고 그 기간 내에 민원서류를 보완하지 아니할 때에는 7일의 기간 내에 다시 보완을 요구할 수 있으며, 위 기간 내에 민원서류를 보완하지 아니한 때에 비로소 접수된 민원서류를 되돌려 보낼 수 있도록 규정되어 있는바, 위 규정 소정의 보완의 대상이 되는 흠은 보완이 가능한 경우이어야 함은 물론이고, 그 내용 또한 형식적·절차적인 요건이거나, 실질적인 요건에 관한 흠이 있는 경우라도 그것이 민원인의 단순한 착오나 일시적인 사정 등에 기한 경우 등이라야 한다(대판 2020.7.23. 2020두36007). *2023 지방직 9급*

3. 흠결된 서류의 보완 또는 보정을 하면 이미 접수된 주요서류의 대부분을 새로 작성함이 불가피하게 되어 사실상 새로운 신청으로 보아야 할 경우에는 그 흠결서류의 접수를 거부하거나 그것을 반려할 정당한 사유가 있는 경우에 해당하여 이의 접수를 거부하거나 반려하여도 위법이 되지 않는다(대법원 1991.6.11. 90누8862).

0282 행정청은 사인의 신청에 구비서류의 미비와 같은 흠이 있는 경우 신청인에게 보완을 요구하여야 하는바, 이때 보완의 대상이 되는 흠은 원칙상 형식적·절차적 요건뿐만 아니라 실체적 발급요건상의 흠을 포함한다. O | X

0283 보완의 대상이 되는 흠은 보완이 가능한 경우이어야 한다. O | X

0284 흠결된 서류의 보완이 주요서류의 대부분을 새로 작성함이 불가피하게 되어 사실상 새로운 신청으로 보아야 할 경우, 접수를 거부하거나 반려할 수 있다. O | X

정답 및 해설

0282 **X** 원칙적 실체적 발급요건은 보완명령의 대상이 아니다.
0283 **O**
0284 **O**

행정기본법 제34조(수리 여부에 따른 신고의 효력) 법령등으로 정하는 바에 따라 행정청에 일정한 사항을 통지하여야 하는 신고로서 법률에 신고의 수리가 필요하다고 명시되어 있는 경우(행정기관의 내부 업무 처리 절차로서 수리를 규정한 경우는 제외한다)에는 행정청이 수리하여야 효력이 발생한다. 2024 소방간부

행정절차법 제40조(신고) ① 법령등에서 행정청에 일정한 사항을 통지함으로써 의무가 끝나는 신고를 규정하고 있는 경우 신고를 관장하는 행정청은 신고에 필요한 구비서류, 접수기관, 그 밖에 법령등에 따른 신고에 필요한 사항을 게시(인터넷 등을 통한 게시를 포함한다)하거나 이에 대한 편람을 갖추어 두고 누구나 열람할 수 있도록 하여야 한다.
② 제1항에 따른 신고가 다음 각 호의 요건을 갖춘 경우에는 신고서가 접수기관에 도달된 때에 신고 의무가 이행된 것으로 본다
1. 신고서의 기재사항에 흠이 없을 것
2. 필요한 구비서류가 첨부되어 있을 것
3. 그 밖에 법령등에 규정된 형식상의 요건에 적합할 것
③ 행정청은 제2항 각 호의 요건을 갖추지 못한 신고서가 제출된 경우에는 지체 없이 상당한 기간을 정하여 신고인에게 보완을 요구하여야 한다.
④ 행정청은 신고인이 제3항에 따른 기간 내에 보완을 하지 아니하였을 때에는 그 이유를 구체적으로 밝혀 해당 신고서를 되돌려 보내야 한다.

1. 체육시설의 설치·이용에관한법률 제18조에 의한 변경신고서는 그 신고 자체가 위법하거나 그 신고에 무효사유가 없는 한 이것이 도지사에게 제출하여 접수된 때에 신고가 있었다고 볼 것이고, 도지사의 수리행위가 있어야만 신고가 있었다고 볼 것은 아니다(대판 1993.7.6. 93마635). 2023 소방간부, 2025 국가직 9급

2. 체육시설의 회원을 모집하고자 하는 자는 시·도지사 등으로부터 회원모집계획서에 대한 검토결과 통보를 받은 후에 회원을 모집할 수 있다고 보아야 하고, 따라서 체육시설의 회원을 모집하고자 하는 자의 시·도지사 등에 대한 회원모집계획서 제출은 수리를 요하는 신고에서의 신고에 해당하며, 시·도지사 등의 검토결과 통보는 수리행위로서 행정처분에 해당한다(대판 2009.2.26. 2006두16243). 2016 지방직 9급

3. 식품위생법과 건축법은 그 입법 목적, 규정사항, 적용범위 등을 서로 달리하고 있어 식품접객업에 관하여 식품위생법이 건축법에 우선하여 배타적으로 적용되는 관계에 있다고는 해석되지 않는다. 그러므로 식품위생법에 따른 식품접객업(일반음식점영업)의 영업신고의 요건을 갖춘 자라고 하더라도, 그 영업신고를 한 당해 건축물이 건축법 소정의 허가를 받지 아니한 무허가 건물이라면 적법한 신고를 할 수 없다(대판 2009.4.23. 2008도6829). 2024 소방간부, 2016 지방직 9급

4. 납골당설치 신고는 이른바 '수리를 요하는 신고'라 할 것이므로, 납골당설치 신고가 구 장사법 관련 규정의 모든 요건에 맞는 신고라 하더라도 신고인은 곧바로 납골당을 설치할 수는 없고, 이에 대한 행정청의 수리처분이 있어야만 신고한 대로 납골당을 설치할 수 있다. 한편 수리란 신고를 유효한 것으로 판단하고 법령에 의하여 처리할 의사로 이를 수령하는 수동적 행위이므로 수리행위에 신고필증 교부 등 행위가 꼭 필요한 것은 아니다(대판 2011.9.8. 2009두6766). 2025·2023 소방간부, 2019 국회직 8급, 2017 국가직 9급, 2018 지방직 7급

5. 체육시설의설치·이용에관한법률에 따른 당구장업의 신고요건을 갖춘 자 할지라도 학교보건법 제5조 소정의 학교환경 위생정화구역 내에서는 같은 법 제6조에 의한 별도 요건을 충족하지 아니하는 한 적법한 신고를 할 수 없다고 보아야 한다(대판 1991.7.12. 90누8350).

6. 구 노인복지법 제33조 제2항에 의한 유료노인복지주택의 설치신고를 받은 행정관청으로서는 그 유료노인복지주택의 시설 및 운영기준이 위 법령에 부합하는지와 아울러 그 유료노인복지주택이 적법한 입소대상자에게 분양되었는지와 설치신고 당시 부적격자들이 입소하고 있지는 않은지 여부까지 심사하여 그 신고의 수리 여부를 결정할 수 있다(대판 2007.1.11. 2006두14537).

7. 장기요양기관의 폐업신고와 노인의료복지시설의 폐지신고는, 행정청이 관계 법령이 규정한 요건에 맞는지를 심사한 후 수리하는 이른바 '수리를 필요로 하는 신고'에 해당한다. 그러나 행정청이 그 신고를 수리하였다고 하더라도, 신고서 위조 등의 사유가 있어 신고행위 자체가 효력이 없다면, 그 수리행위는 유효한 대상이 없는 것으로서, 수리행위 자체에 중대·명백한 하자가 있는지를 따질 것도 없이 당연히 무효이다(대판 2018.6.12. 2018두33593). **2022 소방간부, 2020 국가직 7급**

수리를 요하는 신고

① 「액화석유가스의안전및사업관리법」에 의한 사업양수에 의한 지위승계신고
② 「식품위생법」에 의한 영업양도에 따른 지위승계신고
③ 건축주명의변경신고   **2013 국회직 8급**
④ 학교환경위생정화구역 내에서 당구장업신고
⑤ 개발제한구역 내 건축신고
⑥ 「건축법」상 무허가건물에서의 볼링장업 설치신고, 골프연습장업신고, 식품위생법상의 영업신고
⑦ 「수산업법」상의 어업신고   **2023 소방간부, 2017 국가직 7급, 2022 지방직 7급**
⑧ 납골탑설치신고, 납골당설치신고(단 부대시설은 신고대상이 아님)   **2013 국가직 7급, 2017 지방직 9급**
⑨ 「주민등록법」상 전입신고   **2017 국가직 9급, 2017 국가직 7급, 2017 지방직 9급, 2018·2015 지방직 7급, 2019 서울시 9급**
⑩ 체육시설의 회원을 모집하고자 하는 자의 회원모집계획서 제출신고   **2020 국가직 7급, 2016 지방직 9급**
⑪ 인허가 의제를 수반하는 건축신고   **2022·2013 국회직 8급, 2024·2023 소방간부, 2017 지방직 9급, 2021·2019·2017 지방직 7급**
⑫ 유료노인복지주택의 설치신고   **2014 국가직 9급**
⑬ 노동조합설립신고
⑭ 대규모 점포개설등록 신고   **2019 국회직 8급, 2023 국가직 7급, 2019·2018 지방직 7급**
⑮ 노인장기요양시설, 노인의료복지시설의 폐업신고

수리를 요하지 않는 신고

① 수산제조업 신고
② 「체육시설의설치이용에관한법률」상의 체육시설업신고(당구장업)   **2023 소방간부, 2017 국가직 7급**
③ 「체육시설의설치이용에관한법률」상의 골프연습장 이용료 변경신고   **2014 국가직 9급**
④ 출생신고, 사망신고, 납세신고
⑤ 「가축전염병예방법」상 죽거나 병든 가축의 신고
⑥ 「의료법」상 의원개설신고   **2019·2015 지방직 7급**
⑦ 「부가가치세법」상 사업개시 신고   **2020·2013 국가직 7급**
⑧ 구 「축산물가공법」상 축산물판매업 신고(시설기준 갖추어 신고)

0285 「체육시설의 설치·이용에관한법률」 제18조에 의한 변경신고서는 도지사의 수리행위가 있어야만 신고가 있었다고 볼 수 있다. O│X

0286 「체육시설의 설치·이용에관한법률」 제18조에 의한 변경신고서는 신고자체가 위법하거나 무효라도 도지사의 수리가 있으면 신고의 효력이 발생한다. O│X

0287 체육시설의 회원을 모집하고자 하는 자는 시·도지사 등으로부터 회원모집계획서에 대한 검토결과 통보를 받은 후에 회원을 모집할 수 있다. O│X

0288 체육시설의 회원을 모집하고자 하는 자의 시·도지사 등에 대한 회원모집계획서 제출은 수리를 요하는 신고에 해당한다. O│X

0289 체육시설의 회원모집계획서 제출에 대한 시·도지사 등의 검토결과 통보는 수리행위로서 행정처분에 해당한다. O│X

0290 식품접객업 영업신고에 대해서는 「식품위생법」이 「건축법」에 우선 적용된다. O│X

0291 영업신고가 「식품위생법」상의 신고요건을 갖춘 경우라면 그 영업신고를 한 해당 건축물이 「건축법」상 무허가건축물이라도 적법한 신고에 해당된다. O│X

0292 납골당설치신고는 수리를 요하는 신고라 할 것이므로, 행정청의 수리처분이 있어야만 신고한 대로 납골당을 설치할 수 있다. O│X

정답 및 해설

0285 X 수리를 요하지 않는 신고이다.
0286 X 신고자체가 위법한 경우 수리가 있더라도 무효이다.
0287 O 0288 O 0289 O
0290 X 「식품위생법」이 「건축법」에 각각 적용된다.
0291 X 「건축법」상 무허가건축물이라면 적법한 신고로 볼 수 없다.
0292 O

0293 납골당설치신고의 수리행위에는 신고필증 교부가 반드시 있어야 한다. O | X

0294 「체육시설의설치·이용에관한법률」에 따른 당구장업의 신고요건을 갖춘 자는 학교환경 위생정화구역 내에서 「학교보건법」의 별도 요건을 충족하지 않았다고 하더라도 적법한 신고를 한 것으로 봐야 한다. O | X

0295 허가대상건축물의 양수인에게 건축주의 명의변경을 신고할 수 있는 공법상의 권리가 인정된다. O | X

0296 형식적 요건을 갖추어 시장, 군수에게 적법하게 건축주의 명의변경을 신고한 때에는 시장, 군수는 실체적인 이유를 내세워 그 신고의 수리를 거부할 수 있다. O | X

0297 유료노인복지주택의 설치신고는 수리를 요하는 신고이다. O | X

0298 유료노인복지주택의 설치신고를 수리하는 행정청은 시설기준 외에 적법한 입소대상자에게 분양되었는지와 설치신고 당시 부적격자들이 입소하고 있는지 여부까지 심사하여 그 신고의 수리 여부를 결정할 수 있다. O | X

0299 장기요양기관의 폐업신고 자체가 효력이 없음에도 행정청이 이를 수리한 경우, 그 수리행위가 당연무효로 되는 것은 아니다. O | X

정답 및 해설

0293 X 신고필증 교부는 필수요건이 아니다.
0294 X 「학교보건법」의 별도 요건을 충족하지 않았다면 적법한 신고로 볼 수 없다.
0295 O
0296 X 실체적 이유를 내세워 수리를 거부할 수 없다.
0297 O
0298 O
0299 X 폐업신고가 무효인 경우 행정청의 수리도 당연무효이다.

1. 건축신고를 하려는 자는 인·허가의제사항 관련 법령에서 제출하도록 의무화하고 있는 신청서와 구비서류를 제출하여야 하는데, 이는 건축신고를 수리하는 행정청으로 하여금 인·허가의제사항 관련 법률에 규정된 요건에 관하여도 심사를 하도록 하기 위한 것으로 볼 수밖에 없다. 따라서, 인·허가의제 효과를 수반하는 건축신고는 일반적인 건축신고와는 달리, 특별한 사정이 없는 한 행정청이 그 실체적 요건에 관한 심사를 한 후 수리하여야 하는 이른바 '수리를 요하는 신고'로 보는 것이 옳다(대판 2011.1.20. 2010두14954).

2019·2015 국회직 8급, 2025·2020·2019·2016 국가직 9급, 2023 국가직 7급, 2020·2015 지방직 9급

2. 식품위생법과 건축법은 그 입법 목적, 규정사항, 적용범위 등을 서로 달리하고 있어 식품접객업에 관하여 식품위생법이 건축법에 우선하여 배타적으로 적용되는 관계에 있다고는 해석되지 않는다. 그러므로 식품위생법에 따른 식품접객업(일반음식점영업)의 영업신고의 요건을 갖춘 자라고 하더라도, 그 영업신고를 한 당해 건축물이 건축법 소정의 허가를 받지 아니한 무허가 건물이라면 적법한 신고를 할 수 없다(대판 2009.4.23. 2008도6829).

2015 국회직 8급, 2024·2016 국가직 9급, 2020 지방직 9급

3. 건축주 등은 신고제하에서도 건축신고가 반려될 경우 당해 건축물의 건축을 개시하면 시정명령, 이행강제금, 벌금의 대상이 되거나 당해 건축물을 사용하여 행할 행위의 허가가 거부될 우려가 있어 불안정한 지위에 놓이게 된다. 따라서 건축신고 반려행위가 이루어진 단계에서 당사자로 하여금 반려행위의 적법성을 다투어 그 법적 불안을 해소한 다음 건축행위에 나아가도록 함으로써 장차 있을지도 모르는 위험에서 미리 벗어날 수 있도록 길을 열어 주고, 위법한 건축물의 양산과 그 철거를 둘러싼 분쟁을 조기에 근본적으로 해결할 수 있게 하는 것이 법치행정의 원리에 부합한다. 그러므로 건축신고 반려행위는 항고소송의 대상이 된다고 보는 것이 옳다(대판 2010.11.18. 2008두167).

2019 국가직 9급, 2020·2019·2017 지방직 9급

4. 건축주 등으로서는 착공신고가 반려될 경우, 당해 건축물의 착공을 개시하면 시정명령, 이행강제금, 벌금의 대상이 되거나 당해 건축물을 사용하여 행할 행위의 허가가 거부될 우려가 있어 불안정한 지위에 놓이게 된다. 따라서 착공신고 반려행위가 이루어진 단계에서 당사자로 하여금 반려행위의 적법성을 다투어 법적 불안을 해소한 다음 건축행위에 나아가도록 함으로써 장차 있을지도 모르는 위험에서 미리 벗어날 수 있도록 길을 열어 주고, 위법한 건축물의 양산과 철거를 둘러싼 분쟁을 조기에 근본적으로 해결할 수 있게 하는 것이 법치행정의 원리에 부합한다. 그러므로 행정청의 착공신고 반려행위는 항고소송의 대상이 된다고 보는 것이 옳다(대판 2011.6.10. 2010두7321).

2020 국가직 9급, 2017 국가직 7급

0300 인·허가의제 효과를 수반하는 건축신고는 '수리를 요하는 신고'에 해당한다. O | X

0301 건축신고를 담당하는 행정청은 의제되는 인·허가의 형식적 요건을 심사한 후 수리를 하여야 한다. O | X

0302 「건축법」상 건축신고 반려행위는 항고소송의 대상되는 처분이 아니다. O | X

0303 행정청이 건축주 등의 착공신고에 대해 반려하는 행위는 항고소송의 대상이 된다는 것이 판례이다. O | X

0304 식품접객업 영업신고와 관련해서는 「식품위생법」이 「건축법」에 우선 적용되므로, 영업신고가 「식품위생법」상의 신고요건을 갖춘 경우라면 그 영업신고를 한 해당 건축물이 무허가 건축물이라도 적법한 신고에 해당한다. O | X

정답 및 해설

0300 **O**
0301 **X** 의제되는 인·허가의 실체적 요건을 심사한 후 수리를 하여야 한다.
0302 **X** 「건축법」상 건축신고 반려는 항고소송의 대상이라는 것이 판례이다.
0303 **O**
0304 **X** 「식품위생법」이 「건축법」에 각각 적용되므로 「건축법」 위반에 해당한다.

1. 전통 민간요법인 침·뜸행위를 온라인을 통해 교육할 목적으로 인터넷 침·뜸 학습센터를 설립 신고한 경우 관할 행정청은 신고서 기재사항에 흠결이 없고 정해진 서류가 구비된 이상 신고를 수리하여야 하고 형식적 요건이 아닌 신고 내용이 공익적 기준에 적합하지 않다는 등 실체적 사유를 들어 이를 거부할 수 없다(대판 2011.07.28. 2005두11784).

2019 국회직 8급, 2016 지방직 9급, 2021 지방직 7급

2. 전입신고를 받은 시장·군수 또는 구청장의 심사 대상은 전입신고자가 30일 이상 생활의 근거로 거주할 목적으로 거주지를 옮기는지 여부만으로 제한된다고 보아야 한다. 따라서 전입신고자가 거주의 목적 이외에 다른 이해관계에 관한 의도를 가지고 있는지 여부, 무허가 건축물의 관리, 전입신고를 수리함으로써 당해 지방자치단체에 미치는 영향 등과 같은 사유는 주민등록법이 아닌 다른 법률에 의하여 규율되어야 하고, 주민등록전입신고의 수리 여부를 심사하는 단계에서는 고려 대상이 될 수 없다(대판 2009.6.18. 2008두10997).

2024 소방간부, 2022·2014·2013 국회직 8급, 2016 국가직 9급, 2013 국가직 7급, 2023·2019 지방직 9급, 2017 지방직 7급

3. 건축주명의변경신고에 관한 건축법시행규칙 제3조의2의 규정은 단순히 행정관청의 사무집행의 편의를 위한 것에 지나지 않는 것이 아니라, 허가대상건축물의 양수인에게 건축주의 명의변경을 신고할 수 있는 공법상의 권리를 인정함과 아울러 행정관청에게는 그 신고를 수리할 의무를 지게 한 것으로 봄이 상당하므로, 허가대상건축물의 양수인이 위 규칙에 규정되어 있는 형식적 요건을 갖추어 시장, 군수에게 적법하게 건축주의 명의변경을 신고한 때에는 시장, 군수는 그 신고를 수리하여야지 실체적인 이유를 내세워 그 신고의 수리를 거부할 수는 없다(대판 1992.3.31. 91누4911).

2022·2013 국회직 8급, 2020 국가직 7급, 2017 지방직 7급

4. 건축물의 소유권을 둘러싸고 수많은 쟁송이 있었고 이러한 사정을 피고도 알고 있었으므로, 피고로서는 법원의 판결에 의하여 그 소유권의 귀속이 확정될 때까지 건축주명의변경신고의 수리를 보류한다는 뜻에서 그 수리를 거부함이 상당하다 할 것이고, 이러한 피고의 조치가 신고의 수리에 있어서 가지는 심사권의 범위를 벗어나는 것으로 보이지는 아니한다. 같은 취지의 원심의 판단은 옳고 거기에 소론이 지적하는바와 같은 위법은 없다(대판 1993.10.12. 93누883).

2015 국회직 8급

5. 기존에 다른 사람이 숙박업 신고를 한 적이 있더라도 새로 숙박업을 하려는 자가 그 시설 등의 소유권 등 정당한 사용권한을 취득하여 법령에서 정한 요건을 갖추어 신고하였다면, 행정청으로서는 특별한 사정이 없는 한 이를 수리하여야 하고, 단지 해당 시설 등에 관한 기존의 숙박업 신고가 외관상 남아있다는 이유만으로 이를 거부할 수 없다(대판 2017.5.30. 2017두34087).

2018 국가직 9급

6. 행정청은 특별한 사정이 없는 한 개발행위허가 기준에 부합하지 않는다는 점을 이유로 가설건축물 축조신고의 수리를 거부할 수는 없다(대판 2019.1.10. 201775606).

2019 지방직 7급

7. 건축허가권자는 건축신고가 건축법, 국토의 계획 및 이용에 관한 법률 등 관계 법령에서 정하는 명시적인 제한에 배치되지 않는 경우에도 건축을 허용하지 않아야 할 중대한 공익상 필요가 있는 경우에는 건축신고의 수리를 거부할 수 있다(대판 2019. 10. 31. 2017두74320).

2024 소방간부

0305 인터넷 침·뜸 학습센터를 평생교육시설로 신고한 경우 행정청은 법령상 형식적 요건이 구비된 경우 실체적 사유를 들어 수리를 거부할 수 없다. O | X

0306 전입신고를 수리하는 행정청의 심사는 전입신고자가 30일 이상 생활의 근거로 거주할 목적으로 거주지를 옮기는지 여부만으로 제한된다. O | X

0307 전입신고를 수리하는 행정청은 부동산투기 목적 등의 공익상의 이유를 들어 주민등록전입신고의 수리를 거부할 수는 있다. O | X

0308 새로 숙박업을 하려는 자가 기존에 다른 사람이 숙박업 신고를 한 적이 있는 시설 등의 소유권 등 정당한 사용권한을 취득하여 법령에서 정한 요건을 갖추어 신고하였다면, 행정청으로서는 특별한 사정이 없는 한 기존의 숙박업신고가 외관상 남아 있다는 이유로 이를 거부할 수 없다. O | X

0309 가설건축물 존치기간을 연장하려는 건축주 등이 법령에 규정되어 있는 제반 서류와 요건을 갖추어 행정청에 연장신고를 한 경우, 행정청으로서는 법령에서 요구하고 있지도 아니한 '대지사용승낙서' 등의 서류가 제출되지 아니하였다는 이유로 가설건축물 존치기간 연장신고의 수리를 거부하여서는 아니된다. O | X

0310 건축허가권자는 건축신고가 「건축법」, 「국토의 계획 및 이용에 관한 법률」 등 관계 법령에서 정하는 명시적인 제한에 배치되지 않는 경우에도 건축을 허용하지 않아야 할 중대한 공익상 필요가 있는 경우에는 건축신고의 수리를 거부할 수 있다. O | X

정답 및 해설

0305 O   0306 O
0307 X 주민등록법의 요건을 갖춘 이상 부동산투기 목적 등을 이유로 전입신고 수리를 거부할 수 없다.
0308 O   0309 O   0310 O

■ 지위승계신고

1. 수리의 법적 효과

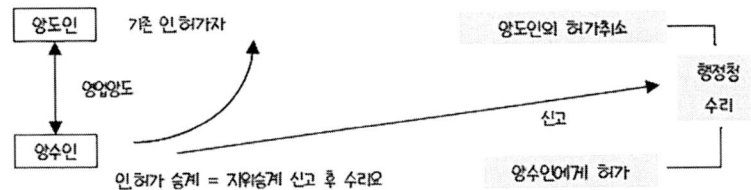

2. 수리 전 양도인의 위반행위에 대한 제재

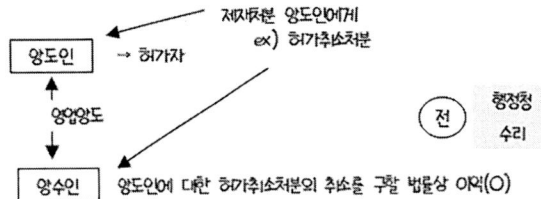

3. 행정청의 수리전 양도인에 대한 행정절차법 적용

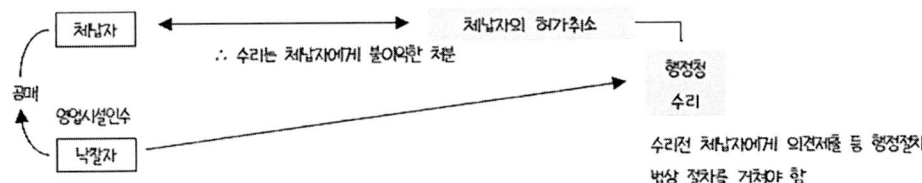

4. 기본행위와 수리의 관계

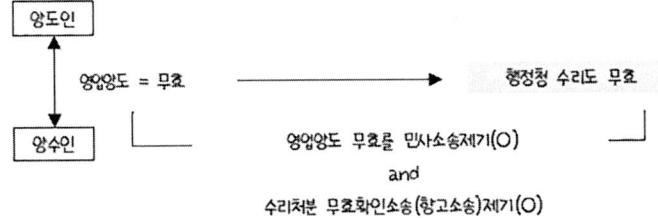

1. 구 식품위생법 제25조 제1항, 제3항에 의하여 영업양도에 따른 지위승계신고를 수리하는 허가관청의 행위는, 단순히 양도·양수인 사이에 이미 발생한 사법상의 사업양도의 법률효과에 의하여 양수인이 그 영업을 승계하였다는 사실의 신고를 접수하는 행위에 그치는 것이 아니라, 실질에 있어서 양도자의 사업허가를 취소함과 아울러 양수자에게 적법히 사업을 할 수 있는 권리를 설정하여 주는 행위로서 사업허가자의 변경이라는 법률효과를 발생시키는 행위라고 할 것이다(대판 2001.2.9. 2000도2050).

2. 사실상 영업이 양도·양수되었지만 아직 승계신고 및 그 수리처분이 있기 이전에는 여전히 종전의 영업자인 양도인이 영업허가자이고, 양수인은 영업허가자가 되지 못한다 할 것이어서 행정제재처분의 사유가 있는지 여부 및 그 사유가 있다고 하여 행하는 행정제재처분은 영업허가자인 양도인을 기준으로 판단하여 그 양도인에 대하여 행하여야 할 것이고, 한편 양도인이 그의 의사에 따라 양수인에게 영업을 양도하면서 양수인으로 하여금 영업을 하도록 허락하였다면 그 양수인의 영업 중 발생한 위반행위에 대한 행정적인 책임은 영업허가자인 양도인에게 귀속된다고 보아야 할 것이다(대판 1995.2.24. 94누9146).

3. 산림법령이 수허가자의 명의변경제도를 두고 있는 취지는, … 수허가자의 지위를 사실상 양수한 양수인의 이익을 보호하고자 하는 데 있는 것으로 해석되므로, 수허가자의 지위를 양수받아 명의변경신고를 할 수 있는 양수인의 지위는 단순한 반사적 이익이나 사실상의 이익이 아니라 산림법령에 의하여 보호되는 직접적이고 구체적인 이익으로서 법률상 이익이라고 할 것이고, 채석허가가 유효하게 존속하고 있다는 것이 양수인의 명의변경신고의 전제가 된다는 의미에서 관할 행정청이 양도인에 대하여 채석허가를 취소하는 처분을 하였다면 이는 양수인의 지위에 대한 직접적 침해가 된다고 할 것이므로 양수인은 채석허가를 취소하는 처분의 취소를 구할 법률상 이익을 가진다(대판 2003.7.11. 2001두6289).

4. 지방세법에 의한 압류재산 매각절차에 따라 영업시설의 전부를 인수함으로써 그 영업자의 지위를 승계한 자가 관계 행정청에 이를 신고하여 행정청이 이를 수리하는 경우에는 종전의 영업자에 대한 영업허가 등은 그 효력을 잃는다 할 것인데, 위 규정들을 종합하면 위 행정청이 구 식품위생법 규정에 의하여 영업자지위승계신고를 수리하는 처분은 종전의 영업자의 권익을 제한하는 처분이라 할 것이고 따라서 종전의 영업자는 그 처분에 대하여 직접 그 상대가 되는 자에 해당한다고 봄이 상당하므로, 행정청으로서는 위 신고를 수리하는 처분을 함에 있어서 행정절차법 규정 소정의 당사자에 해당하는 종전의 영업자에 대하여 위 규정 소정의 행정절차를 실시하고 처분을 하여야 한다(대판 2003.2.14. 2001두7015).

5. 사업양도·양수에 따른 허가관청의 지위승계신고의 수리는 적법한 사업의 양도·양수가 있었음을 전제로 하는 것이므로 그 수리대상인 사업양도·양수가 존재하지 아니하거나 무효인 때에는 수리를 하였다 하더라도 그 수리는 유효한 대상이 없는 것으로서 당연히 무효라 할 것이고, 사업의 양도행위가 무효라고 주장하는 양도자는 민사쟁송으로 양도·양수행위의 무효를 구함이 없이 막바로 허가관청을 상대로 하여 행정소송으로 위 신고수리처분의 무효확인을 구할 법률상 이익이 있다(대판 2005.12.23. 2005두3554).

0311 영업양도에 따른 지위승계신고를 수리하는 허가관청의 행위는, 단순히 양도·양수인 사이에 이미 발생한 사법상의 사업양도의 법률효과에 의하여 양수인이 그 영업을 승계하였다는 사실의 신고를 접수하는 행위에 불과하다. O | X

0312 영업양도에 따른 지위승계신고를 수리하는 실질에 있어서 양도자의 사업허가를 취소함과 아울러 양수자에게 적법히 사업을 할 수 있는 권리를 설정하여 주는 행위로서 사업허가자의 변경이라는 법률효과를 발생시키는 행위이다. O | X

0313 채석허가자의 지위를 양수받아 명의변경신고를 할 수 있는 양수인의 지위는 단순한 반사적 이익이나 사실상의 이익에 불과하다. O | X

0314 관할 행정청이 양도인에 대하여 채석허가를 취소하는 처분을 하였다면 이는 양수인의 지위에 대한 직접적 침해가 된다. O | X

0315 양도인에 대하여 채석허가를 취소하는 처분에 대하여 양수인은 처분의 취소를 구할 법률상 이익을 가진다. O | X

0316 압류재산 매각절차에 따라 영업시설의 전부를 인수함으로써 그 영업자의 지위를 승계한 자가 관계 행정청에 이를 신고하여 행정청이 이를 수리하는 경우에는 종전의 영업자에 대한 영업허가 등은 그 효력을 잃는다. O | X

0317 행정청으로서는 위 신고를 수리하는 처분을 함에 있어서 「행정절차법」 규정 소정의 당사자에 해당하는 종전의 영업자에 대하여 위 규정 소정의 행정절차를 실시하고 처분을 하여야 한다. O | X

0318 수리대상인 사업양도·양수가 존재하지 아니하거나 무효인 때에는 수리를 하였다 하더라도 그 수리는 유효한 대상이 없는 것으로서 당연히 무효이다. O | X

0319 사업의 양도행위가 무효라고 주장하는 양도자는 민사쟁송으로 양도·양수행위의 무효를 다투어야 하고 막바로 허가관청을 상대로 하여 행정소송으로 위 신고수리처분의 무효확인을 구할 법률상 이익이 없다. O | X

정답 및 해설

0311 X 영업양도에 따른 지위승계신고를 수리하는 것은 사업허가자의 변경이라는 법률효과를 발생시키는 행위이다.
0312 O
0313 X 법률상 이익에 해당한다.
0314 O 0315 O 0316 O 0317 O 0318 O
0319 X 사업 양도행위의 무효를 주장하면서 곧바로 행정청의 신고수리처분의 무효확인을 청구할 수 있다.

11 | 법규명령

> **행정기본법 제2조(정의)** 이 법에서 사용하는 용어의 뜻은 다음과 같다.
> 1. "법령등"이란 다음 각 목의 것을 말한다.
>   가. 법령: 다음의 어느 하나에 해당하는 것
>   1) 법률 및 대통령령·총리령·부령
>   2) 국회규칙·대법원규칙·헌법재판소규칙·중앙선거관리위원회규칙 및 감사원규칙
>   3) 1) 또는 2)의 위임을 받아 중앙행정기관(「정부조직법」 및 그 밖의 법률에 따라 설치된 중앙행정기관을 말한다. 이하 같다)의 장이 정한 훈령·예규 및 고시 등 행정규칙
>   나. 자치법규: 지방자치단체의 조례 및 규칙

헌법이 인정하고 있는 위임입법의 형식은 예시적인 것으로 보아야 할 것이고, 그것은 법률이 행정규칙에 위임하더라도 그 행정규칙은 위임된 사항만을 규율할 수 있으므로, 국회입법의 원칙과 상치되지도 않는다. 다만, 행정규칙은 법규명령과 같은 엄격한 제정 및 개정절차를 요하지 아니하므로, 재산권 등과 같은 기본권을 제한하는 작용을 하는 법률이 입법위임을 할 때에는 대통령령, 총리령, 부령 등 법규명령에 위임함이 바람직하고, 고시와 같은 형식으로 입법위임을 할 때에는 적어도 행정규제기본법 제4조 제2항 단서에서 정한 바와 같이 법령이 전문적·기술적 사항이나 경미한 사항으로서 업무의 성질상 위임이 불가피한 사항에 한정된다 할 것이고, 그러한 사항이라 하더라도 포괄위임금지의 원칙상 법률의 위임은 반드시 구체적·개별적으로 한정된 사항에 대하여 행하여져야 한다(헌재 2006.12.28. 2005헌바59).

2013 국회직 8급, 2020·2017 국가직 9급, 2019·2016·2015 서울시 9급

0320 헌법이 인정하고 있는 위임입법의 형식은 한정적인 것으로 보아야 한다. O | X

0321 법률이 행정규칙에 위임하더라도 국회입법의 원칙과 상치되지 않는다. O | X

0322 기본권을 제한하는 작용을 하는 법률이 입법위임을 하는 경우 법규명령에 위임하는 것이 바람직하다.
O | X

0323 고시와 같은 형식으로 입법위임을 할 때에는 적어도 법령이 전문적·기술적 사항이나 경미한 사항으로서 업무의 성질상 위임이 불가피한 사항에 한정된다. O | X

0324 고시와 같은 형식으로 입법위임을 할 때에는 포괄위임도 허용된다. O | X

정답 및 해설

0320 **X** 한정적이 아닌 예시로 본다.
0321 **O**　　0322 **O**　　0323 **O**
0324 **X** 포괄위임은 허용되지 않는다.

1. 모법에서 규정된 내용을 국민에게 불리한 방향으로 변경한 규정으로서 모법의 위임이 있어야만 유효하다 할 것인데, 같은 법 제20조 제1항 제1호를 비롯한 모법에 아무런 위임 근거가 없으므로 결국 위 시행령 제27조의3은 모법에 위반되어 무효이다(대판(전합) 1997.10.16. 96누17752).
2. 행정 각부 장관이 부령으로 제정할 수 있는 범위는 법률 또는 대통령령이 위임한 사항이나 또는 법률 또는 대통령령을 실시하기 위하여 필요한 사항에 한정되므로 법률 또는 대통령령으로 규정할 사항을 부령으로 규정하였다고 하면 그 부령은 무효임을 면치 못한다(대판 1962.1.25. 4294민상9). 2018 서울시 7급
3. 법령의 위임이 없음에도 법령에 규정된 처분 요건에 해당하는 사항을 부령에서 변경하여 규정한 경우에는 그 부령의 규정은 행정청 내부의 사무처리 기준 등을 정한 것으로서 행정조직 내에서 적용되는 행정명령의 성격을 지닐 뿐 국민에 대한 대외적 구속력은 없다고 보아야 한다(대판 2013.9.12. 2011두10584). 2023·2021·2016 국회직 8급, 2025·2023·2020 국가직 9급, 2016 국가직 7급, 2025·2023·2020 지방직 9급, 2019 서울시 9급
4. 직권면직절차에 관하여 위임에 관한 아무런 규정을 두지 아니하였다고 하더라도 대통령령은 직권면직에 관한 같은 법의 규정을 집행하기 위하여 필요한 사항에 관하여 규정할 수 있다(대판 2006.10.27. 2004두12261).

0325 모법에 아무런 근거 없이 모법에서 규정된 내용을 국민에게 불리한 방향으로 변경한 시행령규정은 무효이다. O | X

0326 법률에 위임에 관한 아무런 규정을 두지 아니하였다고 하더라도 대통령령은 직권면직에 관한 같은 법의 규정을 집행하기 위하여 필요한 사항을 규정할 수 있다. O | X

0327 법령의 위임이 없음에도 법령에 규정된 처분 요건에 해당하는 사항을 부령에서 변경하여 규정한 경우 부령은 법규명령에 해당한다. O | X

0328 법률 또는 대통령령으로 규정할 사항은 부령으로 규정하였다고 하면 그 부령은 무효이다. O | X

정답 및 해설

0325	O	
0326	O	
0327	X	법령의 위임이 없다면 행정규칙에 불과하다는 것이 판례이다.
0328	O	

일반적으로 법률의 위임에 의하여 효력을 갖는 법규명령의 경우, 구법에 위임의 근거가 없어 무효였더라도 사후에 법개정으로 위임의 근거가 부여되면 그 때부터는 유효한 법규명령이 되나, 반대로 구법의 위임에 의한 유효한 법규명령이 법개정으로 위임의 근거가 없어지게 되면 그 때부터 무효인 법규명령이 되므로, 어떤 법령의 위임 근거 유무에 따른 유효 여부를 심사하려면 법개정의 전·후에 걸쳐 모두 심사하여야만 그 법규명령의 시기에 따른 유효·무효를 판단할 수 있다(대판 1995.6.30. 93추83). 2014·2018 국회직 8급, 2024·2022·2018 국가직 9급, 2024·2017 국가직 7급, 2021 지방직 9급, 2020 지방직 7급, 2019 서울시 9급, 2018·2017·2013 서울시 7급

0329 구법에 위임의 근거가 없어 무효였더라도 사후에 법개정으로 위임의 근거가 부여되면 소급해서 유효한 법규명령이 된다. O | X

0330 구법에 위임이 있어 유효했던 법규명령이라도 위임의 근거가 없어지면 그 때부터 무효인 법규명령이 된다. O | X

0331 어떤 법령의 위임 근거 유무에 따른 유효 여부를 심사하려면 법개정의 전·후에 걸쳐 모두 심사하여야만 그 법규명령의 시기에 따른 유효·무효를 판단할 수 있다. O | X

---

1. 법규명령의 위임근거가 되는 법률에 대하여 위헌결정이 선고되면 그 위임에 근거하여 제정된 법규명령도 원칙적으로 효력을 상실한다(대판 2001.6.12. 2000다18547). 2024 국가직 7급, 2024·2021 지방직 9급, 2014 지방직 7급, 2013 서울시 7급
2. 집행명령은 근거법령인 상위법령이 폐지되면 특별한 규정이 없는 이상 실효되는 것이나, 상위법령이 개정됨에 그친 경우에는 개정법령과 성질상 모순, 저촉되지 아니하고 개정된 상위법령의 시행에 필요한 사항을 규정하고 있는 이상 그 집행명령은 상위법령의 개정에도 불구하고 당연히 실효되지 아니하고 개정법령의 시행을 위한 집행명령이 제정, 발효될 때까지는 여전히 그 효력을 유지한다(대판 1989.9.12. 88누6962). 2024·2017 국회직 8급, 2019 지방직 9급, 2013 서울시 7급

0332 법률에 대해 위헌결정이 선고되면 그 위임에 근거한 법규명령도 원칙적 효력을 상실한다. O | X

0333 상위법령이 개정된 경우 집행명령도 당연히 효력이 실효된다. O | X

0334 상위법령이 폐지되면 특별한 규정이 없는 이상 집행명령도 실효된다. O | X

정답 및 해설

0329 **X** 그때부터 유효한 법규명령이 된다.
0330 **O**   0331 **O**   0332 **O**
0333 **X** 상위법이 개정된 경우 집행명령은 효력이 존속한다.
0334 **O**

1. 위임명령은 법률이나 상위명령에서 구체적으로 범위를 정한 개별적인 위임이 있을 때에 가능하고, 여기에서 구체적인 위임의 범위는 규제하고자 하는 대상의 종류와 성격에 따라 달라지는 것이어서 일률적 기준을 정할 수는 없지만, 적어도 위임명령에 규정될 내용 및 범위의 기본사항이 구체적으로 규정되어 있어서 누구라도 당해 법률로부터 위임명령에 규정될 내용의 대강을 예측할 수 있어야 하나, 이 경우 그 예측가능성의 유무는 당해 위임조항 하나만을 가지고 판단할 것이 아니라 그 위임조항이 속한 법률의 전반적인 체계와 취지·목적, 당해 위임조항의 규정형식과 내용 및 관련 법규를 유기적·체계적으로 종합 판단하여야 하며, 나아가 각 규제 대상의 성질에 따라 구체적·개별적으로 검토함을 요한다(대판 2004.7.22. 2003두7606). **2024 국회직 8급**

2. 법률규정 자체에 위임의 구체적 범위를 명확히 규정하고 있지 아니하여 외형상으로는 일반적·포괄적으로 위임한 것처럼 보이더라도, 그 법률의 전반적인 체계와 취지·목적, 당해 조항의 규정형식과 내용 및 관련법규를 살펴 이에 대한 해석을 통하여 그 내재적인 위임의 범위나 한계가 객관적으로 분명히 확정될 수 있는 것이라면 이를 일반적·포괄적인 위임에 해당하는 것으로 볼 수 없다(대판 1996.3.21. 95누3640).

3. 법률의 시행령은 법률에 의한 위임이 없으면 개인의 권리·의무에 관한 내용을 변경·보충하거나 법률에 규정되지 아니한 새로운 내용을 정할 수는 없지만, 시행령의 내용이 모법의 입법 취지와 관련 조항 전체를 유기적·체계적으로 살펴 보아 모법의 해석상 가능한 것을 명시한 것에 지나지 아니하거나 모법 조항의 취지에 근거하여 이를 구체화하기 위한 것인 때에는 모법의 규율 범위를 벗어난 것으로 볼 수 없으므로, 모법에 이에 관하여 직접 위임하는 규정을 두지 않았다고 하더라도 이를 무효라고 볼 수 없다(대판 2016.12.1. 2014두8650). **2021·2017 국가직 9급, 2021 지방직 9급**

4. 법령의 위임관계는 반드시 하위법령의 개별조항에서 위임의 근거가 되는 상위법령의 해당 조항을 구체적으로 명시하고 있어야만 하는 것은 아니다(대판 1999.12.24. 99두5658). **2016·2015·2014 지방직 9급**

5. 위임입법의 구체성·명확성의 요구정도는 그 규율대상의 종류와 성격에 따라 달라질 것이지만, 특히 처벌법규나 조세법규 등 국민의 기본권을 직접적으로 제한하거나 침해할 소지가 있는 법규에서는 구체성·명확성의 요구가 강화되어 그 위임의 요건과 범위가 일반적인 급부행정법규의 경우보다 더 엄격하게 제한적으로 규정되어야 하는 반면에, 규율대상이 지극히 다양하거나 수시로 변화하는 성질의 것일 때에는 위임의 구체성·명확성의 요건이 완화되어야 할 것이다(헌재 1997.2.20. 95헌바27). **2014 국가직 9급, 2017 지방직 9급**

0335 구체적인 위임의 범위는 규제하고자 하는 대상의 종류와 성격에 따라 달라지는 것이어서 일률적 기준을 정할 수는 없다. O | X

0336 위임명령에 규정될 내용 및 범위의 기본사항이 구체적으로 규정되어 있어서 누구라도 당해 법률로부터 위임명령에 규정될 내용의 대강을 예측할 수 있어야 한다. O | X

0337 위임대상에 대한 예측가능성의 유무는 당해 위임조항 하나만을 가지고 판단하여야 한다. O | X

0338 법률규정의 자체에 의하여 외형상 일반적·포괄적 위임한 것처럼 보이는 경우 해석을 통하여 위임의 범위나 한계가 확정될 수 있다 하더라도 포괄위임에 해당한다. O | X

0339 법령의 위임관계는 반드시 하위법령의 개별조항에서 위임의 근거가 되는 상위법령의 해당 조항을 구체적으로 명시하고 있어야만 하는 것은 아니다. O | X

0340 국민의 기본권을 직접적으로 제한하거나 침해할 소지가 있는 법규에서는 구체성·명확성의 요구가 강화된다. O | X

0341 규율대상이 지극히 다양하거나 수시로 변화하는 성질의 것일 때에는 위임의 구체성·명확성의 요건이 완화되어야 할 것이다. O | X

정답 및 해설

0335 **O**   0336 **O**
0337 **X** 위임조항이 속한 법률 및 관련 규정등 종합적으로 판단하여야 한다.
0338 **X** 해석을 통하여 위임의 범위나 한계가 확정될 수 있다면 포괄위임에 해당하지 않는다.
0339 **O**   0340 **O**   0341 **O**

지방자치법 제28조(조례) ① 지방자치단체는 법령의 범위에서 그 사무에 관하여 조례를 제정할 수 있다. 다만, 주민의 권리 제한 또는 의무 부과에 관한 사항이나 벌칙을 정할 때에는 법률의 위임이 있어야 한다.
② 법령에서 조례로 정하도록 위임한 사항은 그 법령의 하위 법령에서 그 위임의 내용과 범위를 제한하거나 직접 규정할 수 없다.

1. 조례에 대한 법률의 위임은 법규명령에 대한 법률의 위임과 같이 반드시 구체적으로 범위를 정하여 할 필요가 없으며 포괄적인 것으로 족하다(헌재 2008.12.26. 2008헌마32).
   2013 국회직 8급, 2024·2014 국가직 7급, 2017 지방직 9급, 2013 지방직 7급, 2018·2013 서울시 7급

2. 영유아보육법이 보육시설 종사자의 정년에 관한 규정을 두거나 이를 지방자치단체의 조례에 위임한다는 규정을 두고 있지 않음에도 보육시설 종사자의 정년을 규정한 '서울특별시 중구 영유아 보육조례 일부개정조례안' 제17조 제3항은, 법률의 위임 없이 헌법이 보장하는 직업을 선택하여 수행할 권리의 제한에 관한 사항을 정한 것이어서 그 효력을 인정할 수 없다(대판 2009.5.28. 2007추134).
   2020·2014 지방직 9급

3. 위와 같은 사무는 지방자치단체 고유의 자치사무 중 주민의 복지증진에 관한 사무를 규정한 지방자치법 제9조 제2항 제2호 (라)목에서 예시하고 있는 아동·청소년 및 부녀의 보호와 복지증진에 해당되는 사무라고 할 것이고, 또한 이 사건 조례안에는 주민의 편의 및 복리증진에 관한 내용을 담고 있어 그 제정에 있어서 반드시 법률의 개별적 위임이 따로 필요한 것은 아니라고 할 것이다. 따라서 군민의 출산을 적극 장려하기 위하여 세 자녀 이상의 세대 중 세 번째 이후 자녀에게 양육비 등을 지원할 수 있도록 하는 내용의 조례안은 법령에 위반되지 않는다(대판 2006.10.12. 2006추38).
   2020 지방직 9급

0342 조례에 대한 법률의 위임은 반드시 구체적으로 범위를 정하여 해야 한다. O | X

0343 영유아 보육시설 종사자의 정년을 조례로 규정하고자 하는 경우에는 법률의 위임이 필요 없다. O | X

0344 군민의 출산을 장려하기 위하여 세 자녀 이상 세대 중 세 번째 이후 자녀에게 양육비 등을 지원할 수 있도록 하는 조례의 제정에는 법률의 위임이 필요 없다. O | X

정답 및 해설

0342 X 조례에 대한 위임은 포괄위임도 허용된다.
0343 X 정년은 직업의 자유의 제한이므로 법률의 위임이 필요하다.
0344 O

> 1. 일반적·추상적·개괄적인 규정이라 할지라도 법관의 법보충작용으로서의 해석을 통하여 그 의미가 구체화·명확화될 수 있다면 그 규정이 명확성을 결여하여 과세요건명확주의에 반하는 것으로 볼 수는 없다(대판 2001.4.27. 2000두9076).
> 2. 조세법률주의의 원칙상 과세요건이거나 비과세요건 또는 조세감면요건을 막론하고 조세법규의 해석은 특별한 사정이 없는 한 법문대로 해석할 것이고, 합리적 이유 없이 확장해석하거나 유추해석하는 것은 허용되지 아니하고, 특히 감면요건 규정 가운데에 명백히 특혜규정이라고 볼 수 있는 것은 엄격하게 해석하는 것이 조세공평의 원칙에도 부합한다(대판 2004.5.28. 2003두7392).
> 3. 의료보험법 제31조 제1항에서 분만급여를 실시할 것을 규정한 이상 그 범위·상한기준까지 반드시 법률로써 정하여야 하는 사항은 아니며, 의료보험법의 전반적 체계를 종합해 보면 내재적인 위임의 범위나 한계를 예측할 수 있으므로 이 사건 법률조항이 분만급여의 범위나 상한기준을 더 구체적으로 정하지 아니하였다고 하여 포괄위임에 해당한다고 할 수는 없다(헌재 1997.12.24. 95헌마390).

0345 조세법규는 문언상 일반적·추상적·개괄적인 규정이라면 법관의 법보충작용으로서의 해석을 통하여 그 의미가 구체화·명확화될 수 있다 하더라도 과세요건명확주의에 반한다고 봐야 한다. O | X

0346 조세법률주의의 원칙상 과세요건과 같은 국민에게 불리한 것은 엄격하게 해석하여야 한다. O | X

0347 비과세요건 또는 감면요건과 같이 국민에게 유리한 것은 유추·확장해석이 허용된다. O | X

0348 법률조항이 분만급여의 범위나 상한기준을 더 구체적으로 정하지 아니하였다고 하여 포괄위임에 해당한다고 할 수는 없다. O | X

정답 및 해설

0345 **X** 해석을 통하여 그 의미가 구체화·명확화될 수 있다면 과세요건명확주의에 반하지 않는다.
0346 **O**
0347 **X** 조세법규는 과세요건이건 비과세요건이건 유추·확장해석이 금지된다.
0348 **O**

> 1. 질서위반행위규제법 제17조 제2항은 과태료를 부과하는 서면에 명시하여야 할 사항으로 '질서위반행위', '과태료 금액'을 규정하고, 그 밖에 명시하여야 할 사항을 대통령령으로 정하도록 위임하였는바, 누구라도 위 법률조항의 위임을 받은 대통령령에서는 과태료의 부과주체, 부과대상자, 과태료 납부에 관한 사항, 불복절차 및 방법 등을 규정할 것이라고 예측할 수 있으므로 위 법률 조항이 위임의 한계를 벗어나 위헌이라고 할 수 없다(대판 2014.10.16. 자 2014아132).
> 2. 이 사건 법률조항은 이 사건 (교통안전)분담금의 분담방법이나 분담비율을 스스로 정하지 아니하였을 뿐 아니라, 분담방법의 대강이나 분담비율을 정하는 기준 및 분담금의 상한 등을 전혀 규정하지 아니한 채, 분담방법 및 분담비율을 전적으로 대통령령이 정하도록 위임하였다. … 따라서 이 사건 법률조항은 국민의 재산권과 관련된 중요한 사항 내지 본질적인 요소인 분담금의 분담방법 및 분담비율에 관한 기본사항을 구체적이고 명확하게 규정하지 아니한 채 시행령에 포괄적으로 위임함으로써, 분담금 납부의무자로 하여금 분담금 납부의무의 내용이나 범위를 전혀 예측할 수 없게 하고, 나아가 행정부의 자의적인 행정입법권 행사에 의하여 국민의 재산권이 침해될 여지를 남김으로써 경제생활의 법적 안정성을 현저히 해친 포괄적인 위임입법으로서 헌법 제75조에 위반된다고 하지 않을 수 없다. (대판 2014.10.16. 자 2014아132).
> 3. 구 「소득세법」 제60조는 기준시가의 내용 자체에 관한 기준이나 한계는 물론 내용 결정을 위한 절차조차도 규정함이 없이 기준시가의 내용 및 그 결정절차를 전적으로 대통령령이 정하는 바에 의하도록 하였다. …조세법률주의 및 위임입법의 한계를 규정한 헌법의 취지에 반한다(헌재 1995.11.30. 91헌바1).

0349 「질서위반행위규제법」 제17조 제2항은 과태료를 부과하는 서면에 명시하여야 할 사항으로 '질서위반행위', '과태료 금액'을 규정하고, 그 밖에 명시하여야 할 사항을 대통령령으로 정하도록 위임한 것은 포괄위임금지에 위반된다. O│X

0350 교통안전분담금의 분담방법 및 분담비율에 관한 사항을 대통령령으로 정하도록 규정한 「교통안전공단법」 제17조는 포괄적인 위임입법금지원칙에 위반된다. O│X

0351 기준시가의 내용 자체에 관한 기준이나 한계는 물론 내용 결정을 위한 절차조차도 규정함이 없이 기준시가의 내용 및 그 결정절차를 전적으로 대통령령이 정하는 바에 의하도록 하는 것은 포괄적인 위임입법금지원칙에 위반된다. O│X

정답 및 해설

0349	X	기본적 사항을 정하고 위임한 경우로서 포괄위임금지에 위반되지 않는다.
0350	O	
0351	O	

> 형벌법규에 대하여도 특히 긴급한 필요가 있거나 미리 법률로서 자세히 정할 수 없는 부득이한 사정이 있는 경우에 한하여 수권법률(위임법률)이 구성요건의 점에서는 처벌대상인 행위가 어떠한 것일 거라고 이를 예측할 수 있을 정도로 구체적으로 정하고, 형벌의 점에서는 형벌의 종류 및 그 상한과 폭을 명확히 규정하는 것을 조건으로 위임입법이 허용되며 이러한 위임입법은 죄형법정주의에 반하지 않는다(헌재 1996.2.29. 94헌마213). **2019 국가직 9급, 2014 지방직 9급, 2013 지방직 7급, 2014 서울시 9급**

0352 형벌법규에 대하여도 특히 긴급한 필요가 있거나 미리 법률로서 자세히 정할 수 없는 부득이한 사정이 있는 경우에 한하여 위임이 가능하다. O | X

0353 형벌은 근거법률의 벌칙에서 형벌의 종류와 상한을 정하고 그 범위내에서 구체적인 것을 명령으로 정하게 하는 것도 허용되지 아니한다. O | X

> 재위임에 의한 부령의 경우에도 위임에 의한 대통령령에 가해지는 헌법상의 제한이 당연히 적용되므로 법률에서 위임받은 사항을 전혀 규정하지 아니하고 그대로 재위임하는 것은 허용되지 않으며 위임받은 사항에 관하여 대강을 정하고 그 중의 특정사항을 범위를 정하여 하위법령에 다시 위임하는 경우에만 재위임이 허용된다(헌재 1996.2.29. 94헌마213). **2023·2017 국회직 8급, 2021·2018·2014 국가직 9급**

0354 법률에서 위임받은 사항을 전혀 규정하지 아니하고 그대로 재위임하는 것은 허용되지 않는다. O | X

0355 법률에서 위임받은 사항을 하위법규명령에 다시 위임하기 위해서는 위임받은 사항의 대강을 정하고 그 중 특정사항을 범위를 정하여 하위의 법규명령에 다시 위임하는 경우에만 재위임이 허용된다. O | X

정답 및 해설

0352 O
0353 X 형벌의 종류와 상한을 정하고 구체적으로 위임한 것으로 허용된다.
0354 O
0355 O

1. 어느 시행령의 규정이 모법에 저촉되는지의 여부가 명백하지 아니하는 경우에는 모법과 시행령의 다른 규정들과 그 입법 취지, 연혁 등을 종합적으로 살펴 모법에 합치된다는 해석도 가능한 경우라면 그 규정을 모법위반으로 무효라고 선언하여서는 안 된다. … 실제적으로도 하위규범이 상위규범에 저촉되어 무효라고 선언되는 경우에는 그로 인한 법적 혼란과 법적 불안정은 물론, 그에 대체되는 새로운 규범이 제정될 때까지의 법적 공백과 법적 방황은 상당히 심각할 것이므로 이러한 폐해를 회피하기 위해서도 필요하다(대판 2014.1.16. 2011두6264). **2017 지방직 9급**

2. 법률이 특정 사안과 관련하여 시행령에 위임을 한 경우 시행령이 위임의 한계를 준수하고 있는지를 판단할 때는 당해 법률 규정의 입법 목적과 규정 내용, 규정의 체계, 다른 규정과의 관계 등을 종합적으로 살펴야 한다. 법률의 위임 규정 자체가 그 의미 내용을 정확하게 알 수 있는 용어를 사용하여 위임의 한계를 분명히 하고 있는데도 시행령이 그 문언적 의미의 한계를 벗어났다든지, 위임 규정에서 사용하고 있는 용어의 의미를 넘어 그 범위를 확장하거나 축소함으로써 위임 내용을 구체화하는 단계를 벗어나 새로운 입법을 한 것으로 평가할 수 있다면, 이는 위임의 한계를 일탈한 것으로서 허용되지 않는다(대판 2012.12.20. 2011두30878). **2017·2016 국가직 7급, 2024 지방직 9급, 2017 서울시 9급**

0356 하위법이 모법에 저촉되는지 여부가 명백하지 않는 경우 모법과 하위법의 규정을 종합적으로 살펴 모법에 합치된다는 해석이 가능한 경우라도 그 규정은 모법위반으로 무효이다. O | X

0357 법률의 위임 규정 자체가 그 의미 내용을 정확하게 알 수 있는 용어를 사용하여 위임의 한계를 분명히 하고 있는데도 시행령이 그 문언적 의미의 한계를 벗어난 경우 이는 위임의 한계를 일탈한 것으로 허용되지 않는다. O | X

0358 위임 규정에서 사용하고 있는 용어의 의미를 넘어 그 범위를 확장하거나 축소함으로써 위임 내용을 구체화하는 단계를 벗어나 새로운 입법을 한 것으로 평가할 수 있다면, 이는 위임의 한계를 일탈한 것으로서 허용되지 않는다. O | X

정답 및 해설

0356 X 모법에 합치된다는 해석이 가능한 경우라면 모법위반으로 볼 수 없다.
0357 O
0358 O

■ 법규명령에 대한 사법부통제

1. 구체적 규범통제

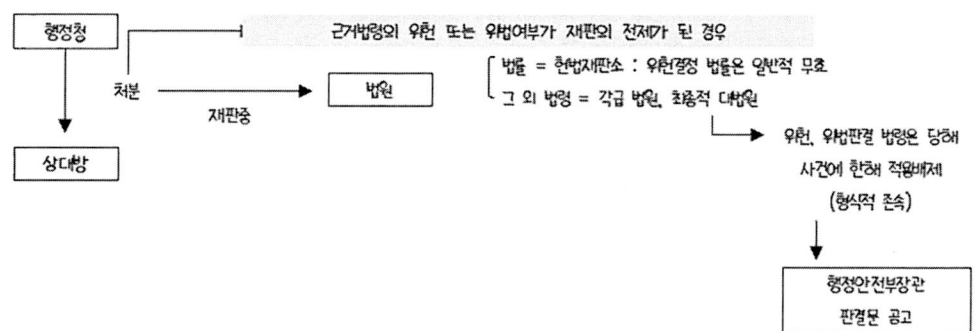

2. 항고소송의 대상

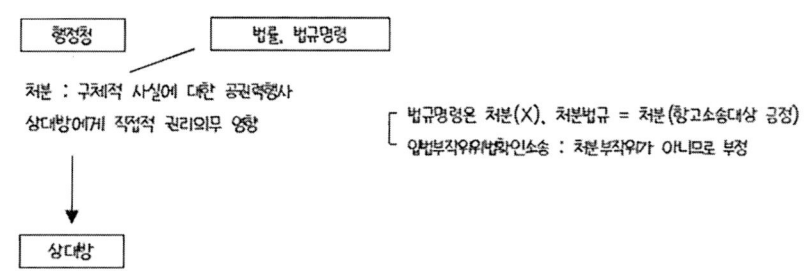

3. 헌법소원의 대상

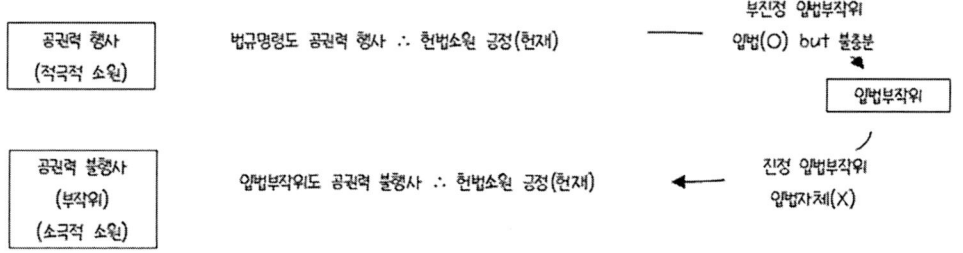

헌법 제107조 ① 법률이 헌법에 위반되는 여부가 재판의 전제가 된 경우에는 법원은 헌법재판소에 제청하여 그 심판에 의하여 재판한다.
② 명령·규칙 또는 처분이 헌법이나 법률에 위반되는 여부가 재판의 전제가 된 경우에는 대법원은 이를 최종적으로 심사할 권한을 가진다.

행정소송법 제6조(명령·규칙의 위헌판결등 공고) ① 행정소송에 대한 대법원판결에 의하여 명령·규칙이 헌법 또는 법률에 위반된다는 것이 확정된 경우에는 대법원은 지체없이 그 사유를 행정안전부장관에게 통보하여야 한다.
② 제1항의 규정에 의한 통보를 받은 행정안전부장관은 지체없이 이를 관보에 게재하여야 한다.

1. 법원이 법률 하위의 법규명령, 규칙, 조례, 행정규칙 등(이하 '규정'이라 한다)이 위헌·위법인지를 심사하려면 그것이 '재판의 전제'가 되어야 한다. 여기에서 '재판의 전제'란 구체적 사건이 법원에 계속 중이어야 하고, 위헌·위법인지가 문제 된 경우에는 규정의 특정 조항이 해당 소송사건의 재판에 적용되는 것이어야 하며, 그 조항이 위헌·위법인지에 따라 그 사건을 담당하는 법원이 다른 판단을 하게 되는 경우를 말한다. 따라서 법원이 구체적 규범통제를 통해 위헌·위법으로 선언할 심판대상은, 해당 규정의 전부가 불가분적으로 결합되어 있어 일부를 무효로 하는 경우 나머지 부분이 유지될 수 없는 결과를 가져오는 특별한 사정이 없는 한, 원칙적으로 해당 규정 중 재판의 전제성이 인정되는 조항에 한정된다(대판 2019.6.13. 2017두33985).

2. 의료기관의 명칭표시판에 진료과목을 함께 표시하는 경우 글자 크기를 제한하고 있는 구 의료법 시행규칙 제31조가 그 자체로서 국민의 구체적인 권리의무나 법률관계에 직접적인 변동을 초래하지 아니하므로 항고소송의 대상이 되는 행정처분이라고 할 수 없다(대판 2007.4.12. 2005두15168).

3. 조례가 집행행위의 개입 없이도 그 자체로서 직접 국민의 구체적인 권리·의무나 법적 이익에 영향을 미치는 등의 법률상 효과를 발생하는 경우, 그 조례는 항고소송의 대상이 되는 행정처분에 해당한다(대판 1996.9.20. 95누8003).

4. 고시가 다른 집행행위의 매개 없이 그 자체로서 직접 국민의 구체적인 권리의무나 법률관계를 규율하는 성격을 가질 때에는 항고소송의 대상이 되는 행정처분에 해당한다(대판 2003.10.9. 2003무23).

0359 법원이 구체적 규범통제를 통해 위헌·위법으로 선언할 심판대상은, 해당 규정의 전부가 불가분적으로 결합되어 있어 일부를 무효로 하는 경우 나머지 부분이 유지될 수 없는 결과를 가져오는 특별한 사정이 없는 한, 원칙적으로 해당 규정 중 재판의 전제성이 인정되는 조항에 한정된다. O | X

0360 법규명령은 그 자체는 원칙적 항고소송의 대상이 되지 않는다. O | X

0361 법규명령이 집행행위의 개입 없이도 그 자체로서 직접 국민의 구체적인 권리·의무나 법적 이익에 영향을 미치는 등의 법률상 효과를 발생하는 경우 항고소송의 대상이 되는 행정처분에 해당한다. O | X

정답 및 해설

0359 **O**   0360 **O**   0361 **O**

1. 법률의 위헌여부심사권을 헌법재판소에 부여한 이상 통일적인 헌법해석과 규범통제를 위하여 공권력에 의한 기본권 침해를 이유로 하는 헌법소원심판청구사건에 있어서 법률의 하위법규인 명령·규칙의 위헌여부심사권이 헌법재판소의 관할에 속함은 당연한 것으로 헌법 제107조 제2항의 규정이 이를 배제한 것이라고 볼 수 없다(헌재결 1990.10.15. 89헌마178). _{2017 국가직 9급, 2014 국가직 7급, 2018 지방직 7급}

2. 법령의 직접적인 위임에 따라 위임행정기관이 그 법령을 시행하는데 필요한 구체적 사항을 정한 것이면, 그 제정형식은 비록 법규명령이 아닌 고시, 훈령, 예규 등과 같은 행정규칙이더라도 그것이 상위법령의 위임한계를 벗어나지 아니하는 한 상위법령과 결합하여 대외적인 구속력을 갖는 법규명으로서 기능하게 된다고 보아야 할 것인 바, 청구인이 법령과 예규의 관계규정으로 말미암아 직접 기본권 침해를 받았다면 이에 대하여 바로 헌법소원심판을 청구할 수 있다(헌재결 1992.6.26. 91헌마25). _{2020 국가직 7급}

3. 입법부가 법률로써 행정부에게 특정한 사항을 위임했음에도 불구하고 행정부가 정당한 이유 없이 이를 이행하지 않는다면 권력분립의 원칙과 법치국가 내지 법치행정의 원칙에 위배되는 것으로서 위법함과 동시에 위헌이다(대판 2007.11.29. 2006다3561). _{2017 국가직 9급, 2017 국가직 7급, 2016 지방직 9급, 2017 서울시 7급}

4. 행정입법의 부작위가 위헌·위법이라고 하기 위하여는 행정청에게 행정입법을 하여야 할 작위의무를 전제로 하는 것이고, 그 작위의무가 인정되기 위하여는 행정입법의 제정이 법률의 집행에 필수불가결한 것이어야 하는바, 만일 하위 행정입법의 제정 없이 상위 법령의 규정만으로도 집행이 이루어질 수 있는 경우라면 하위 행정입법을 제정하여야 할 작위의무는 인정되지 아니한다고 할 것이다(헌재결 2005.12.22. 2004헌마66). _{2021 국회직 8급, 2024 국가직 7급, 2016 지방직 9급}

5. 추상적인 법령에 관하여 제정의 여부 등은 그 자체로서 국민의 구체적인 권리의무에 직접적 변동을 초래하는 것이 아니어서 행정소송의 대상이 될 수 없다(대판 1992.5.8. 91누11261). _{2015 국회직 8급, 2023 국가직 9급, 2016·2014 국가직 7급, 2017 지방직 9급, 2018 지방직 7급}

6. 입법부작위의 형태 중 기본권보장을 위한 법 규정을 두고 있지만 불완전하게 규정하여 그 보충을 요하는 경우에는 그 불완전한 법규 자체를 대상으로 하여 그것이 헌법위반이라는 적극적인 헌법소원이 가능함은 별론으로 하고, 입법부작위로서 헌법소원의 대상으로 삼을 수는 없다(헌재 1996.6.13. 94헌마118).

0362 법규명령의 구체적 규범통제의 최종적 권한은 대법원에 있으므로 헌법재판소는 법규명령에 대한 위헌심사권을 가질 수 없다. O | X

0363 법규명령의 직접 기본권을 침해하는 경우 헌법소원의 대상이 된다는 것이 헌법재판소의 입장이다. O | X

0364 고시가 상위법령과 결합하여 대외적 구속력을 갖고 국민의 기본권을 침해하는 법규명령으로 기능하는 경우에는 헌법소원의 대상이 된다. O | X

0365 하위 행정입법의 제정 없이 상위 법령의 규정만으로 집행이 이루어질 수 있는 경우에도 상위 법령의 명시적 위임이 있다면 하위 행정입법을 제정하여야 할 작위의무는 인정된다. O | X

0366 입법부가 법률로써 행정부에게 특정한 사항을 위임했음에도 불구하고 행정부가 정당한 이유 없이 이를 이행하지 않는다면 권력분립의 원칙과 법치국가 내지 법치행정의 원칙에 위배된다. O | X

0367 행정청이 입법할 의무가 있음에도 입법을 하지 않는 경우 부작위위법확인소송을 제기하여 다툴 수 있다. O | X

0368 헌법재판소는 적극적 행정입법은 물론 행정입법의 부작위에 대해서도 헌법소원의 대상성을 인정한다. O | X

0369 입법부작위의 형태 중 기본권보장을 위한 법 규정을 두고 있지만 불완전하게 규정하여 그 보충을 요하는 경우 입법부작위로서 헌법소원의 대상으로 삼을 수 있다. O | X

정답 및 해설

0362 X 헌법재판소는 법규명령이 헌법소원의 대상이 되는 경우 위헌심사권이 인정된다.
0363 O
0364 O
0365 X 상위 법령의 규정만으로 집행이 이루어지는 경우 하위 법령을 입법할 의무가 인정되지 않는다.
0366 O
0367 X 입법부작위위법확인소송은 인정되지 않는다.
0368 O
0369 X 입법부작위로서의 헌법소원은 제기할 수 없고, 불완전한 법규 자체를 대상으로는 가능할 수 있다.

12 | 행정규칙

1. 훈령이란 행정조직 내부에 있어서 그 권한의 행사를 지휘·감독하기 위하여 발하는 행정명령으로서, 훈령·예규·통첩·지시·고시·각서 등 그 사용명칭 여하에 불구하고 공법상의 법률관계 내부에서 준거할 준칙 등을 정하는 데 그치고, 대외적으로는 아무런 구속력도 가지는 것이 아니다(대판 1983.6.14. 83누54).

2. 행정규칙의 내용이 상위법령에 반하는 것이라면 법치국가원리에서 파생되는 법질서의 통일성과 모순금지 원칙에 따라 그것은 법질서상 당연무효이고, 행정내부적 효력도 인정될 수 없다(대판 2020. 11. 26. 2020두42262). **2024 소방간부**

3. 서울특별시가 정한 개인택시운송사업면허지침은 재량권 행사의 기준으로 설정된 행정청의 내부의 사무처리준칙에 불과하므로, 대외적으로 국민을 기속하는 법규명령의 경우와는 달리 외부에 고지되어야만 효력이 발생하는 것은 아니다(대판 1997.1.21. 95누12941).

4. 비상장주식의 양도가 현저히 유리한 조건의 거래로서 부당지원행위에 해당하는지 여부에 관하여 판단함에 있어서 공정거래위원회의 부당한지원행위의심사지침(2002.4.24. 개정되기 전의 것)은 공정거래위원회 내부의 사무처리준칙에 불과하다(대판 2005.6.9. 2004두7153).

5. 교육부장관이 내신성적 산정기준의 통일을 기하기 위해 대학입시기본계획의 내용에서 내신성적 산정기준에 관한 시행지침을 마련하여 시·도 교육감에서 통보한 것은 행정조직 내부에서 내신성적 평가에 관한 내부적 심사기준을 시달한 것에 불과하며, 그것만으로는 현실적으로 특정인의 구체적인 권리의무에 직접적으로 변동을 초래케 하는 것은 아니라 할 것이어서 내신성적 산정지침을 항고소송의 대상이 되는 행정처분으로 볼 수 없다(대판 1994.9.10. 94두33). **2024 소방간부, 2019·2014 국가직 9급, 2024 지방직 9급**

6. 구 국립묘지안장대상심의위원회 운영규정은 국가보훈처장이 심의위원회의 운영에 관하여 구 국립묘지의 설치 및 운영에 관한 법률 및 시행령에서 위임된 사항과 그 시행에 필요한 사항을 규정함을 목적으로 하여 국가보훈처 훈령으로 제정된 것으로서, 영예성 훼손 여부 등에 관한 판단의 기준을 정한 행정청 내부의 사무처리준칙이다(대판 2013.12.26. 2012두19571).

7. 공정거래위원회가 구 과징금부과 세부기준 등에 관한 고시 … 한편 공정거래위원회는 독점규제 및 공정거래에 관한 법령상 과징금 상한의 범위에서 과징금 부과 여부와 과징금 액수를 정할 재량을 가지고 있다. 위 고시조항은 과징금 산정에 관한 재량권 행사의 기준으로 마련된 행정청 내부의 사무처리준칙, 즉 재량준칙이다. 이러한 재량준칙은 그 기준이 헌법이나 법률에 합치되지 않거나 객관적으로 합리적이라고 볼 수 없어 재량권을 남용한 것이라고 인정되지 않는 이상 가급적 존중되어야 한다(대판 2020.11.12. 2017두36212). **2025 소방간부**

8. 국토교통부장관이 정한 구 개발행위허가 운영지침은 세부적인 검토기준일 뿐 그 자체가 대외적으로 구속력 있는 규범이라고 볼 수는 없고, 상급행정기관인 국토교통부장관이 소속 공무원이나 하급행정기관에 대하여 개발행위허가업무와 관련하여 국토계획법령에 규정된 개발행위허가기준의 해석·적용에 관한 세부 기준을 정해 주는 '행정규칙'이라고 보아야 한다(대판 2020.8.27. 2019두60776).

9. 교육공무원의 성폭력 비위행위에 대하여 강화된 내용으로 도입된 구 교육공무원 징계양정 등에 관한 규칙(2019.3.18. 교육부령 제178호로 개정되기 전의 것, 이하 '구 징계양정 규칙'이라 한다) 제2조 제1항 [별표]의 징계양정 기준은 행정청 내부의 사무처리준칙을 정한 것에 불과하고 대외적으로 법원이나 일반 국민을 기속하는 것은 아니다(대판 2019.12.24. 2019두48684).

판례상 행정규칙의 형식

① 서울특별시 철거민 등에 대한 '국민주택특별공급규칙'
② 서울특별시 '상수도손괴원인자부담 처리지침'
③ 서울특별시 '개인택시운송사업면허업무 처리요령'
④ 서울특별시 개인택시운송사업면허지침
⑤ 서울특별시 토지형질변경 등 '행위허가사무취급요령'
⑥ 국가보훈처장의 '국립묘지안장대상심의위원회 운영규정'
⑦ 공정거래위원회의 '부당한 지원행위의 심사지침'
⑧ 한국전력공사의 '전기공급규정'
⑨ 중앙선거관리위원회 '개표관리요령'
⑩ '소득금액조정합계표 작성요령'   2019 국회직 8급
⑪ 건강보험심사평가원이 제정한 심사지침인 '방광내압 및 요누출압 측정 시 검사방법'   2019 국회직 8급
⑫ 경기도교육청의 「학교장·교사 초빙제 실시」 지침   2019 국회직 8급
⑬ 한국수력원자력 주식회사 제정 운용하는 '공급자관리지침'   2024 국회직 8급, 2022 국가직 9급
⑭ 농촌진흥청 고시 「농약 및 원제의 등록기준」   2024 국회직 8급

0370 훈령은 대외적으로 구속력이 있으므로 법원은 이에 기속된다.   O | X

0371 훈령은 행정조직 내부에서 그 권한의 행사를 지휘·감독하기 위하여 발하는 행정명령을 뜻한다. O | X

0372 서울특별시가 정한 개인택시운송사업면허지침은 행정청 내부의 행정규칙이다.   O | X

0373 서울특별시가 정한 개인택시운송사업면허지침은 외부에 고지되어야 효력이 발생한다.   O | X

0374 공정거래위원회의 부당한지원행위의심사지침은 대외적으로 구속력이 있는 법규명령에 해당한다.
                                                                                          O | X

0375 구 「국립묘지안장대상심의위원회 운영규정」은 행정청 내부의 사무처리준칙이다.   O | X

0376 '학교장·교사 초빙제 실시'는 행정조직 내부에서만 효력을 가지는 행정상의 운영지침을 정한 것으로서 국민이나 법원을 구속하는 효력이 없는 행정규칙에 해당한다.   O | X

정답 및 해설

0370 X 훈령은 대외적 구속력이 인정되지 않고 법원은 이에 기속되지 않는다.
0371 O
0372 O
0373 X 행청규칙으로 외부에 고지될 필요가 없다.
0374 X 행정규칙에 해당한다는 것이 판례이다.
0375 O
0376 O

0377 총리령으로 제정된 「법인세법 시행규칙」에 따른 '소득금액조정합계표 작성요령'은 법령을 보충하는 법규사항으로서 법규명령의 효력을 가진다. O | X

0378 건강보험심사평가원이 보건복지가족부 고시인 '요양급여비용 심사·지급업무 처리기준'에 근거하여 제정한 심사지침인 '방광내압 및 요누출 측정 시 검사방법'은 내부적 업무처리 기준으로서 행정규칙에 불과하다. O | X

0379 한국수력원자력 주식회사가 조달하는 기자재, 용역 및 정비공사, 기기수리의 공급자에 대한 관리업무 절차를 규정함을 목적으로 제정 운용하고 있는 '공급자관리지침'중 등록취소 및 그에 따른 일정 기간의 거래제한조치에 관한 규정들은 상위 법령의 구체적 위임 없이 정한 것이어서 대외적 구속력이 없는 행정규칙이다. O | X

---

1. 어떠한 고시가 일반적·추상적 성격을 가질 때에는 법규명령 또는 행정규칙에 해당할 것이지만, 다른 집행행위의 매개 없이 그 자체로서 직접 국민의 구체적인 권리의무나 법률관계를 규율하는 성격을 가질 때에는 행정처분에 해당한다(대판 2006.9.22. 2005두2506). **2024 소방간부, 2017 서울시 7급**

2. 청소년유해매체물 결정 및 고시처분은 당해 유해매체물의 소유자 등 특정인만을 대상으로 한 행정처분이 아니라 일반 불특정 다수인을 상대방으로 하여 일률적으로 표시의무, 포장의무, 청소년에 대한 판매·대여 등의 금지의무 등 각종 의무를 발생시키는 행정처분에 해당한다(대판 2007.6.14. 2004두619). **2024 소방간부**

3. 보건복지부장관의 국민건강보험의 대상되는 의약품급여목록 고시는 다른 집행행위의 매개 없이 그 자체로서 제약회사, 요양기관, 하자 및 국민건강보험공단 사이의 법률관계를 직접 규율하는 성격을 가진다고 할 것이므로, 이는 항고소송의 대상이 되는 행정처분으로서의 성격을 갖는다(대판 2007.11.29. 2006다3561).

4. 약제급여·비급여목록 및 급여상한금액표는 특정 제약회사의 특정 약제에 대하여 국민건강보험가입자 또는 국민건강보험공단이 지급하여야 하거나 요양기관이 상환받을 수 있는 약제비용의 구체적 한도액을 특정하여 설정하고 있는 점, … 이 사건 고시는 다른 집행행위의 매개 없이 그 자체로서 국민건강보험가입자, 국민건강보험공단, 요양기관 등의 법률관계를 직접 규율하는 성격을 가진다고 할 것이므로, 항고소송의 대상이 되는 행정처분에 해당한다(대판 2006.9.22. 2005두2506). **2024 소방간부, 2018 국가직 9급, 2019 지방직 9급**

5. 코로나바이러스감염증-19의 예방을 위해 음식점 및 PC방 운영자 등에게 영업시간을 제한하거나 이용자 간 거리를 둘 의무를 부여하는 서울특별시고시들은 항고소송의 대상인 처분에 해당하므로 행정심판이나 행정소송을 제기하지 않고 곧바로 헌법소원을 제기하는 것은 보충성의 원칙에 위반된다(헌재 2023. 5. 25. 2021헌마21). **2024 국회직 8급**

정답 및 해설

0377 X 행정규칙에 해당한다는 것이 판례이다.
0378 O
0379 O

0380 어떠한 고시가 일반적·추상적 성격을 가질 때에는 법규명령 또는 행정규칙에 해당한다. O | X

0381 고시가 다른 집행행위의 매개 없이 그 자체로서 직접 국민의 구체적인 권리의무나 법률관계를 규율하는 성격을 가질 때에는 행정처분에 해당한다. O | X

0382 청소년유해매체물 결정 및 고시는 행정규칙에 해당한다. O | X

0383 청소년유해매체물 결정 및 고시는 특정인 뿐만 아니라 일반 불특정 다수인을 상대방으로 일률적 의무를 발생시킨다. O | X

0384 보건복지부장관의 국민건강보험의 대상되는 의약품급여목록 고시는 항고소송의 대상이 되는 행정처분에 해당한다. O | X

0385 보건복지부 고시인 구 약제급여·비급여목록 및 급여상한금액표는 행정규칙으로 항고소송의 대상되는 처분에 해당하지 않는다. O | X

0386 코로나바이러스감염증-19의 예방을 위해 음식점 및 PC방 운영자 등에게 영업시간을 제한하거나 이용자 간 거리를 둘 의무를 부여하는 서울특별시고시는 항고소송의 대상되는 처분성이 긍정된다. O | X

정답 및 해설

0380 O
0381 O
0382 X 청소년유해매체물 결정 및 고시는 항고소송의 대상되는 처분에 해당한다.
0383 O
0384 O
0385 X 항고소송의 대상되는 처분이라는 것이 판례이다.
0386 O

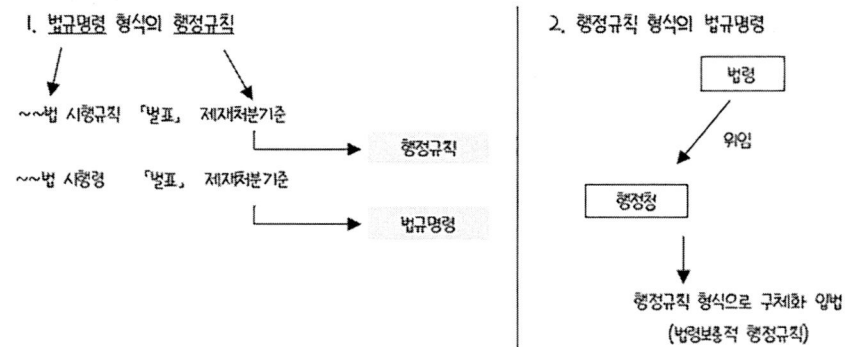

1. 도로교통법시행규칙 제53조 제1항이 정한 [별표 16]의 운전면허행정처분기준은 부령의 형식으로 되어 있으나, 그 규정의 성질과 내용이 운전면허의 취소처분 등에 관한 사무처리기준과 처분절차 등 행정청 내부의 사무처리준칙을 규정한 것에 지나지 아니하므로 대외적으로 국민이나 법원을 기속하는 효력이 없으므로, 자동차운전면허취소처분의 적법 여부는 그 운전면허행정처분기준만에 의하여 판단할 것이 아니라 도로교통법의 규정 내용과 취지에 따라 판단되어야 한다(대판 1997.5.30. 96누5773).

2. 공공기관의 운영에 관한 법률 제39조 제2항, 제3항에 따라 입찰참가자격 제한기준을 정하고 있는 구 공기업·준정부기관 계약사무규칙 제15조 제2항, 국가를 당사자로 하는 계약에 관한 법률 시행규칙 제76조 제1항 [별표 2], 제3항 등은 비록 부령의 형식으로 되어 있으나 규정의 성질과 내용이 공기업·준정부기관이 행하는 입찰참가자격 제한처분에 관한 행정청 내부의 재량준칙을 정한 것에 지나지 아니하여 대외적으로 국민이나 법원을 기속하는 효력이 없으므로, 입찰참가자격 제한처분이 적법한지 여부는 이러한 규칙에서 정한 기준에 적합한지 여부만에 따라 판단할 것이 아니라 공공기관의 운영에 관한 법률상 입찰참가자격 제한처분에 관한 규정과 그 취지에 적합한지 여부에 따라 판단하여야 한다(대판 2014.11.27. 2013두18964).

3. 당해 처분의 기준이 된 주택건설촉진법시행령 제10조의3 제1항 [별표 1]은 주택건설촉진법 제7조 제2항의 위임규정에 터잡은 규정형식상 대통령령이므로 그 성질이 부령인 시행규칙이나 또는 지방자치단체의 규칙과 같이 통상적으로 행정조직 내부에 있어서의 행정명령에 지나지 않는 것이 아니라 대외적으로 국민이나 법원을 구속하는 힘이 있는 법규명령에 해당한다(대판 1997.12.26. 97누15418).

4. 구 청소년보호법 제49조 제1항, 제2항에 따른 같은 법시행령 제40조 [별표 6]의 위반행위의 종별에 따른 과징금처분기준은 법규명령이기는 하나 모법의 위임규정의 내용과 취지 및 헌법상의 과잉금지의 원칙과 평등의 원칙 등에 비추어 같은 유형의 위반행위라 하더라도 그 규모나 기간·사회적 비난 정도·위반행위로 인하여 다른 법률에 의하여 처벌받은 다른 사정·행위자의 개인적 사정 및 위반행위로 얻은 불법이익의 규모 등 여러 요소를 종합적으로 고려하여 사안에 따라 적정한 과징금의 액수를 정하여야 할 것이므로 그 수액은 정액이 아니라 최고한도액이다(대판 2001.3.9. 99두5207).

5. 국토의 계획 및 이용에 관한 법률 제124조의2 제1항, 제2항 및 국토의 계획 및 이용에 관한 법률 시행령 제124조의3 제3항이 토지이용에 관한 이행명령의 불이행에 대하여 법령 자체에서 토지이용의무 위반을 유형별로 구분하여 이행강제금을 차별하여 규정하고 있는 등 규정의 체계, 형식 및 내용에 비추어 보면, 국토계획법 및 국토의 계획 및 이용에 관한 법률 시행령이 정한 이행강제금의 부과기준은 단지 상한을 정한 것에 불과한 것이 아니라, 위반행위 유형별로 계산된 특정 금액을 규정한 것이므로 행정청에 이와 다른 이행강제금액을 결정할 재량권이 없다고 보아야 한다(대판 2014.11.27. 2013두8653).

0387 「도로교통법시행규칙」 [별표]의 운선면허행정처분기준은 행정청 내부의 사무처리준칙으로 국민이나 법원을 기속하지 않는다. O | X

0388 「도로교통법시행규칙」 [별표]의 운전면허행정처분기준을 위반한 운전면허행정처분은 위법하다. O | X

0389 「공기업·준정부기관 계약사무규칙」 제15조 제2항은 입찰참가자격 제한처분에 관한 행정청 내부의 재량준칙을 정한 것에 지나지 아니하여 대외적으로 국민이나 법원을 기속하는 효력이 없다. O | X

0390 「국가를 당사자로 하는 계약에 관한 법률 시행규칙」 제76조 제1항 [별표 2], 제3항 등은 대외적 구속력이 있는 법규명령에 해당한다. O | X

0391 「주택건설촉진법시행령」 제10조의3 제1항 [별표 1]은 행정조직 내부에 있어서의 행정명령에 지나지 않는다. O | X

0392 구 「청소년보호법시행령」 [별표]의 위반행위의 종별에 따른 과징금기준은 형식이 대통령령이므로 법규명령에 해당한다. O | X

0393 구 「청소년보호법시행령」으로 정한 '위반행위의 종별에따른과징금처분기준'상의 과징금 액수는 정액이 아니라 최고한도액이다. O | X

0394 「국토의 계획 및 이용에 관한 법률」 및 같은 법 시행령이 정한 이행강제금의 부과기준은 단지 상한을 정한 것에 불과한 것이므로 행정청에 이와 다른 이행강제금액을 결정할 재량권이 있다. O | X

정답 및 해설

0387 O
0388 X 행정규칙을 위반한 것으로 위법이라 볼 수 없다.
0389 O
0390 X 행정규칙에 해당한다.
0391 X 법규명령에 해당한다.
0392 O
0393 O
0394 X 이행강제금의 부과기준에 행정청이 기속된다는 것이 판례이다.

1. 구 여객자동차 운수사업법 시행규칙(2000.8.23. 건설교통부령 제259호로 개정되기 전의 것) 제31조 제2항 제1호, 제2호, 제6호는 구 여객자동차 운수사업법(2000.1.28. 법률 제6240호로 개정되기 전의 것) 제11조 제4항의 위임에 따라 시외버스운송사업의 사업계획변경에 관한 절차, 인가기준 등을 구체적으로 규정한 것으로서, 대외적인 구속력이 있는 법규명령이라고 할 것이고, 그것을 행정청 내부의 사무처리준칙을 규정한 행정규칙에 불과하다고 할 수는 없다(대판 2006.6.27. 2003두4355). 2018 국회직 8급, 2017 국가직 9급, 2014 지방직 9급

2. 공익사업을 위한 토지 등의 취득 및 보상에 관한 법률(이하 '공익사업법'이라 한다) 제68조 제3항은 협의취득의 보상액 산정에 관한 구체적 기준을 시행규칙에 위임하고 있고, 위임 범위 내에서 공익사업을 위한 토지 등의 취득 및 보상에 관한 법률 시행규칙 제22조는 토지에 건축물 등이 있는 경우에는 건축물 등이 없는 상태를 상정하여 토지를 평가하도록 규정하고 있는데, 이는 비록 행정규칙의 형식이나 공익사업법의 내용이 될 사항을 구체적으로 정하여 내용을 보충하는 기능을 갖는 것이므로, 공익사업법 규정과 결합하여 대외적인 구속력을 가진다(대판 2012.3.29. 2011다104253). 2014 지방직 9급

3. 구 국립묘지안장대상심의위원회 운영규정은 국가보훈처장이 심의위원회의 운영에 관하여 구 국립묘지의 설치 및 운영에 관한 법률 및 시행령에서 위임된 사항과 그 시행에 필요한 사항을 규정함을 목적으로 하여 국가보훈처 훈령으로 제정된 것으로서, 영예성 훼손 여부 등에 관한 판단의 기준을 정한 행정청 내부의 사무처리준칙이다(대판 2013.12.26. 2012두19571).

0395 구 「여객자동차운수사업법」의 위임에 따라 시외버스운송사업의 사업계획변경에 관한 절차, 인가기준 등을 구체적으로 규정한 시행규칙 제31조 제2항은 행정규칙에 불과하다. O | X

0396 「공익사업을 위한 토지 등의 취득 및 보상에 관한 법률」이 협의취득의 보상액 산정에 관한 구체적 기준을 시행규칙에 위임하고 이를 규정한 시행규칙 제22조는 공익사업법 규정과 결합하여 대외적 구속력을 가진다. O | X

0397 국가보훈처장이 심의위원회의 운영에 관하여 구 「국립묘지의 설치 및 운영에 관한 법률」 및 시행령에서 위임된 사항과 그 시행에 필요한 사항을 규정함을 목적으로 하여 국가보훈처 훈령으로 제정된 국립묘지안장대상심의위원회 운영규정은 법규명령에 해당한다. O | X

정답 및 해설

0395 **X** 법규명령에 해당한다는 것이 판례이다.
0396 **O**
0397 **X** 행정규칙에 해당한다는 것이 판례이다.

1. 법령의 규정이 지방자치단체장(허가관청)에게 그 법령내용의 구체적인 사항을 정할 수 있는 권한을 부여하면서 그 권한행사의 절차나 방법을 정하지 아니하고 있는 경우, 그 법령의 내용이 될 사항을 구체적으로 규정한 지방자치단체장의 고시는, 당해 법률 및 그 시행령의 위임한계를 벗어나지 아니하는 한 그 법령의 규정과 결합하여 대외적인 구속력이 있는 법규명령으로서의 효력을 갖게 되고, 허가관청인 지방자치단체장이 그 범위 내에서 허가기준을 정하였다면 그 허가기준의 내용이 관계 법령의 목적이나 근본취지에 명백히 배치되거나 서로 모순되는 등의 특별한 사정이 없는 한 그 허가기준이 효력이 없는 것이라고 볼 수는 없다(대판 2002.9.27. 2000두7933).

2. 이는 비록 위 재산제세사무처리규정이 국세청장의 훈령형식으로 되어 있다 하더라도 이에 의한 거래지정은 소득세법시행령의 위임에 따라 그 규정의 내용을 보충하는 기능을 가지면서 그와 결합하여 대외적 효력을 발생하게 된다 할 것이므로 그 보충규정의 내용이 위 법령의 위임한계를 벗어났다는 등 특별한 사정이 없는 한 양도소득세의 실지거래가액에 의한 과세의 법령상의 근거가 된다(대판 1987.9.29. 86누484).

3. 법령의 직접적인 위임에 따라 위임행정기관이 그 법령을 시행하는데 필요한 구체적 사항을 정한 것이면, 그 제정형식은 비록 법규명령이 아닌 고시, 훈령, 예규 등과 같은 행정규칙이더라도 그것이 상위법령의 위임한계를 벗어나지 아니하는 한 상위법령과 결합하여 대외적인 구속력을 갖는 법규명령으로서 기능하게 된다고 보아야 할 것인 바, 청구인이 법령과 예규의 관계규정으로 말미암아 직접 기본권 침해를 받았다면 이에 대하여 바로 헌법소원심판을 청구할 수 있다(헌재 1992.6.26. 91헌마25).

4. 행정규칙이나 규정이 상위법령의 위임범위를 벗어난 경우에는 법규명령으로서 대외적 구속력을 인정할 여지는 없다. 이는 행정규칙이나 규정 '내용'이 위임범위를 벗어난 경우뿐 아니라 상위법령의 위임규정에서 특정하여 정한 권한행사의 '절차'나 '방식'에 위배되는 경우도 마찬가지이므로, 상위법령에서 세부사항 등을 시행규칙으로 정하도록 위임하였음에도 이를 고시 등 행정규칙으로 정하였다면 그 역시 대외적 구속력을 가지는 법규명령으로서 효력이 인정될 수 없다(대판 2012.7.5. 2010다72076).

5. 구 농수산물품질관리법령의 관련 규정에 따라 국내 가공품의 원산지표시에 관한 세부적인 사항을 정하고 있는 구 농수산물품질관리법 시행규칙 제24조 제6항은 "가공품의 원산지표시에 있어서 그 표시의 위치, 글자의 크기·색도 등 표시방법에 관하여 필요한 사항은 농림부장관 또는 해양수산부장관이 정하여 고시한다."고 정하고 있는바, 이는 원산지표시의 위치, 글자의 크기·색도 등과 같은 표시방법에 관한 기술적이고 세부적인 사항만을 정하도록 위임한 것일 뿐, 원산지표시 방법에 관한 기술적인 사항이 아닌 원산지표시를 하여야 할 대상을 정하도록 위임한 것은 아니라고 해석되고, 그렇다면 농산물원산지 표시요령 제4조 제2항이 "가공품의 원료로 가공품이 사용될 경우 원산지표시는 원료로 사용된 가공품의 원료 농산물의 원산지를 표시하여야 한다."고 규정하고 있더라도 이는 원산지표시 방법에 관한 기술적인 사항이 아닌 원산지표시를 하여야 할 대상에 관한 것이어서 구 농수산물품질관리법 시행규칙에 의해 고시로써 정하도록 위임된 사항에 해당한다고 할 수 없어 법규명령으로서의 대외적 구속력을 가질 수 없고, 따라서 법원이 구 농산물품질관리법 시행령을 해석함에 있어서 농산물원산지 표시요령 제4조 제2항을 따라야 하는 것은 아니다(대판 2006.4.28. 2003마715).

법령보충적 행정규칙

① 국세청장 훈령인 '재산제세사무처리규정'   2013 국가직 9급
② 행정자치부 고시인 '2014년도 건물 및 기타 물건 시가표준액 조정기준'   2018 서울시 9급
③ 국무총리 훈령인 '개별토지가격합동조사지침'
④ 국세청장 훈령인 '주류도매면허제도개선업무처리지침'
⑤ 보건복지부장관의 고시인 식품제조 '영업허가기준'
⑥ 노령수당에 관한 보건복지부장관의 1994년도 '노인복지사업지침'
⑦ 산업자원부장관이 정한 '공장입지기준고시'
⑧ '수입선다변화품목의 지정'에 관한 상공부고시
⑨ 건설교통부장관이 정한 '택지개발업무처리지침'
⑩ 전라남도 '주유소 등록요건'에 관한 고시
⑪ 보건복지부 고시인 의료보험진료수가기준 중 '수탁검사실시기관인정등기준'
⑫ 통계청장 고시인 '한국표준산업분류'   2017 서울시 9급
⑬ 보건복지부장 고시인 '의료보험수가기준'
⑭ 보건복지부장관이 정하여 고시한 '요양급여의 적용기준 및 방법에 관한 세부사항'
⑮ 구 지방공무원보수업무 등 처리지침 [별표 1] '직종별 경력환산율표 해설'이 정한 민간근무경력의 호봉 산정에 관한 부분   2018 서울시 9급
⑯ 한국철도시설공단(현 국가철도공단)의 공사낙찰적격심사세부기준   2024 국가직 9급
⑰ 농촌진흥청 고시 '농약및원제의등록기준'   2024 국회직 8급

0398   법령의 규정이 지방자치단체장에게 그 법령내용의 구체적인 사항을 정할 수 있는 권한을 부여하면서 그 권한행사의 절차나 방법을 정하지 아니하고 있는 경우, 그 법령의 내용이 될 사항을 구체적으로 규정한 지방자치단체장의 고시는 법규명령에 해당한다.   O | X

0399   국세청장의 훈령인 재산제세사무처리규정은 행정규칙에 불과하다.   O | X

0400   법령보충적 행정규칙의 대외적 구속력은 행정규칙의 일반적 효력으로서 대외적 구속력을 갖는다.   O | X

정답 및 해설

0398   **O**
0399   **X**   법령보충적 행정규칙으로 법규명령에 해당한다.
0400   **X**   행정규칙의 일반적 효력이 아닌 상위법과 결합하여 상위법의 일부가 됨으로서 법규명령의 성질을 가진다.

0401 구 지방공무원보수업무 등 처리지침 [별표 1] '식종별 경력환산율표 해설'이 정한 민간근무경력의 호봉 산정에 관한 부분은 법규명령의 성질을 가진다. O | X

0402 '일반사항' 중 '요양기관의 시설·인력 및 장비 등의 공동이용 시 요양급여비용 청구에 관한 사항' 부분은 상위법령의 위임에 따라 제정된 '요양급여의 세부적인 적용기준'의 일부로 상위법령과 결합하여 대외적으로 구속력 있는 '법령보충적 행정규칙'에 해당하므로, 요양기관이 위 고시 규정에서 정한 절차와 요건을 준수하여 요양급여를 실시한 경우에 한하여 요양급여비용을 지급받을 수 있다. O | X

0403 행정규칙이나 규정이 상위법령의 위임범위를 벗어난 경우에는 법규명령으로서 대외적 구속력을 인정할 여지는 없다. O | X

0404 상위법령에서 세부사항 등을 시행규칙으로 정하도록 위임하였음에도 이를 고시 등 행정규칙으로 정하였다면 그 역시 대외적 구속력을 가지는 법규명령으로서 효력이 인정될 수 없다. O | X

0405 행정규칙이 상위법령과 결합하여 대외적인 구속력을 갖는 법규명령으로서 기능하게 되는 경우 헌법소원 심판을 청구할 수 있다. O | X

0406 "가공품의 원료로 가공품이 사용될 경우 원산지표시는 원료로 사용된 가공품의 원료 농산물의 원산지를 표시하여야 한다."는 농림부고시인 농산물원산지 표시요령은 대외적 구속력을 가지지 않는다. O | X

정답 및 해설

| 0401 | O | 0402 | O | 0403 | O | 0404 | O | 0405 | O | 0406 | O |

13 | 행정행위의 개념

> **행정기본법 제2조(정의)** 이 법에서 사용하는 용어의 뜻은 다음과 같다.
> 4. "처분"이란 행정청이 구체적 사실에 관하여 행하는 법 집행으로서 공권력의 행사 또는 그 거부와 그 밖에 이에 준하는 행정작용을 말한다.
>
> **제20조(자동적 처분)** 행정청은 법률로 정하는 바에 따라 완전히 자동화된 시스템(인공지능 기술을 적용한 시스템을 포함한다)으로 처분을 할 수 있다. 다만, 처분에 재량이 있는 경우는 그러하지 아니하다.

1. 운전면허 행정처분처리대장상 벌점의 배점은 도로교통법규 위반행위를 단속하는 기관이 도로교통법시행규칙 별표 16이 정하는 바에 의하여 도로교통법규 위반의 경중, 피해의 정도 등에 따라 배정하는 점수를 말하는 것으로 자동차운전면허의 취소, 정지처분의 기초자료로 제공하기 위한 것이고 그 배점 자체만으로는 아직 국민에 대하여 구체적으로 어떤 권리를 제한하거나 의무를 명하는 등 법률적 규제를 하는 효과를 발생하는 요건을 갖춘 것이 아니어서 그 무효확인 또는 취소를 구하는 소송의 대상이 되는 행정처분이라고 할 수 없다(대판 1994.8.12. 94누2190).

2. 당연퇴직의 인사발령은 법률상 당연히 발생하는 퇴직사유를 공적으로 확인하여 알려주는 이른바 관념의 통지에 불과하고 공무원의 신분을 상실시키는 새로운 형성적 행위가 아니므로 행정소송의 대상이 되는 독립한 행정처분이라고 할 수 없다(대판 1995.11.14. 95누2036). **2017 국회직 8급, 2016 국가직 9급, 2022 국가직 7급**

3. 국민건강보험공단이 갑 등에게 '직장가입자 자격상실 및 자격변동 안내' 통보 및 '사업장 직권탈퇴에 따른 가입자 자격상실 안내' 통보를 한 사안에서, 국민건강보험 직장가입자 또는 지역가입자 자격 변동은 법령이 정하는 사유가 생기면 별도 처분 등의 개입 없이 사유가 발생한 날부터 변동의 효력이 당연히 발생하므로, … 이는 갑 등의 가입자 자격의 변동 여부 및 시기를 확인하는 의미에서 한 사실상 통지행위에 불과할 뿐, 위 각 통보에 의하여 가입자 자격이 변동되는 효력이 발생한다고 볼 수 없고, 또한 위 각 통보로 갑 등에게 지역가입자로서의 건강보험료를 납부하여야 하는 의무가 발생함으로써 갑 등의 권리의무에 직접적 변동을 초래하는 것도 아니라는 이유로, 위 각 통보의 처분성이 인정되지 않는다고 보아 그 취소를 구하는 갑 등의 소를 모두 각하한 원심판단이 정당하다(대판 2019.2.14. 2016두41729). **2023 국가직 9급, 2020 지방직 7급**

4. 병역법상 신체등위판정은 행정청이라고 볼 수 없는 군의관이 하도록 되어 있으며, 그 자체만으로 바로 병역법상의 권리의무가 정하여지는 것이 아니라 그에 따라 지방병무청장이 병역처분을 함으로써 비로소 병역의무의 종류가 정하여지는 것이므로 항고소송의 대상이 되는 행정처분이라 보기 어렵다(대판 1993.8.27. 93누3356). **2022 소방간부, 2013 국가직 9급, 2017 지방직 9급**

5. 정부투자기관관리기본법 제21조의 규정에 따른 경제기획원장관의 정부투자기관에 대한 예산편성지침통보는 정부투자기관의 경영합리화와 정부투자의 효율적 관리를 도모하기 위한 것으로서 그에 대한 감독작용에 해당할 뿐 그 자체만으로는 직접적으로 국민의 권리, 의무가 설정, 변경, 박탈되거나 그 범위가 확정되는 등 기존의 권리상태에 어떤 변동을 가져오는 것이 아니므로 이를 행정소송의 대상이 되는 행정처분이라고 할 수 없다(대판 1993.9.14. 93누9163).

6. 어떠한 처분의 근거가 행정규칙에 규정되어 있다고 하더라도, 그 처분이 상대방에게 권리의 설정 또는 의무의 부담을 명하거나 기타 법적인 효과를 발생하게 하는 등으로 그 상대방의 권리의무에 직접 영향을 미치는 행위라면, 이 경우에도 항고소송의 대상이 되는 행정처분에 해당한다(대판 2004.11.26. 2003두10251). **2015 국회직 8급, 2015 지방직 7급, 2018 서울시 7급**

7. 행정권 내부에서의 행위나 알선, 권유, 사실상의 통지 등과 같이 상대방 또는 기타 관계자들의 법률상 지위에 직접적인 법률적 변동을 일으키지 아니하는 행위 등은 항고소송의 대상이 될 수 없다(대판 1993.8.27. 93누3356).

8. 반드시 민원사항을 인용하는 처분을 해야 하는 것은 아닌 점, 행정청은 사전심사결과 불가능하다고 통보하였더라도 사전심사결과에 구애되지 않고 민원사항을 처리할 수 있으므로 불가능하다는 통보가 민원인의 권리의무에 직접적 영향을 미친다고 볼 수 없고, 통보로 인하여 민원인에게 어떠한 법적 불이익이 발생할 가능성도 없는 점 등 여러 사정을 종합해 보면, 구 민원사무처리법이 규정하는 사전심사결과 통보는 항고소송의 대상이 되는 행정처분에 해당하지 아니한다(대법원 2014.4.24. 선고 2013두7834). **2019 지방직 9급**

9. 구 경찰공무원법(1996.8.8. 법률 제5153호로 개정되기 전의 것) 제11조 제2항, 제13조 제1항, 제2항, 경찰공무원승진임용규정 제36조 제1항, 제2항에 의하면, 경정 이하 계급에의 승진에 있어서는 승진심사와 함께 승진시험을 병행할 수 있고, 승진시험에 합격한 자는 시험승진후보자명부에 등재하여 그 등재순위에 따라 승진하도록 되어 있으며 … 이처럼 시험승진후보자명부에 등재되어 있던 자가 그 명부에서 삭제됨으로써 승진임용의 대상에서 제외되었다 하더라도, 그와 같은 시험승진후보자명부에서의 삭제행위는 결국 그 명부에 등재된 자에 대한 승진 여부를 결정하기 위한 행정청 내부의 준비과정에 불과하고, 그 자체가 어떠한 권리나 의무를 설정하거나 법률상 이익에 직접적인 변동을 초래하는 별도의 행정처분이 된다고 할 수 없다(대판 1997.11.14. 97누7325). **2017 국가직 9급, 2014 지방직 7급**

10. 징계 요구는 징계 요구를 받은 기관의 장이 요구받은 내용대로 처분하지 않더라도 불이익을 받는 규정도 없고, 징계 요구 내용대로 효과가 발생하는 것도 아니며, 징계 요구에 의하여 행정청이 일정한 행정처분을 하였을 때 비로소 이해관계인의 권리관계에 영향을 미칠 뿐, 징계 요구 자체만으로는 징계 요구 대상 공무원의 권리·의무에 직접적인 변동을 초래하지도 아니하므로, 행정청 사이의 내부적인 의사결정의 경로로서 '징계 요구, 징계 절차 회부, 징계'로 이어지는 과정에서의 중간처분에 불과하여, 감사원의 징계 요구와 재심의결정이 항고소송의 대상이 되는 행정처분이라고 할 수 없다(대판 2016.12.27. 2014두5637).

11. 지방경찰청장이 횡단보도를 설치하여 보행자의 통행방법 등을 규제하는 것은 행정청이 특정사항에 대하여 의무의 부담을 명하는 행위이고 이는 국민의 권리의무에 직접 관계가 있는 행위로서 행정처분이라고 보아야 한다(대판 2000.10.27. 98두8964). **2014 국가직 9급, 2017 국가직 7급, 2022·2020 지방직 9급**

0407 행정청은 처분에 재량이 있는 경우 법령이나 행정규칙이 정하는 바에 따라 완전히 자동화된 시스템으로 처분할 수 있다. O | X

0408 운전면허처분처리대장상의 벌점의 배점은 그 배점 자체로 국민에 대하여 구체적으로 권리를 제한하거나 의무를 부과하는 것으로서 항고소송의 대상이 되는 행정처분에 해당한다. O | X

0409 당연퇴직의 인사발령은 공무원의 신분을 상실시키는 형성적 행위가 아니므로 항고소송의 대상되는 처분으로 볼 수 없다. O | X

0410 국민건강보험공단에 의한 '직장가입자 자격상실 및 자격변동 안내' 통보 및 '사업장 직권탈퇴에 따른 가입자자격상실 안내' 통보는 가입자 자격이 변동되는 효력을 가져오므로 항고소송의 대상이 되는 처분에 해당한다. O | X

0411 군의관의 신체등위판정은 그 자체만으로 바로 병역법상의 권리의무가 정하여지는 것이 아니므로 항고소송의 대상이 되는 처분이라 볼 수 없다. O | X

0412 경제기획원장관의 정부투자기관에 대한 예산편성지침통보는 감독작용에 해당 할 뿐 국민의 권리의무에 대한 어떤 변동을 가져오는 것이 아니다. O | X

정답 및 해설

0407 **X** 재량처분은 완전히 자동화된 시스템으로 처분할 수 없다.
0408 **X** 벌점 배점 자체는 국민에게 의무를 부과하는 것이 아니므로 항고소송의 대상되는 처분에 해당하지 않는다.
0409 **O**
0410 **X** 단순 사실의 통지로서 처분에 해당하지 않는다.
0411 **O**
0412 **O**

0413 항고소송의 대상되는 처분은 원칙적으로 일반 국민의 권리의무에 직접 영향을 미치는 행위를 가리킨다.
O | X

0414 처분의 근거가 행정규칙에 근거한 이상 처분의 상대방의 권리의무에 직접 영향을 미치는 행위라도 처분에 해당하지 않는다.
O | X

0415 행정권 내부에서의 행위나 알선, 권유, 사실상의 통지 등도 원칙적 처분에 해당한다. O | X

0416 「민원사무처리에 관한 법률」상 사전심사결과 통보는 항고소송의 대상이 되는 행정처분에 해당한다.
O | X

0417 경찰공무원 시험승진후보자명부에 등재되어 있던 자에 대한 명부삭제는 행정청의 내부 준비과정으로 항고소송의 대상되는 처분에 해당하지 않는다.
O | X

0418 지방경찰청장이 횡단보도를 설치하여 보행자통행방법 등을 규제하는 것은 행정행위에 해당한다. O | X

정답 및 해설

0413 **O**
0414 **X** 행정규칙에 근거한 처분도 항고소송의 대상되는 처분에 해당한다.
0415 **X** 행정권 내부의 행위는 항고소송의 대상되는 처분에 해당하지 않는다.
0416 **X** 「민원사무처리에 관한 법률」상 사전심사결과 통보는 항고소송의 대상되는 처분에 해당하지 않는다.
0417 **O**
0418 **O**

14 | 재량행위

> **행정소송법 제27조(재량처분의 취소)** 행정청의 재량에 속하는 처분이라도 재량권의 한계를 넘거나 그 남용이 있는 때에는 법원은 이를 취소할 수 있다. _{2013 지방직 7급}

1. 재량권의 남용이나 재량권의 행사가 그 법적 한계를 벗어나는 경우와 같은 재량권의 일탈은 그 재량권이 기속재량이거나 자유재량이거나를 막론하고 사법심사의 대상이 된다(대판 1984.1.31. 선고 83누451).

2. 양자에 대한 사법심사는, 전자(기속행위)의 경우 그 법규에 대한 원칙적인 기속성으로 인하여 법원이 사실인정과 관련 법규의 해석·적용을 통하여 일정한 결론을 도출한 후 그 결론에 비추어 행정청이 한 판단의 적법 여부를 독자의 입장에서 판정하는 방식에 의하게 되나, 후자(재량행위)의 경우 행정청의 재량에 기한 공익판단의 여지를 감안하여 법원은 독자의 결론을 도출함이 없이 당해 행위에 재량권의 일탈·남용이 있는지 여부만을 심사하게 된다(대판 2001.2.9. 98두17593). _{2021 국회직 8급, 2017·2016 국가직 9급, 2020·2018 국가직 7급, 2014 서울시 9급}

3. 처분을 할 것인지 여부와 처분의 정도에 관하여 재량이 인정되는 과징금 납부명령에 대하여 그 명령이 재량권을 일탈하였을 경우, 법원으로서는 재량권의 일탈 여부만 판단할 수 있을 뿐이지 재량권의 범위 내에서 어느 정도가 적정한 것인지에 관하여는 판단할 수 없어 그 전부를 취소할 수밖에 없고, 법원이 적정하다고 인정하는 부분을 초과한 부분만 취소할 수는 없다(대판 2009.6.23. 2007두18062). _{2022 소방간부, 2017·2014 국회직 8급, 2018·2017 국가직 9급, 2017 지방직 9급}

0419 행정청의 재량처분은 기속재량은 사법심사의 대상이 되지만 자유재량은 사법심사의 대상이 되지 않는다. O | X

0420 기속행위는 법원이 사실인정과 관련 법규의 해석·적용을 통하여 일정한 결론을 도출한 후 그 결론에 비추어 행정청이 한 판단의 적법 여부를 독자의 입장에서 판정하는 방식에 의한다. O | X

0421 재량행위는 법원은 독자의 결론을 도출함이 없이 당해 행위에 재량권의 일탈·남용이 있는지 여부만을 심사하게 된다. O | X

0422 과징금부과가 행정청의 재량이 인정되는 경우 법원은 재량권의 일탈·남용 여부만 판단할 수 있다. O | X

0423 행정청의 재량행위인 과징금 부과의 경우 법원은 재량권의 범위 내에서 어느 정도가 적정한 것인지에 관해 판단할 수 있다. O | X

0424 행정청의 재량행위인 과징금 부과가 재량권을 일탈한 경우 법원은 적정하다고 인정하는 부분을 초과하는 부분만 취소할 수 있다. O | X

정답 및 해설

0419 **X** 기속재량이건 자유재량이건 사법심사의 대상은 된다.
0420 **O**   0421 **O**   0422 **O**
0423 **X** 과징금부과가 행정청의 재량인 경우 원칙적으로 법원은 적정한 재량권의 양을 심사할 수 없다.
0424 **X** 재량행위인 과징금부과가 과도한 경우 법원은 전부를 취소할 수 밖에 없다.

■ 재량행위/기속행위 판례구별기준

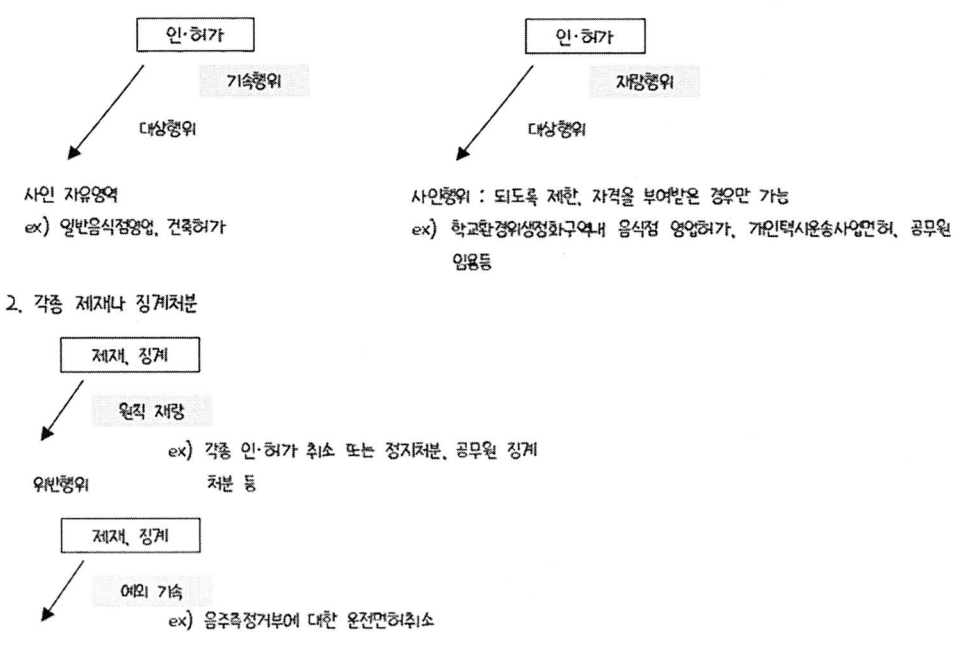

2. 각종 제재나 징계처분

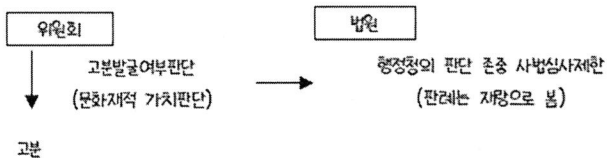

3. 판단여지 영역(고도의 전문적·가치판단)

1. 어떤 행정처분의 기준을 정한 준칙 등을 그 규정의 형식이나 체제 또는 문언에 따라 이를 일률적으로 기속행위라고 규정지을 수는 없다(대판 1984.1.31. 83누451).

2. 주택건설촉진법 제33조 제1항이 정하는 주택건설 사업계획의 승인은 상대방에게 권리나 이익을 부여하는 효과를 수반하는 이른바 수익적 행정처분으로서 법령에 행정처분의 요건에 관하여 일의적으로 규정되어 있지 아니한 이상 행정청의 재량행위에 속한다(대판 2002.6.14. 2000두10663). **2021 국회직 8급**

3. 부동산 실권리자명의 등기에 관한 법률 시행령 제3조의2 단서는 조세를 포탈하거나 법령에 의한 제한을 회피할 목적이 아닌 경우에 과징금의 100분의 50을 감경할 수 있다고 규정하고 있고, 이는 임의적 감경규정임이 명백하므로, 위와 같은 감경사유가 존재하더라도 과징금을 감경할 것인지 여부는 과징금 부과관청의 재량에 속한다(대판 2007.7.12. 2006두4554). **2021 국회직 8급**

4. 기속행위와 재량행위의 구분은 당해 행위의 근거가 된 법규의 체재·형식과 그 문언, 당해 행위가 속하는 행정 분야의 주된 목적과 특성, 당해 행위 자체의 개별적 성질과 유형 등을 모두 고려하여 판단하여야 한다(대판 2001.2.9. 98두17593). **2020 지방직 9급**

5. "경찰공무원의 채용시험 또는 경찰간부후보생 공개경쟁선발시험에서 부정행위를 한 응시자에 대하여는 당해 시험을 정지 또는 무효로 하고 그로부터 5년간 이 영에 의한 시험에 응시할 수 없게 한다."라고 규정한 경찰공무원임용령 제46조 제1항은 수권형식과 내용에 비추어 이는 행정청 내부의 사무처리기준을 규정한 재량준칙이 아니라 일반 국민이나 법원을 구속하는 법규명령에 해당하고 따라서 위 규정에 의한 처분은 재량행위가 아닌 기속행위라 할 것이다(대판 2008. 5. 29. 2007두18321).

6. 마을버스 운수업자 갑이 유류사용량을 실제보다 부풀려 유가보조금을 과다 지급받은 데 대하여 관할 시장이 갑에게 부정수급기간 동안 지급된 유가보조금 전액을 회수하는 내용의 처분을 한 사안에서, 구 여객자동차 운수사업법 제51조 제3항에 따라 국토해양부장관 또는 시·도지사는 여객자동차 운수사업자가 '거짓이나 부정한 방법으로 지급받은 보조금'에 대하여 반환할 것을 명하여야 하고, 위 규정을 '정상적으로 지급받은 보조금'까지 반환하도록 명할 수 있는 것으로 해석하는 것은 문언의 범위를 넘어서는 것이며, 규정의 형식이나 체재 등에 비추어 보면, 위 환수처분은 국토해양부장관 또는 시·도지사가 지급받은 보조금을 반환할 것을 명하여야 하는 기속행위이다(대판 2013. 12. 12. 2011두3388).

<small>2018 국회직 8급, 2024 국가직 9급</small>

7. 「국가공무원법」의 문언에 비추어 휴직사유가 없어진 경우 복직명령은 기속행위이므로 휴직사유가 소멸하였음을 이유로 복직을 신청하는 경우 임용권자는 지체 없이 복직명령을 하여야 한다(대판 2014. 6. 12. 2012두4852). <small>2023 국가직 7급</small>

8. 재외동포에 대한 사증발급은 행정청의 재량행위에 속하는 것으로서, 재외동포가 사증발급을 신청한 경우에 출입국관리법 시행령에서 정한 재외동포체류자격의 요건을 갖추었다고 해서 무조건 사증을 발급해야 하는 것은 아니다(대판 2019. 7. 11. 2017두38874). <small>2023 국가직 7급</small>

재량행위

- 개인택시운송사업면허 <small>2022·2016·2015 국회직 8급, 2021 국가직 7급, 2022·2014 지방직 9급</small>
- 마을버스운송사업면허(각종 운송사업면허) <small>2020·2017 지방직 9급, 2013 지방직 7급</small>
- 공무원 임용면접 <small>2013 지방직 7급</small>
- 공증인 인가 임명
- 귀화허가 <small>2021 소방간부, 2017 국가직 9급, 2021 국가직 7급</small>
- 어업면허
- 주택 재건축 조합 설립인가 <small>2016 지방직 9급</small>   *강학상 특허*
- 공유수면 매립면허 <small>2013 지방직 7급</small>
- 공유수면 점용허가 <small>2022 국회직 8급, 2021 국가직 7급, 2022 지방직 9급</small>
- 도로점용허가 <small>2014 국가직 7급, 2022 지방직 7급</small>
- 출입국관리법상 외국인에 대한 체류자격변경허가 <small>2021 소방간부, 2022·2017 지방직 9급</small>
- 주택건설사업계획의 승인 <small>2021 국회직 8급, 2023 국가직 7급</small>
- 대기오염물질 총량관리사업장 설치의 허가 <small>2022 지방직 9급, 2019 서울시 9급</small>
- 개발촉진지구 안에서 지역개발사업에 관한 실시계획승인 <small>2021 소방간부</small>
- 개발제한구역 내 건축허가 <small>2018·2014 국가직 7급, 2020 지방직 9급, 2019 서울시 9급</small>
- 개발제한구역에서 액화석유가스충전사업허가 <small>2017 지방직 9급</small>
- 학교환경위생정화구역 안의 유흥음식점 영업허가   *예외적 승인(허가)*
- 가축분뇨 처리방법 변경허가 <small>2023 지방직 7급</small>
- 산림형질변경허가
- 토지형질변경행위를 수반하는 건축허가 <small>2014 국회직 8급, 2019 국가직 9급, 2021 국가직 7급, 2018 지방직 7급</small>

- 임목의 벌채·굴채허가
- 총포·도검·화약류 등 소지허가 — 예외적 승인(허가) — 2017 지방직 9급
- 멸종위기종인 곰의 용도변경승인
- 사회복지법인의 정관변경 허가 — 2020 국회직 8급, 2018 국가직 7급
- 재단법인의 정관변경과 임원취임인가 — 강학상 인가 — 2021 소방간부, 2016 국회직 8급, 2020 국가직 9급, 2020·2016 지방직 9급
- 공익법인의 기본재산처분에 대한 허가 — 2020 국가직 9급
- 자동차관리사업자로 구성하는 사업자단체 설립인가 — 2024 국가직 9급
- 건축허가취소
- 자동차운송사업 면허취소
- 행정재산 사용허가 취소 — 제재적 조치
- 대중음식점 영업정지
- 공정거래위원회의 과징금부과
- 감정평가사시험의 합격기준선택
- 사법시험 문제출제행위 — 판단여지영역
- 건설공사를 계속하기 위한 고분발굴 여부 — 2014 지방직 7급
- 한약조제시험 실시기관인 국립보건원장의 평가방법 및 채점기준 설정
- 「의료법」상 신의료기술의 안전성평가 — 2021 국회직 8급
- 공무원에 대한 징계처분
- 국립대학 학생에 대한 퇴학처분 — 특수신분관계
- 구 「도시계획법」상 도시계획결정
- 구 「자연공원법」상 자연공원사업시행허가 — 행정계획

기속행위

- 「건축법」상 건축허가 — 2019 서울시 9급
- 주유소 영업허가
- 「식품위생법」상 일반음식점 영업허가 — 강학상 허가 — 2014 국회직 8급, 2015 서울시 7급
- 「도로교통법」상 운전면허 — 2019 서울시 9급
- 「주세법」상 주류제조면허 — 2014 지방직 9급
- 학교법인이사취임승인처분 — 강학상 인가 — 2021 소방간부, 2022·2019·2018 국회직 8급
- 토지거래계약 허가 — 2022 국회직 8급
- 총포·도검·화약류 등 단속법에 따른 면허취소
- 국유재산의 무단점유자에 대한 변상금 징수여부 — 제재적 조치 — 2022 지방직 9급
- 음주측정거부에 대한 운전면허취소 — 2015 국회직 8급

0425 　행정처분의 기준을 정한 준칙 등을 그 규정의 형식이나 체제 또는 문언에 따라 이를 일률적으로 기속행위라고 규정지을 수는 없다. O | X

0426 　주택건설 사업계획의 승인은 상대방에게 권리나 이익을 부여하는 효과를 수반하는 이른바 수익적 행정처분으로서 법령에 행정처분의 요건에 관하여 일의적으로 규정되어 있지 아니한 이상 행정청의 재량행위에 속한다. O | X

0427 　「건축법」상 일반 건축물의 건축허가는 기속행위이다. O | X

0428 　"경찰공무원의 채용시험 또는 경찰간부후보생 공개경쟁선발시험에서 부정행위를 한 응시자에 대하여는 당해 시험을 정지 또는 무효로 하고 그로부터 5년간 이 영에 의한 시험에 응시할 수 없게 한다."라고 규정한 경찰공무원임용령 제46조 제1항은 수권형식과 내용에 비추어 이는 행정청 내부의 사무처리기준을 규정한 재량준칙이다. O | X

0429 　개발제한구역내 건축허가는 기속행위이다. O | X

0430 　구 「공중위생법」상 위생접객업허가는 재량행위이다. O | X

0431 　「약사법」에 의한 의약품 제조업허가사항 변경허가는 기속행위이다. O | X

0432 　구 「식품위생법」상 대중음식점 영업허가는 재량행위이다. O | X

0433 　구 「사법시험령」상 사법시험출제행위는 재량행위이다. O | X

0434 　학교법인이사취임승인처분은 재량행위이다. O | X

0435 　자동차관리사업자로 구성하는 사업자단체 설립인가는 자동차관리사업자로 구성하는 사업자단체 설립인가는 인가권자가 가지는 지도·감독 권한의 범위 등과 아울러 설립인가에 관하여 구체적인 기준이 정하여져 있지 않은 점 등에 비추어 재량행위로 보아야 한다. O | X

정답 및 해설

0425 O　　0426 O　　0427 O
0428 X　법규명령으로 행정청의 조치는 기속행위이다.
0429 X　예외적 허가로서 재량행위이다.
0430 X　강학상 허가로서 기속행위이다.
0431 O
0432 X　강학상 허가로 기속행위이다.
0433 O
0434 X　기속행위이다.
0435 O

0436 구「주택건설촉진법」에 의한 주택건설사업계획의 승인은 재량행위이다. O | X

0437 「여객자동차 운수사업법」에 의한 개인택시운송사업면허는 기속행위이다. O | X

0438 법률에서 정한 귀화 요건을 갖춘 귀화신청인에 대한 법무부장관의 귀화허가는 기속행위로 본다. O | X

0439 산림형질변경허가는 법령상 금지에 해당하지 않더라도 국토 및 자연의 유지와 상수원 수질과 같은 환경의 보전 등을 이유로 허가를 거부할 수 있다. O | X

0440 공무원 임용을 위한 면접전형에서 임용신청자의 능력이나 적격성 등에 관한 판단이 면접위원의 자유재량에 속한다. O | X

0441 「총포·도검·화약류등단속법」상의 총포 등 소지허가는 재량행위에 속한다. O | X

0442 교과서검정이 검정상 판단이 사실적 기초가 없다거나 사회통념상 현저히 부당한 것이 아닌 한 재량권의 범위를 일탈한 것으로 위법하다 볼 수 없다. O | X

0443 난민 인정에 관한 신청을 받은 행정청은 원칙적으로 법령이 정한 난민 요건에 해당하는지를 심사하여 난민 인정 여부를 결정할 수 있을 뿐이고, 이와 무관한 다른 사유만을 들어 난민 인정을 거부할 수는 없다. O | X

0444 건설공사를 계속하기 위한 매장문화재의 발굴허가신청에 대하여, 이를 원형 그대로 매장되어 있는 상태를 유지하기 위해 「문화재보호법」등 관계 법령이 정하는 바에 따라 내린 허가권자의 불허가조치는 재량권의 일탈·남용에 해당하지 않는다. O | X

0445 마을버스 운수사업자가 유류사용량을 실제보다 부풀려 유가보조금을 과다 지급받은 데 대하여 관할 행정청이 부정수급기간 동안 지급된 유가보조금 전액을 회수하는 내용의 처분을 한 것은 '거짓이나 부정한 방법으로 지급받은 보조금'에 대하여 반환할 것을 명하는 것일 뿐만 아니라 '정상적으로 지급받은 보조금'까지 반환하도록 명할 수 있는 것이어서 위법하다. O | X

정답 및 해설

0436 O
0437 X 강학상 특허로서 재량행위이다.
0438 X 강학상 특허로서 재량행위이다.
0439 O 0440 O 0441 O 0442 O 0443 O 0444 O 0445 O

1. 법률 또는 법률조항 자체가 헌법소원의 대상이 될 수 있으려면, 그 법률 또는 법률조항에 의하여 구체적인 집행행위를 기다리지 아니하고 직접·현재·자기의 기본권을 침해받아야 하는 것을 요건으로 하는바, 특히 법령에 근거한 구체적인 집행행위가 재량행위인 경우에는 법령은 집행기관에게 기본권침해의 가능성만을 부여할 뿐 법령 스스로가 기본권의 침해행위를 규정하고 행정청이 이에 따르도록 구속하는 것이 아니므로 이때의 기본권의 침해는 집행기관의 의사에 따른 집행행위, 즉 재량권의 행사에 의하여 비로소 이루어지고 현실화된다 할 것이어서 이러한 경우에는 법령에 의한 기본권 침해의 직접성이 인정될 여지가 없다(헌재 2012.12.4. 2012헌마918).

2. 재량권의 일탈·남용 여부에 대한 심사는 사실오인, 비례·평등의 원칙 위배, 당해 행위의 목적위반이나 동기의 부정 유무 등을 그 판단대상으로 한다(대판 2001.2.9. 98두17593).

3. 행정기관의 장의 거부처분이 재량행위인 경우에, 위와 같은 사전통지의 흠결로 민원인에게 의견진술의 기회를 주지 아니한 결과 민원조정위원회의 심의과정에서 고려대상에 마땅히 포함시켜야 할 사항을 누락하는 등 재량권의 불행사 또는 해태로 볼 수 있는 구체적 사정이 있다면, 거부처분은 재량권을 일탈·남용한 것으로서 위법하다(대판 2015.8.27. 2013두1560).

4. 수개의 징계사유 중 일부가 인정되지 않더라도 인정되는 다른 징계사유만으로도 당해 징계처분의 타당성을 인정하기에 충분한 경우에는 그 징계처분을 유지하여도 위법하지 아니하다(대판 2002.9.24. 2002두6620).

5. 미성년자를 출입시켰다는 이유로 2회나 영업정지에 갈음한 과징금을 부과받은 지 1개월만에 다시 만 17세도 되지 아니한 고등학교 1학년 재학생까지 포함된 미성년자들을 연령을 확인하지 않고 출입시킨 행위에 대한 영업허가취소처분이 재량권을 일탈한 위법한 처분이라고 보기 어렵다(대판 1993.10.26. 선고 93누5185).

6. 학교법인의 교비회계자금을 법인회계로 부당전출한 행위의 위법성 정도와 임원들의 이에 대한 가공의 정도, 학교법인이 사실상 행정청의 시정 요구 대부분을 이행하지 아니하였던 사정 등을 참작하여, 임원취임승인취소처분이 재량권을 일탈·남용하였다고 볼 수 없다(대판 2007.7.19. 2006두19297).

7. 사립학교 교원이 대학의 신규 교원 채용에 서류심사위원으로 관여하면서 소지하게 된 인사서류를 학교운영과 관련한 진정서의 자료로 활용한 것은 교원으로서의 성실의무와 품위유지의무를 위배한 것으로 그 해임이 곧바로 재량권 한계를 벗어난 것은 아니다(대판 2000.10.13. 98두8858).

8. 원고가 개설·운영하는 약국은 이 사건 처분 전년도 총매출금액이 2억 8,500만 원을 넘는 대형약국이고 약국의 규모에 비해 이 사건 개봉판매로 얻을 수 있는 경제적 이익이 크지 않다고 하여 그 위반행위의 위법성이 가볍다고 할 수는 없으며 약사의 의약품 개봉판매행위에 대해서 시행규칙상의 행정처분기준에 의해 업무정지 15일을 사전통지하였다가, 그 후 시행령상의 처분기준에 의해 과징금부과처분을 한 것이 재량권의 한계를 벗어난 것은 아니다(대판 2007.9.20. 2007두6946).

9. 행정구역변경에 따라 장의자동차운수사업자인 원고에게 그 사업구역을 김제시와 김제군 중 하나를 선택할 기회를 주었음에도 7개월 이상 이에 응하지 아니하다가 양쪽 모두를 사업구역으로 하겠다고 요구하므로 차고지 소재지인 김제시를 원고의 사업구역으로 정하고 장의자동차운수사업자가 없게 된 김제군을 사업구역으로 하여 제3자에게 신규면허처분을 하였다면, 사업구역을 축소한 결과가 되어 원고에게 경제적 손실을 가져온다 하더라도 이는 행정구역변경에 따른 사업구역조정이라는 공익상의 필요에 따른 것으로서 위 신규면허처분에 재량권 남용 등의 위법이 없다(대판 1992.4.28. 91누10220).

10. 문화재청장이, 국가지정문화재의 보호구역에 인접한 나대지에 건물을 신축하기 위한 국가지정문화재 현상변경신청을 허가하지 않은 경우, 상당한 규모의 건물이 나대지에 들어서는 경우 보호구역을 포함한 국가지정문화재의 경관을 저해할 가능성이 상당히 클 뿐만 아니라, 위 국가지정문화재 현상변경신청 불허가처분이 취소되는 경우 향후 주변의 나대지에 대한 현상변경허가를 거부하기 어려워질 것으로 예상되는 점 등에 비추어, 위 국가지정문화재 현상변경신청에 대한 불허가처분이 재량권을 일탈·남용한 위법한 처분이라고 단정하기 어렵다(대판 2006.5.12. 2004두9920).

11. 명예퇴직 합의 후 명예퇴직 예정일 사이에 허위로 병가를 받아 다른 회사에 근무하였음을 사유로 한 징계해임처분이 징계재량권의 일탈·남용으로 볼 수 없다(대판 2002.8.23. 2000다60890, 60906).

12. 지방공무원 복무조례개정안에 대한 의견을 표명하기 위하여 전국공무원노동조합 간부 10여 명과 함께 시장의 사택을 방문한 위 노동조합 시지부 사무국장에게 지방공무원법 제58조에 정한 집단행위 금지의무를 위반하였다는 등의 이유로 징계권자가 파면처분을 한 사안에서, 그 징계처분이 사회통념상 현저하게 타당성을 잃거나 객관적으로 명백하게 부당하여 징계권의 한계를 일탈하거나 재량권을 남용하였다고 볼 수 없다(대판 2009.6.23. 2006두16786).

0446 법령에 근거한 구체적인 집행행위가 재량행위인 경우에는 법령에 의한 기본권 침해의 직접성이 인정될 여지가 없다. O | X

0447 수개의 징계사유 중 일부가 인정되지 않더라도 인정되는 다른 징계사유만으로도 당해 징계처분의 타당성을 인정하기에 충분한 경우에는 그 징계처분을 유지하여도 위법하지 아니하다. O | X

0448 미성년자를 출입시켰다는 이유로 2회나 영업정지에 갈음한 과징금을 부과받은 지 1개월만에 미성년자를 출입시킨 행위에 대한 영업허가취소는 재량권일탈로 보기 어렵다. O | X

0449 학교법인의 임원이 교비회계자금을 법인회계로 부당 전출하였고, 학교법인이 사실상 행정청의 시정 요구 대부분을 이행하지 아니한 경우에 행한 임원취임승인취소처분은 위법하다 볼 수 없다. O | X

정답 및 해설

0446 O   0447 O   0448 O   0449 O

0450 대학의 신규 교원 채용에 서류심사위원으로 관여하면서 소지하게 된 인사서류를 학교 운영과 관련한 진정서의 자료로 활용한 사립학교의 교원에 대한 해임처분은 재량권 일탈·남용에 해당한다. O | X

0451 약사의 의약품 개봉판매행위에 대해 구「약사법령」에 근거한 15일 영업정지에 갈음하는 과징금 855만원을 부과한 처분은 재량권의 일탈·남용에 해당한다. O | X

0452 자동차운송사업 신규면허처분이 기존업자의 사업구역을 축소한 결과가 되어 경제적 손실을 가져온 경우 그것이 행정구역변경에 따른 사업구역조정이라는 공익상의 필요에 따른 것이라도 신규면허처분은 재량권 남용의 위법이 있다. O | X

0453 국가지정문화재의 보호구역에 인접한 나대지에 건물을 신축하기 위한 국가지정문화재 현상변경신청에 대한 문화재청장의 불허가 처분은 재량권을 일탈·남용한 위법한 처분이다. O | X

0454 전국공무원노동조합 시지부 사무국장이 지방공무원 복무조례 개정안에 대한 의견을 표명하기 위하여 전국공무원노동조합 간부들과 함께 시장의 사택을 방문하였고, 이에 징계권자가 시장 개인의 명예와 시청의 위신을 실추시키고「지방공무원법」에서 정한 집단행위금지의무를 위반하였다는 등의 이유로 사무국장을 파면처분한 것은 재량권의 일탈·남용에 해당하지 않는다. O | X

정답 및 해설

0450 X 위반행위의 중대성에 비해 재량권의 일탈·남용에 해당하지 않는다.
0451 X 과징금부과가 과다하다고 볼 수 없어 재량권의 일탈·남용에 해당하지 않는다.
0452 X 공익상 필요에 의한 것으로 재량권의 일탈·남용에 해당하지 않는다.
0453 X 문화재보호라는 공익상 필요에 의한 것으로 재량권의 일탈·남용에 해당하지 않는다.
0454 O

15 | 법률행위적 행정행위

건축허가는 시장·군수 등의 행정관청이 건축행정상 목적을 수행하기 위하여 수허가자에게 일반적으로 행정관청의 허가 없이는 건축행위를 하여서는 안 된다는 상대적 금지를 관계 법규에 적합한 일정한 경우에 해제함으로써 일정한 건축행위를 하도록 회복시켜 주는 행정처분일 뿐, 허가받은 자에게 새로운 권리나 능력을 부여하는 것이 아니다. 그리고 건축허가서는 허가된 건물에 관한 실체적 권리의 득실변경의 공시방법이 아니며 그 추정력도 없으므로 건축허가서에 건축주로 기재된 자가 그 소유권을 취득하는 것은 아니며, 건축중인 건물의 소유자와 건축허가의 건축주가 반드시 일치하여야 하는 것도 아니다(대판 2009.3.12. 선고 2006다28454). **2022·2014 지방직 9급**

0455 건축허가는 상대적 금지를 일정한 경우에 해제하는 처분일 뿐 허가 받은 자에게 새로운 권리나 능력을 부여하는 것은 아니다. O | X

0456 건축허가서는 허가된 건물에 관한 실체적 권리의 득실변경의 공시방법이 아니며 추정력도 인정되지 않는다. O | X

0457 건축허가서에 건축주로 기재된 자가 그 건축물의 소유권을 취득한다. O | X

0458 건축중인 건물의 소유자와 건축허가의 건축주가 반드시 일치하여야 한다. O | X

정답 및 해설

0455 **O**
0456 **O**
0457 **X** 건축허가서에 기재된 건축주가 곧 소유권을 취득하는 것이 아니다.
0458 **X** 반드시 일치하여야 하는 것은 아니다.

1. 건축법 소정의 건축허가권자는 건축허가신청이 건축법, 도시계획법등 관계 법규에서 정하는 어떠한 제한에 배치되지 않는 이상 당연히 같은 법조 소정의 건축허가를 하여야 하므로, 법률상의 근거 없이 그 신청이 관계 법규에서 정한 제한에 배치되는지의 여부에 대한 심사를 거부할 수 없고, 심사 결과 그 신청이 법정요건에 합치하는 경우에는 특별한 사정이 없는 한 이를 허가하여야 하며, 공익상 필요가 없음에도 불구하고 요건을 갖춘 자에 대한 허가를 관계 법령에서 정하는 제한사유 이외의 사유를 들어 거부할 수 없다(대판 1995.6.13. 94다56883). **2019 국가직 9급, 2017·2014 국가직 7급**

2. 주유소 설치허가권자는 주유소 설치허가신청이 관계 법령에서 정하는 제한에 배치되지 않는 경우에는 특별한 사정이 없는 한 이를 허가하여야 하고, 관계 법규에서 정하는 제한사유 이외의 사유를 들어 허가를 거부할 수는 없는 것이나, 심사결과 관계 법령상의 제한 이외의 중대한 공익상의 필요가 있는 경우에는 그 허가를 거부할 수 있다(대판 1999.4.23. 97누14378).

3. 개축허가신청에 대하여 행정청이 착오로 대수선 및 용도변경허가를 하였다 하더라도 취소 등 적법한 조치 없이 그 효력을 부인할 수 없다(대판 1985.11.26. 85누382).

0459 건축허가는 관계법규에서 정하는 제한사유 이외의 사유를 들어 허가를 거부할 수 없다. O | X

0460 주유소 설치허가신청이 관계 법령에서 정한 제한에 배치되지 않는 한 허가를 하여야 하는 기속행위에 해당한다. O | X

0461 주유소 설치허가신청에 대하여 관계 법령상의 제한 이외의 중대한 공익상의 필요가 있는 경우에도 그 허가를 거부할 수 없다. O | X

0462 개축허가신청에 대하여 행정청이 착오로 대수선 및 용도변경허가를 하였다면 무효에 해당한다. O | X

정답 및 해설

0459 O
0460 O
0461 X 기속행위인 허가라도 중대한 공익상 필요가 있는 경우 거부할 수 있다.
0462 X 당연무효에 해당하지는 않는다.

1. 국토의계획및이용에관한법률에 의한 토지의 형질변경허가는 그 금지요건이 불확정개념으로 규정되어 있어 그 금지요건에 해당하는지 여부를 판단함에 있어서 행정청에게 재량권이 부여되어 있다고 할 것이므로, 같은법에 의하여 지정된 도시지역 안에서 토지의 형질변경행위를 수반하는 건축허가는 결국 재량행위에 속한다(대판 2005.7.14. 2004두6181).

   <small>2014 국회직 8급, 2019 서울시 9급, 2019 서울시 7급</small>

2. 개발제한구역 안에서는 구역 지정의 목적상 건축물의 건축 등의 개발행위는 원칙적으로 금지되고, 다만 구체적인 경우에 이와 같은 구역 지정의 목적에 위배되지 아니할 경우 예외적으로 허가에 의하여 그러한 행위를 할 수 있게 되어 있음이 그 규정의 체제와 문언상 분명하고, 이러한 예외적인 건축허가는 그 상대방에게 수익적인 것에 틀림이 없으므로 그 법률적 성질은 재량행위 내지 자유재량행위에 속하는 것이다(대판 2003.3.28. 2002두11905).

3. 학교보건법 제6조 제1항 단서의 규정에 의하여 시·도교육위원회교육감 또는 교육감이 지정하는 자가 학교환경위생정화구역 안에서의 금지행위 및 시설의 해제신청에 대하여 그 행위 및 시설이 학습과 학교보건에 나쁜 영향을 주지 않는 것인지의 여부를 결정하여 그 금지행위 및 시설을 해제하거나 계속하여 금지(해제거부)하는 조치는 시·도교육위원회교육감 또는 교육감이 지정하는 자의 재량행위에 속한다(대판 1996.10.29. 96누8253).

0463 토지형질변경허가는 그 금지요건에 해당하는지 여부를 판단함에 있어 행정청에게 재량권이 부여되어 있다는 것이 판례이다. O | X

0464 토지의 형질변경행위를 수반하는 건축허가는 기속행위에 해당한다는 것이 판례이다. O | X

0465 개발제한구역 안에서는 구역 지정의 목적상 건축물의 건축 등의 개발행위는 원칙적으로 금지된다. O | X

0466 개발제한구역 안에서는 건축물의 건축 등의 개발행위는 예외적 건축허가에 해당하고 그 법률적 성질은 행정청의 재량행위에 속한다. O | X

0467 환경위생정화구역 안에서의 금지행위 및 시설의 해제신청에 대하여 그 행위 및 시설이 학습과 학교보건에 나쁜 영향을 주지 않는 것인지의 여부를 결정하여 그 금지행위 및 시설을 해제하거나 계속하여 금지(해제거부)하는 조치는 행정청의 기속행위에 속한다. O | X

정답 및 해설

0463 **O**
0464 **X** 재량행위에 해당한다.
0465 **O**
0466 **O**
0467 **X** 교육적 요소를 고려해야 하는 재량행위이다.

■ 인·허가 의제제도

1. 다수법의 금지가 있는 경우

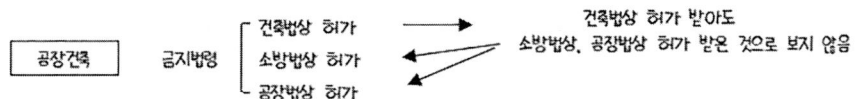

2. 인허가 의제되는 경우

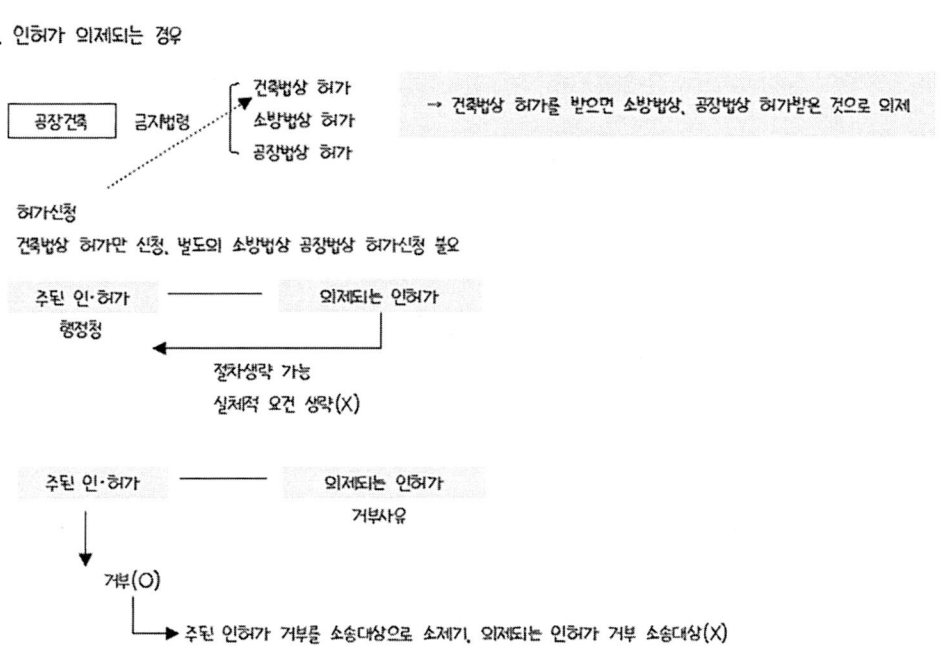

행정기본법 제24조(인허가의제의 기준) ① 이 절에서 "인허가의제"란 하나의 인허가(이하 "주된 인허가"라 한다)를 받으면 법률로 정하는 바에 따라 그와 관련된 여러 인허가(이하 "관련 인허가"라 한다)를 받은 것으로 보는 것을 말한다.

② 인허가의제를 받으려면 주된 인허가를 신청할 때 관련 인허가에 필요한 서류를 함께 제출하여야 한다. 다만, 불가피한 사유로 함께 제출할 수 없는 경우에는 주된 인허가 행정청이 별도로 정하는 기한까지 제출할 수 있다.

③ 주된 인허가 행정청은 주된 인허가를 하기 전에 관련 인허가에 관하여 미리 관련 인허가 행정청과 협의하여야 한다.

④ 관련 인허가 행정청은 제3항에 따른 협의를 요청받으면 그 요청을 받은 날부터 20일 이내(제5항 단서에 따른 절차에 걸리는 기간은 제외한다)에 의견을 제출하여야 한다. 이 경우 전단에서 정한 기간(민원 처리 관련 법령에 따라 의견을 제출하여야 하는 기간을 연장한 경우에는 그 연장한 기간을 말한다) 내에 협의 여부에 관하여 의견을 제출하지 아니하면 협의가 된 것으로 본다.

⑤ 제3항에 따라 협의를 요청받은 관련 인허가 행정청은 해당 법령을 위반하여 협의에 응해서는 아니 된다. 다만, 관련 인허가에 필요한 심의, 의견 청취 등 절차에 관하여는 법률에 인허가의제 시에도 해당 절차를 거친다는 명시적인 규정이 있는 경우에만 이를 거친다.

제25조(인허가의제의 효과) ① 제24조제3항·제4항에 따라 협의가 된 사항에 대해서는 주된 인허가를 받았을 때 관련 인허가를 받은 것으로 본다.

② 인허가의제의 효과는 주된 인허가의 해당 법률에 규정된 관련 인허가에 한정된다.

제26조(인허가의제의 사후관리 등) ① 인허가의제의 경우 관련 인허가 행정청은 관련 인허가를 직접 한 것으로 보아 관계 법령에 따른 관리·감독 등 필요한 조치를 하여야 한다.

---

1. 도로법과 건축법에서 각 규정하고 있는 건축허가는 그 허가권자의 허가를 받도록 한 목적, 허가의 기준, 허가 후의 감독에 있어서 같지 아니하므로 도로법 제50조 제1항에 의하여 접도구역으로 지정된 지역 안에 있는 건물에 관하여 같은 법 조 제4, 5항에 의하여 도로관리청인 도지사로부터 개축허가를 받았다고 하더라도 건축법 제5조 제1항에 의하여 시장 또는 군수의 허가를 다시 받아야 한다(대판 1991.4.12. 91도218).

2. 어떤 인허가의 근거 법령에서 절차간소화를 위하여 관련 인허가를 의제 처리할 수 있는 근거 규정을 둔 경우에는, 사업시행자가 인허가를 신청하면서 하나의 절차 내에서 관련 인허가를 의제 처리해줄 것을 신청할 수 있다. 관련 인허가 의제 제도는 사업시행자의 이익을 위하여 만들어진 것이므로, 사업시행자가 반드시 관련 인허가 의제 처리를 신청할 의무가 있는 것은 아니다(대판 2020. 7. 23. 2019두31839판결).

3. 건설부장관이 구 주택건설촉진법 제33조에 따라 관계기관의 장과의 협의를 거쳐 사업계획승인을 한 이상 같은 조 제4항의 허가·인가·결정·승인 등이 있는 것으로 볼 것이고, 그 절차와 별도로 도시계획법 제12조 등 소정의 중앙도시계획위원회의 의결이나 주민의 의견청취 등 절차를 거칠 필요는 없다(대판 1992.11.10. 92누1162).

4. 주된 인·허가에 관한 사항을 규정하고 있는 어떠한 법률에서 주된 인·허가가 있으면 다른 법률에 의한 인·허가를 받은 것으로 의제한다는 규정을 둔 경우에는, 주된 인·허가가 있으면 다른 법률에 의한 인·허가가 있는 것으로 보는 데 그치는 것이고, 거기에서 더 나아가 다른 법률에 의하여 인·허가를 받았음을 전제로 한 다른 법률의 모든 규정들까지 적용되는 것은 아니다(대판 2015.4.23. 2014두2409). _{2018 국가직 7급, 2016 서울시 7급}

5. 구 광업법 제47조의2 제5호에 의하여 채광계획인가를 받으면 공유수면 점용허가를 받은 것으로 의제되고, 이 공유수면 점용허가는 공유수면 관리청이 공공 위해의 예방 경감과 공공 복리의 증진에 기여함에 적당하다고 인정하는 경우에 그 자유재량에 의하여 허가의 여부를 결정하여야 할 것이므로, 공유수면 점용허가를 필요로 하는 채광계획 인가신청에 대하여도, 공유수면 관리청이 재량적 판단에 의하여 공유수면 점용허가 여부를 결정할 수 있고, 그 결과 공유수면 점용을 허용하지 않기로 결정하였다면, 채광계획 인가관청은 이를 사유로 하여 채광계획을 인가하지 아니할 수 있는 것이다(대판 2002.10.11. 2001두151). _{2020 소방간부, 2016·2014 국회직 8급}

6. 건축물의 건축이 국토계획법상 개발행위에 해당할 경우 그에 대한 건축허가를 하는 허가권자는 건축허가에 배치·저촉되는 관계 법령상 제한 사유의 하나로 국토계획법령의 개발행위허가기준을 확인하여야 하므로, 국토계획법상 건축물의 건축에 관한 개발행위허가가 의제되는 건축허가신청이 국토계획법령이 정한 개발행위허가기준에 부합하지 아니하면 허가권자로서는 이를 거부할 수 있고, 이는 건축법 제16조 제3항에 의하여 개발행위허가의 변경이 의제되는 건축허가사항의 변경허가에서도 마찬가지이다(대판 2016.8.24. 2016두35762). _{2021 국가직 9급, 2018·2017 국가직 7급, 2014 지방직 9급}

7. 건축불허가처분을 하면서 그 처분사유로 건축불허가 사유뿐만 아니라 형질변경불허가 사유나 농지전용불허가 사유를 들고 있다고 하여 그 건축불허가처분 외에 별개로 형질변경불허가처분이나 농지전용불허가처분이 존재하는 것이 아니므로, 그 건축불허가처분을 받은 사람은 그 건축불허가처분에 관한 쟁송에서 건축법상의 건축불허가 사유뿐만 아니라 같은 도시계획법상의 형질변경불허가 사유나 농지법상의 농지전용불허가 사유에 관하여도 다툴 수 있는 것이지, 그 건축불허가처분에 관한 쟁송과는 별개로 형질변경불허가처분이나 농지전용불허가처분에 관한 쟁송을 제기하여 이를 다투어야 하는 것은 아니다(대판 2001.1.16. 99두10988). _{2015 국가직 9급, 2022 지방직 7급}

8. 건축허가권자가 건축불허가처분을 하면서 그 처분사유로 건축불허가 사유뿐만 아니라 구 소방법 제8조 제1항에 따른 소방서장의 건축부동의 사유를 들고 있다고 하여 그 건축불허가처분 외에 별개로 건축부동의처분이 존재하는 것이 아니므로, 그 건축불허가처분을 받은 사람은 그 건축불허가처분에 관한 쟁송에서 건축법상의 건축불허가 사유뿐만 아니라 소방서장의 부동의 사유에 관하여도 다툴 수 있다(대판 2004.10.15. 2003두6573). _{2024 국회직 8급}

9. 의제된 인허가는 통상적인 인허가와 동일한 효력을 가지므로, 적어도 '부분 인허가 의제'가 허용되는 경우에는 그 효력을 제거하기 위한 법적 수단으로 의제된 인허가의취소나 철회가 허용될 수 있고, 이러한 직권취소·철회가 가능한 이상 그 의제된 인허가에 대한 쟁송취소 역시 허용된다. 따라서 주택건설사업계획 승인처분에 따라 의제된 인허가가 위법함을 다투고자 하는 이해관계인은, 주택건설사업계획 승인처분의 취소를 구할 것이 아니라 의제된 인허가의 취소를 구하여야 하며, 의제된 인허가는 주택건설사업계획 승인처분과 별도로 항고소송의 대상이 되는 처분에 해당한다(대판 2018.11.29. 2016두38792). _{2021·2020 국가직 9급, 2022·2019 지방직 7급}

0468 「도로법」상 접도구역 안에서 건축을 하기 위해서는 건축허가청으로부터 「건축법」상의 건축허가를 받는 것으로 충분하다. O | X

0469 건설부장관이 관계기관의 장과의 협의를 거쳐 사업계획승인을 한 이상 그 절차와 별도로 중앙도시계획위원회의 의결이나 주민의 의견청취 등 절차를 거칠 필요는 없다. O | X

0470 채광계획인가를 받으면 공유수면 점용허가를 받은 것으로 의제되는 경우 공유수면 관리청이 재량적 판단에 의하여 공유수면 점용허가 여부를 결정할 수 있다. O | X

0471 「국토의 계획 및 이용에 관한 법률」상 건축물의 건축에 관한 개발행위허가가 의제되는 건축허가신청이 국토의 계획 및 이용에 관한 법령이 정한 개발행위허가기준에 부합하지 아니하면 건축허가권자는 이를 거부할 수 있다. O | X

0472 공유수면관리청이 공유수면 점용을 허용하지 않기로 결정하였다면, 채광계획 인가관청은 이를 사유로 하여 채광계획을 인가하지 아니할 수 있다. O | X

0473 건축불허가처분을 하면서 그 처분사유로 건축불허가 사유뿐만 아니라 형질변경불허가 사유나 농지전용불허가 사유를 들고 있다면 그 건축불허가처분 외에 별개로 형질변경불허가처분이나 농지전용불허가처분이 존재하는 것으로 봐야 한다. O | X

정답 및 해설

0468 **X** 도로법상의 개축허가도 받아야 한다.
0469 **O** 0470 **O** 0471 **O** 0472 **O**
0473 **X** 건축불허가처분 외에 별개로 형질변경불허가처분이나 농지전용불허가처분이 존재하는 것은 아니다.

0474 건축불허가처분을 받은 사람은 그 건축불허가처분에 관한 쟁송에서 「건축법」상의 건축불허가 사유뿐만 아니라 같은 도시계획법상의 형질변경불허가 사유나 「농지법」상의 농지전용불허가 사유에 관하여도 다툴 수 있는 것은 아니다. O | X

0475 위와 같은 경우 건축불허가처분에 관한 쟁송과는 별개로 형질변경불허가처분이나 농지전용불허가처분에 관한 쟁송을 제기하여 이를 다투어야 하는 것은 아니다. O | X

0476 건축불허가처분을 하면서 그 처분사유로 건축불허가 사유뿐만 아니라 소방서장의 부동의 사유를 들고 있는 경우 소방서장의 부동의는 별도의 행정처분에 해당한다. O | X

0477 위의 경우 그 건축불허가처분을 받은 사람은 그 건축불허가처분에 관한 쟁송에서 「건축법」상의 건축불허가 사유뿐만 아니라 소방서장의 부동의 사유에 관하여도 다툴 수 있다. O | X

0478 주택건설사업계획 승인처분에 따라 의제된 인·허가가 위법함을 다투고자 하는 이해관계인은, 주택건설사업계획승인처분의 취소를 구해야지 의제되는 인·허가의 취소를 구해서는 아니 되며, 의제된 인·허가는 주택건설사업계획 승인처분과 별도로 항고소송의 대상이 되는 처분에 해당하지 않는다. O | X

0479 인·허가의 근거 법령인 건축법령에서 절차간소화를 위하여 관련 인·허가를 의제 처리할 수 있는 근거 규정을 둔 경우, 주된 인·허가를 신청하려는 사업시행자는 반드시 관련 인·허가 의제 처리를 동시에 신청해야 한다. O | X

정답 및 해설

0474 X 건축불허가처분에 관한 쟁송에서 형질변경불허가 사유나 농지전용불허가 사유에 관하여도 다툴 수 있다.
0475 O
0476 X 기관간의 행위로 별도의 처분에 해당하지 않는다.
0477 O
0478 X 의제된 인허가도 별도로 항고소송의 대상되는 처분에 해당한다.
0479 X 관련 인허가 의제 제도는 사업시행자의 이익을 위하여 만들어진 것이므로, 사업시행자가 반드시 관련 인허가 의제 처리를 신청할 의무가 있는 것은 아니다.

■ 갱신허가

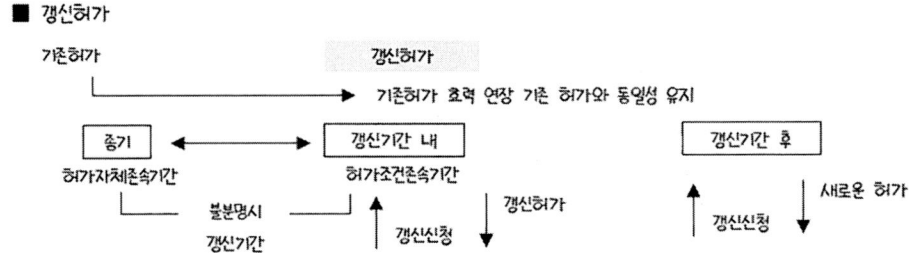

1. 유료직업 소개사업의 허가갱신은 허가취득자에게 종전의 지위를 계속 유지시키는 효과를 갖는 것에 불과하고 갱신 후에는 갱신 전의 법위반사항을 불문에 붙이는 효과를 발생하는 것이 아니므로 일단 갱신이 있은 후에도 갱신 전의 법위반사실을 근거로 허가를 취소할 수 있다(대판 1982.7.27. 81누174). **2017 국가직 7급, 2016 서울시 9급**

2. 종전의 허가가 기한의 도래로 실효한 이상 원고가 종전 허가의 유효기간이 지나서 신청한 이 사건 기간연장신청은 그에 대한 종전의 허가처분을 전제로 하여 단순히 그 유효기간을 연장하여 주는 행정처분을 구하는 것이라기 보다는 종전의 허가처분과는 별도의 새로운 허가를 내용으로 하는 행정처분을 구하는 것이라고 보아야 할 것이어서, 이러한 경우 허가권자는 이를 새로운 허가신청으로 보아 법의 관계 규정에 의하여 허가요건의 적합 여부를 새로이 판단하여 그 허가 여부를 결정하여야 할 것이다(대판 1995.11.10. 94누11866). **2015 국회직 8급, 2022 국가직 7급, 2016 지방직 9급, 2018 지방직 7급**

3. 어업에 관한 허가 또는 신고의 경우에는 어업면허와 달리 유효기간연장제도가 마련되어 있지 아니하므로 그 유효기간이 경과하면 그 허가나 신고의 효력이 당연히 소멸하며, 재차 허가를 받거나 신고를 하더라도 허가나 신고의 기간만 갱신되어 종전의 어업허가나 신고의 효력 또는 성질이 계속된다고 볼 수 없고 새로운 허가 내지 신고로서의 효력이 발생한다고 할 것이다(대판 2011.7.28. 2011두5728). **2018 국회직 8급**

0480 허가갱신은 허가취득자에게 종전의 지위를 계속 유지시키는 효과를 갖는 것에 불과하다. O | X

0481 갱신 후에는 갱신 전의 법위반사항을 불문에 붙이는 효과를 발생한다. O | X

0482 일단 갱신이 있은 후에도 갱신 전의 법위반사실을 근거로 허가를 취소할 수 있다. O | X

0483 종전 허가의 유효기간이 지나서 신청한 이 사건 기간연장신청은 종전의 허가처분과는 별도의 새로운 허가를 내용으로 하는 행정처분을 구하는 것이라고 보아야 한다. O | X

0484 위의 경우 허가권자는 이를 새로운 허가신청으로 보아 법의 관계 규정에 의하여 허가요건의 적합 여부를 새로이 판단하여 그 허가 여부를 결정하여야 한다. O | X

정답 및 해설

0480 O
0481 X 갱신 허가가 있다고 해서 갱신 전 법위반사항을 불문에 붙이는 효과가 있는 것은 아니다.
0482 O   0483 O   0484 O

0485 　유효기간연장제도가 없는 어업에 관한 허가 또는 신고의 경우 그 유효기간이 경과한다고 하여 원칙적 그 허가나 신고의 효력이 당연히 소멸하는 것은 아니다. O | X

0486 　어업에 관한 허가 또는 신고가 유효기간이 경과된 후 재차 허가를 받거나 신고를 한 경우에는 종전의 어업허가나 신고의 효력 또는 성질이 계속된다. O | X

---

1. 일반적으로 행정처분에 효력기간이 정하여져 있는 경우에는 그 기간의 경과로 그 행정처분의 효력은 상실되고, 다만 허가에 붙은 기한이 그 허가된 사업의 성질상 부당하게 짧은 경우에는 이를 그 허가 자체의 존속기간이 아니라 그 허가조건의 존속기간으로 보아 그 기한이 도래함으로써 그 조건의 개정을 고려한다는 뜻으로 해석할 수는 있지만, 그와 같은 경우라 하더라도 그 허가기간이 연장되기 위하여는 그 종기가 도래하기 전에 그 허가기간의 연장에 관한 신청이 있어야 하며, 만일 그러한 연장신청이 없는 상태에서 허가기간이 만료하였다면 그 허가의 효력은 상실된다(대판 2007.10.11. 2005두12404).　2018 국회지 8급, 2020·2015 국가지 9급, 2018·2017·2014 지방지 9급, 2018 지방지 7급

2. 당초에 붙은 기한을 허가 자체의 존속기간이 아니라 허가조건의 존속기간으로 보더라도 그 후 당초의 기한이 상당 기간 연장되어 연장된 기간을 포함한 존속기간 전체를 기준으로 볼 경우 더 이상 허가된 사업의 성질상 부당하게 짧은 경우에 해당하지 않게 된 때에는 관계 법령의 규정에 따라 허가 여부의 재량권을 가진 행정청으로서는 그 때에도 허가조건의 개정만을 고려하여야 하는 것은 아니고 재량권의 행사로서 더 이상의 기간연장을 불허가할 수도 있는 것이며, 이로써 허가의 효력은 상실된다(대판 2004.3.25. 2003두12837).　2021 국가지 9급, 2016 지방지 7급

0487 　허가에 붙은 기한이 그 허가된 사업의 성질상 부당하게 짧은 경우에는 이를 그 허가 자체의 존속기간으로 보고 그 허가조건의 존속기간으로 볼 수는 없다. O | X

0488 　허가에 붙은 기간을 허가조건의 존속기간으로 보는 경우 허가기간이 연장되기 위하여는 그 기간이 도래하기 전에 그 허가기간의 연장에 관한 신청이 있어야 하며, 만일 그러한 연장신청이 없는 상태에서 허가기간이 만료하였다면 그 허가의 효력은 상실된다. O | X

0489 　당초에 붙은 기한을 허가조건의 존속기간으로 보더라도 그 후 당초의 기한이 상당 기간 연장되어 연장된 기간을 포함한 존속기간 전체를 기준으로 볼 경우 더 이상 허가된 사업의 성질상 부당하게 짧은 경우에 해당하지 않게 된 때에는 행정청은 재량권의 행사로서 더 이상의 기간연장을 불허가할 수도 있다. O | X

0490 　위와 같은 경우 행정청이 더 이상의 기간연장을 불허가 했다면 이로써 허가의 효력은 상실된다. O | X

정답 및 해설

0485　X　어업허가나 신고는 유효기간이 경과된 경우 원칙적 그 효력이 실효된다.
0486　X　유효기간 경과 후의 허가나 신고는 새로운 허가나 신고이다.
0487　X　허가조건의 존속기간으로 봐야 한다.
0488　O　　0489　O　　0490　O

공유수면점용·사용허가에 의하여 부여되는 특별사용권은 행정주체에 대하여 공공용물의 배타적, 독점적인 사용을 청구할 수 있는 권리로서 공법상의 채권에 해당한다(헌재 2013.9.26. 2012헌바16). 2023 국회직 8급

0491 강학상 특허사용권은 행정주체에 대하여 공공용물의 배타적, 독점적인 사용을 청구할 수 있는 권리로서 공법상의 채권이다. O | X

개발촉진지구 안에서 시행되는 지역개발사업에서 지정권자의 실시계획승인처분은 단순히 시행자가 작성한 실시계획에 대한 보충행위로서의 성질을 가지는 것이 아니라 시행자에게 구 지역균형개발법상 지구개발사업을 시행할 수 있는 지위를 부여하는 일종의 설권적 처분의 성격을 가진 독립된 행정처분으로 보아야 한다(대판 2014.9.26. 2012두5619). 2023 국회직 8급

0492 구 「지역균형개발 및 지방중소기업 육성에 관한 법률」 및 동법 시행령상, 개발촉진지구 안에서 시행되는 지역개발사업에서 지정권자의 실시계획승인처분은 시행자에게 구 지역균형개발법상 지구개발사업을 시행할 수 있는 지위를 부여하는 일종의 설권적 처분의 성격을 가진 독립된 행정처분으로 보아야 한다. O | X

정답 및 해설

0491 O
0492 O

> 1. 지구별 어업협동조합 및 지구별 어업협동조합 내에 설립된 어촌계의 어장을 엄격히 구획하여 종래 인접한 각 조합이나 어촌계 상호간의 어장한계에 관한 분쟁이나 경업을 규제하므로써 각 조합이나 어촌계로 하여금 각자의 소속 어장을 배타적으로 점유 관리하게 하였음에 비추어 특별한 경우가 아니면 같은 업무구역안에 중복된 어업면허는 당연무효이다(대판 1978.4.25. 78누42).
> 2. 광업법상 이미 광업권이 설정된 동일한 구역에 대하여 동일한 광물에 대한 광업권을 중복설정할 수 없고, 이종광물이라고 할지라도 광업권이 설정된 광물과 동일광산 중에 부존하는 이종광물은 광업권설정에 있어서 동일광물로 보게 되므로 이러한 이종광물에 대하여는 기존광업권이 적법히 취소되거나 그 존속기간이 만료되지 않는 한 별도로 광업권을 설정할 수 없다(대판 1986.2.25. 85누712).

0493 같은 업무구역안에 중복된 어업면허는 당연무효이다. O | X

0494 광업법상 이미 광업권이 설정된 동일한 구역에 대하여 동일한 광물에 대한 광업권을 중복설정할 수 없다. O | X

0495 위와 같은 경우 이종광물에 대하여는 기존광업권이 존속하고 있더라도 별도로 광업권을 설정할 수 있다. O | X

> 상표권부여의 형성처분은 특정인의 속성과의 관련성보다는 상표라는 표장의 식별표식으로서 물(物)에 대한 처분이고 또 사용권불등록을 상표등록취소사유로 한 구 상표법(1997.8.22. 법률 제5355호로 개정되기 전의 것) 제73조 제1항 제1호의 규정은 공익을 위한 제재적 성질을 가진 규정이라 할 것이니 이에 해당되는 행위의 책임은 법원의 경매절차에서 등록상표들에 대한 상표권을 승계취득한 자에게도 미친다(대판 2000.9.8. 98후3057).

0496 상표권부여는 대물적 처분의 성격을 가진다. O | X

0497 사용권불등록을 상표등록취소사유로 한 구 상표법 규정은 법원의 경매절차에서 등록상표들에 대한 상표권을 승계취득한 자에게는 미치지 않는다. O | X

정답 및 해설

0493 O
0494 O
0495 X 이종광물이라도 중복된 광업권을 설정할 수 없다.
0496 O
0497 X 상표권을 승계취득한 자에게도 미친다.

1. 공익법인의 기본재산에 대한 감독관청의 처분허가는 그 성질상 특정 상대에 대한 처분행위의 허가가 아니고 처분의 상대가 누구이든 이에 대한 처분행위를 보충하여 유효하게 하는 행위라 할 것이므로 그 처분행위에 따른 권리의 양도가 있는 경우에도 처분이 완전히 끝날 때까지는 허가의 효력이 유효하게 존속한다(대판 2005.9.28. 2004다50044). **2018 국회직 8급**

2. 공유수면매립의 면허로 인한 권리의무의 양도·양수에 있어서의 면허관청의 인가는 효력요건으로서, 위 각 규정은 강행규정이라고 할 것인바, 위 면허의 공동명의자 사이의 면허로 인한 권리의무양도약정은 면허관청의 인가를 받지 않은 이상 법률상 아무런 효력도 발생할 수 없다(대판 1991.6.25. 90누5184). **2020·2017 국가직 9급**

3. 관할 관청이 개인택시운송사업의 양도·양수에 대한 인가를 하였을 경우 거기에는 양도인과 양수인 간의 양도행위를 보충하여 그 법률효과를 완성시키는 의미에서의 인가처분뿐만 아니라 양수인에 대한 양도인이 가지고 있던 면허와 동일한 내용의 면허를 부여하는 처분이 포함되어 있는 것이어서, 양수인이 구 자동차운수사업법시행규칙 제15조 제1항 소정의 개인택시 운송사업면허취득의 자격요건인 운전경력에 미달됨이 사후에 밝혀진 경우에는 관할관청은 면허를 받을 자격이 없는 자에 대한 하자 있는 처분으로서 개인택시 운송사업면허 양도·양수인가처분을 취소할 수 있음은 물론 양수인에 대한 개인택시 운송사업면허처분을 취소할 수도 있다(대판 1994.8.23. 94누4882). **2020 국회직 8급, 2020 국가직 7급, 2023 지방직 7급**

4. 자동차관리법상 자동차관리사업자로 구성하는 사업자단체인 조합 또는 협회의 설립인가처분은 국토해양부장관 또는 시·도지사가 자동차관리사업자들의 단체결성행위를 보충하여 효력을 완성시키는 처분에 해당하고, 시·도지사는 조합 등의 설립인가 신청에 대하여 자동차관리법 제67조 제3항에 정한 설립요건의 충족 여부는 물론, 나아가 조합 등의 사업내용이나 운영계획 등이 자동차관리사업의 건전한 발전과 질서 확립이라는 사업자단체설립의 공익적 목적에 부합하는지 등을 함께 검토하여 설립인가 여부를 결정할 재량을 가진다(대판 2015. 5. 29. 2013두635). **2024 국회직 8급, 2024 국가직 9급, 2023 지방직 9급**

0498 공익법인의 기본재산에 대한 감독관청의 처분허가는 그 성질상 특정 상대에 대한 처분행위의 허가가 아니고 처분의 상대가 누구이든 이에 대한 처분행위를 보충하여 유효하게 하는 행위라 할 것이므로 그 처분행위에 따른 권리의 양도가 있는 경우에도 처분이 완전히 끝날 때까지는 허가의 효력이 유효하게 존속한다. O | X

0499 관할관청의 개인택시 운송사업면허의 양도·양수에 대한 인가는 양도인과 양수인 간의 양도행위를 보충하여 그 법률효과를 완성시키는 의미에서의 인가에 해당한다. O | X

0500 양수인이 개인택시 운송사업면허취득의 자격요건인 운전경력에 미달됨이 사후에 밝혀진 경우 양도·양수인가를 취소할 수 없다. O | X

0501 공유수면매립면허로 인한 권리의무의 양도·양수약정은 이에 대한 면허관청의 인가를 받지 않은 이상 법률상 효력이 발생하지 않는다. O | X

정답 및 해설

0498 O
0499 O
0500 X 인가 후라도 자격요건이 미달됨이 밝혀진 경우 양도·양수인가를 취소할 수 있다.
0501 O

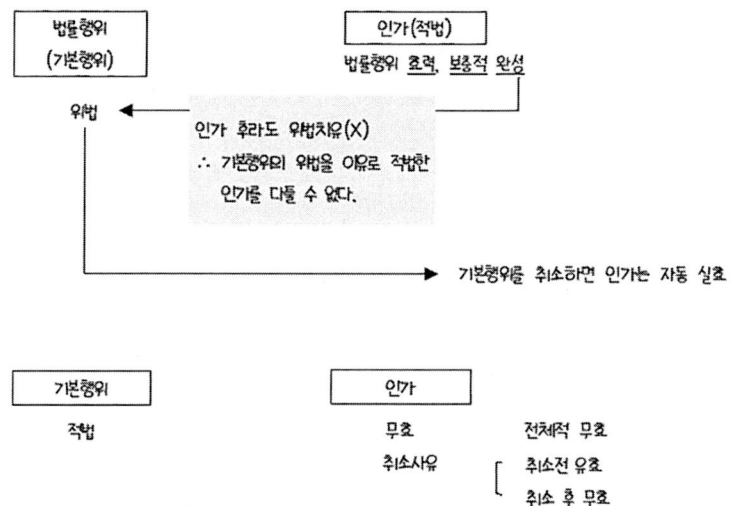

> 행정청의 인가는 법률상 효력을 완성하게 하는 보충행위로서 그 기본이 되는 임원선출행위가 불성립 또는 무효인 때에는 그에 대한 인가가 있었다 하여도 그 기본행위인 임원선출행위가 유효한 것이 될 수 없으며, 그 기본행위가 유효·적법한 것이라 하여도 그 인가에 하자가 있을 때에는 그 인가의 취소 또는 무효주장을 할 수 있다(대판 1987.8.18. 86누152). **2019 서울시 9급**

0502 임원선출행위가 불성립 또는 무효인 경우 그에 대한 인가가 있었다면 임원선출행위는 유효한 것이 될 수 있다. O | X

0503 기본행위가 유효·적법한 것이라 하여도 그 인가에 하자가 있을 때에는 그 인가의 취소 또는 무효주장을 할 수 있다. O | X

정답 및 해설

0502 **X** 임원선출행위가 유효한 것이 될 수 없다.
0503 **O**

1. 이 사건 임원취임승인처분에 대한 무효확인이나 그 취소의 소처럼 기본행위인 임시이사들에 의한 이사선임결의의 내용 및 그 절차에 하자가 있다는 이유로 이사선임결의의 효력에 관하여 다툼이 있는 경우에는 민사쟁송으로서 그 기본행위에 해당하는 위 이사선임결의의 무효확인을 구하는 등의 방법으로 분쟁을 해결할 것이지 그 이사선임결의에 대한 보충적 행위로서 그 자체만으로는 아무런 효력이 없는 승인처분만의 무효확인이나 그 취소를 구하는 것은 특단의 사정이 없는 한 분쟁해결의 유효적절한 수단이라 할 수 없으므로, 임원취임승인처분의 무효확인이나 그 취소를 구할 법률상 이익이 없다(대판 2002.5.24. 2000두3641).

2. 인가는 기본행위인 재단법인의 정관변경에 대한 법률상의 효력을 완성시키는 보충행위로서, 그 기본이 되는 정관변경 결의에 하자가 있을 때에는 그에 대한 인가가 있었다 하여도 기본행위인 정관변경 결의가 유효한 것으로 될 수 없으므로 기본행위인 정관변경 결의가 적법 유효하고 보충행위인 인가처분 자체에만 하자가 있다면 그 인가처분의 무효나 취소를 주장할 수 있지만, 인가처분에 하자가 없다면 기본행위에 하자가 있다 하더라도 따로 그 기본행위의 하자를 다투는 것은 별론으로 하고 기본행위의 무효를 내세워 바로 그에 대한 행정청의 인가처분의 취소 또는 무효확인을 소구할 법률상의 이익이 없다(대판 1996.5.16. 95누4810).

0504 기본행위인 임시이사들에 의한 이사선임결의의 내용 및 그 절차에 하자가 있다는 이유로 이사선임결의의 효력에 관하여 다툼이 있는 경우에는 민사쟁송으로서 이사선임결의의 무효확인을 구하는 등의 방법으로 분쟁을 해결하여야 한다. O | X

0505 이사선임결의에 대한 행정청의 승인처분은 이사선임결의에 대한 보충행위로서 그 자체만으로 아무런 효력이 없다. O | X

0506 이사선임결의의 내용 및 그 절차에 하자가 있는 경우 그 하자를 이유로 승인처분만의 무효확인이나 그 취소를 구하는 것도 허용된다. O | X

0507 재단법인의 정관변경 시 정관변경 결의에 하자가 있는 경우에 주무부장관의 인가가 있다고 하여도 정관변경 결의가 유효한 것으로 될 수 없다. O | X

정답 및 해설

0504 O
0505 O
0506 X 이사선임결의 효력을 다투고 승인처분만을 다투는 것은 허용되지 않는다.
0507 O

1. 도시 및 주거환경정비법에 기초하여 주택재개발정비사업조합이 수립한 사업시행계획은 그것이 인가·고시를 통해 확정되면 이해관계인에 대한 구속적 행정계획으로서 독립된 행정처분에 해당하므로, 사업시행계획을 인가하는 행정청의 행위는 주택재개발정비사업조합의 사업시행계획에 대한 법률상의 효력을 완성시키는 보충행위에 해당한다(대판 2010.12.9. 2009두4913). 2017 국가직 7급, 2023·2016 지방직 9급

2. 토지 등 소유자들이 직접 시행하는 도시환경정비사업에서 토지 등 소유자에 대한 사업시행인가처분은 단순히 사업시행계획에 대한 보충행위로서의 성질을 가지는 것이 아니라 구 도시정비법상 정비사업을 시행할 수 있는 권한을 가지는 행정주체로서의 지위를 부여하는 일종의 설권적 처분의 성격을 가진다(대판 2013.6.13. 2011두19994). 2016 국회직 8급, 2017 국가직 7급, 2023 지방직 9급

0508 주택재개발정비사업조합이 수립한 사업시행계획은 그것이 인가·고시를 통해 확정되면 이해관계인에 대한 구속적 행정계획으로서 독립된 행정처분에 해당한다. O | X

0509 주택재개발정비사업조합이 수립한 사업시행계획에 대한 행정청의 인가는 설권적 처분으로 특허에 해당한다. O | X

0510 토지 등 소유자에 대한 사업시행인가처분은 단순히 사업시행계획에 대한 보충행위로서의 성질을 가진다. O | X

정답 및 해설

0508 **O**

0509 **X** 보충행위로서 강학상 인가이다.

0510 **X** 설권적 처분으로 강학상 특허에 해당한다.

■ 주택재건축조합설립인가 (=특허)

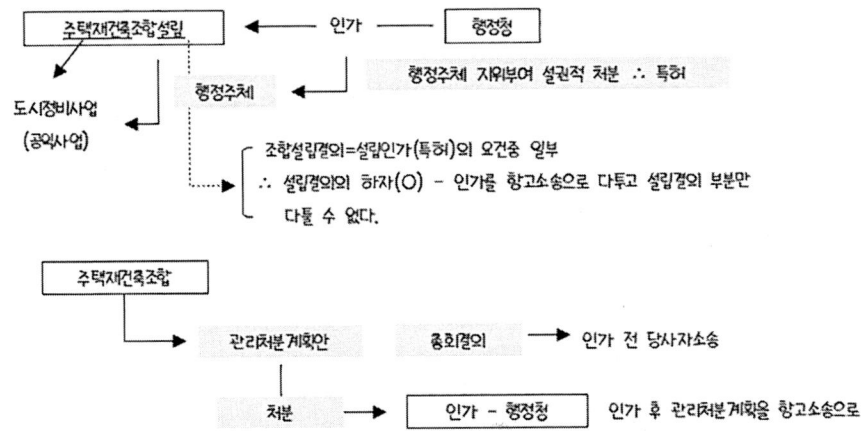

1. 조합설립추진위원회의 구성을 승인하는 처분은 조합의 설립을 위한 주체에 해당하는 비법인 사단인 추진위원회를 구성하는 행위를 보충하여 그 효력을 부여하는 처분인 데 반하여, 조합설립인가처분은 법령상 요건을 갖출 경우 도시정비법상 주택재개발사업을 시행할 수 있는 권한을 가지는 행정주체(공법인)로서의 지위를 부여하는 일종의 설권적 처분이므로, 양자는 그 목적과 성격을 달리한다(대판 2013.12.26. 2011두8291). _{2016 국회직 8급, 2017 국가직 9급, 2023·2017 지방직 9급}

2. 행정청이 도시및주거환경정비법 등 관련 법령에 근거하여 행하는 조합설립인가처분은 단순히 사인들의 조합설립행위에 대한 보충행위로서의 성질을 갖는 것에 그치는 것이 아니라 법령상 요건을 갖출 경우 도시및주거환경정비법상 주택재건축사업을 시행할 수 있는 권한을 갖는 행정주체(공법인)로서의 지위를 부여하는 일종의 설권적 처분의 성격을 갖는다고 보아야 한다. 그리고 그와 같이 보는 이상 조합설립결의는 조합설립인가처분이라는 행정처분을 하는 데 필요한 요건 중 하나에 불과한 것이어서, 조합설립결의에 하자가 있다면 그 하자를 이유로 직접 항고소송의 방법으로 조합설립인가처분의 취소 또는 무효확인을 구하여야 하고, 이와는 별도로 조합설립결의 부분만을 따로 떼어내어 그 효력 유무를 다투는 확인의 소를 제기하는 것은 원고의 권리 또는 법률상의 지위에 현존하는 불안·위험을 제거하는 데 가장 유효·적절한 수단이라 할 수 없어 특별한 사정이 없는 한 확인의 이익은 인정되지 아니한다(대판 2009.9.24. 2008다60568). _{2020·2019·2016·2015·2014·2013 국회직 8급, 2021·2015 국가직 9급, 2013 국가직 7급, 2013 지방직 9급, 2013 지방직 7급, 2017 서울시 7급}

0511 주택재개발조합 설립추진위원회의 구성을 승인하는 처분은 보충행위로서 강학상 인가이다. O | X

0512 행정청이 도시및주거환경정비법 등 관련 법령에 근거하여 행하는 조합설립인가처분은 사인들의 조합설립행위에 대한 보충행위로서의 성질을 갖는다. O | X

0513 도시및주거환경정비법 등 관련 법령에 근거하여 조합설립인가가 있는 경우 조합은 주택재건축사업을 시행할 수 있는 권한을 갖는 행정주체(공법인)로서의 지위를 갖는다. O | X

0514 조합설립결의는 조합설립인가의 대상되는 독립된 기본행위로 보아야 한다. O | X

0515 조합설립결의에 하자가 있는 경우 그 하자를 이유로 직접 항고소송의 방법으로 조합설립인가처분의 취소 또는 무효확인을 소송으로 다투어야 한다. O | X

0516 조합설립인가처분과 별도로 조합설립결의 부분만을 따로 떼어내어 그 효력 유무를 다투는 확인의 소를 제기하는 것은 특별한 사정이 없는 한 확인의 이익이 인정되지 않는다. O | X

정답 및 해설

0511 O
0512 X 설권적 처분으로 강학상 특허에 해당한다.
0513 O
0514 X 조합설립인가의 적법요건 중 하나이고 독립된 기본행위가 아니다.
0515 O
0516 O

1. 도시 및 주거환경정비법상 행정주체인 주택재건축정비사업조합을 상대로 관리처분계획안에 대한 조합 총회결의의 효력 등을 다투는 소송은 행정처분에 이르는 절차적 요건의 존부나 효력 유무에 관한 소송으로서 그 소송결과에 따라 행정처분의 위법 여부에 직접 영향을 미치는 공법상 법률관계에 관한 것이므로, 이는 행정소송법상의 당사자소송에 해당한다.
2. 도시 및 주거환경정비법상 주택재건축정비사업조합이 같은 법 제48조에 따라 수립한 관리처분계획에 대하여 관할 행정청의 인가·고시까지 있게 되면 관리처분계획은 행정처분으로서 효력이 발생하게 되므로, 총회결의의 하자를 이유로 하여 행정처분의 효력을 다투는 항고소송의 방법으로 관리처분계획의 취소 또는 무효확인을 구하여야 하고, 그와 별도로 행정처분에 이르는 절차적 요건 중 하나에 불과한 총회결의 부분만을 따로 떼어내어 효력 유무를 다투는 확인의 소를 제기하는 것은 특별한 사정이 없는 한 허용되지 않는다(대판 2009.9.17. 2007다2428).

2020·2015 국회직 8급, 2019 국가직 9급, 2016 국가직 7급, 2022·2020 지방직 9급, 2020·2019 지방직 7급

0517 「도시 및 주거환경정비법」상의 주택재건축사업조합을 상대로 「관리처분계획안」에 대한 조합총회결의의 효력을 다투기 위해서는 항고소송을 제기하여야 한다. O | X

0518 「도시 및 주거환경정비법」상 주택재건축정비사업조합이 수립한 관리처분계획에 대하여 관할 행정청의 인가·고시까지 있게 되면 관리처분계획은 행정처분으로서 효력이 발생하게 된다. O | X

0519 관리처분계획에 대한 인가 후에는 총회결의 부분만을 따로 떼어내어 효력 유무를 다투는 확인의 소를 제기하는 것은 특별한 사정이 없는 한 허용되지 않는다. O | X

정답 및 해설

0517 X 조합총회결의의 효력을 다투는 것은 당사자소송의 대상이 된다. 인가 후에는 조합총회결의의 효력을 다툴 소의 이익이 없게 된다.
0518 O
0519 O

16 | 준법률행위적 행정행위

1. 친일반민족행위자 재산의 국가귀속에 관한 특별법 제3조 제1항 본문, 제9조 규정들의 취지와 내용에 비추어 보면, 같은 법 제2조 제2호에 정한 친일재산은 친일반민족행위자재산조사위원회가 국가귀속결정을 하여야 비로소 국가의 소유로 되는 것이 아니라 특별법의 시행에 따라 그 취득·증여 등 원인행위시에 소급하여 당연히 국가의 소유로 되고, 위 위원회의 국가귀속결정은 당해 재산이 친일재산에 해당한다는 사실을 확인하는 이른바 준법률행위적 행정행위의 성격을 가진다(대판 2008.11.13. 2008두13491). <small>2016 국회직 8급</small>

2. 친일반민족행위자재산조사위원회의 재산조사개시결정이 있는 경우 조사대상자는 위 위원회의 보전처분 신청을 통하여 재산권행사에 실질적인 제한을 받게 되고, … 조사대상자로 하여금 개개의 과태료 처분에 대하여 불복하거나 조사 종료 후의 국가귀속결정에 대하여만 다툴 수 있도록 하는 것보다는 그에 앞서 재산조사개시결정에 대하여 다툼으로써 분쟁을 조기에 근본적으로 해결할 수 있는 점 등을 종합하면, 친일반민족행위자재산조사위원회의 재산조사개시결정은 조사대상자의 권리·의무에 직접 영향을 미치는 독립한 행정처분으로서 항고소송의 대상이 된다고 봄이 상당하다(대판 2009.10.15. 2009두6513).

0520 친일재산은 친일반민족행위자재산조사위원회가 국가귀속결정을 하여야 비로소 국가의 소유로 되는 것이다. O│X

0521 친일반민족행위자재산조사위원회의 국가귀속결정은 당해 재산이 친일재산에 해당한다는 사실을 확인하는 이른바 준법률행위적 행정행위의 성격을 가진다. O│X

0522 친일반민족행위자재산조사위원회의 재산조사개시결정이 있는 경우 조사대상자는 재산권행사에 실질적 제한을 받게 되거나 위원회의 조사행위에 응하여야 하는 법적 의무를 부담하게 된다. O│X

0523 위 위원회의 재산조사개시결정 이후에 위원회의 국가귀속결정에 대하여 소송으로 다투는 경우 권리구제가 가능하므로 친일반민족행위자재산조사위원회의 재산조사개시결정은 항고소송의 대상이 되는 처분으로 볼 수 없다. O│X

정답 및 해설

0520 X 법률규정에 의해 원인행위시에 소급하여 당연히 국가의 소유가 된다.
0521 O
0522 O
0523 X 항고소송의 대상되는 처분이다.

부과처분을 위한 과세관청의 질문조사권이 행해지는 세무조사결정이 있는 경우 납세의무자는 세무공무원의 과세자료 수집을 위한 질문에 대답하고 검사를 수인하여야 할 법적 의무를 부담하게 되는 점, 세무조사는 기본적으로 적정하고 공평한 과세의 실현을 위하여 필요한 최소한의 범위 안에서 행하여져야 하고, 더욱이 동일한 세목 및 과세기간에 대한 재조사는 납세자의 영업의 자유 등 권익을 심각하게 침해할 뿐만 아니라 과세관청에 의한 자의적인 세무조사의 위험마저 있으므로 조세공평의 원칙에 현저히 반하는 예외적인 경우를 제외하고는 금지될 필요가 있는 점, 납세의무자로 하여금 개개의 과태료 처분에 대하여 불복하거나 조사 종료 후의 과세처분에 대하여만 다툴 수 있도록 하는 것보다는 그에 앞서 세무조사결정에 대하여 다툼으로써 분쟁을 조기에 근본적으로 해결할 수 있는 점 등을 종합하면, 세무조사결정은 납세의무자의 권리·의무에 직접 영향을 미치는 공권력의 행사에 따른 행정작용으로서 항고소송의 대상이 된다(대판 2011.3.10. 2009두23617).

2024·2020 소방간부, 2024·2017 국회직 8급, 2018·2014 국가직 9급, 2014 국가직 7급, 2024·2017 지방직 9급, 2019 지방직 7급

0524 세무조사결정이 있는 경우 납세의무자는 세무공무원의 과세자료 수집을 위한 질문에 대답하고 검사를 수인하여야 할 법적 의무를 부담하게 된다. O | X

0525 납세의무자는 조사 종료 후의 과세처분에 대하여 다투는 것보다는 그에 앞서 세무조사결정에 대하여 다툼으로써 분쟁을 조기에 근본적으로 해결할 수 있다. O | X

0526 세무조사결정은 납세의무자의 권리·의무에 직접 영향을 미치는 항고소송의 대상되는 처분으로 볼 수 없다. O | X

진실규명결정이 이루어지면 그 결정에서 규명된 진실에 따라 국가가 피해자 등에 대하여 피해 및 명예회복 조치를 취할 법률상 의무를 부담하게 되는 점, 진실·화해를 위한 과거사정리위원회가 위와 같은 법률상 의무를 부담하는 국가에 대하여 피해자 등의 피해 및 명예 회복을 위한 조치로 권고한 사항에 대한 이행의 실효성이 법적·제도적으로 확보되고 있는 점 등 여러 사정을 종합하여 보면, 법이 규정하는 진실규명결정은 국민의 권리의무에 직접적으로 영향을 미치는 행위로서 항고소송의 대상이 되는 행정처분이라고 보는 것이 타당하다(대판 2013.1.16. 2010두22856).

2022 소방간부, 2015 지방직 9급

0527 진실·화해를 위한 과거사정리위원회의 진실규명결정은 항고소송의 대상되는 처분에 해당한다. O | X

정답 및 해설

0524 O
0525 O
0526 X 세무조사결정은 항고소송의 대상되는 처분이다.
0527 O

> 국가인권위원회는 법률상의 독립된 국가기관이고, 피해자인 진정인에게는 국가인권위원회법이 정하고 있는 구제조치를 신청할 법률상 신청권이 있는데 국가인권위원회가 진정을 각하 및 기각결정을 할 경우 피해자인 진정인으로서는 자신의 인격권 등을 침해하는 인권침해 또는 차별행위 등이 시정되고 그에 따른 구제조치를 받을 권리를 박탈당하게 되므로, 진정에 대한 국가인권위원회의 각하 및 기각결정은 피해자인 진정인의 권리행사에 중대한 지장을 초래하는 것으로서 항고소송의 대상이 되는 행정처분에 해당하므로, 그에 대한 다툼은 우선 행정심판이나 행정소송에 의하여야 할 것이다. 따라서 이 사건 심판청구는 행정심판이나 행정소송 등의 사전 구제절차를 모두 거친 후 청구된 것이 아니므로 보충성 요건을 충족하지 못하였다(헌재 2015.3.26. 2013헌마214).
>
> 2017 국회직 8급, 2019 국가직 9급

0528 국가인권위원회가 진정에 대하여 각하 및 기각결정을 할 경우 피해자인 진정인은 인권침해 등에 대한 구제조치를 받을 권리를 박탈당하게 되므로, 국가인권위원회의 진정에 대한 각하 및 기각결정은 처분에 해당한다. O | X

0529 국가인권위원회가 진정에 대하여 각하 및 기각결정은 항고소송의 대상이 되는 처분에 해당하지 아니하므로 헌법소원의 보충성 요건을 충족하여 헌법소원의 대상이 된다. O | X

> 국방전력발전업무훈령 제113조의5 제1항에 의한 연구개발확인서 발급은 개발업체가 '업체투자연구개발' 방식 또는 '정부·업체공동투자연구개발' 방식으로 전력지원체계 연구개발사업을 성공적으로 수행하여 군사용 적합판정을 받고 국방규격이 제·개정된 경우에 사업관리기관이 개발업체에게 해당 품목의 양산과 관련하여 경쟁입찰에 부치지 않고 수의계약의 방식으로 국방조달계약을 체결할 수 있는 지위(경쟁입찰의 예외사유)가 있음을 인정해 주는 '확인적 행정행위'로서 공권력의 행사인 '처분'에 해당하고, 연구개발확인서 발급 거부는 신청에 따른 처분 발급을 거부하는 '거부처분'에 해당한다(대판 2020.1.16. 2019다264700).
>
> 2021 국회직 8급

0530 방위사업법령 및 국방전력발전업무훈령에 따른 연구개발서 발급은 사업관리기관이 개발업체에게 해당 품목의 양산과 관련하여 수의계약의 방식으로 국방조달계약을 체결할 수 있는 지위가 있음을 인정해 주는 확인적 행정행위로서 처분에 해당한다. O | X

정답 및 해설

0528 **O**
0529 **X** 항고소송의 대상이 되므로 항고소송을 거치지 않으면 헌법소원의 대상이 되지 않는다.
0530 **O**

> 1. 법인세 과세표준 결정이나 손금불산입 처분은 법인세 과세처분에 앞선 결정으로서 그로 인하여 바로 과세처분의 효력이 발생하는 것이 아니고 또 후일에 이에 의한 법인세 과세처분이 있을 때에 그 부과처분을 다툴 수 있는 방법이 없는 것도 아니므로, 법인세 과세표준 결정이나 손금불산입 처분은 항고소송의 대상이 되는 행정처분이라고는 할 수 없다(대판 1996.9.24. 95누12842). **2014 지방직 7급**
> 2. 상표원부에 상표권자인 법인에 대한 청산종결등기가 되었음을 이유로 상표권의 말소등록이 이루어졌다고 해도 이는 상표권이 소멸하였음을 확인하는 사실적·확인적 행위에 지나지 않고, 말소등록으로 비로소 상표권 소멸의 효력이 발생하는 것이 아니어서, 상표권의 말소등록은 국민의 권리의무에 직접적으로 영향을 미치는 행위라고 할 수 없다(대판 2015.10.29. 2014두2362). **2015 국회직 8급**

0531 세무서장의 법인세 과세표준결정은 항고소송의 대상되는 처분에 해당한다. O | X

0532 상표권자인 법인에 대한 청산종결등기가 되었음을 이유로 한 상표권의 말소등록행위는 항고소송의 대상이 될 수 없다. O | X

정답 및 해설

0531 X 법인세 과세처분을 다투면 되므로 과세표준결정은 항고소송의 대상이 되지 않는다.
0532 O

> 1. 근로복지공단의 사업종류 변경결정에 따라 국민건강보험공단이 사업주에 대하여 하는 각각의 산재보험료 부과처분도 항고소송의 대상인 처분에 해당하므로, 사업주는 각각의 산재보험료 부과처분을 별도의 항고소송으로 다툴 수 있다. 그런데 근로복지공단이 사업종류 변경결정을 하면서 개별 사업주에 대하여 사전통지 및 의견청취, 이유제시 및 불복방법 고지가 포함된 처분서를 작성하여 교부하는 등 실질적으로 행정절차법에서 정한 처분절차를 준수함으로써 사업주에게 방어권행사 및 불복의 기회가 보장된 경우에는, … 사업주가 행정심판법 및 행정소송법에서 정한 기간 내에 불복하지 않아 불가쟁력이 발생한 때에는 그 사업종류 변경결정이 중대·명백한 하자가 있어 당연무효가 아닌 한, 사업주는 그 사업종류 변경결정에 기초하여 이루어진 각각의 산재보험료 부과처분에 대한 쟁송절차에서는 선행처분인 사업종류 변경결정의 위법성을 주장할 수 없다고 봄이 타당하다. _{2021 국회직 8급}
>
> 2. 근로복지공단이 사업종류 변경결정을 하면서 실질적으로 행정절차법에서 정한 처분절차를 준수하지 않아 사업주에게 방어권행사 및 불복의 기회가 보장되지 않은 경우에는 이를 항고소송의 대상인 처분으로 인정하는 것은 사업주에게 조기의 권리구제기회를 보장하기 위한 것일 뿐이므로, 이 경우에는 사업주가 사업종류 변경결정에 대해 제소기간 내에 취소소송을 제기하지 않았다고 하더라도 후행처분인 각각의 산재보험료 부과처분에 대한 쟁송절차에서 비로소 선행처분인 사업종류 변경결정의 위법성을 다투는 것이 허용되어야 한다(대판 2020.4.9. 2019두61137).

0533 근로복지공단의 사업종류 변경결정과 근로복지공단의 사업종류 변경결정에 따라 국민건강보험공단이 사업주에 대하여 하는 각각의 산재보험료 부과처분은 모두 항고소송의 대상되는 처분이다. O | X

0534 사업주는 그 사업종류 변경결정에 불가쟁력이 발생한 경우 이에 기초하여 이루어진 각각의 산재보험료 부과처분에 대한 쟁송절차에서는 선행처분인 사업종류 변경 결정의 위법성을 주장할 수 없다. O | X

> 공장입지기준확인은, 공장을 설립하고자 하는 사람이 공장설립승인신청 등 공장설립에 필요한 각종 절차를 밟기 전에 어느 토지 위에 공장설립이 가능한지 여부를 손쉽게 확인할 수 있도록 편의를 도모하기 위하여 마련된 절차로서 그 확인으로 인하여 신청인 등 이해관계인의 지위에 영향을 주는 법률상의 효과가 발생하지 아니하므로, 공장입지기준확인 그 자체는 항고소송의 대상이 될 수 없다(대판 2003.2.11. 2002두10735).

0535 행정청의 공장입지기준확인은 그 자체로 신청인 등 이해관계인의 지위에 영향을 주는 법률상 효과가 발생하므로 항고소송의 대상되는 처분에 해당한다. O | X

정답 및 해설

0533 **O**
0534 **O**
0535 **X** 공장입지기준확인은 사전 편의절차에 불과하므로 항고소송의 대상이 되지 않는다.

1. 무허가건물관리대장은, 행정관청이 지방자치단체의 조례 등에 근거하여 무허가건물 정비에 관한 행정상 사무처리의 편의와 사실증명의 자료로 삼기 위하여 작성, 비치하는 대장으로서 무허가건물을 무허가건물관리대장에 등재하거나 등재된 내용을 변경 또는 삭제하는 행위로 인하여 당해 무허가 건물에 대한 실체상의 권리관계에 변동을 가져오는 것이 아니고, 무허가건물의 건축시기, 용도, 면적 등이 무허가건물관리대장의 기재에 의해서만 증명되는 것도 아니므로, 관할관청이 무허가건물의 무허가건물관리대장 등재 요건에 관한 오류를 바로잡으면서 당해 무허가건물을 무허가건물관리대장에서 삭제하는 행위는 다른 특별한 사정이 없는 한 항고소송의 대상이 되는 행정처분이 아니다(대판 2009.3.12. 2008두11525).

2. 자동차운전면허대장상 일정한 사항의 등재행위는 운전면허행정사무집행의 편의와 사실증명의 자료로 삼기 위한 것일 뿐 그 등재행위로 인하여 당해 운전면허 취득자에게 새로이 어떠한 권리가 부여되거나 변동 또는 상실되는 효력이 발생하는 것은 아니므로 이는 행정소송의 대상이 되는 독립한 행정처분으로 볼 수 없고, 운전경력증명서상의 기재행위 역시 당해 운전면허 취득자에 대한 자동차운전면허대장상의 기재사항을 옮겨 적는 것에 불과할 뿐이므로 운전경력증명서에 한 등재의 말소를 구하는 소는 부적법하다 할 것이다(대판 1991.9.24. 91누1400).

3. 부가가치세법 제5조 제5항에 의하면 사업자가 폐업하거나 또는 신규로 사업을 개시하고자 하여 사업개시일 전에 등록한 후 사실상 사업을 개시하지 아니하게 되는 때에는 과세관청이 직권으로 이를 말소하도록 하고 있는데, 사업자등록의 말소 또한 폐업사실의 기재일 뿐 그에 의하여 사업자로서의 지위에 변동을 가져오는 것이 아니라는 점에서 과세관청의 사업자등록 직권말소행위는 불복의 대상이 되는 행정처분으로 볼 수가 없다(대판 2000.12.22. 99두6903).

0536 무허가건물을 무허가건물관리대장에 등재하거나 등재된 내용을 변경 또는 삭제하는 행위로 인하여 당해 무허가 건물에 대한 실체상의 권리관계에 변동을 가져오는 것이 아니다. O | X

0537 관할관청이 무허가건물의 무허가건물관리대장 등재 요건에 관한 오류를 바로잡으면서 당해 무허가건물을 무허가건물관리대장에서 삭제하는 행위는 항고소송의 대상이 되는 행정처분이 아니다. O | X

0538 자동차운전면허대장상 일정한 사항의 등재행위는 운전면허행정사무집행의 편의와 사실증명의 자료로 삼기 위한 것이다. O | X

0539 운전경력증명서상의 기재행위 역시 당해 운전면허 취득자에 대한 자동차운전면허대장상의 기재사항을 옮겨 적는 것에 불과할 뿐이므로 운전경력증명서에 한 등재의 말소를 구하는 소는 부적법하다. O | X

0540 「부가가치세법」상 과세관청이 사업자등록을 직권으로 말소하는 것은 폐업사실의 기재행위이다. O | X

0541 사업자등록의 말소는 사업자로서의 지위에 변동을 가져오므로 과세관청의 사업자등록 직권말소행위는 항고소송의 대상되는 처분에 해당한다. O | X

정답 및 해설

0536 O 0537 O 0538 O 0539 O 0540 O

0541 X 「부가가치세법」상 사업자등록 직권말소행위는 폐업사실의 기재로 항고소송의 대상되는 처분이 아니다.

1. 구 지적법 제20조, 제38조 제2항의 규정은 토지소유자에게 지목변경신청권과 지목정정신청권을 부여한 것이고, 한편 지목은 토지에 대한 공법상의 규제, 개발부담금의 부과대상, 지방세의 과세대상, 공시지가의 산정, 손실보상가액의 산정 등 토지행정의 기초로서 공법상의 법률관계에 영향을 미치고, 토지소유자는 지목을 토대로 토지의 사용·수익·처분에 일정한 제한을 받게 되는 점 등을 고려하면, 지목은 토지소유권을 제대로 행사하기 위한 전제요건으로서 토지소유자의 실체적 권리관계에 밀접하게 관련되어 있으므로 지적공부 소관청의 지목변경신청 반려행위는 국민의 권리관계에 영향을 미치는 것으로서 항고소송의 대상이 되는 행정처분에 해당한다(대판 전합 2004.4.22. 2003두9015).

2017 국가직 9급, 2022 국가직 7급, 2021 지방직 9급

2. 토지대장에 기재된 일정한 사항을 변경하는 행위는, 그것이 지목의 변경이나 정정 등과 같이 토지소유권 행사의 전제요건으로서 토지소유자의 실체적 권리관계에 영향을 미치는 사항에 관한 것이 아닌 한 행정사무집행의 편의와 사실증명의 자료로 삼기 위한 것일 뿐이어서, 그 소유자 명의가 변경된다고 하여도 이로 인하여 당해 토지에 대한 실체상의 권리관계에 변동을 가져올 수 없고 토지 소유권이 지적공부의 기재만에 의하여 증명되는 것도 아니다. 따라서 소관청이 토지대장상의 소유자명의변경신청을 거부한 행위는 이를 항고소송의 대상이 되는 행정처분이라고 할 수 없다(대판 2012.1.12. 2010두12354).

2019 국회직 8급, 2016 국가직 9급, 2020 지방직 9급

3. 구 건축법 제14조 제4항의 규정은 건축물의 소유자에게 건축물대장의 용도변경신청권을 부여한 것이고, 한편 건축물의 용도는 토지의 지목에 대응하는 것으로서 건물의 이용에 대한 공법상의 규제, 건축법상의 시정명령, 지방세 등의 과세대상 등 공법상 법률관계에 영향을 미치고, 건물소유자는 용도를 토대로 건물의 사용·수익·처분에 일정한 영향을 받게 된다. 이러한 점 등을 고려해 보면, 건축물대장의 용도는 건축물의 소유권을 제대로 행사하기 위한 전제요건으로서 건축물 소유자의 실체적 권리관계에 밀접하게 관련되어 있으므로, 건축물대장 소관청의 용도변경신청 거부행위는 국민의 권리관계에 영향을 미치는 것으로서 항고소송의 대상이 되는 행정처분에 해당한다(대판 2009.1.30. 2007두7277).

2024 국가직 9급, 2022·2017 국가직 7급

공증의 처분성 긍정

① 건축물대장 작성신청 거부행위(대판 2009.2.12. 2007두17359)
② 건축물대장상의 용도변경신청 거부행위(대판 2009.1.30. 2007두7277)   2017 국가직 7급
③ 건축물에 관한 건축물대장을 직권말소한 행위(대판 2010.5.27. 2008두22655)
④ 지적공부 소관청의 지목변경신청반려행위(대판 2004.4.22. 2003두9015)   2021·2017 국가직 9급, 2019 지방직 7급
⑤ 지적공부 소관청의 토지분할신청의 거부행위(대판 1992.12.8. 92누7542)   2015 지방직 9급
⑥ 지적공부 소관청의 토지대장 직권말소(대판 1992.12.8. 92누7542)   2014 국회직 8급, 2019·2014 지방직 7급
⑦ 한국도로공사의 토지소유자들을 대위하여 신청한 토지면적등록 정정신청 반려행위(대판 2011.8.25. 2011두3317)

2019 지방직 9급

⑧ 의료유사업자 자격증갱신 발급행위(대판 1977.5.24. 76누295)
⑨ 특허청장의 상표사용권등록설정행위(대판 1991.8.13. 90누9414)
⑩ 구「사회단체등록에관한법률」에 의한 사회단체등록 행위(대판 1989.12.26. 87누308)

공증의 처분성 부정

① 무허가건물을 무허가건물관리대장에서 삭제하는 행위(대판 2009.3.12. 2008두11525)   2019 국회직 8급, 2017 국가직 7급, 2019 지방직 7급
② 자동차운전면허대장에 일정한 사항의 등재행위(대판 1991.9.24. 91누1400)   2022 국가직 7급
③ 멸실된 지적공부를 복구하거나 지적공부에 기재된 일정한 사항을 변경하는 행위(대판 1991.12.24. 91누8357)
④ 인감증명발급(대판 2009.3.12. 2008두11525)

⑤ 토지대장의 소유자명의변경신청을 거부(대판 2012.1.12. 2010두12354) 2019 국회직 8급, 2016 국가직 9급, 2020 지방직 9급
⑥ 법무법인의 공정증서 작성행위(대판 2012.6.14. 2010두19720)
⑦ 「부가가치세법」상 사업자등록증교부, 사업자등록 직권말소, 위장사업자의 사업자명의를 직권으로 실사업자의 명의로 정정하는 행위(대판 2011.1.27. 2008두2200) 2015 국회직 8급

0542 지목은 토지에 대한 공법상의 규제, 개발부담금의 부과대상, 지방세의 과세대상, 공시지가의 산정, 손실보상가액의 산정 등 토지행정의 기초로서 공법상의 법률관계에 영향을 미친다. O | X

0543 지목은 토지소유권을 제대로 행사하기 위한 전제요건으로서 토지소유자의 실체적 권리관계에 밀접하게 관련되어 있다. O | X

0544 지적공부 소관청의 지목변경신청 반려행위는 국민의 권리관계에 영향을 미치는 것으로서 항고소송의 대상이 되는 행정처분에 해당한다. O | X

0545 토지대장의 소유자 명의가 변경된다고 하여도 이로 인해 당해 토지에 대한 실체상의 권리관계에 변동을 가져올 수 없고 토지 소유권이 지적공부의 기재만에 의해 증명되는 것도 아니다. O | X

0546 행정청의 토지대장상의 소유자명의변경신청을 거부한 행위는 이를 항고소송의 대상이 되는 행정처분에 해당한다. O | X

0547 건축물의 용도는 토지의 지목에 대응하는 것으로서 건물의 이용에 대한 공법상의 규제, 「건축법」상의 시정명령, 지방세 등의 과세대상 등 공법상의 법률관계에 영향을 미친다. O | X

0548 건축물대장의 용도는 건축물의 소유권을 제대로 행사하기 위한 전제요건으로서 토지소유자의 실체적 권리관계에 밀접하게 관련되어 있다. O | X

0549 건축물대장 소관청의 용도변경신청 거부행위는 국민의 권리관계에 영향을 미치는 것으로서 항고소송의 대상이 되는 행정처분에 해당한다. O | X

정답 및 해설

0542 O 0543 O 0544 O 0545 O
0546 X 토지대장상의 소유자명의변경신청 거부는 권리관계에 아무런 영향을 미치지 않으므로 처분이 아니다.
0547 O 0548 O 0549 O

> 기간제로 임용되어 임용기간이 만료된 국·공립대학의 조교수는 교원으로서의 능력과 자질에 관하여 합리적인 기준에 의한 공정한 심사를 받아 위 기준에 부합되면 특별한 사정이 없는 한 재임용되리라는 기대를 가지고 재임용 여부에 관하여 합리적인 기준에 의한 공정한 심사를 요구할 법규상 또는 조리상 신청권을 가진다고 할 것이니, 임용권자가 임용기간이 만료된 조교수에 대하여 재임용을 거부하는 취지로 한 임용기간만료의 통지는 위와 같은 대학교원의 법률관계에 영향을 주는 것으로서 행정소송의 대상이 되는 처분에 해당한다(대판 2004.4.22. 2000두7735). 2017·2016 국회직 8급

0550 기간제로 임용되어 임용기간이 만료된 국·공립대학의 조교수는 재임용 여부에 관하여 합리적인 기준에 의한 공정한 심사를 요구할 법규상 또는 조리상 신청권을 가진다. O | X

0551 임용권자가 임용기간이 만료된 조교수에 대하여 재임용을 거부하는 취지로 한 임용기간만료의 통지는 기간만료의 통지일 뿐이므로 행정소송의 대상이 되는 처분에 해당하지 않는다. O | X

정답 및 해설

0550 **O**

0551 **X** 재임용에 대한 거부처분으로 항고소송의 대상되는 처분이다.

1. 공무원연금관리공단의 인정에 의하여 퇴직연금을 지급받아 오던 중 구 공무원연금법령의 개정 등으로 퇴직연금 중 일부 금액의 지급이 정지된 경우에는 당연히 개정된 법령에 따라 퇴직연금이 확정되는 것이지 같은 법 제26조 제1항에 정해진 공무원연금관리공단의 퇴직연금 결정과 통지에 의하여 비로소 그 금액이 확정되는 것이 아니므로, 공무원연금관리공단이 퇴직연금 중 일부 금액에 대하여 지급거부의 의사표시를 하였다고 하더라도 그 의사표시는 퇴직연금 청구권을 형성·확정하는 행정처분이 아니라 공법상의 법률관계의 한쪽 당사자로서 그 지급의무의 존부 및 범위에 관하여 나름대로의 사실상·법률상 의견을 밝힌 것일 뿐이어서, 이를 행정처분이라고 볼 수는 없고, 이 경우 미지급퇴직연금에 대한 지급청구권은 공법상 권리로서 그의 지급을 구하는 소송은 공법상의 법률관계에 관한 소송인 공법상 당사자소송에 해당한다(대판 2004.7.8. 2004두244). 2017 국가직 9급, 2020 국가직 7급

2. 퇴직연금의 환수결정은 당사자에게 의무를 과하는 처분이기는 하나, 관련 법령에 따라 당연히 환수금액이 정하여지는 것이므로, 퇴직연금의 환수결정에 앞서 당사자에게 의견진술의 기회를 주지 아니하여도 행정절차법 제22조 제3항이나 신의칙에 어긋나지 아니한다(대판 2000.11.28. 99두5443).

통지의 처분성 긍정

① 대집행계고 (대판 1966.10.31. 66누25)
② 구 「농지법」상 농지처분의무통지(대판 2003.11.14. 2001두8742) 2017·2016 국회직 8급
③ 국공립대 조교수에 대한 임용기간만료통지(대판 2009.5.14. 2007두162025) 2017 국회직 8급
④ 원천징수의무자인 법인의 소득금액변동통지(대판 2006.4.20. 2002두1878)
⑤ 구 도시재개발법상 분양신청기간의 통지(대판 2007.3.29. 2004두6325)
⑥ 구 「공무원연금법」상 과다지급된 퇴직연금에 대한 지급된 급여의 환수를 위한 행정청의 환수통지(대판 2009.5.14. 2007두16202)
⑦ 총포·화약안전기술협회가 회비납부의무자에 대하여 한 회비납부통지(대판 2021. 12. 30. 2018다241458) 2024 국회직 8급
⑧ 「자본시장과 금융투자업에 관한 법률」에 따라 관할관청이 주권상장법인에 한 단기매매차익 발생사실 통보(대판 2022. 8. 19. 2020두44930) 2024 국회직 8급

통지의 처분성 부정

① 정년퇴직의 인사발령통보(대판 1983.2.8. 81누268)
② 당연퇴직의 인사발령통보(대판 1995.11.14. 95누2036)
③ 공무원연금법령의 개정사실과 퇴직연금수급자가 퇴직연금 중 일부금액의 지급정지대상자가 되었다는 통보(대판 2004.7.8. 2004두244)
④ 소득의 귀속자에 대한 소득금액변동 통지(대판 2015.1.29. 2004두244) 2017 국회직 8급

0552 구 「공무원연금법령」의 개정 등으로 퇴직연금 중 일부 금액의 지급이 정지된 경우에는 공무원연금관리공단의 퇴직연금 결정과 통지에 의하여 비로소 그 금액이 확정된다. O | X

0553 공무원연금관리공단이 법령개정에 따라 퇴직연금 중 일부 금액에 대하여 지급거부의 의사표시는 항고소송의 대상되는 처분이라 볼 수 없다. O | X

0554 위의 경우 미지급퇴직연금에 대한 지급을 구하는 소송은 공법상 당사자소송에 해당한다. O | X

0555 과다하게 지급된 퇴직연금의 환수를 위한 행정청의 환수통지는 당사자에게 새로운 의무를 과하거나 권익을 제한하는 것으로서 행정처분에 해당한다. O | X

0556 「행정절차법」상 당사자에게 의견진술기회를 주지 않고 이루어진 환수결정은 위법한 처분이 된다. O | X

정답 및 해설

0552 X 공무원연금법령의 개정으로 지급이 정지되고 이에 대한 공단의 통지에 의해 금액이 확정되는 것이 아니다.
0553 O   0554 O   0555 O
0556 X 위법한 처분으로 볼 수 없다.

17 | 부관부 행정행위

행정기본법 제17조(부관) ① 행정청은 처분에 재량이 있는 경우에는 부관(조건, 기한, 부담, 철회권의 유보 등을 말한다. 이하 이 조에서 같다)을 붙일 수 있다. _{2014 국가직 9급}
② 행정청은 처분에 재량이 없는 경우에는 법률에 근거가 있는 경우에 부관을 붙일 수 있다. _{2021 지방직 9급}
③ 행정청은 부관을 붙일 수 있는 처분이 다음 각 호의 어느 하나에 해당하는 경우에는 그 처분을 한 후에도 부관을 새로 붙이거나 종전의 부관을 변경할 수 있다.
1. 법률에 근거가 있는 경우
2. 당사자의 동의가 있는 경우
3. 사정이 변경되어 부관을 새로 붙이거나 종전의 부관을 변경하지 아니하면 해당 처분의 목적을 달성할 수 없다고 인정되는 경우
④ 부관은 다음 각 호의 요건에 적합하여야 한다.
1. 해당 처분의 목적에 위배되지 아니할 것
2. 해당 처분과 실질적인 관련이 있을 것
3. 해당 처분의 목적을 달성하기 위하여 필요한 최소한의 범위일 것

---

1. 이른바 법정부관은 행정청의 의사에 기하여 붙여지는 본래의 의미에서의 행정행위의 부관은 아니므로, 이와 같은 법정부관에 대하여는 행정행위에 부관을 붙일 수 있는 한계에 관한 일반적인 원칙이 적용되지는 않지만, 헌법에 위반될 때에는 위 고시는 효력이 없는 것으로 볼 수 밖에 없다(대판 1994.3.8. 92누1728).
2. 보건복지부장관의 식품영업허가고시에 정한 허가기준에 따라 보존음료수 제조업 허가에 붙여진 전량수출 또는 주한 외국인에 대한 판매에 한한다는 내용의 조건은 이른바 법정부관으로서 행정청의 의사에 기하여 붙여지는 본래의 의미에서의 행정행위의 부관은 아니다. 따라서 이와 같은 법정부관에 대하여는 행정행위에 부관을 붙일 수 있는 한계에 관한 일반적인 원칙이 적용되지는 않지만, 위 고시가 헌법상 보장된 기본권을 침해하는 것으로서 헌법에 위반될 때에는 그 효력이 없는 것으로 볼 수밖에 없다(대판 1995.11.14. 92도496). _{2019 국회직 8급}

0557 법정부관도 행정청의 의사에 의한 본래의미의 행정행위의 부관에 해당한다. O | X

0558 법정부관에 대해서도 행정행위의 부관을 붙일 수 있는 한계에 관한 일반원칙이 적용된다. O | X

0559 고시에서 정하여진 허가기준에 따라 보존음료수 제조업의 허가에 부가된 조건은 행정행위에 부관을 부가할 수 있는 한계에 관한 일반적인 원칙이 적용되지 아니한다. O | X

1. 행정청이 종교단체에 대하여 기본재산전환인가를 함에 있어 인가조건을 부가하고 그 불이행시 인가를 취소할 수 있도록 한 경우, 인가조건의 의미는 철회권을 유보한 것이다(대판 2003.5.30. 2003다6422).

2023·2022·2019 소방간부, 2014 지방직 9급, 2018 지방직 7급

2. 취소권의 유보의 경우에 있어서도 무조건으로 취소권을 행사할 수 있는 것은 아니고 취소를 필요로 할 만한 공익상의 필요가 있는 때에 한하여 취소권을 행사할 수 있는 것이다(대판 1962.2.22. 4293행상42).

2013 국가직 9급

0560 철회권유보의 부관은 철회사유가 발생한 경우 행정행위가 자동적 실효되는 것은 아니고 행정청의 별도의 철회가 있어야 한다. O | X

0561 철회권유보의 사유가 발생한 경우 행정청은 무조건으로 철회할 수 있는 것은 아니고 철회를 필요로 할 만한 공익상의 필요가 있는 때에 한하여 철회할 수 있다. O | X

행정청이 공유수면매립준공인가 중 판시 토지를 국가 또는 인천직할시 소유로 귀속하는 처분에 대하여 이를 위법하다는 이유로 위 준공인가처분 중 판시 토지에 대한 귀속처분만의 취소를 구하는 원고의 이 사건 소를 각하하였는 바, 피고가 그 토지에 대하여 한 국가 또는 인천직할시 귀속처분은 매립준공인가를 함에 있어서 매립의 면허를 받은 자의 매립지에 대한 소유권취득을 규정한 공유수면매립법 제14조의 효과 일부를 배제하는 부관을 붙인 것으로 볼 것이고, 이러한 행정행위의 부관에 대하여는 위 법리와 같이 독립하여 행정소송의 대상으로 삼을 수 없는 것이다(대판 1993.10.8. 93누2032).

2020 소방간부, 2019 국회직 8급, 2016 국가직 7급, 2024·2022·2020·2019 지방직 9급, 2016 지방직 7급, 2019·2014 서울시 7급

0562 공유수면매립준공 인가를 하면서 매립지중 일부를 국가귀속하는 처분은 법률효과 일부배제에 해당한다. O | X

0563 공유수면매립준공인가 중 매립지 국가귀속처분만의 취소를 구하는 소송도 허용된다. O | X

정답 및 해설

0557 X 법정부관은 행정행위의 부관이 아니다.
0558 X 법정부관에는 행정행위의 부관에 한계가 적용되지 않는다.
0559 O   0560 O   0561 O   0562 O
0563 X 매립지 국가귀속처분만의 일부취소를 구하는 소송은 허용되지 않는다.

1. 재량행위에 있어서는 관계 법령에 명시적인 금지규정이 없는 한 행정목적을 달성하기 위하여 조건이나 기한, 부담 등의 부관을 붙일 수 있고, 그 부관의 내용이 이행 가능하고 비례의 원칙 및 평등의 원칙에 적합하며 행정처분의 본질적 효력을 저해하지 아니하는 이상 위법하다고 할 수 없다(대판 2004.3.25. 2003두12837). **2023 소방간부**

2. 일반적으로 보조금 교부결정에 관해서는 행정청에 광범위한 재량이 부여되어 있고, 행정청은 보조금 교부결정을 할 때 법령과 예산에서 정하는 보조금의 교부 목적을 달성하는 데에 필요한 조건을 붙일 수 있다(대판 2021.2.4. 2020두48772). **2022 지방직 7급**

3. 행정청이 건축허가를 하면서 건축주에게 새 담장을 설치하라는 부관을 붙인 것은 부관을 붙일 수 없는 기속행위 내지 기속적 재량행위인 건축허가에 붙인 부담이거나 또는 법령상 아무 근거가 없는 부관이어서 무효이다(대판 2000.2.11. 98누7527). **2019 소방간부, 2019 국가직 9급, 2018 국가직 7급, 2019 지방직 7급**

4. 행정청이 관리처분계획에 대한 인가 여부를 결정할 때에는 그 관리처분계획에 도시정비법 제48조 및 그 시행령 제50조에 규정된 사항이 포함되어 있는지, 그 계획의 내용이 도시정비법 제48조 제2항의 기준에 부합하는지 여부 등을 심사·확인하여 그 인가 여부를 결정할 수 있을 뿐 기부채납과 같은 다른 조건을 붙일 수는 없다고 할 것이다(대판 2012.8.30. 2010두24951). **2019 소방간부**

0564 재량행위는 명시적 금지규정이 없는 한 법률에 근거가 없더라도 부관을 붙일 수 있다. O | X

0565 재량행위라도 처분의 본질적 효력을 저해하는 부관은 붙일 수 없다. O | X

0566 기속행위인 건축허가에 대해 법령상 근거 없이 새 담장을 설치하라는 부관을 붙일 수 없다. O | X

0567 일반적으로 보조금 교부결정은 법령과 예산에서 정하는 바에 엄격히 기속되므로, 행정청은 보조금 교부결정을 할 때 조건을 붙일 수 없다. O | X

0568 기속행위에 법령상 근거 없이 부담을 붙이는 경우 이는 취소사유에 해당한다. O | X

0569 행정청이 관리처분계획에 대한 인가처분을 할 때에는 기부채납과 같은 다른 조건을 붙일 수는 없다. O | X

정답 및 해설

0564 O   0565 O   0566 O
0567 X 행정청의 보조금 교부결정은 재량행위이고 조건을 붙일 수 있다.
0568 X 당연무효이다.
0569 O

1. 행정처분과 부관 사이에 실제적 관련성이 있다고 볼 수 없는 경우 공무원이 위와 같은 공법상의 제한을 회피할 목적으로 행정처분의 상대방과 사이에 사법상 계약을 체결하는 형식을 취하였다면 이는 법치행정의 원리에 반하는 것으로서 위법하다(대판 2009.12.10. 2007다63966). 2021·2017·2014 국가직 9급, 2018 국가직 7급, 2022·2021 지방직 9급, 2013 지방직 7급

2. 수익적 행정처분에 있어서는 법령에 특별한 근거규정이 없다고 하더라도 그 부관으로서 부담을 붙일 수 있고, 그와 같은 부담은 행정청이 행정처분을 하면서 일방적으로 부가할 수도 있지만 부담을 부가하기 이전에 상대방과 협의하여 부담의 내용을 협약의 형식으로 미리 정한 다음 행정처분을 하면서 이를 부가할 수도 있다(대판 2009.2.12. 2005다65500). 2024·2023·2020 소방간부, 2024·2015 국회직 8급, 2020·2017·2016 국가직 9급, 2016 국가직 7급, 2020·2017·2014 지방직 9급, 2022 지방직 7급

3. 행정청이 수익적 행정처분을 하면서 부가한 부담의 위법 여부는 처분 당시 법령을 기준으로 판단하여야 하고, 부담이 처분 당시 법령을 기준으로 적법하다면 처분 후 부담의 전제가 된 주된 행정처분의 근거 법령이 개정됨으로써 행정청이 더 이상 부관을 붙일 수 없게 되었다 하더라도 곧바로 위법하게 되거나 그 효력이 소멸하게 되는 것은 아니다. 따라서 행정처분의 상대방이 수익적 행정처분을 얻기 위하여 행정청과 사이에 행정처분에 부가할 부담에 관한 협약을 체결하고 행정청이 수익적 행정처분을 하면서 협약상의 의무를 부담으로 부가하였으나 부담의 전제가 된 주된 행정처분의 근거 법령이 개정됨으로써 행정청이 더 이상 부관을 붙일 수 없게 된 경우에도 곧바로 협약의 효력이 소멸하는 것은 아니다 (대판 2009.2.12. 2005다65500). 2023 소방간부, 2015 국회직 8급, 2021·2020·2017·2014 국가직 9급, 2014 국가직 7급, 2024·2021·2019 지방직 9급, 2022·2018·2016 지방직 7급, 2019·2015 서울시 7급

0570 행정청이 부담을 부가하기 이전에 상대방과 협의하여 부담의 내용을 협약의 형식으로 미리 정한 경우에는 행정처분을 하면서 이를 부담으로 부가할 수 없다. O | X

0571 행정처분과 실체적 관련성이 없는 부관은 붙일 수 없다. O | X

0572 행정청이 수익적 행정처분을 하면서 부가한 부담의 위법 여부는 처분 당시 법령을 기준으로 판단하여야 한다. O | X

0573 공무원이 공법상 제한을 회피할 목적으로 행정처분과 상대방 사이에 사법상 계약을 체결하는 형식을 취하였다면 법치행정에 반하는 것은 아니다. O | X

0574 부담이 처분 당시 법령을 기준으로 적법하다면 처분 후 부담의 전제가 된 주된 행정처분의 근거 법령이 개정됨으로써 행정청이 더 이상 부관을 붙일 수 없게 되었다면 부담은 그 효력이 소멸한다. O | X

0575 행정처분의 상대방이 수익적 행정처분을 얻기 위하여 행정청과 사이에 행정처분에 부가할 부담에 관한 협약을 체결하고 행정청이 수익적 행정처분을 하면서 협약상의 의무를 부담으로 부가하였으나 부담의 전제가 된 주된 행정처분의 근거 법령이 개정됨으로써 행정청이 더 이상 부관을 붙일 수 없게 된 경우에도 곧바로 협약의 효력이 소멸한다. O | X

정답 및 해설

0570 X 협약의 형식으로 미리 정한 후 처분을 하면서 부가할 수 있다.
0571 O **0572** O
0573 X 법치행정에 위반된다.
0574 X 종전 부담은 그 효력이 소멸하지 않는다.
0575 X 종전의 협약의 효력이 소멸하지 않는다.

1. 행정처분에 이미 부담이 부가되어 있는 상태에서 그 의무의 범위 또는 내용 등을 변경하는 부관의 사후변경은, 법률에 명문의 규정이 있거나 그 변경이 미리 유보되어 있는 경우 또는 상대방의 동의가 있는 경우에 한하여 허용되는 것이 원칙이지만, 사정변경으로 인하여 당초에 부담을 부가한 목적을 달성할 수 없게 된 경우에도 그 목적달성에 필요한 범위 내에서 예외적으로 허용된다(대판 1997.5.30. 97누2627).

2. 기선선망어업의 허가를 하면서 운반선, 등선 등 부속선을 사용할 수 없도록 제한한 부관은 그 어업허가의 목적 달성을 사실상 어렵게 하여 그 본질적 효력을 해하는 것이다(대판 1990.4.27. 89누6808).

0576 부관의 사후변경은 원칙적 허용되지 않는다. O | X

0577 부관의 사후변경은 법률에 명문의 규정이 있거나 그 변경이 미리 유보되어 있는 경우 또는 상대방의 동의가 있는 경우에 한하여 허용되는 것이 원칙이다. O | X

0578 기선선망어업의 허가를 하면서 운반선, 등선 등 부속선을 사용할 수 없도록 제한한 부관은 그 어업허가의 목적 달성을 사실상 어렵게 하여 그 본질적 효력을 해하는 것이다. O | X

0579 행정행위 후 사정변경으로 인하여 당초에 부담을 부가한 목적을 달성할 수 없게 된 경우에 그 목적달성에 필요한 범위내라도 사후부관을 부가할 수 없다는 것이 판례이다. O | X

1. 도로점용허가의 점용기간은 행정행위의 본질적인 요소에 해당하는 것이어서, 부관인 점용기간을 정함에 위법이 있으면 도로점용허가 전부가 위법이 된다(대판 1985.7.9. 84누604).

2. 기부채납된 행정재산에 대한 사용·수익허가기간은 행정행위의 본질적 요소에 해당한다고 볼 것이어서, 부관인 허가기간에 위법사유가 있다면 이로써 이 사건 허가 전부가 위법하게 될 것이다(대판 2001.6.15. 99두509).

0580 도로점용허가의 점용기간은 행정행위의 본질적 요소에 해당하지 않는다. O | X

0581 도로점용허가의 점용기간에 위법이 있으면 도로점용허가 전부가 위법이 된다. O | X

0582 기부채납된 행정재산에 대한 사용·수익허가기간에 위법사유가 있다면 이로써 이 사건 허가 전부가 위법하게 될 것이다. O | X

정답 및 해설

0576 O   0577 O   0578 O
0579 X 사후부관을 부가할 수 있다.
0580 X 본질적 요소에 해당한다.
0581 O   0582 O

> 행정행위의 부관은 행정행위의 일반적인 효력이나 효과를 제한하기 위하여 의사표시의 주된 내용에 부가되는 종된 의사표시이지 그 자체로서 직접 법적 효과를 발생하는 독립된 처분이 아니므로 현행 행정쟁송제도 아래서는 부관 그 자체만을 독립된 쟁송의 대상으로 할 수 없는 것이 원칙이나 행정행위의 부관 중에서도 행정행위에 부수하여 그 행정행위의 상대방에게 일정한 의무를 부과하는 행정청의 의사표시인 부담의 경우에는 다른 부관과는 달리 행정행위의 불가분적인 요소가 아니고 그 존속이 본체인 행정행위의 존재를 전제로 하는 것일 뿐이므로 부담 그 자체로서 행정쟁송의 대상이 될 수 있다(대판 1992.1.21. 91누1264).
>
> 2023 소방간부, 2017 국가직 9급, 2020·2017 지방직 9급, 2015 서울시 7급

0583 행정행위의 부관은 일반적으로 그 자체로 행정행위와 독립된 처분에 해당한다. O|X

0584 행정행위의 부관은 그 자체만을 독립된 쟁송의 대상으로 할 수 없는 것이 원칙이다. O|X

0585 행정행위의 부관 중 부담은 그 자체로서 행정쟁송의 대상이 될 수 있다. O|X

> 1. 기부채납받은 행정재산에 대한 사용·수익허가에서 공유재산의 관리청이 정한 사용·수익허가의 기간은 그 허가의 효력을 제한하기 위한 행정행위의 부관으로서 이러한 사용·수익허가의 기간에 대해서는 독립하여 행정소송을 제기할 수 없다(대판 2001.6.15. 99두509). 2019 소방간부, 2019·2015 국회직 8급, 2024·2023·2020 국가직 9급, 2022·2021·2020 지방직 9급
> 2. 어업면허처분을 함에 있어 그 면허의 유효기간을 1년으로 정한 경우, 위 면허의 유효기간은 행정청이 위 어업면허처분의 효력을 제한하기 위한 행정행위의 부관이라 할 것이고 이러한 행정행위의 부관은 독립하여 행정소송의 대상이 될 수 없는 것이므로 위 어업면허처분 중 그 면허유효기간만의 취소를 구하는 청구는 허용될 수 없다(대판 1986.8.19. 86누202). 2022 소방간부

0586 기부채납 받은 행정재산의 사용·수익허가의 기간은 독립해서 행정소송을 제기할 수 없다. O|X

0587 개발제한구역 내 허가기간 연장신청 거부는 거부처분의 취소소송을 제기할 수 없다. O|X

0588 어업면허처분을 함에 있어 그 면허의 유효기간을 1년으로 정한 경우, 그 유효기간만의 취소를 구하는 행정소송은 허용될 수 없다. O|X

정답 및 해설

0583 **X** 부관은 원칙적 행정행위와 독립된 처분이 아니다.
0584 **O**   0585 **O**   0586 **O**
0587 **X** 허가기간 연장신청 거부는 거부처분의 취소소송을 제기할 수 있다.
0588 **O**

■ 하자 있는 부관과 사법행위의 관계

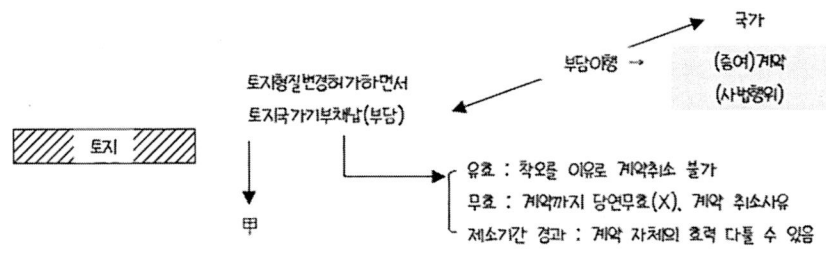

1. 토지소유자가 토지형질변경행위허가에 붙은 기부채납의 부관에 따라 토지를 국가나 지방자치단체에 기부채납(증여)한 경우, 기부채납의 부관이 당연무효이거나 취소되지 아니한 이상 토지소유자는 위 부관으로 인하여 증여계약의 중요부분에 착오가 있음을 이유로 증여계약을 취소할 수 없다(대판 1999.5.25. 98다53134).
   _{2022 소방간부, 2024 국가직 9급, 2023·2019 지방직 7급, 2017 서울시 7급}

2. 행정처분에 부담인 부관을 붙인 경우 부관의 무효화에 의하여 본체인 행정처분 자체의 효력에도 영향이 있게 될 수는 있지만, 그 처분을 받은 사람이 부담의 이행으로 사법상 매매 등의 법률행위를 한 경우에는 그 부관은 특별한 사정이 없는 한 법률행위를 하게 된 동기 내지 연유로 작용하였을 뿐이므로 이는 법률행위의 취소사유가 될 수 있음은 별론으로 하고 그 법률행위 자체를 당연히 무효화하는 것은 아니다(대판 2009.6.25. 2006다18174).
   _{2022 소방간부, 2024 국회직 8급, 2019 국가직 9급, 2022·2016·2015 지방직 9급}

3. 행정처분에 붙은 부담인 부관이 제소기간의 도과로 확정되어 이미 불가쟁력이 생겼다면 그 하자가 중대하고 명백하여 당연 무효로 보아야 할 경우 외에는 누구나 그 효력을 부인할 수 없을 것이지만, 부담의 이행으로서 하게 된 사법상 매매 등의 법률행위는 부담을 붙인 행정처분과는 어디까지나 별개의 법률행위이므로 그 부담의 불가쟁력의 문제와는 별도로 법률행위가 사회질서 위반이나 강행규정에 위반되는지 여부 등을 따져보아 그 법률행위의 유효 여부를 판단하여야 한다(대판 2009.6.25. 2006다18174).
   _{2019 국회직 8급, 2024·2019 국가직 9급, 2024 지방직 9급, 2016·2013 지방직 7급}

0589 기부채납의 부관에 따라 토지를 국가나 지방자치단체에 기부채납(증여)한 경우 원칙적 위 부관으로 인하여 증여계약의 중요부분에 착오가 있음을 이유로 증여계약을 취소할 수 없다. O | X

0590 부담인 부관이 무효인 경우 부담의 이행으로 한 사법상 법률행위도 당연무효가 된다. O | X

0591 행정처분에 붙인 부담과 부담의 이행으로서 하게 된 사법상 법률행위는 별개의 법률행위이다. O | X

0592 행정처분에 붙인 부담인 부관이 제소기간 도과로 불가쟁력이 생긴 경우에도 그 부담의 이행으로 한 사법상 법률행위의 효력을 다툴 수 없다. O | X

정답 및 해설

0589	O	
0590	X	부담이 무효라고 해서 부담의 이행으로한 사법행위까지 무효가 되는 것은 아니다.
0591	O	
0592	X	부담의 불가쟁력과 별도로 사법상 법률행위의 효력을 다툴 수 있다.

18 | 행정행위의 효력

1. 행정청이 행정의사를 외부에 표시하여 행정청이 자유롭게 취소·철회할 수 없는 구속을 받기 전에는 '처분'이 성립하지 않으므로 법무부장관이 입국금지결정을 했다고 해서 '처분'이 성립한다고 볼 수는 없고, 입국금지결정은 법무부장관의 의사가 공식적인 방법으로 외부에 표시된 것이 아니라 단지 그 정보를 내부전산망인 '출입국관리정보시스템'에 입력하여 관리한 것에 지나지 않으므로, 위입국금지결정은 항고소송의 대상이 될 수 있는 '처분'에 해당하지 않는다(대판 2019. 7. 11. 2017두38874). **2025·2023 소방간부, 2021 국가직 9급**

2. 상대방 있는 행정처분은 특별한 규정이 없는 한 의사표시에 관한 일반법리에 따라 상대방에게 고지되어야 효력이 발생하고, 상대방 있는 행정처분이 상대방에게 고지되지 아니한 경우에는 상대방이 다른 경로를 통해 행정처분의 내용을 알게 되었다고 하더라도 행정처분의 효력이 발생한다고 볼 수 없다(대판 2019.8.9. 2019두38656). **2025 소방간부, 2022 국가직 7급**

3. 내용증명우편이나 등기우편과는 달리, 보통우편의 방법으로 발송되었다는 사실만으로는 그 우편물이 상당기간 내에 도달하였다고 추정할 수 없고 송달의 효력을 주장하는 측에서 증거에 의하여 도달사실을 입증하여야 한다(대판 2002.7.26. 2000다25002). **2018 국가직 9급**

4. 우편법 등 관계 규정의 취지에 비추어 볼 때 우편물이 등기취급의 방법으로 발송된 경우 반송되는 등의 특별한 사정이 없는 한 그 무렵 수취인에게 배달되었다고 보아야 한다(대판 1992.3.27. 91누3819).

5. 우편물이 등기취급의 방법으로 발송된 경우, 특별한 사정이 없는 한, 그 무렵 수취인에게 배달되었다고 보아도 좋을 것이나, 수취인이나 그 가족이 주민등록지에 실제로 거주하고 있지 아니하면서 전입신고만을 해 둔 경우에는 그 사실만으로써 주민등록지 거주자에게 송달수령의 권한을 위임하였다고 보기는 어려울 뿐 아니라 수취인이 주민등록지에 실제로 거주하지 아니하는 경우에도 우편물이 수취인에게 도달하였다고 추정할 수는 없다(대판 1998.2.13. 97누8977). **2020 국회직 8급, 2018 국가직 9급**

6. 납세의 고지에 관한 국세징수법 제9조, 구 소득세법 제128조, 같은법시행령 제183조 등의 규정들은 헌법과 국세기본법이 규정하는 조세법률주의의 대원칙에 따라 처분청으로 하여금 자의를 배제하고 신중하고도 합리적인 처분을 행하게 함으로써 조세행정의 공정성을 기함과 동시에 납세의무자에게 부과처분의 내용을 상세하게 알려서 불복 여부의 결정 및 그 불복신청에 편의를 주려는 취지에서 나온 것이므로 엄격히 해석 적용되어야 할 강행규정이므로 납세자가 과세처분의 내용을 이미 알고 있는 경우에도 납세고지서의 송달이 불필요하다고 할 수는 없다(대판 1997.5.23. 96누5094). **2014 지방직 7급**

7. 납세고지서의 교부송달에도 납세의무자 또는 그와 일정한 관계에 있는 사람이 현실적으로 이를 수령하는 행위가 반드시 필요하다 할 것이므로, 세무공무원이 납세의무자와 그 가족들이 부재중임을 알면서도 아파트 문틈으로 납세고지서를 투입하는 방식으로 송달하였다면, 이러한 납세고지서의 송달은 구 국세기본법(1996.12.30. 법률 제5189호로 개정되기 전의 것) 제10조의 규정에 위배되어 부적법한 것으로서 효력이 발생하지 아니한다(대판 1997.5.23. 96누5094).

8. 면허관청이 운전면허정지처분을 하면서 별지 52호 서식의 통지서에 의하여 면허정지사실을 통지하지 아니하거나 처분집행예정일 7일 전까지 이를 발송하지 아니한 경우에는 특별한 사정이 없는 한 위 관계 법령이 요구하는 절차·형식을 갖추지 아니한 조치로서 그 효력이 없고, 이와 같은 법리는 면허관청이 임의로 출석한 상대방의 편의를 위하여 구두로 면허정지사실을 알렸다고 하더라도 마찬가지이다(대판 1996.6.14. 95누17823). **2013 지방직 9급**

9. 구 청소년보호법에 따른 청소년유해매체물 결정 및 고시처분은 당해 유해매체물의 소유자 등 특정인만을 대상으로 한 행정처분이 아니라 일반 불특정 다수인을 상대방으로 하여 일률적으로 표시의무, 포장의무, 청소년에 대한 판매·대여 등의 금지의무 등 각종 의무를 발생시키는 행정처분으로서, 정보통신윤리위원회가 특정 인터넷 웹사이트를 청소년유해매체물로 결정하고 청소년보호위원회가 효력발생시기를 명시하여 고시함으로써 그 명시된 시점에 효력이 발생하였다고 봄이 상당하고, 정보통신윤리위원회와 청소년보호위원회가 위 처분이 있었음을 위 웹사이트 운영자에게 제대로 통지하지 아니하였다고 하여 그 효력 자체가 발생하지 아니한 것으로 볼 수는 없다(대판 2007.6.14. 2004두619). **2018 국가직 9급**

0593 행정의 의사가 외부에 표시되어 행정청이 자유롭게 취소·철회할 수 없는 구속을 받게 되는 시점에 처분이 성립하고, 그 성립 여부는 행정청이 행정의사를 공식적인 방법으로 외부에 표시하였는지를 기준으로 판단해야 한다. O | X

0594 상대방 있는 행정처분이 상대방에게 고지되지 아니한 경우에도 특별한 규정이 없는 한 상대방이 다른 경로를 통해 행정처분의 내용을 알게 되었다면 행정처분의 효력이 발생한다. O | X

0595 보통우편의 방법으로 발송되었다는 사실만으로는 그 우편물이 상당기간 내에 도달하였다고 추정할 수 없다. O | X

0596 우편물이 등기취급의 방법으로 발송된 경우 반송되는 등의 특별한 사정이 없는 한 그 무렵 수취인에게 배달되었다고 보아야 한다. O | X

0597 등기에 의한 우편송달의 경우라도 수취인이 주민등록지에 실제로 거주하지 않는 경우에는 우편물의 도달사실을 처분청이 입증해야 한다. O | X

0598 수취인이나 그 가족이 주민등록지에 실제로 거주하고 있지 아니하면서 전입신고만을 해 두었고, 그 밖에 주민등록지 거주자에게 송달수령의 권한을 위임하였다고 보기 어려운 사정이 인정된다면, 등기우편으로 발송된 납세고지서가 반송된 사실이 인정되지 아니한 경우 납세의무자에게 송달된 것이라고 볼 수는 있다. O | X

0599 납세자가 과세처분의 내용을 이미 알고 있는 경우에는 납세고지서의 송달이 불필요하다고 할 수는 있다. O | X

0600 면허관청이 운전면허정지처분을 하면서 통지서에 의하여 면허정지사실을 통지하지 아니하거나 처분집행예정일 7일 전까지 이를 발송하지 아니한 경우에는 특별한 사정이 없는 한 운전면허정지처분은 그 효력이 없다. O | X

0601 다만 면허관청이 임의로 출석한 상대방의 편의를 위하여 구두로 면허정지사실을 알렸다면 효력이 발생한다. O | X

행정기본법 제15조(처분의 효력) 처분은 권한이 있는 기관이 취소 또는 철회하거나 기간의 경과 등으로 소멸되기 전까지는 유효한 것으로 통용된다. 다만, 무효인 처분은 처음부터 그 효력이 발생하지 아니한다. 2015 서울시 7급

행정행위의 공정력이라 함은 행정행위에 하자가 있더라도 당연무효가 아닌 한 권한 있는 기관에 의하여 취소될 때까지는 잠정적으로 유효한 것으로 통용되는 효력에 지나지 아니하는 것이므로 행정행위가 취소되지 아니하여 공정력이 인정된다고 하더라도 그 상대방이나 이해관계인은 언제든지 그 행정행위가 위법한 것임을 주장할 수 있다(대판 1993.11.9. 93누14271).

0602 행정행위에 하자가 있더라도 권한 있는 기관에 의해 취소되기 전 잠정적 유효로 통용되므로 그 상대방이나 이해관계인은 그 행정행위가 위법한 것임을 주장할 수 없다. O | X

정답 및 해설

0593 O
0594 X 상대방이 다른 경로로 알게 되었다 하더라도 행정처분의 효력이 발생하지 않는다.
0595 O   0596 O   0597 O
0598 X 주민등록지에 실제로 거주하고 있지 않은 경우 송달된 것으로 볼 수 없다.
0599 X 송달이 필요하다.
0600 O
0601 X 구도로 통지한 경우 무효이다.
0602 X 위법성은 주장할 수 있다.

■ 공정력과 선결문제

1. 행정행위의 유효·무효가 선결문제인 경우

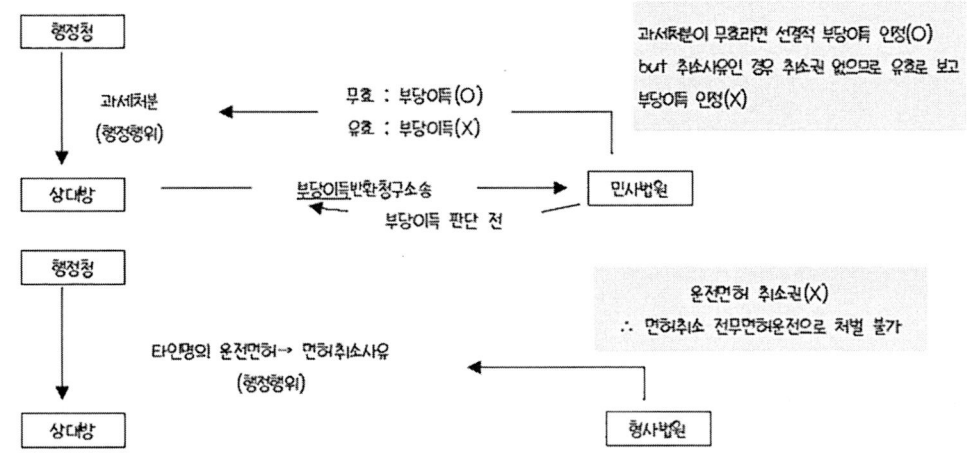

2. 행정행위의 위법/적법이 선결문제인 경우

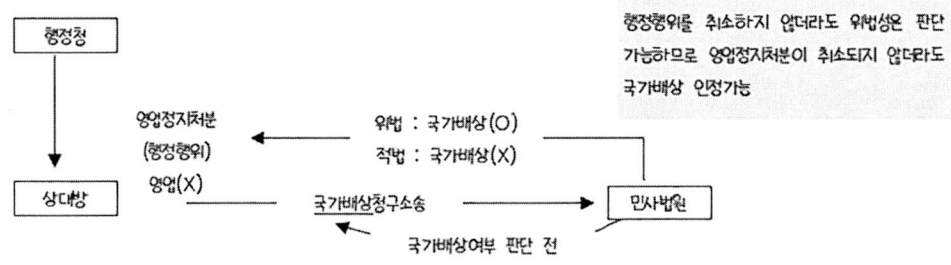

1. 민사소송에 있어서 어느 행정처분이 당연무효 여부가 선결문제로 되는 때에는 이를 판단하여 당연무효임을 전제로 판결할 수 있고 반드시 행정소송 등의 절차에 의하여 그 취소나 무효확인을 받아야 하는 것은 아니다(대판 2010.4.8. 2009다900092). 2022·2018·2016 국회직 8급, 2019 국가직 9급, 2021·2019·2015 지방직 9급, 2023 지방직 7급, 2018·2016·2015 서울시 7급

2. 과세처분이 당연무효라고 볼 수 없는 한 과세처분에 취소할 수 있는 위법사유가 있다 하더라도 그 과세처분은 행정행위의 공정력 또는 집행력에 의하여 그것이 적법하게 취소되기 전까지는 유효하다 할 것이므로, 민사소송절차에서 그 과세처분의 효력을 부인할 수 없다(대판 1999.8.20. 99다20179). 2022 소방간부, 2018 국회직 8급

3. 미리 그 행정처분의 취소판결이 있어야만 그 위법임을 이유로 피고에게 배상을 청구할 수 있는 것은 아니다(대판 1972.4.28. 72다337). 2024·2020·2018 국회직 8급, 2019·2013 국가직 9급, 2016 국가직 7급, 2023·2016 지방직 7급

4. 물품세 과세대상이 아닌 것을 세무공무원이 직무상 과실로 과세대상으로 오인하여 과세처분을 행함으로 인하여 손해가 발생된 경우에는, 동 과세처분이 취소되지 아니하였다 하더라도, 국가는 이로 인한 손해를 배상할 책임이 있다(대판 1979.4.10. 79다262). 2020·2018 지방직 7급

5. 재결에 대하여 불복절차를 취하지 아니함으로써 그 재결에 대하여 더 이상 다툴 수 없게 된 경우에는 기업자는 그 재결이 당연무효이거나 취소되지 않는 한, 이미 보상금을 지급받은 자에 대하여 민사소송으로 그 보상금을 부당이득이라 하여 반환을 구할 수 없다(대판 2001.4.27. 2000다50237). 2021 국회직 8급, 2014 지방직 7급

0603 과세처분에 취소할 수 있는 위법사유가 있다 하더라도 그 과세처분은 그것이 적법하게 취소되기 전까지는 유효하다 할 것이므로, 민사소송절차에서 그 과세처분의 효력을 부인할 수 없다. O | X

0604 민사소송에서 어느 처분이 당연무효 여부가 선결문제가 된 경우 민사법원은 그 처분이 당연무효임을 전제로 판결할 수 없다. O | X

0605 과세처분의 하자가 취소사유인 경우 민사법원은 과세처분을 취소하고 조세의 납부가 부당이득임을 판단할 수 있다. O | X

0606 부동산에 대한 실질적 소유자가 아닌 명의수탁자에 대하여 행해진 양도소득세 부과처분에 취소할 수 있는 위법사유가 있는 경우에는 민사소송절차에서 그 처분의 효력을 부인하여 위 양도소득세 채권이 존재하지 아니하는 것으로 인정할 수 있다. O | X

0607 계고처분이 위법임을 이유로 배상청구가 가능한 경우에 미리 그 계고처분의 취소판결이 있어야만 그 위법임을 이유로 피고에게 배상을 청구할 수 있는 것은 아니다. O | X

0608 과세대상이 아닌 것을 세무공무원이 직무상 과실로 과세대상으로 오인하여 과세처분을 행함으로 인하여 손해가 발생된 경우, 동 과세처분이 취소되지 아니하였다 하더라도 국가는 이로 인한 손해를 배상할 책임이 있다. O | X

0609 재결에 대하여 불복절차를 취하지 아니함으로써 그 재결에 대하여 더 이상 다툴 수 없게 된 경우에는 기업자는 그 재결이 당연무효이거나 취소되지 않는 한, 이미 보상금을 지급받은 자에 대하여 민사소송으로 그 보상금을 부당이득이라 하여 반환을 구할 수 없다. O | X

정답 및 해설

0603 **O**
0604 **X** 민사법원은 처분이 당연무효임을 선결적 확인할 수 있다.
0605 **X** 민사법원은 과세처분을 취소할 수 없다.
0606 **X** 민사법원은 양도소득세 부과처분을 취소하여 효력을 부인할 수 없다.
0607 **O**   0608 **O**   0609 **O**

1. 연령미달로 인한 운전면허결격자가 타인의 명의로 자동차운전면허시험에 응시하여 합격한 경우 그 운전면허는 도로교통법 제65조 제3호의 취소사유에 불과하고 당연무효라고 할 수 없으므로, 그러한 자가 운전한 행위도 무면허운전행위에 해당하지 않는다(대판 1982.6.8. 80도2646). 2024·2020 국회직 8급, 2022 국가직 9급

2. 부정한 방법으로 받은 수입인증서를 함께 제출하여 수입면허를 받았다고 하더라도, 그 수입면허가 당연무효인 것으로 인정되지 않는 한 관세법 제181조 소정의 무면허수입죄가 성립될 수는 없는 것이다(대판 1989.3.28. 98도149). 2013 국가직 9급, 2016 지방직 7급

3. 자동차 운전면허 취소처분을 받은 사람이 자동차를 운전하였으나 운전면허 취소처분의 원인이 된 교통사고 또는 법규위반에 대하여 범죄사실의 증명이 없는 때에 해당한다는 이유로 무죄판결이 확정된 경우에는 그 취소처분이 취소되지 않았더라도 도로교통법에 규정된 무면허운전의 죄로 처벌할 수는 없다(대판 2021. 9. 16. 2019도11826). 2025 소방간부

4. 개발제한구역의 지정 및 관리에 관한 특별조치법 제30조 제1항에 의하여 행정청으로부터 시정명령을 받은 자가 이를 위반한 경우, 그로 인하여 개발제한구역법 제32조 제2호에 정한 처벌을 하기 위하여는 시정명령이 적법한 것이라야 하고, 시정명령이 당연무효가 아니더라도 위법한 것으로 인정되는 한 개발제한구역법 제32조 제2호 위반죄가 성립될 수 없다(대판 2017.9.21. 2017도7321). 2018 국가직 7급, 2016 지방직 7급

5. 같은 법 제78조 제1항에 정한 처분이나 조치명령을 받은 자가 이에 위반한 경우 이로 인하여 같은 법 제92조에 정한 처벌을 하기 위하여는 그 처분이나 조치명령이 적법한 것이라야 하고, 그 처분이 당연무효가 아니라 하더라도 그것이 위법한 처분으로 인정되는 한 같은 법 제92조 위반죄가 성립될 수 없다(대판 1992.8.18. 90도1709). 2022 소방간부, 2024 국회직 8급, 2022·2013 국가직 9급, 2017 국가직 7급

0610 타인명의의 운전면허로 운전한 행위에 대해 형사법원은 운전면허를 취소하고 무면허운전으로 처벌할 수 있다. O | X

0611 타인의 명의로 취득한 운전면허는 면허취소사유에 해당한다. O | X

0612 부정한 방법으로 받은 수입인증서를 함께 제출하여 수입면허를 받았다고 하더라도, 그 수입면허가 당연무효인 것으로 인정되지 않는 한 「관세법」 제181조 소정의 무면허수입죄가 성립될 수는 없다. O | X

0613 시정명령이 당연무효가 아니더라도 위법한 것으로 인정되는 한 「개발제한구역법」 위반죄가 성립될 수 없다. O | X

0614 관할 소방서장으로부터 소방시설 불량사항에 관한 시정보완명령을 받고도 따르지 아니하였다는 내용으로 기소된 사안에서, 담당 소방공무원이 시정보완명령을 구술로 고지하였다면, 이러한 행정처분은 당연무효이고 행정형벌을 부과할 수 없다. O | X

0615 병역의무자가 현역병 입영대상자로 병역처분을 받고 징집되어 군부대에 들어갔다면, 설령 그 병역처분에 흠이 있다고 하더라도 그 흠이 당연무효에 해당하는 것이 아닌 이상, 그 사람은 입영한 때부터 현역의 군인으로서 「군형법」의 적용대상이 된다. O | X

0616 행정청의 조치명령에 위반하여 명령위반죄로 기소된 경우 형사법원은 해당 조치명령이 당연무효가 아니라면 조치명령의 위법성을 심사하여 명령위반죄의 성립여부를 판단할 수 없다. O | X

정답 및 해설

0610 X 형사법원은 운전면허를 취소하고 무면허운전으로 처벌할 수 없다.
0611 O 0612 O 0613 O 0614 O 0615 O
0616 X 조치명령이 당연무효가 아니라도 위법성을 심사하여 명령위반죄의 성립여부를 심사할 수 있다.

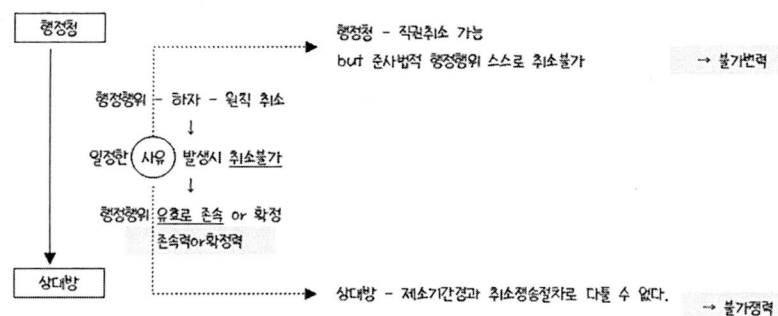

1. 원래 행정처분을 한 처분청은 그 행위에 하자가 있는 경우에는 원칙적으로 법적 근거가 없더라도 스스로 이를 직권으로 취소할 수 있는 것이고, 행정처분에 대한 법정의 불복기간이 지나면 직권으로 취소할 수 없게 되는 것은 아니므로, 처분청은 토지에 대한 개별토지가격의 산정에 명백한 잘못이 있다면 이를 직권으로 취소할 수 있다(대판 1992.8.18. 90도1709). 2014 국회직 8급, 2014 지방직 9급

2. 제소기간이 이미 도과하여 불가쟁력이 생긴 행정처분에 대하여는 개별 법규에서 그 변경을 요구할 신청권을 규정하고 있거나 관계 법령의 해석상 그러한 신청권이 인정될 수 있는 등 특별한 사정이 없는 한 국민에게 그 행정처분의 변경을 구할 신청권이 있다 할 수 없다(대판 2007.4.26. 2005두11104). 2018 국회직 8급, 2017 국가직 7급

3. 불가쟁력은 그 처분으로 인하여 법률상 이익을 침해받은 자가 당해 처분이나 재결의 효력을 더 이상 다툴 수 없다는 의미일 뿐, 더 나아가 판결에 있어서와 같은 기판력이 인정되는 것은 아니어서 그 처분의 기초가 된 사실관계나 법률적 판단이 확정되고 당사자들이나 법원이 이에 기속되어 모순되는 주장이나 판단을 할 수 없게 되는 것은 아니다(대판 1994.11.8. 93누21917 ; 대판 2000.4.25. 2000다2023). 2024 소방간부, 2024·2016 국가직 7급, 2019 지방직 9급, 2019·2014 지방직 7급

4. 종전의 산업재해요양보상급여취소처분이 불복기간의 경과로 인하여 확정되었더라도 요양급여청구권이 없다는 내용의 법률관계까지 확정된 것은 아니며 소멸시효에 걸리지 아니한 이상 다시 요양급여를 청구할 수 있고 그것이 거부된 경우 이는 새로운 거부처분으로서 위법 여부를 소구할 수 있다(대판 1993.4.13. 92누17181). 2017 국가직 7급

0617 행정처분에 대한 법정의 불복기간이 지나면 처분의 상대방뿐만 아니라 행정청도 직권으로 처분을 취소할 수 없다. O | X

0618 불가쟁력이 생긴 행정처분에 대하여는 특별한 사정이 없는 한 국민에게 그 행정처분의 변경을 구할 신청권이 있다. O | X

0619 행정처분의 불가쟁력이 발생하면 그 처분의 기초가 된 사실관계나 법률적 판단이 확정되고 당사자들이나 법원이 이에 기속되어 모순되는 주장이나 판단을 할 수 없게 된다. O | X

0620 행정처분의 불가쟁력이 발생했다고 해서 판결에 있어서와 같은 기판력이 인정되는 것은 아니다. O | X

정답 및 해설

0617 X 행정청은 직권취소가 가능하다.
0618 X 일반적으로 국민에게 행정처분의 변경을 구할 신청권은 인정되지 않는다.
0619 X 처분의 불가쟁력이 발생한다고 해서 기판력과 같은 사실관계나 법률적 판단이 확정되는 것은 아니다.
0620 O

1. 국민의 권리와 이익을 옹호하고 법적 안정을 도모하기 위하여 특정한 행위에 대하여는 행정청이라 하여도 이것을 자유로이 취소·변경 및 철회할 수 없다는 행정행위의 불가변력은 당해 행정행위에 대하여서만 인정되는 것이고, 동종의 행정행위라 하더라도 그 대상을 달리할 때에는 이를 인정할 수 없다(대판 1974.12.10. 73누129). **2016 국가직 7급, 2021 지방직 9급, 2018 지방직 7급**

2. 물품세 과세대상이 아닌 것을 세무공무원이 직무상 과실로 과세대상으로 오인하여 과세처분을 행함으로 인하여 손해가 발생된 경우에는, 동 과세처분이 취소되지 아니하였다 하더라도, 국가는 이로 인한 손해를 배상할 책임이 있다(대판 1979.4.10. 79다262).

3. 과세처분에 관한 불복절차과정에서 과세관청이 그 불복사유가 옳다고 인정하고 이에 따라 필요한 처분을 하였을 경우에는, 불복제도와 이에 따른 시정방법을 인정하고 있는 구 국세기본법 제55조 제1항, 제3항 등 규정들의 취지에 비추어 동일 사항에 관하여 특별한 사유 없이 이를 번복하고 다시 종전의 처분을 되풀이할 수는 없는 것이므로, 과세처분에 관한 이의신청절차에서 과세관청이 이의신청 사유가 옳다고 인정하여 과세처분을 직권으로 취소한 이상 그 후 특별한 사유 없이 이를 번복하고 종전 처분을 되풀이하는 것은 허용되지 않는다(대판 2010.9.30. 2009두1020). **2024·2016 국가직 7급**

0621 행정행위의 불가변력은 당해 행정행위에 대해서만 인정된다. O | X

0622 동종의 행정행위라도 그 대상을 달리할 때에는 불가변력이 인정되지 않는다. O | X

0623 세무공무원이 직무상 과실로 과세대상으로 오인하여 과세처분을 행함으로 인하여 손해가 발생된 경우 과세처분이 취소되지 않은 이상 국가배상책임이 발생하지 않는다. O | X

0624 과세처분에 관한 이의신청절차에서 과세관청이 이의신청 사유가 옳다고 인정하여 과세처분을 직권으로 취소한 이상 그 후 특별한 사유 없이 이를 번복하고 종전 처분을 되풀이하는 것은 허용되지 않는다.
O | X

정답 및 해설

0621 **O**
0622 **O**
0623 **X** 과세처분이 취소되지 않더라도 국가배상책임이 발생한다.
0624 **O**

19 | 행정행위의 하자

행정소송에서 행정처분의 위법 여부는 행정처분이 행하여졌을 때의 법령과 사실 상태를 기준으로 하여 판단하여야 하고, 처분 후 법령의 개폐나 사실상태의 변동에 의하여 영향을 받지는 않는다(대판 2008.7.24. 2007두3930). **2019 서울시 9급**

0625   행정소송에서 행정처분의 위법 여부는 행정처분이 행하여졌을 때의 법령과 사실 상태를 기준으로 하여 판단하여야 하고, 처분 후 법령의 개폐나 사실상태의 변동에 의하여 영향을 받지는 않는다.   O | X

정답 및 해설

0625   O

1. 하자 있는 행정처분이 당연무효가 되기 위하여는 그 하자가 법규의 중요한 부분을 위반한 중대한 것으로서 객관적으로 명백한 것이어야 하며 하자가 중대하고 명백한 것인지 여부를 판별함에 있어서는 그 법규의 목적, 의미, 기능 등을 목적론적으로 고찰함과 동시에 구체적 사안 자체의 특수성에 관하여도 합리적으로 고찰함을 요한다(대판(전합) 1995.7.11. 94누4615).

2. 공공사업의 경제성 내지 사업성의 결여로 인하여 행정처분이 무효로 되기 위하여는 공공사업을 시행함으로 인하여 얻는 이익에 비하여 공공사업에 소요되는 비용이 훨씬 커서 이익과 비용이 현저하게 균형을 잃음으로써 사회통념에 비추어 행정처분으로 달성하고자 하는 사업 목적을 실질적으로 실현할 수 없는 정도에 이르렀다고 볼 정도로 과다한 비용과 희생이 요구되는 등 그 하자가 중대하여야 할 뿐만 아니라, 그러한 사정이 객관적으로 명백한 경우라야 한다. 그리고 위와 같은 공공사업에 경제성 내지 사업성이 있는지 여부는 공공사업이 그 시행 당시 적용되는 법률의 요건을 모두 충족하고 있는지 여부에 따라 판단되어야 함은 물론, 경제성 내지 사업성 평가와 관련하여서는 그 평가 당시의 모든 관련 법률의 목적과 의미, 내용 그리고 학문적 성과가 반영된 평가기법에 따라 가장 객관적이고 공정한 방법을 사용하여 평가되었는지 여부에 따라 판단되어야 한다(대판 2006.3.16. 2006두330).

0626 행정처분의 하자가 법규의 중요한 부분을 위반한 중대한 것인 경우 객관적으로 명백하지 않더라도 처분은 무효이다. O | X

0627 하자가 중대하고 명백한 것인지 여부를 판별함에 있어서는 그 법규의 목적, 의미, 기능 등을 목적론적으로 고찰함과 동시에 구체적 사안 자체의 특수성에 관하여도 합리적으로 고찰함을 요한다. O | X

0628 공공사업의 경제성 내지 사업성의 결여로 인하여 행정처분이 무효로 되기 위하여는 그 하자가 중대하여야 할 뿐만 아니라, 그러한 사정이 객관적으로 명백한 경우라야 한다. O | X

정답 및 해설

0626 **X** 행정처분의 하자가 객관적으로 명백하지 않는 경우 처분은 취소사유이다.
0627 **O**
0628 **O**

1. 구 폐기물처리시설 설치촉진 및 주변지역 지원 등에 관한 법률에 정한 입지선정위원회가 그 구성방법 및 절차에 관한 같은 법 시행령의 규정에 위배하여 군수와 주민대표가 선정·추천한 전문가를 포함시키지 않은 채 임의로 구성되어 의결을 한 경우, 그에 터잡아 이루어진 폐기물처리시설 입지결정처분의 하자는 중대한 것이고 객관적으로도 명백하므로 무효사유에 해당한다(대판 2007.4.12. 2006두20150). **2017 국가직 7급, 2018 지방직 9급**

2. 운전면허에 대한 정지처분권한은 경찰청장으로부터 경찰서장에게 권한위임된 것이므로 음주운전자를 적발한 단속 경찰관으로서는 관할 경찰서장의 명의로 운전면허정지처분을 대행처리할 수 있을지는 몰라도 자신의 명의로 이를 할 수는 없다 할 것이므로, 단속 경찰관이 자신의 명의로 운전면허행정처분통지서를 작성·교부하여 행한 운전면허정지처분은 비록 그 처분의 내용·사유·근거"등이 기재된 서면을 교부하는 방식으로 행하여졌다고 하더라도 권한 없는 자에 의하여 행하여진 점에서 무효의 처분에 해당한다(대판 1997.5.16. 97누2313). **2025·2023 소방간부**

3. 적법한 권한 위임 없이 세관출장소장에 의하여 행하여진 관세부과처분이 그 하자가 중대하기는 하지만 객관적으로 명백하다고 할 수 없어 당연무효는 아니다(대판 2004.11.26. 2003두2403). **2017 국회직 8급, 2019·2015 지방직 9급**

4. 전결과 같은 행정권한의 내부위임은 법령상 처분권자인 행정관청이 내부적인 사무처리의 편의를 도모하기 위하여 그의 보조기관 또는 하급 행정관청으로 하여금 그의 권한을 사실상 행사하게 하는 것으로서 법률이 위임을 허용하지 않는 경우에도 인정되는 것이므로, 설사 행정관청 내부의 사무처리규정에 불과한 전결규정에 위반하여 원래의 전결권자 아닌 보조기관 등이 처분권자인 행정관청의 이름으로 행정처분을 하였다고 하더라도 그 처분이 권한 없는 자에 의하여 행하여진 무효의 처분이라고는 할 수 없다(대판 1998.2.27. 97누1105). **2020 국가직 9급**

5. 행정청의 무권한 행위는 원칙적으로 무효라고 할 것이나, 행정청의 공무원에 대한 의원면직처분은 공무원의 사직의사를 수리하는 소극적 행정행위에 불과하고, 당해 공무원의 사직의사를 확인하는 확인적 행정행위의 성격이 강하며 재량의 여지가 거의 없기 때문에 의원면직처분에서의 행정청의 권한유월 행위를 다른 일반적인 행정행위에서의 그것과 반드시 같이 보아야 할 것은 아니다(대판 2007.7.26. 2005두15748). 5급 이상의 국가정보원 직원에 대해 임면권자가 아닌 국가정보원장이 행한 의원면직처분은 당연무효가 아니라는 사례 **2018 지방직 9급, 2015 지방직 7급**

6. 「행정대집행법」 제3조 제1항에 의한 대집행의 계고를 함에 있어서는 의무자가 스스로 이행하지 아니한 경우 대집행할 행위의 내용을 구체적으로 특정하여야 하며, 그 이행의무의 내용이 구체적으로 특정되지 아니한 계고처분은 위법무효이다(대판 1985.9.10. 85누257).

7. 행정재산은 공유물로서 이른바 사법상의 거래의 대상이 되지 아니하는 불융통물이므로 이러한 행정재산을 관재당국이 모르고 매각처분하였다 할지라도 그 매각처분은 무효이다(대판 1967.6.27. 67다806).

0629 입지선정위원회가 그 구성방법 및 절차에 관한 같은 법 시행령의 규정에 위배하여 군수와 주민대표가 선정·추천한 전문가를 포함시키지 않은 채 임의로 구성되었다고 해서 위법한 구성이라고 할 수 없다. O | X

0630 입지선정위원회가 군수와 주민대표가 선정·추천한 전문가를 포함시키지 않은 채 임의로 구성되어 의결한 경우 폐기물처리시설 입지결정처분의 하자는 취소사유에 해당한다. O | X

0631 단속 경찰관이 자신의 명의로 운전면허행정처분통지서를 작성·교부하여 행한 운전면허정지처분은 "그 처분의 내용·사유·근거"등이 기재된 서면을 교부하는 방식으로 행하여졌으므로 당연무효로 볼 수 없다. O | X

0632 적법한 권한 위임 없이 세관출장소장에 의하여 행하여진 관세부과처분이 당연무효인 처분이라고 볼 수는 없다. O | X

0633 행정관청 내부의 사무처리규정에 불과한 전결규정에 위반하여 원래의 전결권자 아닌 보조기관 등이 처분권자인 행정관청의 이름으로 행정처분을 한 경우 그 처분은 권한 없는 자에 의하여 행하여진 것으로 무효이다. O | X

0634 임면권자가 아닌 행정청이 소속 공무원에 대하여 행한 의원면직처분은 권한유월의 행위로서 무권한의 행위이므로 당연무효이다. O | X

0635 무권한의 행위는 원칙적으로 무효라고 할 것이므로, 5급 이상의 국가정보원 직원에 대해 임면권자인 대통령이 아닌 국가정보원장이 행한 의원면직처분은 당연무효에 해당한다. O | X

정답 및 해설

0629 X 위법한 구성에 해당한다.
0630 X 당연무효라는 것이 판례이다.
0631 X 단속 경찰관 명의의 처분은 당연무효이다.
0632 O
0633 X 취소사유라는 것이 판례이다.
0634 X 당연무효는 아니다.
0635 X 당연무효는 아니다.

> 1. 행정대행법 제3조 제1항에 의한 대집행의 계고를 함에 있어서는 의무자가 스스로 이행하지 아니한 경우 대집행할 행위의 내용을 구체적으로 특정하여야 하며, 그 이행의무의 내용이 구체적으로 특정되지 아니한 계고처분은 위법무효이다(대판 1985.9.10. 85누257).
> 2. 부동산을 양도한 사실이 없음에도 세무당국이 부동산을 양도한 것으로 오인하여 양도소득세를 부과하였다면 그 부과처분은 착오에 의한 행정처분으로서 그 표시된 내용에 중대하고 명백한 하자가 있어 당연 무효이다(대판 1983.8.23. 83누179).
> 3. 체납처분으로서 압류의 요건을 규정하는 국세징수법 제24조 각 항의 규정을 보면, 어느 경우에나 압류의 대상을 납세자의 재산에 국한하고 있으므로, 납세자가 아닌 제3자의 재산을 대상으로 한 압류처분은 그 처분의 내용이 법률상 실현될 수 없는 것이어서 당연무효이다(대판 2001.2.23. 2000다68924). **2022 국가직 7급**
> 4. 행정재산은 공유물로서 이른바 사법상의 거래의 대상이 되지 아니하는 불융통물이므로 이러한 행정재산을 관재당국이 모르고 매각처분하였다 할지라도 그 매각처분은 무효이다(대판 1967.6.27. 67다806).
> 5. 신청에 의한 처분의 경우에는 신청에 대하여 일단 거부처분이 행해지면 그 거부처분이 적법한 절차에 의해 취소되지 않는 한, 사유를 추가하여 거부처분을 반복하는 것은 존재하지도 않는 신청에 대한 거부처분으로서 당연무효이다(대판 1999.12.28. 98두1895). **2018 국회직 8급**

0636 대집행의 계고를 함에 있어서는 대집행할 행위의 내용을 구체적으로 특정하여야 한다. O | X

0637 대집행의 계고를 함에 있어서는 대집행할 행위의 내용을 구체적으로 특정하지 않은 경우 계고처분은 무효이다. O | X

0638 부동산을 양도한 사실이 없음에도 세무당국이 부동산을 양도한 것으로 오인하여 양도소득세를 부과하였다면 그 부과처분은 착오에 의한 행정처분으로 취소사유에 해당한다. O | X

0639 납세자가 아닌 제3자의 재산을 대상으로 한 압류처분은 그 처분의 내용이 법률상 실현될 수 없는 것이어서 당연무효이다. O | X

0640 행정재산을 관재당국이 모르고 매각처분하였다면 그 매각처분은 취소사유이다. O | X

0641 별도의 신청이 없이 종전 신청에 대한 거부처분 후 사유를 추가하여 거부처분을 반복하는 것은 당연무효이다. O | X

정답 및 해설

0636	O	
0637	O	
0638	X	당연무효이다.
0639	O	
0640	X	당연무효이다.
0641	O	

1. 행정청이 행정절차법 제20조 제1항의 처분기준 사전공표 의무를 위반하여 미리 공표하지 아니한 기준을 적용하여 처분을 하였다고 하더라도, 그러한 사정만으로 곧바로 해당 처분에 취소사유에 이를 정도의 흠이 존재한다고 볼 수는 없다. 다만 해당 처분에 적용한 기준이 상위법령의 규정이나 신뢰보호의 원칙 등과 같은 법의 일반원칙을 위반하였거나 객관적으로 합리성이 없다고 볼 수 있는 구체적인 사정이 있다면 해당 처분은 위법하다고 평가할 수 있다(대판 2020.12.24. 2018두45633). _{2023 국가직 7급}

2. 행정청이 침해적 행정처분을 함에 있어서 당사자에게 위와 같은 사전통지를 하거나 의견제출의 기회를 주지 아니하였다면 사전통지를 하지 않거나 의견제출의 기회를 주지 아니하여도 되는 예외적인 경우에 해당하지 아니하는 한 그 처분은 위법하여 취소를 면할 수 없다(대판 2000.11.14. 99두5870). _{2017 지방직 7급}

3. 비록 독촉절차 없이 압류처분을 하였다 하더라도 이러한 사유만으로는 압류처분을 무효로 되게 하는 중대하고 명백한 하자로는 되지 않는다(대판 1988.6.28. 87누1009).

4. 기업자의 과실로 인하여 토지소유자나 관계인을 알지 못하여 그들로 하여금 참가케 하지 아니하고 수용재결을 하여 그 절차가 위법이라 하여도 그것이 그 사유만 가지고는 당연무효라고 할 수 없다(대판 1971.5.24. 70다1459).

5. 행정청이 구 학교보건법 소정의 학교환경위생정화구역 내에서 금지행위 및 시설의 해제 여부에 관한 행정처분을 함에 있어 학교환경위생정화위원회의 심의를 거치도록 한 … 심의를 누락한 흠이 있다면 그와 같은 흠을 가리켜 위 행정처분의 효력에 아무런 영향을 주지 않는다거나 경미한 정도에 불과하다고 볼 수는 없으므로, 특별한 사정이 없는 한 이는 행정처분을 위법하게 하는 취소사유가 된다(대판 2007.3.15. 2006두15806). _{2023 소방간부, 2016 국회직 8급, 2017 지방직 9급}

6. 건설부장관이 택지개발계획을 승인함에 있어 토지수용법 제15조에 의한 이해관계자의 의견을 듣지 아니하였거나, 같은 법 제16조 제1항 소정의 토지소유자에 대한 통지를 하지 아니한 하자는 중대하고 명백한 것이 아니므로 사업인정 자체가 당연무효라고 할 수 없고, 이러한 하자는 수용재결의 선행처분인 사업인정단계에서 다투어야 할 것이므로 쟁송기간이 도과한 이후에 위와 같은 하자를 이유로 수용재결의 취소를 구할 수 없다(대판 1993.6.29. 91누2342).

7. 처분이나 민원의 처리기간을 정하는 것은 신청에 따른 사무를 가능한 한 조속히 처리하도록 하기 위한 것이다. 처리기간에 관한 규정은 훈시규정에 불과할 뿐 강행규정이라고 볼 수 없다. 행정청이 처리기간이 지나 처분을 하였더라도 이를 처분을 취소할 절차상 하자로 볼 수 없다. 민원처리법 시행령 제23조에 따른 민원처리진행상황 통지도 민원인의 편의를 위한 부가적인 제도일 뿐, 그 통지를 하지 않았더라도 이를 처분을 취소할 절차상 하자로 볼 수 없다(대판 2019.12.13. 2018두41907). _{2017 국회직 8급, 2023 국가직 7급}

8. 예비타당성조사는 각 처분과 형식상 전혀 별개의 행정계획인 예산의 편성을 위한 절차일 뿐 각 처분에 앞서 거쳐야 하거나 근거 법규 자체에서 규정한 절차가 아니므로, 예비타당성조사를 실시하지 아니한 하자는 원칙적으로 예산 자체의 하자일 뿐, 그로써 곧바로 각 처분의 하자가 된다고 할 수 없어, 예산이 각 처분 등으로써 이루어지는 '4대강 살리기 사업' 중 한강 부분을 위한 재정 지출을 내용으로 하고 있고 예산의 편성에 절차상 하자가 있다는 사정만으로 각 처분에 취소사유에 이를 정도의 하자가 존재한다고 보기 어렵다(대판 2015.12.10. 2011두32515). _{2023 소방간부}

0642 행정청이 「행정절차법」 제20조 제1항의 처분기준 사전공표 의무를 위반하여 미리 공표하지 아니한 기준을 적용하여 처분을 하였다면 그러한 처분은 원칙적 취소사유에 해당한다. O | X

0643 행정청이 침해적 처분을 하는 경우 사전통지나 의견제출의 생략사유가 아닌 한 사전통지나 의견제출 기회를 반드시 주어야 한다. O | X

0644 사전통지나 의견제출의 기회를 주지 않은 침해적 처분은 위법하고 당연무효이다. O | X

0645 독촉절차 없이 압류처분을 하였다면 그 압류처분은 중대·명백한 하자로 무효이다. O | X

0646 기업자의 과실로 인하여 토지소유자나 관계인을 알지 못하여 그들로 하여금 참가케 하지 아니하고 한 수용재결은 취소사유에 해당한다. O | X

0647 행정청이 구 「학교보건법」상 학교환경위생정화구역 내에서 금지행위 및 시설의 해제 여부에 관한 행정처분을 하면서 학교환경위생정화위원회의 심의를 누락한 흠이 있더라도 행정처분의 효력에 영향을 주지 않는다. O | X

0648 택지개발계획을 승인함에 있어서 이해관계자의 의견을 듣지 아니하였거나 토지소유자에 대한 통지를 하지 아니한 하자는 취소사유이다. O | X

0649 위법한 택지개발계획승인이 쟁송기간이 도과한 이후 이를 이유로 수용재결의 취소를 구할 수 있다. O | X

0650 행정청이 처리기간이 지나 처분을 하였더라도 이를 처분을 취소할 절차상 하자로 볼 수 없다. O | X

0651 「민원처리법 시행령」 제23조에 따른 민원처리진행상황 통지를 하지 않은 경우 이는 처분을 취소할 절차상 하자에 해당한다. O | X

0652 '4대강 살리기 사업' 각 하천 중 한강 부분에 관한 공사시행계획 및 각 실시계획승인처분에 보의 설치와 준설 등에 대한 예비타당성조사를 실시하지 아니한 하자는 예산 자체의 하자가 되며 이에 따라 해당 하천 부분에 관한 각 하천공사시행계획 및 각 실시계획승인처분의 하자도 인정된다. O | X

정답 및 해설

0642 X 원칙적 취소사유에 이를 정도의 하자로 볼 수 없다.
0643 O
0644 X 취소사유라는 것이 판례이다.
0645 X 취소사유라는 것이 판례이다.
0646 O
0647 X 취소사유의 하자로서 처분의 효력에 영향을 미친다.
0648 O
0649 X 하자승계가 부정되어 취소를 구할 수 없다.
0650 O
0651 X 취소할 정도의 절차상 하자로 보지 않는다.
0652 X 예산자체에 하자일뿐 처분의 하자로 인정되지 않는다.

1. 개발행위허가에 관한 사무를 처리하는 행정기관의 장이 일정한 개발행위를 허가하는 경우에는 국토계획법 제59조 제1항에 따라 도시계획위원회의 심의를 거쳐야 할 것이나, 개발행위허가의 신청 내용이 허가 기준에 맞지 않는다고 판단하여 개발행위허가신청을 불허가하였다면 이에 앞서 도시계획위원회의 심의를 거치지 않았다고 하여 이러한 사정만으로 곧바로 그 불허가처분에 취소사유에 이를 정도의 절차상 하자가 있다고 보기는 어렵다. 다만 행정기관의 장이 도시계획위원회의 심의를 거치지 아니한 결과 개발행위 불허가처분을 함에 있어 마땅히 고려하여야 할 사정을 참작하지 아니하였다면 그 불허가처분은 재량권을 일탈·남용한 것으로서 위법하다고 평가할 수 있을 것이다(대판 2015.10.29. 2012두28728).
2. 화장장 및 묘지공원 부지에 대한 개발제한구역 해제 여부의 결정을 위하여 개최된 중앙도시계획위원회의 표결과정에서 표결권이 없는 광역교통실장이 참석하여 다른 표결권자 대신 표결한 경우, 이러한 잘못이 있다 하여 건설교통부장관의 개발제한구역 해제결정까지 위법하다고 할 수 없다(대판 2007.4.12. 2005두2544).

0653 도시계획심의위원회의 심의를 거치지 않고 개발행위의 허가신청이 허가기준에 맞지 않다는 이유로 불허가를 한 경우 불허가처분에 취소사유에 이를 정도의 절차상 하자로 볼 수 없다. O | X

0654 개발제한구역의 해제 여부의 결정을 위하여 개최된 중앙도시계획위원회의 표결과정에서 표결권이 없는 광역교통실장이 참석하여 다른 표결권자 대신 표결한 경우 건설교통부장관의 개발제한구역 해제결정까지 위법하다고 할 수 있다. O | X

1. 환경영향평가법령에서 정한 환경영향평가를 거쳐야 할 대상사업에 대하여 그러한 환경영향평가를 거치지 아니하였음에도 승인 등 처분을 하였다면 그 처분은 위법하다 할 것이나, 그러한 절차를 거쳤다면, 비록 그 환경영향평가의 내용이 다소 부실하다 하더라도, 그 부실의 정도가 환경영향평가제도를 둔 입법 취지를 달성할 수 없을 정도이어서 환경영향평가를 하지 아니한 것과 다를 바 없는 정도의 것이 아닌 이상, 그 부실은 당해 승인 등 처분에 재량권 일탈·남용의 위법이 있는지 여부를 판단하는 하나의 요소로 됨에 그칠 뿐, 그 부실로 인하여 당연히 당해 승인 등 처분이 위법하게 되는 것이 아니다(대판 2006.3.16. 2006두330). 2017 국회직 8급, 2022 국가직 7급, 2019 지방직 9급
2. 환경영향평가를 거쳐야 할 대상사업에 대하여 환경영향평가를 거치지 아니하였음에도 불구하고 승인 등 처분이 이루어진다면, … 환경영향평가제도를 둔 입법 취지를 달성할 수 없게 되는 결과를 초래할 뿐만 아니라 환경영향평가대상지역 안의 주민들의 직접적이고 개별적인 이익을 근본적으로 침해하게 되므로, 이러한 행정처분의 하자는 법규의 중요한 부분을 위반한 중대한 것이고 객관적으로도 명백한 것이라고 하지 않을 수 없어, 이와 같은 행정처분은 당연무효이다(대판 2006.6.30. 2005두14363). 2017 국회직 8급, 2016 지방직 7급, 2018·2017 서울시 7급

정답 및 해설

0653 O
0654 X 개발제한구역해제결정까지 위법하다고 할 수 없다.

3. 교통영향평가는 환경영향평가와 그 취지 및 내용, 대상사업의 범위, 사전 주민의견수렴절차 생략 여부 등에 차이가 있고 그 후 교통영향평가가 교통영향분석·개선대책으로 대체된 점, 행정청은 교통영향평가를 배제한 것이 아니라 '건축허가 전까지 교통영향평가 심의필증을 교부받을 것'을 부관으로 하여 실시계획변경 및 공사시행변경 인가 처분을 한 점 등에 비추어, 행정청이 사전에 교통영향평가를 거치지 아니한 채 위와 같은 부관을 붙여서 한 위 처분에 중대하고 명백한 흠이 있다고 할 수 없으므로 이를 무효로 보기는 어렵다(대판 2010.2.25. 2009두102). **2017 국회직 8급, 2019 지방직 9급, 2017 지방직 7급**

4. 특별한 사정이 없는 한, 과세예고 통지 후 과세전적부심사 청구나 그에 대한 결정이 있기도 전에 과세처분을 하는 것은 원칙적으로 과세전적부심사 이후에 이루어져야 하는 과세처분을 그보다 앞서 함으로써 과세전적부심사 제도 자체를 형해화시킬 뿐만 아니라 과세전적부심사 결정과 과세처분 사이의 관계 및 불복절차를 불분명하게 할 우려가 있으므로, 그와 같은 과세처분은 납세자의 절차적 권리를 침해하는 것으로서 절차상 하자가 중대하고도 명백하여 무효이다(대판 2016.12.27. 2016두49228). **2018 국가직 7급**

0655 환경영향평가를 거쳐야 할 대상사업에 대하여 환경영향평가를 거치지 않은 승인 처분은 위법하다. O | X

0656 환경영향평가를 거쳐야 할 대상사업에 대하여 그러한 절차를 거쳤다면, 비록 그 환경영향평가의 내용이 다소 부실하다 하더라도 그 부실로 인하여 당연히 당해 승인 등 처분이 위법하게 되는 것이 아니다. O | X

0657 환경영향평가를 거쳐야 할 대상사업에 대하여 환경영향평가를 거치지 않은 승인 처분은 취소사유이다. O | X

0658 교통영향평가를 거치지 아니한 채 실시계획변경 및 공사시행변경 인가처분을 한 것은 당연무효라고 볼 수 없다. O | X

0659 과세관청이 과세예고 통지 후 과세전적부심사 청구나 그에 대한 결정이 있기 전에 국세부과처분을 한 경우, 특별한 사정이 없는 한 그 하자가 중대·명백하다고 볼 수 없어 당연무효가 아닌 취소사유에 해당한다. O | X

정답 및 해설

0655 O
0656 O
0657 X 환경영향평가를 거치지 않은 승인 처분은 당연무효이다.
0658 O
0659 X 과세전적부심사를 거치지 않은 과세처분은 당연무효인 처분이다.

1. 자동차운송사업계획변경인가처분과 자동차운송사업계획변경인가처분을 함에 있어서 그 내용이 2이상의 시·도에 걸치는 노선업종에 있어서의 노선신설이나 변경 또는 노선과 관련되는 사업계획변경의 인가 등에 관한 사항이므로 미리 관계 도지사와 협의하여야 함에도 불구하고 이를 하지 아니한 하자가 있으나, 그와 같은 사정만으로는 자동차운송사업계획변경인가처분과 자동차운송사업계획변경인가처분이 모두 당연무효의 처분이라고 할 수 없다(대판 1995.11.7. 95누9730).

2. 법 제30조의2 제2항의 입법 취지는 시·도지사에게 관할구역 내 지방자치단체 상호간의 균형 있는 인력배치와 지방자치단체의 행정발전 등을 도모할 수 있도록 하기 위하여 인사교류를 권고할 수 있는 권한을 부여하는 한편 그 권한의 적정한 행사를 보장하기 위하여 인사교류협의회에서 정한 인사교류기준에 따라 작성된 인사교류안에 따르도록 한 것이므로, 이러한 일련의 절차는 위 조항에 의한 인사교류를 함에 있어서 본질적인 것으로서 중대하다고 할 것인바, 경기도지사의 인사교류안의 작성과 그에 따른 인사교류의 권고가 전혀 이루어지지 않은 상태에서 행하여진 이 사건 처분은 그 하자가 중대한 것으로서 객관적으로 명백하여 당연무효라 할 것이다(대판 2005.6.24. 2004두10968). **2020 지방직 7급**

3. 이 사건 학교법인의 감독청인 피고(부산시교육위원회)의 학교법인기본재산교환허가처분은 학교법인의 이사장이 교환허가신청을 함에 있어서 이사회의 승인의결을 받음이 없이 이사회회의록사본을 위조하여 첨부한 교환허가신청서에 의한 것인바, 사립학교법 제1조, 제16조, 제28조, 제73조 동법시행령 제11조의 각 규정취지를 종합고찰하면 피고의 이 사건 허가처분은 중대하고 명백한 하자가 있어 당연 무효라 할 것이고 위 학교법인이사회가 위 교환을 추인·재추인하는 의결을 한 사실만으로써 무효인 허가처분의 하자가 치유된다고 볼 수 없다(대판 1984.2.28. 81누275).

4. 같은 법 제3조에서 건설부장관이 택지개발예정지구를 지정함에 있어 미리 관계중앙행정기관의 장과 협의를 하라고 규정한 의미는 그의 자문을 구하라는 것이지 그 의견을 따라 처분을 하라는 의미는 아니라 할 것이므로 이러한 협의를 거치지 아니하였다고 하더라도 이는 위 지정처분을 취소할 수 있는 원인이 되는 하자 정도에 불과하고 위 지정처분이 당연무효가 되는 하자에 해당하는 것은 아니다(대판 2000.10.13. 99두653). **2017 지방직 7급**

0660 2이상의 시·도에 걸친 노선업종에 있어서 노선관련 사업계획의 변경인가처분이 미리 관계도지사와 협의를 거치지 않은 경우 당연무효의 처분이라 할 수 없다. O | X

0661 시·도지사에게 인사교류를 권고할 수 있는 권한을 부여하는 한편 인사교류안을 따르도록 하는 것은 인사교류를 함에 있어 본질적 사항으로 중대하다고 할 것이다. O | X

0662 도지사의 인사교류안의 작성과 그에 따른 인사교류의 권고가 전혀 이루어지지 않은 상태에서 행하여진 이 사건 처분은 그 하자가 중대한 것으로서 객관적으로 명백하여 당연무효이다. O | X

0663 학교법인이사회의 승인의결 없이 회의록을 위조하여 행한 기본재산교환허가신청에 대한 시교육위원회의 교환허가처분은 무효이다. O | X

0664 건설부장관이 택지개발예정지구를 지정함에 있어 미리 관계중앙행정기관의 장과 협의를 거치지 않았다면 이러한 처분은 당연무효이다. O | X

정답 및 해설

0660 O 0661 O 0662 O 0663 O
0664 X 당연무효가 되는 하자에 해당하는 것은 아니다.

> 헌법재판소의 위헌결정의 효력은 위헌제청을 한 '당해사건', 위헌결정이 있기 전에 이와 동종의 위헌 여부에 관하여 헌법재판소에 위헌여부심판제청을 하였거나 법원에 위헌여부심판제청신청을 한 '동종사건'과 따로 위헌제청신청은 아니하였지만 당해 법률 또는 법률 조항이 재판의 전제가 되어 법원에 계속 중인 '병행사건'뿐만 아니라, 위헌결정 이후 같은 이유로 제소된 '일반사건'에도 미친다. 하지만 위헌결정의 효력이 미치는 범위가 무한정일 수는 없고, 다른 법리에 의하여 그 소급효를 제한하는 것까지 부정되는 것은 아니며, 법적 안정성의 유지나 당사자의 신뢰보호를 위하여 불가피한 경우에 위헌결정의 소급효를 제한하는 것은 오히려 법치주의의 원칙상 요청된다(대판 2017.3.9. 2015다233982).
>
> 2020 국회직 8급

0665 헌법재판소의 위헌결정은 위헌제청신청은 아니하였지만 당해 법률 또는 법률 조항이 재판의 전제가 되어 법원에 계속 중인 '병행사건'에도 미친다. O | X

0666 헌법재판소의 위헌결정은 위헌결정 이후 같은 이유로 제소된 '일반사건'에는 미치지 않는다. O | X

0667 헌법재판소의 위헌결정의 소급효는 법적 안정성의 유지나 당사자의 신뢰보호를 위하여 불가피한 경우 제한된다. O | X

> 이 사건 위헌결정이 이 사건 법률조항이 위헌이라고 한 취지는 공무원이 저지른 범죄의 종류나 내용을 가리지 않고, 금고 이상의 형의 선고유예를 받게 되면 공무원에서 당연히 퇴직하는 것으로 규정되어 과잉금지의 원칙에 위반된다는 것이었는데, … 새삼스럽게 위헌결정의 소급효를 인정하여 이미 발생한 당연퇴직의 효력을 소멸시키고 공무원의 신분을 회복하게 하여 그 근무기간을 경력과 호봉의 산정에 있어 재직기간으로 산입하게 되면 공무원 조직에 상당한 혼란을 주게 될 뿐 아니라 공무원연금에 상당한 재정적 부담을 주게 되어 결국에는 국가 또는 지방자치단체의 사무의 적정한 행사 및 조직의 안정은 물론 재정에도 악영향을 미칠 것으로 보이는 점, … 등을 종합하여 보면, 이 사건 위헌결정 이후 제소된 일반사건인 이 사건에 대하여 위헌결정의 소급효를 인정할 경우 그로 인하여 보호되는 원고의 권리구제라는 구체적 타당성 등의 요청에 비하여 종래의 법령에 의하여 형성된 공무원의 신분관계에 관한 법적 안정성과 신뢰보호의 요청이 현저하게 우월하므로 이 사건 위헌결정의 소급효는 제한되어 이 사건에는 미치지 아니한다고 할 것이다(대판 2006.6.9. 2004두9272).
>
> 2014 지방직 9급

0668 공무원이 저지른 범죄의 종류나 내용을 가리지 않고, 금고 이상의 형의 선고유예를 받게 되면 공무원에서 당연히 퇴직하는 것으로 규정된 법률은 비례원칙에 위반되어 위헌이다. O | X

0669 이 법률에 근거해서 당연퇴직된 공무원은 위헌결정의 소급효가 인정되어 공무원의 신분을 회복하게 된다. O | X

정답 및 해설

0665 **O**
0666 **X** 일반사건에도 위헌결정의 효력이 미친다.
0667 **O**
0668 **O**
0669 **X** 공무원 조직의 안정성을 더 강조하여 소급효가 인정되지 않는다.

1. [1] 위헌인 법률에 근거한 행정처분이 당연무효인지의 여부는 위헌결정의 소급효와는 별개의 문제로서, 위헌결정의 소급효가 인정된다고 하여 위헌인 법률에 근거한 행정처분이 당연무효가 된다고는 할 수 없고, 오히려 이미 취소소송의 제기기간을 경과하여 확정력이 발생한 행정처분에는 위헌결정의 소급효가 미치지 않는다고 보아야 한다.

    [2] 어느 행정처분에 대하여 그 행정처분의 근거가 된 법률이 위헌이라는 이유로 무효확인청구의 소가 제기된 경우에는 다른 특별한 사정이 없는 한 법원으로서는 그 법률이 위헌인지 여부에 대하여는 판단할 필요 없이 그 무효확인청구를 기각하여야 한다(대판 1994.10.28. 92누9463).

2. 일반적으로 시행령이 헌법이나 법률에 위반된다는 사정은 그 시행령의 규정을 위헌 또는 위법하여 무효라고 선언한 대법원의 판결이 선고되지 아니한 상태에서는 그 시행령 규정의 위헌 내지 위법 여부가 해석상 다툼의 여지가 없을 정도로 명백하였다고 인정되지 아니하는 이상 객관적으로 명백한 것이라 할 수 없으므로, 이러한 시행령에 근거한 행정처분의 하자는 취소사유에 해당할 뿐 무효사유가 되지 아니한다(대판 2007.6.14. 2004두619).

3. 행정청이 법률에 근거하여 행정처분을 한 후에 헌법재판소가 그 법률을 위헌으로 결정하였다면 그 행정처분은 결과적으로 법률의 근거가 없이 행하여진 것과 마찬가지가 되어 하자가 있다고 할 것이나, 하자 있는 행정처분이 당연무효가 되기 위하여는 그 하자가 중대할 뿐만 아니라 명백한 것이어야 하는데, 일반적으로 법률이 헌법에 위반된다는 사정은 헌법재판소의 위헌결정이 있기 전에는 객관적으로 명백한 것이라고 할 수 없으므로 특별한 사정이 없는 한 이러한 하자는 위 행정처분의 취소사유에 해당할 뿐 당연무효 사유는 아니라고 보아야 한다(대판 2000.6.9. 2000다16329).

4. 행정처분의 집행이 이미 종료되었고 그것이 번복될 경우 법적 안정성을 크게 해치게 되는 경우에는 후에 행정처분의 근거가 된 법규가 헌법재판소에서 위헌으로 선고된다고 하더라도 그 행정처분이 당연무효가 되지는 않음이 원칙이라고 할 것이나, 행정처분 자체의 효력이 쟁송기간 경과 후에도 존속 중인 경우, 특히 그 처분이 위헌법률에 근거하여 내려진 것이고 그 행정처분의 목적달성을 위하여서는 후행 행정처분이 필요한데 후행 행정처분은 아직 이루어지지 않은 경우와 같이 그 행정처분을 무효로 하더라도 법적 안정성을 크게 해치지 않는 반면에 그 하자가 중대하여 그 구제가 필요한 경우에 대하여서는 그 예외를 인정하여 이를 당연무효사유로 보아서 쟁송기간 경과 후에라도 무효확인을 구할 수 있는 것이라고 봐야 할 것이다(헌재 1994.6.30. 92헌바23).

5. 헌법재판소가 이 사건 법률조항을 위헌으로 결정하여 당해사건에서 위헌법률에 근거하여 행한 세무공무원의 직무집행 행위인 국세가산금 환급처분이 결과적으로 위법한 것으로 된다 하더라도, 세무공무원이 국세가산금을 청구인에게 환급해 줄 당시에는 법률을 집행하는 세무공무원으로서 법률이 헌법에 위반되는지 여부를 심사할 권한이 없고, 이 사건 법률조항에 따라 계산된 국세가산금 환급액을 지급하기만 할 뿐이어서 당해 세무공무원에게 고의 또는 과실이 있다 할 수 없으므로, 국가의 청구인에 대한 손해배상책임은 성립되지 않는다(헌재 2008.4.24. 2006헌바72).

0670 대법원은 이미 취소소송의 제기기간을 경과하여 확정력이 발생한 행정처분의 경우에는 위헌결정의 소급효가 미친다는 입장이다. O | X

0671 어느 행정처분에 대하여 그 행정처분의 근거가 된 법률이 위헌이라는 이유로 무효확인청구의 소가 제기된 경우, 다른 특별한 사정이 없는 한 법원으로서는 그 법률이 위헌인지 여부에 대하여는 판단할 필요 없이 그 무효확인청구를 기각하여야 한다. O | X

0672 일반적으로 법률이 헌법에 위반된다는 사정은 헌법재판소의 위헌결정이 있기 전에는 객관적으로 명백한 것이라고 할 수는 없다. O | X

0673 헌법재판소의 위헌결정 전에 행정처분의 근거되는 당해 법률이 헌법에 위반된다는 사유는 특별한 사정이 없는 한 그 행정처분의 취소사유가 된다. O | X

0674 행정처분을 무효로 하더라도 법적 안정성을 크게 해치지 않는 반면에 그 하자가 중대하여 그 구제가 필요한 경우에 대하여서는 그 예외를 인정하여 이를 당연무효사유로 보아서 쟁송기간 경과 후에라도 무효확인을 구할 수 있다는 것이 헌법재판소의 입장이다. O | X

0675 처분이 있은 후에 근거법률이 위헌으로 결정된 경우, 그 법률을 적용한 공무원에게 고의 또는 과실이 있었다고 단정할 수 없다. O | X

정답 및 해설

0670 **X** 대법원은 불가쟁력이 발생한 처분에는 위헌결정의 소급효가 미치지 않는다고 본다.
0671 **O** 0672 **O** 0673 **O** 0674 **O** 0675 **O**

> 1. 위헌법률에 기한 행정처분의 집행이나 집행력을 유지하기 위한 행위는 위헌결정의 기속력에 위반되어 허용되지 않는다고 보아야 할 것인데 구 택지소유상한에관한법률 전부에 대한 위헌결정 이전에 이미 택지초과소유부담금 부과처분과 압류처분 및 이에 기한 압류등기가 이루어지고 위 각 처분이 확정되었다고 하여도, 위헌결정 이후에 별도의 행정처분으로서 다른 재산에 대한 압류처분, 징수처분 등 체납처분절차를 진행하였다면 이는 근거되는 법률이 없는 것이어서 그 하자가 중대하고 명백하여 당연무효라고 하지 않을 수 없다(대판 2002.6.28. 2001다60873).
>
> 2. 특별한 사정이 없는 한 기존의 압류등기나 교부청구만으로 다른 사람에 의하여 개시된 경매절차에서 배당을 받을 수도 없다(대판 2002.8.23. 2001두2959).

0676 근거법률의 위헌결정 이전에 이미 택지초과소유부담금 부과처분과 압류처분 및 이에 기한 압류등기가 이루어지고 위 각 처분이 확정되었다고 하여도 위헌결정 이후에 별도의 행정처분으로서 다른 재산에 대한 압류처분, 징수처분 등 체납처분절차를 진행할 수 없다. O | X

0677 위헌결정 이후에 별도의 행정처분으로서 다른 재산에 대한 압류처분, 징수처분 등 체납처분절차를 진행하였다면 이는 취소사유에 해당한다. O | X

0678 근거법률의 위헌결정 이전에 이미 부담금 부과처분과 압류처분 및 이에 기한 압류등기가 이루어지고 각 처분이 확정된 경우에는 기존의 압류등기나 교부청구로도 다른 사람에 의하여 개시된 경매절차에서 배당 받을 수 있다. O | X

정답 및 해설

0676　**O**
0677　**X**　위헌결정 이후에 체납처분절차는 당연무효라는 것이 판례이다.
0678　**X**　근거법률이 위헌결정이 난 이후 경매절차는 무효이므로 배당을 받을 수 없다.

■ 무효와 취소의 구별의 상대성

┌ 처분 - 무효 = 무효확인소송 but 취소소송제기 허용 - 취소소송의 요건구비(X) : 각하판결
└ 처분 - 취소사유 = 취소소송 but 무효확인소송제기 허용 - 취소소송의 요건구비(X) : 기각판결

1. 행정처분의 당연무효를 선언하는 의미에서 그 취소를 구하는 행정소송을 제기하는 경우에는 전치절차와 그 제소기간의 준수 등 취소소송의 제소요건을 갖추어야 한다(대판 1987.6.9. 87누219). **2016 국회직 8급, 2022·2020·2013 국가직 7급, 2022·2014 지방직 9급**

2. 행정처분의 무효확인을 구하는 소에는 원고가 그 처분의 취소를 구하지 아니한다고 밝히지 아니한 이상 그 처분이 당연무효가 아니라면 그 취소를 구하는 취지도 포함되어 있는 것으로 보아야 하고, 그와 같은 경우에 취소청구를 인용하려면 먼저 취소를 구하는 항고소송으로서의 제소요건을 구비하여야 한다(대판 2018.10.25. 2015두38856). **2023 소방간부, 2023 국회직 8급, 2017 국가직 9급**

0679 행정처분의 당연무효를 선언하는 의미에서의 취소를 구하는 행정소송도 허용된다. O | X

0680 행정처분의 당연무효를 선언하는 의미에서의 취소를 구하는 행정소송은 취소소송의 제소요건을 갖출 필요가 없다. O | X

0681 일반적으로 행정처분의 무효확인을 구하는 소에는 그 처분이 만약 당연무효가 아니라면 그 취소를 구하는 취지도 포함된 것으로 보아야 한다. O | X

정답 및 해설

0679 O
0680 X 취소소송의 소송요건을 갖추어야 한다.
0681 O

20 | 하자의 승계

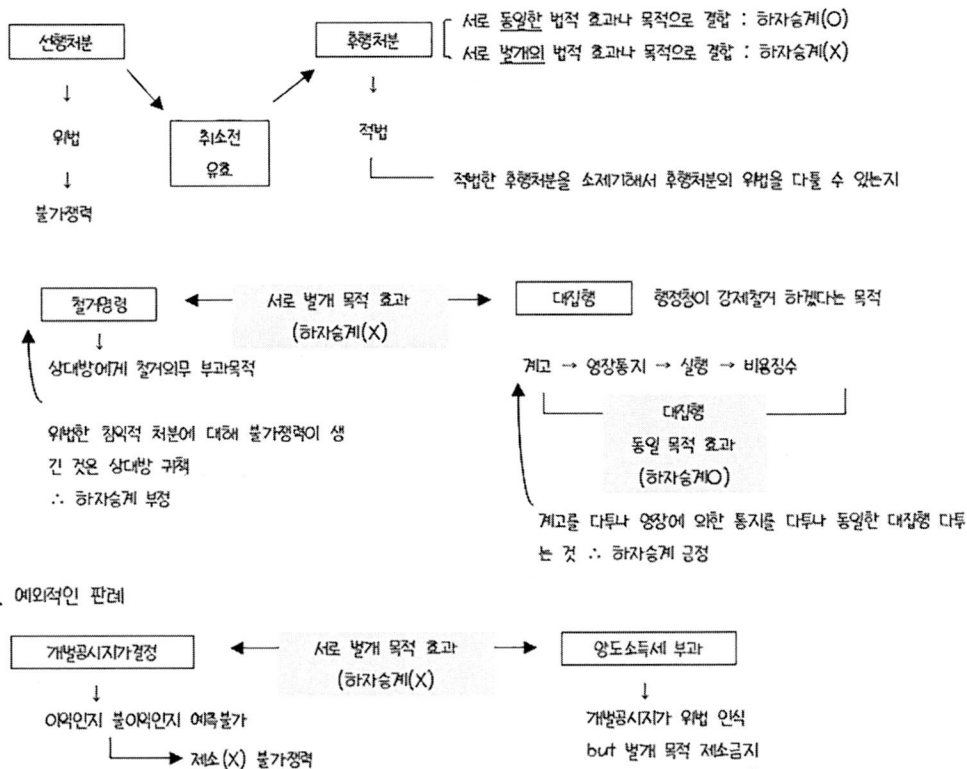

1. 선행행위가 부존재하거나 무효인 경우에는 그 하자는 당연히 후행행위에 승계되어 후행행위도 무효로 된다. … 행정청의 원고에 대한 원상복구명령은 권한 없는 자의 처분으로 무효라고 할 것이고, 위 원상복구명령이 당연무효인 이상 후행처분인 계고처분의 효력에 당연히 영향을 미쳐 그 계고처분 역시 무효로 된다(대판 1996.6.28. 96누4374).

2016 국회직 8급, 2016 국가직 7급, 2017 서울시 7급

2. 적법한 건축물에 대한 철거명령은 그 하자가 중대하고 명백하여 당연무효라고 할 것이고, 그 후행행위인 건축물철거 대집행계고처분 역시 당연무효라고 할 것이다(대판 1999.4.27. 97누6780).

2023·2022 국회직 8급, 2023·2016 국가직 9급, 2017 국가직 7급, 2015 지방직 7급

3. 계고처분의 후속절차인 대집행에 위법이 있다고 하더라도 그와 같은 후속절차에 위법성이 있다는 점을 들어 선행절차인 계고처분이 부적법하다는 사유로 삼을 수는 없다(대판 1996.6.28. 96누4374).

2020 국가직 9급, 2016 국가직 7급, 2021 지방직 9급, 2020 지방직 7급

0682 선행행위가 부존재하거나 무효인 경우에는 그 하자는 당연히 후행행위에 승계되어 후행행위도 무효로 된다. O | X

0683 행정청의 원상복구명령이 당연무효인 경우 후행처분인 계고처분도 무효로 된다. O | X

0684 적법한 건축물에 대한 철거명령의 불이행을 이유로 후행행위로 행해진 건축물철거 대집행계고는 당연무효이다. O | X

0685 후속절차에 위법성이 있다는 점을 들어 선행절차인 계고처분이 부적법하다는 사유로 삼을 수는 있다. O | X

정답 및 해설

0682 O   0683 O   0684 O
0685 X 후속절차에 위법을 이유로 선행절차인 계고처분의 위법을 다툴 수 없다.

1. 두 개 이상의 행정처분이 연속적으로 행하여지는 경우 선행처분과 후행처분이 서로 결합하여 1개의 법률효과를 완성하는 때에는 선행처분에 하자가 있으면 그 하자는 후행처분에 승계되므로 선행처분에 불가쟁력이 생겨 그 효력을 다툴 수 없게 된 경우에도 선행처분의 하자를 이유로 후행처분의 효력을 다툴 수 있다(대판 1994.1.25. 93누8542).
2. 선행처분과 후행처분이 서로 독립하여 별개의 법률효과를 목적으로 하는 때에는 선행처분에 불가쟁력이 생겨 그 효력을 다툴 수 없게 된 경우에는 선행처분의 하자가 중대하고 명백하여 당연무효인 경우를 제외하고는 선행처분의 하자를 이유로 후행처분의 효력을 다툴 수 없는 것이 원칙이나 선행처분과 후행처분이 서로 독립하여 별개의 효과를 목적으로 하는 경우에도 선행처분의 불가쟁력이나 구속력이 그로 인하여 불이익을 입게 되는 자에게 수인한도를 넘는 가혹함을 가져오며, 그 결과가 당사자에게 예측가능한 것이 아닌 경우에는 국민의 재판받을 권리를 보장하고 있는 헌법의 이념에 비추어 선행처분의 후행처분에 대한 구속력은 인정될 수 없다(대판 1994.1.25. 93누8542). **2023·2017 지방직 9급, 2020 지방직 7급**

0686 선행처분과 후행처분이 서로 결합하여 1개의 법률효과를 완성하는 때에는 선행처분에 하자가 있으면 그 하자는 후행처분에 승계된다. O | X

0687 선행처분과 후행처분이 서로 결합하여 1개의 법률효과를 완성하는 때에는 선행처분에 불가쟁력이 생겨 그 효력을 다툴 수 없게 된 경우 선행처분의 하자를 이유로 후행처분의 효력을 다툴 수 없다. O | X

0688 선행처분과 후행처분이 서로 독립하여 별개의 법률효과를 목적으로 하는 때에는 선행처분의 하자를 이유로 후행처분의 효력을 다툴 수 없는 것이 원칙이다. O | X

0689 선행처분과 후행처분이 서로 독립하여 별개의 효과를 목적으로 하는 경우에도 선행처분의 불가쟁력이나 구속력이 그로 인하여 불이익을 입게 되는 자에게 수인한도를 넘는 가혹함을 가져오며, 그 결과가 당사자에게 예측가능한 것이 아닌 경우 하자승계가 인정된다. O | X

정답 및 해설

0686 O
0687 X 선행처분과 후행처분이 1개 법률효과로 결합된 경우 선행처분의 하자를 이유로 후행처분의 효력을 다툴 수 있다.
0688 O
0689 O

1. 개별공시지가결정은 이를 기초로 한 과세처분 등과는 별개의 독립된 처분으로서 서로 독립하여 별개의 법률효과를 목적으로 하는 것이나, 개별공시지가는 이를 토지소유자나 이해관계인에게 개별적으로 고지하도록 되어 있는 것이 아니어서 토지소유자 등이 개별공시지가결정 내용을 알고 있었다고 전제하기도 곤란할 뿐만 아니라 결정된 개별공시지가가 자신에게 유리하게 작용될 것인지 또는 불이익하게 작용될 것인지 여부를 쉽사리 예견할 수 있는 것도 아니며, … 위법한 개별공시지가결정에 대하여 그 정해진 시정절차를 통하여 시정하도록 요구하지 아니하였다는 이유로 위법한 개별공시지가를 기초로 한 과세처분 등 후행 행정처분에서 개별공시지가결정의 위법을 주장할 수 없도록 하는 것은 수인한도를 넘는 불이익을 강요하는 것으로서 국민의 재산권과 재판받을 권리를 보장한 헌법의 이념에도 부합하는 것이 아니라고 할 것이므로, 개별공시지가결정에 위법이 있는 경우에는 그 자체를 행정소송의 대상이 되는 행정처분으로 보아 그 위법 여부를 다툴 수 있음은 물론 이를 기초로 한 과세처분 등 행정처분의 취소를 구하는 행정소송에서도 선행처분인 개별공시지가결정의 위법을 독립된 위법사유로 주장할 수 있다고 해석함이 타당하다(대판 1994.1.25. 93누8542).

2. 개별토지가격 결정에 대한 재조사청구에 따른 감액조정에 대하여 더 이상 불복하지 아니한 경우, 이를 기초로 한 양도소득세부과처분취소소송에서 다시 개별토지가격 결정의 위법을 당해 과세처분의 위법사유로 주장할 수 없다(대판 1998.3.13. 96누6059).

2017 국가직 9급

0690 개별공시지가결정과 이를 기초로 한 과세처분은 서로 동일한 법적 효과를 목적으로 결합된 처분이다. O | X

0691 토지소유자 등이 개별공시지가결정 내용을 알고 있었다고 전제하기도 곤란할 뿐만 아니라 결정된 개별공시지가가 자신에게 유리하게 작용될 것인지 또는 불이익하게 작용될 것인지 여부를 쉽사리 예견할 수 있는 것이 아니다. O | X

0692 위법한 개별공시지가결정에 대하여 그 정해진 시정절차를 통하여 시정하도록 요구하지 아니하였다는 이유로 위법한 개별공시지가를 기초로 한 과세처분 등 후행 행정처분에서 개별공시지가결정의 위법을 주장할 수 없도록 하는 것은 수인한도를 넘는 불이익을 강요하는 것이 된다. O | X

0693 개별공시지가를 기초로 한 과세처분 등 행정처분의 취소를 구하는 행정소송에서도 선행처분인 개별공시지가결정의 위법을 독립된 위법사유로 주장할 수 없다. O | X

0694 개별토지가격 결정에 대한 재조사청구에 따른 감액조정을 받은 자는 이를 기초로 한 양도소득세 부과처분 취소소송에서 다시 개별토지가격 결정의 위법을 당해 과세처분의 위법사유로 주장할 수 있다. O | X

정답 및 해설

0690 X 서로 독립해서 별개의 법률효과를 목적으로 하는 처분이다.
0691 O
0692 O
0693 X 개별공시지가와 과세처분은 예외적 하자승계를 인정한다.
0694 X 개별토지가격 결정에 대한 감액조정을 받은 경우 하자승계를 부정한다.

하자승계가 인정된 판례

① 조세체납처분에서의 독촉 · 압류 · 매각 · 충당의 각 행위
② 행정대집행상의 계고 · 통지 · 실행 · 비용징수 간의 행위　2023·2022 소방간부, 2019·2015 국회직 8급, 2018 국가직 9급, 2017 국가직 7급, 2013 지방직 9급
③ 암매장분묘개장명령과 계고처분
④ 귀속재산의 임대처분과 매각처분
⑤ 한지의사시험자격인정과 한지의사면허처분
⑥ 안경사시험의 합격취소처분과 안경사면허시험취소처분
⑦ 기준지가고시처분과 토지수용처분
⑧ 개별공시지가와 과세처분　2024 소방간부, 2021 국가직 9급
⑨ 개병공시지가와 개발부담금부과
⑩ 표준지공시지가 결정과 수용(수용금) 재결　2024 소방간부, 2023 국회직 8급, 2018 국가직 9급, 2016 국가직 7급
⑪ 친일반민족행위자 최종발표와 유가족 등에 대한 독립유공자법 적용배제결정　2018 지방직 9급

하자승계가 부정된 판례

① 과세처분과 체납처분　2022 국회직 8급, 2023·2019 국가직 9급
② 철거명령과 대집행　2024 소방간부, 2013 지방직 7급
③ 직위해제처분과 면직처분　2022 국가직 9급
④ 변상판정과 변상명령
⑤ 도시계획결정과 수용재결처분　2016 지방직 7급
⑥ 사업시행계획과 관리처분계획　2018 국가직 9급
⑦ 도시계획결정과 실시계획인가　2018 국회직 8급, 2022·2018 국가직 9급, 2020 지방직 9급
⑧ 사업인정과 수용재결처분　2016 국회직 8급, 2016 2014 지방직 7급
⑨ 택지개발승인과 수용재결처분
⑩ 병역법상 보충역편입처분과 공익근무요원소집처분　2024 소방간부, 20224 국가직 7급
⑪ 표준공시지가결정과 개별토지가격결정
⑫ 표준공시지가결정과 과세처분
⑬ 시행인가처분과 환지청산금 부과처분　2019 국회직 8급
⑭ 보충역편입처분과 공익근무요원 소집처분　2022 국가직 9급
⑮ 소득금액변동통지와 징수처분　2019 국회직 8급, 2023 지방직 9급, 2022 지방직 7급
⑯ 국제항공노선면허거부와 노선면허처분　2019 국회직 8급
⑰ 공인중개사 업무정지처분과 중개사무소 개설 등록취소　2024 국가직 7급

0695　조세부과처분과 조세체납처분간에는 하자가 승계되는 것이 원칙이다.　O | X

0696　조세부과처분과 조세체납처분은 서로 별개의 행정처분으로 조세부과처분이 무효라 해서 그 부과처분의 집행을 위한 체납처분도 당연무효가 되는 것은 아니다.　O | X

0697　대집행의 계고, 대집행영장에 의한 통지, 대집행의 실행, 대집행에 요한 비용의 납부명령은 동일한 행정목적을 달성하기 위하여 단계적인 일련의 절차로 연속하여 행하여지는 것이다.　O | X

0698　선행처분인 계고처분이 위법한 것이기 때문에 그 계고처분을 전제로 행하여진 대집행영장발부 통보처분도 위법한 것이라는 주장을 할 수 있다.　O | X

0699 하자가 있는 도시계획결정에 불가쟁력이 발생하였다면, 당해 도시계획결정이 당연무효가 아닌 이상 그 하자를 이유로 후행하는 수용재결처분의 취소를 구할 수는 없다. O | X

0700 건물철거명령과 대집행계고처분간에는 하자가 승계된다. O | X

0701 공무원에 대한 직위해제처분과 면직처분은 서로 동일한 법적 효과를 목적으로 결합되어 하자가 승계된다. O | X

0702 택지개발사업계획의 승인과 수용재결처분간에는 하자가 승계된다. O | X

0703 선행된 직위해제 처분의 위법사유를 들어 면직처분의 효력을 다툴 수는 없다. O | X

0704 수용보상금의 증액을 구하는 소송에서도 선행처분으로서 그 수용대상 토지 가격 산정의 기초가 된 비교표준지공시지가결정의 위법을 독립한 사유로 주장할 수 있다. O | X

0705 각 사적 지정처분의 하자가 당연무효 사유에 해당한다고 볼 만한 사정도 없다면 사적 지정처분의 하자가 이 사건 사업인정고시에 승계되지 않는다. O | X

0706 도로점용허가와 점용료 부과처분은 서로 하나의 법률효과를 발생시키므로 도로점용허가에 불가쟁력이 생겨 그 효력을 다툴 수 없게 된 경우 도로점용허가에 흠을 이유로 점용료 부과처분의 효력을 다툴 수 있다. O | X

0707 토지구획정리사업 시행 후 시행인가처분의 하자가 취소사유에 불과하더라도 사업 시행 후 시행인가처분의 하자를 이유로 환지청산금 부과처분의 효력을 다툴 수 있다. O | X

0708 도시·군계획시설결정과 실시계획인가는 도시·군계획시설사업을 위하여 이루어지는 단계적 행정절차에서 별도의 요건과 절차에 따라 별개의 법률효과를 발생시키는 독립적인 행정처분이다. O | X

0709 도시계획사업허가의 공고 시에 토지세목의 고시를 누락하거나, 사업인정을 함에 있어 수용 또는 사용할 토지의 세목공시절차를 누락한 경우에 이를 이유로 수용재결처분의 취소를 구할 수 없다. O | X

0710 「공인중개사법」 위반으로 업무정지처분을 받고 그 업무정지기간 중 중개업무를 하였다는 이유로 중개사무소개설등록취소처분을 받은 경우, 양 처분은 그 내용과 효과를 달리하는 독립된 행정처분으로서 서로 결합하여 1개의 법률효과를 완성하는 때에 해당한다고 볼 수 없다. O | X

정답 및 해설

0695 X 하자가 승계되지 않는다.
0696 X 조세부과처분이 무효인 경우 이를 집행하기 위한 체납처분도 무효이다.
0697 O 0698 O 0699 O
0700 X 하자가 승계되지 않는다.
0701 X 서로 별개의 법적 효과를 목적으로 결합되어 하자가 승계되지 않는다.
0702 X 하자가 승계되지 않는다.
0703 O 0704 O 0705 O
0706 X 서로 별개의 법적 효과를 목적으로 결합되어 하자가 승계되지 않는다.
0707 X 서로 별개의 법적 효과를 목적으로 결합되어 하자가 승계되지 않는다.
0708 O 0709 O 0710 O

21 | 하자의 치유와 전환

> 하자 있는 행정행위에 있어서 하자의 치유는 행정행위의 성질이나 법치주의의 관점에서 원칙적으로 허용될 수 없고, 행정행위의 무용한 반복을 피하고 당사자의 법적 안정성을 보호하기 위하여 국민의 권익을 침해하지 아니하는 범위 내에서 예외적으로만 허용된다(대판 2001.6.26. 99두11592).

0711 하자 있는 행정행위에 있어서 하자의 치유는 행정행위의 성질이나 법치주의의 관점에서 원칙적으로 허용될 수 없다. O | X

0712 하자 있는 행정행위에 있어서 하자의 치유는 행정행위의 무용한 반복을 피하고 당사자의 법적 안정성을 보호하기 위하여 국민의 권익을 침해하지 아니하는 범위 내에서 예외적으로만 허용된다. O | X

> 1. 원고가 국가공무원으로 임용된 뒤 명예퇴직하였으나 임용 전에 당시 국가공무원법상의 임용결격사유가 있었으면 국가가 과실에 의하여 이를 밝혀내지 못하였다고 하더라도 그 임용행위는 당연무효이고 그 하자가 치유되는 것은 아니어서 퇴직급여청구신청을 반려하는 처분은 적법하다(대판 1996.4.12. 95누18857). **2016 국가직 9급**
> 2. 징계처분이 중대하고 명백한 흠 때문에 당연무효의 것이라면 징계처분을 받은 자가 이를 용인하였다 하여 그 흠이 치료되는 것은 아니다(대판 1989.12.12. 88누8869). **2019·2016 지방직 9급, 2014 지방직 7급**
> 3. 토지등급결정내용의 개별통지가 있다고 볼 수 없어 토지등급결정이 무효인 이상, 토지소유자가 그 결정 이전이나 이후에 토지등급결정내용을 알았다거나 또는 그 결정 이후 매년 정기 등급수정의 결과가 토지소유자 등의 열람에 공하여졌다 하더라도 개별통지의 하자가 치유되는 것은 아니다(대판 1997. 5. 28. 96누5308). **2024 지방직 9급**

0713 공무원법상의 임용결격사유가 있었으면 국가가 과실에 의하여 이를 밝혀내지 못하였다고 하더라도 그 임용행위는 당연무효이다. O | X

0714 공무원법상 임용결격사유에 해당하는 자가 십수년 근무하여 명예퇴직하는 경우 국가가 이를 과실로 밝혀내지 못했다면 임용결격의 하자는 치유된다. O | X

0715 징계처분이 당연무효인 경우라도 징계처분을 받은 자가 이를 용인하였다면 하자는 치유된다. O | X

1. 사건처분에 관한 하자가 행정처분의 내용에 관한 것이고 새로운 노선면허가 이 사건 소제기 이후에 이루어진 사정 등에 비추어 하자의 치유를 인정치 않은 원심의 판단은 정당하고, 거기에 소론이 지적하는 바와 같은 법리오해의 위법이 있다 할 수 없다(대판 1991.5.28. 90누1359). _{2017 국가직 9급}

2. LPG충전사업허가의 경우 인근주민의 동의를 받아야 함에도 이를 받지 않은 자에게 허가가 발령되어 경원자가 그 신규사업허가의 취소를 구한 소송에서 위 각 건물주로부터 동의를 받았으니 이 사건 처분의 하자는 치유되었다는 주장에 대하여는, … 이 사건에 있어서는 원고의 적법한 허가신청이 참가인들의 신청과 경합되어 있어 이 사건 처분의 치유를 허용한다면 원고에게 불이익하게 되므로 이를 허용할 수 없다(대판 1992.5. 891누13274). _{2014 지방직 7급}

3. 재건축조합설립인가처분 당시 동의율을 충족하지 못한 하자는 후에 추가동의서가 제출되었다는 사정만으로 치유될 수 없다(대판 2013.7.11. 2011두27544). _{2023 국회직 8급, 2023 국가직 9급, 2016 지방직 9급}

0716 하자가 행정처분의 내용에 관한 것이고 새로운 노선면허가 이 사건 소제기 이후에 이루어진 사정 등에 비추어 하자의 치유가 인정되지 않는다. O | X

0717 LPG충전사업허가의 경우 인근주민의 동의를 받아야 함에도 이를 받지 않은 자에게 허가가 발령되어 경원자가 그 신규사업허가의 취소를 구한 소송에서 처분 후 동의를 받았다는 이유로 그 하자가 치유되지 않는다. O | X

0718 재건축조합설립인가처분 당시 동의율을 충족하지 못한 하자는 후에 추가동의서가 제출되었다는 사정만으로 치유될 수 없다. O | X

정답 및 해설

0711 O 0712 O 0713 O
0714 X 공무원임용이 무효인 경우 국가가 이를 과실로 밝혀내지 못했더라도 하자는 치유되지 않는다.
0715 X 징계처분이 무효인 경우 징계처분의 상대방이 이를 용인하였더라도 하자가 치유되지 않는다.
0716 O 0717 O 0718 O

> 선행처분인 개별공시지가결정이 위법하여 그에 기초한 개발부담금 부과처분도 위법하게 된 경우 그 하자의 치유를 인정하면 개발부담금 납부의무자로서는 위법한 처분에 대한 가산금 납부의무를 부담하게 되는 등 불이익이 있을 수 있으므로, 그 후 적법한 절차를 거쳐 공시된 개별공시지가결정이 종전의 위법한 공시지가결정과 그 내용이 동일하다는 사정만으로는 위법한 개별공시지가결정에 기초한 개발부담금 부과처분이 적법하게 된다고 볼 수 없다(대판 2001.6.26. 99두11592). **2019 국회직 8급**

0719 선행처분인 개별공시지가결정이 위법하여 그에 기초한 개발부담금 부과처분도 위법하게 된 경우 그 하자의 치유를 인정하면 개발부담금 납부의무자로서는 위법한 처분에 대한 가산금 납부의무를 부담하게 되는 등 불이익이 있을 수 있다. O | X

0720 적법한 절차를 거쳐 공시된 개별공시지가결정이 종전의 위법한 공시지가결정과 그 내용이 동일하다면 그 개발부담금 부과처분의 하자가 치유된다. O | X

> 1. 납세고지서에 세액산출근거 등의 기재사항이 누락되었거나 과세표준과 세액의 계산명세서가 첨부되지 않았다면 적법한 납세의 고지라고 볼 수 없으며, 위와 같은 납세고지의 하자는 납세의무자가 그 나름대로 산출근거를 알고 있다거나 사실상 이를 알고서 쟁송에 이르렀다 하더라도 치유되지 않는다(대판 2002.11.13. 2001두1543). **2020·2013 국가직 7급**
> 2. 세액산출근거가 기재되지 아니한 납세고지서에 의한 부과처분은 강행법규에 위반하여 취소대상이 된다 할 것이므로 이와 같은 하자는 납세의무자가 전심절차에서 이를 주장하지 아니하였거나, 그 후 부과된 세금을 자진납부하였다거나, 또는 조세채권의 소멸시효기간이 만료되었다 하여 치유되는 것이라고는 할 수 없다(대판 1985.4.9. 84누431). **2021 소방간부, 2023·2017 국가직 9급, 2021 지방직 9급**

0721 납세고지서에 세액산출근거 등의 기재사항이 누락되었거나 과세표준과 세액의 계산명세서가 첨부되지 않았다면 적법한 납세의 고지라고 볼 수 없다. O | X

0722 위와 같은 납세고지의 하자는 납세의무자가 그 나름대로 산출근거를 알고 있다거나 사실상 이를 알고서 쟁송에 이르렀다면 하자가 치유된다. O | X

0723 납세의무자가 부과된 세금을 자진 납부하였다고 하더라도 세액산출근거 등의 기재사항이 누락된 납세고지서에 의한 과세처분의 하자는 치유되지 않는다. O | X

정답 및 해설

0719 O
0720 X 종전의 위법한 공시지가결정과 내용이 동일하더라도 하자가 치유되지 않는다.
0721 O
0722 X 납세고지서에 기재사항이 누락된 경우 상대방이 알고 있다는 것만으로 치유되지 않는다.
0723 O

> 1. 국세징수법 제9조, … 규정에 의하여 증여세의 납세고지서에 과세표준과 세액의 계산명세가 기재되어 있지 아니하거나 그 계산명세서를 첨부하지 아니하였다면 그 납세고지는 위법하다고 할 것이나, 한편 과세관청이 과세처분에 앞서 납세의무자에게 보낸 과세예고통지서 등에 납세고지서의 필요적 기재사항이 제대로 기재되어 있어 납세의무자가 그 처분에 대한 불복 여부의 결정 및 불복신청에 전혀 지장을 받지 않았음이 명백하다면, 이로써 납세고지서의 하자가 보완되거나 치유될 수 있다(대판 2001.3.27. 99두8039). **2014 지방직 9급**
> 2. 처분 당시 당사자가 어떠한 근거와 이유로 처분이 이루어진 것인지를 충분히 알 수 있어서 그에 불복하여 행정구제절차로 나아가는 데 별다른 지장이 없었던 것으로 인정되는 경우에는 처분서에 처분의 근거와 이유가 구체적으로 명시되어 있지 않았더라도 이를 처분을 취소하여야 할 절차상 하자로 볼 수 없다(대판 2019.12.13. 2018두41907). **2016 국회직 8급**

0724 증여세부과처분(납세고지서)에 기재사항이 누락된 경우라도 앞서 보낸 과세예고통지서에 기재사항이 제대로 기재된 경우 그 하자가 치유된다. O | X

0725 처분서에 처분의 근거와 이유가 구체적으로 명시되어 있지 않은 경우 처분 당시 당사자가 어떠한 근거와 이유로 처분이 이루어진 것인지를 충분히 알 수 있어서 그에 불복하여 행정구제절차로 나아가는 데 별다른 지장이 없었던 것으로 인정되는 경우에는 이를 처분을 취소하여야 할 절차상 하자로 볼 수 없다. O | X

0726 과세관청이 과세처분에 앞서 납세자에게 보낸 세무조사결과통지 등에 납세고지서의 필요적 기재사항이 제대로 기재되어 있어 처분에 대한 불복 여부의 결정 등에 지장을 받지 않았음이 명백한 경우, 납세고지서의 하자는 치유된다. O | X

정답 및 해설

0724 O   0725 O   0726 O

> 1. 행정청이 청문서 도달기간을 다소 어겼다 하더라도 영업자가 이에 대하여 이의하지 아니한 채 스스로 청문일에 출석하여 그 의견을 진술하고 변명하는 등 방어의 기회를 충분히 가졌다면 청문서 도달기간을 준수하지 아니한 하자는 치유되었다고 봄이 상당하다(대판 1992.10.23. 92누2844). **2021·2020 국회직 8급, 2020 국가직 9급, 2016 국가직 7급, 2016 지방직 9급, 2022 지방직 7급**
>
> 2. 행정처분의 상대방이 통지된 청문일시에 불출석하였다는 이유만으로 행정청이 관계 법령상 그 실시가 요구되는 청문을 실시하지 아니한 채 침해적 행정처분을 할 수는 없을 것이므로, 행정처분의 상대방에 대한 청문통지서가 반송되었다거나, 행정처분의 상대방이 청문일시에 불출석하였다는 이유로 청문을 실시하지 아니하고 한 침해적 행정처분은 위법하다(대판 2001.4.13. 2000두3337). **2021 소방간부, 2020 국가직 7급, 2024·2016 지방직 9급, 2015 지방직 7급**

0727 행정청이 청문서 도달기간을 다소 어겼다 하더라도 영업자가 이에 대하여 이의하지 아니한 채 스스로 청문일에 출석하여 그 의견을 진술하고 변명하는 등 방어의 기회를 충분히 가졌다면 청문서 도달기간을 준수하지 아니한 하자는 치유된다. O | X

0728 행정처분의 상대방이 통지된 청문일시에 불출석하였다면 행정청이 관계 법령상 그 실시가 요구되는 청문을 실시하지 아니한 채 침해적 행정처분을 할 수 있다. O | X

0729 행정처분의 상대방이 청문일시에 불출석하였다는 이유로 청문을 실시하지 아니 한 침해적 행정처분이 위법하다 볼 수 없다. O | X

정답 및 해설

0727 **O**
0728 **X** 청문일시에 불출석만으로 청문을 생략할 수 없다.
0729 **X** 청문일시에 불출석만으로 청문을 생략한 침해적 처분은 하자가 치유되지 않는다.

> 1. 세액산출근거가 누락된 납세고지서에 의한 과세처분의 하자의 치유를 허용하려면 늦어도 과세처분에 대한 불복 여부의 결정 및 불복신청에 편의를 줄 수 있는 상당한 기간 내에 하여야 한다고 할 것이므로 위 과세처분에 대한 전심절차가 모두 끝나고 상고심의 계류중에 세액산출근거의 통지가 있었다고 하여 이로서 위 과세처분의 하자가 치유되었다고 볼 수 없다(대판 1984.4.10. 83누393). <small>2017 국가직 7급, 2018 지방직 9급</small>
> 2. 징계처분에 대한 재심절차는 원래의 징계절차와 함께 전부가 하나의 징계처분 절차를 이루는 것으로서 그 절차의 정당성도 징계 과정 전부에 관하여 판단되어야 할 것이므로, 원래의 징계 과정에 절차 위반의 하자가 있더라도 재심 과정에서 보완되었다면 그 절차 위반의 하자는 치유된다(대판 1999.3.26. 98두4672).

0730 과세처분의 하자의 치유를 허용하려면 늦어도 과세처분에 대한 불복 여부의 결정 및 불복신청에 편의를 줄 수 있는 상당한 기간 내에 하여야 한다. O | X

0731 과세처분에 대한 전심절차가 모두 끝나고 상고심의 계류중에 세액산출근거의 통지가 있었다면 위 과세처분의 하자가 치유되었다고 볼 수 있다. O | X

0732 원래의 징계 과정에 절차 위반의 하자가 있다면 재심 과정에서 보완되었다고 하여 그 절차 위반의 하자는 치유되지 않는다. O | X

0733 징계처분에 대한 재심절차는 원래의 징계절차와 함께 전부가 하나의 징계처분 절차를 이루는 것이다. O | X

> 귀속재산을 불하받은 자가 사망한 후에 그 수불하자에 대하여 한 그 불하처분은 사망자에 대한 행정처분이므로 무효이지만 그 취소처분을 수불하자의 상속인에게 송달한 때에는 그 송달시에 그 상속인에 대하여 다시 그 불하처분을 취소한다는 새로운 행정처분을 한 것이라고 할 것이다(대판 1969.1.21. 68누190).

0734 귀속재산을 불하받은 자가 사망한 후에 그 수불하자에 대하여 한 그 불하처분은 사망자에 대한 행정처분이므로 무효이다. O | X

0735 귀속재산 불하취소처분을 수불하자의 상속인에게 송달한 때에는 그 송달시에 상속인에 대하여 새로운 처분을 한 것으로 보아야 한다. O | X

정답 및 해설

0730 O
0731 X 상고심의 계류중에 세액산출근거의 통지가 있다고 하여 과세처분의 하자가 치유되지 않는다.
0732 X 공무원 징계에 대한 재심 과정에서 보완되었다면 하자가 치유된다.
0733 O   0734 O   0735 O

22 | 행정행위의 취소와 철회

행정기본법 제18조(위법 또는 부당한 처분의 취소) ① 행정청은 위법 또는 부당한 처분의 전부나 일부를 소급하여 취소할 수 있다. 다만, 당사자의 신뢰를 보호할 가치가 있는 등 정당한 사유가 있는 경우에는 장래를 향하여 취소할 수 있다.
② 행정청은 제1항에 따라 당사자에게 권리나 이익을 부여하는 처분을 취소하려는 경우에는 취소로 인하여 당사자가 입게 될 불이익을 취소로 달성되는 공익과 비교·형량(衡量)하여야 한다. 다만, 다음 각 호의 어느 하나에 해당하는 경우에는 그러하지 아니하다.
1. 거짓이나 그 밖의 부정한 방법으로 처분을 받은 경우
2. 당사자가 처분의 위법성을 알고 있었거나 중대한 과실로 알지 못한 경우

제19조(적법한 처분의 철회) ① 행정청은 적법한 처분이 다음 각 호의 어느 하나에 해당하는 경우에는 그 처분의 전부 또는 일부를 장래를 향하여 철회할 수 있다.
1. 법률에서 정한 철회 사유에 해당하게 된 경우
2. 법령등의 변경이나 사정변경으로 처분을 더 이상 존속시킬 필요가 없게 된 경우
3. 중대한 공익을 위하여 필요한 경우
② 행정청은 제1항에 따라 처분을 철회하려는 경우에는 철회로 인하여 당사자가 입게 될 불이익을 철회로 달성되는 공익과 비교·형량하여야 한다.

---

1. 행정행위를 한 처분청은 그 행위에 하자가 있는 경우에 별도의 법적 근거가 없더라도 스스로 이를 취소할 수 있는 것이며, 다만, 그 행위가 국민에게 권리나 이익을 부여하는 이른바 수익적 행정행위인 때에는 그 행위를 취소하여야 할 공익상 필요와 그 취소로 인하여 당사자가 입을 기득권과 신뢰보호 및 법률생활안정의 침해 등 불이익을 비교·교량한 후 공익상 필요가 당사자의 기득권침해 등 불이익을 정당화 할 수 있을 만큼 강한 경우에 한하여 취소할 수 있다고 보아야 할 것이다(대판 1986.2.25. 85누664). 2019 소방간부, 2023·2022·2018 국회직 8급, 2023·2020·2017·2016 국가직 9급, 2020 국가직 7급, 2021·2014 지방직 9급

2. 수익적 행정처분에 대한 취소권 등의 행사는 기득권의 침해를 정당화할 만한 중대한 공익상의 필요 또는 제3자의 이익 보호의 필요가 있는 때에 한하여 허용될 수 있다는 법리는, 처분청이 수익적 행정처분을 직권으로 취소·철회하는 경우에 적용되는 법리일 뿐 쟁송취소의 경우에는 적용되지 않는다(대판 2019.10.17. 2018두104). 2025·2023 소방간부, 2023 국회직 8급, 2024 지방직 9급

3. 건축허가를 받은 자가 건축허가가 취소되기 전에 공사에 착수하였다면 허가권자는 그 착수기간이 지났다고 하더라도 건축허가를 취소하여야 할 특별한 공익상 필요가 인정되지 않는 한 건축허가를 취소할 수 없다. 이는 건축허가를 받은 자가 건축허가가 취소되기 전에 공사에 착수하려 하였으나 허가권자의 위법한 공사중단명령으로 공사에 착수하지 못한 경우에도 마찬가지이다(대판 2017.7.11. 2012두22973). 2018 국회직 8급

4. 계속하여 특례노령연금 수급을 받을 것이라는 점에 관한 원고의 신뢰가 있었다고 하더라도, 원고의 정정된 출생연월일을 기준으로 원고가 특례노령연금의 수급요건을 충족하지 않는다는 점이 확인된 이상 원고에 대한 연금 지급근거를 상실시킴으로써 장기적으로 국민연금기금의 재정적 건전성을 확보하여야 할 공익상 필요가 원고의 신뢰 보호 필요성에 비하여 강하다고 보아야 한다(대판 2017.3.30. 2015두43971).

5. 산재보상법상 각종 보험급여 등의 지급결정을 변경 또는 취소하는 처분과 처분에 터 잡아 잘못 지급된 보험급여액에 해당하는 금액을 징수하는 처분이 적법한지를 판단하는 경우 비교·교량할 각 사정이 동일하다고는 할 수 없으므로, 지급결정을 변경 또는 취소하는 처분이 적법하다고 하여 그에 터 잡은 징수처분도 반드시 적법하다고 판단해야 하는 것은 아니다(대판 2014.7.24. 2013두27159). 〈2019 지방직 9급〉

6. 권한없는 행정기관이 한 당연무효인 행정처분을 취소할 수 있는 권한은 당해 행정처분을 한 처분청에게 속하고, 당해 행정처분을 할 수 있는 적법한 권한을 가지는 행정청에게 그 취소권이 귀속되는 것이 아니다(대판 1984.10.10. 84누463). 〈2022·2019 지방직 9급〉

7. 도로관리청이 도로점용허가 중 특별사용의 필요가 없는 부분을 소급적으로 직권취소하였다면, 도로관리청은 이미 징수한 점용료 중 취소된 부분의 점용면적에 해당하는 점용료를 반환하여야 한다(대판2019. 1. 17. 2016두56721, 56738).

0736 행정행위의 처분청은 그 행위에 대한 하자가 있는 경우 별도의 법적 근거가 없는 경우 이를 직권으로 취소할 수 없다. O | X

0737 수익적 행정행위는 그 행위를 취소하여야 할 공익상 필요가 당사자의 기득권침해 등 불이익을 정당화 할 수 있을 만큼 강한 경우에 한하여 취소할 수 있다. O | X

0738 건축허가를 받은 자가 법정 착수기간이 지나 공사에 착수한 경우, 허가권자는 착수기간이 지났음을 이유로 건축허가를 취소하여야 한다. O | X

0739 출생연월일 정정으로 특례노령연금 수급요건을 충족하지 못하게 된 자에 대하여 지급결정을 소급적으로 직권취소 하고, 이미 지급된 급여를 환수하는 처분은 적법하다. O | X

0740 「산업재해보상보험법」상 각종 보험급여 등의 지급결정을 변경 또는 취소하는 처분과 처분에 터 잡아 잘못 지급된 보험급여액에 해당하는 금액을 징수하는 처분이 적법한지를 판단하는 경우, 지급결정을 변경 또는 취소하는 처분이 적법하다면 그에 터 잡은 징수처분도 적법하다고 판단해야 한다. O | X

0741 권한없는 행정기관이 한 당연무효인 행정처분을 취소할 수 있는 권한은 당해 행정처분을 한 처분청에게 속하고, 당해 행정처분을 할 수 있는 적법한 권한을 가지는 행정청에게 그 취소권이 귀속되는 것이 아니다. O | X

0742 도로관리청이 도로점용허가 중 특별사용의 필요가 없는 부분을 소급적으로 직권취소하였더라도, 도로관리청은 이미 징수한 점용료 중 취소된 부분의 점용면적에 해당하는 점용료를 반환하여야 하는 것은 아니다. O | X

정답 및 해설

0736 **X** 처분을 한 행정청은 별도의 법적 근거가 없더라도 직권으로 취소할 수 있다.
0737 **O**
0738 **X** 건축허가의 직권취소여부는 행정청의 재량이다.
0739 **O**
0740 **X** 지급결정을 변경 또는 취소하는 처분이 적법하다해서 그에 터 잡은 징수처분도 적법하다고 판단해야 하는 것은 아니다.
0741 **O**
0742 **X** 이미 징수한 점용료 중 취소된 부분의 점용면적에 해당하는 점용료를 반환하여야 한다.

> 직권취소를 할 수 있다는 사정만으로 이해관계인에게 처분청에 대하여 그 취소를 요구할 신청권이 부여된 것으로 볼 수는 없으므로, 처분청이 위와 같이 법규상 또는 조리상의 신청권이 없이 한 이해관계인의 복구준공통보 등의 취소신청을 거부하더라도, 그 거부행위는 항고소송의 대상이 되는 처분에 해당하지 않는다(대판 2006.6.30. 2004두701).
>
> 2015 국회직 8급, 2017 국가직 9급

0743 직권취소를 할 수 있다는 사정만으로 이해관계인에게 처분청에 대하여 그 취소를 요구할 신청권이 부여된 것으로 볼 수는 없다. O | X

0744 처분청이 이해관계인의 행정처분의 취소신청을 거부한 경우 이해관계인에게 법규상 또는 조리상의 신청권이 없다면 거부는 항고소송의 대상이 되는 처분에 해당하지 않는다. O | X

> 변상금부과처분에 대한 취소소송이 진행중이라도 그 부과권자로서는 위법한 처분을 스스로 취소하고 그 하자를 보완하여 다시 적법한 부과처분을 할 수도 있다(대판 2006.2.10. 2003두5686).
>
> 2017·2015 국가직 9급

0745 변상금부과처분에 대한 취소소송이 진행중이라면 부과권자는 변상금부과처분을 직권취소할 수 없다. O | X

정답 및 해설

0743 O

0744 O

0745 X 변상금부과처분에 대한 취소소송이 진행중이라도 부과권자는 변상금부과처분을 직권취소할 수 있다.

1. 행정처분 취소의 효과는 행정처분이 있었던 때에 소급하는 것이나 취소되기까지의 기득권을 침해할 수 없는 것이 원칙이다(대판 1962.3.8. 4294민상1263).

2. 국세 감액결정 처분은 이미 부과된 과세처분에 하자가 있음을 이유로 사후에 이를 일부취소하는 처분이므로, 취소의 효력은 그 취소된 국세 부과처분이 있었을 당시에 소급하여 발생하는 것이고, 이는 판결 등에 의한 취소이거나 과세관청의 직권에 의한 취소이거나에 따라 차이가 있는 것이 아니다(대판 1995.9.15. 94다16045). _{2018 지방직 9급}

3. 영업의 금지를 명한 영업허가취소처분 자체가 나중에 행정쟁송절차에 의하여 취소되었다면 그 영업허가취소처분은 그 처분시에 소급하여 효력을 잃게 되며, 그 영업허가취소처분에 복종할 의무가 원래부터 없었음이 확정되었다고 봄이 타당하고, 영업허가취소처분이 장래에 향하여서만 효력을 잃게 된다고 볼 것은 아니므로 그 영업허가취소처분 이후의 영업행위를 무허가영업이라고 볼 수는 없다(대판 1993.6.25. 93도277). _{2024·2019 소방간부, 2022·2020·2019 국가직 9급, 2017 국가직 7급, 2019·2016 지방직 7급}

4. 피고인이 행정청으로부터 자동차 운전면허취소처분을 받았으나 나중에 그 행정처분 자체가 행정쟁송절차에 의하여 취소되었다면, 위 운전면허취소처분은 그 처분시에 소급하여 효력을 잃게 되고, 피고인은 위 운전면허취소처분에 복종할 의무가 원래부터 없었음이 후에 확정되었다고 봄이 타당할 것이고, 행정행위에 공정력의 효력이 인정된다고 하여 행정소송에 의하여 적법하게 취소된 운전면허취소처분이 단지 장래에 향하여서만 효력을 잃게 된다고 볼 수는 없다(대판 1999.2.5. 98도4239). _{2020 국가직 7급}

5. 조세의 부과처분을 취소하는 행정소송판결이 확정된 경우 그 조세부과처분의 효력은 처분시에 소급하여 효력을 잃게 되고 따라서 그 부과처분을 받은 사람은 그 처분에 따른 납부의무가 없다고 할 것이므로 위 확정된 행정판결은 조세포탈에 대한 무죄 내지 원판결이 인정한 죄보다 경한 죄를 인정할 명백한 증거라 할 것이다(대판 1985.10.22. 83도2933). _{2022 국가직 9급}

0746 행정처분 취소의 효과는 행정처분이 있었던 때에 소급하는 것이나 취소되기까지의 기득권을 침해할 수 없는 것이 원칙이다. O | X

0747 영업허가취소처분 자체가 나중에 행정쟁송절차에 의하여 취소되었다면 그 영업허가취소처분은 그 처분시에 소급하여 효력을 잃게 된다. O | X

0748 영업허가취소처분 자체가 나중에 행정쟁송절차에 의하여 취소된 경우 그 영업허가취소처분 이후의 영업행위를 무허가영업으로 봐야 한다. O | X

0749 조세부과처분을 취소하는 행정판결이 확정된 경우 부과처분의 효력은 처분 시에 소급하여 효력을 잃게 되므로 확정된 행정 판결은 조세포탈에 대한 무죄를 인정할 명백한 증거에 해당한다. O | X

정답 및 해설

0746 O
0747 O
0748 X 영업허가처분의 효력이 소급해서 되살아 나므로 무허가영업으로 볼 수 없다.
0749 O

■ 행정행위의 취소의 취소

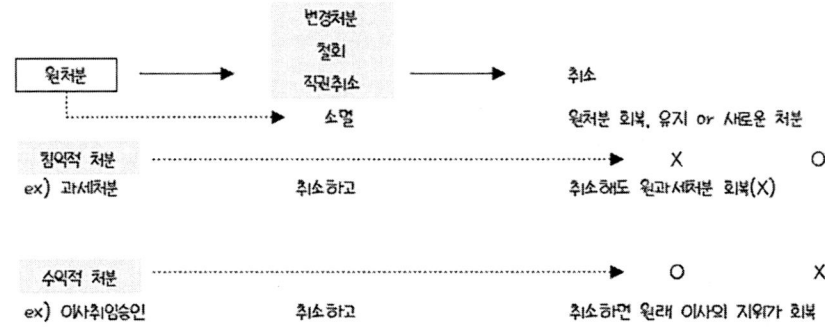

국세기본법 제26조 제1호는 부과의 취소를 국세납부의무 소멸사유의 하나로 들고 있으나, 그 부과의 취소에 하자가 있는 경우의 부과의 취소의 취소에 대하여는 법률이 명문으로 그 취소요건이나 그에 대한 불복절차에 대하여 따로 규정을 둔 바도 없으므로, 설사 부과의 취소에 위법사유가 있다고 하더라도 당연무효가 아닌 한 일단 유효하게 성립하여 부과처분을 확정적으로 상실시키는 것이므로, 과세관청은 부과의 취소를 다시 취소함으로써 원부과처분을 소생시킬 수는 없고, 납세의무자에게 종전의 과세대상에 대한 납부의무를 지우려면 다시 법률에서 정한 부과절차에 좇아 동일한 내용의 새로운 처분을 하는 수밖에 없다(대판 1995.3.10. 94누7027). 2023·2019 소방간부, 2016·2015 국가직 9급, 2021·2018 지방직 9급, 2020 지방직 7급

0750 조세부과의 취소에 위법사유가 있다고 하더라도 당연무효가 아닌 한 일단 유효하게 성립하여 부과처분을 확정적 상실시킨다. O | X

0751 과세관청은 부과의 취소를 다시 취소함으로써 원부과처분을 소생시킬 수는 있다. O | X

정답 및 해설

0750 **O**

0751 **X** 원부과처분을 소생시킬 수 없고 다시 부과처분을 해야 한다.

지방병무청장이 재신체검사 등을 거쳐 현역병입영대상편입처분을 보충역 편입처분이나 제2국민역 편입처분으로 변경하거나 보충역 편입처분을 제2국민역 편입처분으로 변경하는 경우 비록 새로운 병역처분의 성립에 하자가 있다고 하더라도 그것이 당연무효가 아닌 한 일단 유효하게 성립하고 제소기간의 경과 등 형식적 존속력이 생김과 동시에 종전의 병역처분의 효력은 취소 또는 철회되어 확정적으로 상실된다고 보아야 할 것이므로, 그 후 새로운 병역처분의 성립에 하자가 있었음을 이유로 하여 이를 취소한다고 하더라도 종전의 병역처분의 효력이 되살아난다고 할 수 없다(대판 2002.5.28. 2001두9653).

2022 국회직 8급, 2014 지방직 9급

0752 현역병입영대상편입처분을 보충역 편입처분이나 제2국민역 편입처분으로 변경하는 경우 현연병입영대상편입처분은 효력이 소멸한다. O│X

0753 위의 경우 보충역 편입처분이나 제2국민역 편입처분을 취소하는 경우 종전의 현역병대상 편입처분은 효력이 되살아난다. O│X

행정처분이 취소되면 그 소급효에 의하여 처음부터 그 처분이 없었던 것과 같은 효과를 발생하게 되는바, 행정청이 의료법인의 이사에 대한 이사취임승인취소처분(제1처분)을 직권으로 취소(제2처분)한 경우에는 그로 인하여 이사가 소급하여 이사로서의 지위를 회복하게 되고, 그 결과 위 제1처분과 제2처분 사이에 법원에 의하여 선임결정된 임시이사들의 지위는 법원의 해임결정이 없더라도 당연히 소멸된다(대판 1997.1.21. 96누3401).

2017 국가직 9급, 2023 지방직 7급

0754 행정청이 의료법인의 이사에 대한 이사취임승인취소처분을 직권으로 취소한 경우에는 그로 인하여 이사가 소급하여 이사로서의 지위를 회복하게 된다. O│X

0755 이사취임승인취소처분과 이를 직권으로 취소한 사이에 법원에 의하여 선임결정된 임시이사들의 지위는 법원의 해임결정 없이 당연히 소멸된다. O│X

정답 및 해설

0752 O
0753 X 종전의 현역병대상편입처분의 효력이 되살아 나지 않는다.
0754 O
0755 O

> 일단취소처분을 한 후에 새로운 이해관계인이 생기기 전에 취소처분을 취소하여 그 광업권의 회복을 시켰다면 모르되 피고가 본건취소처분을 한 후에 원고가 1966.1.19에 본건 광구에 대하여 선출원을 적법히 함으로써 이해관계인이 생긴 이 사건에 있어서, 피고가 1966.8.24자로 1965.12.30자의 취소처분을 취소하여, 소외인 명의의 광업권을 복구시키는 조처는, 원고의 선출원 권리를 침해하는 위법한 처분이라고 하지 않을 수 없을 것이므로, 원판결은 정당하고, 논지 이유없다(대판 1967.10.23. 67누126). **2018 국회직 8급**

0756 광업권취소처분 후 광업권설정의 선출원이 있는 경우 광업권취소처분을 취소하여 종전 광업권을 복구시키는 행위는 선출원 권리를 침해하는 것으로 위법하다. O | X

> 외형상 하나의 행정처분이라 하더라도 가분성이 있거나 그 처분대상의 일부가 특정될 수 있다면 그 일부만의 취소도 가능하고 그 일부의 취소는 당해 취소부분에 관하여 효력이 생긴다고 할 것인 점 등을 종합하면, 여러 개의 상이에 대한 국가유공자요건비해당처분에 대한 취소소송에서 그 중 일부 상이가 국가유공자요건이 인정되는 상이에 해당하더라도 나머지 상이에 대하여 위 요건이 인정되지 아니하는 경우에는 국가유공자요건비해당처분 중 위 요건이 인정되는 상이에 대한 부분만을 취소하여야 할 것이고, 그 비해당처분 전부를 취소할 수는 없다고 할 것이다(대판 2012.3.29. 2011두9263). **2018 지방직 9급**

0757 여러 개의 상이에 대한 국가유공자요건 비해당처분에 대한 취소소송에서 그 중 일부 상이만이 국가유공자요건이 인정되는 상이에 해당하는 경우, 국가유공자요건 비해당처분 중 그 요건이 인정되는 상이에 대한 부분만을 취소하여야 한다. O | X

정답 및 해설

0756 O
0757 O

1. 행정행위의 취소는 일단 유효하게 성립한 행정행위를 그 행위에 위법 또는 부당한 하자가 있음을 이유로 소급하여 그 효력을 소멸시키는 별도의 행정처분이고, 행정행위의 철회는 적법요건을 구비하여 완전히 효력을 발하고 있는 행정행위를 사후적으로 그 행위의 효력의 전부 또는 일부를 장래에 향해 소멸시키는 행정처분이므로, 행정행위의 취소사유는 행정행위의 성립 당시에 존재하였던 하자를 말하고, 철회사유는 행정행위가 성립된 이후에 새로이 발생한 것으로서 행정행위의 효력을 존속시킬 수 없는 사유를 말한다(대판 2006.5.11. 2003다37969). _{2015 국가직 9급}

2. 이른바 수익적 행정행위의 철회는 그 처분 당시 별다른 하자가 없었음에도 불구하고 사후적으로 그 효력을 상실케 하는 행정행위이므로, 법령에 명시적인 규정이 있거나 행정행위의 부관으로 그 철회권이 유보되어 있는 등의 경우가 아니라면, 원래의 행정행위를 존속시킬 필요가 없게 된 사정변경이 생겼거나 또는 중대한 공익상의 필요가 발생한 경우 등의 예외적인 경우에만 허용된다고 할 것이다(대판 2005.4.29. 2004두11954). _{2018 국회직 8급}

0758 행정행위의 취소사유는 행정행위의 성립 당시에 존재하였던 하자를 말하고, 철회사유는 행정행위가 성립된 이후에 새로이 발생한 것으로서 행정행위의 효력을 존속시킬 수 없는 사유를 말한다. O | X

0759 수익적 행정행위의 철회는 법령에 명시적인 규정이 있거나 행정행위의 부관으로 그 철회권이 유보되어 있는 등의 경우가 아니라면, 원래의 행정행위를 존속시킬 필요가 없게 된 사정변경이 생겼거나 또는 중대한 공익상의 필요가 발생한 경우 등의 예외적인 경우에만 허용된다. O | X

정답 및 해설

0758 O
0759 O

1. 처분청이 처분 후에 원래의 처분을 그대로 존속시킬 필요가 없게 된 사정변경이 생겼거나 중대한 공익상의 필요가 발생한 경우에는 별도의 법적 근거가 없어도 별개의 행정행위로 이를 철회·변경할 수 있지만 이는 그러한 철회변경의 권한을 처분청에게 부여하는 데 그치는 것일 뿐 상대방 등에게 그 철회·변경을 요구할 신청권까지를 부여하는 것은 아니라 할 것이므로, 이와 같이 법규상 또는 조리상의 신청권이 없이 한 국민들의 토지형질변경행위 변경허가신청을 반려한 당해 반려처분은 항고소송의 대상이 되는 처분에 해당되지 않는다(대판 1997.9.12. 96누6219).

    2022 소방간부, 2017·2015 국가직 9급, 2021·2018 지방직 9급, 2020 지방직 7급

2. 행정청이 행한 공사중지명령의 상대방은 그 명령 이후에 그 원인사유가 소멸하였음을 들어 행정청에게 공사중지명령의 철회를 요구할 수 있는 조리상의 신청권이 있다 할 것이고, 상대방으로부터 그 신청을 받은 행정청으로서는 상당한 기간 내에 그 신청을 인용하는 적극적 처분을 하거나 각하 또는 기각하는 등의 소극적 처분을 하여야 할 법률상의 응답의무가 있다고 할 것이며, 행정청이 상대방의 신청에 대하여 아무런 적극적 또는 소극적 처분을 하지 않고 있는 이상 행정청의 부작위는 그 자체로 위법하다고 할 것이고, 구체적으로 그 신청이 인용될 수 있는지 여부는 소극적 처분에 대한 항고소송의 본안에서 판단하여야 할 사항이라고 할 것이다.(대판 2005.4.14. 2003두7590).

    2018·2013 국회직 8급

3. 건축허가는 대물적 성질을 갖는 것이어서 행정청으로서는 허가를 할 때에 건축주 또는 토지 소유자가 누구인지 등 인적 요소에 관하여는 형식적 심사만 한다. 건축주가 토지 소유자로부터 토지사용승낙서를 받아 그 토지 위에 건축물을 건축하는 대물적(대물적) 성질의 건축허가를 받았다가 착공에 앞서 건축주의 귀책사유로 해당 토지를 사용할 권리를 상실한 경우, 건축허가의 존재로 말미암아 토지에 대한 소유권 행사에 지장을 받을 수 있는 토지 소유자로서는 건축허가의 철회를 신청할 수 있다고 보아야 한다. 따라서 토지 소유자의 위와 같은 신청을 거부한 행위는 항고소송의 대상이 된다(대판 2017.3.15. 2014두41190).

    2025 소방간부, 2019 지방직 9급, 2023 지방직 7급

0760 행정청은 철회사유가 있는 경우 별도의 법적 근거가 없더라도 행정행위를 철회할 수 있다. O | X

0761 행정행위의 상대방 등에게는 별도의 법률의 규정이 없더라도 일반적으로 행정청에 철회·변경을 요구할 신청권이 인정된다. O | X

0762 행정청이 행한 공사중지명령의 상대방은 그 명령 이후에 그 원인사유가 소멸하였음을 들어 행정청에게 공사중지명령의 철회를 요구할 수 있는 조리상의 신청권이 없다. O | X

0763 건축주가 토지소유자로부터 토지사용승낙서를 받아 그 토지 위에 건축물을 건축하는 건축허가를 받았다가 착공에 앞서 건축주의 귀책사유로 해당 토지를 사용할 권리를 상실한 경우, 토지소유자의 건축허가 철회신청을 거부한 행위는 항고소송의 대상이 된다. O | X

정답 및 해설

0760 O
0761 X 일반적으로 국민들에게는 행정청에 철회를 요구할 신청권이 인정되지 않는다.
0762 X 공사중지명령의 원인사유가 소멸한 경우에는 철회를 요구할 신청권이 인정된다.
0763 O

> 유기장의 영업허가는 신청에 의하여 행하여지는 처분으로서 허가를 받은 자가 영업을 폐업할 경우에는 그 효력이 당연히 소멸되는 것이니, 이와 같은 경우 허가행정청의 허가취소처분은 허가가 실효되었음을 확인하는 것에 지나지 않는다고 보아야 할 것이므로, 유기장의 영업허가를 받은 자가 영업장소를 명도하고 유기시설을 모두 철거하여 매각함으로써 유기장업을 폐업하였다면 영업허가취소처분의 취소를 청구할 소의 이익이 없는 것이다(대판 1990.7.13. 90누2284).

0764 유기장 영업허가를 받은 자가 영업을 폐업할 경우 영업허가는 그 효력이 당연히 소멸된다. O | X

0765 이와 같은 경우 허가행정청의 허가취소처분은 항고소송의 대상되는 처분에 해당한다. O | X

0766 유기장업을 폐업하였다면 영업허가취소처분의 취소를 청구할 소의 이익이 없다. O | X

> 종전의 결혼예식장영업을 자진폐업한 이상 위 예식장영업허가는 자동적으로 소멸하고 위 건물중 일부에 대하여 다시 예식장영업허가신청을 하였다 하더라도 이는 전혀 새로운 영업허가의 신청임이 명백하므로 일단 소멸한 종전의 영업허가권이 당연히 되살아난다고 할 수는 없는 것이니 여기에 종전의 영업허가권이 새로운 영업허가신청에도 그대로 미친다고 보는 기득권의 문제는 개재될 여지가 없다(대판 1985.7.9. 83누412).
> **2016 국가직 9급**

0767 종전의 결혼예식장영업을 자진폐업한 이상 위 예식장영업허가는 자동적으로 소멸된다. O | X

0768 자진폐업한 자가 예식장영업허가신청을 하였다면 일단 소멸한 종전의 영업허가권이 당연히 회복된다. O | X

정답 및 해설

0764 O
0765 X 유기장 영업허가는 이미 실효되었으므로 허가취소처분의 취소를 구할 소익이 없다.
0766 O
0767 O
0768 X 실효된 허가가 당연히 회복되는 것은 아니다.

23 | 확약과 단계적 행정행위

1. 원자로 및 관계시설의 부지사전승인처분은 그 자체로서 건설부지를 확정하고 사전공사를 허용하는 법률효과를 지닌 독립한 행정처분이기는 하지만, 건설허가 전에 신청자의 편의를 위하여 미리 그 건설허가의 일부 요건을 심사하여 행하는 사전적 부분 건설허가처분의 성격을 갖고 있는 것이어서 나중에 건설허가처분이 있게 되면 그 건설허가처분에 흡수되어 독립된 존재가치를 상실함으로써 그 건설허가처분만이 쟁송의 대상이 되는 것이므로, 부지사전승인처분의 취소를 구하는 소는 소의 이익을 잃게 되고, 따라서 부지사전승인처분의 위법성은 나중에 내려진 건설허가처분의 취소를 구하는 소송에서 이를 다투면 된다(대판 1998.9.4. 97누19588). **2024 소방간부, 2014 국회직 8급, 2022·2017 국가직 9급**

2. 폐기물관리법 관계 법령의 규정에 의하면 폐기물처리업의 허가를 받기 위하여는 먼저 사업계획서를 제출하여 허가권자로부터 사업계획에 대한 적정통보를 받아야 하고, 그 적정통보를 받은 자만이 일정기간 내에 시설, 장비, 기술능력, 자본금을 갖추어 허가신청을 할 수 있으므로, 결국 부적정통보는 허가신청 자체를 제한하는 등 개인의 권리 내지 법률상의 이익을 개별적이고 구체적으로 규제하고 있어 행정처분에 해당한다(대판 1998.4.28. 97누21086). **2017 국가직 9급**

3. 이 사건 각 노선에 대한 운수권배분처분은 이 사건 잠정협정 등과 행정규칙인 이 사건 지침에 근거하는 것으로서 상대방에게 권리의 설정 또는 의무의 부담을 명하거나 기타 법적 효과를 발생하게 하는 등으로 원고의 권리의무 직접 영향을 미치는 행위로서 항고소송의 대상이 되는 행정처분에 해당한다(대판 2004.11.26. 2003두10251).

4. 공정거래위원회가 부당한 공동행위를 행한 사업자로서 구 독점규제 및 공정거래에 관한 법률 제22조의2에서 정한 자진신고자나 조사협조자에 대하여 과징금 부과처분(이하 '선행처분'이라 한다)을 한 뒤, 독점규제 및 공정거래에 관한 법률 시행령 제35조 제3항에 따라 다시 자진신고자 등에 대한 사건을 분리하여 자진신고 등을 이유로 한 과징금 감면처분(이하 '후행처분'이라 한다)을 하였다면, 후행처분은 자진신고 감면까지 포함하여 처분 상대방이 실제로 납부하여야 할 최종적인 과징금액을 결정하는 종국적 처분이고, 선행처분은 이러한 종국적 처분을 예정하고 있는 일종의 잠정적 처분으로서 후행처분이 있을 경우 선행처분은 후행처분에 흡수되어 소멸한다. 따라서 위와 같은 경우에 선행처분의 취소를 구하는 소는 이미 효력을 잃은 처분의 취소를 구하는 것으로 부적법하다(대판 2015.2.12. 2013두987). **2022·2021 국가직 9급**

5. 지방자치단체의 장이 공유재산법에 근거하여 기부채납 및 사용·수익허가 방식으로 민간투자사업을 추진하는 과정에서 사업시행자를 지정하기 위한 전 단계에서 공모제안을 받아 일정한 심사를 거쳐 우선협상대상자를 선정하는 행위와 이미 선정된 우선협상대상자를 그 지위에서 배제하는 행위는 민간투자사업의 세부내용에 관한 협상을 거쳐 공유재산법에 따른 공유재산의 사용·수익허가를 우선적으로 부여받을 수 있는 지위를 설정하거나 또는 이미 설정한 지위를 박탈하는 조치이므로 모두 항고소송의 대상이 되는 행정처분으로 보아야 한다(대판 2020.4.29. 2017두31064). **2024·2022 국가직 9급**

0769 원자로 및 관계시설의 부지사전승인처분은 신청자의 편의를 위하여 미리 그 건설허가의 일부 요건을 심사하여 행하는 사전적 부분 건설허가처분의 성격을 갖고 있는 것으로 그 자체 독립적 처분으로 볼 수 없다. O | X

0770 원자로 및 관계시설의 부지사전승인처분 후에 원자력발전소건설허가처분이 있는 경우 그 건설허가처분만 쟁송의 대상이 되고 부지사전승인처분은 소의 이익을 잃게 된다. O | X

0771 폐기물처리업의 허가를 받기 위하여는 먼저 사업계획서를 제출하여 허가권자로부터 사업계획에 대한 적정통보를 받아야 한다. O | X

0772 폐기물처리업사업계획 부적정통보는 허가신청 자체를 제한하는 등 개인의 권리 내지 법률상 이익을 규제하고 있어 항고소송의 대상되는 처분에 해당한다. O | X

0773 정부 간 항공노선의 개설에 관한 잠정협정 및 비밀양해각서와 건설교통부 내부지침에 의한 항공노선에 대한 운수권배분처분은 항고소송의 대상이 되는 행정처분에 해당하지 않는다. O | X

0774 공정거래위원회가 부당한 공동행위를 한 사업자들 중 자진 신고자에 대하여 구 독점규제 및 공정거래에 관한 법령에 따라 과징금부과처분(선행처분)을 한 뒤, 다시 자진신고자에 대한 사건을 분리하여 자진 신고를 이유로 과징금 감면처분(후행처분)을 한 경우라도 선행처분의 취소를 구하는 소는 적법하다. O | X

0775 「공유재산 및 물품관리법」에 근거하여 공모제안을 받아 이루어지는 민간투자사업 '우선협상대상자 선정행위'나 '우선협상대상자 지위배제행위'에서 '우선협상대상자 지위배제행위'만이 항고소송의 대상되는 처분에 해당한다. O | X

정답 및 해설

0769 **X** 부지사전승인처분은 그 자체 독립적 처분에 해당한다.
0770 **O**   0771 **O**   0772 **O**
0773 **X** 운수권배분처분은 항고소송의 대상되는 처분에 해당한다.
0774 **X** 원과징금 부과처분이 후행 감면처분에 흡수되므로 원부과처분의 취소를 구하는 소는 부적법하다.
0775 **X** 우선협상대상자 선정행위와 우선협상대상자 지위배제행위 모두 항고소송의 대상되는 처분에 해당한다.

행정절차법 제40조의2(확약) ① 법령등에서 당사자가 신청할 수 있는 처분을 규정하고 있는 경우 행정청은 당사자의 신청에 따라 장래에 어떤 처분을 하거나 하지 아니할 것을 내용으로 하는 의사표시(이하 "확약"이라 한다)를 할 수 있다.
② 확약은 문서로 하여야 한다.
③ 행정청은 다른 행정청과의 협의 등의 절차를 거쳐야 하는 처분에 대하여 확약을 하려는 경우에는 확약을 하기 전에 그 절차를 거쳐야 한다.
④ 행정청은 다음 각 호의 어느 하나에 해당하는 경우에는 확약에 기속되지 아니한다.
1. 확약을 한 후에 확약의 내용을 이행할 수 없을 정도로 법령등이나 사정이 변경된 경우
2. 확약이 위법한 경우
⑤ 행정청은 확약이 제4항 각 호의 어느 하나에 해당하여 확약을 이행할 수 없는 경우에는 지체 없이 당사자에게 그 사실을 통지하여야 한다.

1. 어업권면허에 선행하는 우선순위결정은 행정청이 우선권자로 결정된 자의 신청이 있으면 어업권면허처분을 하겠다는 것을 약속하는 행위로서 강학상 확약에 불과하고 행정처분은 아니므로, 우선순위결정에 공정력이나 불가쟁력과 같은 효력은 인정되지 아니하며, 따라서 우선순위결정이 잘못되었다는 이유로 종전의 어업권면허처분이 취소되면 행정청은 종전의 우선순위결정을 무시하고 다시 우선순위를 결정한 다음 새로운 우선순위결정에 기하여 새로운 어업권면허를 할 수 있다(대판 1995.1.20. 94누6529). _{2016 국회직 8급, 2013 국가직 9급, 2023 국가직 7급, 2015 지방직 9급}

2. 자동차운송사업양도양수계약에 기한 양도양수인가신청에 대하여 피고 시장이 내인가를 한 후 위 내인가에 기한 본인가 신청이 있었으나 자동차운송사업 양도양수인가신청서가 합의에 의한 정당한 신청서라고 할 수 없다는 이유로 위 내인가를 취소한 경우, 위 내인가의 법적 성질이 행정행위의 일종으로 볼 수 있든 아니든 그것이 행정청의 상대방에 대한 의사표시임이 분명하고, 피고가 위 내인가를 취소함으로써 다시 본인가에 대하여 따로이 인가 여부의 처분을 한다는 사정이 보이지 않는다면 위 내인가취소를 인가신청을 거부하는 처분으로 보아야 할 것이다(대판 1991.6.28. 90누4402). _{2022 국가직 9급, 2017 서울시 9급}

3. 공공사업을 위한 토석채취협약의 형식, 당사자, 내용 등에 비추어 이 사건 협약은 토석채취허가에 대한 확약에 해당한다(대판 2014.9.26. 2011두18687).

4. 주택건설촉진법 제33조 제1항의 규정에 의한 주택건설사업계획의 승인은 상대방에게 권리나 이익을 부여하는 효과를 수반하는 이른바 수익적 행정처분으로서 행정처분의 요건에 관하여 일의적으로 규정되어 있지 아니한 이상 행정청의 재량행위에 속하고, 그 전 단계인 같은 법 제32조의4 제1항의 규정에 의한 주택건설사업계획의 사전결정이 있다하여 달리 볼 것은 아니다. 따라서 피고가 이 사건 주택건설사업에 대한 사전결정을 하였다고 하더라도 사업승인 단계에서 그 사전결정에 기속되지 않고 다시 사익과 공익을 비교형량하여 그 승인 여부를 결정할 수 있다(대판 1999.5.25. 99두1052).

0776 어업권면허에 선행하는 우선순위결정은 강학상 확약에 해당한다. O | X

0777 어업권면허에 선행하는 우선순위결정은 항고소송의 대상되는 처분에 해당한다. O | X

0778 어업권면허에 선행하는 우선순위결정은 공정력이나 불가쟁력과 같은 행정행위의 효력이 인정된다. O | X

0779 종전의 어업권면허처분이 취소되면 행정청은 종전의 우선순위결정을 무시하고 다시 우선순위를 결정한 다음 새로운 우선순위결정에 기하여 새로운 어업권면허를 할 수 있다. O | X

0780 행정청이 내인가를 한 다음 이를 취소하는 행위는 인가 신청을 거부하는 처분으로 보아야 한다. O | X

0781 공공사업을 위한 토석채취협약은 토석채취허가에 대한 확약에 해당한다. O | X

0782 구「주택건설촉진법」에 의한 주택건설사업계획 사전결정이 있는 경우 주택건설계획승인처분은 사전결정에 기속되므로 다시 승인 여부를 결정할 수 없다. O | X

행정청이 상대방에게 장차 어떤 처분을 하겠다고 확약 또는 공적인 의사표명을 하였다고 하더라도, 그 자체에서 상대방으로 하여금 언제까지 처분의 발령을 신청을 하도록 유효기간을 두었는데도 그 기간 내에 상대방의 신청이 없었다거나 확약 또는 공적인 의사표명이 있은 후에 사실적·법률적 상태가 변경되었다면, 그와 같은 확약 또는 공적인 의사표명은 행정청의 별다른 의사표시를 기다리지 않고 실효된다(대판 1996.8.20. 95누10877). 2018·2013 국가직 9급, 2023·2018 국가직 7급, 2019 지방직 7급

0783 행정청이 어떤 처분을 하겠다는 확약을 하였더라도 신청에 대한 유효기간을 두었는데 그 기간내에 상대방의 신청이 없다면 확약은 실효된다. O | X

0784 확약이 있은 후에 사실적·법률적 상태가 변경되었다면, 그와 같은 확약은 행정청의 별다른 의사표시를 기다리지 않고 실효된다. O | X

정답 및 해설

0776 O
0777 X 판례는 확약의 처분성을 부정한다.
0778 X 우선순위결정은 행정처분이 아니므로 공정력이나 불가쟁력이 인정되지 않는다는 것이 판례이다.
0779 O   0780 O   0781 O
0782 X 주택건설계획승인처분은 사전결정에 기속되지 않는다.
0783 O   0784 O

24 | 행정계획

행정절차법 제40조의4(행정계획) 행정청은 행정청이 수립하는 계획 중 국민의 권리·의무에 직접 영향을 미치는 계획을 수립하거나 변경·폐지할 때에는 관련된 여러 이익을 정당하게 형량하여야 한다.

> 도시계획법 제12조 소정의 도시관리계획결정이 고시되면 도시계획안의 토지나 건설소유자의 토지형질의 변경, 건축물의 신축·개축 또는 증축 등 권리행사가 일정한 제한을 받게 되는 바, 이런 점에서 볼 때 고시된 도시계획결정은 특정 개인의 권리 내지 법률상의 이익을 개별적이고 구체적으로 규제하는 효과를 가져오게 하는 행정청의 처분이라 할 것이고, 이는 행정소송의 대상이 된다 할 것이다(대판 1982.3.9. 80누105). **2017·2016 국회직 8급, 2015 지방직 7급**

0785 도시계획결정이 고시되면 도시계획안의 토지나 건설소유자의 토지형질의 변경, 건축물의 신축·개축 또는 증축 등 권리행사가 일정한 제한을 받게 된다. O | X

0786 도시계획결정은 항고소송의 대상되는 처분에 해당된다. O | X

> 도시계획사업의 시행으로 인한 토지수용에 의하여 이미 이 사건 토지에 대한 소유권을 상실한 청구인은 도시계획결정과 토지의 수용이 법률에 위반되어 당연무효라고 볼만한 특별한 사정이 보이지 않는 이상 이 사건 토지에 대한 도시계획결정의 취소를 청구할 법률상의 이익을 흠결하여 당해소송은 적법한 것이 될 수 없다(헌재결 2002.5.30. 2000헌바58).

0787 도시계획사업의 시행으로 인한 토지수용에 의하여 이미 이 사건 토지에 대한 소유권을 상실한 자는 토지에 대한 도시계획결정의 취소를 구할 법률상 이익이 없다. O | X

정답 및 해설

0785 O   0786 O   0787 O

> 1. 도시재개발법에 의한 재개발조합은 조합원에 대한 법률관계에서 적어도 특수한 존립목적을 부여받은 특수한 행정주체로서 국가의 감독하에 그 존립 목적인 특정한 공공사무를 행하고 있다고 볼 수 있는 범위 내에서는 공법상의 권리의무관계에 서 있는 것이므로 분양신청 후에 정하여진 관리처분계획의 내용에 관하여 다툼이 있는 경우에는 그 관리처분계획은 토지 등의 소유자에게 구체적이고 결정적인 영향을 미치는 것으로서 조합이 행한 처분에 해당하므로 항고소송의 방법으로 그 무효확인이나 취소를 구할 수 있다(대판 2002.12.10. 2001두6333). 2025 소방간부
> 2. 주택재건축정비사업조합은 관할 행정청의 감독 아래 위 법상 주택재건축사업을 시행하는 공법인으로서, 그 목적 범위 내에서 법령이 정하는 바에 따라 일정한 행정작용을 하는 행정주체의 지위를 가진다 할 것인데, 재건축정비사업조합이 이러한 행정주체의 지위에서 위 법에 기초하여 수립한 사업시행계획은 인가·고시를 통해 확정되면 이해관계인에 대한 구속적 행정계획으로서 독립된 행정처분에 해당한다(대판 2009.11.2. 2009마596). 2020 국가직 9급

0788 재개발조합의 관리처분계획을 다투는 경우 민사소송에 의하고 항고소송의 대상되는 처분으로 볼 수 없다. O | X

0789 주택재건축정비사업조합이 수립한 사업시행계획은 인가·고시를 통해 확정되어도 이해관계인에 대한 직접적인 구속력이 없는 행정계획으로서 독립된 행정처분에 해당하지 아니한다. O | X

> 1. 도시기본계획은 도시의 기본적인 공간구조와 장기발전방향을 제시하는 종합계획으로서 그 계획에는 토지이용계획, 환경계획, 공원녹지계획 등 장래의 도시개발의 일반적인 방향이 제시되지만, 그 계획은 도시계획입안의 지침이 되는 것에 불과하여 일반 국민에 대한 직접적인 구속력은 없는 것이다(대판 2002.10.11. 2000두8226). 2025·2020 소방간부, 2024·2022·2021 국가직 9급, 2018 국가직 7급, 2017·2016·2015 지방직 9급
> 2. 국토해양부, 환경부, 문화체육관광부, 농림수산부, 식품부가 합동으로 2009.6.8. 발표한 '4대강 살리기 마스터플랜' 등은 4대강 정비사업과 주변 지역의 관련 사업을 체계적으로 추진하기 위하여 수립한 종합계획이자 '4대강 살리기 사업'의 기본방향을 제시하는 계획으로서, 행정기관 내부에서 사업의 기본방향을 제시하는 것일 뿐, 국민의 권리·의무에 직접 영향을 미치는 것이 아니어서 행정처분에 해당하지 않는다(대판 2011.4.21. 2010무111). 2025·2023·2019 소방간부, 2022 국가직 7급

0790 도시기본계획은 일반 국민에게 직접적 구속력이 있는 것으로 항고소송의 대상이 된다. O | X

0791 대법원은 '4대강 살리기 마스터플랜'에 대한 취소소송과 집행정지사건에서 처분성을 긍정하면서도 집행정지에 관해서는 요건미비를 이유로 인정하지 않았다. O | X

정답 및 해설

0788 X 관리처분계획은 항고소송의 대상되는 처분이다.
0789 X 사업시행계획은 행정처분에 해당한다.
0790 X 도시기본계획은 항고소송의 대상이 아니다.
0791 X 처분성을 부정하였다.

1. 토지구획정리사업법 제57조, 제62조 등의 규정상 환지예정지 지정이나 환지처분은 그에 의하여 직접 토지소유자 등의 권리의무가 변동되므로 이를 항고소송의 대상이 되는 처분이라고 볼 수 있으나, 환지계획은 위와 같은 환지예정지 지정이나 환지처분의 근거가 될 뿐 그 자체가 직접 토지소유자 등의 법률상의 지위를 변동시키거나 또는 환지예정지 지정이나 환지처분과는 다른 고유한 법률효과를 수반하는 것이 아니어서 이를 항고소송의 대상이 되는 처분에 해당한다고 할 수가 없다(대판 1999.8.20. 97누6889). 2020 소방간부, 2016·2014 국회직 8급, 2025 국가직 9급, 2014 국가직 7급

2. 환지예정지 지정처분은 환지처분의 공고일까지만 효력이 있으므로 그에 대한 항고소송은 환지처분이 유효하게 공고되면 그 소의 이익이 소멸된다(대판 1999.8.20. 97누6889).

0792 환지계획은 환지예정지 지정이나 환지처분의 근거로서 항고소송의 대상되는 처분에 해당한다. O | X

0793 환지예정지 지정이나 환지처분은 그에 의하여 직접 토지소유자 등의 권리의무가 변동되므로 이를 항고소송의 대상이 되는 처분에 해당한다. O | X

0794 환지처분 후에는 환지예정지 지정처분을 다툴 소의 이익이 없다. O | X

정답 및 해설

0792 **X** 환지계획은 항고소송의 대상되는 처분에 해당하지 않는다.
0793 **O**
0794 **O**

1. 비구속적 행정계획안이나 행정지침이라도 국민의 기본권에 직접적으로 영향을 끼치고, 앞으로 법령의 뒷받침에 의하여 그대로 실시될 것이 틀림없을 것으로 예상될 수 있을 때에는 공권력 행위로서 예외적으로 헌법소원의 대상이 될 수 있다 (헌재 2011.12.29. 2009헌마330). 2022 소방간부, 2013 국회직 8급, 2021·2017 국가직 9급, 2018 국가직 7급, 2017·2016·2013 지방직 9급, 2016 지방직 7급

2. 2012년도와 2013년도 대학교육역량강화사업 기본계획에 따른 총장직선제에 대한 행정계획은 사실상의 구속에 불과하고 이에 따를지 여부는 전적으로 대학의 자율에 맡겨져 있다. 더구나 총장직선제를 개선하려면 학칙이 변경되어야 하므로 계획 자체만으로는 대학의 구성원인 청구인들의 법적 지위나 권리의무에 어떠한 영향도 미친다고 보기 어렵다. 따라서 2012년도와 2013년도 계획 부분은 헌법소원의 대상이 되는 공권력 행사에 해당하지 아니한다(헌재 2016.10.27. 2013헌마576). 2017 지방직 9급

0795 비구속적 행정계획안이나 행정지침이라도 국민의 기본권에 직접적으로 영향을 끼치고, 앞으로 법령의 뒷받침에 의하여 그대로 실시될 것이 틀림없을 것으로 예상될 수 있을 때에는 공권력 행위로서 예외적으로 헌법소원의 대상이 될 수 있다. O | X

0796 국공립대학의 총장직선제 개선 여부를 재정지원 평가요소로 반영하고 이를 개선하지 않을 경우 다음 연도에 지원금을 삭감 또는 환수하도록 규정한 교육부장관의 '대학교육역량강화사업 기본계획'은 헌법소원의 대상이 된다. O | X

정답 및 해설

0795 O
0796 X 대학교육역량강화사업 기본계획은 헌법소원의 대상되는 공권력 행사에 해당하지 않는다.

도시계획법 제16조의2 제2항과 같은법 시행령 제14조의2 제6항 내지 제8항의 규정을 종합하여 보면 도시계획의 입안에 있어 해당 도시계획안의 내용을 공고 및 공람하게 한 것은 다수 이해관계자의 이익을 합리적으로 조정하여 국민의 권리자유에 대한 부당한 침해를 방지하고 행정의 민주화와 신뢰를 확보하기 위하여 국민의 의사를 그 과정에 반영시키는데 있는 것이므로 이러한 공고 및 공람 절차에 하자가 있는 도시계획결정은 위법하다(대판 2000.3.23. 98두2768). **2023 소방간부, 2022 국가직 7급**

0797 도시계획안의 내용을 공고 및 공람하게 한 것은 국민의 의사를 그 과정에 반영시키는 데 목적이 있다. O | X

0798 이러한 공고 및 공람절차에 하자가 있는 도시계획결정이 곧 위법하게 되는 것은 아니다. O | X

구 도시계획법(1971.1.19. 법률 제2291호로 개정되기 전의 것) 제7조가 도시계획결정등 처분의 고시를 도시계획구역, 도시계획결정등의 효력발생요건으로 규정하였다고 볼 것이어서 건설부장관 또는 그의 권한의 일부를 위임받은 서울특별시장, 도지사등 지방장관이 기안, 결재등의 과정을 거쳐 정당하게 도시계획결정등의 처분을 하였다고 하더라도 이를 관보에 게재하여 고시하지 아니한 이상 대외적으로는 아무런 효력도 발생하지 아니한다(대판 1985.12.10. 85누186). **2014 국가직 7급**

0799 행정청이 정당하게 도시계획결정을 하였다고 하더라도 고시하지 않은 이상 대외적으로 아무런 효력도 발생하지 않는다. O | X

정답 및 해설

0797 O
0798 X 공고 및 공람절차에 하자가 있는 도시계획결정은 절차 위반으로 위법하게 된다.
0799 O

■ 선행계획과 후행계획의 관계

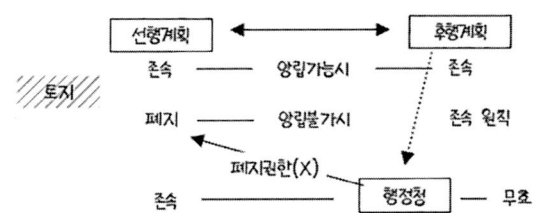

도시계획의 결정·변경 등에 관한 권한을 가진 행정청은 이미 도시계획이 결정·고시된 지역에 대하여도 다른 내용의 도시계획을 결정·고시할 수 있고, 이 때에 후행 도시계획에 선행 도시계획과 서로 양립할 수 없는 내용이 포함되어 있다면, 특별한 사정이 없는 한 선행 도시계획은 후행 도시계획과 같은 내용으로 변경되는 것이나, 후행 도시계획의 결정을 하는 행정청이 선행 도시계획의 결정·변경 등에 관한 권한을 가지고 있지 아니한 경우에 선행 도시계획과 서로 양립할 수 없는 내용이 포함된 후행 도시계획결정을 하는 것은 아무런 권한 없이 선행 도시계획결정을 폐지하고, 양립할 수 없는 새로운 내용이 포함된 후행 도시계획결정을 하는 것으로서, 선행 도시계획결정의 폐지 부분은 권한 없는 자에 의하여 행해진 것으로서 무효이고, 같은 대상지역에 대하여 선행 도시계획결정이 적법하게 폐지되지 아니한 상태에서 그 위에 다시 한 후행 도시계획결정 역시 위법하고, 그 하자는 중대하고도 명백하여 다른 특별한 사정이 없는 한 무효라고 보아야 한다(대판 2000.9.8. 99두11257).

2020 소방간부, 2017·2013 국회직 8급, 2024·2021 국가직 9급, 2016 지방직 9급, 2016 지방직 7급

0800 후행 도시계획에 선행 도시계획과 서로 양립할 수 없는 내용이 포함되어 있다면, 특별한 사정이 없는 한 선행 도시계획은 후행 도시계획과 같은 내용으로 변경된다. O | X

0801 도시계획의 결정·변경 등에 관한 권한을 가진 행정청이 이미 도시계획이 결정·고시된 지역에 대하여 행한 다른 내용의 도시계획의 결정·고시는 무효이다. O | X

0802 선행 도시계획의 결정·변경 등의 권한이 없는 행정청이 행한 선행 도시계획과 양립할 수 없는 새로운 내용의 후행 도시계획결정은 무효이다. O | X

정답 및 해설

0800 **O**
0801 **X** 권한을 가진 행정청의 다른 내용의 도시계획결정·고시는 유효하다.
0802 **O**

1. 공법상 제한을 받는 토지에 대한 보상액을 산정할 때에 해당 공법상 제한이 구 도시계획법에 따른 용도지역·지구·구역의 지정 또는 변경과 같이 그 자체로 제한목적이 달성되는 일반적 계획제한으로서 구체적 도시계획사업과 직접 관련되지 아니한 경우에는 그러한 제한을 받는 상태 그대로 평가하여야 하고, 도로·공원 등 특정 도시계획시설의 설치를 위한 계획결정과 같이 구체적 사업이 따르는 개별적 계획제한이거나 일반적 계획제한에 해당하는 용도지역·지구·구역의 지정 또는 변경에 따른 제한이더라도 그 용도지역·지구·구역의 지정 또는 변경이 특정 공익사업의 시행을 위한 것일 때에는 당해 공익사업의 시행을 직접 목적으로 하는 제한으로 보아 위 제한을 받지 아니하는 상태를 상정하여 평가하여야 한다(대판 2019.9.25. 2019두34982). **2025 소방간부**

2. 일반적 계획제한에 해당하는 용도지역 등의 지정 또는 변경이라도 특정 공익사업의 시행을 위한 것이라면 당해 공익사업의 시행을 직접 목적으로 하는 제한이라고 보아야 하는 점 등을 종합적으로 고려하면, 어느 수용대상 토지에 관하여 특정 시점에서 용도지역 등의 지정 또는 변경을 하지 않은 것이 특정 공익사업의 시행을 위한 것일 경우 이는 당해 공익사업의 시행을 직접 목적으로 하는 제한이라고 보아 용도지역 등의 지정 또는 변경이 이루어진 상태를 상정하여 토지가격을 평가하여야 한다(대판 2015.8.27. 2012두7950). **2022 국회직 8급**

0803 공법상 제한을 받는 토지에 대한 보상액을 산정할 때에 일반적 계획제한으로서 구체적 도시계획사업과 직접 관련되지 아니한 경우에는 그러한 제한을 받지 않는 상태로 평가하여야 한다. O | X

0804 공법상 제한을 받는 토지에 대한 보상액을 산정할 때에 특정 도시계획시설의 설치를 위한 계획결정과 같이 구체적 사업이 따르는 개별적 계획제한인 경우 당해 공익사업의 시행을 직접 목적으로 하는 제한으로 보아 위 제한을 받지 아니하는 상태를 상정하여 평가하여야 한다. O | X

0805 일반적 계획제한에 해당하는 용도지역·지구·구역의 지정 또는 변경에 따른 제한이더라도 그 용도지역·지구·구역의 지정 또는 변경이 특정 공익사업의 시행을 위한 것일 때에는 당해 공익사업의 시행을 직접 목적으로 하는 제한으로 보아 위 제한을 받지 아니하는 상태를 상정하여 평가하여야 한다. O | X

0806 어느 수용대상 토지에 관하여 특정 시점에서 용도지역 등의 지정 또는 변경을 하지 않은 것이 특정 공익사업의 시행을 위한 것일 경우 용도지역 등의 지정 또는 변경이 이루어진 상태를 상정하여 토지가격을 평가하여야 한다. O | X

정답 및 해설

0803 X 제한을 받는 상태로 평가하여야 한다.
0804 O   0805 O   0806 O

도시계획법 등 관계 법령에는 추상적인 행정목표와 절차만이 규정되어 있을 뿐 행정계획의 내용에 대하여는 별다른 규정을 두고 있지 아니하므로 행정주체는 구체적인 행정계획을 입안·결정함에 있어서 비교적 광범위한 형성의 자유를 가지는 한편, 행정주체가 가지는 이와 같은 형성의 자유는 무제한적인 것이 아니라 그 행정계획에 관련되는 자들의 이익을 공익과 사익 사이에서는 물론이고 공익 상호간과 사익 상호간에도 정당하게 비교교량하여야 한다는 제한이 있는 것이고, 따라서 행정주체가 행정계획을 입안·결정함에 있어서 이익형량을 전혀 행하지 아니하거나 이익형량의 고려 대상에 마땅히 포함시켜야 할 사항을 누락한 경우 또는 이익형량을 하였으나 정당성·객관성이 결여된 경우에는 그 행정계획결정은 재량권을 일탈·남용한 것으로서 위법하게 된다(대판 2000.3.23, 98두2768).

2023·2022·2020 소방간부, 2021·2014·2013 국회직 8급, 2024·2020 국가직 9급, 2022·2018·2014 국가직 7급, 2017 지방직 9급, 2021·2014·2013 지방직 7급

0807 「도시계획법」등 관계 법령에는 추상적인 행정목표와 절차만 규정되어 있고 행정계획의 내용에 대하여는 별다른 규정을 두고 있지 않다. O | X

0808 행정주체는 구체적인 행정계획을 입안·결정함에 있어서 비교적 광범위한 형성의 자유를 가진다. O | X

0809 행정주체가 가지는 이와 같은 형성의 자유는 무제한적인 것으로 행정주체가 행정계획에 관련되는 자들의 이익을 비교교량하지 않았다고 해서 재량권을 일탈.남용한 것으로 볼 수 없다. O | X

0810 행정주체가 행정계획을 입안.결정함에 있어 이익형량을 전혀 행하지 않은 경우 그 행정계획결정은 재량권을 일탈·남용한 것으로서 위법하게 된다. O | X

0811 행정주체가 이익형량을 하였다면 고려 대상에 마땅히 포함시켜야 할 사항을 누락한 경우라도 그 행정계획결정은 위법하다 볼 수 없다. O | X

0812 행정주체가 이익형량을 하였으나 정당성·객관성이 결여된 경우만으로 그 행정계획결정이 위법하게 되는 것은 아니다. O | X

정답 및 해설

0807 O
0808 O
0809 X 재량권 일탈·남용으로 위법하다.
0810 O
0811 X 재량권 일탈·남용으로 위법하다.
0812 X 재량권 일탈·남용으로 위법하다.

> 장기미집행 도시계획시설결정의 실효제도는 도시계획시설부지로 하여금 도시계획시설결정으로 인한 사회적 제약으로부터 벗어나게 하는 것으로서 결과적으로 개인의 재산권이 보다 보호되는 측면이 있는 것은 사실이나, 이와 같은 보호는 입법자가 새로운 제도를 마련함에 따라 얻게 되는 법률에 기한 권리일 뿐 헌법상 재산권으로부터 당연히 도출되는 권리는 아니다 (헌재 2005.9.29. 2002헌바84).
>
> 2020 국가직 9급

0813 장기미집행 도시계획시설결정의 실효제도는 법률의 규정이 없더라도 헌법상 재산권으로부터 당연히 도출되는 권리이다.   O | X

> 도시계획법상 주민이 행정청에 대하여 도시계획 및 그 변경에 대하여 어떤 신청을 할 수 있음에 관한 규정이 없고, 도시계획과 같이 장기성·종합성이 요구되는 행정계획에 있어서 그 계획이 일단 확정된 후에 어떤 사정의 변동이 있다고 하여 지역주민에게 일일이 그 계획의 변경 또는 폐지를 청구할 권리를 인정해 줄 수도 없는 것이므로 지역주민에게 도시계획시설(여객자동차정류장)의 변경·폐지를 신청할 조리상의 권리가 있다고도 볼 수 없으므로 피고의 원고에 대한 도시계획시설 변경신청을 거부하는 통지는 항고소송의 대상되는 행정처분이라고 볼 수 없다(대판 1994.12.9. 94누8433).
>
> 2014 국회직 8급, 2014 국가직 9급, 2020 지방직 9급

0814 일반적으로 지역주민에게는 원칙적으로 도시계획시설의 변경·폐지를 신청할 조리상의 권리가 있다.   O | X

0815 지역주민이 행정청에게 도시계획 및 그 변경신청을 하고 행정청이 이를 거부한 경우 일반적 항고소송의 대상되는 거부처분으로 본다.   O | X

정답 및 해설

0813 X 법률에 의한 권리일 뿐이다.
0814 X 일반적으로 지역주민에게는 도시계획시설의 변경·폐지를 신청할 권리가 인정되지 않는다.
0815 X 지역주민에게는 신청권이 없으므로 이를 거부하는 것이 항고소송의 대상이 되지 않는다.

1. 장래 일정한 기간 내에 관계 법령이 규정하는 시설 등을 갖추어 일정한 행정처분을 구하는 신청을 할 수 있는 법률상 지위에 있는 자의 국토이용계획변경신청을 거부하는 것이 실질적으로 당해 행정처분 자체를 거부하는 결과가 되는 경우에는 예외적으로 그 신청인에게 국토이용계획변경을 신청할 권리가 인정된다고 봄이 상당하므로, 이러한 신청에 대한 거부행위는 항고소송의 대상이 되는 행정처분에 해당한다(대판 2003.9.23. 2001두10936).

   2023·2022 소방간부, 2021·2017·2014 국회직 8급, 2021·2017·2014 국가직 9급, 2020·2017 지방직 9급

2. 도시계획구역 내 토지 등을 소유하고 있는 사람과 같이 당해 도시계획시설결정에 이해관계가 있은 주민으로서는 입안권자에게 도시계획입안을 요구할 수 있는 법규상 또는 조리상의 신청권이 있다고 할 것이고, 이러한 신청에 대한 거부행위는 항고소송의 대상이 되는 행정처분에 해당한다(대판 2004.4.28. 2003두1806).

   2023 소방간부, 2021 국회직 8급, 2017·2014 국가직 9급, 2024·2020·2017·2016 지방직 9급, 2016·2014 지방직 7급

3. 문화재보호구역 내에 있는 토지소유자 등으로서는 위 보호구역의 지정해제를 요구할 수 있는 법규상 또는 조리상의 신청권이 있다고 할 것이고, 이러한 신청에 대한 거부행위는 항고소송의 대상이 되는 행정처분에 해당한다(대판 2004.4.27. 2003두8821).

   2013 국회직 8급, 2020 지방직 9급

4. 산업단지개발계획상 산업단지 안의 토지 소유자로서 산업단지개발계획에 적합한 시설을 설치하여 입주하려는 자는 산업단지지정권자 또는 그로부터 권한을 위임받은 기관에 대하여 산업단지개발계획의 변경을 요청할 수 있는 법규상 또는 조리상 신청권이 있고, 이러한 신청에 대한 거부행위는 항고소송의 대상이 되는 행정처분에 해당한다고 보아야 한다(대판 2017. 8. 29. 2016두4418).

   2025 소방간부

0816 장래 일정한 기간 내에 관계 법령이 규정하는 시설 등을 갖추어 일정한 행정처분을 구하는 신청을 할 수 있는 법률상 지위에 있는 자의 국토이용계획변경신청을 거부는 항고소송의 대상이 된다. O | X

0817 도시계획구역 내 토지 등을 소유하고 있는 주민으로서는 입안권자에게 도시계획입안을 요구할 수 있는 법규상 또는 조리상의 신청권이 있다. O | X

0818 문화재보호구역 내 토지소유자의 문화재보호구역 지정해제 신청에 대한 행정청의 거부는 항고소송의 대상되는 처분에 해당하지 않는다. O | X

0819 산업단지개발계획상 산업단지 안의 토지 소유자로서 산업단지개발계획에 적합한 시설을 설치하여 입주하려는 자는 산업단지지정권자 또는 그로부터 권한을 위임받은 기관에 대하여 산업단지개발계획의 변경을 요청할 수 있는 법규상 또는 조리상 신청권이 있다. O | X

정답 및 해설

0816 O
0817 O
0818 X 문화재보호구역 내 토지소유자에게는 신청권이 인정되므로 거부는 항고소송의 대상이 된다.
0819 O

25 | 공법상 계약

행정기본법 제27조(공법상 계약의 체결) ① 행정청은 법령등을 위반하지 아니하는 범위에서 행정목적을 달성하기 위하여 필요한 경우에는 공법상 법률관계에 관한 계약(이하 "공법상 계약"이라 한다)을 체결할 수 있다. 이 경우 계약의 목적 및 내용을 명확하게 적은 계약서를 작성하여야 한다.
② 행정청은 공법상 계약의 상대방을 선정하고 계약 내용을 정할 때 공법상 계약의 공공성과 제3자의 이해관계를 고려하여야 한다.

_{2021 지방직 9급}

1. 도시계획사업의 시행자가 그 사업에 필요한 토지를 협의취득하는 행위는 사경제주체로서 행하는 사법상의 법률행위에 지나지 않으며, 공권력의 주체로서 우월한 지위에서 행하는 공법상의 행정처분이 아니므로 행정소송의 대상이 되지 않는다(대판 1992.10.27. 91누3871). _{2023 소방간부, 2022 국회직 8급, 2017·2015 지방직 7급}

2. 기부채납은 기부자가 그의 소유재산을 지방자치단체의 공유재산으로 증여하는 의사표시를 하고 지방자치단체는 이를 승낙하는 채납의 의사표시를 함으로써 성립하는 증여계약이다(대판 1996.11.8. 96다20581). _{2023 소방간부}

3. 국가를 당사자로 하는 계약이나 공공기관의 운영에 관한 법률의 적용 대상인 공기업이 일방 당사자가 되는 계약(이하 편의상 '공공계약'이라 한다)은 국가 또는 공기업이 사경제의 주체로서 상대방과 대등한 지위에서 체결하는 사법상의 계약으로서 본질적인 내용은 사인 간의 계약과 다를 바가 없으므로, 법령에 특별한 정함이 있는 경우를 제외하고는 서로 대등한 입장에서 당사자의 합의에 따라 계약을 체결하여야 하고 당사자는 계약의 내용을 신의성실의 원칙에 따라 이행하여야 하는 등 사적 자치와 계약자유의 원칙을 비롯한 사법의 원리가 원칙적으로 적용된다(대판 2017.12.21. 2012다74076). _{2021 소방간부, 2022 국가직 9급, 2017 국가직 7급, 2022 지방직 9급}

4. 갑 지방자치단체가 을 주식회사 등 4개 회사로 구성된 공동수급체를 자원회수시설과 부대시설의 운영·유지관리 등을 위탁할 민간사업자로 선정하고 을 회사 등의 공동수급체와 위 시설에 관한 위·수탁 운영 협약을 체결한 경우, 위 협약은 갑 지방자치단체가 사인인 을 회사 등에 위 시설의 운영을 위탁하고 그 위탁운영비용을 지급하는 것을 내용으로 하는 용역계약으로서 상호 대등한 입장에서 당사자의 합의에 따라 체결한 사법상 계약에 해당한다(대판 2019.10.17. 2018두60588). _{2023·2021 소방간부, 2022 지방직 9급, 2020 지방직 7급}

5. 중소기업 정보화지원사업에 따른 지원금 출연을 위하여 중소기업청장이 체결하는 협약은 공법상 대등한 당사자 사이의 의사표시의 합치로 성립하는 공법상 계약에 해당하는 점, … 협약의 해지 및 그에 따른 환수통보는 공법상 계약에 따라 행정청이 대등한 당사자의 지위에서 하는 의사표시로 보아야 하고, 이를 행정청이 우월한 지위에서 행하는 공권력의 행사로서 행정처분에 해당한다고 볼 수는 없다(대판 2015.8.27. 2015두41449). _{2024·2023·2022 국회직 8급, 2021·2018 국가직 9급, 2022 국가직 7급, 2017 지방직 9급, 2017 지방직 7급}

6. 국립의료원 부설 주차장에 관한 위탁관리용역운영계약의 실질은 행정재산인 위 부설주차장에 대한 국유재산법 제24조 제1항에 의한 사용·수익 허가로서 이루어진 것임을 알 수 있으므로, 이는 위 국립의료원이 원고의 신청에 의하여 공권력을 가진 우월적 지위에서 행한 행정처분으로서 특정인에게 행정재산을 사용할 수 있는 권리를 설정하여 주는 강학상 특허에 해당한다 할 것이고 순전히 사경제주체로서 원고와 대등한 위치에서 행한 사법상의 계약으로 보기 어렵다고 할 것이다(대판 2006.03.09. 2004다31074). _{2016 국가직 9급, 2022 지방직 9급}

7. 자발적 감차합의는 여객자동차법 제4조 제3항이 정한 '면허조건'을 원고들의 동의하에 사후적으로 붙인 것으로서, 이러한 면허조건을 위반하였음을 이유로 한 이 사건 직권감차 통보는 피고가 우월적 지위에서 여객자동차법 제85조 제1항 제38호에 따라 원고들에게 일정한 법적 효과를 발생하게 하는 것이므로 항고소송의 대상이 되는 처분에 해당한다고 보아야 하고, 단순히 대등한 당사자의 지위에서 형성된 공법상 계약에 근거한 의사표시에 불과한 것으로는 볼 수 없다(대판 2016.11.24. 2016두45028). **2017 국가직 7급**

8. 공공기관의 운영에 관한 법률 제39조는 공기업·준정부기관은 공정한 경쟁이나 계약의 적정한 이행을 해칠 것이 명백하다고 판단되는 사람·법인 또는 단체 등에 대하여 2년의 범위 내에서 일정 기간 입찰참가자격을 제한할 수 있고(제2항), 그에 따른 입찰참가자격의 제한기준 등에 관하여 필요한 사항은 기획재정부령으로 정하도록 규정하고 있다(제3항). … 이와 같이 공공기관운영법 제39조 제2항과 그 하위법령에 따른 입찰참가자격제한 조치는 '구체적 사실에 관한 법집행으로서의 공권력의 행사'로서 행정처분에 해당한다(대법원 2020.5.28. 2017두66541).

9. 「사회기반시설에 대한 민간투자법」에 근거한 서울-춘천 간 고속도로 민간투자에 관한 협약은 공법상 계약이라 하더라도 민간투자시설사업에 관하여 국토교통부장관이 행한 고속도로 민간투자 사업시행자 지정은 행정소송의 대상되는 처분이다(대판 2009.04.23. 2007두13159). **2016 국가직 9급, 2020 지방직 7급**

10. 민간투자사업 실시협약을 체결한 당사자가 공법상 당사자소송에 의하여 그 실시협약에 따른 재정지원금의 지급을 구하는 경우에, 수소법원은 단순히 주무관청이 재정지원금액을 산정한 절차 등에 위법이 있는지 여부를 심사하는 데 그쳐서는 아니 되고, 실시협약에 따른 적정한 재정지원금액이 얼마인지를 구체적으로 심리·판단하여야 한다(대판 2019.1.31. 2017두46455). **2021 소방간부, 2022 국회직 8급, 2022 국가직 7급**

11. 지방자치단체의 장이 공유재산법에 근거하여 기부채납 및 사용·수익허가 방식으로 민간투자사업을 추진하는 과정에서 사업시행자를 지정하기 위한 전 단계에서 공모제안을 받아 일정한 심사를 거쳐 우선협상대상자를 선정하는 행위와 이미 선정된 우선협상대상자를 그 지위에서 배제하는 행위는 민간투자사업의 세부내용에 관한 협상을 거쳐 공유재산법에 따른 공유재산의 사용·수익허가를 우선적으로 부여받을 수 있는 지위를 설정하거나 또는 이미 설정한 지위를 박탈하는 조치이므로 모두 항고소송의 대상이 되는 행정처분으로 보아야 한다(대판 2020.4.29. 2017두31064). **2021 국회직 8급**

12. 산업단지관리공단의 지위, 입주계약 및 변경계약의 효과, 입주계약 및 변경계약 체결 의무와 그 의무를 불이행한 경우의 형사적 내지 행정적 제재, 입주계약해지의 절차, 해지통보에 수반되는 법적 의무 및 그 의무를 불이행한 경우의 형사적 내지 행정적 제재 등을 종합적으로 고려하면, 입주변경계약 취소는 행정청인 관리권자로부터 관리업무를 위탁받은 산업단지관리공단이 우월적 지위에서 입주기업체들에게 일정한 법률상 효과를 발생하게 하는 것으로서 항고소송의 대상이 되는 행정처분에 해당한다(대판 2017.6.15. 2014두46843). **2024 국회직 8급, 2017 지방직 7급**

13. 과학기술기본법령상 사업 (2단계 두뇌한국(BK)21 사업)협약의 해지 통보는 단순히 대등 당사자의 지위에서 형성된 공법상계약을 계약당사자의 지위에서 종료시키는 의사표시에 불과한 것이 아니라 행정청이 우월적 지위에서 연구개발비의 회수 및 관련자에 대한 국가연구개발사업 참여제한 등의 법률상 효과를 발생시키는 행정처분에 해당한다(대판 2014.12.11. 2012두28704). **2023·2022·2021 국회직 8급, 2017 지방직 9급, 2020 지방직 7급**

14. 재단법인 한국연구재단이 갑 대학교 총장에게 연구개발비의 부당집행을 이유로 '해양생물유래 고부가식품·향장·한약 기초소재 개발 인력양성사업에 대한 2단계 두뇌한국(BK)21 사업' 협약을 해지하고 연구팀장 을에 대한 대학자체 징계 요구 등을 통보한 사안에서, 을에 대한 대학자체 징계 요구는 항고소송의 대상이 되는 행정처분에 해당하지 않는다(대판 2014.12.11. 2012두28704).

15. 한국환경산업기술원장이 환경기술개발사업 협약을 체결한 甲 주식회사 등에게 연차평가 실시 결과 절대평가 60점 미만으로 평가되었다는 이유로 연구개발 중단 조치 및 연구비 집행중지 조치를 한 사안에서, 연구개발 중단 조치는 협약의 해약 요건에도 해당하며, 조치가 있은 후에는 주관연구기관이 연구개발을 계속하더라도 그에 사용된 연구비는 환수 또는 반환 대상이 되므로, 각 조치는 갑 회사 등의 권리·의무에 직접적인 영향을 미치는 행위로서 항고소송의 대상이 되는 행정처분에 해당한다(대판 2015.12.24. 2015두264). **2020 국회직 8급**

16. 건축협의의 실질은 지방자치단체 등에 대한 건축허가와 다르지 않으므로, 지방자치단체 등이 건축물을 건축하려는 경우 등에는 미리 건축물의 소재지를 관할하는 허가권자인 지방자치단체의 장과 건축협의를 하지 않으면, 지방자치단체라 하더라도 건축물을 건축할 수 없다. 그리고 구 지방자치법 등 관련 법령을 살펴보아도 지방자치단체의 장이 다른 지방자치단체를 상대로 한 건축협의 취소에 관하여 다툼이 있는 경우에 법적 분쟁을 실효적으로 해결할 구제수단을 찾기도 어렵다. 따라서 건축협의 취소는 상대방이 다른 지방자치단체 등 행정주체라 하더라도 '행정청이 행하는 구체적 사실에 관한 법집행으로서의 공권력 행사'로서 처분에 해당한다(대판 2014.2.27. 2012두22980).

2019 국회직 8급, 2017 지방직 9급, 2022 지방직 7급

17. 국책사업인 '한국형 헬기 개발사업'(Korean Helicopter Program)에 개발주관사업자 중 하나로 참여하여 국가 산하 중앙행정기관인 방위사업청과 '한국형헬기 민군겸용 핵심구성품 개발협약'을 체결한 갑 주식회사가 협약을 이행하는 과정에서 환율변동 및 물가상승 등 외부적 요인 때문에 협약금액을 초과하는 비용이 발생하였다고 주장하면서 국가를 상대로 초과비용의 지급을 구하는 소송은 당사자소송에 의한다(대판 2017.11.9. 2015다215526).

2023 소방간부, 2025 국가직 9급

0820 도시계획사업의 시행자가 그 사업에 필요한 토지를 협의취득하는 행위는 공법상 계약에 해당한다는 것이 판례이다. O | X

0821 도시계획사업의 시행자가 그 사업에 필요한 토지를 협의취득하는 행위는 행정소송의 대상이 되지 않는다. O | X

0822 기부채납은 기부자의 소유재산을 지방자치단체의 공유재산으로 무상증여하도록 하는 지방자치단체의 일방적 의사표시인 행정처분에 해당한다. O | X

0823 국가를 당사자로 하는 계약은 사적 자치와 계약자유의 원칙을 비롯한 사법의 원리가 원칙적 적용된다. O | X

0824 지방자치단체가 사인과 체결한 자원회수시설에 대한 위탁운영협약은 사법상 계약에 해당하므로 그에 관한 다툼은 민사소송의 대상이 된다. O | X

0825 택시회사들의 자발적 감차와 그에 따른 감차보상금의 지급 및 자발적 감차 조치의 불이행에 따른 행정청의 직권 감차명령을 내용으로 하는 택시회사들과 행정청 간의 합의는 대등한 당사자 사이에서 체결한 공법상 계약에 해당하므로, 그에 따른 감차명령은 행정청이 우월한 지위에서 행하는 공권력의 행사로 볼 수 없다. O | X

정답 및 해설

0820 X 협의취득은 사법상 계약에 해당한다.
0821 O
0822 X 기부채납 받은 공유재산에 대한 무상증여는 사법상 계약관계에 해당한다.
0823 O
0824 O
0825 X 감차명령은 공권력의 행사에 해당한다.

0826 중소기업 정보화지원사업에 따른 지원금 출연을 위하여 중소기업청장이 체결하는 협약은 공법상 대등한 당사자 사이의 의사표시의 합치로 성립하는 공법상 계약에 해당한다. O | X

0827 중소기업 정보화지원사업에 따른 지원금 출연협약을 해지하고 그에 따른 출연금 환수통보는 항고소송의 대상되는 처분에 해당한다. O | X

0828 국립의료원 부설 주차장은 행정재산에 해당한다. O | X

0829 국립의료원 부설 주차장에 관한 위탁관리용역운영계약의 실질은 공법상 계약에 해당한다. O | X

0830 「사회기반시설에 대한 민간투자법」에 근거한 서울−춘천 간 고속도로 민간투자에 관한 협약은 사법상 계약에 해당한다. O | X

0831 민간투자시설사업에 관하여 국토교통부장관이 행한 고속도로 민간투자 사업시행자 지정은 행정소송의 대상되는 처분이다. O | X

0832 지방자치단체의 장이 「공유재산법」에 근거하여 기부채납 및 사용·수익허가 방식으로 민간투자사업을 추진하는 과정에서 사업시행자를 지정하기 위한 전 단계에서 공모제안을 받아 일정한 심사를 거쳐 우선협상대상자를 선정하는 행위와 이미 선정된 우선협상대상자를 그 지위에서 배제하는 행위는 항고소송의 대상이 되는 처분에 해당한다. O | X

0833 산업단지공단의 입주변경계약의 취소는 당사자소송의 대상이 되고 항고소송의 대상되는 처분이 아니다. O | X

0834 「공공기관운영에 관한 법률」 제39조 제2항과 그 하위법령에 따른 입찰참가자격제한 조치는 '구체적 사실에 관한 법집행으로서의 공권력의 행사'로서 행정처분에 해당한다. O | X

정답 및 해설

0826 O
0827 X 공법상 계약관계의 종료로서 처분에 해당하지 않는다.
0828 O
0829 X 행정재산의 사용·수익허가로 강학상 특허에 해당한다.
0830 X 공법상 계약에 해당한다.
0831 O
0832 O
0833 X 항고소송의 대상되는 처분이다.
0834 O

0835 과학기술기본법령상 사업 협약의 해지 통보는 단순히 대등 당사자의 지위에서 형성된 공법상계약을 계약당사자의 지위에서 종료시키는 의사표시에 불과한 것이 아니라 행정청이 우월적 지위에서 연구개발비의 회수 및 관련자에 대한 국가연구개발사업 참여제한 등의 법률상 효과를 발생시키는 행정처분에 해당한다. O│X

0836 재단법인 한국연구재단이 갑 대학교 총장에게 연구개발비의 부당집행을 이유로 '해양생물유래 고부가식품·향장·한약 기초소재 개발 인력양성사업에 대한 2단계 두뇌한국(BK)21 사업' 협약을 해지하고 연구팀장 을에 대한 대학자체 징계 요구 등을 통보한 것은 항고소송의 대상되는 처분에 해당한다. O│X

0837 한국환경산업기술원장이 환경기술개발사업 협약을 체결한 甲 주식회사 등에게 연차평가 실시 결과 절대평가 60점 미만으로 평가되었다는 이유로 연구개발 중단 조치 및 연구비 집행중지 조치를 한 사안에서, 연구개발 중단 조치 및 연구비 집행중지 조치는 항고소송의 대상이 되는 행정처분에 해당한다. O│X

0838 지방자치단체 등이 건축물을 건축하기 위해 건축물 소재지 관할 허가권자인 지방자치단체의 장과 건축협의를 하였는데 허가권자인 지방자치단체의 장이 그 협의를 취소한 경우 건축 협의의 취소는 항고소송의 대상인 행정처분에 해당한다. O│X

0839 중앙행정기관인 방위사업청과 부품개발 협약을 체결한 기업이 협약을 이행하는 과정에서 환율변동 및 물가상승 등 외부적 요인으로 발생한 초과비용 지급에 대한 소송은 민사소송에 의한다. O│X

정답 및 해설

0835 **O**
0836 **X** 대학자체 징계 요구는 처분에 해당하지 않는다.
0837 **O**
0838 **O**
0839 **X** 당사자소송에 의한다는 것이 판례이다.

1. 계약직공무원에 관한 현행 법령의 규정에 비추어 볼 때, 계약직공무원 채용계약해지의 의사표시는 일반공무원에 대한 징계처분과는 달라서 항고소송의 대상이 되는 처분 등의 성격을 가진 것으로 인정되지 아니하고, 일정한 사유가 있을 때에 국가 또는 지방자치단체가 채용계약 관계의 한쪽 당사자로서 대등한 지위에서 행하는 의사표시로 취급되는 것으로 이해되므로, 이를 징계해고 등에서와 같이 그 징계사유에 한하여 효력 유무를 판단하여야 하거나, 행정처분과 같이 행정절차법에 의하여 근거와 이유를 제시하여야 하는 것은 아니다(대판 2002.11.26. 2002두5948).

<small>2022 소방간부, 2021·2013 국회직 8급, 2021·2018 국가직 9급, 2017 국가직 7급, 2022·2021·2015·2013 지방직 9급, 2017 지방직 7급</small>

2. 계약에 따른 제재조치는 법령에 근거한 공권력의 행사로서의 제재처분과는 법적 성질을 달리한다. 그러나 공공기관의 어떤 제재조치가 계약에 따른 제재조치에 해당하려면 일정한 사유가 있을 때 그러한 제재조치를 할 수 있다는 점을 공공기관과 그 거래상대방이 미리 구체적으로 약정하였어야 한다. 공공기관이 여러 거래업체들과의 계약에 적용하기 위하여 거래업체가 일정한 계약상 의무를 위반하는 경우 장래 일정 기간의 거래제한 등의 제재조치를 할 수 있다는 내용을 계약특수조건 등의 일정한 형식으로 미리 마련하였다고 하더라도, 약관의 규제에 관한 법률 제3조에서 정한 바와 같이 계약상대방에게 그 중요 내용을 미리 설명하여 계약내용으로 편입하는 절차를 거치지 않았다면 계약의 내용으로 주장할 수 없다(대판 2020.5.28. 2017두66541).

0840 계약직공무원 채용계약해지의 의사표시는 항고소송의 대상되는 처분에 해당한다. O | X

0841 계약직공무원 채용계약해지의 경우 「행정절차법」에 의하여 근거와 이유를 제시하여야 한다. O | X

0842 계약에 따른 제재조치는 법령에 근거한 공권력의 행사로서의 제재처분과는 법적 성질을 달리한다. O | X

0843 공공기관의 어떤 제재조치가 계약에 따른 제재조치에 해당하려면 일정한 사유가 있을 때 그러한 제재조치를 할 수 있다는 점을 공공기관과 그 거래상대방이 미리 구체적으로 약정하였어야 한다. O | X

0844 공공기관이 여러 거래업체들과의 계약에 적용하기 위하여 거래업체가 일정한 계약상 의무를 위반하는 경우 장래 일정 기간의 거래제한 등의 제재조치를 할 수 있다는 내용을 계약특수조건 등의 일정한 형식으로 미리 마련하였다면, 「약관의 규제에 관한 법률」 제3조에서 정한 바와 같이 계약상대방에게 그 중요 내용을 미리 설명하여 계약내용으로 편입하는 절차를 거치지 않았다 하더라도 계약의 내용으로 주장할 수 있다. O | X

정답 및 해설

0840 X 공법상 계약관계의 종료의 의사표시로 공권력행사로서 처분이 아니다.
0841 X 계약직공무원 채용계약해지의 경우 「행정절차법」이 적용되지 않는다.
0842 O
0843 O
0844 X 계약내용으로 편입하는 절차를 거치지 않았다면 계약의 내용으로 주장할 수 없다.

1. 지방공무원법과 지방전문직공무원규정 등 관계법령의 규정내용에 비추어 보면, 지방전문직공무원 채용계약에서 정한 채용기간이 만료한 경우 채용계약을 갱신하거나 채용기간을 연장할 것인지 여부는 지방자치단체장의 재량에 맡겨져 있는 것으로 보아야 할 것이므로 지방전문직공무원 채용계약에서 정한 기간이 형식적인 것에 불과하고 그 채용계약은 기간의 약정이 없는 것이라고 볼 수 없다(대판 1993.9.14. 92누4611). 2018 국가직 9급, 2015 지방직 9급

2. 지방자치단체와 채용계약에 의하여 채용된 계약직공무원이 그 계약기간 만료 이전에 채용계약 해지 등의 불이익을 받은 후 그 계약기간이 만료된 때에는 그 채용계약 해지의 의사표시가 무효라고 하더라도, 지방공무원법이나 지방계약직공무원규정 등에서 계약기간이 만료되는 계약직공무원에 대한 재계약의무를 부여하는 근거규정이 없으므로 계약기간의 만료로 당연히 계약직공무원의 신분을 상실하고 계약직공무원의 신분을 회복할 수 없는 것이므로, … 계약직공무원에 대한 채용계약이 해지된 경우에는 공무원 등으로 임용되는 데에 있어서 법률상의 아무런 제약사유가 되지 않을 뿐만 아니라, 계약기간 만료 전에 채용계약이 해지된 전력이 있는 사람이 공무원 등으로 임용되는 데에 있어서 그러한 전력이 없는 사람보다 사실상 불이익한 장애사유로 작용한다고 하더라도 그것만으로는 법률상의 이익이 침해되었다고 볼 수는 없으므로 그 무효확인을 구할 이익이 없다(대판 2002.11.26. 2002두1496).

0845 지방전문직공무원 채용계약에서 정한 채용기간이 만료한 경우 채용계약을 갱신하거나 채용기간을 연장할 것인지 여부는 지방자치단체장의 재량에 맡겨져 있는 것으로 보아야 할 것이다. O | X

0846 지방전문직공무원 채용계약에서 정한 기간이 형식적인 것에 불과하고 그 채용계약은 기간의 약정이 없는 것이라고 볼 수 있다. O | X

0847 지방계약직공무원규정 등에서 계약기간이 만료되는 계약직공무원에 대한 재계약의무를 부여하는 근거규정이 없으므로 계약기간의 만료로 당연히 계약직공무원의 신분을 상실하고 계약직공무원의 신분을 회복할 수 없다. O | X

0848 지방자치단체와 채용계약에 의하여 채용된 계약직공무원이 그 계약기간 만료 이전에 채용계약 해지 등의 불이익을 받은 후 그 계약기간이 만료된 경우, 채용계약 해지의사표시의 무효확인을 구할 소의 이익이 없다. O | X

정답 및 해설

0845 O
0846 X 지방전문직공무원 채용계약에서 정한 기간이 있다면 그 채용계약은 기간의 약정이 없는 것이라 볼 수 없다.
0847 O
0848 O

> 1. 서울특별시립무용단 단원의 위촉은 공법상의 계약이라고 할 것이고, 따라서 그 단원의 해촉에 대하여는 공법상의 당사자소송으로 그 무효확인을 청구할 수 있다(대판 1995.12.22. 95누4636). _{2022·2021 소방간부, 2015 지방직 7급}
> 2. 공중보건의사채용계약 해지의 의사표시에 대하여는 대등한 당사자간의 소송형식인 공법상의 당사자소송으로 그 의사표시의 무효확인을 청구할 수 있는 것이지, 이를 항고소송의 대상이 되는 행정처분이라는 전제하에서 그 취소를 구하는 항고소송을 제기할 수는 없다(대판 1996.5.31. 95누10617). _{2021 국회직 8급, 2017 국가직 9급, 2021·2015 지방직 9급}
> 3. 광주광역시문화예술회관장의 단원 위촉은 광주광역시문화예술회관장이 행정청으로서 공권력을 행사하여 행하는 행정처분이 아니라 공법상의 근무관계의 설정을 목적으로 하여 광주광역시와 단원이 되고자 하는 자 사이에 대등한 지위에서 의사가 합치되어 성립하는 공법상 근로계약에 해당한다고 보아야 할 것이므로, 광주광역시립합창단원으로서 위촉기간이 만료되는 자들의 재위촉 신청에 대하여 광주광역시문화예술회관장이 실기와 근무성적에 대한 평정을 실시하여 재위촉을 하지 아니한 것을 항고소송의 대상이 되는 불합격처분이라고 할 수는 없다(대판 2001.12.11. 2001두7794). _{2013 국가직 7급, 2022 지방직 7급}

0849 서울특별시립무용단 단원의 위촉은 공법상의 계약에 해당한다. O | X

0850 서울특별시립무용단 단원의 해촉은 공법상의 당사자소송으로 그 무효확인을 청구할 수 있다. O | X

0851 공중보건의사채용계약 해지의 의사표시에 대하여는 그 취소를 구하는 항고소송을 제기할 수 있다. O | X

0852 광주광역시문화예술회관장의 단원 위촉은 광주광역시문화예술회관장이 행정청으로서 공권력을 행사하여 행하는 행정처분이 아니라 공법상 근로계약에 해당한다. O | X

0853 광주광역시립합창단원으로서 위촉기간이 만료되는 자들의 재위촉 신청에 대하여 광주광역시문화예술회관장이 실기와 근무성적에 대한 평정을 실시하여 재위촉을 하지 아니한 것을 항고소송의 대상이 되는 불합격처분이라고 할 수는 없다. O | X

정답 및 해설

0849 O
0850 O
0851 X 공중보건의사채용계약 해지의 의사표시는 당사자소송에 의한다.
0852 O
0853 O

> 근로기준법 등의 입법 취지, 지방공무원법과 지방공무원징계및소청규정의 여러 규정에 비추어 볼 때, 채용계약상 특별한 약정이 없는 한, 지방계약직공무원에 대하여 지방공무원법, 지방공무원징계및소청규정에 정한 징계절차에 의하지 않고서는 보수를 삭감할 수 없다고 봄이 상당하다(대판 2008.6.12. 2006두16328).
>
> 2022 소방간부, 2020·2017 국회직 8급, 2021 국가직 9급, 2015 지방직 9급, 2015 지방직 7급

0854 지방계약직공무원에 대하여 「지방공무원법」, 「지방공무원징계 및 소청규정」에 정한 징계절차에 의하지 않고서는 보수를 삭감할 수 없다. O | X

0855 지방계약직 공무원에 대한 보수의 삭감조치를 처분으로 본 판례가 있다. O | X

정답 및 해설

0854 **O**

0855 **O**

26 | 행정지도

> 국립대학인 서울대학교의 "94학년도 대학입학고사주요요강"은 사실상의 준비행위 내지 사전안내로서 행정쟁송의 대상이 될 수 있는 행정처분이나 공권력의 행사는 될 수 없지만 그 내용이 국민의 기본권에 직접 영향을 끼치는 내용이고 앞으로 법령의 뒷받침에 의하여 그대로 실시될 것이 틀림없을 것으로 예상되어 그로 인하여 직접적으로 기본권침해를 받게 되는 사람에게는 사실상의 규범작용으로 인한 위험성이 이미 현실적으로 발생하였다고 보아야 할 것이므로 이는 헌법재판소법 제68조 제1항 소정의 공권력의 행사에 해당된다고 할 것이며, 이 경우 헌법소원 외에 달리 구제방법이 없다(헌재 1992.10.1. 92헌마68·76).
> 2015 국회직 8급, 2015 국가직 9급, 2014 지방직 7급, 2017 서울시 7급

0856 국립대학인 서울대학교의 "94학년도 대학입학고사주요요강"은 사실상의 준비행위 내지 사전안내로서 행정쟁송의 대상이 될 수 있는 행정처분이 아니다. O | X

0857 국립대학인 서울대학교의 "94학년도 대학입학고사주요요강"은 헌법소원의 대상이 되지 않는다. O | X

> 행정관청이 토지거래계약신고에 관하여 공시된 기준지가를 기준으로 매매가격을 신고하도록 행정지도하여 왔고 그 기준가격 이상으로 매매가격을 신고한 경우에는 거래신고서를 접수하지 않고 반려하는 것이 관행화 되어 있다 하더라도 이는 법에 어긋나는 관행이라 할 것이므로 그와 같은 위법한 관행에 따라 허위신고행위에 이르렀다고 하여 그 범법행위가 사회상규에 위배되지 않는 정당한 행위라고는 볼 수 없다(대판 1992.4.24. 91도1609).
> 2023 국회직 8급, 2017 지방직 9급

0858 위법한 관행에 따라 허위신고행위에 이르렀다고 하여 그 범법행위가 사회상규에 위배되지 않는 정당한 행위라고는 볼 수 없다. O | X

0859 행정관청이 토지거래계약 신고에 관하여 공시된 기준시가를 기준으로 매매가격을 신고하도록 행정지도를 하여 그에 따라 허위신고를 한 것이라 하더라도 위와 같은 행정지도는 법에 어긋나는 것으로서 그 범법행위가 정당화될 수 없다. O | X

정답 및 해설

0856 O
0857 X 헌법소원의 대상이 된다.
0858 O
0859 O

> 1. 이 사건 공탁도 행정지도의 일환으로 직무 수행으로서 행하였다고 할 것이므로, 비권력적 작용인 공탁으로 인한 피고의 손해배상책임은 성립할 수 없다는 상고이유의 주장은 이유가 없다. 행정지도가 강제성을 띠지 않은 비권력적 작용으로서 행정지도의 한계를 일탈하지 아니하였다면, 그로 인하여 상대방에게 어떤 손해가 발생하였다 하더라도 행정기관은 그에 대한 손해배상책임이 없다(대판 2008.9.25. 2006다18228). **2023 국회직 8급, 2014 국가직 7급, 2013 지방직 9급**
>
> 2. 주식매각의 종용이 정당한 법률적 근거 없이 자의적으로 주주에게 제재를 가하는 것이라면 이 점에서 벌써 행정지도의 영역을 벗어난 것이라고 보아야 할 것이고 만일 이러한 행위도 행정지도에 해당된다고 한다면 이는 행정지도라는 미명 하에 법치주의의 원칙을 파괴하는 것이라고 하지 않을 수 없으며, 더구나 그 주주가 주식매각의 종용을 거부한다는 의사를 명백하게 표시하였음에도 불구하고, 집요하게 위협적인 언동을 함으로써 그 매각을 강요하였다면 이는 위법한 강박행위에 해당한다고 하지 않을 수 없다 하여, 정부의 재무부 이재국장 등이 국제그룹 정리방안에 따라 신한투자금융주식회사의 주식을 주식회사 제일은행에게 매각하도록 종용한 행위가 행정지도에 해당되어 위법성이 조각되는 것이 아니다(대판 1994.12.13. 선고 93다49482).

0860 토지수용금의 공탁이 행정지도의 일환으로 직무수행으로서 행하였다고 하더라도, 비권력적 작용인 공탁으로 인한 손해배상책임은 성립할 수 없다. O | X

0861 행정지도의 한계를 일탈하지 않은 경우 그로 인해 상대방에게 손해가 발생하였다하더라도 행정기관은 그에 대한 손해배상책임이 없다. O | X

0862 주식매각의 종용이 정당한 법률적 근거 없이 자의적으로 주주에게 제재를 가하는 것이라면 이는 행정지도의 영역을 벗어난 것이다. O | X

0863 주주가 주식매각의 종용을 거부한다는 의사를 명백하게 표시하였음에도 불구하고, 집요하게 위협적인 언동을 함으로써 그 매각을 강요하였다면 이는 위법한 강박행위에 해당한다. O | X

정답 및 해설

0860 X 행정지도도 국가배상법상 공무원의 직무집행에 포함되므로 손해배상책임이 성립할 수 있다.
0861 O **0862** O **0863** O

1. 세무당국이 소외 회사에 대하여 원고와의 주류거래를 일정기간 중지하여 줄 것을 요청한 행위는 권고 내지 협조를 요청하는 권고적 성격의 행위로서 소외 회사나 원고의 법률상의 지위에 직접적인 법률상의 변동을 가져오는 행정처분이라고 볼수 없는 것이므로 항고소송의 대상이 될 수 없다(대판 1980.10.27. 80누395). **2019 국가직 9급, 2013 지방직 9급**

2. 건축법 제69조 제2항, 제3항의 규정에 비추어 보면, 행정청이 위법 건축물에 대한 시정명령을 하고 나서 위반자가 이를 이행하지 아니하여 전기·전화의 공급자에게 그 위법 건축물에 대한 전기·전화공급을 하지 말아 줄 것을 요청한 행위는 권고적 성격의 행위에 불과한 것으로서 전기·전화공급자나 특정인의 법률상 지위에 직접적인 변동을 가져오는 것은 아니므로 이를 항고소송의 대상이 되는 행정처분이라고 볼 수 없다(대판 1996.3.22. 96누433). **2023·2021 국회직 8급**

3. 공무원이 소속 장관으로부터 받은 "직상급자와 다투고 폭언하는 행위 등에 대하여 엄중 경고하니 차후 이러한 사례가 없도록 각별히 유념하기 바람"이라는 내용의 서면에 의한 경고가 공무원의 신분에 영향을 미치는 국가공무원법상의 징계의 종류에 해당하지 아니하고, 근무충실에 관한 권고행위 내지 지도행위로서 그 때문에 공무원으로서의 신분에 불이익을 초래하는 법률상의 효과가 발생하는 것도 아니므로, 경고가 국가공무원법상의 징계처분이나 행정소송의 대상이 되는 행정처분이라고 할 수 없어 그 취소를 구할 법률상의 이익이 없다(대판 1991.11.12. 91누2700).

4. 행정규칙에 의한 '불문경고조치'가 비록 법률상의 징계처분은 아니지만 위 처분을 받지 아니하였다면 차후 다른 징계처분이나 경고를 받게 될 경우 징계감경사유로 사용될 수 있었던 표창공적의 사용가능성을 소멸시키는 효과와 1년 동안 인사기록카드에 등재됨으로써 그 동안은 장관표창이나 도지사표창 대상자에서 제외시키는 효과 등이 있다는 이유로 항고소송의 대상이 되는 행정처분에 해당한다(대판 2002.7.26. 2001두3532). **2013 지방직 9급**

5. 금융기관의 임원에 대한 금융감독원장의 문책경고는 그 상대방에 대한 직업선택의 자유를 직접 제한하는 효과를 발생하게 하는 등 상대방의 권리의무에 직접 영향을 미치는 행위로서 항고소송의 대상이 되는 행정처분에 해당한다(대판 2005.2.17. 2003두14765). **2014 국회직 8급, 2016 국가직 9급, 2018 지방직 9급**

6. 검사에 대한 경고조치 관련 규정을 위 법리에 비추어 살펴보면, 검찰총장이 사무검사 및 사건평정을 기초로 대검찰청 자체감사규정 제23조 제3항, 검찰공무원의 범죄 및 비위 처리지침 제4조 제2항 제2호 등에 근거하여 검사에 대하여 하는 '경고조치'는 일정한 서식에 따라 검사에게 개별 통지를 하고 이의신청을 할 수 있으며, 검사가 검찰총장의 경고를 받으면 1년 이상 감찰관리 대상자로 선정되어 특별관리를 받을 수 있고, 경고를 받은 사실이 인사자료로 활용되어 복무평정, 직무성과금 지급, 승진·전보인사에서도 불이익을 받게 될 가능성이 높아지며, 향후 다른 징계사유로 징계처분을 받게 될 경우에 징계양정에서 불이익을 받게 될 가능성이 높아지므로, 검사의 권리 의무에 영향을 미치는 행위로서 항고소송의 대상이 되는 처분이라고 보아야 한다(대판 2021.2.10. 2020두47564).

7. 구 남녀차별금지및구제에관한법률 제28조에 의하면, 국가인권위원회의 성희롱 결정과 이에 따른 시정조치의 권고는 불가분의 일체로 행하여지는 것인데 국가인권위원회의 이러한 결정과 시정조치의 권고는 성희롱 행위자로 결정된 자의 인격권에 영향을 미침과 동시에 공공기관의 장 또는 사용자에게 일정한 법률상의 의무를 부담시키는 것이므로 국가인권위원회의 성희롱 결정 및 시정조치권고는 행정소송의 대상이 되는 행정처분에 해당한다고 보지 않을 수 없다(대판 2005.7.8. 2005두487). **2015 국회직 8급, 2017 국가직 9급**

8. 교육감이 학교법인에 대한 감사 실시 후 처리지시를 하고 그와 함께 그 시정조치에 대한 결과를 증빙서를 첨부한 문서로 보고하도록 한 것은, 의무의 부담을 명하거나 기타 법률상 효과를 발생하게 하는 것으로서 항고소송의 대상이 되는 행정처분에 해당한다(대판 2008.9.11. 2006두18362).

9. 공정거래위원회의 '표준약관 사용권장행위'는 그 통지를 받은 해당 사업자 등에게 표준약관과 다른 약관을 사용할 경우 표준약관과 다르게 정한 주요내용을 고객이 알기 쉽게 표시하여야 할 의무를 부과하고, 그 불이행에 대해서는 과태료에 처하도록 되어 있으므로, 이는 사업자 등의 권리·의무에 직접 영향을 미치는 행정처분으로서 항고소송의 대상이 된다(대판 2010.10.14. 선고 2008두23184). **2017·2014 국회직 8급**

0864 세무당국이 회사에 대하여 주류거래를 일정기간 중지하여 줄 것을 요청한 행위는 항고소송의 대상이 되는 처분이다. O | X

0865 위법 건축물에 대한 전기·전화공급을 하지 말아 줄 것을 요청한 행위는 항고소송의 대상이 되는 행정처분이라고 볼 수 없다. O | X

0866 공무원이 소속 장관으로부터 받은 서면경고는 「국가공무원법」상 징계에 해당한다. O | X

0867 공무원이 소속 장관으로부터 받은 서면경고는 항고소송의 대상되는 처분에 해당한다. O | X

0868 행정규칙에 의한 '불문경고조치'가 비록 법률상의 징계처분이 아니다. O | X

0869 행정규칙에 의한 '불문경고조치'는 항고소송의 대상이 되는 행정처분에 해당하지 않는다. O | X

0870 금융기관의 임원에 대한 금융감독원장의 문책경고는 항고소송의 대상되는 처분에 해당한다. O | X

0871 시정조치에 대한 결과를 증빙서를 첨부한 문서로 보고하도록 하는 것은 항고소송의 대상이 되는 행정처분에 해당하지 않는다. O | X

0872 「남녀차별금지 및 구제에 관한 법률」에 의한 국가인권위원회의 성희롱결정과 이에 따른 시정조치의 권고는 처분성이 인정되지 않는다. O | X

0873 공정거래위원회의 '표준약관 사용권장행위'는 그 통지를 받은 해당 사업자 등에게 표준약관과 다른 약관을 사용할 경우 표준약관과 다르게 정한 주요내용을 고객이 알기 쉽게 표시하여야 할 의무를 부과한다. O | X

0874 공정거래위원회의 '표준약관 사용권장행위'는 항고소송의 대상이 되는 처분에 해당하지 않는다. O | X

0875 검사에 대한 경고조치는 이에 따른 어떠한 불이익도 없으므로 처분에 해당하지 않는다. O | X

정답 및 해설

0864 X 항고소송의 대상되는 처분이 아니다.
0865 O
0866 X 국가공무원법상 징계에 해당하지 않는다.
0867 X 항고소송의 대상되는 처분이 아니다.
0868 O
0869 X 항고소송의 대상되는 처분이다.
0870 O
0871 X 항고소송의 대상되는 처분이다.
0872 X 항고소송의 대상되는 처분이다.
0873 O
0874 X 항고소송의 대상되는 처분이다.
0875 X 항고소송의 대상되는 처분이다.

1. 교육인적자원부장관의 대학총장들에 대한 이 사건 학칙시정요구는 고등교육법 제6조 제2항, 동법시행령 제4조 제3항에 따른 것으로서 그 법적 성격은 대학총장의 임의적인 협력을 통하여 사실상의 효과를 발생시키는 행정지도의 일종이지만, 그에 따르지 않을 경우 일정한 불이익조치를 예정하고 있어 사실상 상대방에게 그에 따를 의무를 부과하는 것과 다를 바 없으므로 단순한 행정지도로서의 한계를 넘어 규제적·구속적 성격을 상당히 강하게 갖는 것으로서 헌법소원의 대상이 되는 공권력의 행사라고 볼 수 있다(헌재 2003.6.26. 2002헌마337).

2023·2022·2017 국회직 8급, 2019 국가직 9급, 2023·2022·2017·2013 지방직 9급

2. 행정기관인 방송통신심의위원회의 시정요구는 정보통신서비스제공자 등에게 조치결과 통지의무를 부과하고 있고, 정보통신서비스제공자 등이 이에 따르지 않는 경우 방송통신위원회의 해당 정보의 취급거부·정지 또는 제한명령이라는 법적 조치가 예정되어 있으며, 행정기관인 방송통신심의위원회가 표현의 자유를 제한하게 되는 결과의 발생을 의도하거나 또는 적어도 예상하였다 할 것이므로, 이는 단순한 행정지도로서의 한계를 넘어 규제적·구속적 성격을 갖는 것으로서 헌법소원 또는 항고소송의 대상이 되는 공권력의 행사라고 봄이 상당하다(헌재 2012.2.23. 2011헌가13).

0876 교육인적자원부장관의 대학총장들에 대한 이 사건 학칙시정요구는 행정지도의 일종으로 헌법소원의 대상이 되지 않는다. O | X

0877 행정지도가 단순한 행정지도로서의 한계를 넘어 규제적·구속적 성격을 상당히 강하게 갖는 경우 헌법소원의 대상이 될 수 있다. O | X

0878 행정기관인 방송통신심의위원회의 시정요구는 정보통신서비스제공자 등에게 조치결과 통지의무를 부과하고 있다. O | X

0879 행정기관인 방송통신심의위원회의 시정요구는 헌법소원 또는 항고소송의 대상이 되는 공권력의 행사라고 봄이 상당하다. O | X

정답 및 해설

0876 **X** 헌법소원의 대상되는 공권력행사에 해당한다.
0877 **O**
0878 **O**
0879 **O**

27 | 행정절차법

> **행정절차법 제2조(정의)** 이 법에서 사용하는 용어의 뜻은 다음과 같다.
> 4. "당사자등"이란 다음 각 목의 자를 말한다.
>   가. 행정청의 처분에 대하여 직접 그 상대가 되는 당사자
>   나. 행정청이 직권으로 또는 신청에 따라 행정절차에 참여하게 한 이해관계인
>
> 2017 국가직 7급

0880 「행정절차법」소정의 사전통지의 대상에서 규정하는 당사자 등에는 행정청이 직권으로 또는 신청에 따라 행정절차에 참여하게 된 이해관계인이 포함된다. O | X

정답 및 해설

0880 O

행정절차법 제3조(적용 범위) ① 처분, 신고, 확약, 위반사실 등의 공표, 행정계획, 행정상 입법예고, 행정예고 및 행정지도의 절차(이하 "행정절차"라 한다)에 관하여 다른 법률에 특별한 규정이 있는 경우를 제외하고는 이 법에서 정하는 바에 따른다.
② 이 법은 다음 각 호의 어느 하나에 해당하는 사항에 대하여는 적용하지 아니한다.
1. 국회 또는 지방의회의 의결을 거치거나 동의 또는 승인을 받아 행하는 사항 *2018 국회직 8급*
2. 법원 또는 군사법원의 재판에 의하거나 그 집행으로 행하는 사항
3. 헌법재판소의 심판을 거쳐 행하는 사항 *2020 지방직 7급*
4. 각급 선거관리위원회의 의결을 거쳐 행하는 사항
5. 감사원이 감사위원회의의 결정을 거쳐 행하는 사항
6. 형사(刑事), 행형(行刑) 및 보안처분 관계 법령에 따라 행하는 사항
7. 국가안전보장·국방·외교 또는 통일에 관한 사항 중 행정절차를 거칠 경우 국가의 중대한 이익을 현저히 해칠 우려가 있는 사항
8. 심사청구, 해양안전심판, 조세심판, 특허심판, 행정심판, 그 밖의 불복절차에 따른 사항
9. 「병역법」에 따른 징집·소집, 외국인의 출입국·난민인정·귀화, 공무원 인사 관계 법령에 따른 징계와 그 밖의 처분, 이해 조정을 목적으로 하는 법령에 따른 알선·조정·중재(仲裁)·재정(裁定) 또는 그 밖의 처분 등 해당 행정작용의 성질상 행정절차를 거치기 곤란하거나 거칠 필요가 없다고 인정되는 사항과 행정절차에 준하는 절차를 거친 사항으로서 대통령령으로 정하는 사항

행정절차법 제3조 제2항, 같은법시행령 제2조 제6호에 의하면 공정거래위원회의 의결·결정을 거쳐 행하는 사항에는 행정절차법의 적용이 제외되게 되어 있으므로, 설사 공정거래위원회의 시정조치 및 과징금납부명령에 행정절차법 소정의 의견청취절차 생략사유가 존재한다고 하더라도, 공정거래위원회는 행정절차법을 적용하여 의견청취절차를 생략할 수는 없다(대판 2001.5.8. 2000두10212). *2025·2021 소방간부, 2016 국가직 7급, 2019 지방직 9급*

0881 「행정절차법」과 시행령에 따라 공정거래위원회의 의결·결정을 거쳐 행하는 사항에는 「행정절차법」의 적용이 제외되게 되어 있다.   O | X

0882 공정거래위원회의 시정조치 및 과징금납부명령에 「행정절차법」 소정의 의견청취절차 생략사유가 존재하는 경우 「행정절차법」을 적용하여 의견청취절차를 생략할 수 있다.   O | X

정답 및 해설

0881   **O**
0882   **X** 「행정절차법」 적용이 배제되므로 의견청취절차를 생략할 수 없다.

지방병무청장이 병역법 제41조 제1항 제1호, 제40조 제2호의 규정에 따라 산업기능요원에 대하여 한 산업기능요원 편입취소처분은, 행정처분을 할 경우 '처분의 사전통지'와 '의견제출 기회의 부여'를 규정한 행정절차법 제21조 제1항, 제22조 제3항에서 말하는 '당사자의 권익을 제한하는 처분'에 해당하는 한편, 행정절차법의 적용이 배제되는 사항인 행정절차법 제3조 제2항 제9호, 같은법시행령 제2조 제1호에서 규정하는 '병역법에 의한 소집에 관한 사항'에는 해당하지 아니하므로, 행정절차법상의 '처분의 사전통지'와 '의견제출 기회의 부여'등의 절차를 거쳐야 한다(대판 2002.9.6. 2002두554).

2020 국회직 8급, 2020 국가직 7급, 2020 지방직 7급

0883 지방병무청장의 산업기능요원 편입취소처분은 「행정절차법」상 당사자의 권익을 제한하는 처분에 해당한다. O | X

0884 지방병무청장의 산업기능요원 편입취소처분은 「행정절차법」의 적용이 배제되는 '병역법에 의한 소집에 관한 사항'에는 해당한다. O | X

0885 지방병무청장의 산업기능요원 편입취소처분은 「행정절차법」상 처분의 사전통지'와 '의견제출 기회의 부여'등의 절차를 거쳐야 한다. O | X

정답 및 해설

0883 **O**
0884 **X** '병역법에 의한 소집에 관한 사항'에는 해당하지 않는다.
0885 **O**

1. 행정과정에 대한 국민의 참여와 행정의 공정성, 투명성 및 신뢰성을 확보하고 국민의 권익을 보호함을 목적으로 하는 행정절차법의 입법목적과 행정절차법 제3조 제2항 제9호의 규정 내용 등에 비추어 보면, 공무원 인사관계 법령에 의한 처분에 관한 사항 전부에 대하여 행정절차법의 적용이 배제되는 것이 아니라 성질상 행정절차를 거치기 곤란하거나 불필요하다고 인정되는 처분이나 행정절차에 준하는 절차를 거치도록 하고 있는 처분의 경우에만 행정절차법의 적용이 배제된다. 군인사법령에 의하여 진급예정자명단에 포함된 자에 대하여 의견제출의 기회를 부여하지 아니한 채 진급선발을 취소하는 처분을 한 것이 절차상 하자가 있어 위법하다(대판 2007.9.21. 2006두20631).

2. 구 군인사법 시행령 제17조의5 제1항, 제3항에서 보직해임심의위원회는 회의개최 전에 회의일시, 장소 및 심의사유 등을 심의대상자에게 통보하여야 하고, 심의대상자는 보직해임심의위원회에 출석하여 소명하거나 소명에 관한 의견서를 제출할 수 있으며, 보직해임심의위원회가 의결을 한 경우에는 그 내용을 심의대상자에게 서면으로 통보하도록 함으로써 심의대상자에게 방어의 준비 및 불복의 기회를 보장하고 인사권자의 판단에 신중함과 합리성을 담보하게 하고 있다. 그렇다면 구 군인사법상 보직해임처분은 구 행정절차법 제3조 제2항 제9호, 같은 법 시행령 제2조 제3호에 의하여 당해 행정작용의 성질상 행정절차를 거치기 곤란하거나 불필요하다고 인정되는 사항 또는 행정절차에 준하는 절차를 거친 사항에 해당하므로, 처분의 근거와 이유 제시 등에 관한 구 행정절차법의 규정이 별도로 적용되지 아니한다고 봄이 상당하다(대판 2014.10.15. 2012두5756).

0886 공무원 인사관계 법령에 의한 처분에 관한 사항 전부에 대해 「행정절차법」 적용이 배제된다. O | X

0887 군인사법령에 의하여 진급예정자명단에 포함된 자에 대하여 의견제출의 기회를 부여하지 아니한 채 진급선발을 취소하는 처분을 한 것이 절차상 하자가 있어 위법하다. O | X

0888 「군인사법」에 따라 당해 직무를 수행할 능력이 없다고 인정하여 장교를 보직해임 하는 경우, 처분의 근거와 이유 제시 등에 관하여 「행정절차법」의 규정이 적용된다. O | X

0886 X 공무원 인사관계 법령에 의한 처분에 관한 사항 전부에 대해 「행정절차법」 적용이 배제되는 것은 아니다.
0887 O
0888 X 별도의 「행정절차법」이 정하는 절차를 거치므로 「행정절차법」의 규정이 적용되지 않는다.

대통령의 한국방송공사 사장의 해임 절차에 관하여 방송법이나 관련 법령에도 별도의 규정을 두지 않고 있고, 행정절차법의 입법 목적과 행정절차법 제3조 제2항 제9호와 관련 시행령의 규정 내용 등에 비추어 보면, 이 사건 해임처분이 행정절차법과 그 시행령에서 열거적으로 규정한 예외 사유에 해당한다고 볼 수 없으므로 이 사건 해임처분에도 행정절차법이 적용된다고 할 것이다(대판 2012.2.23. 2011두5001).
<small>2022 국가직 9급, 2020 지방직 7급</small>

0889 대통령의 한국방송공사 사장의 해임 절차에 관하여는 「행정절차법」이 적용배제되는 사항이다. O | X

1. 출입국관리법 규정은 난민인정 거부처분의 이유제시에 관한 한 행정절차법, 특히 심판대상 법률조항에 대한 특별규정이라 할 것이다(헌재결 2009.1.13. 2008헌바161).
2. 국가공무원법상 직위해제처분은 구 행정절차법 제3조 제2항 제9호, 구 행정절차법 시행령 제2조 제3호에 의하여 당해 행정작용의 성질상 행정절차를 거치기 곤란하거나 불필요하다고 인정되는 사항 또는 행정절차에 준하는 절차를 거친 사항에 해당하므로, 처분의 사전통지 및 의견청취 등에 관한 행정절차법의 규정이 별도로 적용되지 않는다(대판 2014.5.16. 2012두26180). <small>2023 소방간부, 2020 국회직 8급, 2022 국가직 7급, 2022·2021 지방직 9급, 2018·2016 지방직 7급</small>
3. 별정직 공무원에 대한 직권면직의 경우에는 징계처분과 달리 징계절차에 관한 구 공무원징계령의 규정도 적용되지 않는 등 행정절차에 준하는 절차를 거치도록 하는 규정이 없으며, 이 사건 처분이 성질상 행정절차를 거치기 곤란하거나 불필요하다고 인정되는 처분에도 해당하지 아니하고, … 원고에게 사전통지를 하지 않고 의견제출의 기회를 주지 아니한 이 사건 처분은 구 행정절차법 제21조 제1항, 제22조 제3항을 위반한 절차상 하자가 있어 위법하다(대판 2013.1.16. 2011두30687). <small>2022 국가직 9급</small>
4. 정규공무원으로 임용된 사람에게 시보임용처분 당시 지방공무원법 제31조 제4호에 정한 공무원임용 결격사유가 있어 시보임용처분을 취소하고 그에 따라 정규임용처분을 취소한 사안에서, 정규임용처분을 취소하는 처분은 성질상 행정절차를 거치는 것이 불필요하여 행정절차법의 적용이 배제되는 경우에 해당하지 않으므로, 그 처분을 하면서 사전통지를 하거나 의견제출의 기회를 부여하지 않은 것은 위법하다(대판 2009.1.30. 2008두16155). <small>2019 국회직 8급</small>
5. 행정절차법 시행령 제2조 제8호는 '학교·연수원 등에서 교육·훈련의 목적을 달성하기 위하여 학생·연수생들을 대상으로 하는 사항'을 행정절차법의 적용이 제외되는 경우로 규정하고 있으나, 이는 교육과정과 내용의 구체적 결정, 과제의 부과, 성적의 평가, 공식적 징계에 이르지 아니한 질책·훈계 등과 같이 교육·훈련의 목적을 직접 달성하기 위하여 행하는 사항을 말하는 것으로 보아야 하고, 생도에 대한 퇴학처분과 같이 신분을 박탈하는 징계처분은 여기에 해당한다고 볼 수 없다(대판 2018.3.13. 2016두33339). <small>2020 국회직 8급</small>

0889 X 「행정절차법」이 적용된다.

0890 출입국관리법규정은 난민인정 거부처분의 이유제시에 관한 「행정절차법」상 이유제시에 대한 적용배제사항이 아니다. O | X

0891 「국가공무원법」상 직위해제처분을 하는 경우에 처분의 사전통지 및 의견청취 등에 관한 「행정절차법」 규정이 적용된다. O | X

0892 별정직 공무원인 대통령기록관장에 대한 직권면직 처분에는 처분의 사전통지 및 의견청취 등에 관한 「행정절차법」 규정이 적용되지 않는다. O | X

0893 판례는 정규공무원으로 임용된 사람에게 시보임용처분 당시 공무원임용 결격사유가 있다 하여 사전통지 없이 시보임용처분과 정규임용처분을 취소하는 것은 위법하다고 한다. O | X

0894 「행정절차법 시행령」 제2조 제8호는 '학교·연수원 등에서 교육·훈련의 목적을 달성하기 위하여 학생·연수생들을 대상으로 하는 사항'을 「행정절차법」이 적용되지 않는 경우로 규정하고 있으나 생도의 퇴학처분과 같이 신분을 박탈하는 징계처분은 여기에 해당한다고 할 수 없다. O | X

구 행정절차법 제17조 제3항에서의 신청인의 행정청에 대한 신청의 의사표시는 명시적이고 확정적인 것이어야 한다고 할 것이므로 신청인이 신청에 앞서 행정청의 허가업무 담당자에게 신청서의 내용에 대한 검토를 요청한 것만으로는 다른 특별한 사정이 없는 한 명시적이고 확정적인 신청의 의사표시가 있었다고 하기 어렵다(대판 2004.9.24. 2003두13236).

2021 소방간부, 2020·2016 국가직 7급

0895 신청인이 신청에 앞서 행정청의 허가업무 담당자에게 신청서의 내용에 대한 검토를 요청한 것은 「행정절차법」상 신청으로 볼 수 없다. O | X

정답 및 해설

0890 X 「행정절차법」이 적용배제사항이다.
0891 X 「행정절차법」이 적용배제사항이다.
0892 X 「행정절차법」이 적용된다.
0893 O   0894 O   0895 O

1. 신청에 따른 처분이 이루어지지 아니한 경우에는 아직 당사자에게 권익이 부과되지 아니하였으므로 특별한 사정이 없는 한 신청에 대한 거부처분이라고 하더라도 직접 당사자의 권익을 제한하는 것은 아니어서 신청에 대한 거부처분을 여기에서 말하는 당사자의 권익을 제한하는 처분에 해당한다고 할 수 없는 것이어서 처분의 사전통지대상이 된다고 할 수 없다(대판 2003.11.28. 2003두674).

2. 외국인의 사증발급 신청에 대한 거부처분은 당사자에게 의무를 부과하거나 적극적으로 권익을 제한하는 처분이 아니므로, 행정절차법 제21조 제1항에서 정한 '처분의 사전통지'와 제22조 제3항에서 정한 '의견제출 기회 부여'의 대상은 아니다. 그러나 사증발급 신청에 대한 거부처분이 성질상 행정절차법 제24조에서 정한 '처분서 작성·교부'를 할 필요가 없거나 곤란하다고 일률적으로 단정하기 어렵다. 또한 출입국관리법령에 사증발급 거부처분서 작성에 관한 규정을 따로 두고 있지 않으므로, 외국인의 사증발급 신청에 대한 거부처분을 하면서 행정절차법 제24조에 정한 절차를 따르지 않고 '행정절차에 준하는 절차'로 대체할 수도 없다(대판 2019.7.11. 2017두38874).

0896 신청에 대한 거부처분은 「행정절차법」상 직접 당사자의 권익을 제한하는 처분에 해당한다. O | X

0897 수익적 처분의 신청에 대한 거부처분에 대해 「행정절차법」상 의견청취에 대한 사전통지를 하지 않은 경우 위법하다. O | X

1. 건축법상의 공사중지명령에 대한 사전통지를 하고 의견제출의 기회를 준다면 많은 액수의 손실보상금을 기대하여 공사를 강행할 우려가 있다는 사정이 사전통지 및 의견제출절차의 예외사유에 해당하지 아니하다(대판 2004.5.28. 2004두1254).

2. 사회복지시설에 대하여 특별감사를 실시한 후 행한 감사결과 지적사항에 대한 시정지시는 비권력적 사실행위로서 행정지도에 해당하지 않는 당사자에게 의무를 부과하는 처분이나 특별감사를 받은 원고 등은 감사과정을 거치면서 감사결과 및 그에 따른 감사기관의 의견표명이 있으리라는 점을 충분히 예상할 수 있어 별도로 사전에 통지를 한다거나 의견진술의 기회를 부여할 필요가 있다고 보기 어려운 점, 이 사건 시정지시를 이행하지 않을 경우에 이루어지게 될 구 사회복지사업법상의 시정명령 및 설립허가 취소 등의 후행처분을 위해서는 사전통지 및 의견진술의 기회 부여 등 행정절차법이 정한 절차를 거쳐야 하고 … 이 사건 시정지시에 대하여는 그 성질상 당사자의 사전 의견청취가 불필요하다고 볼 상당한 이유가 있는 것으로 명백히 인정되는 경우에 해당한다 할 것이다(대판 2009.2.12. 2008두14999).

정답 및 해설

0896 X 신청에 대한 거부처분 자체가 직접 당사자의 권익을 제한하는 처분은 아니다.
0897 X 거부처분의 경우 사전통지의 대상이 아니다.

0898 사전통지로 많은 액수의 손실보상금을 기대하여 공사를 감행할 우려는 사전통지의 예외사유에 해당하지 않는다. O | X

0899 사회복지시설에 대하여 특별감사를 실시한 후 행한 감사결과 지적사항에 대한 시정지시는 그 성질상 당사자의 사전 의견청취가 불필요하다고 볼 상당한 이유가 인정되는 경우에 해당한다. O | X

---

1. 행정절차법 제2조 제4호가 행정절차법의 당사자를 행정청의 처분에 대하여 직접 그 상대가 되는 당사자로 규정하고, 도로법 제25조 제3항이 도로구역을 결정하거나 변경할 경우 이를 고시에 의하도록 하면서, 그 도면을 일반인이 열람할 수 있도록 한 점 등을 종합하여 보면, 도로구역을 변경한 이 사건 처분은 행정절차법 제21조 제1항의 사전통지나 제22조 제3항의 의견청취의 대상이 되는 처분은 아니라고 할 것이다(대판 2008.6.12. 2007두1767). 2022·2019 소방간부, 2014 지방직 9급

2. '고시'의 방법으로 불특정 다수인을 상대로 의무를 부과하거나 권익을 제한하는 처분은 성질상 의견제출의 기회를 주어야 하는 상대방을 특정할 수 없으므로, 이와 같은 처분에 있어서까지 구 행정절차법 제22조 제3항에 의하여 그 상대방에게 의견제출의 기회를 주어야 한다고 해석할 것은 아니다(대판 2014.10.27. 2012두7747). 2015 국회직 9급, 2019 국가직 9급, 2020·2015 지방직 9급, 2022·2017 지방직 7급

3. 보건복지부장관의 국민건강보험법령상 요양급여의 상대가치점수 변경 고시처분의 경우 상대방을 특정할 수 없으므로 그 상대방에게 의견제출의 기회를 주어야 하는 것은 아니다(대판 2014. 10. 27. 2012두7745). 2024 소방간부

0900 도로구역변경고시는 「행정절차법」상 사전통지나 의견청취의 대상이 되는 처분이 아니다. O | X

0901 고시의 방법으로 불특정 다수인을 상대로 권익을 제한하는 처분을 하는 경우 의견제출의 기회를 줄 처분에 해당하지 않는다. O | X

0902 보건복지부장관은 국민건강보험법령상 요양급여의 상대가치 점수 변경 또는 조정 고시에 의한 처분을 하는 경우 상대방에게 의견제출의 기회를 주어야 한다. O | X

정답 및 해설

0898 O   0899 O   0900 O   0901 O
0902 X 고시에 의한 처분으로 의견제출기회를 주어야 하는 것은 아니다.

1. 행정청이 당사자와 사이에 도시계획사업의 시행과 관련한 협약을 체결하면서 관계법령 및 행정절차법에 규정된 청문의 실시 등 의견청취절차를 배제하는 조항을 두었다고 하더라도, 국민의 행정참여를 도모함으로써 행정의 공정성·투명성 및 신뢰성을 확보하고 국민의 권익을 보호한다는 행정절차법의 목적 및 청문제도의 취지 등에 비추어 볼 때, 위와 같은 협약의 체결로 청문의 실시에 관한 규정의 적용을 배제할 수 있다고 볼만한 법령상의 규정이 없는 한, 이러한 협약이 체결되었다고 하여 청문의 실시에 관한 규정의 적용이 배제된다거나 청문을 실시하지 않아도 되는 예외적인 경우에 해당한다고 할 수 없다(대판 2004.7.8. 2002두8350).

   2023 소방간부, 2022 국회직 8급, 2020·2016 국가직 9급, 2022 국가직 7급, 2020·2014 지방직 9급, 2019 지방직 7급

2. 행정청이 온천지구임을 간과하여 지하수개발·이용신고를 수리하였다가 행정절차법상의 사전통지를 하거나 의견제출의 기회를 주지 아니한 채 그 신고수리처분을 취소하고 원상복구명령의 처분을 한 경우, 행정지도방식에 의한 사전고시나 그에 따른 당사자의 자진 폐공의 약속 등의 사유만으로는 사전통지 등을 하지 않아도 되는 행정절차법 소정의 예외의 경우에 해당한다고 볼 수 없다는 이유로 그 처분은 위법하다(대판 2000.11.14. 99두5870).

   2022 소방간부

0903 　행정청이 당사자와 사이에 협약을 체결하여 법령상 청문을 배제한 경우 청문을 실시하지 않아도 되는 예외에 해당한다. O | X

0904 　행정청이 온천지구임을 간과하여 지하수 개발·이용신고를 수리하였다가 의견제출기회를 주지 아니한 채 그 신고수리처분을 취소하고 원상복구명령의 처분을 한 경우, 행정지도방식에 의한 사전고시나 그에 따른 당사자의 자진폐공의 약속 등 사유가 있으면 의견청취절차에 해당하여 위법하지 않다. O | X

정답 및 해설

0903　X　법령상 청문에 대해 당사자와 협약으로 생략할 수 없다.
0904　X　자진폐공의 약속 등은 의견청취절차의 생략사유에 해당하지 않는다.

> 퇴직연금의 환수결정은 당사자에게 의무를 과하는 처분이기는 하나, 관련 법령에 따라 당연히 환수금액이 정하여지는 것이므로, 퇴직연금의 환수결정에 앞서 당사자에게 의견진술의 기회를 주지 아니하여도 행정절차법 제22조 제3항이나 신의칙에 어긋나지 아니한다(대판 2000.11.28. 99두5443).
>
> 2022·2021 소방간부, 2022·2015 국회직 9급, 2020·2017 국가직 9급, 2015 지방직 9급, 2019·2018 지방직 7급

0905 퇴직 공무원에 대한 퇴직연금의 환수결정은 처분이다. O | X

0906 퇴직연금의 환수금액은 법령에 따라 당연히 환수금액이 정하여 지는 것이다. O | X

0907 퇴직연금의 환수결정에 앞서 「행정절차법」상 의견진술의 기회를 주지 않은 경우 환수결정은 위법한 처분에 해당한다. O | X

> 광업법 제88조 제2항에서 처분청이 같은 법조 제1항의 규정에 의하여 광업용 토지수용을 위한 사업인정을 하고자 할 때에 토지소유자와 토지에 관한 권리를 가진 자의 의견을 들어야 한다고 한 것은 그 사업인정 여부를 결정함에 있어서 소유자나 기타 권리자가 의견을 반영할 기회를 주어 이를 참작하도록 하고자 하는 데 있을 뿐, 처분청이 그 의견에 기속되는 것은 아니다(대판 1995.12.22. 95누30).
>
> 2019 지방직 9급

0908 의견청취는 처분을 하는 경우 당사자에게 의견을 반영할 기회를 주어 참작하고자 하는데 의의가 있다. O | X

0909 행정청은 당사자의 의견에 기속되므로 반드시 의견을 반영하여야 한다. O | X

정답 및 해설

0905 O
0906 O
0907 X 퇴직연금은 관련 법령에 따라 환수금액이 정해지는 것으로 의견진술 생략사유에 해당한다.
0908 O
0909 X 행정청은 당사자의 의견에 기속되지 않는다.

묘지공원과 화장장의 후보지를 선정하는 과정에서 서울특별시, 비영리법인, 일반 기업 등이 공동발족한 협의체인 추모공원건립추진협의회가 후보지 주민들의 의견을 청취하기 위하여 그 명의로 개최한 공청회는 행정청이 도시계획시설결정을 하면서 개최한 공청회가 아니므로, 위 공청회의 개최에 관하여 행정절차법에서 정한 절차를 준수하여야 하는 것은 아니다(대판 2007.4.12. 2005두1893).

2013 국회직 8급

0910 서울특별시, 비영리법인, 일반 기업 등이 공동발족한 협의체인 추모공원건립추진협의회는 행정청에 해당한다. O | X

0911 행정청이 개최하지 않은 공청회에 관하여는 「행정절차법」상 절차를 준수해야 하는 것은 아니다. O | X

---

1. 행정절차법 제23조 제1항은 행정청은 처분을 하는 때에는 당사자에게 그 근거와 이유를 제시하여야 한다고 규정하고 있는 바, 일반적으로 당사자가 근거규정 등을 명시하여 신청하는 인·허가 등을 거부하는 처분을 함에 있어 당사자가 그 근거를 알 수 있을 정도로 상당한 이유를 제시한 경우에는 당해 처분의 근거 및 이유를 구체적 조항 및 내용까지 명시하지 않았더라도 그로 말미암아 그 처분이 위법한 것이 된다고 할 수 없다(대판 2002.5.17. 2000두8912).

2019 소방간부, 2015 국가직 9급, 2022·2016 국가직 7급, 2021·2015 지방직 9급

2. 부적격사유가 없는 후보자들 사이에서 어떤 후보자를 상대적으로 더욱 적합하다고 판단하여 임용제청하는 경우라면, 이는 후보자의 경력, 인격, 능력, 대학운영계획 등 여러 요소를 종합적으로 고려하여 총장 임용의 적격성을 정성적으로 평가하는 것으로 그 판단 결과를 수치화하거나 이유제시를 하기 어려울 수 있다. 이 경우에는 교육부장관이 어떤 후보자를 총장으로 임용제청하는 행위 자체에 그가 총장으로 더욱 적합하다는 정성적 평가 결과가 당연히 포함되어 있는 것으로, 이로써 행정절차법상 이유제시의무를 다한 것이라고 보아야 한다. 여기에서 나아가 교육부장관에게 개별 심사항목이나 고려요소에 대한 평가 결과를 더 자세히 밝힐 의무까지는 없다(대판 2018.6.15. 2016두57564).

2022 지방직 9급

3. 원고로서는 당초 벌채허가와 달리 이 사건 임야를 이용하기 위한 원고의 신청이 개발제한구역의 지정목적에 현저히 지장을 초래하는 것이라는 이유로 도시계획법시행령 제20조 제1항 제2호에 따라 불허된 것임을 알 수 있었다고 할 것이고, 따라서 위에서 본 법리에 비추어 피고가 근거규정을 단지 '도시계획법'이라고만 하였다고 하여 그 처분 자체를 위법하다고 할 수 없다(대판 2002.5.17. 2000두8912).

2017 지방직 7급

정답 및 해설

0910 **X** 행정청으로 볼 수 없다.
0911 **O**

4. 하나의 납세고지서에 의하여 복수의 과세처분을 함께 하는 경우에는 과세처분별로 그 세액과 산출근거 등을 구분하여 기재함으로써 납세의무자가 각 과세처분의 내용을 알 수 있도록 해야 하는 것 역시 당연하다고 할 것이다(대판 2012.10.18. 2010두12347). _{2017 국가직 7급, 2016 지방직 9급}

5. 하나의 납세고지서에 의하여 본세와 가산세를 함께 부과할 때에는 납세고지서에 본세와 가산세 각각의 세액과 산출근거 등을 구분하여 기재하여야 하고, 여러 종류의 가산세를 함께 부과하는 경우에는 가산세 상호 간에도 종류별로 세액과 산출근거 등을 구분하여 기재하여야 한다. 본세와 가산세 각각의 세액과 산출근거 및 가산세 상호 간의 종류별 세액과 산출근거 등을 제대로 구분하여 기재하지 않은 채 본세와 가산세의 합계액 등만을 기재한 경우에도 과세처분은 위법하다(대판 2018.12.13. 2018두128). _{2014 국회직 8급, 2020·2018 국가직 7급, 2017 지방직 7급}

0912 당사자가 그 근거를 알 수 있을 정도로 상당한 이유를 제시한 경우에는 당해 처분의 근거 및 이유를 구체적 조항 및 내용까지 명시하지 않았더라도 그로 말미암아 그 처분이 위법한 것이 된다고 할 수 없다. O | X

0913 행정청이 토지형질변경허가신청을 불허하는 근거규정으로 '도시계획법 시행령 제20조'를 명시하지 아니하고 '도시계획법'이라고만 기재하였으나, 신청인이 자신의 신청이 개발제한구역의 지정 목적에 현저히 지장을 초래하는 것이라는 이유로 구 「도시계획법 시행령」제20조 제1항제2호에 따라 불허된 것임을 알 수 있었던 경우에는 그 불허처분이 위법하지 않다. O | X

0914 하나의 납세고지서에 의하여 복수의 과세처분을 함께 하는 경우에는 과세처분별로 그 세액과 산출근거 등을 구분하여 기재함으로써 납세의무자가 각 과세처분의 내용을 알 수 있도록 해야 한다. O | X

0915 교육부장관이 부적격사유가 없는 후보자들 사이에서 어떤 후보자를 상대적으로 더욱 적합하다고 판단하여 국립대학교의 총장으로 임용제청을 하였다면, 그러한 임용제청행위 자체로서 이유제시의무를 다한 것이라 볼 수 없다. O | X

정답 및 해설

0912 O   0913 O   0914 O

0915 X 후보자들 사이의 총장임용의 적격성은 여러 요소를 종합하여 이를 수치화하기 어려우므로 이유제시의무를 다한 것으로 보는 것이 판례이다.

행정절차법 제24조(처분의 방식) ① 행정청이 처분을 할 때에는 다른 법령등에 특별한 규정이 있는 경우를 제외하고는 문서로 하여야 하며, 다음 각 호의 어느 하나에 해당하는 경우에는 전자문서로 할 수 있다.

1. 행정절차법 제24조는, 행정청이 처분을 하는 때에는 다른 법령 등에 특별한 규정이 있는 경우를 제외하고는 문서로 하여야 하고 전자문서로 하는 경우에는 당사자 등의 동의가 있어야 하며, 다만, 신속을 요하거나 사안이 경미한 경우에는 말 기타 방법으로 할 수 있다고 규정하고 있는데, 이는 행정의 공정성·투명성 및 신뢰성을 확보하고 국민의 권익을 보호하기 위한 것이므로 위 규정을 위반하여 행하여진 행정청의 처분은 하자가 중대하고 명백하여 원칙적으로 무효이다(대판 2011.11.10. 2011도11109). **2014 지방직 7급, 2016 서울시 7급**

2. 담당 소방공무원이 행정처분인 위 명령을 구술로 고지한 것은 행정절차법 제24조를 위반한 것으로 하자가 중대하고 명백하여 당연 무효이고, 무효인 명령에 따른 의무위반이 생기지 아니하는 이상 피고인에게 명령 위반을 이유로 소방시설 설치유지 및 안전관리에 관한 법률 제48조의2 제1호에 따른 행정형벌을 부과할 수 없다(대판 2011.11.10. 2011도11109). **2025·2023 소방간부, 2023 국회직 8급**

3. 행정청이 문서로 처분을 한 경우 원칙적으로 처분서의 문언에 따라 어떤 처분을 하였는지 확정하여야 한다. 그러나 처분서의 문언만으로는 행정청이 어떤 처분을 하였는지 불분명한 경우에는 처분 경위와 목적, 처분 이후 상대방의 태도 등 여러 사정을 고려하여 처분서의 문언과 달리 처분의 내용을 해석할 수 있다(대판 2021.2.4. 2017다207932). **2022 지방직 7급**

0916 행정청의 처분의 방식을 규정한 「행정절차법」 제24조를 위반하여 행해진 행정청의 처분은 원칙적 취소사유이다. O | X

0917 구 「소방시설설치유지 및 안전관리에 관한 법률」에 따른 소방공무원의 시정보완명령 고지가 구두로 행하여졌다면 그 내용이 적법하다 하더라도 해당 처분은 취소사유에 해당한다. O | X

0918 「행정절차법」상 문서주의 원칙에도 불구하고, 행정청의 처분서의 문언만으로는 행정청이 어떤 처분을 하였는지 불분명하다는 등 특별한 사정이 있을 때에는 처분 경위나 처분 이후의 상대방의 태도 등 다른 사정을 고려하여 처분서의 문언과 달리 그 처분의 내용을 해석할 수도 있다. O | X

정답 및 해설

0916　**X**　원칙적 무효이다.
0917　**X**　구두로 시정보완명령을 하였다면 무효이다.
0918　**O**

> **행정절차법 제20조(처분기준의 설정·공표)** ① 행정청은 필요한 처분기준을 해당 처분의 성질에 비추어 되도록 구체적으로 정하여 공표하여야 한다. 처분기준을 변경하는 경우에도 또한 같다. _{2018 국가직 9급}
> ② 「행정기본법」 제24조에 따른 인허가의제의 경우 관련 인허가 행정청은 관련 인허가의 처분기준을 주된 인허가 행정청에 제출하여야 하고, 주된 인허가 행정청은 제출받은 관련 인허가의 처분기준을 통합하여 공표하여야 한다. 처분기준을 변경하는 경우에도 또한 같다.
> ③ 제1항에 따른 처분기준을 공표하는 것이 해당 처분의 성질상 현저히 곤란하거나 공공의 안전 또는 복리를 현저히 해치는 것으로 인정될 만한 상당한 이유가 있는 경우에는 처분기준을 공표하지 아니할 수 있다.
> ④ 당사자등은 공표된 처분기준이 명확하지 아니한 경우 해당 행정청에 그 해석 또는 설명을 요청할 수 있다. 이 경우 해당 행정청은 특별한 사정이 없으면 그 요청에 따라야 한다.

0919 행정규칙의 공표는 행정규칙의 성립요건이나 효력요건은 아니나, 「행정절차법」에서는 행정청은 필요한 처분기준을 당해 처분의 성질에 비추어 될 수 있는 한 구체적으로 공표하도록 하고 있다. **O | X**

정답 및 해설

0919 O

28 | 정보공개와 개인정보 보호

사립대학교에 대한 국비 지원이 한정적·일시적·국부적이라는 점을 고려하더라도, 같은 법 시행령제2조 제1호가 정보공개의무를 지는 공공기관의 하나로 사립대학교를 들고 있는 것이 모법인 구 공공기관의 정보공개에 관한 법률의 위임 범위를 벗어났다거나 사립대학교가 국비의 지원을 받는 범위 내에서만 공공기관의 성격을 가진다고 볼 수 없다(대판 2006.8.24. 2004두2783). 2022·2021 국회직 8급, 2016·2015 국가직 9급, 2017 지방직 9급, 2020·2014 지방직 7급

0920 시행령이 사립대학교를 정보공개의무를 지는 공공기관의 하나로 들고 있다고 해서 법률의 위임을 벗어난 것은 아니다. O | X

0921 사립대학교는 국비의 지원을 받는 범위내에서만 「공공기관정보공개에관한법률」상 공공기관의 성격을 가진다. O | X

0922 사립대학교에 정보공개를 청구하였다가 거부될 경우 사립대학교에 대한 국가의 지원이 한정적·국부적·일시적임을 고려한다면 사립대학교 총장을 피고로 하여 취소소송을 제기할 수 없다. O | X

정답 및 해설

0920 **O**
0921 **X** 사립학교는 국비지원을 받지 않더라도 일반적으로 공공기관에 해당한다.
0922 **X** 사립대학교 총장을 상대로 취소소송을 제기할 수 있다.

> 1. 한국방송공사는 정보공개법에 따라 정보를 공개할 의무가 있는 '특별법에 의하여 설립된 특수법인'에 해당한다(대판 2010.4.29. 2008두13101). _{2024 소방간부, 2017 지방직 9급}
> 2. '한국증권업협회'는 공공기관의 정보공개에 관한 법률 시행령 제2조 제4호의 '특별법에 의하여 설립된 특수법인'에 해당한다고 보기 어렵다(대판 2010.12.23. 2008두5643). _{2017 국가직 9급, 2017 지방직 9급}

0923 한국방송공사는 「정보공개법」에 따라 정보를 공개할 의무가 있는 '특별법에 의하여 설립된 특수법인'에 해당하지 않는다. O | X

0924 '한국증권업협회'는 「공공기관의 정보공개에 관한 법률」상 공개의무를 지는 '특별법에 의하여 설립된 특수법인'에 해당한다고 보기 어렵다. O | X

> 1. 형사소송법 제59조의2의 내용·취지 등을 고려하면, 형사소송법 제59조의2는 형사재판확정기록의 공개 여부나 공개 범위, 불복절차 등에 대하여 구 공공기관의 정보공개에 관한 법률과 달리 규정하고 있는 것으로 정보공개법 제4조 제1항에서 정한 '정보의 공개에 관하여 다른 법률에 특별한 규정이 있는 경우'에 해당한다. 따라서 형사재판확정기록의 공개에 관하여는 정보공개법에 의한 공개청구가 허용되지 아니한다(대판 2016.12.15. 2013두20882). _{2021 국회직 8급, 2019 지방직 7급}
> 2. 민사소송법 제344조 제2항에서 말하는 '공무원 또는 공무원이었던 사람이 그 직무와 관련하여 보관하거나 가지고 있는 문서' 및 이러한 공문서의 공개에 관하여는 공공기관의 정보공개에 관한 법률에서 정한 절차와 방법에 의하여야 한다(대판 2013.1.24. 2010두18918).

0925 「형사소송법」은 「정보공개법」 제4조 제1항에서 정한 '정보의 공개에 관하여 다른 법률에 특별한 규정이 있는 경우'에 해당한다. O | X

0926 형사재판확정기록의 공개에 관하여는 「공공기관정보공개법」에 의한 공개청구가 허용된다. O | X

0927 「민사소송법」 제344조 제2항에서 말하는 '공무원 또는 공무원이었던 사람이 그 직무와 관련하여 보관하거나 가지고 있는 문서' 및 이러한 공문서의 공개에 관하여는 「민사소송법」에서 정한 절차와 방법에 의하여야 한다. O | X

정답 및 해설

0923 **X** 한국방송공사는 특별법에 의하여 설립된 특수법인에 해당한다.
0924 **O**
0925 **O**
0926 **X** 형사재판확정기록의 공개에 관하여는 다른 법률에 특별한 규정이 있으므로 「공공기관정보공개법」에 의한 공개청구가 허용되지 않는다.
0927 **X** 「공공기관정보공개법」에 의한 절차와 방법에 의한다.

> 1. 공공기관이 그 정보를 보유·관리하고 있지 아니한 경우에는 특별한 사정이 없는 한 정보공개거부처분의 취소를 구할 법률상의 이익이 없다(대판 2006.1.13. 2003두9459). **2024 소방간부, 2017·2015 국회직 8급, 2021 국가직 9급, 2016 국가직 7급**
> 2. 전자적 형태로 보유·관리되는 정보의 경우에는, 그 정보가 청구인이 구하는 대로는 되어 있지 않다고 하더라도, 공개청구를 받은 공공기관이 공개청구대상정보의 기초자료를 전자적 형태로 보유·관리하고 있고, 당해 기관에서 통상 사용되는 컴퓨터 하드웨어 및 소프트웨어와 기술적 전문지식을 사용하여 그 기초자료를 검색하여 청구인이 구하는 대로 편집할 수 있으며, 그러한 작업이 당해 기관의 컴퓨터 시스템 운용에 별다른 지장을 초래하지 아니한다면, 그 공공기관이 공개청구대상정보를 보유·관리하고 있는 것으로 볼 수 있고, 이러한 경우에 기초자료를 검색·편집하는 것은 새로운 정보의 생산 또는 가공에 해당한다고 할 수 없다(대판 2010.2.11. 2009두6001). **2021 국회직 8급, 2017 지방직 9급**

0928 공공기관이 그 정보를 보유·관리하고 있지 아니한 경우 특별한 사정이 없는 한 정보공개거부처분의 취소를 구할 법률상 이익이 없다. O | X

0929 정보공개제도는 공공기관이 보유·관리하는 정보를 그 상태대로 공개하는 제도이므로, 전자적 형태로 보유·관리하는 정보를 검색·편집하여야 하는 경우는 새로운 정보의 생산으로서 정보공개의 대상이 아니다. O | X

> 알 권리에서 파생되는 정부의 공개의무는 특별한 사정이 없는 한 국민의 적극적인 정보수집행위, 특히 특정의 정부에 대한 공개청구가 있는 경우에야 비로소 존재하므로, 정보공개청구가 없었던 경우 대한민국과 중화인민공화국이 2000.7.31. 체결한 양국 간 마늘교역에 관한 합의서 및 그 부속서 중 '2003.1.1.부터 한국의 민간기업이 자유롭게 마늘을 수입할 수 있다'는 부분을 사전에 마늘재배농가들에게 공개할 정부의 의무는 인정되지 아니한다(헌재 2004.12.16. 2002헌마579).

0930 공공기관의 정보공개의무는 공개청구가 있는 경우 비로소 공개의무가 발생한다. O | X

0931 정보공개청구가 없었던 경우 특별한 사정이 없는 한 정보공개의 의무도 인정되지 않는다. O | X

정답 및 해설

0928 O
0929 X 새로운 정보의 생산으로 볼 수 없다.
0930 O
0931 O

■ 정보공개

1. 정보공개절차 흐름

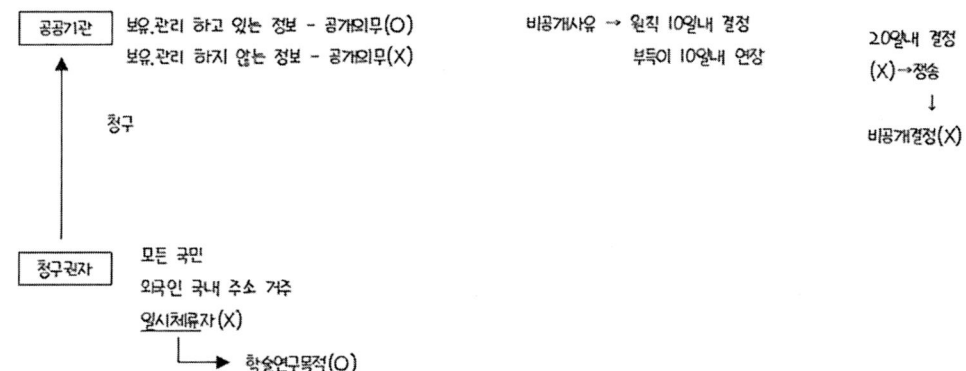

2. 정보공개청구에 대한 쟁송

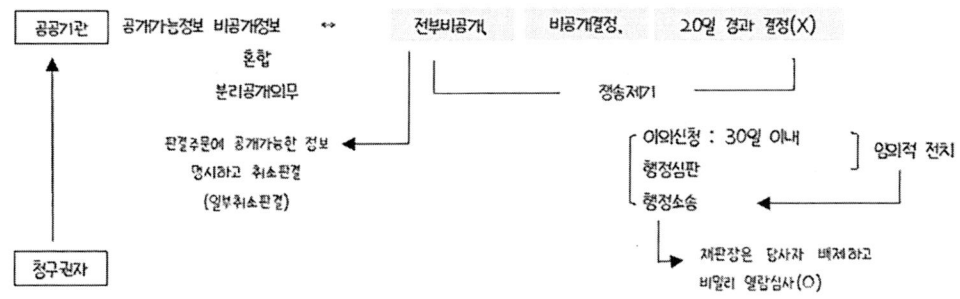

3. 제3자 관련 정부

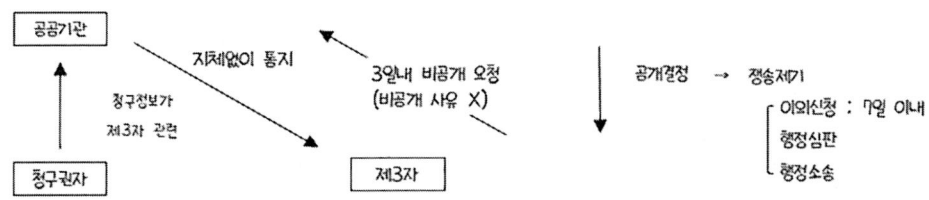

1. 법원이 행정청의 정보공개거부처분의 위법 여부를 심리한 결과 공개를 거부한 정보에 비공개대상정보에 해당하는 부분과 공개가 가능한 부분이 혼합되어 있고 공개청구의 취지에 어긋나지 아니하는 범위 안에서 두 부분을 분리할 수 있음을 인정할 수 있을 때에는, 위 정보 중 공개가 가능한 부분을 특정하고 판결의 주문에 행정청의 위 거부처분 중 공개가 가능한 정보에 관한 부분만을 취소한다고 표시하여야 한다(대판 2003.3.11. 2001두6425). **2015 국가직 9급, 2018 지방직 9급**

2. 공개청구의 취지에 어긋나지 아니하는 범위 안에서 비공개대상 정보에 해당하는 부분과 공개가 가능한 부분을 분리할 수 있다고 함은, 이 두 부분이 물리적으로 분리가능한 경우를 의미하는 것이 아니고 당해 정보의 공개방법 및 절차에 비추어 당해 정보에서 비공개대상 정보에 관련된 기술 등을 제외 내지 삭제하고 그 나머지 정보만을 공개하는 것이 가능하고 나머지 부분의 정보만으로도 공개의 가치가 있는 경우를 의미한다고 해석하여야 한다(대판 2004.12.9. 2003두12707). **2022 소방간부**

0932 정보의 공개방법 및 절차에 비추어 당해 정보에서 비공개대상정보에 관련된 기술 등을 제외 혹은 삭제하고 나머지 정보만을 공개하는 것이 가능하고 나머지 부분의 정보만으로도 공개가치가 있는 경우 정보의 부분 공개가 허용된다. O | X

0933 공개를 거부한 정보에 비공개대상정보에 해당하는 부분과 공개가 가능한 부분이 혼합되어 있고 분리가 가능한 경우에는 분리공개하여야 한다. O | X

0934 공공기관이 분리가 가능한 정보에 대해 전부비공개 한 경우 법원은 .공개가 가능한 정보에 관한 부분만을 취소한다고 표시하여야 한다. O | X

공공기관의 정보공개에 관한 법률상 공개청구의 대상이 되는 정보란 공공기관이 직무상 작성 또는 취득하여 현재 보유·관리하고 있는 문서에 한정되는 것이기는 하나, 그 문서가 반드시 원본일 필요는 없다(대판 2006.5.25. 2006두3049).

2021 소방간부, 2021 국가직 9급, 2017·2014 국가직 7급

0935 공개청구의 대상되는 정보는 공공기관이 직무상 작성 또는 취득하여 현재 보유·관리하고 있는 문서에 한정되는 것이기는 하나, 그 문서는 반드시 원본이어야 한다. O | X

공공기관의정보공개에관한법률 제6조 제1항은 "모든 국민은 정보의 공개를 청구할 권리를 가진다."고 규정하고 있는데, 여기에서 말하는 국민에는 자연인은 물론 법인, 권리능력 없는 사단·재단도 포함되고, 법인, 권리능력 없는 사단·재단 등의 경우에는 설립목적을 불문한다(대판 2003.12.12. 2003두8050).

2025·2024·2023 소방간부, 2020 국가직 9급, 2020·2016 국가직 7급, 2017 지방직 9급, 2017 지방직 7급

0936 정보공개청구권자로서 국민은 자연인은 물론 법인, 권리능력 없는 사단·재단도 포함된다. O | X

0937 법인, 권리능력 없는 사단·재단 등의 경우에는 설립목적이 정당하여야 한다. O | X

정답 및 해설

0932 O   0933 O   0934 O
0935 X 반드시 원본이어야 하는 것은 아니다.
0936 O
0937 X 설립목적을 불문한다.

1. 정보공개청구권은 법률상 보호되는 구체적인 권리이므로 청구인이 공공기관에 대하여 정보공개를 청구하였다가 거부처분을 받은 것 자체가 법률상 이익의 침해에 해당한다(대판 2003.12.12. 2003두8050).

    2025·2021 소방간부, 2021 국가직 9급, 2024 국가직 7급, 2021·2018·2013 지방직 9급, 2017 지방직 7급

2. 공개청구의 대상이 되는 정보가 이미 다른 사람에게 공개하여 널리 알려져 있다거나 인터넷이나 관보 등을 통하여 공개하여 인터넷검색이나 도서관에서의 열람 등을 통하여 쉽게 알 수 있다는 사정만으로는 소의 이익이 없다거나 비공개결정이 정당화될 수는 없다(대판 2008.11.27. 2005두15694).

    2022·2013 국회직 8급, 2020·2019 국가직 9급, 2014 국가직 7급, 2020·2013 지방직 9급, 2017 지방직 7급

3. 정보공개제도를 이용하여 사회통념상 용인될 수 없는 부당한 이득을 얻으려 하거나, 오로지 상대방을 괴롭힐 목적으로 정보공개를 구하고 있다는 등의 특별한 사정이 없는 한 정보공개의 청구가 신의칙에 반하거나 권리남용에 해당한다고 볼 수 없다(대판 2003.3.11. 2001두6425). 모든 국민은 정보의 공개를 청구할 권리를 가진다고 하면서(제5조 제1항) 비공개대상정보에 해당하지 않는 한 공공기관이 보유·관리하는 정보는 공개 대상이 된다고 규정하고 있을 뿐(제9조 제1항)

    2015 국회직 8급, 2021·2017 지방직 9급

4. 정보공개 청구권자가 공개를 청구하는 정보와 어떤 관련성을 가질 것을 요구하거나 정보공개청구의 목적에 특별한 제한을 두고 있지 아니하므로 정보공개 청구권자의 권리구제 가능성 등은 정보의 공개 여부 결정에 아무런 영향을 미치지 못한다(대판 2017.9.7. 2017두44558).

    2020 국가직 9급, 2022 지방직 9급

5. 원고가 이 사건 정보공개를 청구한 목적이 이 사건 손해배상소송에 제출할 증거자료를 획득하기 위한 것이었고 위 소송이 이미 종결되었다고 하더라도, 원고가 오로지 피고를 괴롭힐 목적으로 정보공개를 구하고 있다는 등의 특별한 사정이 없는 한, 위와 같은 사정만으로는 원고가 이 사건 소송을 계속하고 있는 것이 권리남용에 해당한다고 볼 수 없다(대판 2004.9.23. 2003두1370).

6. 견책의 징계처분을 받은 갑이 사단장에게 징계위원회에 참여한 징계위원의 성명과 직위에 대한 정보공개청구를 하였으나 위 정보가 공공기관의 정보공개에 관한 법률 제9조 제1항 제1호, 제2호, 제5호, 제6호에 해당한다는 이유로 공개를 거부한 사안에서, 비록 징계처분 취소사건에서 갑의 청구를 기각하는 판결이 확정되었더라도 이러한 사정만으로 위 처분의 취소를 구할 이익이 없어지지 않고, 사단장이 갑의 정보공개청구를 거부한 이상 갑으로서는 여전히 정보공개거부처분의 취소를 구할 법률상 이익이 있다(대판 2022. 5. 26. 2022두33439).

    2024 국가직 7급

0938 청구인이 공공기관에 대하여 정보공개를 청구하였다가 거부처분을 받은 것 자체가 법률상 이익의 침해에 해당한다. O | X

0939 청구인이 공공기관에 대하여 정보공개를 청구하였다가 거부처분을 받은 경우 정보공개청구 외에 거부를 다툴 별도의 법률상 이익이 증명되어야 거부처분을 항고소송으로 다툴 수 있다. O | X

0940 공개청구된 정보가 이미 인터넷을 통해 공개되어 인터넷검색으로 쉽게 접근할 수 있는 경우는 비공개사유가 된다. O | X

0941 자신과 관련이 없는 정보공개를 청구하는 것은 특별한 사정이 없는 한 신의칙에 반하거나 권리남용에 해당한다. O | X

0942 오로지 상대방을 괴롭힐 목적으로 정보공개를 청구하는 것은 권리남용에 해당한다. O | X

0943 정보공개를 청구한 목적이 손해배상소송에 제출할 증거자료를 획득하기 위한 것이었고 그 소송이 이미 종결되었다고 하더라도 정보공개청구가 권리남용에 해당하지 않는다. O | X

0944 정보공개 청구권자의 권리구제 가능성은 정보의 공개 여부 결정에 아무런 영향을 미치지 못한다. O | X

정답 및 해설

0938 **O**
0939 **X** 거부처분 이외에 별도의 법률상 이익을 필요로 하지 않는다.
0940 **X** 비공개 사유에 해당하지 않는다.
0941 **X** 자신과 관련이 없는 정보공개청구도 허용된다.
0942 **O**　　0943 **O**　　0944 **O**

1. 공개청구를 받은 공공기관으로서는 구 정보공개법 제8조 제2항에서 규정한 정보의 사본 또는 복제물의 교부를 제한할 수 있는 사유에 해당하지 아니하는 한, 정보공개청구자가 선택한 공개방법에 따라 정보를 공개하여야 하므로 그 공개방법을 선택할 재량권이 없다(대판 2004.6.25. 2004두1506).

2. 공공기관이 공개청구대상 정보를 청구인이 신청한 공개방법 이외의 방법으로 공개하는 결정을 한 경우, 정보공개청구 중 정보공개방법 부분에 대하여 일부 거부처분을 한 것이고 청구인은 그에 대해 항고소송으로 다툴 수 있다(대판 2016.11.20. 2016두44674).

3. 청구인이 정보공개 거부처분의 취소를 구하는 소송에서 공공기관이 청구정보를 증거 등으로 법원에 제출하여 법원을 통하여 그 사본을 청구인에게 교부 또는 송달하게 하여 결과적으로 청구인에게 정보를 공개하는 셈이 되었다고 하더라도, 이러한 우회적인 방법은 법이 예정하고 있지 아니한 방법으로서 법에 의한 공개라고 볼 수는 없으므로, 당해 문서의 비공개결정의 취소를 구할 소의 이익은 소멸되지 않는다고 할 것이다(대판 2004.3.26. 2002두6583).

0945 공공기관은 정보공개청구자가 선택한 공개방법에 따라 정보를 공개하여야 하므로 그 공개방법을 선택할 재량권이 없다. O | X

0946 공공기관이 공개청구대상 정보를 청구인이 신청한 공개방법 이외의 방법으로 공개하는 결정을 한 경우, 정보공개청구 중 정보공개방법 부분에 대하여 일부 거부처분을 한 것이다. O | X

0947 정보비공개결정 취소소송에서 공공기관이 청구정보를 증거로 법원에 제출하여 법원을 통하여 그 사본을 청구인에게 교부되게 하여 정보를 공개하게 된 경우에는 비공개결정의 취소를 구할 소의 이익이 소멸한다. O | X

정답 및 해설

0945 O
0946 O
0947 X 정당한 공개방법에 해당하지 않으므로 비공개결정의 취소를 구할 소의 이익이 인정된다.

제3자와 관련이 있는 정보라고 하더라도 당해 공공기관이 이를 보유·관리하고 있는 이상 정보공개법 제9조 제1항 단서 각 호의 비공개사유에 해당하지 아니하면 정보공개의 대상이 되는 정보에 해당한다. 따라서 정보공개법 제11조 제3항, 제21조 제1항의 규정은 공공기관이 보유·관리하고 있는 정보가 제3자와 관련이 있는 경우 그 정보 공개여부를 결정할 때 공공기관이 제3자와의 관계에서 거쳐야 할 절차를 규정한 것에 불과할 뿐, 제3자의 비공개 요청이 있다는 사유만으로 정보공개법상 정보의 비공개사유에 해당한다고 볼 수 없다(대판 2008.9.25. 2008두8680).

0948 제3자와 관련된 정보라도 정보공개법상의 비공개사유에 해당하지 않는 한 정보공개의 대상이 되는 정보에 해당한다. O│X

0949 제3자의 비공개 요청은 정보공개에 관한 비공개사유에 해당한다. O│X

정답 및 해설

0948 **O**

0949 **X** 비공개사유에 해당하지 않는다.

1. 국민으로부터 보유·관리하는 정보에 대한 공개를 요구받은 공공기관으로서는 같은 법 제7조 제1항 각 호에서 정하고 있는 비공개사유에 해당하지 않는 한 이를 공개하여야 할 것이고, 만일 이를 거부하는 경우라 할지라도 대상이 된 정보의 내용을 구체적으로 확인·검토하여 어느 부분이 어떠한 법익 또는 기본권과 충돌되어 같은 법 제7조 제1항 몇 호에서 정하고 있는 비공개사유에 해당하는지를 주장·입증하여야만 할 것이며, 그에 이르지 아니한 채 개괄적인 사유만을 들어 공개를 거부하는 것은 허용되지 아니한다(대판 2003.12.11. 2001두8827). 2023·2021 소방간부, 2017 국회직 8급

2. 정보공개제도는 공공기관이 보유·관리하는 정보를 그 상태대로 공개하는 제도로서 공개를 구하는 정보를 공공기관이 보유·관리하고 있을 상당한 개연성이 있다는 점에 대하여 원칙적으로 공개청구자에게 증명책임이 있다고 할 것이지만, 공개를 구하는 정보를 공공기관이 한 때 보유·관리하였으나 후에 그 정보가 담긴 문서등이 폐기되어 존재하지 않게 된 것이라면 그 정보를 더 이상 보유·관리하고 있지 아니하다는 점에 대한 증명책임은 공공기관에게 있다(대판 2004.12.9. 2003두12707). 2023·2022·2017 국회직 8급, 2017 국가직 7급, 2022 지방직 9급, 2022·2020 지방직 7급

0950 공공기관은 「정보공개법」상 비공개사유에 해당하지 않는 한 보유·관리하는 정보를 공개하여야 한다. O | X

0951 공공기관은 정보공개를 거부하는 경우 비공개사유 어디에 해당하는 지를 주장 입증하여야 한다. O | X

0952 공공기관이 개괄적 사유만을 들어 비공개하였다고 해서 위법으로 볼 수 없다. O | X

0953 정보공개를 청구하는 자가 공개를 구하는 정보를 행정기관이 보유·관리하고 있을 상당한 개연성이 있다는 점을 입증하여야 한다. O | X

정답 및 해설

0950 O
0951 O
0952 X 개괄적 사유만을 비공개할 수 없다.
0953 O

1. '다른 법률 또는 법률이 위임한 명령'은 모든 법률을 뜻하는 것이 아니라 정보의 공개에 관하여 법률의 구체적인 위임아래 제정된 법규명령(위임명령)을 의미한다(대판 2010.6.10. 2010두2913). _{2018 국회직 8급, 2020 지방직 9급}

2. 교육공무원법 제13조, 제14조의 위임에 따라 제정된 교육공무원승진규정은 정보공개에 관한 사항에 관하여 구체적인 법률의 위임에 따라 제정된 명령이라고 할 수 없고, 위 규정을 근거로 정보공개청구를 거부하는 것은 위법하다(대판 2006.10.26. 2006두11910). _{2020 국가직 7급}

3. 검찰보존사무규칙(법무부령) 제22조의 법적 성질은 행정기관 내부의 사무처리준칙이므로 같은 규칙상의 제한사유는 '다른 법률 또는 법률에 의한 명령'에 의하여 비공개사항으로 규정된 경우에 해당하지 않는다(대판 2006.5.25. 2006두3049). _{2013 국회직 8급, 2017 국가직 9급, 2017 국가직 7급, 2014 지방직 9급}

4. 국방부의 한국형 다목적 헬기(KMH) 도입사업에 대한 감사원장의 감사결과보고서가 군사2급비밀에 해당하는 이상 다른 법률에 의하여 비공개사항으로 규정된 정보에 해당한다(대판 2006.11.10. 2006두9351).

5. 학교폭력대책자치위원회의 회의록은 '다른 법률 또는 법률이 위임한 명령'에 의하여 비밀 또는 비공개사항으로 규정된 정보에 해당한다(대판 2010.6.10. 2010두2913). _{2024·2013 국가직 9급, 2019 지방직 9급}

6. 국가정보원이 직원에게 지급하는 현금급여 및 월초수당에 관한 정보가 공공기관의 정보공개에 관한 법률 제9조 제1항 제1호의 비공개대상정보인 '다른 법률에 의하여 비공개 사항으로 규정된 정보'에 해당한다(대판 2010.12.23. 2010두14800). _{2014 지방직 9급}

7. 국가정보원의 조직·소재지 및 정원에 관한 정보가 공공기관의 정보공개에 관한 법률 제9조 제1항 제1호에서 말하는 '다른 법률에 의하여 비공개 사항으로 규정된 정보'에 해당한다(대판 2013.1.24. 2010두18918).

0954 「정보공개법」상 비공개사유로서 '다른 법률 또는 법률이 위임한 명령'은 모든 법률을 뜻하는 것이 아니라 정보의 공개에 관하여 법률의 구체적인 위임아래 제정된 법규명령(위임명령)을 의미한다. O | X

0955 「검찰보존사무규칙(법무부령)」제22조의 법적 성질은 행정기관 내부의 사무처리준칙에 해당한다. O | X

0956 「검찰보존사무규칙(법무부령)」제22조의 제한사유를 들어 비공개하는 것은 정당하다. O | X

0957 「교육공무원법」제13조, 제14조의 위임에 따라 제정된 「교육공무원승진규정」은 정보공개에 관한 사항에 관하여 구체적인 법률의 위임에 따라 제정된 명령이라고 할 수 있다. O | X

0958 「교육공무원승진규정」상 비공개사유로 규정된 교육공무원 근무평정은 비공개대상 정보에 해당한다. O | X

0959 국방부의 한국형 다목적 헬기(KMH) 도입사업에 대한 감사원장의 감사결과보고서가 군사2급비밀에 해당하는 이상 다른 법률에 의하여 비공개사항으로 규정된 정보에 해당한다. O | X

0960 학교폭력대책자치위원회의 회의록은 비공개대상 정보에 해당한다. O | X

0961 국가정보원이 직원에게 지급하는 현금급여 및 월초수당에 관한 정보는 공개대상 정보이다. O | X

0962 국가정보원의 조직·소재지 및 정원에 관한 정보는 비공개대상 정보에 해당한다. O | X

정답 및 해설

0954 O
0955 O
0956 X 행정규칙에 근거해서는 비공개할 수 없다.
0957 X 「교육공무원승진규정」은 정보공개에 관한 사항에 관하여 구체적인 법률의 위임에 따라 제정된 명령이라고 할 수 없다.
0958 X 「교육공무원승진규정」에 근거해서 교육공무원 근무평정을 비공개할 수 없다.
0959 O
0960 O
0961 X 비공개대상 정보이다.
0962 O

1. 보안관찰법 소정의 보안관찰 관련통계자료는 북한의 대남전략에 있어 매우 유용한 자료로 악용될 우려가 있으므로 공개될 경우 제2호상의 국가안전보장 등 국가의 중대한 이익을 현저히 해할 우려가 있고, 제3호상의 국민의 생명·신체등 공공의 안전과 이익을 현저히 해할 우려가 있는 정보에 해당한다(대판 2004.3.26. 2002두6583). _{2019 지방직 9급}

2. 외국 또는 외국 기관으로부터 비공개를 전제로 정보를 입수하였다는 이유만으로 이를 공개할 경우 업무의 공정한 수행에 현저한 지장을 받을 것이라고 단정할 수는 없다. 다만 위와 같은 사정은 정보 제공자와의 관계, 정보 제공자의 의사, 정보의 취득 경위, 정보의 내용 등과 함께 업무의 공정한 수행에 현저한 지장이 있는지를 판단할 때 고려하여야 할 형량요소이다(대판 2018.9.28. 2017두69892). _{2020 국가직 7급}

3. 외무부장관이 1996.3.경 미국정부로부터 당시 미국 정보공개법에 따라 비밀이 해제된 바 있는 1979년 및 1980년의 우리나라 정치상황과 관련한 미국 정부로부터 제공받아 보관하고 있는 문서사본은 공개대상정보에 해당한다(대판 2006.5.25. 2006두3049).

0963 보안관찰 관련통계자료는 비공개대상정보에 해당한다. O | X

0964 1979년 및 1980년의 우리나라 정치상황과 관련한 미국 정부로부터 제공받아 보관하고 있는 문서사본은 비공개대상정보에 해당한다. O | X

0965 외국 또는 외국 기관으로부터 비공개를 전제로 입수한 정보는 비공개를 전제로 하였다는 이유만으로 비공개대상정보에 해당한다. O | X

정답 및 해설

0963   **O**
0964   **X**   공개대상정보에 해당한다.
0965   **X**   비공개를 전제로 하였다는 이유만으로 비공개대상정보에 해당하지 않는다.

공공기관의 정보공개에 관한 법률의 입법 목적, 정보공개의 원칙, 비공개대상정보의 규정 형식과 취지 등을 고려하면, 법원 이외의 공공기관이 정보공개법 제9조 제1항 제4호에서 정한 '진행 중인 재판에 관련된 정보'에 해당한다는 사유로 정보공개를 거부하기 위하여는 반드시 그 정보가 진행 중인 재판의 소송기록 자체에 포함된 내용일 필요는 없다. 그러나 재판에 관련된 일체의 정보가 그에 해당하는 것은 아니고 진행중인 재판의 심리 또는 재판결과에 구체적으로 영향을 미칠 위험이 있는 정보에 한정된다고 보는 것이 타당하다(대판 2011.11.24. 2009두19021).

2023 소방간부, 2021·2013 국회직 8급, 2017 국가직 7급, 2019·2014 지방직 7급

0966 '진행 중인 재판에 관련된 정보'에 해당한다는 사유로 정보공개를 거부하기 위하여는 반드시 그 정보가 진행 중인 재판의 소송기록 자체에 포함된 내용일 필요는 없다. O | X

0967 '진행 중인 재판에 관련된 정보'재판에 관련된 일체의 정보를 뜻한다. O | X

1. 수용자자비부담물품의 판매수익금총액과 교도소장에게 배당된 수익금액 및 사용내역 등에 관한 정보는 공개대상정보이다(대판 2004.12.9. 2003두12707).
2. 교도소에 수용 중이던 재소자가 담당 교도관들을 상대로 가혹행위를 이유로 형사고소 및 민사소송을 제기하면서 그 증명자료 확보를 위해 '근무보고서'와 '징벌위원회 회의록' 등의 정보공개를 요청하였으나 교도소장이 이를 거부한 사안에서, 근무보고서는 공공기관의 정보공개에 관한 법률 제9조 제1항 제4호에 정한 비공개대상정보에 해당한다고 볼 수 없고, 징벌위원회 회의록 중 비공개 심사·의결 부분은 위 법 제9조 제1항 제5호의 비공개사유에 해당하지만 재소자의 진술, 위원장 및 위원들과 재소자 사이의 문답 등 징벌절차 진행 부분은 비공개사유에 해당하지 않는다고 보아 분리 공개가 허용된다(대판 2009.12.10. 2009두12785).

2025·2013 국가직 9급

0968 수용자자비부담물품의 판매수익금총액과 교도소장에게 배당된 수익금액 및 사용내역 등에 관한 정보는 공개대상정보이다. O | X

0969 교도소에 수용 중이던 재소자가 담당 교도관들을 상대로 가혹행위를 이유로 형사고소 및 민사소송을 제기하면서 그 증명자료 확보를 위해 신청한 '근무보고서'는 비공개대상 정보에 해당한다. O | X

정답 및 해설

0966 **O**
0967 **X** '진행 중인 재판에 관련된 정보'재판에 관련된 일체의 정보를 뜻하는 것이 아니라 재판에 구체적으로 영향을 미칠 위험이 있는 정보에 한정된다.
0968 **O**
0969 **X** 근무보고서는 공개대상 정보에 해당한다.

1. 도시공원위원회의 심의사항에 관하여 대외적으로 공표하기 전에 위위원회의 회의관련자료 및 회의록이 공개된다면 업무의 공정한 수행에 현저한 지장을 초래할 것이므로 비공개대상정보에 해당한다(대판 2000.5.30. 99추85).

2. 학교위생정화위원회의 심의회의에서는 위 정화위원회의 의사결정에 관련된 문답과 토의가 이루어지므로 자유롭고 활발한 심의가 보장되기 위하여는 심의회의가 종료된 이후에도 심의과정에서 누가 어떤 발언을 하였는지에 관하여는 외부에 공개되지 않도록 이를 철저히 보장하여야 할 필요성 즉, 위 정화위원회의 회의록 중 발언내용 이외에 해당 발언자의 인적사항까지 공개된다면 정화위원들이나 출석자들은 자신의 발언내용에 관한 공개에 대한 부담으로 인한 심리적 압박 때문에 위 정화위원회의 심의절차에서 솔직하고 자유로운 의사교환을 할 수 없고, 심지어 당사자나 외부의 의사에 영합하는 발언을 하거나 침묵으로 일관할 우려마저 있으므로, 이러한 사태를 막아 정화위원들이 심의에 집중하도록 함으로써 심의의 충실화와 내실화를 도모하기 위하여는 회의록의 발언내용 이외에 해당 발언자의 인적 사항까지 외부에 공개되어서는 아니된다 할 것이어서, '회의록에 기재된 발언내용에 대한 해당 발언자의 인적 사항' 부분은 그것이 공개될 경우 정화위원회의 심의업무의 공정한 수행에 현저한 지장을 초래한다고 인정할 만한 상당한 이유가 있다(대판 2003.8.22. 2002두12946). _{2022·2019 지방직 9급, 2022 지방직 7급}

3. 독립유공자서훈 공적심사위원회의 심의·의결 과정 및 그 내용을 기재한 회의록은 회의록의 공개에 의하여 보호되는 알 권리의 보장과 비공개에 의하여 보호되는 업무수행의 공정성 등의 이익 등을 비교·교량하여 볼 때, 이 사건 회의록은 정보공개법 제9조 제1항 제5호에서 정한 '공개될 경우 업무의 공정한 수행에 현저한 지장을 초래한다고 인정할 만한 상당한 이유가 있는 정보'에 해당한다고 보아야 할 것이다(대판 2014.7.24. 2013두20301). _{2017 지방직 9급}

4. 답안지 및 시험문항에 대한 채점위원별 채점결과를 열람하도록 하면 업무수행상의 공정성을 확보할 수 없으므로 시험업무의 현저한 지장을 초래한다고 인정할 상당한 이유가 있어 비공개대상정보에 해당한다(대판 2003.3.14. 2000두6114). _{2013 국가직 9급}

5. 문제은행출제방식의 치과의사 국가시험의 문제지와 정답지는 시험업무의 공정한 수행이나 연구·개발에 현저한 지장을 초래한다고 인정할 만한 상당한 이유가 있는 경우에 해당하여 비공개대상에 해당한다(대판 2007.6.15. 2006두15936).

6. 사법시험 제2차답안지는 평가자의 평가기준이나 평가결과가 반영되어 있는 것이 아니므로 평가업무에 지장을 초래할 가능성이 적어 공개대상정보에 해당한다(대판 2003.3.14. 2000두6114).

7. 아파트재건축주택조합의 조합원들에게 제공될 무상보상평수의 사업수익성을 검토한 자료는 공개될 경우 업무의 공정한 수행에 현저한 지장을 초래한다고 볼 수 없고, 법인 등의 영업상 비밀에 관한 사항으로 공개될 경우 법인 등의 정당한 이익을 현저히 해할 우려가 있다고 인정되는 정보에 해당한다고 보기도 어렵다(대판 2006.1.13. 2003두9459).

8. '2002학년도부터 2005학년도까지의 대학수학능력시험 원데이터'는 그 공개로 대학수학능력시험 업무의 공정한 수행이 객관적으로 현저하게 지장을 받을 것이라는 고도의 개연성이 존재하지 않으므로 공개대상정보에 해당한다(대판 2010.2.25. 2007두9877). _{2024 국가직 9급}

0970 도시공원위원회의 심의사항에 관하여 대외적으로 공표하기 전에 위위원회의 회의관련자료 및 회의록은 비공개대상정보에 해당한다. O | X

0971 독립유공자서훈 공적심사위원회의 심의·의결 과정 및 그 내용을 기재한 회의록은 공개대상정보에 해당한다. O | X

0972 답안지 및 시험문항에 대한 채점위원별 채점결과는 공개대상 정보이다. O | X

0973 문제은행출제방식의 치과의사 국가시험의 문제지와 정답지는 비공개대상 정보이다. O | X

0974 평가자의 평가기준이나 평가결과가 반영되어 있지 않은 사법시험 제2차답안지는 공개되는 경우 평가업무에 지장을 초래하므로 비공개대상 정보이다. O | X

0975 아파트재건축주택조합의 조합원들에게 제공될 무상보상평수의 사업수익성을 검토한 자료는 비공개대상에 해당한다. O | X

0976 2002학년도부터 2005학년도까지의 '대학수학능력시험 원데이터'는 비공개대상정보가 아니다. O | X

정답 및 해설

0970 O
0971 X 비공개대상정보에 해당한다.
0972 X 비공개대상정보에 해당한다.
0973 O
0974 X 평가업무에 지장을 초래한다고 볼 수 없어 공개대상정보이다.
0975 X 공개대상정보에 해당한다.
0976 O

1. 정보공개법 제9조 제1항 제6호 본문의 규정에 따라 비공개대상이 되는 정보에는 구 공공기관의 정보공개에 관한 법률의 이름·주민등록번호 등 정보 형식이나 유형을 기준으로 비공개대상정보에 해당하는지를 판단하는 '개인식별정보'뿐만 아니라 그 외에 정보의 내용을 구체적으로 살펴 '개인에 관한 사항의 공개로 개인의 내밀한 내용의 비밀 등이 알려지게 되고, 그 결과 인격적·정신적 내면생활에 지장을 초래하거나 자유로운 사생활을 영위할 수 없게 될 위험성이 있는 정보'도 포함된다고 새겨야 한다. 따라서 불기소처분 기록 중 피의자신문조서 등에 기재된 피의자 등의 인적사항 이외의 진술내용 역시 개인의 사생활의 비밀 또는 자유를 침해할 우려가 인정되는 경우 정보공개법 제9조 제1항 제6호 본문 소정의 비공개대상에 해당한다(대판 2012.6.18. 2011두2361). **2023 소방간부, 2013 국회직 8급**

2. 지방자치단체의 업무추진비 세부항목별 집행내역 및 그에 관한 증빙서류에 포함된 개인에 관한 정보는 '공개하는 것이 공익을 위하여 필요하다'고 인정되는 정보에 해당하지 않는다(비공개대상정보)(대판 2003.3.11. 2001두6425). **2019 지방직 9급**

3. 행사참석자정보 중 그 공무원이 직무와 관련하여 행사에 참석한 경우의 정보는 '공개하는 것이 공익을 위하여 필요하다고 인정되는 정보'에 해당한다고 인정된다 하더라도, 그 공무원이 직무와 관련 없이 개인적인 자격 등으로 행사에 참석한 경우의 정보는 그 공무원의 사생활 보호라는 관점에서 보더라도 위와 같은 정보가 공개되는 것은 바람직하지 않다(비공개)(대판 2003.12.12. 2003두8050). **2013 국회직 8급**

4. 사면대상자들의 사면실시건의서와 그와 관련된 국무회의 안건자료에 관한 정보는 그 공개로 얻는 이익이 그로 인하여 침해되는 당사자들의 사생활의 비밀에 관한 이익보다 더욱 크므로 비공개사유에 해당되지 않는다(대판 2006.12.7. 2005두241).

5. 불기소처분 기록 중 피의자신문조서 등에 기재된 피의자 등의 인적사항 이외의 진술내용 역시 개인의 사생활의 비밀 또는 자유를 침해할 우려가 인정되는 경우 정보공개법 제9조 제1항 제6호 본문 소정의 비공개대상에 해당한다(대판 2012.6.18. 2011두2361). **2018 지방직 9급**

0977 지방자치단체의 업무추진비 세부항목별 집행내역 및 그에 관한 증빙서류에 포함된 개인에 관한 정보는 '공개하는 것이 공익을 위하여 필요하다'고 인정되는 정보에 해당하지 않는다. O | X

0978 공무원이 직무와 관련하여 행사에 참석한 경우의 정보는 '공개하는 것이 공익을 위하여 필요하다고 인정되는 정보'에 해당한다. O | X

0979 공무원이 직무와 관련 없이 개인적인 자격 등으로 행사에 참석한 경우의 정보는 공개하는 것이 바람직하다. O | X

0980 사면대상자들의 사면실시건의서와 그와 관련된 국무회의 안건자료에 관한 정보는 그 공개로 얻는 이익이 사생활의 비밀에 관한 이익보다 크므로 비공개사유에 해당한다. O | X

0981 불기소처분 기록 중 피의자신문조서 등에 기재된 피의자 등의 인적사항 이외의 진술내용은 비공개대상 정보이다. O | X

정답 및 해설

0977 O
0978 O
0979 X 사생활과 관련된 정보로서 공개되는 것은 바람직 하지 않다.
0980 X 공개대상정보에 해당한다.
0981 O

1. 법인 등의 경영·영업상의 비밀의 의미는 타인에게 알려지지 아니함이 유리한 '사업활동에 관한 일체의 정보' 또는 '사업활동에 관한 일체의 비밀사항'으로 해석함이 상당하다(대판 2008. 2007두1798). **2014 지방직 9급**
2. 법인 등이 거래하는 금융기관의 계좌번호에 관한 정보는 공개될 경우 법인 등의 정당한 이익을 현저히 해할 우려가 있다고 인정되는 정보에 해당한다(비공개대상정보)(대판 2004.8.20. 2003두8302). **2017·2016 국가직 7급**
3. 대한주택공사의 아파트 분양원가 산출내역에 관한 정보는 그 공개로 위 공사의 정당한 이익을 현저히 해할 우려가 있다고 볼 수 없고 공개대상정보에 해당한다(대판 2007.6.1. 2006두20587).
4. 한국방송공사의 '수시집행 접대성 경비의 건별 집행서류 일체'에 관한 정보는 한국방송공사의 정당한 이익이 현저히 침해받는다고 볼 수 없으므로 공개대상정보에 해당한다(대판 2008.10.23. 2007두1798).
5. 방송사의 취재활동을 통하여 확보한 결과물이나 그 과정에 관한 정보 또는 방송프로그램의 기획·편성·제작 등에 관한 정보는 경쟁관계에 있는 다른 방송사와의 관계나 시청자와의 관계, 방송프로그램의 객관성·형평성·중립성이 보호되어야 한다는 당위성 측면에서 볼 때 '타인에게 알려지지 아니함이 유리한 사업활동에 관한 일체의 정보'에 해당한다고 볼 수 있다(대판 2010.12.23. 2008두13101).

0982 법인 등의 경영·영업상의 비밀의 의미는 타인에게 알려지지 아니함이 유리한 '사업활동에 관한 일체의 정보' 또는 '사업활동에 관한 일체의 비밀사항'을 뜻한다. O | X

0983 법인 등이 거래하는 금융기관의 계좌번호에 관한 정보는 비공개대상 정보이다. O | X

0984 대한주택공사의 아파트 분양원가 산출내역에 관한 정보는 비공개대상 정보이다. O | X

0985 한국방송공사의 '수시집행 접대성 경비의 건별 집행서류 일체'에 관한 정보는 비공개대상 정보이다. O | X

0986 방송사의 취재활동을 통하여 확보한 결과물이나 그 과정에 관한 정보 또는 방송프로그램의 기획·편성·제작 등에 관한 정보는 '타인에게 알려지지 아니함이 유리한 사업활동에 관한 일체의 정보'에 해당한다고 볼 수 없다. O | X

정답 및 해설

0982   O
0983   O
0984   X   공개대상정보에 해당한다.
0985   X   공개대상정보에 해당한다.
0986   X   '타인에게 알려지지 아니함이 유리한 사업활동에 관한 일체의 정보'에 해당한다.

공개대상정보

① 평가기준이나 평가결과가 반영되지 않은 사법시험 2차 시험의 답안지
② 교육공무원승진규정은 공공기관의 정보공개에 관한 법률 제9조 제1항 제1호에서 말하는 법률이 위임한 명령에 해당하지 아니하므로 위 규정을 근거로 정보공개청구를 거부하는 것은 잘못이다(교육공무원 근무평정).
③ 검찰보존사무규칙(법무부령) 제22조의 성질은 행정기관 내부의 사무처리준칙이므로 같은 규칙상의 열람·등사의 제한이 정보공개에 관한 법률상의 "다른 법률 또는 법률에 의한 명령에 의하여 비공개사항으로 규정"된 경우에 해당하지 않는다.
④ 대한주택공사의 아파트분양원가 산출내역에 관한 정보는 비공개대상정보에 해당하지 않는다.
⑤ 한국방송공사의 '수시집행 접대성 경비의 건별 집행서류 일체'에 관한 정보는 비공개대상정보가 아니다.
⑥ 사면대상자들의 사면실시건의서와 그와 관련된 국무회의 안건자료
⑦ '2002학년도부터 2005학년도까지의 대학수학능력시험 원데이터'
⑧ 아파트재건축주택조합의 조합원들에게 제공될 무상보상평수의 사업수익성을 검토한 자료
⑨ 1979년 및 1980년의 우리나라 정치상황과 관련한 미국 정부로부터 제공받아 보관하고 있는 문서사본
⑩ 수용자자비부담물품의 판매수익금총액과 교도소장에게 배당된 수익금액 및 사용내역
⑪ 교도관의 근무보고서와 재소자의 진술, 위원장 및 위원들과 재소자 사이의 문답 등 징벌절차 진행 부분
⑫ 간담회 등에 공무원이 직무와 관련하여 참석한 경우 정보

비공개대상정보

① 의사결정과정에 제공된 회의관련자료나 의사결정과정이 기록된 회의록 등은 의사결정과정에 있는 사항에 준하는 사항으로서 비공개대상정보에 포함될 수 있다.
② 독립유공자서훈 공적심사위원회의 심의·의결 과정 및 그 내용을 기재한 회의록
③ 보안관찰법 소정의 보안관찰관련 통계자료
④ 시험문항에 대한 채점위원별 채점결과
⑤ 문제은행 출제방식을 채택하고 있는 치과의사 국가시험의 문제지와 정답지
⑥ 지방자치단체의 업무추진비 세부항목별 집행내역 및 그에 관한 증빙서류에 포함된 개인에 관한 정보
⑦ 법인 등이 거래하는 금융기관의 계좌번호
⑧ 국방부의 한국형 다목적 헬기(KMH) 도입사업에 대한 감사원장의 감사결과보고서
⑨ 학교폭력대책자치위원회의 회의록
⑩ 국가정보원이 직원에게 지급하는 현금급여 및 월초수당에 관한 정보
⑪ 국가정보원의 조직·소재지 및 정원에 관한 정보
⑫ 도시공원위원회의 심의사항에 관하여 대외적으로 공표하기 전에 위위원회의 회의관련자료 및 회의록
⑬ 기소처분 기록 중 피의자신문조서 등에 기재된 피의자 등의 인적사항 이외의 진술내용
⑭ 간담회 등에 공무원이 직무와 관련없이 개인적 자격으로 행사에 참석한 경우 정보
⑮ 방송사의 취재활동을 통하여 확보한 결과물이나 그 과정에 관한 정보 또는 방송프로그램의 기획·편성·제작 등에 관한 정보

1. 개인정보자기결정권의 보호대상이 되는 개인정보는 개인의 신체, 신념, 사회적 지위, 신분 등과 같이 개인의 인격주체성을 특징짓는 사항으로서 개인의 동일성을 식별할 수 있게 하는 일체의 정보이고, 반드시 개인의 내밀한 영역에 속하는 정보에 국한되지 아니하며 공적 생활에서 형성되었거나 이미 공개된 개인정보까지 포함한다(대판 2016.8.17. 2014다235080 ; 대판 2016.3.10. 2012다105482). _{2021 국가직 9급}

2. 법률정보 제공 사이트를 운영하는 갑 주식회사가 공립대학교인 을 대학교 법과대학 법학과 교수로 재직 중인 병의 사진, 성명, 성별, 출생연도, 직업, 직장, 학력, 경력 등의 개인정보를 위 법학과 홈페이지 등을 통해 수집하여 위 사이트 내 '법조인' 항목에서 유료로 제공한 사안에서 … 이미 공개된 개인정보를 정보주체의 동의가 있었다고 객관적으로 인정되는 범위 내에서 수집·이용·제공 등 처리를 할 때는 정보주체의 별도의 동의는 불필요하다고 보아야 하고, 별도의 동의를 받지 아니하였다고 하여 「개인정보 보호법」 제15조나 제17조를 위반한 것으로 볼 수 없다(대판 2016.8.17. 2014다235080). _{2021 국가직 9급}

3. 「개인정보 보호법」 제17조와 「정보통신망 이용촉진 및 정보보호」 등에 관한 법률」(이하 '정보통신망법'이라고 한다) 제24조의2에서 말하는 개인정보의 '제3자 제공'은 본래의 개인정보 수집·이용 목적의 범위를 넘어 정보를 제공받는 자의 업무처리와 이익을 위하여 개인정보가 이전되는 경우인 반면, 「개인정보 보호법」 제26조와 「정보통신망법」 제25조에서 말하는 개인정보의 '처리위탁'은 본래의 개인정보 수집·이용 목적과 관련된 위탁자 본인의 업무 처리와 이익을 위하여 개인정보가 이전되는 경우를 의미한다. 개인정보 처리위탁에 있어 수탁자는 위탁자로부터 위탁사무 처리에 따른 대가를 지급받는 것 외에는 개인정보 처리에 관하여 독자적인 이익을 가지지 않고, 정보제공자의 관리·감독 아래 위탁받은 범위 내에서만 개인정보를 처리하게 되므로, 「개인정보 보호법」 제17조와 「정보통신망법」 제24조의2에 정한 '제3자'에 해당하지 않는다(대판 2017.4.7. 2016도13263). _{2021 국가직 9급}

4. 甲 등이 인터넷 포털사이트 등의 개인정보 유출사고로 자신들의 주민등록번호 등 개인정보가 불법 유출되자 이를 이유로 관할 구청장에게 주민등록번호를 변경해 줄 것을 신청하였으나 구청장이 '주민등록번호가 불법 유출된 경우 「주민등록법」상 변경이 허용되지 않는다'는 이유로 주민등록번호 변경을 거부하는 취지의 통지를 한 사안 … 피해자의 의사와 무관하게 주민등록번호가 유출된 경우에는 조리상 주민등록번호의 변경을 요구할 신청권을 인정함이 타당하고, 구청장의 주민등록번호 변경신청 거부행위는 항고소송의 대상이 되는 행정처분에 해당한다(대판 2017.6.15. 2013두2945). _{2021 국가직 9급}

0987 개인정보자기결정권의 보호대상이 되는 개인정보는 반드시 개인의 내밀한 영역에 속하는 정보에 국한되지 않고 공적 생활에서 형성되었거나 이미 공개된 개인정보까지 포함한다. O | X

0988 개인정보 처리위탁에 있어 수탁자는 정보제공자의 관리·감독 아래 위탁받은 범위 내에서만 개인정보를 처리하게 되지만, 위탁자로부터 위탁사무 처리에 따른 대가를 지급받는 이상 개인정보 처리에 관하여 독자적인 이익을 가지므로, 그러한 수탁자는 「개인정보 보호법」 제17조에 의해 개인정보처리자가 정보주체의 개인정보를 제공할 수 있는 '제3자'에 해당한다. O | X

0989 이미 공개된 개인정보를 정보주체의 동의가 있었다고 객관적으로 인정되는 범위 내에서 처리를 할 때는 정보주체의 별도의 동의는 불필요하다고 보아야 하고, 별도의 동의를 받지 아니하였다고 하여 「개인정보 보호법」을 위반한 것으로 볼 수 없다. O | X

0990 법률정보 제공 사이트를 운영하는 甲.주식회사가 乙대학교 법학과 교수로 재직 중인 丙의 개인정보를 별도 동의 없이 위 법학과 홈페이지 등을 통해 수집하여 위 사이트 내 법조인 항목에서 유료로 제공하였다면 이는 「개인정보 보호법」을 위반하여 위법하다고 볼 것이다. O | X

0991 인터넷 포털사이트 등의 개인정보 유출사고로 주민등록번호가 불법 유출되어 그 피해자가 주민등록번호 변경을 신청했으나 구청장이 거부 통지를 한 사안에서, 피해자의 의사와 무관하게 주민등록번호가 유출된 경우에는 조리상 주민등록번호의 변경요구신청권을 인정함이 타당하다. O | X

정답 및 해설

0987 **O**
0988 **X** 수탁자는 제3자에 해당하지 않는다.
0989 **O**
0990 **X** 별도의 동의가 없더라도 객관적 동의로 봐서 위법이라 볼 수 없다.
0991 **O**

29 | 강제집행

행정대집행법 제1조(목적) 행정의무의 이행확보에 관하여서는 따로 법률로써 정하는 것을 제외하고는 본법의 정하는 바에 의한다.

제2조(대집행과 그 비용징수) 법률(법률의 위임에 의한 명령, 지방자치단체의 조례를 포함한다. 이하 같다)에 의하여 직접명령되었거나 또는 법률에 의거한 행정청의 명령에 의한 행위로서 타인이 대신하여 행할 수 있는 행위를 의무자가 이행하지 아니하는 경우 다른 수단으로써 그 이행을 확보하기 곤란하고 또한 그 불이행을 방치함이 심히 공익을 해할 것으로 인정될 때에는 당해 행정청은 스스로 의무자가 하여야 할 행위를 하거나 또는 제삼자로 하여금 이를 하게 하여 그 비용을 의무자로부터 징수할 수 있다.

제3조(대집행의 절차) ① 전조의 규정에 의한 처분(이하 대집행이라 한다)을 하려함에 있어서는 상당한 이행기한을 정하여 그 기한까지 이행되지 아니할 때에는 대집행을 한다는 뜻을 미리 문서로써 계고하여야 한다. 이 경우 행정청은 상당한 이행기한을 정함에 있어 의무의 성질·내용 등을 고려하여 사회통념상 해당 의무를 이행하는 데 필요한 기간이 확보되도록 하여야 한다.

② 의무자가 전항의 계고를 받고 지정기한까지 그 의무를 이행하지 아니할 때에는 당해 행정청은 대집행영장으로써 대집행을 할 시기, 대집행을 시키기 위하여 파견하는 집행책임자의 성명과 대집행에 요하는 비용의 개산에 의한 견적액을 의무자에게 통지하여야 한다.

③ 비상시 또는 위험이 절박한 경우에 있어서 당해 행위의 급속한 실시를 요하여 전2항에 규정한 수속을 취할 여유가 없을 때에는 그 수속을 거치지 아니하고 대집행을 할 수 있다. <small>2016 국가직 9급, 2017 지방직 7급</small>

제4조(대집행의 실행 등) ① 행정청(제2조에 따라 대집행을 실행하는 제3자를 포함한다. 이하 이 조에서 같다)은 해가 뜨기 전이나 해가 진 후에는 대집행을 하여서는 아니 된다. 다만, 다음 각 호의 어느 하나에 해당하는 경우에는 그러하지 아니하다.
1. 의무자가 동의한 경우
2. 해가 지기 전에 대집행을 착수한 경우
3. 해가 뜬 후부터 해가 지기 전까지 대집행을 하는 경우에는 대집행의 목적 달성이 불가능한 경우
4. 그 밖에 비상시 또는 위험이 절박한 경우

② 행정청은 대집행을 할 때 대집행 과정에서의 안전 확보를 위하여 필요하다고 인정하는 경우 현장에 긴급 의료장비나 시설을 갖추는 등 필요한 조치를 하여야 한다.

③ 대집행을 하기 위하여 현장에 파견되는 집행책임자는 그가 집행책임자라는 것을 표시한 증표를 휴대하여 대집행시에 이해관계인에게 제시하여야 한다.

제5조(비용납부명령서) 대집행에 요한 비용의 징수에 있어서는 실제에 요한 비용액과 그 납기일을 정하여 의무자에게 문서로써 그 납부를 명하여야 한다.

제6조(비용징수) ① 대집행에 요한 비용은 국세징수법의 예에 의하여 징수할 수 있다.

② 대집행에 요한 비용에 대하여서는 행정청은 사무비의 소속에 따라 국세에 다음가는 순위의 선취득권을 가진다.

③ 대집행에 요한 비용을 징수하였을 때에는 그 징수금은 사무비의 소속에 따라 국고 또는 지방자치단체의 수입으로 한다.

제7조(행정심판) 대집행에 대하여는 행정심판을 제기할 수 있다.

제8조(출소권리의 보장) 전조의 규정은 법원에 대한 출소의 권리를 방해하지 아니한다.

군수가 군사무위임조례의 규정에 따라 무허가 건축물에 대한 철거대집행사무를 하부 행정기관인 읍·면에 위임하였다면, 읍·면장에게는 관할구역 내의 무허가 건축물에 대하여 그 철거대집행을 위한 계고처분을 할 권한이 있다(대판 1997.2.14. 96누15428).
2017 국가직 7급

0992 군수가 「군사무위임조례」의 규정에 따라 무허가 건축물에 대한 철거대집행사무를 하부 행정기관인 읍·면에 위임한 경우라도, 읍·면장에게는 관할구역 내의 무허가 건축물에 대하여 그 철거대집행을 위한 계고처분을 할 권한이 없다. O | X

0993 대집행의 주체는 의무를 부과한 행정청에게 있다. O | X

0994 대집행의 위임을 받아 대집행을 실행하는 제3자는 대집행의 주체가 아니다. O | X

행정대집행법상 대집행의 대상이 되는 대체적 작위의무는 공법상 의무이어야 할 것인데, 구 공공용지의 취득 및 손실보상에 관한 특례법에 따른 토지 등의 협의취득은 공공사업에 필요한 토지 등을 그 소유자와의 협의에 의하여 취득하는 것으로서 공공기관이 사경제주체로서 행하는 사법상 매매 내지 사법상 계약의 실질을 가지는 것이므로, 그 협의취득시 건물소유자가 매매대상 건물에 대한 철거의무를 부담하겠다는 취지의 약정을 하였다고 하더라도 이러한 철거의무는 공법상의 의무가 될 수 없고, 이 경우에도 행정대집행법을 준용하여 대집행을 허용하는 별도의 규정이 없는 한 위와 같은 철거의무는 행정대집행법에 의한 대집행의 대상이 되지 않는다(대판 2006.10.13. 2006두7096).
2023·2022·2019 소방간부, 2022 국회직 8급, 2020 국가직 9급, 2013 국가직 7급, 2024·2017 지방직 9급, 2022·2015 지방직 7급

0995 「행정대집행법」상 대집행의 대상이 되는 대체적 작위의무는 원칙적 공법상 의무이어야 한다. O | X

0996 토지등 협의취득시 건물소유자가 매매대상 건물에 대한 철거의무를 부담하겠다는 취지의 약정을 하였다면 이러한 철거의무는 공법상의 의무에 해당한다. O | X

0997 토지등 협의취득시 약정을 위반한 철거의무는 원칙적 「행정대집행법」에 의한 대집행의 대상이 된다. O | X

정답 및 해설

0992 X 대집행 권한이 위임된 경우 읍·면장에게도 대집행의 권한이 있다.
0993 O   0994 O   0995 O
0996 X 사법상 의무에 해당한다.
0997 X 사법상 의무는 대집행의 대상이 되지 않는다.

1. 현행 국유재산법은 위와 같은 제한 없이 모든 국유재산에 대하여 행정대집행법을 준용할 수 있도록 규정하였으므로, 행정청은 당해 재산이 행정재산 등 공용재산인 여부나 그 철거의무가 공법상의 의무인 여부에 관계없이 대집행을 할 수 있다(대판 1992.9.8. 91누13090).
2. 지방재정법 제85조 제1항은, 공유재산을 정당한 이유 없이 점유하거나 그에 시설을 한 때에는 이를 강제로 철거하게 할 수 있다고 규정하고, 그 제2항은, 지방자치단체의 장이 제1항의 규정에 의한 강제철거를 하게 하고자 할 때에는 행정대집행법 제3조 내지 제6조의 규정을 준용한다고 규정하고 있는바, 공유재산의 점유자가 그 공유재산에 관하여 대부계약 외 달리 정당한 권원이 있다는 자료가 없는 경우 그 대부계약이 적법하게 해지된 이상 그 점유자의 공유재산에 대한 점유는 정당한 이유 없는 점유라 할 것이고, 따라서 지방자치단체의 장은 지방재정법 제85조에 의하여 행정대집행의 방법으로 그 지상물을 철거시킬 수 있다(대판 2001.10.12. 2001두4078). *2019 소방간부, 2020 국회직 8급, 2017 지방직 7급*
3. 관계 법령상 행정대집행의 절차가 인정되어 행정청이 행정대집행의 방법으로 건물의 철거 등 대체적 작위의무의 이행을 실현할 수 있는 경우에는 따로 민사소송의 방법으로 그 의무의 이행을 구할 수 없다. 한편 건물의 점유자가 철거의무자일 때에는 건물철거의무에 퇴거의무도 포함되어 있는 것이어서 별도로 퇴거를 명하는 집행권원이 필요하지 않다(대판 2017.4.28. 선고 2016다213916). *2023 국회직 8급, 2020·2019 국가직 9급, 2024 지방직 9급, 2022 지방직 7급*
4. 구 공유재산 및 물품관리법 제83조 규정은 대집행에 관한 개별적인 근거 규정을 마련함과 동시에 행정대집행법상의 대집행 요건 및 절차에 관한 일부 규정만을 준용한다는 취지에 그치는 것이고, 대체적 작위의무에 속하지 아니하여 원칙적으로 대집행의 대상이 될 수 없는 다른 종류의 의무에 대하여서까지 강제집행을 허용하는 취지는 아니다(대판 2011.4.28. 2007도7514).

0998 국유재산은 당해 재산이 행정재산 등 공용재산인 여부나 그 철거의무가 공법상의 의무인 여부에 관계없이 대집행을 할 수 있다. O | X

0999 「지방재정법」에서는 공유재산을 정당한 이유 없이 점유하거나 그에 시설을 한 때에는 대집행법을 준용하여 이를 강제로 철거하게 할 수 있다고 규정하고 있다. O | X

1000 공유재산에 관하여 대부계약이 적법하게 해지된 이상 지방자치단체장은 행정대집행의 방법으로 그 지상물을 철거시킬 수 있다. O | X

1001 공유재산에 정당한 사유 없이 시설물을 설치한 경우 대체적 작위의무에 속하지 않는 비대체적 의무도 대집행의 대상이 된다. O | X

1002 행정청이 건물 철거의무를 행정대집행의 방법으로 실현하는 과정에서, 건물을 점유하고 있는 철거의무자들에 대하여 제기한 건물퇴거를 구하는 소송은 적법하다. O | X

정답 및 해설

0998 O 0999 O 1000 O
1001 X 비대적 의무는 대집행의 대상이 되지 않는다.
1002 X 행정청의 강제집행이 가능하므로 건물퇴거를 구하는 소송은 부적법하다.

1. 단순한 부작위의무의 위반, 즉 관계 법령에 정하고 있는 절대적 금지나 허가를 유보한 상대적 금지를 위반한 경우에는 당해 법령에서 그 위반자에 대하여 위반에 의하여 생긴 유형적 결과의 시정을 명하는 행정처분의 권한을 인정하는 규정을 두고 있지 아니한 이상, 법치주의의 원리에 비추어 볼 때 위와 같은 부작위의무로부터 그 의무를 위반함으로써 생긴 결과를 시정하기 위한 작위의무를 당연히 끌어낼 수는 없으며, 또 위 금지규정으로부터 작위의무, 즉 위반결과의 시정을 명하는 권한이 당연히 추론되는 것도 아니다(대판 1996.6.28. 96누4374).

2023·2022 소방간부, 2022 국회직 8급, 2018·2017·2015 국가직 9급, 2014·2013 국가직 7급, 2020·2015 지방직 9급, 2022·2016 지방직 7급

2. 장례식장의 사용을 중지할 것과 이를 불이행할 경우 행정대집행법에 의하여 대집행하겠다는 내용의 이 사건 처분은 비대체적 부작위의무에 대한 것이므로 그 자체로 위법함이 명백하다(대판 2005.9.28. 2005두7464).

2024·2019 소방간부, 2018 국회직 8급, 2017 국가직 9급, 2020·2017 국가직 7급, 2022 지방직 9급, 2015 지방직 7급

1003 부작위의무를 부과하는 처분의 근거법은 작위의무를 명하는 행정청의 권한이 당연히 추론되는 것으로 별도로 법적 근거 없더라도 작위의무를 부과할 수 있다. O | X

1004 부작위의무는 타인이 의무이행을 대신할 수 있는 대체성이 인정된다. O | X

1005 장례식장사용중지의무는 대집행 대상이 되지 않는다. O | X

정답 및 해설

1003 X 별도의 법적 근거가 있어야 작위의무를 부과할 수 있다.
1004 X 부작위의무는 대체성이 인정되지 않는다.
1005 O

1. 도시공원시설인 매점의 관리청이 그 공동점유자 중의 1인에 대하여 소정의 기간 내에 위 매점으로부터 퇴거하고 이에 부수하여 그 판매 시설물 및 상품을 반출하지 아니할 때에는 이를 대집행하겠다는 내용의 계고처분은 그 주된 목적이 매점의 원형을 보존하기 위하여 점유자가 설치한 불법 시설물을 철거하고자 하는 것이 아니라, 매점에 대한 점유자의 점유를 배제하고 그 점유이전을 받는 데 있다고 할 것인데, 이러한 의무는 그것을 강제적으로 실현함에 있어 직접적인 실력행사가 필요한 것이지 대체적 작위의무에 해당하는 것은 아니어서 직접강제의 방법에 의하는 것은 별론으로 하고 행정대집행법에 의한 대집행의 대상이 되는 것은 아니다(대판 1998.10.23. 97누157).

    _{2019 소방간부, 2015 국회직 8급, 2018·2014 국가직 9급, 2015 지방직 7급}

2. 건물의 점유자가 철거의무자일 때에는 건물철거의무에 퇴거의무도 포함되어 있는 것이어서 별도로 퇴거를 명하는 집행권원이 필요하지 않다. 행정청이 행정대집행의 방법으로 건물철거의무의 이행을 실현할 수 있는 경우에는 건물철거 대집행 과정에서 부수적으로 건물의 점유자들에 대한 퇴거 조치를 할 수 있고, 점유자들이 적법한 행정대집행을 위력을 행사하여 방해하는 경우 형법상 공무집행방해죄가 성립하므로, 필요한 경우에는 '경찰관 직무집행법'에 근거한 위험발생 방지조치 또는 형법상 공무집행방해죄의 범행방지 내지 현행범체포의 차원에서 경찰의 도움을 받을 수도 있다(대판 2017.4.28. 2016다213916).

    _{2022·2018 국회직 8급, 2024·2020 국가직 9급, 2022·2019·2018 지방직 9급}

3. 피수용자등이 기업자에 대하여 부담하는 수용대상 토지의 인도의무에 관한 구 토지수용법 제63·64·77조 규정의 '인도'에는 명도도 포함되는 것으로 보아야 하고, 이러한 명도의무는 그것을 강제적으로 실현하면서 직접적인 실력행사가 필요한 것이지 대체적 작위의무라고 볼 수 없으므로 특별한 사정이 없는 한 행정대집행법에 의한 대집행의 대상이 될 수 있는 것이 아니다(대판 2005.8.19. 20042809).

    _{2023·2019 소방간부, 2020 국회직 8급, 2024·2015 국가직 9급, 2013 국가직 7급, 2021·2014·2013 지방직 9급, 2017 지방직 7급}

1006 도시공원시설인 매점의 관리청이 그 공동점유자 중의 1인에 대하여 소정의 기간 내에 위 매점으로부터 퇴거하고 이에 부수하여 그 판매 시설물 및 상품을 반출을 명하는 것은 매점에 대한 점유이전을 받는데 주목적이 있다. O | X

1007 점유자의 점유이전은 대체적 작위의무에 해당하는 것이 되어 대집행의 대상이 된다. O | X

1008 도시 공원시설인 매점의 소유자에 대한 매점으로부터의 퇴거와 이에 부수하여 그 판매시설물 및 상품을 반출하는 행위는 대집행의 대상이 된다. O | X

1009 건물의 점유자가 철거의무자일 때에는 건물철거의무에 퇴거의무도 포함되어 있는 것이어서 별도로 퇴거를 명하는 집행권원이 필요하지 않다. O | X

1010 토지수용시 피수용자등이 기업자에 대하여 부담하는 수용대상 토지의 인도의무는 「행정대집행법」에 의한 대집행의 대상이 될 수 있다. O | X

정답 및 해설

1006 **O**
1007 **X** 점유이전은 비대체적으로 대집행의 대상이 되지 않는다.
1008 **X** 퇴거의무는 비대체적으로 대집행의 대상이 되지 않는다.
1009 **O**
1010 **X** 토지의 인도의무는 비대체적으로 대집행의 대상이 되지 않는다.

1. 관리권자인 보령시장으로서는 행정대집행의 방법으로 이 사건 시설물을 철거할 수 있고, 이러한 행정대집행의 절차가 인정되는 경우에는 따로 민사소송의 방법으로 피고들에 대하여 이 사건 시설물의 철거를 구하는 것은 허용되지 않는다고 할 것이다. 다만, 관리권자인 보령시장이 행정대집행을 실시하지 아니하는 경우 국가에 대하여 이 사건 토지 사용청구권을 가지는 원고로서는 위 청구권을 보전하기 위하여 국가를 대위하여 피고들을 상대로 민사소송의 방법으로 이 사건 시설물의 철거를 구하는 이외에는 이를 실현할 수 있는 다른 절차와 방법이 없어 그 보전의 필요성이 인정되므로, 원고는 국가를 대위하여 피고들을 상대로 민사소송의 방법으로 이 사건 시설물의 철거를 구할 수 있다(대판 2009.6.11. 2009다1122). 2022·2020·2019 국회직 8급, 2016·2014 국가직 9급, 2016 국가직 7급, 2022·2013 지방직 9급, 2019·2018·2013 지방직 7급

2. 대한주택공사가 구 대한주택공사법 및 구 대한주택공사법 시행령에 의하여 대집행권한을 위탁받아 공무인 대집행을 실시하기 위하여 지출한 비용을 행정대집행법 절차에 따라 국세징수법의 예에 의하여 징수할 수 있음에도 민사소송절차에 의하여 그 비용의 상환을 청구한 사안에서, 행정대집행법이 대집행비용의 징수에 관하여 민사소송절차에 의한 소송이 아닌 간이하고 경제적인 특별구제절차를 마련해 놓고 있으므로, 위 청구는 소의 이익이 없어 부적법하다(대판 2011.9.8. 2010다48240). 2019·2017 국가직 9급, 2022·2019·2017·2013 지방직 9급, 2017 지방직 7급

1011 정당한 사유 없이 일반재산인 국유재산에 시설물을 설치한 경우 「행정대집행법」에 따른 대집행이 가능하다. O | X

1012 행정대집행의 절차가 인정되는 경우에는 따로 민사소송의 방법으로 시설물의 철거를 구할 수 있다. O | X

1013 제3자가 아무런 권원없이 국유재산에 설치한 시설물에 대해 해당 국유재산에 대한 사용청구권을 가진 사인은 일정한 경우에는 국가를 대위하여 민사소송으로 해당 시설물의 철거를 구할 수 있다. O | X

1014 대집행권한을 위탁받아 공무인 대집행을 실시하기 위하여 지출한 비용을 「행정대집행법」 절차에 따라 「국세징수법」의 예에 의하여 징수할 수 있음에도 민사소송절차에 의하여 그 비용의 상환을 청구하는 것은 허용되지 않는다. O | X

정답 및 해설

1011	O	
1012	X	행정대집행이 가능한 경우 민사소송의 방법으로 시설물의 철거를 구할 수 없다.
1013	O	
1014	O	

1. 무허가로 불법건축되어 철거할 의무가 있는 건축물을 도시미관, 주거환경, 교통소통에 지장이 없다는 등의 사유만을 들어 그대로 방치한다면 불법건축물을 단속하는 당국의 권능을 무력화하여 건축행정의 원활한 수행을 위태롭게 하고 건축허가 및 준공검사시에 소방시설, 주차시설 기타 건축법 소정의 제한규정을 회피하는 것을 사전에 예방한다는 더 큰 공익을 해칠 우려가 있다(대판 1989.3.28. 87누930). **2020 지방직 7급**

2. 건물이 위치한 지역에 대하여 서울특별시장의 환경정비지구지정고시가 해제됨에 따라 원고가 불법증축한 건물에 관하여「특정건축물정리에 관한 특별조치법」제4조의 절차에 따라 위 건물을 동법 제3조 소정의 대상 건축물로 신고하여 서울특별시장이 위 건물을 동법 소정의 대상건물로 판단하여 특정건축물정리 심의위원회에 심의를 상정한 상태라면 위 불법증축부분에 대하여서는 위 특별조치법 소정의 절차에 따라 합법화될 가능성이 있게 되었다 할 것이어서 위 부분 철거의무를 방치하는 것이 심히 공익을 해하는 것이라고 볼 수 없다(대판 1986.11.11. 86누173).

3. 도로관리청으로부터 도로점용허가를 받지 아니하고 광고물을 설치하였다는 점만으로 곧 심히 공익을 해치는 경우에 해당한다고 할 수 없고 대집행계고의 요건에 관한 주장·입증책임은 처분청에게 있다(대판 1974.10.25. 74누122). **2022 소방간부, 2019·2017·2016 국가직 7급, 2020 지방직 9급**

1015 무허가로 불법건축되어 철거할 의무가 있는 건축물의 경우라도 도시미관, 주거환경, 교통소통에 지장이 없는 경우에는 공익을 해칠 우려가 없다. O | X

1016 불법증축된 건물이 합법화될 가능성이 있게 된 경우 철거의무를 방치하는 것이 심히 공익을 해하는 것이라 볼 수 없다. O | X

1017 도로관리청으로부터 도로점용허가를 받지 아니하고 광고물을 설치하였다는 점만으로 곧 심히 공익을 해치는 경우에 해당한다고 할 수 없다. O | X

1018 대집행계고의 요건에 관한 주장입증책임은 상대방에게 있다. O | X

정답 및 해설

1015 X 판례는 단속권능의 무력화를 방지할 공익을 이유로 심히 공익을 해한다고 본다.
1016 O
1017 O
1018 X 행정청이 입증책임을 진다.

건물의 소유자에게 위법건축물을 일정기간까지 철거할 것을 명함과 아울러 불이행할 때에는 대집행한다는 내용의 철거대집행 계고처분을 고지한 후 이에 불응하자 다시 제2차, 제3차 계고서를 발송하여 일정기간까지의 자진철거를 촉구하고 불이행하면 대집행을 한다는 뜻을 고지하였다면 행정대집행법상의 건물철거의무는 제1차 철거명령 및 계고처분으로서 발생하였고 제2차, 제3차의 계고처분은 새로운 철거의무를 부과한 것이 아니고 다만 대집행기한의 연기통지에 불과하므로 행정처분이 아니다(대판 1994.10.28. 94누5144).

2022·2019·2018·2015 국회직 8급, 2023·2018 국가직 9급, 2014 국가직 7급, 2017·2016·2015·2013 지방직 9급, 2013 지방직 7급

1019 반복적 계고의 경우 건물철거의무는 제1차 철거명령 및 계고처분으로서 발생하였다고 봐야 한다. O | X

1020 제1차 철거명령 및 계고처분에 불응한 자에 대해 제2차, 제3차의 계고처분은 새로운 철거의무를 부과한 것으로 봐야 한다. O | X

1021 제2차, 제3차의 계고처분은 항고소송의 대상되는 처분이다. O | X

행정청이 행정대집행법 제3조 제1항에 의한 대집행계고를 함에 있어서는 의무자가 스스로 이행하지 아니하는 경우에 대집행할 행위의 내용 및 범위가 구체적으로 특정되어야 하나, 그 행위의 내용 및 범위는 반드시 대집행계고서에 의하여서만 특정되어야 하는 것이 아니고 계고처분 전후에 송달된 문서나 기타 사정을 종합하여 행위의 내용이 특정되면 족하다(대판 1994.10.28. 94누5144).

2023 소방간부, 2018 국회직 8급, 2018·2017·2014 국가직 9급, 2020·2014 국가직 7급, 2020·2016·2013 지방직 9급, 2016 지방직 7급

1022 대집행계고를 함에 있어서는 의무자가 스스로 이행하지 아니하는 경우에 대집행할 행위의 내용 및 범위가 구체적으로 특정되어야 한다. O | X

1023 그 행위의 내용 및 범위는 반드시 대집행계고서에 의하여서만 특정되어야 하며 계고처분 전후에 송달된 문서나 기타 사정을 종합하여 행위의 내용이 특정된다고 하여 하자가 치유되지 않는다. O | X

정답 및 해설

1019 O
1020 X 제2차, 제3차 계고는 새로운 철거의무를 부과한 것으로 볼 수 없다.
1021 X 제2차, 제3차 계고는 항고소송의 대상되는 처분에 해당하지 않는다.
1022 O
1023 X 반드시 계고서에 의해서만 특정될 필요는 없다.

> 위법한 건물의 공유자 1인에 대한 계고처분은 다른 공유자에 대하여는 그 효력이 없다 할 것인 바, 원심이 확정한 사실에 의하면 제1차 및 제2차의 각 계고처분은 이 사건 건물의 공유자 중 甲만을 상대방으로 하였을 뿐 다른 공유자인 乙에 대하여는 이를 발한 바 없다는 것이므로 위 각 계고처분은 다른 공유자 乙에 대하여는 아무런 효력이 없다(대판 1994.10.28. 94누5144).

1024 위법한 건물의 공유자 1인에 대한 계고처분은 다른 공유자에 대하여도 그 효력이 있다. O | X

1025 계고처분을 건물의 공유자 중 1인에게 한 이상 다른 공유자에게 계고를 발한 적이 없더라도 계고처분은 다른 공유자에 대하여도 효력이 있다. O | X

> 계고서라는 명칭의 1장의 문서로서 일정기간 내에 위법건축물의 자진철거를 명함과 동시에 그 소정기한 내에 자진철거를 하지 아니할 때에는 대집행할 뜻을 미리 계고한 경우라도 건축법에 의한 철거명령과 행정대집행법에 의한 계고처분은 독립하여 있는 것으로서 각 그 요건이 충족되었다고 볼 것이고, 이 경우 철거명령에서 주어진 일정 기간이 자진 철거에 필요한 상당한 기간이라면 그 기간 속에는 계고 시에 필요한 '상당한 이행기간'도 포함되어 있다고 할 것이다(대판 1992.6.12. 91누13564).
> 2022 소방간부, 2020·2018 국회직 8급, 2020·2017 국가직 7급, 2019·2016 지방직 9급, 2016·2013 지방직 7급

1026 계고서라는 명칭의 1장의 문서로서 일정기간 내에 위법건축물의 자진철거를 명함과 동시에 그 소정기한 내에 자진철거를 하지 아니할 때에는 대집행할 뜻을 미리 계고한 경우 대집행의 요건은 충족된 것으로 본다. O | X

1027 철거명령에서 주어진 일정 기간이 자진 철거에 필요한 상당한 기간이라고 하여도 그 기간 속에는 계고 시에 필요한 '상당한 이행기간'이 포함되어 있다고 볼 수 없다. O | X

정답 및 해설

1024 X 공유자 1인에 대한 계고는 다른 공유자에게 효력이 미치지 않는다.
1025 X 다른 공유자에게는 효력이 없다.
1026 O
1027 X 계고 시에 필요한 '상당한 이행기간'이 포함되어 있다고 볼 수 있다.

행정대집행법 제3조 제1항은 행정청이 의무자에게 대집행영장으로써 대집행할 시기 등을 통지하기 위하여는 그 전제로서 대집행계고처분을 함에 있어서 의무이행을 할 수 있는 상당한 기간을 부여할 것을 요구하고 있으므로, 행정청인 피고가 의무이행기한이 1988.5.24까지로 된 이 사건 대집행계고서를 5.19에 원고에게 발송하여 원고가 그 이행종기인 5.24일에 이를 수령하였다면 설사 피고가 대집행영장으로써 대집행의 시기를 1988.5.27. 15:00로 늦추었더라도 위 대집행 계고처분은 상당한 이행기한을 정하여 한 것이 아니어서 대집행의 적법절차에 위배한 것으로 위법한 처분이라 할 것이다(대판 1990.9.14. 90누2048).

2015 국회직 8급, 2017 지방직 9급

1028 「행정대집행법」 제3조 제1항은 행정청이 의무자에게 대집행영장으로써 대집행할 시기 등을 통지하기 위하여는 그 전제로서 대집행계고처분을 함에 있어서 의무이행을 할 수 있는 상당한 기간을 부여할 것을 요구하고 있다. O | X

1029 상당한 의무이행기간을 두지 않은 대집행 계고에 대해 대집행영장으로써 대집행의 시기를 늦추었다면 상당한 이행기간을 정한 것으로 볼 것이므로 대집행 절차의 위법이 인정되지 않는다. O | X

위법한 대집행이 완료되면 그 처분의 무효확인 또는 취소를 구할 소의 이익은 없다 하더라도, 미리 그 행정처분의 취소판결이 있어야만 그 행정처분의 위법임을 이유로 손해배상청구를 할 수 있는 것은 아니다(대판 1972.4.28. 72다337).

2021·2015 국회직 8급, 2015 국가직 9급, 2019 지방직 9급

1030 위법한 대집행이 완료되면 원칙적 그 처분의 무효확인 또는 취소를 구할 소의 이익은 없다. O | X

1031 미리 그 계고처분의 취소판결이 있어야만 그 계고처분의 위법임을 이유로 손해배상청구를 할 수 있다. O | X

정답 및 해설

1028	O	
1029	X	영장으로써 대집행의 시기를 늦추었더라도 계고의 위법이 치유되지 않는다.
1030	O	
1031	X	미리 그 계고처분의 취소판결이 없더라도 계고처분의 위법을 이유로 손해배상청구가 가능하다.

> 적법한 건축물에 대한 철거명령은 그 하자가 중대하고 명백하여 당연무효라고 할 것이고, 그 후행행위인 건축물철거 대집행계고처분은 역시 당연무효라고 할 것이다(대판 1999.4.27. 97누6780).

1032 적법한 건축물에 대한 철거명령은 취소사유에 해당한다. O | X

1033 이에 대한 대집행계고도 취소사유에 해당한다. O | X

정답 및 해설

1032 X 적법한 건축물에 대한 철거명령은 무효이다.
1033 X 이에 대한 대집행계고도 무효이다.

행정기본법 제31조(이행강제금의 부과) ① 이행강제금 부과의 근거가 되는 법률에는 이행강제금에 관한 다음 각 호의 사항을 명확하게 규정하여야 한다. 다만, 제4호 또는 제5호를 규정할 경우 입법목적이나 입법취지를 훼손할 우려가 크다고 인정되는 경우로서 대통령령으로 정하는 경우는 제외한다.
1. 부과·징수 주체
2. 부과 요건
3. 부과 금액
4. 부과 금액 산정기준
5. 연간 부과 횟수나 횟수의 상한

② 행정청은 다음 각 호의 사항을 고려하여 이행강제금의 부과 금액을 가중하거나 감경할 수 있다.
1. 의무 불이행의 동기, 목적 및 결과
2. 의무 불이행의 정도 및 상습성
3. 그 밖에 행정목적을 달성하는 데 필요하다고 인정되는 사유

③ 행정청은 이행강제금을 부과하기 전에 미리 의무자에게 적절한 이행기간을 정하여 그 기한까지 행정상 의무를 이행하지 아니하면 이행강제금을 부과한다는 뜻을 문서로 계고(戒告)하여야 한다.

④ 행정청은 의무자가 제3항에 따른 계고에서 정한 기한까지 행정상 의무를 이행하지 아니한 경우 이행강제금의 부과 금액·사유·시기를 문서로 명확하게 적어 의무자에게 통지하여야 한다.

⑤ 행정청은 의무자가 행정상 의무를 이행할 때까지 이행강제금을 반복하여 부과할 수 있다. 다만, 의무자가 의무를 이행하면 새로운 이행강제금의 부과를 즉시 중지하되, 이미 부과한 이행강제금은 징수하여야 한다. 2020 국회직 8급

⑥ 행정청은 이행강제금을 부과받은 자가 납부기한까지 이행강제금을 내지 아니하면 국세강제징수의 예 또는 「지방행정제재·부과금의 징수 등에 관한 법률」에 따라 징수한다.

■ 이행강제금

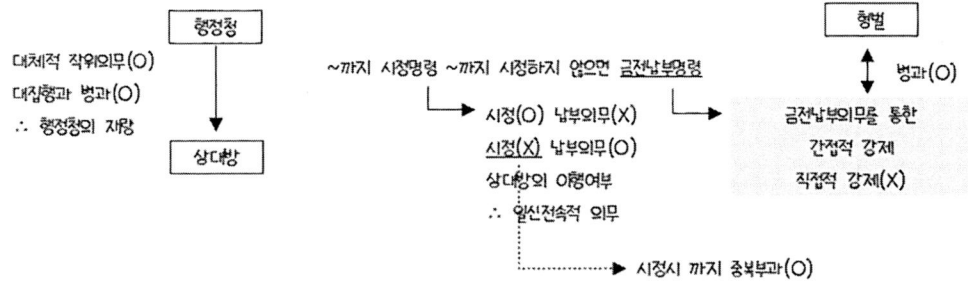

1. 전통적으로 행정대집행은 대체적 작위의무에 대한 강제집행수단으로, 이행강제금은 부작위의무나 비대체적 작위의무에 대한 강제집행수단으로 이해되어 왔으나, 이는 이행강제금제도의 본질에서 오는 제약은 아니며, 이행강제금은 대체적 작위의무의 위반에 대하여도 부과될 수 있다(헌재 2004.2.26. 2001헌바80).

2024 소방간부, 2021·2014·2013 국회직 8급, 2015 국가직 9급, 2021·2020·2019·2014·2013 지방직 9급, 2016 지방직 7급

2. 현행 건축법상 위법건축물에 대한 이행강제수단으로 대집행과 이행강제금이 인정되고 있는데, 양 제도는 각각의 장·단점이 있으므로 행정청은 개별사건에 있어서 위반내용, 위반자의 시정의지 등을 감안하여 대집행과 이행강제금을 선택적으로 활용할 수 있으며, 이처럼 그 합리적인 재량에 의해 선택하여 활용하는 이상 중첩적인 제재에 해당한다고 볼 수 없다(헌재 2004.2.26. 2001헌바80).

2024·2019 소방간부, 2022·2020 국회직 8급, 2020·2014 국가직 9급, 2017·2015 국가직 7급, 2021 지방직 9급, 2014 지방직 7급

3. 건축법 제78조에 의한 무허가 건축행위에 대한 형사처벌과 건축법 제83조 제1항에 의한 시정명령 위반에 대한 이행강제금의 부과는 그 처벌 내지 제재대상이 되는 기본적 사실관계로서의 행위를 달리하며, 또한 그 보호법익과 목적에서도 차이가 있으므로 헌법 제13조 제1항이 금지하는 이중처벌에 해당한다고 할 수 없다(헌재 2004.2.26. 2001헌바80).

2020·2013 국회직 8급, 2015 국가직 9급, 2018 국가직 7급, 2020·2014·2013 지방직 9급, 2015 지방직 7급

1034 이행강제금은 대체적 작위의무의 위반에 대하여도 부과될 수 있다. O | X

1035 행정청은 대집행과 이행강제금을 선택적으로 활용할 수 있다. O | X

1036 행정청이 합리적 재량에 의해 이행강제금과 대집행을 선택하여 활용하는 이상 중첩적 제재에 해당한다고 볼 수 없다. O | X

1037 이행강제금과 형사처벌을 중복부과하는 것은 이중처벌에 해당한다. O | X

이행강제금 납부의무는 상속인 기타의 사람에게 승계될 수 없는 일신전속적인 성질의 것이므로 이미 사망한 사람에게 이행강제금을 부과하는 내용의 처분이나 결정은 당연무효이고, 이행강제금을 부과받은 사람의 이의에 의하여 비송사건절차법에 의한 재판절차가 개시된 후에 그 이의한 사람이 사망한 때에는 사건 자체가 목적을 잃고 절차가 종료한다(대판 2006.12.8. 2006마470).

2025 소방간부, 2015 국회직 8급, 2021·2016·2015 국가직 9급, 2013 국가직 7급, 2021 지방직 9급, 2019 지방직 7급

1038 이행강제금 납부의무는 상속인 기타의 사람에게 승계될 수 있으므로 일신전속적인 성질의 것이 아니다. O | X

1039 이행강제금을 부과받은 사람의 이의에 의하여 「비송사건절차법」에 의한 재판절차가 개시된 후에 그 이의한 사람이 사망한 때에는 상속인이 절차를 수계한다. O | X

정답 및 해설

1034 O 1035 O 1036 O
1037 X 이행강제금은 형벌이 아니므로 이중처벌에 해당하지 않는다.
1038 X 이행강제금 납부의무는 일신전속적 성질의 것이다.
1039 X 이행강제금 납부의무는 일신전속적이므로 상속인이 절차를 수계하지 않는다.

1. 구 건축법 제69조의2 제6항, 지방세법 제28조, 제82조, 국세징수법 제23조의 각 규정에 의하면, 이행강제금 부과처분을 받은 자가 이행강제금을 기한 내에 납부하지 아니한 때에는 그 납부를 독촉할 수 있으며, 납부독촉에도 불구하고 이행강제금을 납부하지 않으면 체납절차에 의하여 이행강제금을 징수할 수 있고, 이때 이행강제금 납부의 최초 독촉은 징수처분으로서 항고소송의 대상이 되는 행정처분이 될 수 있다(대판 2009.12.24. 2009두14507).

2. 개발제한구역의 지정 및 관리에 관한 특별조치법에 의하면 시정명령을 받은 후 그 시정명령의 이행을 하지 아니한 자에 대하여 이행강제금을 부과할수 있고, 이행강제금을 부과하기 전에 상당한 기간을 정하여 그 기한까지 이행되지 아니할 때에 이행강제금을 부과·징수한다는 뜻을 문서로 계고하여야 하므로, 이행강제금의 부과·징수를 위한 계고는시정명령을 불이행한 경우에 취할수 있는 절차라 할것이고, 따라서 이행강제금을 부과·징수할 때마다 그에 앞서 시정명령절차를 다시 거쳐야할 필요는 없다(대판 2013. 12. 12. 2012두20397).

2. 사용자가 이행하여야 할 행정법상 의무의 내용을 초과하는 것을 '불이행 내용'으로 기재한 이행강제금 부과 예고서에 의하여 이행강제금 부과 예고를 한 다음 이를 이행하지 않았다는 이유로 이행강제금을 부과하였다면, 초과한 정도가 근소하다는 등의 특별한 사정이 없는 한 이행강제금 부과 예고는 이행강제금 제도의 취지에 반하는 것으로서 위법하고, 이에 터 잡은 이행강제금 부과처분 역시 위법하다(대판 2015.6.24. 2011두2170).

1040 이행강제금을 부과·징수할 때마다 그에 앞서 시정명령 절차를 다시 거쳐야 할 필요는 없다. O | X

1041 구 「건축법」상 이행강제금 납부의 최초 독촉은 징수처분으로 항고소송의 대상이 되는 행정처분에 해당한다. O | X

1042 사용자가 이행하여야 할 행정법상 의무의 내용을 초과하는 것을 '불이행 내용'으로 기재한 이행강제금 부과 예고서에 의하여 이행강제금 부과 예고는 위법하다. O | X

1043 사용자가 이행하여야 할 행정법상 의무의 내용을 초과하는 것을 '불이행 내용'으로 기재한 이행강제금 부과 예고서에 의하여 이행강제금 부과 예고에 터 잡은 이행강제금 부과처분까지 위법하다 볼 수 없다. O | X

정답 및 해설

1040 O   1041 O   1042 O
1043 X   이행강제금부과도 위법하다.

> 1. 건축주 등이 장기간 시정명령을 이행하지 아니하였더라도, 그 기간 중에는 시정명령의 이행 기회가 제공되지 아니하였다가 뒤늦게 시정명령의 이행 기회가 제공된 경우라면, 시정명령의 이행 기회 제공을 전제로 한 1회분의 이행강제금만을 부과할 수 있고, 시정명령의 이행 기회가 제공되지 아니한 과거의 기간에 대한 이행강제금까지 한꺼번에 부과할 수는 없다고 본다(대판 2016.7.14. 2015두46598). 2022 국회직 8급, 2018 국가직 9급, 2017 국가직 7급, 2017 지방직 9급
> 2. 이러한 이행강제금의 본질상 시정명령을 받은 의무자가 이행강제금이 부과되기 전에 그 의무를 이행한 경우에는 비록 시정명령에서 정한 기간을 지나서 이행한 경우라도 이행강제금을 부과할 수 없다. 나아가 시정명령을 받은 의무자가 그 시정명령의 취지에 부합하는 의무를 이행하기 위한 정당한 방법으로 행정청에 신청 또는 신고를 하였으나 행정청이 위법하게 이를 거부 또는 반려함으로써 결국 그 처분이 취소되기에 이르렀다면, 특별한 사정이 없는 한 그 시정명령의 불이행을 이유로 이행강제금을 부과할 수는 없다(대판 2018.1.25. 2015두35116). 2020 국회직 8급, 2023·2020 국가직 9급, 2018 국가직 7급, 2019 지방직 9급, 2019 지방직 7급

1044 건축주 등이 장기간 시정명령을 이행하지 아니하였더라도 그 기간 중에 시정명령의 이행 기회가 제공되지 않았다가 뒤늦게 이행 기회가 제공된 경우라면 이행 기회가 제공되지 않은 과거의 기간에 대한 이행강제금까지 한꺼번에 부과할 수 없다. O | X

1045 시정명령을 받은 의무자가 이행강제금이 부과되기 전에 그 의무를 이행한 경우에는 비록 시정명령에서 정한 기간을 지나서 이행한 경우라도 이행강제금을 부과할 수 없다. O | X

1046 시정명령을 받은 의무자가 그 시정명령의 취지에 부합하는 의무를 이행하기 위한 정당한 방법으로 행정청에 신청 또는 신고를 하였으나 행정청이 위법하게 이를 거부 또는 반려함으로써 결국 그 처분이 취소되기에 이르렀다면, 특별한 사정이 없는 한 그 시정명령의 불이행을 이유로 이행강제금을 부과할 수는 있다. O | X

1047 「부동산 실권리자명의 등기에 관한 법률」상 장기미등기자가 이행강제금 부과 전에 등기신청의무를 이행하였더라도 동법에 규정된 기간이 지나서 등기신청의무를 이행하였다면 이행강제금을 부과할 수 있다. O | X

1048 구 「국토의 계획 및 이용에 관한 법률」에 의해 이행명령을 받은 의무자가 이행명령에서 정한 기간을 지나서 그 명령을 이행한 경우, 의무불이행에 대한 이행강제금을 새로이 부과할 수 있다. O | X

정답 및 해설

1044 O
1045 O
1046 X 정당한 신청을 반려하여 반려가 취소된 경우 시정명령의 불이행을 이유로 이행강제금을 부과할 수 없다.
1047 X 기간이 지나서 의무를 이행한 경우 이행강제금을 부과할 수 없다.
1048 X 기간이 지나서 의무를 이행한 경우 이행강제금을 부과할 수 없다.

> 농지법 제62조 제6항, 제7항이 위와 같이 이행강제금 부과처분에 대한 불복절차를 분명하게 규정하고 있으므로, 이와 다른 불복절차를 허용할 수는 없다. 설령 관할청이 이행강제금 부과처분을 하면서 재결청에 행정심판을 청구하거나 관할 행정법원에 행정소송을 할 수 있다고 잘못 안내하거나 관할 행정심판위원회가 각하재결이 아닌 기각재결을 하면서 관할 법원에 행정소송을 할 수 있다고 잘못 안내하였다고 하더라도, 그러한 잘못된 안내로 행정법원의 항고소송 재판관할이 생긴다고 볼 수도 없다.(대판 2019.4.11. 2018두42955). 2024 국회직 8급, 2022 국가직 9급, 2020 국가직 7급, 2024 지방직 9급

1049 「농지법」상 이행강제금 부과처분은 항고소송의 대상이 되는 처분에 해당하므로 이에 불복하는 경우 항고소송을 제기할 수 있다. O | X

1050 관할청이 「농지법」상의 이행강제금 부과처분을 하면서 재결청에 행정심판을 청구하거나 관할 행정법원에 행정소송을 할 수 있다고 잘못 안내한 경우 행정법원의 항고소송 재판관할이 생긴다. O | X

> 1. 제33조 제1항에서 위와 같이 반환하여야 할 보조금에 대하여는 국세징수의 예에 따라 이를 징수할 수 있도록 규정하고 있으므로, 중앙관서의 장으로서는 반환하여야 할 보조금을 국세체납처분의 예에 의하여 강제징수할 수 있고, 위와 같은 중앙관서의 장이 가지는 반환하여야 할 보조금에 대한 징수권은 공법상 권리로서 사법상 채권과는 성질을 달리하므로, 중앙관서의 장으로서는 보조금을 반환하여야 할 자에 대하여 민사소송의 방법으로는 반환청구를 할 수 없다고 보아야 한다(대판 2012.3.15. 2011다17328). 2017 국회직 8급
> 2. 참가압류처분에 앞서 독촉절차를 거치지 아니하였고 또 참가압류조서에 납부기한을 잘못 기재한 잘못이 있다고 하더라도 이러한 위법사유만으로는 참가압류처분을 무효로 할 만큼 중대하고도 명백한 하자라고 볼 수 없다(대판 1992.3.10. 91누6030). 2025 소방간부
> 3. 체납처분으로서 압류의 요건을 규정하는 국세징수법 제24조 각 항의 규정을 보면, 어느 경우에나 압류의 대상을 납세자의 재산에 국한하고 있으므로, 납세자가 아닌 제3자의 재산을 대상으로 한 압류처분은 그 처분의 내용이 법률상 실현될 수 없는 것이어서 당연무효이다(대판 2001.2.23. 2000다68924). 2022 국가직 7급
> 4. 세무공무원이 국세의 징수를 위해 납세자의 재산을 압류하는 경우 그 재산의 가액이 징수할 국세액을 초과한다고 하여 위 압류가 당연무효의 처분이라고는 할 수 없다(대판 1986.11.11. 86누479). 2017 국가직 9급

정답 및 해설

1049 X 별도의 불복절차가 있으므로 항고소송을 제기할 수 없다.
1050 X 잘못 안내한 경우에도 재판관할이 생기지 않는다.

1051 「보조금관리에 관한 법률」에 따라 중앙관서의 장이 보조사업자에게 보조금반환을 명하였음에도 보조사업자가 이를 반환하지 아니하는 경우 중앙관서의 장은 강제징수의 방법과 민사소송의 방법을 합리적 재량에 의하여 선택적으로 활용할 수 있다. O | X

1052 독촉절차를 거치지 않고 압류처분을 한 경우 압류처분은 당연무효이다. O | X

1053 납세자가 아닌 제3자의 재산을 대상으로 한 압류처분은 그 처분의 내용이 법률상 실현될 수 없는 것이어서 당연무효이다. O | X

1054 압류 한 재산의 가액이 징수할 국세액을 초과하는 경우 압류는 당연무효이다. O | X

> 보험자 또는 보험자단체가 부당이득금 또는 가산금의 납부를 독촉한 후 다시 동일한 내용의 독촉을 하는 경우 최초의 독촉만이 징수처분으로서 항고소송의 대상이 되는 행정처분이 되고, 그 후에 한 동일한 내용의 독촉은 체납처분의 전제요건인 징수처분으로서 소멸시효의 중단사유가 되는 독촉이 아니라 민법상의 단순한 최고에 불과하여 국민의 권리·의무나 법률상 지위에 직접적으로 영향을 미치는 것이 아니므로, 항고소송의 대상이 되는 행정처분이라 할 수 없다(대판 1999.7.13. 97누119).

1055 가산금의 납부를 독촉한 후 다시 동일한 내용의 독촉을 하는 경우 최초의 독촉만이 징수처분으로서 항고소송의 대상이 되는 행정처분에 해당한다. O | X

1056 반복적 독촉은 체납처분의 전제요건인 징수처분으로서 소멸시효의 중단사유가 되는 독촉에 해당한다. O | X

> 구 택시소유상한에관한법률에 대한 위헌결정의 취지에 따라 체납부담금에 대한 징수가 불가능하게 되어 압류처분을 해제함에 있어서는 국세징수법 제53조 제1항을 유추하여 압류를 해제하여야 한다(대판 2002.7.12. 2002두3317).

1057 압류 후 부과처분의 근거법률이 위헌으로 결정된 경우라도 이미 압류가 있었으므로 공매처분을 할 수 있다. O | X

정답 및 해설

- 1051 **X** 강제징수가 인정되는 경우 민사소송의 방법으로 반환청구를 할 수 없다.
- 1052 **X** 당연무효인 경우는 아니다.
- 1053 **O**
- 1054 **X** 당연무효의 처분은 아니다.
- 1055 **O**
- 1056 **X** 반복적 독촉은 징수처분의 소멸시효 중단사유가 되지 않는다.
- 1057 **X** 압류를 해제해야 하므로 공매처분을 할 수 없다.

1. 성업공사가 당해 부동산을 공매하기로 한 결정 자체는 내부적인 의사결정에 불과하여 항고소송의 대상이 되는 행정처분이라고 볼 수 없고, 또한 위 공사가 한 공매통지는 공매의 요건이 아니고 공매사실 그 자체를 체납자에게 알려주는 데 불과한 것으로서 통지의 상대방인 골프장업자의 법적 지위나 권리의무에 직접 영향을 주는 것이 아니라고 할 것이므로 이것 역시 행정처분에 해당한다고 할 수 없다(대판 1998.6.26. 96누12030).

2022·2021·2019·2015 국회직 8급, 2020·2016 국가직 9급, 2017 국가직 7급, 2014 지방직 9급, 2019 지방직 7급

2. 한국자산공사가 당해 부동산을 인터넷을 통하여 재공매(입찰)하기로 한 결정 자체는 내부적인 의사결정에 불과하여 항고소송의 대상이 되는 행정처분이라고 볼 수 없고, 또한 한국자산공사가 공매통지는 공매의 요건이 아니라 공매사실 자체를 체납자에게 알려주는 데 불과한 것으로서, 통지의 상대방의 법적 지위나 권리·의무에 직접 영향을 주는 것이 아니라고 할 것이므로 이것 역시 행정처분에 해당한다고 할 수 없다(대판 2007.7.27. 2006두8464). 2016 국가직 7급, 2017 지방직 7급

3. 과세관청이 체납처분으로서 행하는 공매는 우월한 공권력의 행사로서 행정소송의 대상이 되는 공법상의 행정처분이며 공매에 의하여 재산을 매수한 자는 그 공매처분이 취소된 경우에 그 취소처분의 위법을 주장하여 행정소송을 제기할 법률상 이익이 있다(대판 1984.9.25. 84누201). 2021 국회직 8급, 2015 국가직 9급, 2016 국가직 7급, 2016 지방직 9급, 2017 지방직 7급

4. 성업공사가 체납압류된 재산을 공매하는 것은 세무서장의 공매권한 위임에 의한 것으로 보아야 할 것이므로, 성업공사가 한 그 공매처분에 대한 취소 등의 항고소송을 제기함에 있어서는 수임청으로서 실제로 공매를 행한 성업공사를 피고로 하여야 하고, 위임청인 세무서장은 피고적격이 없다(대판 1997.2.28. 96누1757).

5. 공매처분을 하면서 체납자 등에게 공매통지를 하지 않았거나 공매통지를 하였더라도 그것이 적법하지 아니한 경우에는 절차상의 흠이 있어 그 공매처분이 위법하게 되는 것이지만, 공매통지 자체가 그 상대방인 체납자 등의 법적 지위나 권리·의무에 직접적인 영향을 주는 행정처분에 해당한다고 할 것은 아니므로 다른 특별한 사정이 없는 한 체납자 등은 공매통지의 결여나 위법을 들어 공매처분의 취소 등을 구할 수 있는 것이지 공매통지 자체를 항고소송의 대상으로 삼아 그 취소 등을 구할 수는 없다(대판 2011.3.24. 2010두25527). 2017 국가직 9급

6. 체납자 등에 대한 공매통지는 국가의 강제력에 의하여 진행되는 공매절차에서 체납자 등의 권리 내지 재산상 이익을 보호하기 위하여 법률로 규정한 절차적 요건에 해당하지만, 그 통지를 하지 아니한 채 공매처분을 하였다 하여도 그 공매처분이 당연무효로 되는 것은 아니다(대판 2012.7.26. 2010다50625). 2016 지방직 9급

1058 성업공사(현 한국자산관리공사)가 당해 부동산을 공매하기로 한 결정은 내부적 의사결정으로 항고소송의 대상이 되는 처분이라 볼 수 없다. O | X

1059 체납자 등은 공매통지의 결여나 위법을 들어 공매처분의 취소 등을 구할 수 있는 것이지 공매통지 자체를 항고소송의 대상으로 삼아 그 취소 등을 구할 수는 없다. O | X

1060 과세관청이 체납처분으로서 행하는 공매는 우월한 공권력의 행사로서 행정소송의 대상이 되는 공법상의 행정처분에 해당한다. O | X

1061 공매에 의하여 재산을 매수한 자는 그 공매처분이 취소된 경우에 그 취소처분의 위법을 주장하여 행정소송을 제기할 법률상 이익이 있다. O | X

1062 성업공사가 한 그 공매처분에 대한 취소 등의 항고소송을 제기함에 있어서는 수임청으로서 실제로 공매를 행한 성업공사를 피고로 하여야 한다. O | X

정답 및 해설

| 1058 | O | 1059 | O | 1060 | O | 1061 | O | 1062 | O |

1. 국세징수법 제21조, 제22조가 규정하는 가산금 또는 중가산금은 국세를 납부기한까지 납부하지 아니하면 과세청의 확정절차 없이도 법률 규정에 의하여 당연히 발생하는 것이므로 가산금 또는 중가산금의 고지가 항고소송의 대상이 되는 처분이라고 볼 수 없다(대판 2005.6.10. 2005다15482).

2. 원천징수의무자가 원천납세의무자로부터 원천징수대상이 아닌 소득에 대하여 세액을 징수·납부하였거나 징수하여야 할 세액을 초과하여 징수·납부하였다면, 국가는 원천징수의무자로부터 이를 납부받는 순간 아무런 법률상의 원인 없이 부당이득한 것이 되고, 구 국세기본법 제51조 제1항, 제52조 등의 규정은 환급청구권이 확정된 국세환급금 및 가산금에 대한 내부적 사무처리절차로서 과세관청의 환급절차를 규정한 것일 뿐 그 규정에 의한 국세환급금(가산금 포함) 결정에 의하여 비로소 환급청구권이 확정되는 것이 아니므로, 국세환급결정이나 이 결정을 구하는 신청에 대한 환급거부결정 등은 납세의무자가 갖는 환급청구권의 존부나 범위에 구체적이고 직접적인 영향을 미치는 처분이 아니어서 항고소송의 대상이 되는 처분으로 볼 수 없다(대판 2010.2.25. 2007두18284).

3. 국세환급금의 충당은 국세기본법 제51조 제2항, 같은법시행령 제31조 등에 그 요건이나 절차, 방법이 따로 정하여져 있고 그 효과로 같은 법 제26조 제1호가 납세의무의 소멸을 규정하고 있으나, 그 충당이 납세의무자가 갖는 환급청구권의 존부나 범위 또는 소멸에 구체적이고 직접적인 영향을 미치는 처분이라기보다는 국가의 환급금 채무와 조세채권이 대등액에서 소멸되는 점에서 오히려 민법상의 상계와 비슷하고, 소멸대상인 조세채권이 존재하지 아니하거나 당연무효 또는 취소되는 경우에는 그 충당의 효력이 없는 것으로서 이러한 사유가 있는 경우에 납세의무자로서는 충당의 효력이 없음을 주장하여 언제든지 민사소송에 의하여 이미 결정된 국세환급금의 반환을 청구할 수 있다고 할 것이므로, 이는 국세환급결정이나 그 국세환급신청에 대한 거부결정과 마찬가지로 항고소송의 대상이 되는 처분이라고 할 수 없다(대판 2005.6.10. 2005다15482).

2020 지방직 7급

1063 「국세징수법」상 가산금 또는 중가산금은 항고소송의 대상되는 처분이다. O | X

1064 「국세기본법」상 국세환급결정이나 국세환급신청에 대한 거부는 항고소송의 대상되는 처분이다. O | X

1065 「국세기본법」상 국세환급금의 충당은 항고소송의 대상되는 처분이다. O | X

정답 및 해설

1063 X 가산금 또는 중가산금은 법률규정에 의해 발생하는 것으로 행정청의 처분이 아니다.
1064 X 국세환급의무는 법률규정에 따라 당연 발생되는 것으로 행정청의 처분이 아니다.
1065 X 국세환급금의 충당은 민사소송에 의해 반환청구를 할 수 있고 항고소송의 대상이 아니다.

30 | 즉시강제와 행정조사

행정기본법 제33조(즉시강제) ① 즉시강제는 다른 수단으로는 행정목적을 달성할 수 없는 경우에만 허용되며, 이 경우에도 최소한으로만 실시하여야 한다. 2021 국가직 9급
② 즉시강제를 실시하기 위하여 현장에 파견되는 집행책임자는 그가 집행책임자임을 표시하는 증표를 보여 주어야 하며, 즉시강제의 이유와 내용을 고지하여야 한다.

1. 구 사회안전법(1989.6.16. 법률 제4132호에 의해 '보안관찰법'이란 명칭으로 전문 개정되기 전의 것) 제11조 소정의 동행보호규정은 재범의 위험성이 현저한 자를 상대로 긴급히 보호할 필요가 있는 경우에 한하여 단기간의 동행보호를 허용한 것으로서 그 요건을 엄격히 해석하는 한, 동 규정 자체가 사전영장주의를 규정한 헌법규정에 반한다고 볼 수는 없다 (대판 1997.6.13. 96다56115). 2014 지방직 9급

2. 구 음반·비디오물 및 게임물에 관한 법률조항은 앞에서 본 바와 같이 급박한 상황에 대처하기 위한 것으로서 불가피성과 정당성이 충분히 인정되는 경우이므로, 이 사건 법률조항이 영장 없는 수거를 인정한다고 하더라도 이를 두고 헌법상 영장주의에 위배되는 것으로는 볼 수 없다(헌재 2002.10.31. 2000헌가12). 2017 국가직 9급, 2014 지방직 9급

3. 지방의회에서의 사무감사·조사를 위한 증인의 동행명령장제도도 증인의 신체의 자유를 억압하여 일정 장소로 인치하는 것으로서 헌법 제12조 제3항의 "체포 또는 구속"에 준하는 사태로 보아야 하고, 거기에 현행범 체포와 같이 사후에 영장을 발부받지 아니하면 목적을 달성할 수 없는 긴박성이 있다고 인정할 수는 없으므로, 헌법 제12조 제3항에 의하여 법관이 발부한 영장의제시가 있어야 함에도 불구하고 동행명령장을 법관이 아닌 지방의회 의장이 발부하고 이에 기하여 증인의 신체의 자유를 침해하여 증인을 일정 장소에 인치하도록 규정된 조례안은 영장주의원칙을 규정한 헌법 제12조 제3항에 위반된 것이다(대판 1995.6.30. 93추83).

1066 구「사회안전법」상 재범의 위험성이 현저한 자를 상대로 긴급히 보호할 필요가 있는 경우 사전영장 없는 동행규정이 위헌이라 볼 수 없다. O | X

1067 급박한 상황에 대처하기 위한 것으로서 불가피성과 정당성이 충분히 인정되는 경우 법률조항이 영장 없는 수거를 인정한다고 하더라도 이를 두고 헌법상 영장주의에 위배되는 것으로는 볼 수 없다. O | X

1068 증인의 동행명령장을 법관이 아닌 지방의회 의장이 발부하고 이에 기하여 증인의 신체의 자유를 침해하여 증인을 일정 장소에 인치하도록 규정된 조례안은 영장주의원칙을 규정한 헌법 제12조 제3항에 위반된 것이다. O | X

> 1. 우편물 통관검사절차에서 이루어지는 우편물의 개봉, 시료채취, 성분분석 등의 검사는 수출입물품에 대한 적정한 통관 등을 목적으로 한 행정조사의 성격을 가지는 것으로서 수사기관의 강제처분이라고 할 수 없으므로, 압수·수색영장 없이 우편물의 개봉, 시료채취, 성분분석 등 검사가 진행되었다 하더라도 특별한 사정이 없는 한 위법하다고 볼 수 없다 (대판 2013.09.26. 2013도7718). **2022 소방간부, 2022·2017 국회직 8급, 2018·2016 국가직 9급, 2024 지방직 9급, 2015 지방직 7급**
> 2. 마약류 불법거래 방지에 관한 특례법 제4조 제1항에 따른 조치의 일환으로 특정한 수출입물품을 개봉하여 검사하고 그 내용물의 점유를 취득한 행위는 위에서 본 수출입물품에 대한 적정한 통관 등을 목적으로 조사를 하는 경우와는 달리, 범죄수사인 압수 또는 수색에 해당하여 사전 또는 사후에 영장을 받아야 한다(대판 2013.09.26. 2013도7718).

1069 우편물 통관검사절차에서 이루어지는 우편물의 개봉, 시료채취, 성분분석 등의 검사는 수사기관의 강제처분에 해당한다. O | X

1070 우편물 통관검사절차에서 압수·수색영장 없이 우편물의 개봉, 시료채취, 성분분석 등 검사가 진행되었다 하더라도 특별한 사정이 없는 한 위법하다고 볼 수 없다. O | X

1071 「마약류 불법거래 방지에 관한 특례법」에 따른 조치의 일환으로 특정한 수출입물품을 개봉하여 검사하고 그 내용물의 점유를 취득한 행위는 사전 또는 사후에 영장을 받아야 한다. O | X

정답 및 해설

1066 O   1067 O   1068 O
1069 X 행정조사로서 수사기관의 강제처분에 해당하지 않는다.
1070 O
1071 O

30 즉시강제와 행정조사

1. 세무조사가 과세자료의 수집 또는 신고내용의 정확성 검증이라는 본연의 목적이 아니라 부정한 목적을 위하여 행하여진 것이라면 이는 세무조사에 중대한 위법사유가 있는 경우에 해당하고 이러한 세무조사에 의하여 수집된 과세자료를 기초로 한 과세처분 역시 위법하다(대판 2016.12.15. 2016두47659). **2022 소방간부, 2016 국가직 9급**

2. 납세자에 대한 부가가치세부과처분이, 종전의 부가가치세 경정조사와 같은 세목 및 같은 과세기간에 대하여 중복하여 실시된 위법한 세무조사에 기초하여 이루어진 것이어서 위법하다(대판 2006.6.2. 2004두12070). **2019·2015 지방직 7급**

3. [1] 세무공무원이 어느 세목의 특정 과세기간에 대하여 모든 항목에 걸쳐 세무조사를 한 경우는 물론 그 과세기간의 특정 항목에 대하여만 세무조사를 한 경우에도 다시 그 세목의 같은 과세기간에 대하여 세무조사를 하는 것은 구 국세기본법 제81조의4 제2항에서 금지하는 재조사에 해당하고, 세무공무원이 당초 세무조사를 한 특정 항목을 제외한 다른 항목에 대하여만 다시 세무조사를 함으로써 세무조사의 내용이 중첩되지 아니하였다고 하여 달리 볼 것은 아니다. **2020 국회직 8급**

   [2] 다만 당초의 세무조사가 다른 세목이나 다른 과세기간에 대한 세무조사 도중에 해당 세목이나 과세기간에도 동일한 잘못이나 세금탈루 혐의가 있다고 인정되어 관련 항목에 대하여 세무조사 범위가 확대됨에 따라 부분적으로만 이루어진 경우와 같이 당초 세무조사 당시 모든 항목에 걸쳐 세무조사를 하는 것이 무리였다는 등의 특별한 사정이 있는 경우에는 당초 세무조사를 한 항목을 제외한 나머지 항목에 대하여 향후 다시 세무조사를 하는 것은 구 국세기본법 제81조의4 제2항에서 금지하는 재조사에 해당하지 아니한다(대판 2015.2.26. 2014두12062). **2020 국회직 8급**

4. 구 국세기본법 제81조의4 제2항에 따라 금지되는 재조사에 기하여 과세처분을 하는 것은 단순히 당초 과세처분의 오류를 경정하는 경우에 불과하다는 등의 특별한 사정이 없는 한 그 자체로 위법하고, 이는 과세관청이 그러한 재조사로 얻은 과세자료를 과세처분의 근거로 삼지 않았다거나 이를 배제하고서도 동일한 과세처분이 가능한 경우라고 하여 달리 볼 것은 아니다(대판 2017.12.13. 2016두55421). **2022 국회직 8급**

5. 음주운전 여부에 대한 조사 과정에서 운전자 본인의 동의를 받지 아니하고 또한 법원의 영장도 없이 채혈조사를 한 결과를 근거로 한 운전면허 정지·취소 처분은 도로교통법 제44조 제3항을 위반한 것으로서 특별한 사정이 없는 한 위법한 처분으로 볼 수밖에 없다(대판 2016.12.27. 2014두46850). **2022 소방간부, 2020 국가직 7급**

6. 「토양환경보전법」상 토양오염실태조사를 실시할 권한은 시·도지사에게 있으나 토양오염실태조사는 토양정밀조사명령의 사전절차를 이루는 사실행위로서 그 자체가 행정처분에 해당하지 않는 점을 고려해 보면, 토양오염실태조사가 감사원 소속 감사관의 주도하에 실시되었다는 사정만으로 그에 기초하여 내려진 토양정밀조사명령이 위법하다고 할 수 없다(대판 2009.1.30. 2006두9498). **2020 국회직 8급**

1072 위법한 세무조사를 통하여 수집된 과세자료에 기초하여 과세처분을 하였더라도 그러한 사정만으로 그 과세처분이 위법하게 되는 것은 아니다. O | X

1073 부가가치세부과처분이 종전의 부가가치세 경정조사와 같은 세목 및 같은 과세기간에 대하여 중복하여 실시된 위법한 세무조사에 기초하여 이루어진 경우 위법하다. O | X

1074 세무조사가 동일기간, 동일세목에 관한 것인 한 내용이 중첩되지 않아도 중복조사에 해당한다. O | X

1075 다른 세목, 다른 과세기간에 대한 세무조사 도중 해당 세목 및 과세기간에 대한 조사가 부분적으로 이루어진 경우 추후 이루어진 재조사는 위법한 중복조사에 해당한다. O | X

1076 「국세기본법」상 금지되는 재조사에 기하여 과세처분을 하는 것은 과세관청이 그러한 재조사로 얻은 과세자료를 배제하고서도 동일한 과세처분이 가능한 경우라면 적법하다. O | X

1077 「토양환경보전법」상 토양오염실태조사를 실시할 권한은 시·도지사에게 있으나 토양오염 실태조사가 감사원 소속 감사관의 주도하에 실시되었다는 사정만으로 그에 기초하여 내려진 토양정밀조사명령이 위법하다고 할 수 없다. O | X

정답 및 해설

1072 **X** 과세처분은 위법하다.
1073 **O**
1074 **O**
1075 **X** 위법한 중복조사에 해당하지 않는다.
1076 **X** 동일한 과세처분이 가능한 경우라도 재조사에 기한 과세처분은 위법하다.
1077 **O**

31 | 행정벌

> 1. 행정법상의 질서벌인 과태료의 부과처분과 형사처벌은 그 성질이나 목적을 달리하는 별개의 것이므로 행정법상의 질서벌인 과태료를 납부한 후에 형사처벌을 한다고 하여 이를 일사부재리의 원칙에 반하는 것이라고 할 수는 없으며…임시운행허가기간을 넘어 운행한 자가 등록된 차량에 관하여 그러한 행위를 한 경우라면 과태료의 제재만을 받게 되겠지만, 무등록 차량에 관하여 그러한 행위를 한 경우라면 과태료와 별도로 형사처벌의 대상이 된다(대판 1996.4.12. 96도158).
>
> **2023·2014 국가직 9급, 2013 지방직 7급**
>
> 2. 행정질서벌로서의 과태료는 행정상 의무의 위반에 대하여 국가가 일반통치권에 기하여 과하는 제재로서 형벌(특히 행정형벌)과 목적·기능이 중복되는 면이 없지 않으므로, 동일한 행위를 대상으로 하여 형벌을 부과하면서 아울러 행정질서벌로서의 과태료까지 부과한다면 그것은 이중처벌금지의 기본정신에 배치되어 국가 입법권의 남용으로 인정될 여지가 있음을 부정할 수 없다(헌재 1994.6.30. 92헌바38).

1078 행정법상의 질서벌인 과태료의 부과처분과 형사처벌은 그 성질이나 목적을 달리하는 별개라는 것이 대법원의 입장이다. O | X

1079 행정법상의 질서벌인 과태료를 납부한 후에 형사처벌을 하는 것은 일사부재리의 원칙에 반하는 것이라는 것이 대법원의 입장이다. O | X

1080 임시운행허가기간을 넘어 운행한 자가 무등록차량인 경우 과태료와 별도로 형사처벌의 대상이 된다. O | X

1081 동일한 행위를 대상으로 하여 형벌을 부과하면서 아울러 행정질서벌로서의 과태료까지 부과한다면 그것은 이중처벌금지의 기본정신에 배치된다는 것이 헌법재판소의 입장이다. O | X

정답 및 해설

1078 O
1079 X 일사부재리의 원칙에 위반되지 않는다는 것이 대법원의 입장이다.
1080 O
1081 O

구 대기환경보전법의 입법목적이나 제반 관계규정의 취지 등을 고려하면, 법정의 배출허용기준을 초과하는 배출가스를 배출하면서 자동차를 운행하는 행위를 처벌하는 위 법 제57조 제6호의 규정은 자동차의 운행자가 그 자동차에서 배출되는 배출가스가 소정의 운행자동차배출허용기준을 초과한다는 점을 실제로 인식하면서 운행한 고의범의 경우는 물론 과실로 인하여 그러한 내용을 인식하지 못한 과실범의 경우도 함께 처벌하는 규정이다(대판 1993. 9. 10. 92도1136).

2019·2014 국가직 9급, 2017 국가직 7급

1082 구 「대기환경보전법」에 따라 배출허용기준을 초과하는 배출 가스를 배출하는 자동차를 운행하는 행위를 처벌하는 규정은 과실범의 경우에 적용하지 아니한다. O | X

1083 과실범을 처벌한다는 명문의 규정이 없더라도 행정형벌법규의 해석에 의하여 과실행위도 처벌한다는 뜻이 도출되는 경우에는 과실범도 처벌될 수 있다. O | X

1. 국가가 본래 그의 사무의 일부를 지방자치단체의 장에게 위임하여 그 사무를 처리하게 하는 기관위임사무의 경우에는 지방자치단체는 국가기관의 일부로 볼 수 있는 것이지만, 지방자치단체가 그 고유의 자치사무를 처리하는 경우에는 지방자치단체는 국가기관의 일부가 아니라 국가기관과는 별도의 독립한 공법인이므로, 지방자치단체 소속 공무원이 지방자치단체 고유의 자치사무를 수행하던 중 도로법 제81조 내지 제85조의 규정에 의한 위반행위를 한 경우에는 지방자치단체는 도로법 제86조의 양벌규정에 따라 처벌대상이 되는 법인에 해당한다(대판 2005. 11. 10. 2004도2657).

2020·2014 지방직 7급

2. 지방자치단체 소속 공무원이 지정항만순찰 등의 업무를 위해 관할관청의 승인 없이 개조한 승합차를 운행함으로써 구 자동차관리법을 위반한 사안에서, 지방자치법, 구 항만법, 구 항만법 시행령 등에 비추어 위 항만순찰 등의 업무가 지방자치단체의 장이 국가로부터 위임받은 기관위임사무에 해당하여, 해당 지방자치단체가 구 자동차관리법 제83조의 양벌규정에 따른 처벌대상이 될 수 없다(대판 2009. 6. 11. 2008도6530).

2017 국가직 7급

1084 지방자치단체가 기관위임사무를 수행하는 경우에는 국가기관의 일부로 볼 것이어서 양벌규정에 따라 처벌대상이 되는 법인에 해당하지 않는다. O | X

1085 지방자치단체가 자치사무를 수행하는 경우에는 국가기관과는 별도의 독립한 공법인이므로 양벌규정에 따라 처벌대상이 되는 법인에 해당한다. O | X

1086 지방자치단체 소속 공무원이 지정항만순찰 등의 업무를 위해 관할관청의 승인 없이 개조한 승합차를 운행함으로써 구 「자동차관리법」을 위반한 경우 해당 지방자치단체는 구 「자동차관리법」 제83조의 양벌규정에 따른 처분대상이 된다. O | X

정답 및 해설

1082 X 해석상 과실범에도 적용한다고 본다.
1083 O   1084 O   1085 O
1086 X 지정항만순찰 업무는 기관위임사무로서 지방자치단체는 양벌규정이 적용되지 않는다.

> 1. 이처럼 이 사건 심판대상 법률조항들은 종업원 등의 범죄행위에 관하여 비난할 근거가 되는 법인의 의사결정 및 행위구조, 즉 종업원 등이 저지른 행위의 결과에 대한 법인의 독자적인 책임에 관하여 전혀 규정하지 않은 채, 단순히 법인이 고용한 종업원 등이 업무에 관하여 범죄행위를 하였다는 이유만으로 법인에 대하여 형사처벌을 과하고 있는바, 이는 다른 사람의 범죄에 대하여 그 책임 유무를 묻지 않고 형벌을 부과함으로써 법치국가의 원리 및 죄형법정주의로부터 도출되는 책임주의원칙에 반한다(헌재 2010.7.29. 2009헌가18). 2022·2017 국가직 9급
> 2. 양벌규정에 의한 영업주의 처벌은 금지위반행위자인 종업원의 처벌에 종속하는 것이 아니라 독립하여 그 자신의 종업원에 대한 선임·감독상의 과실로 인하여 처벌되는 것이므로 종업원의 범죄성립이나 처벌이 영업주 처벌의 전제조건이 될 필요는 없다(대판 2006.2.24. 2005도7673). 2025 소방간부, 2022 국가직 9급, 2020·2017·2016 국가직 7급

1087 양벌규정에 의한 영업주의 처벌은 그 자신의 종업원에 대한 선임·감독상의 과실로 인하여 처벌되는 것이다. O | X

1088 양벌규정에 의한 영업주의 처벌은 종업원의 범죄성립이나 처벌이 영업주 처벌의 전제조건이 될 필요가 없다. O | X

1089 종업원 등의 범죄에 대해 법인에게 어떠한 잘못이 있는지를 전혀 묻지 않고 그 종업원 등을 고용한 법인에게도 종업원 등에 대한 처벌조항에 규정된 벌금형을 과하도록 규정하는 것은 책임주의에 반한다. O | X

정답 및 해설

1087 O 1088 O 1089 O

> 1. 개인정보 보호법은 벌칙규정의 적용대상자를 개인정보처리자로 한정하고 있기는 하나, 위 양벌규정은 벌칙규정의 적용대상인 개인정보처리자가 아니면서 그러한 업무를 실제로 처리하는 자가 있을 때 벌칙규정의 실효성을 확보하기 위하여 적용대상자를 해당 업무를 실제로 처리하는 행위자까지 확장하여 그 행위자나 개인정보처리자인 법인 또는 개인을 모두 처벌하려는 데 그 취지가 있으므로, 위양벌규정에 의하여 개인정보처리자 아닌 행위자도 위 벌칙규정의 적용대상이 된다.
> 2. 그러나 구 개인정보보호법은 제2조 제5호, 제6호에서 공공기관 중 법인격이 없는 '중앙행정기관 및 그 소속 기관' 등을 개인정보처리자 중 하나로 규정하고 있으면서도, 양벌규정에 의하여 처벌되는 개인정보처리자로는 같은 법 제74조 제2항에서 '법인 또는 개인'만을 규정하고 있을 뿐이고, 법인격 없는 공공기관에 대하여도 위양벌규정을 적용할 것인지 여부에 대하여는 명문의 규정을 두고 있지 않으므로, 죄형법정주의의 원칙상 '법인격 없는 공공기관'을 위양벌규정에 의하여 처벌할 수 없고, 그 경우 행위자 역시 위 양벌규정으로 처벌할 수 없다고 봄이 타당하다(대판 2021. 10. 28. 2020도1942).
>
> 2024 국가직 9급

1090 「개인정보 보호법」상 양벌규정의 적용대상자는 개인정보처리자가 아니면서 해당 업무를 실제로 처리하는 행위자까지 확대된다. O | X

1091 「개인정보 보호법」에 따르면, '법인격 없는 공공기관'은 「개인정보 보호법」 소정의 양벌규정에 의하여 처벌할 수 있는 대상에 규정되어 있지 않다. O | X

1092 '법인격 없는 공공기관'은 「개인정보 보호법」상 처벌할 수 있는 개인정보처리자로 보고 위 양벌규정으로 처벌할 수 있다. O | X

정답 및 해설

1090 **O**
1091 **O**
1092 **X** 법인격 없는 공공기관에 대하여도 위 양벌규정을 적용할 것인지 여부에 대하여는 명문의 규정을 두고 있지 않으므로, 죄형법정주의의 원칙상 '법인격 없는 공공기관'을 위 양벌규정에 의하여 처벌할 수 없다.

■ 통고처분

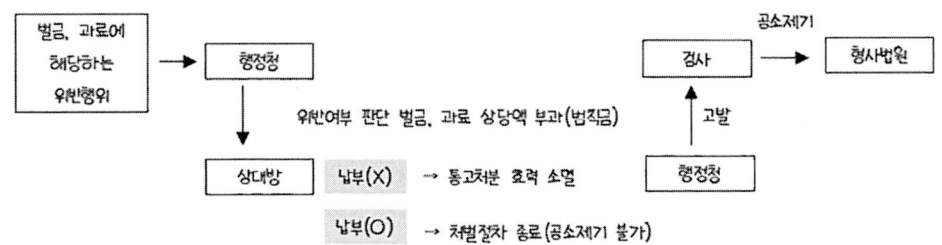

1. 통고처분은 상대방의 임의의 승복을 그 발효요건으로 하기 때문에 그 자체만으로는 통고이행을 강제하거나 상대방에게 아무런 권리의무를 형성하지 않으므로 행정심판이나 행정소송의 대상으로서의 처분성을 부여할 수 없고, 통고처분에 대하여 이의가 있으면 통고내용을 이행하지 않음으로써 고발되어 형사재판절차에서 통고처분의 위법·부당함을 얼마든지 다툴 수 있기 때문에 관세법 제38조 제3항 제2호가 법관에 의한 재판을 받을 권리를 침해한다든가 적법절차의 원칙에 저촉된다고 볼 수 없다(헌재 1998.5.28. 96헌바4). 2024·2017 국회직 8급, 2017·2014 국가직 9급, 2022 국가직 7급, 2020·2017·2015 지방직 9급, 2021·2014 지방직 7급

2. 세무공무원의 고발 없이 조세범칙사건의 공소가 제기된 후에 세무공무원이 고발을 하여도 그 공소절차의 무효가 치유된다고 할 수 없다(대판 1970.7.28. 70도942).

3. 통고처분을 할 것인지의 여부는 관세청장 또는 세관장의 재량에 맡겨져 있고, 따라서 관세청장 또는 세관장이 관세범에 대하여 통고처분을 하지 아니한 채 고발하였다는 것만으로는 그 고발 및 이에 기한 공소의 제기가 부적법하게 되는 것은 아니다 (대판 2007.5.11. 2006도1993). 2015 국가직 9급

4. 범칙자가 통고처분을 불이행하였더라도 기소독점주의의 예외를 인정하여 경찰서장의 즉결심판청구를 통하여 공판절차를 거치지 않고 사건을 간이하고 신속·적정하게 처리함으로써 소송경제를 도모하되, 즉결심판 선고 전까지 범칙금을 납부하면 형사처벌을 면할 수 있도록 함으로써 범칙자에 대하여 형사소추와 형사처벌을 면제받을 기회를 부여하고 있다. 따라서 경찰서장이 범칙행위에 대하여 통고처분을 한 이상, 범칙자의 위와 같은 절차적 지위를 보장하기 위하여 통고처분에서 정한 범칙금 납부기간까지는 원칙적으로 경찰서장은 즉결심판을 청구할 수 없고, 검사도 동일한 범칙행위에 대하여 공소를 제기할 수 없다. 또한 범칙자가 범칙금 납부기간이 지나도록 범칙금을 납부하지 아니하였다면 경찰서장이 즉결심판을 청구하여야 하고, 검사는 동일한 범칙행위에 대하여 공소를 제기할 수 없다(대판 2021.4.1. 2020도15194). 2023 국회직 8급

5. 범칙금의 납부에 따라 확정판결에 준하는 효력이 인정되는 범위는 범칙금 통고의 이유에 기재된 당해 범칙행위 자체 및 그 범칙행위와 동일성이 인정되는 범칙행위에 한정된다. 따라서 범칙행위와 같은 시간과 장소에서 이루어진 행위라 하더라도 범칙행위의 동일성을 벗어난 형사범죄행위에 대하여는 범칙금의 납부에 따라 확정판결에 준하는 일사부재리의 효력이 미치지 아니한다(대판 2011.4.28. 2009도12249). 2017 국가직 7급

6. [1] 세무서장이 조세범 처벌절차법 제17조 제1항에 따라 통고처분을 거치지 아니하고 즉시 고발하였다면 이로써 조세범칙사건에 대한 조사 및 처분 절차는 종료되고 형사사건 절차로 이행되어 지방국세청장 또는 세무서장으로서는 동일한 조세범칙행위에 대하여 더 이상 통고처분을 할 권한이 없다.
[2] 따라서 지방국세청장 또는 세무서장이 조세범칙행위에 대하여 고발을 한 후에 동일한 조세범칙행위에 대하여 통고처분을 하였더라도, 이는 법적 권한 소멸 후에 이루어진 것으로서 특별한 사정이 없는 한 효력이 없고, 조세범칙행위자가 이러한 통고처분을 이행하였더라도 조세범 처벌절차법 제15조 제3항에서 정한 일사부재리의 원칙이 적용될 수 없다(대판 2016.9.28. 2014도10748).

1093 통고처분은 그 자체만으로 통고이행을 강제하거나 상대방에게 아무런 권리·의무를 형성하지 않으므로 항고소송의 대상되는 처분이 아니다. O | X

1094 통고처분에 대하여 이의가 있으면 통고내용을 이행하지 않음으로써 고발되어 형사재판절차에서 통고처분의 위법·부당함을 얼마든지 다툴 수 있다. O | X

1095 통고처분을 행정심판이나 행정소송의 대상에서 제외하는 것은 법관에 의한 재판을 받을 권리를 침해하는 것으로 적법절차 원칙에 저촉된다. O | X

1096 세무공무원의 고발 없는 조세범칙사건의 공소제기는 무효이다. O | X

1097 검사의 공소제기 후에 세무공무원의 고발이 있는 경우 그 공소절차의 무효는 치유된다. O | X

1098 통고처분을 할 것인지의 여부는 관세청장 또는 세관장의 재량이다. O | X

1099 행정청이 통고처분을 하지 않고 즉시고발에 따라 공소제기한 경우 공소제기가 부적법하게 되는 것은 아니다. O | X

1100 경찰서장이 「경범죄 처벌법」상 범칙행위에 대하여 통고처분을 하였는데 통고처분에서 정한 범칙금 납부 기간이 지나지 아니한 경우, 경찰서장이 즉결심판을 청구하거나 검사가 동일한 범칙행위에 대하여 공소를 제기할 수 없다. O | X

1101 통고처분에 의해 범칙금을 납부한 경우, 그 납부의 효력에 따라 다시 벌 받지 아니하게 되는 행위사실은 범칙금 통고의 이유에 기재된 당해 범칙행위 자체에 한정될 뿐, 그 범칙행위와 동일성이 인정되는 범칙 행위에는 미치지 않는다. O | X

1102 지방국세청장이 조세범칙행위에 대하여 고발을 한 후에 동일한 조세범칙행위에 대하여 통고처분을 하는 경우, 이러한 통고처분은 법적 권한 소멸 후 이루어진 것으로 특별한 사정이 없는 한 효력이 없고 조세범칙행위자가 이를 이행하였더라도 일사부재리의 원칙이 적용될 수 없다. O | X

정답 및 해설

1093 O   1094 O
1095 X 재판을 받을 권리를 침해하지 않는다.
1096 O
1097 X 무효인 공소제기는 치유가 되지 않는다.
1098 O   1099 O   1100 O
1101 X 그 범칙행위와 동일성이 인정되는 범칙행위에도 미친다.
1102 O

> 질서위반행위규제법은 과태료의 부과대상인 질서위반행위에 대하여도 책임주의 원칙을 채택하여 제7조에서 "고의 또는 과실이 없는 질서위반행위는 과태료를 부과하지 아니한다."고 규정하고 있으므로, 질서위반행위를 한 자가 자신의 책임 없는 사유로 위반행위에 이르렀다고 주장하는 경우 법원으로서는 그 내용을 살펴 행위자에게 고의나 과실이 있는지를 따져보아야 한다(대판 2011마364).

1103 질서위반행위를 한 자가 자신의 책임 없는 사유로 위반행위에 이르렀다고 주장하는 경우 법원으로서는 그 내용을 살펴 행위자에게 고의나 과실이 있는지를 따져보아야 한다. O | X

정답 및 해설

1103 O

32 | 새로운 실효성 확보수단

1. 구 독점규제및공정거래에관한법률상의 과징금 부과는 비록 제재적 성격을 가진 것이기는 하여도 기본적으로는 같은 법 위반행위에 의하여 얻은 불법적인 경제적 이익을 박탈하기 위하여 부과되는 것이다(대판 2001.2.9. 2000두6206).
   _{2014 국회직 8급, 2020·2017 지방직 7급}

2. 공정거래법에서 형사처벌과 아울러 과징금의 병과를 예정하고 있더라도 이중처벌금지원칙에 위반된다고 볼 수 없으며, 이 과징금 부과처분에 대하여 공정력과 집행력을 인정한다고 하여 이를 확정판결전의 형벌집행과 같은 것으로 보아 무죄추정의 원칙에 위반된다고 할 수 없다(헌재 2003.7.24. 2001헌가25).
   _{2023 소방간부, 2022 국가직 9급}

3. 구 여객자동차 운수사업법 제88조 제1항의 과징금부과처분은 제재적 행정처분으로서 여객자동차 운수사업에 관한 질서를 확립하고 여객의 원활한 운송과 여객자동차 운수사업의 종합적인 발달을 도모하여 공공복리를 증진한다는 행정목적의 달성을 위하여 행정법규 위반이라는 객관적 사실에 착안하여 가하는 제재이므로 반드시 현실적인 행위자가 아니라도 법령상 책임자로 규정된 자에게 부과되고 원칙으로 위반자의 고의·과실을 요하지 아니하나, 위반자의 의무 해태를 탓할 수 없는 정당한 사유가 있는 등의 특별한 사정이 있는 경우에는 이를 부과할 수 없다(대판 2014.10.15. 2013두5005).
   _{2020 국가직 9급, 2020·2018 국가직 7급, 2022·2018 지방직 9급, 2022 지방직 7급}

1104 과징금 부과는 법 위반행위에 의하여 얻은 불법적인 경제적 이익을 박탈하기 위하여 부과되는 것이다.　O | X

1105 공정거래법에서 형사처벌과 아울러 과징금병과가 예정되어 있는 경우 이중처벌에 해당한다.　O | X

정답 및 해설

1104　O
1105　X　과징금부과는 처벌이 아니므로 이중처벌에 해당하지 않는다.

1. 자동차운수사업면허조건 등을 위반한 사업자에 대하여 행정청이 행정제재수단으로 사업 정지를 명할 것인지, 과징금을 부과할 것인지, 과징금을 부과키로 한다면 그 금액은 얼마로 할 것인지에 관하여 재량권이 부여되었다 할 것이므로 과징금부과처분이 법이 정한 한도액을 초과하여 위법할 경우 법원으로서는 그 전부를 취소할 수밖에 없고, 그 한도액을 초과한 부분이나 법원이 적정하다고 인정되는 부분을 초과한 부분만을 취소할 수 없다(대판 1998.4.10. 98두2270). _{2023·2022 소방간부, 2014 국회직 8급, 2024 국가직 9급, 2022·2020·2018 지방직 9급, 2018·2014 지방직 7급}

2. 공정거래위원회가 위반행위에 대한 과징금을 부과하면서 여러 개의 위반행위에 대하여 외형상 하나의 과징금 납부명령을 하였으나 여러 개의 위반행위 중 일부의 위반행위에 대한 과징금 부과만이 위법하고 소송상 그 일부의 위반행위를 기초로 한 과징금액을 산정할 수 있는 자료가 있는 경우에는, 하나의 과징금 납부명령일지라도 그 일부의 위반행위에 대한 과징금액에 해당하는 부분만을 취소하여야 한다(대판 2019.1.31. 2013두14726). _{2022 소방간부}

3. 부동산 실권리자명의 등기에 관한 법률 제3조 제1항, 제5조 제1항, 같은 법 시행령 제3조 제1항의 규정을 종합하면, 명의신탁자에 대하여 과징금을 부과할 것인지 여부는 기속행위에 해당하므로, 명의신탁이 조세를 포탈하거나 법령에 의한 제한을 회피할 목적이 아닌 경우에 한하여 그 과징금을 일정한 범위 내에서 감경할 수 있을 뿐이지 그에 대하여 과징금 부과처분을 하지 않거나 과징금을 전액 감면할 수 있는 것은 아니다(대판 2007.7.12. 2005두17287). _{2023 소방간부, 2022 국가직 9급}

1106 재량행위인 과징금부과처분이 법이 정한 한도액을 초과하여 위법할 경우 법원으로서는 그 한도액을 초과한 부분이나 법원이 적정하다고 인정되는 부분을 초과한 부분만을 취소할 수 있다. O | X

1107 기속행위에 해당하는 과징금은 그 과징금을 일정범위내에서 감경할 수 있을 뿐이지 전액감면할 수 없다. O | X

1108 여러 개의 위반행위에 대하여 외형상 하나의 과징금 납부명령을 하였으나 여러 개의 위반행위 중 일부의 위반행위에 대한 과징금 부과만이 위법하고 소송상 그 일부의 위반행위를 기초로 한 과징금액을 산정할 수 있는 자료가 있는 경우라도 하나의 과징금 납부명령 전부를 취소하여야 한다. O | X

1109 「부동산 실권리자명의 등기에 관한 법률」상 명의신탁자에 대한 과징금의 부과 여부는 재량행위이다. O | X

정답 및 해설

1106 **X** 법원은 전부를 취소하여야 한다.
1107 **O**
1108 **X** 과징금액을 산정할 수 있는 자료가 있는 경우 일부의 위반행위에 대한 과징금액에 해당하는 부분만을 취소하여야 한다.
1109 **X** 과징금부과여부는 기속행위이다.

1. 구 독점규제및공정거래에관한법률 제23조 제1항의 규정에 위반하여 불공정거래행위를 한 사업자에 대하여 같은 법 제24조의2 제1항의 규정에 의하여 부과되는 과징금은 행정법상의 의무를 위반한 자에 대하여 당해 위반행위로 얻게 된 경제적 이익을 박탈하기 위한 목적으로 부과하는 금전적인 제재로서, 같은 법이 규정한 범위 내에서 그 부과처분 당시까지 부과관청이 확인한 사실을 기초로 일의적으로 확정되어야 할 것이고, 그렇지 아니하고 부과관청이 과징금을 부과하면서 추후에 부과금 산정 기준이 되는 새로운 자료가 나올 경우에는 과징금액이 변경될 수도 있다고 유보한다든지, 실제로 추후에 새로운 자료가 나왔다고 하여 새로운 부과처분을 할 수는 없다(대판 1999.5.28. 99두1571). <small>2023 소방간부, 2024·2022 국가직 9급, 2018 지방직 9급</small>

2. 관할 행정청이 여객자동차운송사업자의 여러 가지 위반행위를 인지하였다면 전부에 대하여 일괄하여 5,000만 원의 최고한도 내에서 하나의 과징금 부과처분을 하는 것이 원칙이고, 인지한 여러 가지 위반행위 중 일부에 대해서만 우선 과징금 부과처분을 하고 나머지에 대해서는 차후에 별도의 과징금 부과처분을 하는 것은 다른 특별한 사정이 없는 한 허용되지 않는다. (대판 2021. 2. 4. 2020두48390). <small>2024 국가직 9급</small>

1110 과징금을 부과하면서 추후에 부과금 산정 기준이 되는 새로운 자료가 나올 경우에는 과징금액이 변경될 수도 있다고 유보한다든지, 실제로 추후에 새로운 자료가 나왔다고 하여 새로운 부과처분을 할 수는 없다.
O | X

1111 관할 행정청이 여객자동차운송사업자의 여러 가지 위반행위를 인지하였다면 전부에 대하여 일괄하여 최고한도 내에서 하나의 과징금 부과처분을 하는 것이 원칙이고, 인지한 위반행위 중 일부에 대해서만 우선 과징금 부과처분을 하고 나머지에 대해서는 차후에 별도의 과징금 부과처분을 하는 것은 다른 특별한 사정이 없는 한 허용되지 않는다.
O | X

정답 및 해설

| 1110 | O |
| 1111 | O |

과징금 부과처분에 있어 행정청이 납부의무자에 대하여 부과처분을 한 후 그 부과처분의 하자를 이유로 과징금의 액수를 감액하는 경우에 그 감액처분은 감액된 과징금 부분에 관하여만 법적 효과가 미치는 것으로서 당초 부과처분과 별개 독립의 과징금 부과처분이 아니라 그 실질은 당초 부과처분의 변경이고, 그에 의하여 과징금의 일부취소라는 납부의무자에게 유리한 결과를 가져오는 처분이므로 당초 부과처분이 전부 실효되는 것은 아니다. 따라서 그 감액처분에 의하여 감액된 부분에 대한 부과처분 취소청구는 이미 소멸하고 없는 부분에 대한 것으로서 그 소의 이익이 없어 부적법하다고 할 것이다 (대판 2008.2.15. 2006두4226).

2015 국회직 8급, 2017 국가직 7급, 2017 지방직 7급

1112 원래 과징금 부과처분을 감액하는 경우 감액처분은 당초 부과처분과 별개 독립의 과징금 부과처분으로 봐야 한다. O | X

1113 그 감액처분에 의하여 감액된 부분에 대한 부과처분 취소청구는 이미 소멸하고 없는 부분에 대한 것으로서 그 소의 이익이 없어 부적법하다고 할 것이다. O | X

면허받은 장의자동차운송사업구역에 위반하였음을 이유로 한 행정청의 과징금부과처분에 의하여 동종업자의 영업이 보호되는 결과는 사업구역제도의 반사적 이익에 불과하기 때문에 그 과징금부과처분을 취소한 재결에 대하여 처분의 상대방 아닌 제3자는 그 취소를 구할 법률상 이익이 없다(대판 1992.12.8. 91누13700).

2013 국회직 8급

1114 행정청의 과징금부과처분에 의하여 동종업자의 영업이 보호되는 결과는 법률상 이익에 해당한다. O | X

1115 그 과징금부과처분을 취소한 재결에 대하여 처분의 상대방 아닌 제3자는 그 취소를 구할 법률상 이익이 있다. O | X

정답 및 해설

1112	X	당초 부과처분과 별개 독립의 과징금 부과처분이 아니다.
1113	O	
1114	X	동종업자의 영업이 보호되는 결과는 반사적 이익에 불과하다.
1115	X	동종업자는 과징금부과처분을 취소한 재결의 취소를 구할 법률상 이익이 인정되지 않는다.

> 부동산실권리자명의등기에관한법률 제5조에 의하여 부과된 과징금 채무는 대체적 급부가 가능한 의무이므로 위 과징금을 부과받은 자가 사망한 경우 그 상속인에게 포괄승계된다(대판 1999.5.14. 99두35).

1116 과징금 채무는 대체적 급부가 가능한 의무이므로 위 과징금을 부과받은 자가 사망한 경우 그 상속인에게 포괄승계된다. O | X

> 1. 공정거래위원회가 시정명령 및 과징금 부과와 감면 여부를 분리 심리하여 별개로 의결한 다음 과징금 등 처분과 별도의 처분서로 감면기각처분을 하였다면, 원칙적으로 2개의 처분, 즉 과징금 등 처분과 감면기각처분이 각각 성립한 것이고, 처분의 상대방으로서는 각각의 처분에 대하여 함께 또는 별도로 불복할 수 있다. 그러므로 사업자인 원고가 과징금 등 처분과 감면기각처분의 취소를 구하는 소를 함께 제기한 경우에도, 특별한 사정이 없는 한 감면기각처분의 취소를 구할 소의 이익이 인정된다(대판 2017.1.12. 2016두35199).
> 2. 부당한 공동행위 자진신고자 등에 대한 시정조치 또는 과징금 감면 신청인이 고시 제11조 제1항에 따라 자진신고자 등 지위확인을 받는 경우에는 시정조치 및 과징금 감경 또는 면제, 형사고발 면제 등의 법률상 이익을 누리게 되지만, 그 지위확인을 받지 못하고 고시 제14조 제1항에 따라 감면불인정 통지를 받는 경우에는 위와 같은 법률상 이익을 누릴 수 없게 되므로, 감면불인정 통지가 이루어진 단계에서 신청인에게 그 적법성을 다투어 법적 불안을 해소한 다음 조사협조행위에 나아가도록 함으로써 장차 있을지도 모르는 위험에서 벗어날 수 있도록 하는 것이 법치행정의 원리에도 부합한다. 따라서 부당한 공동행위 자진신고자 등의 시정조치 또는 과징금 감면신청에 대한 감면불인정 통지는 항고소송의 대상이 되는 행정처분에 해당한다고 보아야 한다(대판 2012.9.27. 2010두3541). 2014 국가직 9급

1117 과징금등 처분과 감면기각처분은 서로 별개의 처분으로 볼 수 없으므로 특별한 사정이 없는 한 감면기각처분의 취소를 구할 소의 이익이 인정되지 않는다. O | X

1118 부당한 공동행위 자진신고자 등의 시정조치 또는 과징금 감면신청에 대한 감면불인정 통지는 항고소송의 대상이 되는 행정처분에 해당한다고 보아야 한다. O | X

정답 및 해설

1116 O
1117 X 과징금처분과 감면기각처분은 서로 별개의 처분으로 봐야 한다.
1118 O

행정기본법 제22조(제재처분의 기준) ① 제재처분의 근거가 되는 법률에는 제재처분의 주체, 사유, 유형 및 상한을 명확하게 규정하여야 한다. 이 경우 제재처분의 유형 및 상한을 정할 때에는 해당 위반행위의 특수성 및 유사한 위반행위와의 형평성 등을 종합적으로 고려하여야 한다.

② 행정청은 재량이 있는 제재처분을 할 때에는 다음 각 호의 사항을 고려하여야 한다.
1. 위반행위의 동기, 목적 및 방법
2. 위반행위의 결과
3. 위반행위의 횟수
4. 그 밖에 제1호부터 제3호까지에 준하는 사항으로서 대통령령으로 정하는 사항

제23조(제재처분의 제척기간) ① 행정청은 법령등의 위반행위가 종료된 날부터 5년이 지나면 해당 위반행위에 대하여 제재처분(인허가의 정지·취소·철회, 등록 말소, 영업소 폐쇄와 정지를 갈음하는 과징금 부과를 말한다. 이하 이 조에서 같다)을 할 수 없다.

② 다음 각 호의 어느 하나에 해당하는 경우에는 제1항을 적용하지 아니한다.
1. 거짓이나 그 밖의 부정한 방법으로 인허가를 받거나 신고를 한 경우
2. 당사자가 인허가나 신고의 위법성을 알고 있었거나 중대한 과실로 알지 못한 경우
3. 정당한 사유 없이 행정청의 조사·출입·검사를 기피·방해·거부하여 제척기간이 지난 경우
4. 제재처분을 하지 아니하면 국민의 안전·생명 또는 환경을 심각하게 해치거나 해칠 우려가 있는 경우

③ 행정청은 제1항에도 불구하고 행정심판의 재결이나 법원의 판결에 따라 제재처분이 취소·철회된 경우에는 재결이나 판결이 확정된 날부터 1년(합의제행정기관은 2년)이 지나기 전까지는 그 취지에 따른 새로운 제재처분을 할 수 있다.

④ 다른 법률에서 제1항 및 제3항의 기간보다 짧거나 긴 기간을 규정하고 있으면 그 법률에서 정하는 바에 따른다.

---

1. 구 국유재산법에 의한 변상금 부과·징수권과 민사상 부당이득반환청구권은 동일한 금액 범위 내에서 경합하여 병존하게 되고, 민사상 부당이득반환청구권이 만족을 얻어 소멸하면 그 범위 내에서 변상금 부과·징수권도 소멸하는 관계에 있다(대판 2014.9.4. 2012두5688). **2017 국회직 8급**

2. 일정한 법규위반 사실이 행정처분의 전제사실이 되는 한편 이와 동시에 형사법규의 위반 사실이 되는 경우에 행정처분과 형벌은 각기 그 권력적 기초, 대상, 목적을 달리하고 있으므로 동일한 행위에 관하여 독립적으로 행정처분이나 형벌을 과하거나 이를 병과할 수 있는 것이고 법규가 예외적으로 형사소추선행의 원칙을 규정하고 있지 아니한 이상 형사판결 확정에 앞서 일정한 위반사실을 들어 행정처분을 하였다고 하여 절차적 위반이 있다고 할 수 없다(대판 1986.7.8. 85누1002). **2022 국가직 7급**

3. 하도급법 제25조 제1항은 공정거래위원회는 하도급법 제13조 등의 규정을 위반한 원사업자에 대하여 하도급대금 등의 지급, 법 위반행위의 중지, 향후 재발방지, 그 밖에 시정에 필요한 조치를 권고하거나 명할 수 있다고 규정하고 있는바, 하도급법이 제13조 등의 위반행위 그 자체에 대하여 과징금을 부과하고 형사처벌을 하도록 규정하고 있는 것과 별도로 그 위반행위를 이유로 한 시정명령의 불이행에 대하여도 형사처벌을 하도록 규정하고 있는 점과 이익침해적 제재규정의 엄격해석 원칙 등에 비추어 볼 때, 비록 하도급법 제13조 등의 위반행위가 있었더라도 그 위반행위의 결과가 더 이상 존재하지 않는다면 하도급법 제25조 제1항에 의한 시정명령을 할 수 없다(대판 2015.12.10. 선고 2013두35013). **2018 지방직 7급**

4. 행정법규 위반에 대한 제재조치는 행정목적의 달성을 위하여 행정법규 위반이라는 객관적 사실에 착안하여 가하는 제재이므로, 반드시 현실적인 행위자가 아니라도 법령상 책임자로 규정된 자에게 부과되고, 특별한 사정이 없는 한 위반자에게 고의나 과실이 없더라도 부과할 수 있다(대판 2017.5.11. 2014두8773). **2022 국가직 7급**

5. 세법상 가산세는 과세권의 행사 및 조세채권의 실현을 용이하게 하기 위하여 납세자가 정당한 이유 없이 법에 규정된 신고, 납세 등 각종 의무를 위반한 경우에 법이 정하는 바에 따라 부과하는 행정상 제재로서 납세자의 고의·과실은 고려되지 아니하고 법령의 부지·착오 등은 그 의무위반을 탓할 수 없는 정당한 사유에 해당하지 아니한다(대판 2015.1.15. 2014두12116). **2022 소방간부, 2015·2014 국회직 8급, 2019·2018 국가직 9급, 2021·2020·2017 지방직 7급**

6. 단순한 법률의 부지나 오해의 범위를 넘어 세법 해석상 견해가 대립하는 등으로 납세의무자가 그 의무를 알지 못한 것에 책임을 귀속시킬 수 없는 합리적인 이유가 있을 때 또는 그 의무의 이행을 당사자에게 기대하기 어려운 사정이 있을 때 등 그 의무를 게을리한 점을 비난할 수 없는 정당한 사유가 있는 경우에는 가산세를 부과할 수 없다(대판 2017.7.11. 2017두36885).

7. 납세의무자가 세무공무원의 잘못된 설명을 믿고 그 신고·납부의무를 이행하지 아니하였다 하더라도 그것이 관계 법령에 어긋나는 것임이 명백한 때에는 그러한 사유만으로 정당한 사유가 있다고 볼 수 없다(대판 2003.1.10. 2001두7886). **2018 지방직 7급**

8. 국세징수법 제21조, 제22조가 규정하는 가산금 또는 중가산금은 국세를 납부기한까지 납부하지 아니하면 과세청의 확정절차 없이도 법률 규정에 의하여 당연히 발생하는 것이므로 가산금 또는 중가산금의 고지가 항고소송의 대상이 되는 처분이라고 볼 수 없다(대판 2005.6.10. 2005다15482). **2019 국가직 9급**

9. 행정청이 여러 개의 위반행위에 대하여 하나의 제재처분을 하였으나, 위반행위별로 제재처분의 내용을 구분하는 것이 가능하고 여러 개의 위반행위 중 일부의 위반행위에 대한 제재처분 부분만이 위법하다면, 법원은 제재처분 중 위법성이 인정되는 부분만 취소하여야 하고 제재처분 전부를 취소하여서는 아니 된다(대판 2020.5.14. 2019두63515). **2022 국가직 7급**

1119 국유재산의 무단점유자에 대한 변상금 부과·징수권과 민사상 부당이득반환청구권은 양자 중 어느 한쪽만 성립하여 존재할 수 있을 뿐 양자가 경합하여 병존할 수는 없다. O | X

1120 시정명령이란 행정법령의 위반행위로 초래된 위법상태의 제거 내지 시정을 명하는 행정행위를 말하는 것으로서, 그 위법행위의 결과가 더 이상 존재하지 않는다면 시정명령을 할 수 없다. O | X

1121 가산세는 세법상 의무를 위반한 경우 법이 정하는 바에 따라 부과하는 행정상 제재이다. O | X

1122 가산세는 의무위반에 대한 고의 또는 과실을 요하지 않으므로 의무위반을 탓할 수 없는 정당한 사유가 있더라도 부과할 수 있다. O | X

1123 국세징수법상 가산금 고지는 항고소송의 대상되는 처분이다. O | X

1124 행정청이 여러 개의 위반행위에 대하여 하나의 제재처분을 하였으나, 위반행위별로 제재처분의 내용을 구분하는 것이 가능하고 여러 개의 위반행위 중 일부의 위반행위에 대한 제재처분 부분만이 위법하다면, 법원은 제재처분 전부를 취소하여서는 아니 된다. O | X

정답 및 해설

1119 X 서로 성격이 다르므로 양자가 경합하여 병존할 수 있다.
1120 O
1121 O
1122 X 의무위반을 탓할 수 없는 정당한 사유가 있는 경우 부과할 수 없다.
1123 X 국세징수법상 가산금 고지는 항고소송의 대상되는 처분이 아니다.
1124 O

행정절차법 제40조의3(위반사실 등의 공표) ① 행정청은 법령에 따른 의무를 위반한 자의 성명·법인명, 위반사실, 의무 위반을 이유로 한 처분사실 등(이하 "위반사실등"이라 한다)을 법률로 정하는 바에 따라 일반에게 공표할 수 있다.
② 행정청은 위반사실등의 공표를 하기 전에 사실과 다른 공표로 인하여 당사자의 명예·신용 등이 훼손되지 아니하도록 객관적이고 타당한 증거와 근거가 있는지를 확인하여야 한다.
③ 행정청은 위반사실등의 공표를 할 때에는 미리 당사자에게 그 사실을 통지하고 의견제출의 기회를 주어야 한다. 다만, 다음 각 호의 어느 하나에 해당하는 경우에는 그러하지 아니하다.
1. 공공의 안전 또는 복리를 위하여 긴급히 공표를 할 필요가 있는 경우
2. 해당 공표의 성질상 의견청취가 현저히 곤란하거나 명백히 불필요하다고 인정될 만한 타당한 이유가 있는 경우
3. 당사자가 의견진술의 기회를 포기한다는 뜻을 명백히 밝힌 경우
④ 제3항에 따라 의견제출의 기회를 받은 당사자는 공표 전에 관할 행정청에 서면이나 말 또는 정보통신망을 이용하여 의견을 제출할 수 있다.
⑤ 제4항에 따른 의견제출의 방법과 제출 의견의 반영 등에 관하여는 제27조 및 제27조의2를 준용한다. 이 경우 "처분"은 "위반사실등의 공표"로 본다.
⑥ 위반사실등의 공표는 관보, 공보 또는 인터넷 홈페이지 등을 통하여 한다.
⑦ 행정청은 위반사실등의 공표를 하기 전에 당사자가 공표와 관련된 의무의 이행, 원상회복, 손해배상 등의 조치를 마친 경우에는 위반사실등의 공표를 하지 아니할 수 있다.
⑧ 행정청은 공표된 내용이 사실과 다른 것으로 밝혀지거나 공표에 포함된 처분이 취소된 경우에는 그 내용을 정정하여, 정정한 내용을 지체 없이 해당 공표와 같은 방법으로 공표된 기간 이상 공표하여야 한다. 다만, 당사자가 원하지 아니하면 공표하지 아니할 수 있다.

병무청장이 병역법 제81조의2 제1항에 따라 병역의무 기피자의 인적사항 등을 인터넷 홈페이지에 게시하는 등의 방법으로 공개한 경우 병무청장의 공개결정을 항고소송의 대상이 되는 행정처분으로 보아야 한다. 그 구체적인 이유는 다음과 같다.

2022 국회직 8급, 2023 국가직 9급, 2022 국가직 7급

① 병무청장이 하는 병역의무 기피자의 인적사항 등 공개는, 특정인을 병역의무 기피자로 판단하여 그 사실을 일반 대중에게 공표함으로써 그의 명예를 훼손하고 그에게 수치심을 느끼게 하여 병역의무 이행을 간접적으로 강제하려는 조치로서 병역법에 근거하여 이루어지는 공권력의 행사에 해당한다.
② 병무청장이 하는 병역의무 기피자의 인적사항 등 공개조치에는 특정인을 병역의무 기피자로 판단하여 그에게 불이익을 가한다는 행정결정이 전제되어 있고, 공개라는 사실행위는 행정결정의 집행행위라고 보아야 한다. 병무청장이 그러한 행정결정을 공개 대상자에게 미리 통보하지 않은 것이 적절한지는 본안에서 해당 처분이 적법한가를 판단하는 단계에서 고려할 요소이며, 병무청장이 그러한 행정결정을 공개 대상자에게 미리 통보하지 않았다거나 처분서를 작성·교부하지 않았다는 점만으로 항고소송의 대상적격을 부정하여서는 아니 된다.
③ 병무청 인터넷 홈페이지에 공개 대상자의 인적사항 등이 게시되는 경우 그의 명예가 훼손되므로, 공개 대상자는 자신에 대한 공개결정이 병역법령에서 정한 요건과 절차를 준수한 것인지를 다툴 법률상 이익이 있다. 병무청장이 인터넷 홈페이지 등에 게시하는 사실행위를 함으로써 공개 대상자의 인적사항 등이 이미 공개되었더라도, 재판에서 병무청장의 공개결정이 위법함이 확인되어 취소판결이 선고되는 경우, 병무청장은 취소판결의 기속력에 따라 위법한 결과를 제거하는 조치를 할 의무가 있으므로 공개 대상자의 실효적 권리구제를 위해 병무청장의 공개결정을 행정처분으로 인정할 필요성이 있다. 만약 병무청장의 공개결정을 항고소송의 대상이 되는 처분으로 보지 않는다면 국가배상청구 외에는 침해된 권리 또는 법률상 이익을 구제받을 적절한 방법이 없다.

④ 관할 지방병무청장의 공개 대상자 결정의 경우 상대방에게 통보하는 등 외부에 표시하는 절차가 관계 법령에 규정되어 있지 않아, 행정실무상으로도 상대방에게 통보되지 않는 경우가 많다. 또한 관할 지방병무청장이 위원회의 심의를 거쳐 공개 대상자를 1차로 결정하기는 하지만, 병무청장에게 최종적으로 공개 여부를 결정할 권한이 있으므로, 관할 지방병무청장의 공개 대상자 결정은 병무청장의 최종적인 결정에 앞서 이루어지는 행정기관 내부의 중간적 결정에 불과하다. 가까운 시일 내에 최종적인 결정과 외부적인 표시가 예정된 상황에서, 외부에 표시되지 않은 행정기관 내부의 결정을 항고소송의 대상인 처분으로 보아야 할 필요성은 크지 않다. 관할 지방병무청장이 1차로 공개 대상자 결정을 하고, 그에 따라 병무청장이 같은 내용으로 최종적 공개결정을 하였다면, 공개 대상자는 병무청장의 최종적 공개결정만을 다투는 것으로 충분하고, 관할 지방병무청장의 공개 대상자 결정을 별도로 다툴 소의 이익은 없어진다(대판 2019.6.27. 2018두49130).

1125 병무청장이 하는 병역의무 기피자의 인적사항 공개는 특정인을 병역의무 기피자로 판단하여 그 사실을 일반 대중에게 공표함으로써 그의 명예를 훼손하고 그에게 수치심을 느끼게 하여 병역의무 이행을 간접적으로 강제하려는 조치로서 공권력의 행사에 해당한다. O | X

1126 관할 지방병무청장이 1차로 공개 대상자 공개 결정을 하고, 그에 따라 병무청장이 같은 내용으로 최종적 공개결정을 하였더라도, 공개 대상자는 관할 지방병무청장의 공개 대상자 결정을 별도로 다툴 소의 이익이 있다. O | X

1127 병무청장의 인적사항 공개처분이 취소되면 병무청장은 취소판결의 기속력에 따라 위법한 결과를 제거하는 조치를 할 의무가 있다. O | X

정답 및 해설

1125 **O**
1126 **X** 최종적 공개결정을 대상으로 하고 관할 지방병무청장의 공개대상자 결정을 별도로 다툴 소의 이익이 없다.
1127 **O**

33 | 국가배상

> 국가 또는 공공단체에 대하여 그의 불법행위를 이유로 손해배상을 구함은 국가배상법이 정하는 바에 따른다 하여도, 이 역시 민사상 손해배상책임을 특별법인 국가배상법이 정한 것에 불과하다(대판 1971.4.6. 70다2955). **2020 국가직 9급**

1128   국가 또는 공공단체에 대하여 그의 불법행위를 이유로 손해배상을 구함은 당사자소송에 의한다는 것이 판례이다. O | X

> 상호보증은 외국의 법령, 판례 및 관례 등에 의하여 발생요건을 비교하여 인정되면 충분하고 반드시 당사국과의 조약이 체결되어 있을 필요는 없으며, 당해 외국에서 구체적으로 우리나라 국민에게 국가배상청구를 인정한 사례가 없더라도 실제로 인정될 것이라고 기대할 수 있는 상태이면 충분하다(대판 2015.6.11. 2013다208388). **2023 국회직 8급, 2022 국가직 7급**

1129   외국인이 피해자인 경우에는 해당 국가와 상호보증이 있을 때에만 「국가배상법」이 적용되며, 상호보증은 해당 국가와 조약이 체결되어 있어야 한다. O | X

정답 및 해설

1128   X   민사소송에 의한다는 것이 판례이다.
1129   X   반드시 당사자국과의 조약이 체결되어 있을 필요는 없다.

■ 국가배상법 제2조 공무원의 직무상 불법행위

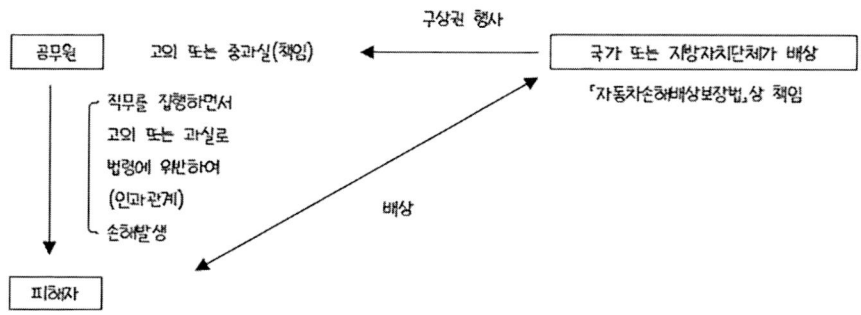

1. 국가배상법 제2조 소정의 '공무원'이라 함은 국가공무원법이나 지방공무원법에 의하여 공무원으로서의 신분을 가진 자에 국한하지 않고, 널리 공무를 위탁받아 실질적으로 공무에 종사하고 있는 일체의 자를 가리키는 것으로서, 공무의 위탁이 일시적이고 한정적인 사항에 관한 활동을 위한 것이어도 달리 볼 것은 아니다(대판 2001.1.5. 98다39060).
   <small>2019 국회직 8급, 2014 지방직 9급, 2022·2013 지방직 7급</small>

2. 지방자치단체가 '교통할아버지 봉사활동 계획'을 수립한 후 관할 동장으로 하여금 '교통할아버지'를 선정하게 하여 어린이 보호, 교통안내, 거리질서 확립 등의 공무를 위탁하여 집행하게 하던 중 '교통할아버지'로 선정된 노인이 위탁받은 업무 범위를 넘어 교차로 중앙에서 교통정리를 하다가 교통사고를 발생시킨 경우, 지방자치단체가 국가배상법 제2조 소정의 배상책임을 부담한다(대판 2001.1.5. 98다39060).

3. 한국토지공사는 이러한 법령의 위탁에 의하여 대집행을 수권받은 자로서 공무인 대집행을 실시함에 따르는 권리·의무 및 책임이 귀속되는 행정주체의 지위에 있다고 볼 것이지 지방자치단체 등의 기관으로서 국가배상법 제2조 소정의 공무원에 해당한다고 볼 것은 아니다(대판 2010.1.28. 2007다82950, 82967).
   <small>2021·2015 국회직 8급, 2019 지방직 9급, 2015 지방직 7급</small>

4. 공법인이 국가로부터 위탁받은 공행정사무를 집행하는 과정에서 공법인의 임직원이나 피용인이 고의 또는 과실로 법령을 위반하여 타인에게 손해를 입힌 경우에는, 공법인은 위탁받은 공행정사무에 관한 행정주체의 지위에서 배상책임을 부담하여야 하지만, 공법인의 임직원이나 피용인은 실질적인 의미에서 공무를 수행한 사람으로서 국가배상법 제2조에서 정한 공무원에 해당하므로 고의 또는 중과실이 있는 경우에만 배상책임을 부담하고 경과실이 있는 경우에는 배상책임을 면한다(대판 2021.1.28. 2019다260197).
   <small>2025 소방간부</small>

5. 의용소방대는 국가기관이라고 할 수 없음은 물론이고 또 그것을 군에 예속된 기관이라고 할 수도 없으니 의용소방대원이 소방호수를 교환받기 위하여 소방대장의 승인을 받고 위 의용소방대가 보관·사용하는 차량을 운전하고 가다가 운전사고를 발생하게 하였다 하더라도 군은 손해배상책임이 없다(대판 1975.11.25. 73다1896).

1130 「국가배상법」상의 공무원은 공무원으로서의 신분을 가진 자에 국한하지 않고, 널리 공무를 위탁받아 실질적으로 공무에 종사하고 있는 일체의 자를 뜻한다. O | X

1131 공무의 위탁이 일시적이고 한정적인 사항에 관한 활동을 위한 것인 경우 「국가배상법」상 공무원에 해당하지 않는다. O | X

1132 지방자치단체가 '교통할아버지 봉사활동 계획'을 수립한 후 관할 동장으로 하여금 '교통할아버지'를 선정한 경우 「국가배상법」상 공무원에 해당한다. O | X

1133 대집행권한을 위탁받은 한국토지공사는 대집행을 실시함에 있어서 행정주체의 지위에 있다. O | X

1134 대집행권한을 위탁받은 한국토지공사는 대집행을 실시함에 있어서 「국가배상법」상의 공무원에 해당한다. O | X

1135 공법인의 임직원이나 피용인은 실질적인 의미에서 공무를 수행한 사람으로서 「국가배상법」 제2조에서 정한 공무원에 해당한다. O | X

1136 의용소방대는 국가기관이나 국가기관에 예속된 기관에 해당한다. O | X

1137 의용소방대원은 「국가배상법」상의 공무원에 해당하지 않는다. O | X

정답 및 해설

1130 O
1131 X 공무의 위탁이 일시적이고 한정적인 사항이라도 공무원에 해당한다.
1132 O
1133 O
1134 X 행정주체의 지위이지 공무원에 해당하지 않는다.
1135 O
1136 X 의용소방대는 국가기관에 예속된 기관에 해당하지 않는다.
1137 O

1. 국가배상법이 정한 배상청구의 요건인 '공무원의 직무'에는 권력적 작용만이 아니라 행정지도와 같은 비권력적 작용도 포함되며 단지 행정주체가 사경제주체로서 하는 활동만 제외된다(대판 1998. 7. 10. 96다38971).
   _{2021 소방간부, 2021 국가직 9급, 2022·2014 지방직 9급, 2017 지방직 7급}

2. 피고 및 그 산하의 강남구청은 이 사건 도시계획사업의 주무관청으로서 그 사업을 적극적으로 대행·지원하여 왔고 이 사건 공탁도 행정지도의 일환으로 직무수행으로서 행하였다고 할 것이므로, 비권력적 작용인 공탁으로 인한 피고의 손해배상책임은 성립할 수 있다(대판 1998. 7. 10. 96다38971).
   _{2016 지방직 7급}

3. 구 공공용지의 취득 및 손실보상에 관한 특례법에 따라 서울특별시장의 대행자인 도봉구청장이 원고와 사이에 체결한 이 사건 매매계약은 공공기관이 사경제주체로서 행한 사법상 매매이므로, 설령 서울특별시장이나 그 대행자인 도봉구청장에게 원고를 위하여 양도소득세 감면신청을 할 법률상의 의무가 인정되고 이러한 의무를 위반하여 원고에게 손해를 가한 행위가 불법행위를 구성하는 것으로 본다 하더라도, 이에 대하여는 국가배상법을 적용하기는 어렵고 일반 민법의 규정을 적용할 수 있을 뿐이라 할 것이다(대판 1999. 11. 26. 98다47245).
   _{2016 지방직 7급}

4. 국가 또는 지방자치단체라 할지라도 공권력의 행사가 아니고 단순한 사경제의 주체로 활동하였을 경우에는 그 손해배상책임에 국가배상법이 적용될 수 없고 민법상의 사용자책임 등이 인정되는 것이고 국가의 철도운행사업은 국가가 공권력의 행사로서 하는 것이 아니고 사경제적 작용이라 할 것이므로, 이로 인한 사고에 공무원이 간여하였다고 하더라도 국가배상법을 적용할 것이 아니고 일반 민법의 규정에 따라야 하므로, 국가배상법상의 배상전치절차를 거칠 필요가 없으나, 공공의 영조물인 철도시설물의 설치 또는 관리의 하자로 인한 불법행위를 원인으로 하여 국가에 대하여 손해배상청구를 하는 경우에는 국가배상법이 적용되므로 배상전치절차를 거쳐야 한다(대판 1999. 6. 22. 99다7008).
   _{2021 국회직 8급}

1138 「국가배상법」상 공무원의 직무에는 행정주체가 사경제주체로서 하는 활동만 제외된다. O | X

1139 「국가배상법」상 공무원의 직무에는 권력적 작용만이 아니라 행정지도와 같은 비권력적 작용도 포함된다. O | X

1140 행정지도의 일환으로 공탁을 한 경우 비권력적 작용인 공탁으로 인한 손해배상책임은 성립할 수 없다. O | X

1141 국가의 철도운행사업은 국가가 공권력의 행사로서 하는 것이 아니고 사경제적 작용이라 할 것이므로, 이로 인한 사고에 공무원이 간여하였다고 하더라도 「국가배상법」을 적용할 것이 아니고 일반 「민법」의 규정에 따라야 한다. O | X

1142 철도시설물의 설치 또는 관리의 하자로 인한 불법행위를 원인으로 하여 국가에 대하여 손해배상청구를 하는 경우에도 「민법」이 적용된다. O | X

정답 및 해설

1138 O
1139 O
1140 X 행정지도도 국가배상법상 공무원의 직무집행에 포함된다.
1141 O
1142 X 철도시설물의 설치 또는 관리의 하자로 인한 불법행위는 국가배상법이 적용된다.

1. 국가배상법 제2조 제1항의 "직무를 집행함에 당하여"라 함은 직접 공무원의 직무집행행위이거나 그와 밀접한 관계에 있는 행위를 포함하고, 이를 판단함에 있어서는 행위 자체의 외관을 객관적으로 관찰하여 공무원의 직무행위로 보여질 때에는 비록 그것이 실질적으로 직무행위가 아니거나 또는 행위자로서는 주관적으로 공무집행의 의사가 없었다고 하더라도 그 행위는 공무원이 "직무를 집행함에 당하여"한 것으로 보아야 한다(대판 1995.4.21. 93다14240).

2019 국회직 8급, 2018 국가직 9급, 2014 국가직 7급, 2014 지방직 7급

2. "직무를 행함에 당하여"라는 취지는 공무원의 행위의 외관을 객관적으로 관찰하여 공무원의 직무행위로 보여질 때에는 비록 그것이 실질적으로 직무행위이거나 아니거나 또는 행위자의 주관적 의사에 관계없이 그 행위는 공무원의 직무집행행위로 볼 것이요 이러한 행위가 실질적으로 공무집행행위가 아니라는 사정을 피해자가 알았다 하더라도 그것을 "직무를 행함에 당하여"라고 단정하는데 아무런 영향을 미치는 것이 아니다(대판 1966.6.28. 66다781).

1143 「국가배상법」상 공무원의 직무집행에는 직접 공무원의 직무집행행위이거나 그와 밀접한 관계에 있는 행위를 포함한다. O | X

1144 공무원이 주관적으로 공무집행의 의사가 없었다면 외관상 객관적으로 공무원의 직무행위로 보이더라도 직무집행에 해당하지 않는다. O | X

1145 외관상 객관적으로 공무원의 직무행위로 보이더라도 실질적으로 공무집행행위가 아니라는 사정을 피해자가 알았다면 직무를 집행하던 중의 행위로 보지 않는다. O | X

울산세관의 통관지원과에서 인사업무를 담당하면서 울산세관 공무원들의 공무원증 및 재직증명서 발급업무를 하는 공무원이 울산세관의 다른 공무원의 공무원증 등을 위조하는 행위는 비록 그것이 실질적으로는 직무행위에 속하지 아니한다 할지라도 적어도 외관상으로는 공무원증과 재직증명서를 발급하는 행위로서 직무집행으로 보여지므로 결국 소외인의 공무원증 등 위조행위는 국가배상법 제2조 제1항 소정의 공무원이 직무를 집행함에 당하여 한 행위로 인정된다(대판 2005.1.14. 2004다26805).

2021 소방간부, 2014 지방직 9급, 2018·2015 지방직 7급

1146 인사업무를 담당하면서 울산세관 공무원들의 공무원증 및 재직증명서 발급업무를 하는 공무원이 울산세관의 다른 공무원의 공무원증 등을 위조하는 행위는 외관상 공무원의 직무집행으로 볼 수 없다. O | X

정답 및 해설

1143 O
1144 X 외관상 객관적으로 공무원의 직무행위로 보이는 경우 직무집행에 해당한다.
1145 X 피해자가 알았더라도 직무를 집행하던 중의 행위로 봐야 한다.
1146 X 외관상 공무원의 직무집행으로 볼 수 있다.

> 1. 공무원이 자신의 소유인 승용차를 운전하여 공무를 수행하고 돌아오던 중 동승한 다른 공무원을 사망하게 하는 교통사고를 발생시킨 경우, 이는 외형상 객관적으로 직무와 밀접한 관련이 있는 행위이고, 가해행위를 한 공무원과 동일한 목적을 위한 업무를 수행한 공무원이라 할지라도 그가 가해행위에 관여하지 아니한 이상 국가배상법 제2조 제1항 소정의 '타인'에 해당하므로 국가배상법에 의한 손해배상책임이 인정된다(대판 1998.11.19. 97다36873).
> 2. 공무원이 통상적으로 근무하는 근무지로 출근하기 위하여 자기 소유의 자동차를 운행하다가 자신의 과실로 교통사고를 일으킨 경우에는 특별한 사정이 없는 한 국가배상법 제2조 제1항 소정의 공무원이 '직무를 집행함에 당하여' 타인에게 불법행위를 한 것이라고 할 수 없으므로 그 공무원이 소속된 국가나 지방공공단체가 국가배상법상의 손해배상책임을 부담하지 않는다(대판 1996.5.31. 94다15271).

1147 공무원이 자신의 소유인 승용차를 운전하여 공무를 수행하고 돌아오던 중 동승한 다른 공무원을 사망하게 하는 교통사고를 발생시킨 경우 국가배상책임이 인정된다. O | X

1148 공무원이 통상적으로 근무하는 근무지로 출근하기 위하여 자기 소유의 자동차를 운행하다가 자신의 과실로 교통사고를 일으킨 경우에는 국가는 그 손해를 배상하여야 한다. O | X

> 1. 도로개설 등 공사로 인한 무허가건물의 강제철거와 관련하여 이루어지는 시나 구 등 지방자치단체의 그 철거건물 소유자에 대한 시영아파트 분양권부여 및 세입자에 대한 지원대책 등의 업무는 지방자치단체의 공권력행사 기타 공행정 작용과 관련된 활동으로 볼 것이지 이를 지방자치단체가 단순한 사경제주체로서 하는 활동이라고는 볼 수 없다(대판 1991.7.26. 91다14819). **2016 지방직 7급**
> 2. 구청 공무원 갑이 주택정비계장으로 부임하기 이전에 그의 처 등과 공모하여 을에게 무허가건물철거 세입자들에 대한 시영아파트 입주권 매매행위를 한 경우 이는 갑이 개인적으로 저지른 행위에 불과하고 당시 근무하던 세무과에서 수행하던 지방세 부과, 징수 등 본래의 직무와는 관련이 없는 행위로서 외형상으로도 직무범위 내에 속하는 행위라고 볼 수 없다(대판 1993.1.15. 92다8514).

1149 도로개설 등 공사로 인한 무허가건물의 강제철거와 관련하여 이루어지는 시나 구 등 지방자치단체의 그 철거건물 소유자에 대한 시영아파트 분양권부여 및 세입자에 대한 지원대책 등의 업무는 지방자치단체가 사경제주체로서 하는 활동으로 보아야 한다. O | X

1150 지방세무과 공무원의 무허가건물철거 세입자들에 대한 시영아파트 입주권 매매행위는 외형상으로 세무 공무원의 직무범위 내에 속하는 행위로 볼 수 없다. O | X

정답 및 해설

1147 **O**
1148 **X** 근무지로 출근하던 중 교통사고는 공무원의 직무집행과 관련된 것으로 볼 수 없다.
1149 **X** 공행정작용과 관련된 것이다.
1150 **O**

1. 공무원의 직무집행상의 과실이라 함은 공무원이 그 직무를 수행함에 있어 당해직무를 담당하는 평균인이 보통(통상) 갖추어야 할 주의의무를 게을리한 것을 말한다(대판 1987.9.22. 87다카1164).

2. 어떠한 행정처분이 후에 항고소송에서 위법한 것으로서 취소되었다고 하더라도 그로써 곧 당해 행정처분이 공무원의 고의 또는 과실에 의한 불법행위를 구성한다고 단정할 수는 없지만, 그 행정처분의 담당공무원이 보통 일반의 공무원을 표준으로 하여 볼 때 객관적 주의의무를 결하여 그 행정처분이 객관적 정당성을 상실하였다고 인정될 정도에 이른 경우에는 국가배상법 제2조 소정의 국가배상책임의 요건을 충족하였다고 보아야 한다. 이때 객관적 정당성을 상실하였는지 여부는 침해행위가 되는 행정처분의 태양과 그 목적, 피해자의 관여 여부 및 관여의 정도, 침해된 이익의 종류와 손해의 정도 등 여러 사정을 종합하여 결정하되 손해의 전보책임을 국가 또는 지방자치단체에게 부담시킬 만한 실질적인 이유가 있는지도 살펴서 판단하여야 한다(대판 2011.1.27. 2008다30703). **2022 소방간부, 2022·2020 지방직 7급**

1151 행정처분의 담당공무원이 주관적 주의의무를 결하여 그 행정처분이 주관적 정당성을 상실하였다고 인정될 정도에 이른 경우에「국가배상법」제2조의 요건을 충족하였다고 봄이 상당하다. O | X

1152 공무원의 직무집행상의 과실이라 함은 공무원이 그 직무를 수행함에 있어 당해직무를 담당하는 평균인이 보통(통상) 갖추어야 할 주의의무를 게을리한 것을 말한다. O | X

1. 특별한 사정이 없는 한 일반적으로 공무원이 관계법규를 알지 못하거나 필요한 지식을 갖추지 못하고 법규의 해석을 그르쳐 행정처분을 하였다면 그가 법률전문가가 아닌 행정직 공무원이라고 하여 과실이 없다고는 할 수 없다(대판 2001.2.9. 98다52988). **2022 국회직 8급, 2021 국가직 9급, 2016 지방직 9급, 2018 지방직 7급**

2. 법령에 대한 해석이 그 문언 자체만으로는 명백하지 아니하여 여러 견해가 있을 수 있는 데다가 이에 대한 선례나 학설, 판례 등도 귀일된 바 없어 의의가 없을 수 없는 경우에 관계 공무원이 그 나름대로 신중을 다하여 합리적인 근거를 찾아 그 중 어느 한 견해를 따라 내린 해석이 후에 대법원이 내린 입장과 같지 않아 결과적으로 잘못된 해석에 돌아가고, 이에 따른 처리가 역시 결과적으로 위법하게 되어 그 법령의 부당집행이라는 결과를 가져오게 되었다고 하더라도 그와 같은 처리방법 이상의 것을 성실한 평균적 공무원에게 기대하기는 어려운 일이고, 따라서 이러한 경우에까지 공무원의 과실을 인정할 수는 없다(대판 2010.4.29. 2009다97925). **2018·2015 국회직 8급, 2022 국가직 9급**

3. 대법원의 판단으로 관계 법령의 해석이 확립되고 이어 상급 행정기관 내지 유관 행정부서로부터 시달된 업무지침이나 업무연락 등을 통하여 이를 충분히 인식할 수 있게 된 상태에서, 확립된 법령의 해석에 어긋나는 견해를 고집하여 계속하여 위법한 행정처분을 하거나 이에 준하는 행위로 평가될 수 있는 불이익을 처분상대방에게 주게 된다면, 이는 그 공무원의 고의 또는 과실로 인한 것이 되어 그 손해를 배상할 책임이 있다(대판 2007.5.10. 2005다31828).

4. 행정처분이 후에 항고소송에서 취소되었다고 할지라도 그 기판력에 의하여 당해 행정처분이 곧바로 공무원의 고의 또는 과실로 인한 것으로서 불법행위를 구성한다고 단정할 수는 없다(대판 2000.5.12. 99다70600). **2019 국회직 8급, 2022·2017 국가직 9급, 2014 국가직 7급, 2022·2019 지방직 9급, 2017·2015 지방직 7급**

5. 어떠한 행정처분이 위법하다고 할지라도 그 자체만으로 곧바로 그 행정처분이 공무원의 고의 또는 과실로 인한 불법행위를 구성한다고 단정할 수는 없고, 공무원의 고의 또는 과실의 유무에 대하여는 별도의 판단을 요한다(대판 2004.6.11. 2002다31018). **2022 소방간부**

6. 영업허가취소처분이 나중에 행정심판에 의하여 재량권을 일탈한 위법한 처분임이 판명되어 취소되었다고 하더라도 그 처분이 당시 시행되던 공중위생법시행규칙에 정하여진 행정처분의 기준에 따른 것인 이상 그 영업허가취소처분을 한 행정청 공무원에게 그와 같은 위법한 처분을 한 데 있어 어떤 직무집행상의 과실이 있다고 할 수는 없다(대판 1994.11.8. 94다26141). **2023·2016 국회직 8급, 2016 지방직 9급, 2022 지방직 7급**

7. 경찰관이 범인을 제압하는 과정에서 총기를 사용하여 범인을 사망에 이르게 한 사안에서, 경찰관이 총기사용에 이르게 된 동기나 목적, 경위 등을 고려하여 형사사건에서 무죄판결이 확정되었더라도 당해 경찰관의 과실의 내용과 그로 인하여 발생한 결과의 중대함에 비추어 민사상 불법행위책임이 인정된다(대판 2008.2.1. 2006다6713). **2017 국가직 7급**

8. 형벌에 관한 법령이 헌법재판소의 위헌결정으로 소급하여 효력을 상실하였거나 법원에서 위헌·무효로 선언된 경우, 그 법령이 위헌으로 선언되기 전에 그 법령에 기초하여 수사가 개시되어 공소가 제기되고 유죄판결이 선고되었더라도, 그러한 사정만으로 수사기관의 직무행위나 법관의 재판상 직무행위가 국가배상법 제2조 제1항에서 말하는 공무원의 고의 또는 과실에 의한 불법행위에 해당하여 국가의 손해배상책임이 발생한다고 볼 수는 없다(대판 2014.10.27. 2013다217962). **2019 지방직 9급**

1153 일반적으로 공무원이 관계법규를 알지 못하거나 필요한 지식을 갖추지 못하고 법규의 해석을 그르쳐 행정처분을 하였다면 원칙적 과실이 인정된다. O | X

1154 법령에 대한 해석이 그 문언 자체만으로는 명백하지 아니하여 여러 견해가 있을 수 있는 데다가 이에 대한 선례나 학설, 판례 등도 귀일된 바 없어 관계 공무원이 그 나름대로 신중을 다하여 합리적인 근거를 찾아 그 중 어느 한 견해를 따라 내린 해석이 후에 대법원이 내린 입장과 같지 않아 결과적으로 잘못된 해석에 돌아갔다면 과실을 인정할 수 없다. O | X

1155 대법원의 판단으로 관계 법령의 해석이 확립된 경우 확립된 법령의 해석에 어긋나는 견해를 고집하여 계속하여 위법한 행정처분을 한 경우 공무원의 고의 또는 과실로 인한 것으로 볼 수 있다. O | X

1156 행정처분이 후에 항고소송에서 취소된 경우 당해 처분이 곧바로 공무원의 고의 또는 과실로 인한 것으로 단정할 수 있다. O | X

1157 행정규칙의 처분기준에 따른 처분에 대해 항고소송 법원에서 처분을 취소한 경우 원칙적 공무원의 과실이 인정된다. O | X

1158 공무원의 가해행위에 대해 형사상 무죄판결이 있었더라도 그 가해행위를 이유로 국가배상책임이 인정될 수 있다. O | X

1159 형벌에 관한 법령이 헌법재판소의 위헌결정으로 소급하여 효력을 상실한 경우, 위헌 선언 전 그 법령에 기초하여 수사가 개시되어 공소가 제기되고 유죄판결이 선고되었더라도, 그러한 사정만으로 국가의 손해배상책임이 발생한다고 볼 수 없다. O | X

정답 및 해설

1151 X 객관적 정당성을 상실하였다고 인정될 정도여야 한다.
1152 O   1153 O   1154 O   1155 O
1156 X 곧바로 공무원의 고의 또는 과실로 인한 것으로 단정할 수 없다.
1157 X 공무원이 행정규칙의 처분기준을 따른 경우 과실이 인정되지 않는다.
1158 O   1159 O

1. 우리 헌법이 채택하고 있는 의회민주주의하에서 국회는 다원적 의견이나 각가지 이익을 반영시킨 토론과정을 거쳐 다수결의 원리에 따라 통일적인 국가의사를 형성하는 역할을 담당하는 국가기관으로서 그 과정에 참여한 국회의원은 입법에 관하여 원칙적으로 국민 전체에 대한 관계에서 정치적 책임을 질 뿐 국민 개개인의 권리에 대응하여 법적 의무를 지는 것은 아니므로, 국회의원의 입법행위는 그 입법 내용이 헌법의 문언에 명백히 위배됨에도 불구하고 국회가 굳이 당해 입법을 한 것과 같은 특수한 경우가 아닌 한 국가배상법 제2조 제1항 소정의 위법행위에 해당한다고 볼 수 없고, 같은 맥락에서 국가가 일정한 사항에 관하여 헌법에 의하여 부과되는 구체적인 입법의무를 부담하고 있음에도 불구하고 그 입법에 필요한 상당한 기간이 경과하도록 고의 또는 과실로 이러한 입법의무를 이행하지 아니하는 등 극히 예외적인 사정이 인정되는 사안에 한정하여 국가배상법 소정의 배상책임이 인정될 수 있으며, 위와 같은 구체적인 입법의무 자체가 인정되지 않는 경우에는 애당초 부작위로 인한 불법행위가 성립할 여지가 없다(대판 2008.5.29. 2004다33469).
_{2022 국회직 8급, 2019 국가직 9급, 2017 국가직 7급, 2016 지방직 9급, 2014 지방직 7급}

2. 구 군법무관임용법 제5조 제3항과 군법무관임용등에관한법률 제6조가 군법무관의 보수를 법관 및 검사의 예에 준하도록 규정하면서 그 구체적 내용을 시행령에 위임하고 있는 이상, 위 법률의 규정들은 군법무관의 보수의 내용을 법률로써 일차적으로 형성한 것이고, 위 법률들에 의해 상당한 수준의 보수청구권이 인정되는 것이므로, 위 보수청구권은 단순한 기대이익을 넘어서는 것으로서 법률의 규정에 의해 인정된 재산권의 한 내용이 되는 것으로 봄이 상당하고, 따라서 행정부가 정당한 이유 없이 시행령을 제정하지 않은 것은 위 보수청구권을 침해하는 불법행위에 해당한다(대판 2007.11.29. 2006다3561). _{2021 국회직 8급}

3. 헌법재판소는 1998.7.16. 법령의 위임에 따라 치과전문의제도의 실시를 위한 구체적 조치를 마련할 보건복지부장관의 행정입법 의무가 있음에도, 20년 이상이 경과하도록 제도적 조치를 취하지 아니하여 전공의 수련과정을 사실상 마친 사람들의 기본권을 침해한다는 이유로, 보건복지부장관이 구 의료법 제55조 및 구 전문의 규정 제17조의 위임에 따라 치과전문의자격시험제도를 실시할 수 있는 절차를 마련하지 아니하는 입법부작위는 위헌임을 확인하는 결정을 하였다. 즉 이 사건 위헌결정은 보건복지부장관에게 구 의료법 및 구 전문의 규정의 위임에 따라 치과의사전문의 자격시험제도를 실시하기 위하여 필요한 시행규칙의 개정 등 절차를 마련하여야 할 헌법상 입법의무가 부과되어 있다고 판시하였을 뿐, 사실상 전공의 수련과정을 수료한 치과의사들에게 그 수련경력에 대한 기득권을 인정하는 경과조치를 마련하지 아니한 보건복지부장관의 행정입법부작위가 위헌·위법하다고까지 판시한 것은 아니다(대판 2018.6.15. 2017다249769). _{2022 국회직 8급}

1160 국회의원은 입법에 관하여 원칙적으로 국민 전체에 대한 관계에서 정치적 책임을 질 뿐 국민 개개인의 권리에 대응하여 법적 의무를 지는 것은 아니므로 국회의원의 입법작용과 관련하여 국가배상책임을 지는 경우는 발생할 여지가 없다. O | X

1161 국회의원의 입법행위는 그 입법 내용이 헌법의 문언에 명백히 위반됨에도 불구하고 국회가 굳이 당해 입법을 한 것과 같은 특수한 경우가 아닌 한「국가배상법」제2조 제1항 소정의 위법행위에 해당된다고 볼 수 없다. O | X

1162 국가에게 일정한 사항에 관하여 헌법에 의하여 부과되는 구체적인 입법의무 자체가 인정되지 아니하는 경우에는 애당초 입법부작위로 인한 불법행위가 성립할 여지가 없다. O | X

1163 국가가 일정한 사항에 관하여 헌법에 의하여 부과되는 구체적인 입법의무를 부담하고 있음에도 불구하고 그 입법에 필요한 상당한 기간이 경과하도록 입법의무를 이행하지 않은 경우 고의 또는 과실이 없더라도 국가배상이 인정된다. O | X

1164 입법자가 법률로써 특정한 사항을 시행령으로 정하도록 위임했음에도 불구하고 행정부가 정당한 이유 없이 이를 이행하지 않는다면 권력분립의 원칙과 법치국가 내지 법치행정의 원칙에 위배되는 것으로서 위헌성이 인정되나 이는 헌법소원을 통한 구제의 대상이 될 뿐이고 국가배상의 대상이 되는 것은 아니다. O | X

1165 법령의 위임에도 불구하고 보건복지부장관이 치과전문의제도의 실시를 위하여 필요한 시행규칙의 개정 등 절차를 마련하지 않은 입법부작위가 위헌이라는 헌법재판소 결정의 기속력에 따라, 보건복지부장관이 사실상 전공의 수련과정을 수료한 치과의사들에게 그 수련경력에 대한 기득권을 인정하는 경과조치를 행정입법으로 제정하지 않았다면 입법부작위에 의한 국가배상책임이 성립한다. O | X

정답 및 해설

1160 X 그 입법 내용이 헌법의 문언에 명백히 위반됨에도 불구하고 국회가 굳이 입법한 경우 인정할 여지가 있다.
1161 O
1162 O
1163 X 고의 또는 과실에 의한 입법부작위인 경우 국가배상이 인정된다.
1164 X 시행령의 입법부작위도 국가배상의 대상이 된다.
1165 O

1. 법관의 재판에 법령의 규정을 따르지 아니한 잘못이 있다 하더라도 이로써 바로 그 재판상 직무행위가 국가배상법 제2조 제1항에서 말하는 위법한 행위로 되어 국가의 손해배상책임이 발생하는 것은 아니고, 그 국가배상책임이 인정되려면 당해 법관이 위법 또는 부당한 목적을 가지고 재판을 하였다거나 법이 법관의 직무수행상 준수할 것을 요구하고 있는 기준을 현저하게 위반하는 등 법관이 그에게 부여된 권한의 취지에 명백히 어긋나게 이를 행사하였다고 인정할 만한 특별한 사정이 있어야 한다. 2017 국가직 7급, 2016 지방직 9급

2. 재판에 대하여 따로 불복절차 또는 시정절차가 마련되어 있는 경우에는 재판의 결과로 불이익 내지 손해를 입었다고 여기는 사람은 그 절차에 따라 자신의 권리 내지 이익을 회복하도록 함이 법이 예정하는 바이므로, 불복에 의한 시정을 구할 수 없었던 것 자체가 법관이나 다른 공무원의 귀책사유로 인한 것이라거나 그와 같은 시정을 구할 수 없었던 부득이한 사정이 있었다는 등의 특별한 사정이 없는 한, 스스로 그와 같은 시정을 구하지 아니한 결과 권리 내지 이익을 회복하지 못한 사람은 원칙적으로 국가배상에 의한 권리구제를 받을 수 없다고 봄이 상당하다고 하겠으나, 재판에 대하여 불복절차 내지 시정절차 자체가 없는 경우에는 부당한 재판으로 인하여 불이익 내지 손해를 입은 사람은 국가배상 이외의 방법으로는 자신의 권리 내지 이익을 회복할 방법이 없으므로, 이와 같은 경우에는 배상책임의 요건이 충족되는 한 국가배상책임을 인정하지 않을 수 없다. 2022 소방간부, 2019 국가직 9급, 2017 국가직 7급

3. 헌법소원심판을 청구한 자로서는 헌법재판소 재판관이 일자 계산을 정확하게 하여 본안판단을 할 것으로 기대하는 것이 당연하고, 따라서 헌법재판소 재판관의 위법한 직무집행의 결과 잘못된 각하결정을 함으로써 청구인으로 하여금 본안판단을 받을 기회를 상실하게 한 이상, 설령 본안판단을 하였더라도 어차피 청구가 기각되었을 것이라는 사정이 있다고 하더라도 잘못된 판단으로 인하여 헌법소원심판 청구인의 위와 같은 합리적인 기대를 침해한 것이고 이러한 기대는 인격적 이익으로서 보호할 가치가 있다고 할 것이므로 그 침해로 인한 정신상 고통에 대하여는 위자료를 지급할 의무가 있다(대판 2003.7.11. 99다24218). 2017 국가직 7급, 2019 지방직 9급, 2018·2015 지방직 7급

1166 법관의 재판에 법령의 규정을 따르지 아니한 잘못이 있다 하더라도 이로써 바로 그 재판상 직무행위가 「국가배상법」 제2조 제1항에서 말하는 위법한 행위로 되어 국가의 손해배상책임이 발생하는 것은 아니다. O | X

1167 법관이 그에게 부여된 권한의 취지에 명백히 어긋나게 이를 행사하였다고 인정할 만한 특별한 사정이 있는 경우 국가배상이 인정된다. O | X

1168 재판에 대하여 불복절차 내지 시정절차 자체가 없더라도 부당한 재판으로 인하여 불이익 내지 손해를 입은 사람에게 국가배상청구가 허용되지 않는다. O | X

1169 헌법소원심판을 청구한 자로서는 헌법재판소 재판관이 일자 계산을 정확하게 하여 본안판단을 할 것으로 기대하는 것은 인격적 이익으로 보호할 가치가 있다. O | X

1170 헌법재판소 재판관의 위법한 직무집행의 결과 잘못된 각하결정을 함으로써 청구인으로 하여금 본안판단을 받을 기회를 상실하게 한 경우 정신적 고통에 대하여 위자료를 지급하여야 한다. O | X

1171 위와 같은 경우 본안판단에서 어차피 청구가 기각되었을 것이라는 사정이 있다면 국가는 이에 대해 배상할 책임이 없다. O | X

> 1. 검사의 공소제기로 인해 무죄판결이 확정되었다는 이유만으로 구속이나 공소제기가 위법하다고 할 수 없고 그 구속 및 공소제기에 관한 검사의 판단이 경험칙이나 논리칙상 도저히 합리성을 긍정할 수 없는 정도에 이른 경우에만 그 위법성을 인정할 수 있다(대판 2002.2.22. 2001다23447).
> 2. 검사가 입수한 감정서를 원고의 무죄를 입증할 수 있는 결정적인 증거에 해당하는데도 검사가 그 감정서를 법원에 제출하지 아니하고 은폐하였다면 검사의 그와 같은 행위는 위법하다(대판 2002.2.22. 2001다23447).

1172 검사의 공소제기로 인해 무죄판결이 확정되었다는 이유만으로 구속이나 공소제기가 위법하다고 할 수 없다. O | X

1173 그 구속 및 공소제기에 관한 검사의 판단이 경험칙이나 논리칙상 도저히 합리성을 긍정할 수 없는 정도에 이른 경우에는 그 위법성을 인정할 수 있다. O | X

1174 검사가 원고의 무죄를 입증할 수 있는 결정적인 증거를 법원에 제출하지 않고 은폐하였다면 「국가배상법」상 위법에 해당한다. O | X

정답 및 해설

1166	O	1167	O		
1168	X	국가배상청구가 허용된다.			
1169	O	1170	O		
1171	X	본안판단에서 어차피 청구가 기각되었을 사정이 있더라도 국가배상이 인정된다.			
1172	O	1173	O	1174	O

> 1. 경찰서 대용감방에 배치된 경찰관 등으로서는 감방 내의 상황을 잘 살펴 수감자들 사이에서 폭력행위 등이 일어나지 않도록 예방하고 나아가 폭력행위 등이 일어난 경우에는 이를 제지하여야 할 의무가 있음에도 불구하고 이러한 주의의무를 게을리 하였다면 국가는 감방 내의 폭력행위로 인한 손해를 배상할 책임이 있다(대판 1993.9.28. 93다17546).
> 2. 각급 부대의 지휘관 등 관계자는 장병의 자살을 예방하기 위해 마련된 부대관리훈령 등의 관련 규정을 준수하여 자살이 우려되는 장병을 식별하고 장병의 신상을 파악하려고 노력하고, 자살의 가능성이 확인된 장병에 대해서는 정신과 군의관의 진단 등을 거쳐 그 결과에 따라 해당 장병을 적절하게 관리하는 등의 조치를 취하여 자살 등의 사고를 미리 방지하고 그가 신체적·정신적 건강을 회복할 수 있도록 할 의무가 있다. 각급 부대의 관계자가 위와 같은 자살예방 관련 규정에 따라 필요한 조치를 취하지 않은 상황에서 소속 장병의 자살 사고가 발생한 경우, 자살 사고가 발생할 수 있음을 예견할 수 있었고 그러한 조치를 취했을 경우 자살 사고의 결과를 회피할 수 있었다면, 특별한 사정이 없는 한 해당 관계자의 직무상 의무 위반과 이에 대한 과실이 인정되고, 국가는 국가배상법 제2조 제1항에 따라 배상책임을 진다(대판 2020.5.28. 2017다211559).

1175 경찰서 대용감방에 배치된 경찰관은 감방 내의 상황을 잘 살펴 수감자들 사이에서 폭력행위 등이 일어나지 않도록 예방하고 나아가 폭력행위 등이 일어난 경우에는 이를 제지하여야 할 의무가 없다. O | X

1176 갑이 해군교육사령부에서 받은 인성검사에서 자살이 예측되는 결과가 나타난 이상 위 인성검사 결과를 제대로 반영하지 아니한 것은 직무상 의무 위반과 위 자살 사고 사이에 상당인과관계가 있다고 보아 국가의 배상책임이 인정된다. O | X

> 경찰관이 농민들의 시위를 진압하고 시위과정에 도로상에 방치된 트랙터 1대에 대하여 이를 도로 밖으로 옮기거나 후방에 안전표지판을 설치하는 것과 같은 위험발생방지조치를 취하지 아니한 채 그대로 방치하고 철수하여 버린 결과, 야간에 그 도로를 진행하던 운전자가 위 방치된 트랙터를 피하려다가 다른 트랙터에 부딪혀 상해를 입은 사안에서 국가배상책임이 인정된다(대판 1998.8.25. 98다16890).

1177 경찰관이 농민들의 시위를 진압하고 시위과정에 도로상에 방치된 트랙터 1대에 대하여 이를 도로 밖으로 옮기지 아니하여 야간에 그 도로를 진행하던 운전자가 위 방치된 트랙터를 피하려다가 다른 트랙터에 부딪혀 상해를 입은 경우 국가배상책임이 인정된다. O | X

> 1. 공무원에게 부과된 직무상 의무의 내용이 단순히 공공 일반의 이익을 위한 것이거나 행정기관 내부의 질서를 규율하기 위한 것이 아니고 전적으로 또는 부수적으로 사회구성원 개인의 안전과 이익을 보호하기 위하여 설정된 것이라면, 공무원이 그와 같은 직무상 의무를 위반함으로 인하여 피해자가 입은 손해에 대하여는 상당인과관계가 인정되는 범위 내에서 국가가 배상책임을 지는 것이다(대판 2003.4.25. 2001다59842).
>
> 2025·2019·2018 국회직 8급, 2022 국가직 9급, 2014 국가직 7급, 2022 지방직 9급, 2022 지방직 7급
>
> 2. 주민등록사무를 담당하는 공무원으로서는 만일 개명과 같은 사유로 주민등록상의 성명을 정정한 경우에는 위에서 본 바와 같은 법령의 규정에 따라 반드시 본적지의 관할관청에 대하여 그 변경사항을 통보하여 본적지의 호적관서로 하여금 그 정정사항의 진위를 재확인할 수 있도록 할 직무상의 의무가 있다고 할 것이고, 이러한 직무상 의무는 단순히 공공 일반의 이익을 위한 것이거나 행정기관 내부의 질서를 규율하기 위한 것이 아니고 전적으로 또는 부수적으로 사회구성원 개인의 안전과 이익을 보호하기 위하여 설정된 것이다(대판 2003.4.25. 2001다59842).

1178 주민등록사무를 담당하는 공무원으로서는 만일 개명과 같은 사유로 주민등록상의 성명을 정정한 경우에는 법령의 규정에 따라 반드시 본적지의 관할관청에 대하여 그 변경사항을 통보하여 본적지의 호적관서로 하여금 그 정정사항의 진위를 재확인할 수 있도록 할 직무상의 의무가 있다. O | X

1179 주민등록사무를 담당하는 공무원의 이러한 의무는 단순히 공공 일반의 이익을 위한 것이거나 행정기관 내부의 질서를 규율하기 위한 것이지 사회구성원 개인의 안전과 이익을 보호하기 위하여 설정된 것은 아니다. O | X

정답 및 해설

1175 **X** 경찰관에게는 이를 제지할 의무가 있다.
1176 **O**   1177 **O**   1178 **O**
1179 **X** 주민등록사무를 담당하는 공무원 개명시 확인의무는 사회구성원 개인의 안전과 이익을 보호하기 위하여 설정된 것이다.

> 선박안전법이나 유선및도선업법의 각 규정은 공공의 안전 외에 일반인의 인명과 재화의 안전보장도 그 목적으로 하는 것이라고 할 것이므로 국가 소속 선박검사관이나 시 소속 공무원들이 직무상 의무를 위반하여 시설이 불량한 선박에 대하여 선박중간검사에 합격하였다 하여 선박검사증서를 발급하고, 해당 법규에 규정된 조치를 취함이 없이 계속 운항하게 함으로써 화재사고가 발생한 것이라면, 화재사고와 공무원들의 직무상 의무위반행위와의 사이에는 상당인과관계가 있다(대판 1993.2.12. 91다43466).

1180 「선박안전법」이나 「유선및도선업법」의 각 규정은 공공의 안전 외에 일반인의 인명과 재화의 안전보장도 그 목적으로 하는 것이다. O | X

1181 국가 소속 선박검사관 시설이 불량한 선박에 대하여 선박중간검사에 합격하였다 하여 선박검사증서를 발급하고, 계속 운항하게 함으로써 화재사고가 발생한 것이라면, 화재사고와 공무원들의 직무상 의무위반행위와의 사이에는 상당인과관계가 있다. O | X

> 상수원수의 수질을 환경기준에 따라 유지하도록 규정하고 있는 관련 법령의 취지·목적·내용과 그 법령에 따라 국가 또는 지방자치단체가 부담하는 의무의 성질 등을 고려할 때, 국가 등에게 일정한 기준에 따라 상수원수의 수질을 유지하여야 할 의무를 부과하고 있는 법령의 규정은 국민에게 양질의 수돗물이 공급되게 함으로써 국민 일반의 건강을 보호하여 공공 일반의 전체적인 이익을 도모하기 위한 것이지, 국민 개개인의 안전과 이익을 직접적으로 보호하기 위한 규정이 아니므로, 국민에게 공급된 수돗물의 상수원의 수질이 수질기준에 미달한 경우가 있고, 이로 말미암아 국민이 법령에 정하여진 수질기준에 미달한 상수원수로 생산된 수돗물을 마심으로써 건강상의 위해 발생에 대한 염려 등에 따른 정신적 고통을 받았다고 하더라도, 이러한 사정만으로는 국가 또는 지방자치단체가 국민에게 손해배상책임을 부담하지 아니한다(대판 2001.10.23. 99다36280). **2017 국가직 9급, 2020 지방직 7급**

1182 공무원의 직무행위로 인한 국가배상책임이 인정되려면 공무원에게 부과된 직무상 의무의 내용이 단순히 공공 일반의 이익을 위한 것이거나 행정기관 내부의 질서를 규율하기 위한 것이 아니고 전적으로 또는 부수적으로 사회구성원 개인의 안전과 이익을 보호하기 위하여 설정된 것이어야 한다. O | X

1183 국가 등에게 일정한 기준에 따라 상수원수의 수질을 유지하여야 할 의무를 부과하고 있는 법령의 규정은 국민 개개인의 안전과 이익을 직접적으로 보호하기 위한 규정이다. O | X

1184 국민에게 공급된 수돗물의 상수원의 수질이 수질기준에 미달한 경우 건강상의 위해 발생에 대한 염려 등에 따른 정신적 고통에 대해 국가 또는 지방자치단체가 국민에게 손해배상책임을 부담한다. O | X

정답 및 해설

1180 **O** 1181 **O** 1182 **O**
1183 **X** 상수원수의 수질을 유지하여야 할 의무는 공공일반의 이익일 뿐이다.
1184 **X** 상수원수의 수질관리의무를 위반한 것으로 국가배상이 인정되지 않는다.

1. 여기서 '법령을 위반하여'라고 함은 엄격하게 형식적 의미의 법령에 명시적으로 공무원의 행위의무가 정하여져 있음에도 이를 위반하는 경우만을 의미하는 것은 아니고, 인권존중·권력남용금지·신의성실과 같이 공무원으로서 마땅히 지켜야 할 준칙이나 규범을 지키지 아니하고 위반한 경우를 비롯하여 널리 그 행위가 객관적인 정당성을 결여하고 있는 경우도 포함한다(대판 2015.8.27. 2012다204587). 2021 소방간부, 2024 국회직 8급, 2017 국가직 7급, 2020 지방직 9급, 2013 지방직 7급

2. 국가배상책임은 공무원의 직무집행이 법령에 위반한 것임을 요건으로 하는 것으로서, 공무원의 직무집행이 법령이 정한 요건과 절차에 따라 이루어진 것이라면 특별한 사정이 없는 한 이는 법령에 적합한 것이고 그 과정에서 개인의 권리가 침해되는 일이 생긴다고 하여 그 법령 적합성이 곧바로 부정되는 것은 아니라고 할 것이다(대판 1997.7.25. 94다2480). 2014 지방직 7급

3. 국민의 생명·신체·재산 등에 대하여 절박하고 중대한 위험상태가 발생하였거나 발생할 상당한 우려가 있어서 국민의 생명 등을 보호하는 것을 본래적 사명으로 하는 국가가 초법규적·일차적으로 그 위험의 배제에 나서지 아니하면 국민의 생명 등을 보호할 수 없는 경우에는 형식적 의미의 법령에 근거가 없더라도 국가나 관련 공무원에 대하여 그러한 위험을 배제할 작위의무를 인정할 수 있을 것이다. 그러나 그와 같은 절박하고 중대한 위험상태가 발생하였거나 발생할 상당한 우려가 있는 경우가 아닌 한, 원칙적으로 공무원이 관련 법령에서 정하여진 대로 직무를 수행하였다면 그와 같은 공무원의 부작위를 가지고 '고의 또는 과실로 법령에 위반'하였다고 할 수는 없다(대판 2012.7.26. 2010다95666). 2013 지방직 7급

4. 시청 소속 공무원이 시장을 부패방지위원회에 부패혐의자로 신고한 후 동사무소로 하향 전보된 사안에서, 그 전보인사조치는 해당 공무원에 대한 다면평가 결과, 원활한 업무 수행의 필요성 등을 고려하여 이루어진 것으로 볼 여지도 있으므로, 사회통념상 용인될 수 없을 정도로 객관적 상당성을 결여하였다고 단정할 수 없어 불법행위를 구성하지 않는다(대판 2009.5.28. 2006다16215).

1185 국가배상책임에서의 법령 위반은, 인권존중·권력남용금지·신의성실·공서양속 등의 위반도 포함해 널리 그 행위가 객관적인 정당성을 결여하고 있음을 의미한다. O | X

1186 공무원의 직무집행이 법령이 정한 요건과 절차에 따라 이루어진 것이라면 특별한 사정이 없는 한 공무원의 행위는 법령에 적합한 것이나, 그 과정에서 개인의 권리가 침해된 경우에는 법령적합성이 곧바로 부정된다. O | X

1187 시청소속 공무원이 시장을 부패방지위원회에 부패혐의자로 신고 한 후 동사무소로 전보되었다는 것만으로 불법행위를 구성하지 않는다. O | X

정답 및 해설

1185 O
1186 X 법령적합성이 곧바로 부정되지 않는다.
1187 O

> 1. 유흥주점에 감금된 채 윤락을 강요받으며 생활하던 여종업원들이 유흥주점에 화재가 났을 때 미처 피신하지 못하고 유독가스에 질식해 사망한 사안에서, 지방자치단체의 담당 공무원이 식품위생법상 취하여야 할 조치를 게을리한 직무상 의무위반행위와 위 사망의 결과 사이의 상당인과관계가 인정되지 않는다(대판 2008.4.10. 2005다48994). **2014 지방직 9급**
> 2. 유흥주점에 감금된 채 윤락을 강요받으며 생활하던 여종업원들이 유흥주점에 화재가 났을 때 미처 피신하지 못하고 유독가스에 질식해 사망한 사안에서, 소방공무원이 위 유흥주점에 대하여 화재 발생 전 실시한 소방점검 등에서 구 소방법상 방염 규정 위반에 대한 시정조치 및 화재 발생시 대피에 장애가 되는 잠금장치의 제거 등 시정조치를 명하지 않은 직무상 의무 위반은 현저히 불합리한 경우에 해당하여 위법하고, 이러한 직무상 의무 위반과 위 사망의 결과 사이에 상당인과관계가 존재한다(대판 2008.4.10. 2005다48994).

1188 유흥주점의 화재로 여종업원들이 사망한 경우 담당 공무원이 「식품위생법」상 취하여야 할 조치를 게을리한 것과 사망 사이의 인과관계가 인정된다. O | X

1189 유흥주점의 화재로 여종업원들이 사망한 경우 소방공무원이 구 「소방법」상 취하여야 할 조치를 게을리한 것과 사망 사이의 인과관계가 인정된다. O | X

정답 및 해설

1188 **X** 화재로 인한 사망과 식품위생법상 취하여야 할 조치를 게을리한 것과는 인과관계가 인정되지 않는다.
1189 **O**

1. 경찰공무원 등이 '전투·훈련 등 직무집행과 관련하여' 순직 등을 한 경우 같은 법 및 민법에 의한 손해배상책임을 청구할 수 없다고 정한 국가배상법 제2조 제1항 단서의 면책조항은 구 국가배상법 제2조 제1항 단서의 면책조항과 마찬가지로 전투·훈련 또는 이에 준하는 직무집행뿐만 아니라 '일반 직무집행'에 관하여도 국가나 지방자치단체의 배상책임을 제한하는 것이라고 해석된다(대판 2011.3.10. 2010다85942). 2019 국회직 8급

2. 공상을 입은 군인이 국가배상법에 의한 손해배상청구 소송 도중에 국가유공자등예우및지원에관한법률에 의한 국가유공자 등록신청을 하였다가 인과관계가 없어 공상군경 요건에 해당되지 않는다는 이유로 비해당결정 통보를 받고 이에 불복하지 아니한 후 위 법률에 의한 보상금청구권과 군인연금법에 의한 재해보상금청구권이 모두 시효완성된 경우, 국가배상법 제2조 제1항 단서 소정의 '다른 법령에 의하여 보상을 받을 수 있는 경우'라 하여 국가배상청구를 할 수 없다(대판 2002.5.10. 2000다39735). 2022 소방간부, 2023 국가직 9급

3. 보훈보상자법은 국가배상법에 따른 손해배상금을 지급받은 자를 보상금 등 보훈급여금의 지급대상에서 제외하는 규정을 두고 있지 않은 점, 국가배상법 제2조 제1항 단서의 입법 취지 및 보훈보상자법이 정한 보상과 국가배상법이 정한 손해배상의 목적과 산정방식의 차이 등을 고려하면 국가배상법 제2조 제1항 단서가 보훈보상자법 등에 의한 보상을 받을 수 있는 경우 국가배상법에 따른 손해배상청구를 하지 못한다는 것을 넘어 국가배상법상 손해배상금을 받은 경우 보훈보상자법상 보상금 등 보훈급여금의 지급을 금지하는 것으로 해석하기는 어려운 점 등에 비추어, 국가보훈처장은 국가배상법에 따라 손해배상을 받았다는 사정을 들어 보상금 등 보훈급여금의 지급을 거부할 수 없다(대판 2017.2.3. 2015두60075). 2019 국회직 8급, 2019 국가직 9급, 2022 국가직 7급, 2020 지방직 7급

4. 구 공무원연금법에 따라 각종 급여를 지급하는 제도는 공무원의 생활안정과 복리향상에 이바지하기 위한 것이라는 점에서 국가배상법 제2조 제1항 단서에 따라 손해배상금을 지급하는 제도와 그 취지 및 목적을 달리하므로, 경찰공무원인 피해자가 구 공무원연금법의 규정에 따라 공무상 요양비를 지급받는 것은 국가배상법 제2조 제1항 단서에서 정한 '다른 법령의 규정'에 따라 보상을 지급받는 것에 해당하지 않는다(대판 2019.5.30. 2017다16174). 2023 국가직 9급

1190 「국가배상법」의 이중배상금지규정에 따른 면책조항은 전투·훈련 또는 이에 준하는 직무집행뿐만 아니라 일반 직무집행에 관하여도 국가나 지방자치단체의 배상책임을 제한하는 것으로 해석하여야 한다. O | X

1191 다른 법률에 의한 보상청구가 가능한 경우에 다른 법률상 보상청구권이 시효완성된 경우에는 국가배상을 청구할 수 있다. O | X

1192 국가보훈처장은 「국가배상법」에 따라 손해배상을 받았다는 사정을 들어 보상금 등 보훈급여금의 지급을 거부할 수 없다. O | X

1193 경찰공무원인 피해자가 「공무원연금법」에 따라 공무상 요양비를 지급받는 것은 「국가배상법」 제2조제1항 단서에서 정한 '다른 법령의 규정'에 따라 보상을 지급받는 것에 해당하지 않는다. O | X

정답 및 해설

1190 O
1191 X 다른 법률에 의한 보상청구가 가능했으므로 국가배상을 청구할 수 없다.
1192 O
1193 O

민간인은 피해 군인 등에 대하여 그 손해 중 국가 등이 민간인에 대한 구상의무를 부담한다면 그 내부적인 관계에서 부담하여야 할 부분을 제외한 나머지 자신의 부담부분에 한하여 손해배상의무를 부담하고, 한편 국가 등에 대하여는 그 귀책부분의 구상을 청구할 수 없다고 해석함이 상당하다 할 것이고, 이러한 해석이 손해의 공평·타당한 부담을 그 지도원리로 하는 손해배상제도의 이상에도 맞는다 할 것이다(대판 2001.2.15. 96다42420).   **2018 국가직 9급**

1194 민간인이 군인과 공동불법행위로 다른 군인에게 피해를 입힌 경우 민간인은 자신의 부담부분에 한해 손해배상의무를 부담하고 연대책임을 지지 않는다는 것이 대법원의 입장이다.   O | X

1195 자신의 부담부분에 한해 손해를 배상한 민간인은 국가에 대해서 군인의 부담부분에 관해 구상권을 행사할 수 없다는 것이 대법원의 입장이다.   O | X

국가배상법 제2조 제1항 단서 중 군인에 관련되는 부분을, 일반국민이 직무집행 중인 군인과의 공동불법행위로 직무집행 중인 다른 군인에게 공상을 입혀 그 피해자에게 공동의 불법행위로 인한 손해를 배상한 다음 공동불법행위자인 군인의 부담부분에 관하여 국가에 대하여 구상권을 행사하는 것을 허용하지 않는다고 해석한다면 … 위와 같은 해석은 헌법 제37조 제2항에 의하여 기본권을 제한할 때 요구되는 비례의 원칙에 위배하여 일반국민의 재산권을 과잉제한하는 경우에 해당하여 헌법 제23조 제1항 및 제37조 제2항에도 위반된다(헌재 1994.12.29. 93헌바21).   **2022 소방간부**

1196 군인과 민간인이 공동불법행위로 군인에게 손해를 입힌 후 민간인이 군인의 책임부분까지 배상을 한 후 국가에게 구상권을 행사하는 것이 허용되지 않는다고 해석하는 것은 위헌이라는 것이 헌법재판소의 입장이다.   O | X

1. 국가배상법 제2조 제1항 본문 및 제2항의 입법취지는 공무원이 직무를 수행함에 있어 경과실로 타인에게 손해를 입힌 경우에는 공무원의 행위는 국가 등의 기관의 행위로 보아 그로 인하여 발생한 손해에 대한 배상책임도 전적으로 국가 등에만 귀속시키고 공무원 개인에게는 그로 인한 책임을 부담시키지 아니하고, 반면에 공무원의 위법행위가 고의·중과실에 기한 경우에는 비록 그 행위가 그의 직무와 관련된 것이라고 하더라도 그와 같은 행위는 그 본질에 있어서 기관행위로서의 품격을 상실하여 국가 등에게 그 책임을 귀속시킬 수 없으므로 공무원 개인에게 불법행위로 인한 손해배상책임을 부담시키되, 다만, 이러한 경우에도 그 행위의 외관을 객관적으로 관찰하여 공무원의 직무집행으로 보여질 때에는 피해자인 국민을 두텁게 보호하기 위하여 국가 등이 공무원 개인과 중첩적으로 배상책임을 부담하되 국가 등이 배상책임을 지는 경우에는 공무원 개인에게 구상할 수 있도록 함으로써 궁극적으로 그 책임이 공무원 개인에게 귀속되도록 하려는 것이라고 봄이 합당하다(대판 1996.2.15. 95다38677). 2022 소방간부, 2023·2021·2016 국회직 8급, 2017 국가직 9급, 2021 지방직 9급

2. 경과실이 있는 공무원이 피해자에 대하여 손해배상책임을 부담하지 아니함에도 피해자에게 손해를 배상하였다면 그것은 채무자 아닌 사람이 타인의 채무를 변제한 경우에 해당하고, 이는 민법 제469조의 '제3자의 변제' 또는 민법 제744조의 '도의관념에 적합한 비채변제'에 해당하여 피해자는 공무원에 대하여 이를 반환할 의무가 없고, 그에 따라 피해자의 국가에 대한 손해배상청구권이 소멸하여 국가는 자신의 출연 없이 채무를 면하게 되므로, 피해자에게 손해를 직접 배상한 경과실이 있는 공무원은 특별한 사정이 없는 한 국가에 대하여 국가의 피해자에 대한 손해배상책임의 범위 내에서 공무원이 변제한 금액에 관하여 구상권을 취득한다고 봄이 타당하다(대판 2014.8.20. 2012다54478). 2025·2019·2018 소방간부, 2022·2021 국회직 8급, 2019 국가직 9급, 2016 국가직 7급, 2022·2015 지방직 9급

1197 공무원이 직무를 수행함에 있어 경과실로 타인에게 손해를 입힌 경우에는 배상책임도 전적으로 국가 등에만 귀속시키고 공무원 개인에게는 그로 인한 책임을 부담하지 않는다. O | X

1198 공무원의 위법행위가 고의·중과실에 기한 경우에는 국가 등에게 그 책임을 귀속시킬 수 없으므로 공무원 개인에게 불법행위로 인한 손해배상책임을 부담시켜야 하므로 국가는 책임을 부담하지 않는다. O | X

1199 직무수행 중 경과실로 피해자에게 손해를 입힌 공무원이 피해자에게 손해를 배상하였다면, 공무원은 국가가 피해자에 대하여 부담하는 손해배상책임의 범위 내에서 자신이 변제한 금액에 관하여 구상권을 취득한다. O | X

정답 및 해설

1194	O	1195	O	1196	O	1197	O
1198	X	공무원과 국가 모두 배상책임을 부담한다.
1199	O

1. 자동차손해배상보장법 제3조 소정의 '자기를 위하여 자동차를 운행하는자'라고 함은 자동차에 대한 운행을 지배하여 그 이익을 향수하는 책임주체로서의 지위에 있는 자를 뜻하는 것인바, 공무원이 그 직무를 집행하기 위하여 국가 또는 지방자치단체 소유의 공용차를 운행하는 경우, 그 자동차에 대한 운행지배나 운행이익은 그 공무원이 소속한 국가 또는 지방자치단체에 귀속된다고 할 것이고 그 공무원 자신이 개인적으로 그 자동차에 대한 운행지배나 운행이익을 가지는 것이라고는 볼 수 없으므로, 그 공무원이 자기를 위하여 공용차를 운행하는 자로서 같은 법조 소정의 손해배상책임의 주체가 될 수는 없다(대판 1994.12.27. 94다31860). **2015 국회직 8급**

2. 공무원이 직무상 자동차를 운전하다가 사고를 일으켜 다른 사람에게 손해를 입힌 경우에는 그 사고가 자동차를 운전한 공무원의 경과실에 의한 것인지 중과실 또는 고의에 의한 것인지를 가리지 않고, 그 공무원이 자동차손해배상보장법 제3조 소정의 '자기를 위하여 자동차를 운행하는 자'에 해당하는 한 자동차손해배상보장법상의 손해배상책임을 부담한다(대판 1996.3.8. 94다23876). **2023 국회직 8급**

1200 공무원이 그 직무를 집행하기 위하여 국가 또는 지방자치단체 소유의 공용차를 운행하는 경우, 그 자동차에 대한 운행지배나 운행이익은 그 공무원이 소속한 국가 또는 지방자치단체에 귀속된다. O | X

1201 이 경우 공무원도 자동차손해배상보장법상 손해배상책임의 주체가 될 수 있다. O | X

1202 「자동차손해배상보장법」상 공무원이 '자기를 위하여 자동차를 운행하는 자'에 해당하는 한 경과실에 의한 것인지 중과실 또는 고의에 의한 것인지를 가리지 않고 책임을 부담한다. O | X

---

1. 국가배상법 제3조 제1항과 제3항의 손해배상기준은 배상심의회의 배상금지급기준을 정함에 있어서의 하나의 기준을 정한 것에 지나지 아니하고, 이로써 배상액의 상한을 제한한 것으로 볼 수는 없다(대판 1970.1.29. 69다1203). **2021 소방간부, 2020 지방직 9급**

2. 불법행위로 인한 손해배상청구권은 피해자나 그 법정대리인이 그 손해 및 가해자를 안 날부터 3년간 이를 행사하지 아니하면 시효로 소멸한다고 규정하고 있다. 여기서 '손해 및 가해자를 안 날'이란 피해자나 그 법정대리인이 손해 및 가해자를 현실적이고도 구체적으로 인식한 날을 의미한다. 그 인식은 손해발생의 추정이나 의문만으로는 충분하지 않고, 손해의 발생사실뿐만 아니라 가해행위가 불법행위를 구성한다는 사실, 즉 불법행위의 요건사실에 대한 인식으로서 위법한 가해행위의 존재, 손해의 발생 및 가해행위와 손해 사이의 인과관계 등이 있다는 사실까지 안 날을 뜻한다. 이때 피해자 등이 언제 불법행위의 요건사실을 현실적이고도 구체적으로 인식한 것으로 볼 것인지는 개별 사건의 여러 객관적 사정을 참작하고 손해배상청구가 사실상 가능하게 된 상황을 고려하여 합리적으로 인정하여야 하고, 손해를 안 시기에 대한 증명책임은 소멸시효 완성으로 인한 이익을 주장하는 자에게 있다(대판 2020.4.9. 2019다246573). **2017 국가직 7급**

3. 공무원의 불법행위로 손해를 입은 피해자의 국가배상청구권의 소멸시효 기간이 지났으나 국가가 소멸시효 완성을 주장하는 것이 신의성실의 원칙에 반하는 권리남용으로 허용될 수 없어 배상책임을 이행한 경우에는, 소멸시효 완성 주장이 권리남용에 해당하게 된 원인행위와 관련하여 공무원이 원인이 되는 행위를 적극적으로 주도하였다는 등의 특별한 사정이 없는 한, 국가가 공무원에게 구상권을 행사하는 것은 신의칙상 허용되지 않는다(대판 2016.6.10. 2015다217843). **2022 국가직 9급, 2017 지방직 9급**

1203 「국가배상법」 제3조 제1항과 제3항의 손해배상기준은 배상심의회의 배상금지급기준은 배상액의 상한을 제한한 것으로 볼 수 있다. O | X

1204 배상청구권의 시효와 관련하여 '가해자를 안다는 것'은 피해자나 그 법정대리인이 가해 공무원의 불법행위가 그 직무를 집행함에 있어서 행해진 것이라는 사실까지 인식함을 요구하지 않는다. O | X

> 국가배상법 제5조 소정의 공공의 영조물이란 공유나 사유임을 불문하고 행정주체에 의하여 특정 공공의 목적에 공여된 유체물 또는 물적 설비를 의미하므로 사실상 군민의 통행에 제공되고 있던 도로 옆의 암벽으로부터 떨어진 낙석에 맞아 소외인이 사망하는 사고가 발생하였다고 하여도 동 사고지점 도로가 피고 군에 의하여 노선인정 기타 공용개시가 없었으면 이를 영조물이라 할 수 없다(대판 1981.7.7. 80다2478).
> 2024 국회직 8급, 2020 국가직 7급

1205 「국가배상법」상 공공의 영조물이란 공유나 사유임을 불문하고 행정주체에 의하여 특정 공공의 목적에 공여된 유체물 또는 물적 설비를 의미한다. O | X

1206 사실상 군민의 통행에 제공되고 있던 도로 옆의 암벽도 「국가배상법」상 영조물에 해당한다. O | X

> 국가배상법 제5조 제1항 소정의 '공공의 영조물'이라 함은 국가 또는 지방자치단체에 의하여 특정 공공의 목적에 공여된 유체물 내지 물적 설비를 지칭하며, 특정 공공의 목적에 공여된 물이라 함은 일반 공중의 자유로운 사용에 직접적으로 제공되는 공공용물에 한하지 아니하고, 행정주체 자신의 사용에 제공되는 공용물도 포함하며 국가 또는 지방자치단체가 소유권, 임차권 그 밖의 권한에 기하여 관리하고 있는 경우뿐만 아니라 사실상 관리를 하고 있는 경우도 포함된다(대판 1995.1.24. 94다45302).
> 2019 소방간부, 2020·2017·2016 국가직 9급, 2022·2021·2017 지방직 9급, 2020·2017 지방직 7급

1207 「국가배상법」상 영조물에는 행정주체 자신의 사용에 제공되는 공용물은 포함되지 않는다. O | X

1208 국가 또는 지방자치단체가 소유권, 임차권 그 밖의 권한에 기하여 관리하고 있는 경우뿐만 아니라 사실상 관리를 하고 있는 경우도 영조물에 해당할 수 있다. O | X

정답 및 해설

1200 O
1201 X 공무원은 「자동차손해배상보장법」상의 운행자가 아니므로 손해배상책임의 주체가 될 수 없다.
1202 O
1203 X 배상액의 상한을 제한한 것으로 볼 수 없다.
1204 X 불법행위가 그 직무를 집행함에 있어서 행해진 것이라는 사실까지 인식함을 요구한다.
1205 O
1206 X 영조물에 해당하지 않는다.
1207 X 공용물도 「국가배상법」상 영조물에 포함된다.
1208 O

1. 국가배상법 제5조 제1항 소정의 영조물의 설치 또는 관리의 하자라 함은 영조물이 그 용도에 따라 통상 갖추어야 할 안전성을 갖추지 못한 상태에 있음을 말하는 것으로서, 영조물이 완전무결한 상태에 있지 아니하고 그 기능상 어떠한 결함이 있다는 것만으로 영조물의 설치 또는 관리에 하자가 있다고 할 수 없는 것이고, 위와 같은 안전성의 구비 여부를 판단함에 있어서는 당해 영조물의 용도, 그 설치장소의 현황 및 이용 상황 등 제반 사정을 종합적으로 고려하여 설치 관리자가 그 영조물의 위험성에 비례하여 사회통념상 일반적으로 요구되는 정도의 방호조치의무를 다하였는지 여부를 그 기준으로 삼아야 할 것이며, 객관적으로 보아 시간적·장소적으로 영조물의 기능상 결함으로 인한 손해발생의 예견가능성과 회피가능성이 없는 경우 즉 그 영조물의 결함이 영조물의 설치관리자의 관리행위가 미칠 수 없는 상황 아래에 있는 경우에는 영조물의 설치관리상의 하자를 인정할 수 없다(대판 2000.2.25. 99다54004). **2018·2016 국회직 8급, 2016 국가직 9급**

2. 국가배상법 제5조 소정의 영조물의 설치·관리상의 하자로 인한 책임은 무과실책임이고 나아가 민법 제758조 소정의 공작물의 점유자의 책임과는 달리 면책사유도 규정되어 있지 않으므로, 국가 또는 지방자치단체는 영조물의 설치·관리상의 하자로 인하여 타인에게 손해를 가한 경우에 그 손해의 방지에 필요한 주의를 해태하지 아니하였다 하여 면책을 주장할 수 없다(대판 1994.11.22. 94다32924). **2018 국회직 8급**

3. 국가배상법 제5조 제1항에 정하여진 '영조물의 설치 또는 관리의 하자'라 함은 공공의 목적에 공여된 영조물이 그 용도에 따라 갖추어야 할 안전성을 갖추지 못한 상태에 있음을 말하고, 여기서 안전성을 갖추지 못한 상태, 즉 타인에게 위해를 끼칠 위험성이 있는 상태라 함은 당해 영조물을 구성하는 물적 시설 그 자체에 있는 물리적·외형적 흠결이나 불비로 인하여 그 이용자에게 위해를 끼칠 위험성이 있는 경우뿐만 아니라 그 영조물이 공공의 목적에 이용됨에 있어 그 이용상태 및 정도가 일정한 한도를 초과하여 제3자에게 사회통념상 참을 수 없는 피해를 입히는 경우까지 포함된다고 보아야 할 것이고, 사회통념상 참을 수 있는 피해인지의 여부는 그 영조물의 공공성, 피해의 내용과 정도, 이를 방지하기 위하여 노력한 정도 등을 종합적으로 고려하여 판단하여야 한다(대판 2004.3.12. 2002다14242). **2019 소방간부, 2018 국회직 8급, 2017 국가직 9급**

1209 영조물의 설치 또는 관리의 하자라 함은 영조물이 그 용도에 따라 통상 갖추어야 할 안전성을 갖추지 못한 상태에 있음을 말한다. O | X

1210 영조물이 완전무결한 상태에 있지 아니하고 그 기능상 어떠한 결함이 있다는 것만으로 영조물의 설치 또는 관리에 하자가 있다고 할 수 있다. O | X

1211 안전성의 구비 여부를 판단함에 있어서는 당해 영조물의 용도, 그 설치장소의 현황 및 이용 상황 등 제반 사정을 종합적으로 고려하여 설치 관리자가 그 영조물의 위험성에 비례하여 사회통념상 일반적으로 요구되는 정도의 방호조치의무를 다하였는지 여부를 그 기준으로 삼아야 한다. O | X

1212 객관적으로 영조물의 기능상 결함으로 인한 손해발생의 예견가능성과 회피가능성이 없는 경우 즉 그 영조물의 결함이 영조물의 설치관리자의 관리행위가 미칠 수 없는 상황 아래에 있는 경우에도 영조물의 설치관리상의 하자를 인정할 수 없다. O | X

1213 영조물의 설치·관리상의 하자로 인한 배상책임은 무과실책임이고, 국가는 영조물의 설치·관리상의 하자로 인하여 타인에게 손해를 가한 경우에 그 손해방지에 필요한 주의를 해태하지 아니하였다 하여 면책을 주장할 수 없다. O | X

1214 '공공의 영조물의 설치·관리의 하자'에는 영조물이 공공의 목적에 이용됨에 있어 그 이용 상태 및 정도가 일정한 한도를 초과하여 제3자에게 사회통념상 참을 수 없는 피해를 입히고 있는 경우가 포함된다. O | X

> 1. 고등학교 3학년 학생이 교사의 단속을 피해 담배를 피우기 위하여 3층 건물 화장실 밖의 난간을 지나다가 실족하여 사망한 사안에서 학교 관리자에게 그와 같은 이례적인 사고가 있을 것을 예상하여 복도나 화장실 창문에 난간으로의 출입을 막기 위하여 출입금지장치나 추락위험을 알리는 경고표지판을 설치할 의무가 있다고 볼 수는 없다(대판 1997.5.16. 96다54102). **2024 소방간부, 2014 국가직 9급**
>
> 2. 강설에 대처하기 위하여 완벽한 방법으로 도로 자체에 융설 설비를 갖추는 것이 현대의 과학기술 수준이나 재정사정에 비추어 사실상 불가능하다고 하더라도, 최저 속도의 제한이 있는 고속도로의 경우에 있어서는 도로관리자가 도로의 구조, 기상예보 등을 고려하여 사전에 충분한 인적·물적 설비를 갖추어 강설시 신속한 제설작업을 하고 나아가 필요한 경우 제때에 교통통제 조치를 취함으로써 고속도로로서의 기본적인 기능을 유지하거나 신속히 회복할 수 있도록 하는 관리의무가 있다(대판 2008.3.13. 2007다29287, 29294). **2014 국가직 9급**
>
> 3. 갑이 차량을 운전하여 지방도 편도 1차로를 진행하던 중 커브길에서 중앙선을 침범하여 반대편 도로를 벗어나 도로 옆 계곡으로 떨어져 동승자인 을이 사망한 사안에서, 좌로 굽은 도로에서 운전자가 무리하게 앞지르기를 시도하여 중앙선을 침범하여 반대편 도로로 미끄러질 경우까지 대비하여 도로 관리자인 지방자치단체가 차량용 방호울타리를 설치하지 않았다고 하여 도로에 통상 갖추어야 할 안전성이 결여된 설치·관리상의 하자가 있다고 보기 어렵다(대판 2013.10.24. 2013다208074). **2018 지방직 9급**

1215 학생이 담배를 피우기 위해서 3층 건물 화장실 밖의 난간을 지나다가 실족하여 사망한 경우, 학교 관리자에게 그와 같은 이례적인 사고가 있을 것을 예상하여 화장실 창문에 난간으로의 출입을 막기 위한 출입금지장치나 추락 위험을 알리는 경고판을 설치할 의무는 없으므로 학교시설의 설치·관리상의 하자는 인정되지 아니한다. O | X

1216 강설에 대처하기 위하여 완벽한 방법으로 도로 자체에 융설 설비를 갖추는 것이 현대의 과학기술 수준이나 재정사정에 비추어 사실상 불가능하다 할 것이므로, 고속도로 관리자에게 도로의 구조, 기상예보 등을 고려하여 사전에 충분한 인적·물적 설비를 갖추어 강설시 신속한 제설작업을 하고 필요한 경우 제때에 교통통제 조치를 취할 관리의무가 있다고 할 수 없다. O | X

1217 甲이 자동차로 좌로 굽은 내리막 국도 편도 1차로를 달리던 중 커브 길에서 앞선 차량을 무리하게 추월하기 위하여 중앙선을 침범하여 반대편 도로를 벗어나 도로 옆 계곡으로 떨어져 중상해를 입은 경우 만약 반대편 갓길에 차량용 방호울타리가 설치되었다면 甲이 상해를 입지 않았거나 경미한 상해를 입었을 것이므로 그 방호울타리 미설치만으로도 손해배상을 받기에 충분한 요건을 갖추었다고 볼 수 있다. O | X

정답 및 해설

1209 O
1210 X 영조물이 기능상 결함이 있다는 것만으로 영조물의 설치 또는 관리에 하자가 있다고 할 수 없다.
1211 O   1212 O   1213 O   1214 O   1215 O
1216 X 강설시 신속한 제설작업을 하고 필요한 경우 제때에 교통통제 조치를 취할 관리의무가 있다.
1217 X 방호울타리 미설치만으로 영조물의 하자를 인정할 수 없다.

> 영조물의 설치 또는 관리상의 하자로 인한 사고라 함은 영조물의 설치 또는 관리상의 하자만이 손해발생의 원인이 되는 경우만을 말하는 것이 아니고, 다른 자연적 사실이나 제3자의 행위 또는 피해자의 행위와 경합하여 손해가 발생하더라도 영조물의 설치 또는 관리상의 하자가 공동원인의 하나가 되는 이상 그 손해를 영조물의 설치 또는 관리상의 하자에 의하여 발생한 것이라고 해석함이 상당하다(대판 1992.9.22. 92다30219).

1218 다른 자연적 사실이나 제3자의 행위 또는 피해자의 행위와 경합하여 손해가 발생하더라도 영조물의 설치 또는 관리상의 하자가 공동원인의 하나가 되는 이상 영조물 하자책임이 성립한다. O | X

> 1. 김포공항에서 발생하는 소음등으로 인근주민들이 입은 피해는 사회통념상 수인한도를 넘는 것으로서 김포공항의 설치·관리에 하자가 있다(대판 2005.1.27. 2003다49566).
> 2. 차량이 통행하는 도로에서 유입되는 소음 때문에 인근 주택의 거주자에게 사회통념상 일반적으로 수인할 정도를 넘어서는 침해가 있는지 여부는, 주택법 등에서 제시하는 주택건설기준보다는 환경정책기본법 등에서 설정하고 있는 환경기준을 우선적으로 고려하여 판단하여야 한다(대판 2008.8.21. 2008다9358, 9365). **2021 국회직 8급**
> 3. 특히 소음 등의 공해로 인한 법적 쟁송이 제기되거나 그 피해에 대한 보상이 실시되는 등 피해지역임이 구체적으로 드러나고 또한 이러한 사실이 그 지역에 널리 알려진 이후에 이주하여 오는 경우에는 위와 같은 위험에의 접근에 따른 가해자의 면책 여부를 보다 적극적으로 인정할 여지가 있다(대판 2010.11.25. 2007다74560). **2016 국가직 9급, 2017 지방직 9급**
> 4. 소음 등을 포함한 공해 등의 위험지역으로 이주하여 들어가 거주하는 경우와 같이 위험의 존재를 인식하거나 과실로 인식하지 못하고 이주한 경우에는 손해배상액의 산정에 있어 형평의 원칙상 과실상계에 준하여 감경 또는 면제사유로 고려하여야 한다(대판 2010.11.11. 2008다57975). **2021 국회직 8급**

1219 소음도 사회통념상 수인한도를 넘는 경우 영조물의 하자로 인정될 수 있다. O | X

1220 소음 등의 공해로 인한 법적 쟁송이 제기되거나 그 피해에 대한 보상이 실시되는 등 피해지역임이 구체적으로 드러나고 또한 이러한 사실이 그 지역에 널리 알려진 이후에 이주하여 오는 경우에는 가해자의 면책 여부를 보다 적극적으로 인정할 여지가 있다. O | X

1221 소음 등을 포함한 공해 등의 위험지역으로 이주하여 들어가 거주하는 경우와 같이 위험의 존재를 인식하거나 과실로 인식하지 못하고 이주한 경우, 이를 손해배상액의 산정에 있어 형평의 원칙상 과실상계에 준하여 감경 또는 면책사유로 고려하여야 한다. O | X

1222 차량이 통행하는 도로에서 유입되는 소음 때문에 인근 주택의 거주자에게 사회통념상 일반적으로 수인할 정도를 넘어서는 침해가 있는지 여부는, 「환경정책기본법」 등에서 설정하고 있는 환경기준보다 「주택법」 등에서 제시하는 주택건설기준을 우선적으로 고려하여 판단하여야 한다. O | X

> 고속도로의 관리상 하자가 인정되는 이상 고속도로의 점유관리자는 그 하자가 불가항력에 의한 것이거나 손해의 방지에 필요한 주의를 해태하지 아니하였다는 점을 주장·입증하여야 비로소 그 책임을 면할 수 있다(대판 2008.3.13. 2007다 29287, 29294).
>
> 2017 지방직 9급

1223 고속도로의 관리상 하자가 불가항력에 의한 것이거나 손해의 방지에 필요한 주의를 해태하지 아니하였다는 점은 피해자가 입증하여야 한다. O | X

정답 및 해설

1218 O 1219 O 1220 O 1221 O
1222 X 「환경정책기본법」등에서 설정하고 있는 환경기준이 우선적으로 고려된다.
1223 X 고속도로의 점유관리자가 입증하여야 한다.

1. 집중호우로 제방도로가 유실되면서 그곳을 걸어가던 보행자가 강물에 휩쓸려 익사한 경우, 사고당일의 집중호우가 50년 빈도의 최대강우량에 해당한다는 사실만으로 불가항력에 기인한 것으로 볼 수 없으므로 제방도로의 설치·관리상의 하자를 인정해야 한다(대판 2000.5.26. 99다53247).

2. 약 308.5mm 집중호우로 국도변 산비탈이 무너져 차량의 통행을 방해함으로써 일어난 교통사고에 대하여, 매년 비가 많이 오는 장마철을 겪고 있는 우리나라와 같은 기후의 여건에서 위와 같은 집중호우가 내렸다고 하여 전혀 예측할 수 없는 천재지변이라고 보기는 어렵다(대판 1993.6.8. 93다11678).

3. 자연영조물로서의 하천은 원래 이를 설치할 것인지 여부에 대한 선택의 여지가 없고, 위험을 내포한 상태에서 자연적으로 존재하고 있으며, 간단한 방법으로 위험상태를 제거할 수 없는 경우가 많고, … 이와 같은 관리상의 특질과 특수성을 감안한다면, 하천의 관리청이 관계 규정에 따라 설정한 계획홍수위를 변경시켜야 할 사정이 생기는 등 특별한 사정이 없는 한, 이미 존재하는 하천의 제방이 계획홍수위를 넘고 있다면 그 하천은 용도에 따라 통상 갖추어야 할 안전성을 갖추고 있다고 보아야 하고, 그와 같은 하천이 그 후 새로운 하천시설을 설치할 때 기준으로 삼기 위하여 제정한 '하천시설기준'이 정한 여유고를 확보하지 못하고 있다는 사정만으로 바로 안전성이 결여된 하자가 있다고 볼 수는 없다(대판 2003.10.23. 2001다48057). **2023 소방간부, 2020 국가직 7급**

4. 100년 발생빈도의 강우량을 기준으로 책정된 계획홍수위를 초과하여 600년 또는 1,000년 발생빈도의 강우량에 의한 하천의 범람은 예측가능성 및 회피가능성이 없는 불가항력적인 재해로서 그 영조물의 관리청에 책임을 물을 수 없다(대판 2003.10.23. 2001다48057). **2024 소방간부**

1224 50년 빈도의 최대강우량에 해당하는 집중호우로 제방도로가 유실된 경우 불가항력에 기인한 것으로 볼 수 있다. O | X

1225 집중호우로 제방도로가 유실되면서 그곳을 걸어가던 보행자가 강물에 휩쓸려 익사한 경우 영조물 하자 책임이 성립될 수 있다. O | X

1226 장마철에 308.5mm 집중호우는 전혀 예측할 수 없는 천재지변이라고 보기는 어렵다. O | X

1227 약 308.5mm 집중호우로 국도변 산비탈이 무너져 차량의 통행을 방해함으로써 일어난 교통사고에 대하여 국가배상책임이 인정된다. O | X

1228 하천의 제방이 계획홍수위를 넘고 있더라도, 하천이 그 후 새로운 하천시설을 설치할 때 '하천시설기준'으로 정한 여유고를 확보하지 못하고 있다면 그 사정만으로 안정성이 결여된 하자가 있다고 보아야 한다. O | X

1229 600년 또는 1,000년 발생빈도의 강우량에 의한 하천의 범람은 예측가능성 및 회피가능성이 없는 불가항력적인 재해로서 그 영조물의 관리청에 책임을 물을 수 없다. O | X

정답 및 해설

1224	X	불가항력에 의한 것으로 볼 수 없다.			
1225	O	1226	O	1227	O
1228	X	하자가 있다고 볼 수 없다.			
1229	O				

> 가변차로에 설치된 신호등의 용도와 오작동 시에 발생하는 사고의 위험성과 심각성을 감안할 때, 만일 가변차로에 설치된 두 개의 신호기에서 서로 모순되는 신호가 들어오는 고장을 예방할 방법이 없음에도 그와 같은 신호기를 설치하여 그와 같은 고장을 발생하게 한 것이라면, 그 고장이 자연재해 등 외부요인에 의한 불가항력에 기인한 것이 아닌 한 그 자체로 설치·관리자의 방호조치의무를 다하지 못한 것으로서 신호등이 그 용도에 따라 통상 갖추어야 할 안전성을 갖추지 못한 상태에 있었다고 할 것이다(대판 2001.7.27. 2000다56822).
>
> **2024 소방간부**

1230 가변차로에 설치된 두 개의 신호기에서 서로 모순되는 신호가 들어오는 고장을 예방할 방법이 없음에도 그와 같은 신호기를 설치하여 그와 같은 고장을 발생하게 한 것이라면 그 자체로 설치·관리자의 방호조치의무를 다하지 못한 것이다. O | X

> 1. 폭설로 차량 운전자 등이 고속도로에서 장시간 고립된 사안에서, 고속도로의 관리자가 고립구간의 교통정체를 충분히 예견할 수 있었음에도 교통제한 및 운행정지 등 필요한 조치를 충실히 이행하지 아니하였으므로 고속도로의 관리상 하자가 있다(대판 2008.3.13. 2007다29287, 29294).
> 2. 겨울철 산간지역에 위치한 도로에 강설로 생긴 빙판을 그대로 방치하고 도로상황에 대한 경고나 위험표지판을 설치하지 않았다는 사정만으로 도로관리상의 하자가 있다고 볼 수 없다(대판 2000.4.25. 99다54998).

1231 폭설로 교통정체를 충분히 예견할 수 있음에도 필요한 조치를 취하지 않아 고속도로에서 장시간 고립된 경우 고속도로의 관리상 하자가 인정된다. O | X

1232 겨울철 산간지역에 위치한 도로에 강설로 생긴 빙판을 그대로 방치하고 도로상황에 대한 경고나 위험표지판을 설치하지 않았다는 사정만으로 도로관리상의 하자가 인정된다. O | X

> 영조물설치의 하자 유무는 객관적 견지에서 본 하자문제이고, 예산 부족과 같은 재정사정은 안전성을 요구하는데 대한 정도문제로서의 참작사유에는 해당할지언정 절대적 요건은 되지 못한다(대판 1967.2.21. 66다1723).
>
> **2024·2023 소방간부, 2016 국가직 9급, 2017 지방직 9급**

1233 재정사정은 안정성을 요구하는데 참작사유는 될지언정 절대적 면책사유는 되지 않는다. O | X

정답 및 해설

1230	O	
1231	O	
1232	X	도로관리상의 하자로 볼 수 없다.
1233	O	

> 국가배상법 제6조 제1항 소정의 '공무원의 봉급·급여 기타의 비용'이란 공무원의 인건비만을 가리키는 것이 아니라 당해사무에 필요한 일체의 경비를 의미한다고 할 것이고, 적어도 대외적으로 그러한 경비를 지출하는 자는 경비의 실질적·궁극적 부담자가 아니더라도 그러한 경비를 부담하는 자에 포함된다. … 지방자치단체의 장이 기관위임된 국가행정사무를 처리하는 경우 그에 소요되는 경비의 실질적·궁극적 부담자는 국가라고 하더라도 당해 지방자치단체는 국가로부터 내부적으로 교부된 금원으로 그 사무에 필요한 경비를 대외적으로 지출하는 자이므로, 이러한 경우 지방자치단체는 국가배상법 제6조 제1항 소정의 비용부담자로서 공무원의 불법행위로 인한 같은 법에 의한 손해를 배상할 책임이 있다(대판 1994.12.9. 94다38137). **2024 소방간부, 2020 국가직 9급, 2017 지방직 9급**

1234 「국가배상법」제6조 비용부담자는 실질적·궁극적 부담자만 해당하고 대외적으로 그러한 경비를 지출하는 자는 포함되지 않는다. O | X

1235 지방자치단체의 장이 기관위임된 국가행정사무를 처리하는 경우 그에 소요되는 경비의 실질적·궁극적 부담자는 국가이다. O | X

1236 기관위임된 국가행정사무를 처리하는 경우 지방자치단체는「국가배상법」제6조 제1항 소정의 비용부담자로서 공무원의 불법행위로 인한 같은 법에 의한 손해를 배상할 책임을 부담하지 않는다. O | X

> 지방자치단체장이 교통신호기를 설치하여 그 관리권한이 도로교통법 제71조의2 제1항의 규정에 의하여 관할 지방경찰청장에게 위임되어 지방자치단체 소속 공무원과 지방경찰청 소속 공무원이 합동근무하는 교통종합관제센터에서 그 관리업무를 담당하던 중 위 신호기가 고장난 채 방치되어 교통사고가 발생한 경우, 국가배상법 제2조 또는 제5조에 의한 배상책임을 부담하는 것은 지방경찰청장이 소속된 국가가 아니라, 그 권한을 위임한 지방자치단체장이 소속된 지방자치단체라고 할 것이나, 한편 국가배상법 제6조 제1항은 같은 법 제2조, 제3조 및 제5조의 규정에 의하여 국가 또는 지방자치단체가 손해를 배상할 책임이 있는 경우에 공무원의 선임·감독 또는 영조물의 설치·관리를 맡은 자와 공무원의 봉급·급여 기타의 비용 또는 영조물의 설치·관리의 비용을 부담하는 자가 동일하지 아니한 경우에는 그 비용을 부담하는 자도 손해를 배상하여야 한다고 규정하고 있으므로 교통신호기를 관리하는 지방경찰청장 산하 경찰관들에 대한 봉급을 부담하는 국가도 국가배상법 제6조 제1항에 의한 배상책임을 부담한다(대판 1999.6.25. 99다11120). **2020 지방직 7급**

1237 지방자치단체장이 교통신호기를 설치하여 그 관리권한이 관할 지방경찰청장에게 위임되어 지방자치단체 소속 공무원과 지방경찰청 소속 공무원이 합동근무하는 교통종합관제센터에서 그 관리업무를 담당하던 중 위 신호기가 고장난 채 방치되어 교통사고가 발생한 경우,「국가배상법」제2조 또는 제5조에 의한 배상책임을 부담하는 것은 지방경찰청장이 소속된 국가가 아니라, 그 권한을 위임한 지방자치단체장이 소속된 지방자치단체이다. O | X

1238 교통신호기를 관리하는 지방경찰청장 산하 경찰관들에 대한 봉급을 부담하는 국가는「국가배상법」제6조 제1항에 의한 배상책임을 부담하지 않는다. O | X

> 국가배상법상 배상심의회의 결정은 민사상의 손해배상청구를 하기 전의 전치요건에 불과하다고 할 것이므로 위 배상심의회의 결정은 이를 행정처분이라고 할 수 없다(대판 1981.2.10. 80누317).

1239 「국가배상법」상 배상심의회의 결정은 항고소송되는 행정처분에 해당한다. O | X

정답 및 해설

1234 X 대외적으로 경비를 지출하는 자도 포함된다.
1235 O
1236 X 지방자치단체도 비용부담자로서 손해를 배상할 책임을 부담한다.
1237 O
1238 X 국가는 비용부담자로서 책임을 부담한다.
1239 X 행정처분에 해당하지 않는다.

34 | 손실보상

> 「헌법」제23조 ① 모든 국민의 재산권은 보장된다. 그 내용과 한계는 법률로 정한다.
> ② 재산권의 행사는 공공복리에 적합하도록 하여야 한다.
> ③ 공공필요에 의한 재산권의 수용·사용 또는 제한 및 그에 대한 보상은 법률로써 하되, 정당한 보상을 지급하여야 한다.

1. 공용수용이 허용될 수 있는 공익성을 가진 사업, 즉 공익사업의 범위는 사업시행자와 토지소유자 등의 이해가 상반되는 중요한 사항으로서, 공용수용에 대한 법률유보의 원칙에 따라 법률에서 명확히 규정되어야 한다. 공공의 이익에 도움이 되는 사업이라도 '공익사업'으로 실정법에 열거되어 있지 않은 사업은 공용수용이 허용될 수 없다.
2. 오늘날 공익사업의 범위가 확대되는 경향에 대응하여 재산권의 존속보장과의 조화를 위해서는, '공공필요'의 요건에 관하여, 공익성은 추상적인 공익 일반 또는 국가의 이익 이상의 중대한 공익을 요구하므로 기본권 일반의 제한사유인 '공공복리'보다 좁게 보는 것이 타당하며, 공익성의 정도를 판단함에 있어서는 공용수용을 허용하고 있는 개별법의 입법목적, 사업내용, 사업이 입법목적에 이바지 하는 정도는 물론, 특히 그 사업이 대중을 상대로 하는 영업인 경우에는 그 사업 시설에 대한 대중의 이용·접근가능성도 아울러 고려하여야 한다.
3. 공용수용을 허용하고 있는 개별법은 대부분 공익사업을 시행하기 위하여 '필요한 경우'에 토지 등을 수용할 수 있다고 규정하고 있다. 수용은 타인의 재산권을 직접적으로 박탈하는 것일 뿐 아니라, 헌법 제10조로부터 도출되는 계약의 자유 내지 피수용자의 거주이전 자유까지 문제될 수 있는 등 사실상 많은 헌법상 가치들의 제약을 초래할 수 있으므로, 헌법적 요청에 의한 수용이라 하더라도 국민의 재산을 그 의사에 반하여 강제적으로라도 취득해야 할 정도의 필요성이 인정되어야 하고, 그 필요성이 인정되기 위해서는 공용수용을 통하여 달성하려는 공익과 그로 인하여 재산권을 침해당하는 사인의 이익 사이의 형량에서 사인의 재산권침해를 정당화할 정도의 공익의 우월성이 인정되어야 한다.
4. 특히 사업시행자가 사인인 경우에는 위와 같은 공익의 우월성이 인정되는 것 외에도 사인은 경제활동의 근본적인 목적이 이윤을 추구하는 일에 있으므로, 그 사업 시행으로 획득할 수 있는 공익이 현저히 해태되지 않도록 보장하는 제도적 규율도 갖추어져 있어야 한다(헌재 2014.10.30. 2011헌바172).

2017 국회직 8급

1240 공용수용이 허용될 수 있는 공익사업의 범위는 법률유보 원칙에 따라 법률에서 명확히 규정되어야 한다. O | X

1241 공공의 이익에 도움이 되는 사업이라면 '공익사업'으로 실정법에 열거되어 있지 아니한 사업이라도 공용수용이 허용될 수 있다. O | X

1242 재산권의 존속적 보장과의 조화를 위하여서는 '공공필요'의 요건에 관하여 공익성은 추상적인 공익 일반 또는 국가의 이익 이상의 중대한 공익을 요구하므로 기본권 일반의 제한사유인 '공공복리'보다 넓게 보는 것이 타당하다. O | X

1243 헌법적 요청에 의한 수용이라 하더라도 국민의 재산을 그 의사에 반하여 강제적으로라도 취득하여야 할 정도의 필요성이 인정되어야 하고, 그 필요성이 인정되기 위하여서는 사인의 재산권침해를 정당화할 정도의 공익의 우월성이 인정되어야 한다. O | X

1244 사업시행자가 사인인 경우에는 공익의 우월성이 인정되는 것 외에 그 사업시행으로 획득할 수 있는 공익이 현저히 해태되지 아니하도록 보장하는 제도적 규율도 갖추어져 있어야 한다. O | X

정답 및 해설

1240 **O**
1241 **X** 실정법에 열거되어 있지 않은 사업은 공용수용이 허용되지 않는다.
1242 **X** 공공복리보다 좁게 보는 것이 타당하다.
1243 **O**
1244 **O**

1. [1] 도시계획법 제21조에 규정된 개발제한구역제도 그 자체는 원칙적으로 합헌적인 규정인데, 다만 개발제한구역의 지정으로 말미암아 일부토지소유자에게 사회적 제약의 범위를 넘는 가혹한 부담이 발생하는 예외적인 경우에 대하여 보상규정을 두지 않은 것에 위헌성이 있는 것이고, 보상의 구체적 기준과 방법은 헌법재판소가 결정할 성질의 것이 아니라 광범위한 입법형성권을 가진 입법자가 입법정책적으로 정할 사항이므로, 입법자가 보상입법을 마련함으로써 위헌적인 상태를 제거할 때까지 위 조항을 형식적으로 존속케 하기 위하여 헌법불합치결정을 하는 것이다(헌재 1998.12.24. 89헌마214). _{2014 국회직 8급, 2014 지방직 9급}

    [2] 토지를 종래의 목적으로도 사용할 수 없거나 더 이상 법적으로 허용된 토지이용방법이 없어서 실질적으로 사용·수익을 할 수 없는 경우에 해당하지 않는 제약은 토지소유자가 수인하여야 하는 사회적 제약의 범주 내에 있는 것이고, 그러하지 아니한 제약은 손실을 완화하는 보상적 조치가 있어야 비로소 허용되는 범주 내에 있다(헌재 2005.9.29. 2002헌바84). _{2023·2022 소방간부}

    [3] 개발제한구역의 지정으로 인한 개발가능성의 소멸과 그에 따른 지가의 하락이나 지가상승률의 상대적 감소는 토지소유자가 감수해야 하는 사회적 제약의 범주에 속하는 것으로 보아야 한다(헌재 1988.12.24. 89헌마214). _{2022 소방간부}

2. 도시정비법 제65조 제2항 전단은 재산권의 법률적 수용이라는 법적 외관을 가지고 있으나 그 실질은 정비기반시설의 설치와 그 비용부담자 등에 관하여 규율하는 것으로, 그 규율형식의 면에서 정비사업의 시행으로 새로이 설치된 정비기반시설과 그 부지를 '개별적이고 구체적으로' 박탈하려는 데 본질이 있는 것이 아니라, 해당 정비기반시설과 그 부지의 소유관계를 '일반적이고 추상적으로' 규율하고자 한 것이고, 그 규율목적의 면에서도 사업시행자의 정비기반시설에 대한 재산권을 박탈·제한함에 본질이 있는 것이 아니라, 사업지구 안의 정비기반시설의 소유관계를 정함으로써 사업시행자의 지위를 장래를 향하여 획일적으로 확정하고자 하는 것이므로, 재산권의 내용과 한계를 정한 것으로 이해함이 타당하다. 따라서 도시정비법 제65조 제2항 전단에 따른 정비기반시설의 소유권 귀속은 헌법 제23조 제3항의 수용에 해당하지 않고, 이 사건 법률조항이 그에 대한 보상의 의미를 가지는 것도 아니므로, 그 위헌 여부에 관하여 정당한 보상의 원칙에 위배되는지는 문제되지 않는다(헌재 2013.10.24. 2011헌바355). _{2014 지방직 9급}

1245 개발제한구역 지정과 관련하여 보상규정을 두지 않은 구 「도시계획법」 제21조가 위헌인 것은 아니다. O | X

1246 개발제한구역의 지정으로 말미암아 일부토지소유자에게 사회적 제약의 범위를 넘는 가혹한 부담이 발생하는 예외적인 경우에 대하여 보상규정을 두지 않은 것에 위헌성이 있다. O | X

1247 보상의 구체적 기준과 방법은 헌법재판소가 결정할 성질의 것이 아니라 광범위한 입법형성권을 가진 입법자가 입법정책적으로 정할 사항이므로, 입법자가 보상입법을 마련함으로써 위헌적인 상태를 제거할 때까지 위 조항을 형식적으로 존속케 하기 위하여 헌법불합치결정을 하는 것이다. O | X

1248 토지를 종래의 목적으로도 사용할 수 없거나 더 이상 법적으로 허용된 토지이용방법이 없어서 실질적으로 사용·수익을 할 수 없는 경우에 해당하지 않는 제약은 손실을 완화하는 보상적 조치가 있어야 한다. O | X

1249 토지를 종래의 목적으로도 사용할 수 없거나 더 이상 법적으로 허용된 토지이용방법이 없어서 실질적으로 사용·수익을 할 수 없는 경우에 해당하지 않는 제약은 토지소유자가 수인하여야 하는 사회적 제약의 범주 내에 있는 것이고, 그러하지 아니한 제약은 사회적 제약의 범주 밖에 있는 것이다. O | X

1250 「도시정비법」 제65조 제2항 전단에 따른 정비기반시설의 소유권 귀속은 헌법 제23조 제3항의 수용에 해당한다. O | X

정답 및 해설

1245	O	1246	O	1247	O
1248	X	해당하지 않는 제약은 보상적 조치를 필요로 하지 않는다.
1249	O
1250	X	재산권의 내용과 한계를 정한 것으로 헌법 제23조 제3항의 수용에 해당하지 않는다.

1. 문화적·학술적 가치는 특별한 사정이 없는 한 그 토지의 부동산으로서의 경제적·재산적 가치를 높여 주는 것이 아니므로 토지수용법 제51조 소정의 손실보상의 대상이 될 수 없으니, 이 사건 토지가 철새 도래지로서 자연 문화적인 학술가치를 지녔다 하더라도 손실보상의 대상이 될 수 없다(대판 1989.9.12. 88누11216).

2. 지장물인 건물은 그 건물이 적법한 건축허가를 받아 건축된 것인지 여부에 관계없이 「토지수용법」상의 사업인정의 고시 이전에 건축된 건물이기만 하면 손실보상의 대상이 된다(대판 2000.3.10. 99두10896).

3. 체육시설업의 영업주체가 영업시설의 양도나 임대 등에 의하여 변경되었음에도 그에 관한 신고를 하지 않은 채 영업을 하던 중에 공익사업으로 영업을 폐지 또는 휴업하게 된 경우라 하더라도, 그 임차인 등의 영업을 보상대상에서 제외되는 위법한 영업이라고 할 것은 아니다. 따라서 그로 인한 영업손실에 대해서는 법령에 따른 정당한 보상이 이루어져야 마땅하다(대판 2012.12.13. 2010두12842). <small>2022·2019 국회직 8급</small>

4. 일반 공중의 이용에 제공되는 공공용물에 대하여 특허 또는 허가를 받지 않고 하는 일반사용은 다른 개인의 자유이용과 국가 또는 지방자치단체 등의 공공목적을 위한 개발 또는 관리·보존행위를 방해하지 않는 범위 내에서만 허용된다 할 것이므로, 공공용물에 관하여 적법한 개발행위 등이 이루어짐으로 말미암아 이에 대한 일정범위의 사람들의 일반사용이 종전에 비하여 제한받게 되었다 하더라도 특별한 사정이 없는 한 그로 인한 불이익은 손실보상의 대상이 되는 특별한 손실에 해당한다고 할 수 없다(대판 2002.2.26. 99두35300).

5. 손실보상은 공공필요에 의한 행정작용에 의하여 사인에게 발생한 특별한 희생에 대한 전보라는 점에서 그 사인에게 특별한 희생이 발생하여야 하는 것은 당연히 요구되는 것이고, 공유수면 매립면허의 고시가 있다고 하여 반드시 그 사업이 시행되고 그로 인하여 손실이 발생한다고 할 수 없으므로, 매립면허 고시 이후 매립공사가 실행되어 관행어업권자에게 실질적이고 현실적인 피해가 발생한 경우에만 공유수면매립법에서 정하는 손실보상청구권이 발생하였다고 할 것이다(대판 2010.12.9. 2007두6571). <small>2023 소방간부, 2014 국회직 8급, 2019 지방직 9급</small>

6. 사업인정고시는 수용재결절차로 나아가 강제적인 방식으로 토지소유자나 관계인의 권리를 취득·보상하기 위한 절차적 요건에 지나지 않고 영업손실보상의 요건이 아니다. 토지보상법령도 반드시 사업인정이나 수용이 전제되어야 영업손실 보상의무가 발생한다고 규정하고 있지 않다. 따라서 피고가 시행하는 사업이 토지보상법상 공익사업에 해당하고 원고들의 영업이 해당 공익사업으로 폐업하거나 휴업하게 된 것이어서 토지보상법령에서 정한 영업손실 보상대상에 해당하면, 사업인정고시가 없더라도 피고는 원고들에게 영업손실을 보상할 의무가 있다(대판 2021.11.11. 2018다204022). <small>2023 소방간부</small>

1251 토지가 철새 도래지로서 자연 문화적인 학술가치를 지녔다 하더라도 손실보상의 대상이 될 수 없다.   O | X

1252 손실보상의 대상이 되는 건물은 적법한 건축허가를 받아 건축된 건물에 한정된다.   O | X

1253 체육시설업의 영업주체가 영업시설의 양도나 임대 등에 의하여 변경되었음에도 그에 관한 신고를 하지 않은 채 영업을 하던 중에 공익사업으로 영업을 폐지 또는 휴업하게 된 경우 그 임차인 등의 영업은 보상대상에서 제외된다.   O | X

1254 공유수면매립면허의 고시가 있는 경우 그 사업이 시행되고 그로 인하여 직접 손실이 발생한다고 할 수 있으므로, 관행어업권자는 공유수면매립면허의 고시를 이유로 손실보상을 청구할 수 있다.   O | X

1255 공공용물에 관하여 적법한 개발행위로 인해 일정범위의 사람들의 일반사용이 종전에 비하여 제한받게 되었다 하더라도 특별한 사정이 없는 한 그로 인한 불이익은 손실보상의 대상이 되지 않는다. O | X

1256 사업인정고시는 수용재결절차로 나아가 강제적인 방식으로 토지소유자나 관계인의 권리를 취득·보상하기 위한 요건으로서 영업손실보상청구를 위해서는 반드시 사업인정이나 수용이 전제되어야 한다. O | X

> 내수면어업개발촉진법 제16조에 의하여 준용되는 수산업법 제81조 제1항 제1호는 같은 법 제34조 제1항 제1호 내지 제5호의 소정의 공익상 필요에 의한 사유로 인하여 면허어업을 제한하는 등의 처분을 받았거나 어업면허 유효기간의 연장이 허가되지 아니함으로써 손실을 입은 자는 행정관청에 대하여 보상을 청구할 수 있다고 규정하고 있는 바, 이러한 어업면허에 대한 처분 등이 행정처분에 해당된다 하여도 이로 인한 손실은 사법상의 권리인 어업권에 대한 손실을 본질적 내용으로 하고 있는 것으로서 그 보상청구권은 공법상의 권리가 아니라 사법상의 권리이다(대판 1996.7.26. 94누13848).

1257 공익상 필요에 의한 사유로 인하여 면허어업을 제한하는 등의 처분을 받았거나 어업면허 유효기간의 연장이 허가되지 아니함으로써 손실을 입은 자의 손실은 어업면허에 대한 처분이 행정처분이므로 그로 인한 어업권에 대한 손실보상청구권은 공법상 권리에 해당한다. O | X

정답 및 해설

1251	O	
1252	X	적법한 건축허가를 받아 건축된 건물에 한정되지 않는다.
1253	X	신고를 하지 않은 영업이라도 보상대상에서 제외되지 않는다.
1254	X	공유수면매립면허의 고시만으로 직접 손실이 발생하였다고 할 수 없다.
1255	O	
1256	X	영업손실보상청구를 위해서 반드시 사업인정이나 수용이 전제되어야 하는 것은 아니다.
1257	X	「수산업법」상 어업권의 침해로 인한 손실보상청구권은 사법상 권리라는 것이 판례이다.

1. 구 수산업법에 의한 손실보상청구권이나 손실보상 관련 법령의 유추적용에 의한 손실보상청구권은 사업시행자를 상대로 한 민사소송의 방법에 의하여 행사하여야 하나, 구 공유수면매립법 제16조 제1항에 정한 권리를 가진 자가 위 규정에 의하여 취득한 손실보상청구권은 민사소송의 방법으로 행사할 수 없고 같은 법 제16조 제2항, 제3항이 정한 바에 따라 협의가 성립되지 아니하거나 협의할 수 없을 경우에 토지수용위원회의 재정을 거쳐 토지수용위원회를 상대로 재정에 대한 행정소송을 제기하는 방법에 의하여 행사하여야 하는바, 공유수면매립사업으로 인하여 관행어업권을 상실하게 된 자는 구 공유수면매립법 제6조 제2호가 정한 입어자로서 같은 법 제16조 제1항의 공유수면에 대하여 권리를 가진 자에 해당하므로 그가 매립사업으로 인하여 취득한 손실보상청구권은 직접 같은 법 조항에 근거하여 발생한 것이라 할 것이어서, 공유수면매립사업법 제16조 제2항, 제3항이 정한 재정과 그에 대한 행정소송의 방법에 의하여 권리를 주장하여야 할 것이고 민사소송의 방법으로는 그 손실보상청구권을 행사할 수 없다(대판 2001.6.29. 99다56468).

2. 구 공익사업을 위한 토지 등의 취득 및 보상에 관한 법률 제77조 제2항상의 농업손실보상청구권은 공익사업의 시행 등 적법한 공권력의 행사에 의한 재산상의 특별한 희생에 대하여 전체적인 공평부담의 견지에서 공익사업의 주체가 그 손해를 보상하여 주는 손실보상의 일종으로 공법상의 권리임이 분명하므로 그에 관한 쟁송은 민사소송이 아닌 행정소송절차에 의하여야 할 것이다(대판 2011.10.13. 2009다43461).

3. 하천법 등이 하천구역으로 편입된 토지에 대하여 손실보상청구권을 규정한 것은 헌법 제23조 제3항이 선언하고 있는 손실보상청구권을 하천법에서 구체화한 것으로서, 하천법 그 자체에 의하여 직접 사유지를 국유로 하는 이른바 입법적 수용이라는 국가의 공권력 행사로 인한 토지소유자의 손실을 보상하기 위한 것이므로 하천구역 편입토지에 대한 손실보상청구권은 공법상의 권리임이 분명하고, … 개정 하천법 부칙 제2조나 특별조치법 제2조에 의한 손실보상청구는 민사소송이 아닌 행정소송절차에 의하여야 할 것이다(대판 2006.5.18. 2004다6207).

4. 국가가 토지를 20년간 점유하여 취득시효가 완성된 경우, 토지 소유자가 하천편입토지 보상 등에 관한 특별조치법에 따른 손실보상청구권을 행사할 수 있는지 여부(적극) / 위 법리가 하천구역 편입 당시 이미 국가가 토지의 소유권을 취득한 경우에도 적용되는지 여부(소극)

5. 국가가 토지에 대한 취득시효의 완성에도 그에 따른 등기를 하지 아니하여 소유권을 취득하지 못한 상태에서 토지가 하천구역에 편입됨에 따라 국유로 되었고, 그 결과 소유명의자가 소유권을 상실한 경우에 적용되는 것으로서, 하천구역 편입 당시 이미 국가가 토지의 소유권을 취득한 경우에는 적용될 수 없다(대판 2016.6.28. 2016두35243).

1258 구 「공유수면매립법」제16조 제1항에 정한 권리를 가진 자가 위 규정에 의하여 취득한 손실보상청구권은 민사소송의 방법으로 행사할 수 없고 행정소송의 방법에 의해 권리를 주장하여야 한다. O | X

1259 「공익사업을 위한 토지 등의 취득 및 보상에 관한 법률」상의 농업손실보상청구권은 공법상의 권리이다. O | X

1260 「하천법」상 하천구역 편입토지에 대한 손실보상청구권은 민사소송에 의하여 손실보상청구권을 행사해야 한다. O | X

1261 국가가 소유자를 상대로 취득시효 완성을 원인으로 한 소유권이전등기청구를 함으로써 토지의 소유권을 취득할 수 있는 지위에 있었는데도 권리를 제때 행사하지 않고 있던 중에 토지가 하천구역에 편입되어 국유로 된 경우 토지소유자는 손실보상청구권을 행사할 수 있다. O | X

1262 위 법리는 국가가 토지에 대한 취득시효의 완성에도 그에 따른 등기를 하지 아니하여 소유권을 취득하지 못한 상태에서 토지가 하천구역에 편입됨에 따라 국유로 된 경우뿐만 아니라 하천구역 편입 당시 이미 국가가 토지의 소유권을 취득한 경우에도 적용된다. O | X

> 1. 헌법 제23조 제3항에서 규정한 '정당한 보상'이란 완전보상을 뜻하는 것이지만, 공익사업의 시행으로 인한 개발이익은 완전보상의 범위에 포함되는 피수용토지의 객관적 가치 내지 피수용자의 손실이라고는 볼 수 없다(헌재 1990.6.25. 89헌마107).
> 2. 토지수용에 따른 손실보상액의 산정방법에 관하여 우리 헌법재판소는 헌법 제23조 제2항이 규정하는 '정당한 보상'이란 원칙적으로 피수용재산의 객관적인 재산가치를 완전하게 보상하는 것이어야 한다는 완전보상을 의미하며 토지의 경우에는 그 특성상 인근유사토지의 거래가격을 기준으로 하여 토지의 가격형성에 미치는 제 요소를 종합적으로 고려한 합리적 조정을 거쳐서 객관적인 가치를 평가할 수밖에 없는데, 이때 소유자가 갖는 주관적인 가치, 투기적 성격을 띠고 우연히 결정된 거래가격 또는 흔히 불리는 호가, 객관적 가치의 증가에 기여하지 못한 투자비용이나 그 토지 등을 특별한 용도에 사용할 것을 전제로 한 가격 등에 좌우되어서는 안 되며, 개발이익은 그 성질상 완전보상의 범위에 포함되지 아니한다(헌재 1995.4.20. 93헌바20). _{2020 국회직 8급, 2024 국가직 9급}

1263 헌법 제23조 제3항에서 규정한 '정당한 보상'이란 상당보상을 뜻한다. O | X

1264 토지에 대한 보상액은 가격시점에서의 현실적인 이용상황, 일반적인 이용방법에 의한 객관적 상황, 일시적인 이용상황 및 토지소유자나 관계인이 갖는 주관적 가치 및 특별한 용도에 사용할 것을 전제로 한 경우 등을 고려한다. O | X

정답 및 해설

1258	O	
1259	O	
1260	X	「하천법」상 손실보상청구권은 당사자소송에 의한다.
1261	O	
1262	X	국가가 이미 등기를 이전하여 토지의 소유권을 취득한 경우에는 적용되지 않는다.
1263	X	완전보상을 의미한다.
1264	X	토지소유자나 관계인이 갖는 주관적 가치 및 특별한 용도에 사용할 것을 전제로 한 경우 등은 고려하지 않는다.

> 1. 토지수용으로 인한 손실보상액의 산정을 공시지가를 기준으로 하되 개발이익을 배제하도록 규정한 것은 당시의 표준지의 객관적 가치를 정당하게 반영하는 것이므로, 헌법상의 정당보상의 원칙에 위배되는 것은 아니다(헌재 1995.4.20. 93헌바20). **2017 국가직 9급**
> 2. 토지수용으로 인한 손실보상액을 산정함에 있어서 당해 공공사업의 시행을 직접 목적으로 하는 계획의 승인·고시로 인한 가격변동은 이를 고려함이 없이 수용재결 당시의 가격을 기준으로 하여 적정가격을 정하여야 하나, 당해 공공사업과는 관계없는 다른 사업의 시행으로 인한 개발이익은 이를 배제하지 아니한 가격으로 평가하여야 한다(대판 1999.1.15. 98두8896). **2014 국가직 7급**

1265 토지수용으로 인한 손실보상액을 산정함에 있어서 당해 공공사업의 시행을 직접 목적으로 하는 계획의 승인·고시로 인한 가격변동은 이를 고려함이 없이 수용재결 당시의 가격을 기준으로 정하여야 한다. O | X

1266 당해 공공사업과는 관계없는 다른 사업의 시행으로 인한 개발이익은 이를 배제하고 평가하여야 한다. O | X

1267 공익사업의 시행으로 인한 개발이익은 완전보상의 범위에 포함되는 피수용토지의 객관적 가치 내지 피수용자의 손실이라고는 볼 수 없다. O | X

1268 토지수용으로 인한 손실보상액의 산정을 공시지가를 기준으로 하되 개발이익을 배제하도록 규정한 것은 헌법상의 정당보상의 원칙에 위배되는 것은 아니다. O | X

정답 및 해설

1265	O	
1266	X	당해 공공사업과 관계없는 다른 사업의 시행으로 인한 개발이익은 이를 배제하지 않는다.
1267	O	
1268	O	

> 영업의 폐지로 볼 것인지 아니면 영업의 휴업으로 볼 것인지를 구별하는 기준은 당해 영업을 그 영업소 소재지나 인접 시·군 또는 구 지역 안의 다른 장소로 이전하는 것이 가능한지의 여부에 달려 있다 할 것이고, 이러한 이전가능 여부는 법령상의 이전장애사유 유무와 당해 영업의 종류와 특성, 영업시설의 규모, 인접 지역의 현황과 특성, 그 이전을 위하여 당사자가 들인 노력 등과 인근 주민들의 이전 반대 등과 같은 사실상의 이전장애사유 유무 등을 종합하여 판단함이 상당하다(대판 2001.11.13. 2000두1003).

1269 영업의 폐지로 볼 것인지 아니면 영업의 휴업으로 볼 것인지를 구별하는 기준은 당해 영업을 그 영업소 소재지나 인접 시·군 또는 구 지역 안의 다른 장소로 이전하는 것이 가능한지의 여부에 달려 있다. O | X

> 토지수용법 제45조 제2항은 수용 또는 사용함으로 인한 보상은 피보상자의 개인별로 산정할 수 없을 때를 제외하고는 피보상자에게 개인별로 하여야 한다고 규정하고 있으므로, 보상은 수용 또는 사용의 대상이 되는 물건별로 하는 것이 아니라 피보상자 개인별로 행하여지는 것이라고 할 것이어서 피보상자는 수용 대상물건 중 전부 또는 일부에 관하여 불복이 있는 경우 그 불복의 사유를 주장하여 행정소송을 제기할 수 있다(대판 2000.1.28. 97누11720).

1270 개인별 보상의 의미는 보상은 수용 또는 사용의 대상이 되는 물건별로 하는 것이 아니라는 의미이다. O | X

1271 피보상자는 수용 대상물건 중 전부 또는 일부에 관하여 불복이 있는 경우 그 불복의 사유를 주장하여 행정소송을 제기할 수 없다. O | X

정답 및 해설

1269 O
1270 O
1271 X 행정소송을 제기할 수 있다.

1. 이주대책의 실시 여부는 입법자의 입법정책적 재량의 영역에 속하므로 공익사업을 위한 토지 등의 취득 및 보상에 관한 법률 시행령 제40조 제3항 제3호가 이주대책의 대상자에서 세입자를 제외하고 있는 것이 세입자의 재산권을 침해하는 것이라 볼 수 없다. 소유자와 세입자는 생활의 근거의 상실 정도에 있어서 차이가 있는 점, 세입자에 대해서 주거이전비와 이사비가 보상되고 있는 점을 고려할 때 입법자가 이주대책 대상자에서 세입자를 제외하고 있는 이 사건 조항을 불합리한 차별로서 세입자의 평등권을 침해하는 것이라 볼 수는 없다(헌재 2006.2.23. 2004헌마19). **2015 국회직 8급, 2017 국가직 9급**

2. 사업시행자의 이주대책 수립·실시의무를 정하고 있는 구 공익사업법 제78조 제1항은 물론 이주대책의 내용에 관하여 규정하고 있는 같은 조 제4항 본문 역시 당사자의 합의 또는 사업시행자의 재량에 의하여 적용을 배제할 수 없는 강행법규이다(대판 2011.6.23. 2007다63089, 63096). **2020 국가직 7급**

3. 공공용지의취득및손실보상에관한특례법상 사업시행자에게 이주대책의 수립·실시의무를 부과하고 있다고 하여 그 규정 자체만에 의하여 이주자에게 사업시행자가 수립한 이주대책상의 택지분양권이나 아파트 입주권 등을 받을 수 있는 구체적인 권리(수분양권)가 직접 발생하는 것이라고는 도저히 볼 수 없으며, 사업시행자가 이주대책에 관한 구체적인 계획을 수립하여 이를 해당자에게 통지 내지 공고한 후, 이주자가 수분양권을 취득하기를 희망하여 이주대책에 정한 절차에 따라 사업시행자에게 이주대책대상자 선정신청을 하고 사업시행자가 이를 받아들여 이주대책대상자로 확인·결정하여야만 비로소 구체적인 수분양권이 발생하게 된다. 따라서 사업시행자의 이주대책대상자 확인·결정은 항고소송의 대상되는 처분이다(대판 1994.5.24. 92다35783). **2017 국가직 9급, 2016 국가직 7급**

4. 수분양권의 취득을 희망하는 이주자가 소정의 절차에 따라 이주대책대상자 선정신청을 한 데 대하여 사업시행자가 이주대책대상자가 아니라고 하여 위 확인·결정 등의 처분을 하지 않고 이를 제외시키거나 또는 거부조치한 경우에는, 이주자로서는 당연히 사업시행자를 상대로 항고소송에 의하여 그 제외처분 또는 거부처분의 취소를 구할 수 있다고 보아야 한다(대판 1994.5.24. 92다35783). **2025 소방간부, 2015 국회직 8급**

5. 이주자가 사업시행자에 대한 이주대책대상자 선정신청 및 이에 따른 확인·결정 등 절차를 밟지 아니하여 구체적인 수분양권을 아직 취득하지도 못한 상태에서 곧바로 분양의무의 주체를 상대방으로 하여 민사소송이나 공법상 당사자소송으로 이주대책상의 수분양권의 확인 등을 구하는 것은 허용될 수 없고, 나아가 그 공급대상인 택지나 아파트 등의 특정 부분에 관하여 그 수분양권의 확인을 소구하는 것은 더욱 불가능하다고 보아야 한다(대판 1994.5.24. 92다35783). **2021 국회직 8급**

6. 한국토지주택공사가 택지개발사업의 시행자로서 일정 기준을 충족하는 손실보상대상자들에 대하여 생활대책을 수립·시행하였는데, 직권으로 갑 등이 생활대책대상자에 해당하지 않는다는 결정을 하고, 갑 등의 이의신청에 대하여 재심사 결과로도 생활대책 대상자로 선정되지 않았다는 통보를 한 사안에서, 재심사 결과 통보가 독립한 행정처분으로서 항고소송의 대상이 된다(대판 2016.7.14. 2015두58645). **2019 국회직 8급**

1272 이주대책의 실시 여부는 입법자의 입법정책적 재량의 영역에 속한다. O | X

1273 「공익사업을 위한 토지 등의 취득 및 보상에 관한 법률」에서 이주대책의 대상자에서 세입자를 제외하고 있는 것이 세입자의 재산권을 침해하는 것이라 볼 수 있다. O | X

1274 「공익사업을 위한 토지 등의 취득 및 보상에 관한 법률」에서 이주대책의 대상자에서 세입자를 제외하고 있는 것은 세입자의 세입자의 평등권을 침해하는 것이다. O | X

1275 이주자에게 사업시행자가 수립한 이주대책상의 택지분양권이나 아파트 입주권 등을 받을 수 있는 구체적인 권리는 사업시행자에게 이주대책대상자 선정신청을 하고 사업시행자가 이를 받아들여 이주대책대상자로 확인·결정하여야만 비로소 구체적인 수분양권이 발생하게 된다. O | X

1276 사업시행자가 하는 이주대책자 확인·결정은 단순히 절차상의 필요에 따른 사실행위에 불과할 뿐이므로 사업시행자의 이주대책신청을 거부하는 행위는 항고소송의 대상되는 처분에 해당하지 않는다. O | X

1277 사업시행자가 이주대책에 관한 구체적인 계획을 수립하여 이를 해당자에게 통지 내지 공고하게 되면 이주대책대상자에게 구체적인 수분양권이 발생하게 된다. O | X

1278 이주대책대상자 선정에서 배제되어 수분양권을 취득하지 못한 이주자가 사업시행자를 상대로 공법상 당사자소송으로 이주대책상의 수분양권의 확인을 구하는 것은 허용될 수 없다. O | X

1279 한국토지주택공사가 택지개발사업의 시행자로서 일정 기준을 충족하는 손실보상대상자들에 대하여 생활대책을 수립·시행하면서 직권으로 甲이 생활대책대상자에 해당하지 않는다는 결정을 하고 이에 대한 甲 의 이의신청에 대하여 재심사 결과로도 생활대책 대상자로 선정되지 않았다는 통보는 독립한 행정처분이다. O | X

> '생업의 근거를 상실하게 된 자에 대하여 일정 규모의 상업용지 또는 상가분양권 등을 공급하는' 생활대책은 헌법 제23조 제3항에 규정된 정당한 보상에 포함되는 것이라기보다는 생활보상의 일환으로서 국가의 정책적인 배려에 의하여 마련된 제도이므로, 그 실시 여부는 입법자의 입법정책적 재량의 영역에 속한다. 이 사건 법률조항이 공익사업의 시행으로 인하여 농업 등을 계속할 수 없게 되어 이주하는 농민 등에 대한 생활대책 수립의무를 규정하고 있지 않다는 것만으로 재산권을 침해한다고 볼 수 없다(헌재 2013.7.25. 2012헌바71). **2014 지방직 9급**

1280 법률조항이 공익사업의 시행으로 인하여 농업 등을 계속할 수 없게 되어 이주하는 농민 등에 대한 생활대책 수립의무를 규정하고 있지 않다는 것만으로 재산권을 침해한다고 볼 수 없다. O | X

1281 '생업의 근거를 상실하게 된 자에 대하여 일정 규모의 상업용지 또는 상가분양권 등을 공급하는' 생활대책은 「헌법」 제23조 제3항에 규정된 정당한 보상에 포함된다. O | X

정답 및 해설

1272 O
1273 X 입법재량사항으로 세입자의 재산권을 침해한 것이라 볼 수 없다.
1274 X 세입자의 평등권을 침해하지 않는다.
1275 O
1276 X 사업시행자의 이주대책차 확인·결정은 수분양권이 발생하는 법적 효과가 있으므로 항고소송의 대상되는 처분에 해당한다.
1277 X 계획수립만으로는 구체적인 수분양권이 발생하지 않는다.
1278 O   1279 O   1280 O
1281 X 생활대책은 헌법 제34조에 의한 것으로 헌법 제23조 제3항의 정당한 보상에 포함되지 않는다.

■ 공익사업을 위한 토지등 취득 및 보상에 관한 법률

1. 협의취득의 관계

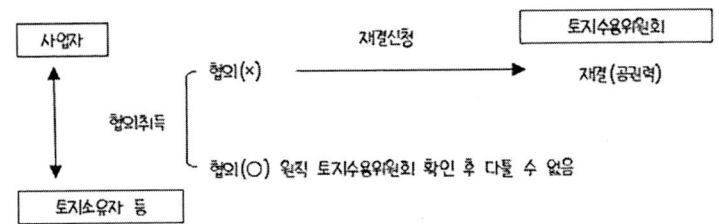

2. 토지수용위원회 재결에 대한 불복

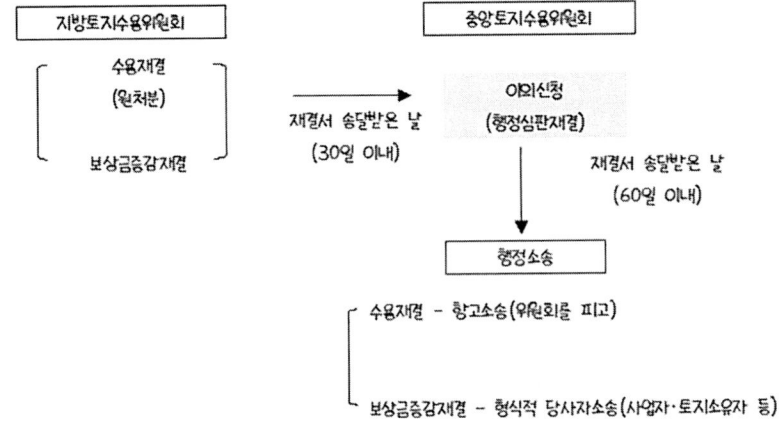

「공익사업을 위한 토지 등의 취득 및 보상에 관한 법률」 제83조(이의의 신청) ① 중앙토지수용위원회의 제34조에 따른 재결에 이의가 있는 자는 중앙토지수용위원회에 이의를 신청할 수 있다.
② 지방토지수용위원회의 제34조에 따른 재결에 이의가 있는 자는 해당 지방토지수용위원회를 거쳐 중앙토지수용위원회에 이의를 신청할 수 있다.
③ 제1항 및 제2항에 따른 이의의 신청은 재결서의 정본을 받은 날부터 30일 이내에 하여야 한다.

제85조(행정소송의 제기) ① 사업시행자, 토지소유자 또는 관계인은 제34조에 따른 재결에 불복할 때에는 재결서를 받은 날부터 90일 이내에, 이의신청을 거쳤을 때에는 이의신청에 대한 재결서를 받은 날부터 60일 이내에 각각 행정소송을 제기할 수 있다. 이 경우 사업시행자는 행정소송을 제기하기 전에 제84조에 따라 늘어난 보상금을 공탁하여야 하며, 보상금을 받을 자는 공탁된 보상금을 소송이 종결될 때까지 수령할 수 없다.
② 제1항에 따라 제기하려는 행정소송이 보상금의 증감(增減)에 관한 소송인 경우 그 소송을 제기하는 자가 토지소유자 또는 관계인일 때에는 사업시행자를, 사업시행자일 때에는 토지소유자 또는 관계인을 각각 피고로 한다.

2015 국회직 8급, 2014 국가직 7급

1. 공익사업을 위한 토지 등의 취득 및 보상에 관한 법률에 의한 보상합의는 공공기관이 사경제주체로서 행하는 사법상 계약의 실질을 가지는 것으로서, 당사자 간의 합의로 같은 법 소정의 손실보상의 기준에 의하지 아니한 손실보상금을 정할 수 있으며, 이와 같이 같은 법이 정하는 기준에 따르지 아니하고 손실보상액에 관한 합의를 하였다고 하더라도 그 합의가 착오 등을 이유로 적법하게 취소되지 않는 한 유효하다. 따라서 공익사업법에 의한 보상을 하면서 손실보상금에 관한 당사자 간의 합의가 성립하면 그 합의 내용대로 구속력이 있고, 손실보상금에 관한 합의 내용이 공익사업법에서 정하는 손실보상 기준에 맞지 않는다고 하더라도 합의가 적법하게 취소되는 등의 특별한 사정이 없는 한 추가로 공익사업법상 기준에 따른 손실보상금 청구를 할 수는 없다(대판 2013.8.22. 2012다3517). _{2021 국회직 8급, 2018 국가직 7급, 2019 지방직 9급, 2016 지방직 7급}

2. 토지보상법상 수용은 일정한 요건하에 그 소유권을 사업시행자에게 귀속시키는 행정처분으로서 이로 인한 효과는 소유자가 누구인지와 무관하게 사업시행자가 그 소유권을 취득하게 하는 원시취득이다. 반면, 토지보상법상 '협의취득'의 성격은 사법상 매매계약이므로 그 이행으로 인한 사업시행자의 소유권 취득도 승계취득이다. 그런데 토지보상법 제29조 제3항에 따른 신청이 수리됨으로써 협의 성립의 확인이 있었던 것으로 간주되면, 토지보상법 제29조 제4항에 따라 그에 관한 재결이 있었던 것으로 재차 의제되고, 그에 따라 사업시행자는 사법상 매매의 효력만을 갖는 협의취득과는 달리 확인대상 토지를 수용재결의 경우와 동일하게 원시취득하는 효과를 누리게 된다(대판 2018.12.13. 2016두51719). _{2020 국가직 7급}

3. 수용재결이 있은 후에 사법상 계약의 실질을 가지는 협의취득 절차를 금지해야 할 별다른 필요성을 찾기 어려운 점 등을 종합해 보면, 토지수용위원회의 수용재결이 있은 후라고 하더라도 토지소유자 등과 사업시행자가 다시 협의하여 토지 등의 취득이나 사용 및 그에 대한 보상에 관하여 임의로 계약을 체결할 수 있다고 보아야 한다(대판 2017.4.13. 2016두64241). _{2018 국가직 7급, 2022 지방직 7급}

1282 토지보상법에 의한 보상을 하면서 손실보상금에 관한 당사자 간의 합의가 성립하면 그 합의 내용대로 구속력이 있고, 손실보상금에 관한 합의 내용이 공익사업법에서 정하는 손실보상 기준에 맞지 않는다고 하더라도 합의가 적법하게 취소되는 등의 특별한 사정이 없는 한 추가로 공익사업법상 기준에 따른 손실보상금 청구를 할 수는 없다. O | X

1283 협의취득으로 인한 사업시행자의 토지에 대한 소유권 취득은 관할 토지수용위원회에 의한 협의 성립의 확인이 있었더라도 사업시행자는 수용재결의 경우와 동일하게 그 토지에 대한 원시취득의 효과를 누릴 수 없다. O | X

정답 및 해설

1282 O
1283 X 수용재결과 동일하게 원시취득의 효과를 누릴 수 있다.

1. 토지소유자가 사업시행자로부터 공익사업법 제73조, 제75조의2에 따른 잔여지 또는 잔여 건축물 가격감소 등으로 인한 손실보상을 받기 위해서는 공익사업법 제34조, 제50조 등에 규정된 재결절차를 거친 다음 그 재결에 대하여 불복할 때 비로소 공익사업법 제83조 내지 제85조에 따라 권리구제를 받을 수 있을 뿐이며, 특별한 사정이 없는 한 이러한 재결절차를 거치지 않은 채 곧바로 사업시행자를 상대로 손실보상을 청구하는 것은 허용되지 않는다 할 것이고, 이는 잔여지 또는 잔여 건축물 수용청구에 대한 재결절차를 거친 경우라고 하여 달리 볼 것은 아니다(대법원 2014.9.25. 선고 2012두24092). **2019 국회지 8급**

2. 구 '공익사업을 위한 토지 등의 취득 및 보상에 관한 법률' 제74조 제1항에 규정되어 있는 잔여지 수용청구권은 손실보상의 일환으로 토지소유자에게 부여되는 권리로서 그 요건을 구비한 때에는 잔여지를 수용하는 토지수용위원회의 재결이 없더라도 그 청구에 의하여 수용의 효과가 발생하는 형성권적 성질을 가지므로, 잔여지 수용청구를 받아들이지 않은 토지수용위원회의 재결에 대하여 토지소유자가 불복하여 제기하는 소송은 위 법 제85조 제2항에 규정되어 있는 '보상금의 증감에 관한 소송'에 해당하여 사업시행자를 피고로 하여야 한다(대판 2010.8.19. 2008두822). **2016 지방지 7급**

3. 잔여지수용청구권의 행사기간은 제척기간으로서, 토지소유자가 그 행사기간 내에 잔여지수용청구권을 행사하지 아니하면 그 권리가 소멸한다(대판 2010.8.19. 2008두822). **2019 지방지 7급**

4. 잔여지 수용청구의 의사표시는 관할 토지수용위원회에 하여야 하는 것으로서, 관할 토지수용위원회가 사업시행자에게 잔여지 수용청구의 의사표시를 수령할 권한을 부여하였다고 인정할 만한 사정이 없는 한, 사업시행자에게 한 잔여지 매수청구의 의사표시를 관할 토지수용위원회에 한 잔여지 수용청구의 의사표시로 볼 수는 없다(대판 2010.8.19. 2008두822). **2019 국회지 8급, 2019·2016 지방지 7급**

5. 지방자치단체가 기업자로서 관할 토지수용위원회에 토지의 취득을 위한 재결신청을 하고 그 장이 관할 토지수용위원회의 재결신청서 및 관계 서류 사본의 공고 및 열람의뢰에 따라 이를 공고 및 열람에 제공함에 있어서 토지소유자 등에게 의견제출할 것을 통지한 경우, 토지소유자가 당해 지방자치단체에 대하여 한 잔여지수용청구의 의사표시는 관할 토지수용위원회에 대하여 한 잔여지수용청구의 의사표시로 보아야 한다(대판 2005.1.28. 2002두4679).

6. 잔여지 수용청구권은 손실보상의 일환으로 토지소유자에게 부여되는 권리로서 그 요건을 구비한 때에는 잔여지를 수용하는 토지수용위원회의 재결이 없더라도 그 청구에 의하여 수용의 효과가 발생하는 형성권적 성질을 가지므로, 잔여지 수용청구를 받아들이지 않은 토지수용위원회의 재결에 대하여 토지소유자가 불복하여 제기하는 소송은 위 법 제85조 제2항에 규정되어 있는 '보상금의 증감에 관한 소송'에 해당하여 사업시행자를 피고로 하여야 한다(대판 2010.8.19. 2008두822). **2016 국회지 8급, 2020 국가지 7급, 2019·2017 지방지 9급**

7. 토지수용법상 잔여지가 공유인 경우에도 각 공유자는 그 소유지분에 대하여 각별로 잔여지수용청구를 할 수 있으나, 잔여지에 대한 수용청구를 하려면 우선 기업자에게 잔여지매수에 관한 협의를 요청하여 협의가 성립되지 아니한 경우에 구 토지수용법제36조의 규정에 의한 열람기간 내에 관할 토지수용위원회에 잔여지를 포함한 일단의 토지 전부의 수용을 청구할 수 있고, 그 수용재결 및 이의재결에 불복이 있으면 재결청과 기업자를 공동피고로 하여 그 이의재결의 취소 및 보상금의 증액을 구하는 행정소송을 제기하여야 하며 곧바로 기업자를 상대로 하여 민사소송으로 잔여지에 대한 보상금의 지급을 구할 수는 없다(대판 2001.6.1. 2001다16333).

1284 토지소유자가 사업시행자로부터 토지사업법 제73조, 제75조의2에 따른 잔여지 또는 잔여 건축물 가격감소 등으로 인한 손실보상을 받기 위해서는 토지수용위원회의 재결절차를 거치지 않은 채 곧바로 사업시행자를 상대로 손실보상을 청구하는 것도 허용된다. O | X

1285 토지소유자가 잔여지 수용청구에 대한 재결절차를 거친 경우에는 곧바로 사업시행자를 상대로 잔여지 가격감소 등으로 인한 손실보상을 청구할 수 있다. O | X

1286 잔여지 수용청구를 받아들이지 않은 토지수용위원회의 재결에 대하여 토지소유자가 불복하여 제기하는 소송은 토지수용위원회의 재결에 대해 항고소송을 제기하여 다투어야 한다. O | X

1287 잔여지 수용청구권은 손실보상의 일환으로 토지소유자에게 부여되는 권리로서 그 요건을 구비한 때에는 잔여지를 수용하는 토지수용위원회의 재결이 없더라도 그 청구에 의하여 수용의 효과가 발생하는 형성권적 성질을 가진다. O | X

1288 잔여지에 대한 수용청구를 하려면 우선 기업자에게 잔여지매수에 관한 협의를 요청하여 협의가 성립되지 아니한 경우에 구 토지수용법 제36조의 규정에 의한 열람기간 내에 관할 토지수용위원회에 잔여지를 포함한 일단의 토지 전부의 수용을 청구할 수 있다. O | X

1289 그 수용재결 및 이의재결에 불복이 있으면 재결청과 기업자를 공동피고로 하여 그 이의재결의 취소 및 보상금의 증액을 구하는 행정소송을 제기하여야 하며 곧바로 기업자를 상대로 하여 민사소송으로 잔여지에 대한 보상금의 지급을 구할 수는 없다. O | X

1290 사업시행자에게 한 잔여지 매수청구의 의사표시는 일반적으로 관할 토지수용위원회에 한 잔여지수용청구의 의사표시로 볼 수 있다. O | X

1291 지방자치단체가 기업자로서 관할 토지수용위원회에 토지의 취득을 위한 재결신청을 하고 토지소유자 등에게 의견제출할 것을 통지한 경우, 토지소유자가 당해 지방자치단체에 대하여 한 잔여지수용청구의 의사표시는 관할 토지수용위원회에 대하여 한 잔여지수용청구의 의사표시로 볼 수 없다. O | X

정답 및 해설

1284 X 토지수용위원회의 재결절차를 거치고 손실보상을 청구하여야 한다.
1285 X 잔여지 수용청구의 재결을 거친 경우에도 잔여지 가격감소에 대해 재결절차를 거쳐야 이를 이유로 손실보상을 청구할 수 있다.
1286 X 사업자를 상대로 보상금증감청구소송을 제기하여야 한다.
1287 O 1288 O 1289 O
1290 X 사업시행자에게 한 잔여지 매수청구의 의사표시는 일반적으로 관할 토지수용위원회에 한 잔여지수용청구의 의사표시로 볼 수 없다.
1291 X 지방자치단체에 대하여 한 잔여지수용청구의 의사표시는 관할 토지수용위원회에 대하여 한 잔여지수용청구의 의사표시로 볼 수 있다.

1. 구 수산업법 제81조의 규정에 의한 손실보상청구권이나 손실보상 관련 법령의 유추적용에 의한 손실보상청구권은 사업시행자를 상대로 한 민사소송의 방법에 의하여 행사하여야 한다. 그렇지만 구 공익사업을 위한 토지 등의 취득 및 보상에 관한 법률의 관련 규정에 의하여 취득하는 어업피해에 관한 손실보상청구권은 민사소송의 방법으로 행사할 수는 없고, 구 공익사업법 제34조, 제50조 등에 규정된 재결절차를 거친 다음 그 재결에 대하여 불복이 있는 때에 비로소 구 공익사업법 제83조 내지 제85조에 따라 권리구제를 받아야 하며, 이러한 재결절차를 거치지 않은 채 곧바로 사업시행자를 상대로 손실보상을 청구하는 것은 허용되지 않는다고 봄이 타당하다(대판 2019.11.28. 2018두227). **2019 국회직 8급**

2. 공익사업에 영업시설 일부가 편입됨으로 인하여 잔여 영업시설에 손실을 입은 자가 사업시행자로부터 구 공익사업을 위한 토지 등의 취득 및 보상에 관한 법률 시행규칙 제47조 제3항에 따라 잔여 영업시설의 손실에 대한 보상을 받기 위해서는, 토지보상법 제34조, 제50조 등에 규정된 재결절차를 거친 다음 그 재결에 대하여 불복이 있는 때에 비로소 토지보상법 제83조 내지 제85조에 따라 권리구제를 받을 수 있을 뿐이다. 이러한 재결절차를 거치지 않은 채 곧바로 사업시행자를 상대로 손실보상을 청구하는 것은 허용되지 않는다(대판 2018.7.20. 2015두4044). **2023 국회직 8급, 2020 국가직 7급, 2019 지방직 9급**

3. 위 규정들에 따른 농업손실보상청구권은 공익사업의 시행 등 적법한 공권력의 행사에 의한 재산상의 특별한 희생에 대하여 전체적인 공평부담의 견지에서 공익사업의 주체가 그 손해를 보상하여 주는 손실보상의 일종으로 공법상의 권리임이 분명하므로 그에 관한 쟁송은 민사소송이 아닌 행정소송절차에 의하여야 할 것이고, 위 규정들과 구 공익사업법 제26조, 제28조, 제30조, 제34조, 제50조, 제61조, 제83조 내지 제85조의 규정 내용 및 입법 취지 등을 종합하여 보면, 공익사업으로 인하여 농업의 손실을 입게 된 자가 사업시행자로부터 구 공익사업법 제77조 제2항에 따라 농업손실에 대한 보상을 받기 위해서는 구 공익사업법 제34조, 제50조 등에 규정된 재결절차를 거친 다음 그 재결에 대하여 불복이 있는 때에 비로소 구 공익사업법 제83조 내지 제85조에 따라 권리구제를 받을 수 있다(대판 2011.10.13. 2009다43461).

1292 구 「공익사업을 위한 토지 등의 취득 및 보상에 관한 법률」의 관련 규정에 의하여 취득하는 어업피해에 관한 손실보상청구권은 민사소송의 방법으로 행사할 수는 없고 재결절차를 거치지 않은 채 곧바로 사업시행자를 상대로 손실보상을 청구하는 것도 허용되지 않는다. O | X

1293 공익사업에 영업시설 일부가 편입됨으로 인하여 잔여 영업시설에 손실을 입은 자는 재결절차를 거치지 않은 채 곧바로 사업시행자를 상대로 잔여 영업시설의 손실에 대한 보상을 청구할 수 있다. O | X

1. 공익사업을 위한 토지 등의 취득 및 보상에 관한 법률 제85조 제1항 전문의 문언 내용과 같은 법 제83조, 제85조가 중앙토지수용위원회에 대한 이의신청을 임의적 절차로 규정하고 있는 점, 행정소송법 제19조 단서가 행정심판에 대한 재결은 재결 자체에 고유한 위법이 있음을 이유로 하는 경우에 한하여 취소소송의 대상으로 삼을 수 있도록 규정하고 있는 점 등을 종합하여 보면, 수용재결에 불복하여 취소소송을 제기하는 때에는 이의신청을 거친 경우에도 수용재결을 한 중앙토지수용위원회 또는 지방토지수용위원회를 피고로 하여 수용재결의 취소를 구하여야 하고, 다만 이의신청에 대한 재결 자체에 고유한 위법이 있음을 이유로 하는 경우에는 그 이의재결을 한 중앙토지수용위원회를 피고로 하여 이의재결의 취소를 구할 수 있다고 보아야 한다(대법원 2010.1.28. 선고 2008두1504). **2025·2022 소방간부, 2019·2016·2014·2013 국회직 8급, 2016 지방직 9급**

2. 어떤 보상항목이 공익사업을 위한 토지 등의 취득 및 보상에 관한 법령상 손실보상대상에 해당함에도 관할 토지수용위원회가 사실을 오인하거나 법리를 오해함으로써 손실보상대상에 해당하지 않는다고 잘못된 내용의 재결을 한 경우에는, 피보상자는 관할 토지수용위원회를 상대로 그 재결에 대한 취소소송을 제기할 것이 아니라, 사업시행자를 상대로 공익사업을 위한 토지 등의 취득 및 보상에 관한 법률 제85조 제2항에 따른 보상금증감소송을 제기하여야 한다(대판 2019.11.28. 2018두227). **2025 소방간부, 2023 국회직 8급, 2024 국가직 9급, 2022·2020 지방직 7급**

3. 손실보상금 산정을 위한 감정평가 중 어느 한 가지 점이라도 위법사유가 있으면 그것으로써 감정평가결과는 위법하게 되나, 감정평가가 위법하다고 하여도 법원은 그 감정내용 중 위법하지 않은 부분을 추출하여 판결에서 참작할 수 있다 (대판 2014.12.11. 2012두1570). **2020 국가직 7급**

4. 하나의 재결에서 피보상자별로 여러 가지의 토지, 물건, 권리 또는 영업의 손실에 관하여 심리·판단이 이루어졌을 때, 피보상자 또는 사업시행자가 반드시 재결 전부에 관하여 불복하여야 하는 것은 아니며, 여러 보상항목들 중 일부에 관해서만 불복하는 경우에는 그 부분에 관해서만 개별적으로 불복의 사유를 주장하여 행정소송을 제기할 수 있다. 이러한 보상금 증감 소송에서 법원의 심판범위는 하나의 재결 내에서 소송당사자가 구체적으로 불복신청을 한 보상항목들로 제한된다. 법원이 구체적인 불복신청이 있는 보상항목들에 관해서 감정을 실시하는 등 심리한 결과, 재결에서 정한 보상금액이 일부 보상항목의 경우 과소하고 다른 보상항목의 경우 과다한 것으로 판명되었다면, 법원은 보상항목 상호 간의 유용을 허용하여 항목별로 과다 부분과 과소 부분을 합산하여 보상금의 합계액을 정당한 보상금으로 결정할 수 있다 (대판 2018.5.15. 2017두41221). **2018 국가직 7급**

1294 관할 토지수용위원회가 사실을 오인하거나 법리를 오해함으로써 손실보상대상에 해당하지 않는다고 잘못된 내용의 재결을 한 경우에는, 피보상자는 관할 토지수용위원회를 상대로 그 재결에 대한 취소소송을 제기할 수 있다. O | X

1295 손실보상금 산정을 위한 감정평가 중 어느 한가지 점이라도 위법사유가 있으면 그것으로써 감정평가 결과는 위법하게 되나, 법원은 그 감정 내용 중 위법하지 않은 부분을 추출하여 판결에서 참작할 수 있다. O | X

1296 수용재결에 불복하여 이의신청을 거친 후 취소소송을 제기하는 때에는 원칙적으로 지방토지수용위원회 또는 중앙토지수용위원회를 피고로 하여 수용재결의 취소를 구하여야 한다. O | X

1297 하나의 수용재결에서 여러 가지의 토지, 물건, 권리 또는 영업의 손실이 보상에 관하여 심리·판단이 이루어졌을 때, 피보상자는 재결 전부에 관하여 불복하여야 하고 여러 보상항목들 중 일부에 관해서만 개별적으로 불복할 수는 없다. O | X

정답 및 해설

1292	O	
1293	X	재결절차를 거쳐야 영업손실에 대해 보상을 청구할 수 있다.
1294	X	사업시행자를 상대로 보상금증감소송을 제기하여야 한다.
1295	O	
1296	O	
1297	X	일부에 관해서도 불복할 수 있다.

35 | 행정심판

토지수용위원회의 수용재결에 대한 이의절차는 실질적으로 행정심판의 성질을 갖는 것이므로 토지수용법에 특별한 규정이 있는 것을 제외하고는 행정심판법의 규정이 적용된다고 할 것이다(대판 1992.6.9. 92누565). **2016 국회직 8급, 2017 지방직 9급**

1298 이의신청은 그것이 준사법적 절차의 성격을 띠어 실질적으로 행정심판의 성질을 가지더라도 이를 행정심판으로 볼 수 없다. O | X

청구인적격이 없는 자의 명의로 제기된 행정심판청구에 대하여 행정청이나 재결청에게 행정심판청구인을 청구인적격이 있는 자로 변경할 것을 요구하는 보정을 명할 의무가 없고, 행정심판절차에서 임의적인 청구인의 변경은 원칙적으로 허용되지 아니한다(대판 1999.10.8. 98두10073).

1299 행정심판절차에서 임의적인 청구인의 변경은 원칙적으로 허용된다. O | X

정답 및 해설

1298   X   행정심판으로 볼 수 있다.
1299   X   임의적인 청구인의 변경은 원칙적 허용되지 않는다.

1. 행정처분의 직접상대방이 아닌 제3자는 행정처분이 있음을 곧 알 수 없는 처지이므로 행정심판법 제18조 제3항 소정의 심판청구의 제척기간내에 처분이 있음을 알았다는 특별한 사정이 없는 한 그 제척기간의 적용을 배제할 같은 조항 단서 소정의 정당한 사유가 있는 때에 해당한다(대판 1989.5.9. 88누5150).

2. 건축허가처분과 같이 상대방이 있는 행정처분에 있어서는 달리 특별한 규정이 없는 한 그 처분을 하였음을 상대방에게 고지하여야 그 효력이 발생한다고 할 것이어서 위의 행정처분이 있은 날이라 함은 위와같이 그 행정처분의 효력이 발생한 날을 말한다(대판 1977.11.22. 77누195).

3. 행정심판법 제18조 제1항 소정의 심판청구기간 기산점인 '처분이 있음을 안 날'이라 함은 당사자가 통지·공고 기타의 방법에 의하여 당해 처분이 있었다는 사실을 현실적으로 안 날을 의미하고, 추상적으로 알 수 있었던 날을 의미하는 것은 아니라 할 것이며, 다만, 처분을 기재한 서류가 당사자의 주소에 송달되는 등으로 사회통념상 처분이 있음을 당사자가 알 수 있는 상태에 놓여진 때에는 반증이 없는 한 그 처분이 있음을 알았다고 추정할 수는 있다(대판 1995.11.24. 95누11535). **2017 국가직 7급, 2021 지방직 9급**

4. 통상 고시 또는 공고에 의하여 행정처분을 하는 경우에는 그 처분의 상대방이 불특정 다수인이고, 그 처분의 효력이 불특정 다수인에게 일률적으로 적용되는 것이므로, 그에 대한 행정심판 청구기간도 그 행정처분에 이해관계를 갖는 자가 고시 또는 공고가 있었다는 사실을 현실적으로 알았는지 여부에 관계없이 고시가 효력을 발생하는 날에 행정처분이 있음을 알았다고 보아야 한다(대판 2000.9.8. 99두11257). **2015 국회직 8급, 2020·2017·2016 지방직 9급**

1300 행정처분의 직접 상대방이 아닌 제3자는 「행정심판법」 제27조 제3항 소정의 심판청구의 제척기간 내에 처분이 있었음을 알았다는 특별한 사정이 없는 한 그 제척기간의 적용을 배제할 같은 조항 단서 소정의 정당한 사유가 있는 때에 해당한다. O | X

1301 심판청구기간으로 처분이 있음을 안 날이라 함은 당사자가 처분이 있었다는 사실을 추상적으로 알 수 있었던 날을 의미한다. O | X

1302 처분을 기재한 서류가 당사자의 주소에 송달되는 등으로 사회통념상 처분이 있음을 당사자가 알 수 있는 상태에 놓여진 때에는 반증이 없는 한 그 처분이 있음을 알았다고 추정할 수는 있다. O | X

1303 고시 또는 공고에 의한 처분이 불특정 다수인을 대상으로 하는 처분의 경우에는 안날의 의미가 현실적 알았는지 여부에 관계없이 처분이 일률적 효력이 발생하는 날이다. O | X

정답 및 해설

1300 O
1301 X 당사자가 처분이 있었다는 사실을 현실적으로 안 날을 의미한다.
1302 O
1303 O

행정소송법 제20조 제1항 소정의 제소기간 기산점인 '처분이 있음을 안 날'이라 함은 당사자가 통지, 공고 기타의 방법에 의하여 당해 처분이 있었다는 사실을 현실적으로 안 날을 의미하는바, 특정인에 대한 행정처분을 주소불명 등의 이유로 송달할 수 없어 관보·공보·게시판·일간신문 등에 공고한 경우에는, 공고가 효력을 발생하는 날에 상대방이 그 행정처분이 있음을 알았다고 볼 수는 없고, 상대방이 당해 처분이 있었다는 사실을 현실적으로 안 날에 그 처분이 있음을 알았다고 보아야 한다(대판 2006.4.28. 2005두14851).

1304 제소기간 기산점인 '처분이 있음을 안 날'이라 함은 당사자가 통지, 공고 기타의 방법에 의하여 당해 처분이 있었다는 사실을 현실적으로 안 날을 의미한다. O | X

1305 특정인에 대한 행정처분을 주소불명 등의 이유로 송달할 수 없어 공고한 경우 공고가 효력을 발생하는 날에 상대방이 그 행정처분이 있음을 알았다고 볼 수 있다. O | X

---

1. 행정심판법 제19조, 제23조의 규정 취지와 행정심판제도의 목적에 비추어 보면 행정소송의 전치요건인 행정심판청구는 엄격한 형식을 요하지 아니하는 서면행위로 해석되므로, 위법·부당한 행정처분으로 인하여 권리나 이익을 침해당한 자로부터 그 처분의 취소나 변경을 구하는 서면이 제출되었을 때에는 그 표제와 제출기관의 여하를 불문하고 이를 행정심판법 제18조 소정의 행정심판청구로 보고, 불비된 사항이 보정가능한 때에는 보정을 명하고 보정이 불가능하거나 보정명령에 따르지 아니한 때에 비로소 부적법 각하를 하여야 할 것이며, 더욱이 심판청구인은 일반적으로 전문적 법률지식을 갖추고 있지 못하여 제출된 서면의 취지가 불명확한 경우도 적지 않으나, 이러한 경우에도 행정청으로서는 그 서면을 가능한 한 제출자의 이익이 되도록 해석하고 처리하여야 한다(대판 2000.6.9. 98두2621).

2. 국민고충처리위원회에 접수된 신청서가 행정기관의 처분에 대하여 시정을 구하는 취지임이 내용상 분명한 것으로서 국민고충처리위원회가 이를 당해 처분청 또는 그 재결청에 송부한 경우에 한하여 행정심판법 제17조 제2항, 제7항의 규정에 의하여 그 신청서가 국민고충처리위원회에 접수된 때에 행정심판청구가 제기된 것으로 볼 수 있다(대판 1995.9.29. 95누5332).

3. 진정서에는 처분청과 청구인의 이름 및 주소가 기재되어 있고, 청구인의 기명날인이 되어 있으며 그 진정서의 기재내용에 의하여 심판청구의 대상이 되는 행정처분의 내용과 심판청구의 취지 및 이유를 알 수 있고, 거기에 기재되어 있지 않은 재결청, 처분이 있는 것을 안 날, 처분을 한 행정청의 고지의 유무 및 그 내용 등의 불비한 점은 어느 것이나 그 보정이 가능한 것이므로, 처분청에 제출한 처분의 취소를 구하는 취지의 진정서를 행정심판청구로 보아야 한다(대판 1995.9.5. 94누16250).

2016 국회직 8급

정답 및 해설

1304 **O**
1305 **X** 상대방이 처분이 있었다는 사실을 현실적으로 안 날에 그 처분이 있음을 알았다고 봐야 한다.

1306 행정심판청구는 엄격한 형식을 요하지 아니하는 서면행위로 해석된다. O | X

1307 위법·부당한 행정처분으로 인하여 권리나 이익을 침해당한 자로부터 그 처분의 취소나 변경을 구하는 서면이 제출되었을 때에는 그 표제와 제출기관의 여하를 불문하고 이를 행정심판법 제18조 소정의 행정심판청구로 봐야 한다. O | X

1308 국민고충처리위원회에 접수된 신청서가 행정기관의 처분에 대하여 시정을 구하는 취지임이 내용상 분명한 경우 행정심판이 청구된 것으로 볼 수 있다. O | X

1309 국민고충위원회가 이를 처분청 또는 행정심판위원회에 송부한 경우 이를 송부한 때에 행정심판청구가 제기된 것으로 본다. O | X

> 행정심판절차에서 청구인들이 당사자가 아닌 자를 선정대표자로 선정하였더라도 그 선정행위는 그 효력이 없다(대판 2014.5.16. 2013두26118).

1310 행정심판절차에서 청구인 들이 '당사자가 아닌 자'를 선정대표자로 선정한 행위는 무효이다. O | X

> 행정처분의 취소를 구하는 항고소송에서 처분청은 당초 처분의 근거로 삼은 사유와 기본적 사실관계가 동일성이 있다고 인정되는 한도 내에서만 다른 사유를 추가 또는 변경할 수 있고, 이러한 기본적 사실관계의 동일성 유무는 처분사유를 법률적으로 평가하기 이전의 구체적 사실에 착안하여 그 기초인 사회적 사실관계가 기본적인 점에서 동일한지에 따라 결정되므로, 추가 또는 변경된 사유가 처분 당시에 이미 존재하고 있었다거나 당사자가 그 사실을 알고 있었다고 하여 당초의 처분사유와 동일성이 있다고 할 수 없다. 그리고 이러한 법리는 행정심판 단계에서도 그대로 적용된다(대판 2014.5.16. 2013두26118).
> 2023 소방간부, 2016 국회직 8급, 2018·2017 지방직 7급

1311 처분사유의 추가·변경에 관한 법리는 행정심판의 단계에서도 적용된다. O | X

정답 및 해설

| 1306 | O | 1307 | O | 1308 | O |

1309 X 그 신청서가 국민고충처리위원회에 접수된 때에 행정심판청구가 제기된 것으로 볼 수 있다.

| 1310 | O | 1311 | O |

> 1. 행정심판에 있어서 행정처분의 위법·부당 여부는 원칙적으로 처분시를 기준으로 판단하여야 할 것이나, 재결청은 처분 당시 존재하였거나 행정청에 제출되었던 자료뿐만 아니라, 재결 당시까지 제출된 모든 자료를 종합하여 처분 당시 존재하였던 객관적 사실을 확정하고 그 사실에 기초하여 처분의 위법·부당 여부를 판단할 수 있다(대판 2001.7.27. 99두5092). 2020·2015 지방직 9급
> 2. 택지초과소유부담금 부과처분을 취소하는 재결이 있는 경우 당해 처분청은 재결의 취지에 반하지 아니하는 한, 즉 당초 처분과 동일한 사정 아래에서 동일한 내용의 처분을 반복하는 것이 아닌 이상, 그 재결에 적시된 위법사유를 시정·보완하여 정당한 부담금을 산출한 다음 새로이 부담금을 부과할 수 있는 것이고, 이러한 새로운 부과처분은 재결의 기속력에 저촉되지 아니한다(대판 1997.2.25. 96누14784).

1312 인용재결에 적시된 위법사유를 시정·보완하여 정당한 부담금을 산출한 다음 새로이 부담금을 부과할 수 있는 것이고, 이러한 새로운 부과처분은 재결의 기속력에 저촉되지 아니한다. O | X

1313 행정심판에 있어서 행정처분의 위법·부당 여부는 원칙적으로 처분시를 기준으로 판단하여야 할 것이나, 재결 당시까지 제출된 모든 자료를 종합하여 처분 당시 존재하였던 객관적 사실을 확정하고 그 사실에 기초하여 처분의 위법·부당 여부를 판단할 수 있다. O | X

> 행정심판법 제37조 제2항, 같은법시행령 제27조의2 제1항의 규정에 따라 재결청이 직접 처분을 하기 위하여는 처분의 이행을 명하는 재결이 있었음에도 당해 행정청이 아무런 처분을 하지 아니하였어야 하므로, 당해 행정청이 어떠한 처분을 하였다면 그 처분이 재결의 내용에 따르지 아니하였다고 하더라도 재결청이 직접 처분을 할 수는 없다(대판 2002.7.23. 2000두9151).

1314 의무이행명령재결에 대해서 당해 행정청이 어떠한 처분을 하였다하더라도 그 처분이 재결의 내용에 따르지 아니하였다면 행정심판위원회가 직접 처분을 할 수 있다. O | X

정답 및 해설

1312 O
1313 O
1314 X 당해 행정청이 어떠한 처분을 한 이상 행정심판위원회는 직접 처분을 할 수 없다.

1. 행정심판법 제37조에서 정하고 있는 행정심판청구에 대한 재결이 행정청과 그 밖의 관계 행정청을 기속하는 효력은 당해 처분에 관하여 재결주문 및 그 전제가 된 요건사실의 인정과 판단에만 미치고 이와 직접 관계가 없는 다른 처분에 대하여는 미치지 아니한다(대판 1998.2.27. 96누3972).
2. 재결이 확정된 경우에도 처분의 기초가 된 사실관계나 법률적 판단이 확정되고 당사자들이나 법원이 이에 기속되어 모순되는 주장이나 판단을 할 수 없게 되는 것은 아니다(대판 2015.11.27. 2013다6759).

2023 소방간부, 2024 국가직 9급, 2022·2021·2015 지방직 9급, 2017 지방직 7급

1315 재결의 기속력은 당해 처분에 관하여 재결주문 및 그 전제가 된 요건사실의 인정과 판단에만 미치고 이와 직접 관계가 없는 다른 처분에 대하여는 미치지 아니한다. O | X

1316 재결이 확정된 경우 처분의 기초가 된 사실관계나 법률적 판단이 확정되고 당사자들이나 법원이 이에 기속되어 모순되는 주장이나 판단을 할 수 없게 된다. O | X

원처분에 대한 형성적 취소재결이 확정된 경우 처분청의 원처분은 자동적으로 소멸하고 원처분에 대하 취소처분은 확인적 의미 밖에 없으므로 항고소송의 대상이 되지 않는다(대판 1987.11.24. 87누529).

2024 국가직 9급

1317 원처분에 대한 형성적 취소재결이 확정된 경우 처분청의 원처분은 행정청이 별도의 취소를 하여야 소멸한다. O | X

1318 원처분에 대한 취소재결이 확정된 후 처분청의 원처분에 대한 취소처분은 항고소송의 대상되는 처분에 해당한다. O | X

정답 및 해설

1315 O
1316 X 재결은 확정판결과 같은 기판력이 인정되지 않으므로 틀린 지문이다.
1317 X 행정청이 별도의 취소를 하지 않더라도 소멸한다.
1318 X 항고소송의 대상되는 처분에 해당하지 않는다.

> 고지는 비권력적 사실행위이므로 행정청이 고지의무를 이행하지 않아도 당해 처분 자체의 효력에는 아무런 영향을 미치지 않는다(대판 1987.11.24. 87누529).　　　　　　　　　　　　　　　　　　　　　　　　2022 지방직 9급

1319 고지의 법적 성질은 비권력적 사실행위이다.　　　　　　　　　　　　　　　　O | X

1320 행정청이 「행정심판법」상 고지의무를 이행하지 않은 경우 처분은 위법하여 취소사유에 해당한다.
　　　　　　　　　　　　　　　　　　　　　　　　　　　　　　　　　　　　　O | X

> 행정처분시나 그 이후 행정청으로부터 행정심판 제기기간에 관하여 법정 심판청구기간보다 긴 기간으로 잘못 통지받은 경우에 보호할 신뢰이익은 그 통지받은 기간 내에 행정심판을 제기한 경우에 한하는 것이지 행정소송을 제기한 경우에까지 확대된다고 할 수 없으므로, 당사자가 행정처분시나 그 이후 행정청으로부터 행정심판 제기기간에 관하여 법정 심판청구기간보다 긴 기간으로 잘못 통지받아 행정소송법상 법정 제소기간을 도과하였다고 하더라도, 그것이 당사자가 책임질 수 없는 사유로 인한 것이라고 할 수는 없다(대판 2001.5.8. 2000두6916).　　　　　2021 국회직 8급, 2022 지방직 9급

1321 행정청으로부터 행정심판 제기기간에 관하여 법정 심판청구기간보다 긴 기간으로 잘못 통지받은 경에 보호할 신뢰이익은 그 통지받은 기간 내에 행정심판을 제기한 경우에 한한다.　　O | X

1322 당사자가 행정처분시나 그 이후 행정청으로부터 행정심판 제기기간에 관하여 법정 심판청구기간보다 긴 기간으로 잘못 통지받아 「행정소송법」상 법정 제소기간을 도과한 경우, 그것이 당사자가 책임질 수 없는 사유로 인한 것이라 할 수 있다.　　　　　　　　　　　　　　　　　　　　　　O | X

정답 및 해설

1319	O	
1320	X	고지의무를 이행하지 않았다고 하더라도 처분이 위법하게 되는 것은 아니다.
1321	O	
1322	X	당사자가 책임질 수 없는 사유로 인한 것이라 할 수 없다.

36 | 행정소송

> 국가보훈처장이 발행·보급한 독립운동사, 피고 문교부장관이 저작하여 보급한 국사교과서 등의 각종 책자와 피고 문화부장관이 관리하고 있는 독립기념관에서의 각종 해설문·전시물의 배치 및 전시 등에 있어서, 일제치하에서의 국내외의 각종 독립운동에 참가한 단체와 독립운동가의 활동상을 잘못 기술하거나, 전시·배치함으로써 그 역사적 의의가 그릇 평가되게 하였다는 이유로 그 사실관계의 확인을 구하는 청구는 과거의 역사적 사실관계의 존부나 공법상의 구체적인 법률관계가 아닌 사실관계에 관한 것들을 확인의 대상으로 하는 것이거나 행정청의 단순한 부작위를 대상으로 하는 것으로서 항고소송의 대상이 되지 아니하는 것이다(대판 1990.11.23. 90누3553).
>
> 2024 국회직 8급

1323 국가보훈처장이 발행한 책자의 잘못된 기술이라던가, 서훈추천서의 행사등은 항고소송의 대상이 되는 처분에 해당한다. O | X

정답 및 해설

1323 X 법률관계가 아닌 사실관계에 관한 것으로 항고소송의 대상이 되지 않는다.

1. 현행 행정소송법상 행정청으로 하여금 일정한 행정처분을 하도록 명하는 이행판결을 구하는 소송이나 법원으로 하여금 행정청이 일정한 행정처분을 행한 것과 같은 효과가 있는 행정처분을 직접 행하도록 하는 형성판결을 구하는 소송은 허용되지 아니한다(대판 1997.9.30. 97누3200).
2. 검사에게 압수물 환부를 이행하라는 청구는 행정청의 부작위에 대하여 일정한 처분을 하도록 하는 의무이행소송으로 현행 행정소송법상 허용되지 아니한다(대판 1995.3.10. 94누14018).
3. 행정소송법상 행정청이 일정한 처분을 하지 못하도록 그 부작위를 구하는 청구는 허용되지 않는 부적법한 소송이라 할 것이므로, 피고 국민건강보험공단은 이 사건고시를 적용하여 요양급여비용을 결정하여서는 아니된다는 내용의 원고들의 위 피고에 대한 이 사건 청구는 부적법하다 할 것이다(대판 2006.5.25. 2003두11988).

2019 소방간부, 2015 지방직 9급

1324 행정청으로 하여금 일정한 행정처분을 하도록 명하는 이행판결을 구하는 소송은 허용되지 않는다. O | X

1325 법원으로 하여금 행정처분을 직접 행하도록 하는 형성판결을 구하는 소송도 가능하다. O | X

1326 검사에게 압수물 환부를 이행하라는 청구는 현행 「행정소송법」상 허용되지 않는다. O | X

1327 국민건강보험공단은 이 사건고시를 적용하여 요양급여비용을 결정하여서는 아니된다는 내용의 원고들의 위 피고에 대한 이 사건 청구는 부적법하다. O | X

행정처분에 대한 무효확인과 취소청구는 서로 양립할 수 없는 청구로서 주위적·예비적 청구로서만 병합이 가능하고 선택적 청구로서의 병합이나 단순병합은 허용되지 아니한다(대판 1999.8.20. 97누6889).

2019 소방간부, 2015 국가직 9급

1328 행정처분에 대한 무효확인과 취소청구는 서로 양립이 가능한 청구이다. O | X

1329 처분에 대한 무효확인과 취소청구는 주위적·예비적 병합이 가능하고 선택적 청구로서의 병합이나 단순병합은 허용되지 않는다. O | X

정답 및 해설

1324 O
1325 X 법원으로 하여금 처분을 직접 행하도록 하는 소송은 허용되지 않는다.
1326 O
1327 O
1328 X 서로 양립이 불가능한 청구이다.
1329 O

> 예비적 병합의 경우에는 원고가 붙인 순위에 따라 심판하여야 하며 주위적 청구를 배척할 때에는 예비적 청구에 대하여 심판하여야 하나 주위적 청구를 인용할 때에는 다음 순위인 예비적 청구에 대하여 심판할 필요가 없는 것이므로, 주위적 청구를 인용하는 판결은 전부판결로서 이러한 판결에 대하여 피고가 항소하면 제1심에서 심판을 받지 않은 다음 순위의 예비적 청구도 모두 이심되고 항소심이 제1심에서 인용되었던 주위적 청구를 배척할 때에는 다음 순위의 예비적 청구에 관하여 심판을 하여야 하는 것이다(대판 2000.11.16. 98다22253).

1330 예비적 병합의 경우 주위적 청구를 배척할 때에는 예비적 청구에 대하여 심판하여야 하나 주위적 청구를 인용할 때에는 다음 순위인 예비적 청구에 대하여 심판할 필요가 없다.   O | X

1331 항소심이 제1심에서 인용되었던 주위적 청구를 배척할 때에는 다음 순위의 예비적 청구에 관하여 심판을 할 필요가 없다.   O | X

> 취소소송 등을 제기한 당사자가 당해 처분 등에 관계되는 사무가 귀속되는 국가 또는 공공단체에 대한 당사자소송을 행정소송법 제10조 제2항에 의하여 관련 청구로서 병합한 경우 위 취소소송 등이 부적법하다면 당사자는 위 당사자소송의 병합청구로서 같은 법 제21조 제1항에 의한 소변경을 할 의사를 아울러 가지고 있었다고 봄이 상당하고, 이러한 경우 법원은 청구의 기초에 변경이 없는 한 당초의 청구가 부적법하다는 이유로 병합된 청구까지 각하할 것이 아니라 병합청구 당시 유효한 소변경청구가 있었던 것으로 받아들여 이를 허가함이 타당하다(대판 1992.12.24. 92누3335).

1332 취소소송을 제기한 당사자가 당사자소송을 관련 청구로 병합하였으나 위 취소소송이 부적법한 경우 법원은 병합된 청구까지 각하하여야 하고 소변경청구가 있었던 것으로 볼 수 없다.   O | X

정답 및 해설

1330 **O**
1331 **X** 주위적 청구를 배척할 때는 예비적 청구에 관하여 심판하여야 한다.
1332 **X** 소변경청구가 있었던 것으로 받아들여 이를 허가하여야 한다.

「행정소송법」 제12조(원고적격) 취소소송은 처분등의 취소를 구할 법률상 이익이 있는 자가 제기할 수 있다. 처분등의 효과가 기간의 경과, 처분등의 집행 그 밖의 사유로 인하여 소멸된 뒤에도 그 처분등의 취소로 인하여 회복되는 법률상 이익이 있는 자의 경우에는 또한 같다.

행정처분의 무효 확인 또는 취소를 구하는 소가 제소 당시에는 소의 이익이 있어 적법하였는데, 소송계속 중 해당 행정처분이 기간의 경과 등으로 그 효과가 소멸한 때에 그 처분이 취소되어도 원상회복이 불가능하다고 보이는 경우라 하더라도 무효 확인 또는 취소로써 회복할 수 있는 다른 권리나 이익이 남아 있거나 또는 그 행정처분과 동일한 사유로 위법한 처분이 반복될 위험성이 있어 행정처분의 위법성 확인 내지 불분명한 법률문제에 대한 해명이 필요한 경우에는 행정의 적법성 확보와 그에 대한 사법통제, 국민의 권리구제의 확대 등의 측면에서 예외적으로 그 처분의 취소를 구할 소의 이익을 인정할 수 있다(대판 2021.9.9. 2019두53464). **2021 소방간부**

1333 제소 후 취소 대상 행정처분이 기간의 경과 등으로 그 효과가 소멸하더라도, 동일한 소송 당사자 사이에서 동일한 사유로 위법한 처분이 반복될 위험성이 있어 행정처분의 위법성확인 내지 불분명한 법률문제에 대한 해명이 필요한 경우에는 그 처분의 취소를 구할 법률상 이익이 있다. O | X

1. 사증발급 거부처분을 다투는 외국인은, 아직 대한민국에 입국하지 않은 상태에서 대한민국에 입국하게 해달라고 주장하는 것으로, 대한민국과의 실질적 관련성 내지 대한민국에서 법적으로 보호가치 있는 이해관계를 형성한 경우는 아니어서, 해당 처분의 취소를 구할 법률상 이익을 인정하여야 할 법정책적 필요성도 크지 않다(대판 2018.5.15. 2014두42506).
2. 국적법상 귀화불허가처분이나 출입국관리법상 체류자격변경 불허가처분, 강제퇴거명령 등을 다투는 외국인은 대한민국에 적법하게 입국하여 상당한 기간을 체류한 사람이므로, 이미 대한민국과의 실질적 관련성 내지 대한민국에서 법적으로 보호가치 있는 이해관계를 형성한 경우이어서, 해당 처분의 취소를 구할 법률상 이익이 인정된다고 보아야 한다(대판 2018.5.15. 2014두42506). **2022 국가직 9급, 2021 국회직 8급**

1334 외국인이라고 하더라도 대한민국과의 실질적 관련성 내지 법적으로 보호가치가 있는 이해관계를 형성한 경우에는 사증발급 거부처분의 취소를 구할 원고적격이 인정된다. O | X

정답 및 해설

1333 O   1334 O

> 미얀마 국적의 갑이 위명(僞名)인 '을' 명의의 여권으로 대한민국에 입국한 뒤 을 명의로 난민 신청을 하였으나 법무부장관이 을 명의를 사용한 갑을 직접 면담하여 조사한 후 갑에 대하여 난민불인정 처분을 한 사안에서, 처분의 상대방은 허무인이 아니라 '을'이라는 위명을 사용한 갑이라는 이유로, 갑이 처분의 취소를 구할 법률상 이익이 있다(대판 2017.3.9. 2013두16852). **2019 국회직 8급**

1335 미얀마 국적의 甲이 위명(僞名)인 乙 명의의 여권으로 대한민국에 입국한 뒤 乙 명의로 난민신청을 하였으나 법무부장관이 乙 명의를 사용한 甲을 직접 면담하여 조사한 후 甲에 대하여 난민불인정처분을 한 사안에서 甲은 그 처분의 취소를 구할 원고적격이 인정된다. O | X

> 지방법무사회가 법무사의 사무원 채용승인 신청을 거부하거나 채용승인을 얻어 채용 중인 사람에 대한 채용승인을 취소하면, 상대방인 법무사로서도 그 사람을 사무원으로 채용할 수 없게 되는 불이익을 입게 될 뿐만 아니라, 그 사람도 법무사 사무원으로 채용되어 근무할 수 없게 되는 불이익을 입게 된다. 법무사규칙 제37조 제4항이 이의신청 절차를 규정한 것은 채용승인을 신청한 법무사뿐만 아니라 사무원이 되려는 사람의 이익도 보호하려는 취지로 볼 수 있다. 따라서 지방법무사회의 사무원 채용승인 거부처분 또는 채용승인 취소처분에 대해서는 처분 상대방인 법무사뿐만 아니라 그 때문에 사무원이 될 수 없게 된 사람도 이를 다툴 원고적격이 인정되어야 한다(대판 2020.4.9. 2015다34444). **2021 국회직 8급, 2021 국가직 9급**

1336 지방법무사회가 법무사의 사무원 채용승인 신청을 거부하거나 채용승인을 얻어 채용 중인 사람에 대한 채용승인을 취소한 경우, 그 때문에 사무원이 될 수 없게 된 사람은 항고소송을 제기할 원고적격이 인정된다. O | X

> 국세징수법 제38조, 제39조의 규정에 의하면 동산의 압류는 세무공무원이 점유함으로써 행하되, 다만 일정한 경우 체납자로 하여금 보관하게 하고 그 사용 또는 수익을 허가할 수 있을 뿐이며, 여기서의 점유는 목적물에 대한 체납자의 점유를 전면적으로 배제하고 세무공무원이 이를 직접 지배, 보관하는 것을 뜻하므로, 과세관청이 조세의 징수를 위하여 체납자가 점유하고 있는 제3자의 소유 동산을 압류한 경우, 그 체납자는 그 압류처분에 의하여 당해 동산에 대한 점유권의 침해를 받은 자로서 그 압류처분에 대하여 법률상 직접적이고 구체적인 이익을 가지는 것이어서 그 압류처분의 취소나 무효확인을 구할 원고적격이 있다(대판 2006.4.13. 2005두15151). **2020 국회직 8급**

1337 체납자는 자신이 점유하는 제3자 소유의 동산에 대한 압류처분의 취소나 무효확인을 구할 원고적격이 있다. O | X

정답 및 해설

| 1335 | O | 1336 | O | 1337 | O |

> 건설교통부장관은 지방자치단체의 장이 기관위임사무인 법원에 의한 판결을 받지 않고서도 행정권한의 위임 및 위탁에 관한 규정이나 구 지방자치법에서 정하고 있는 지도·감독을 통하여 직접 지방자치단체의 장의 사무처리에 대하여 시정명령을 발하고 그 사무처리를 취소 또는 정지할 수 있으며, 지방자치단체의 장에게 기간을 정하여 직무이행명령을 하고 지방자치단체의 장이 이를 이행하지 아니할 때에는 직접 필요한 조치를 할 수도 있으므로, 국가가 국토이용계획과 관련한 지방자치단체의 장의 기관위임사무의 처리에 관하여 지방자치단체의 장을 상대로 취소소송을 제기하는 것은 허용되지 않는다(대판 2007.9.20. 2005두6935). **2022 지방직 7급**

1338 국가기관은 지방자치단체의 장의 기관위임사무에 관하여 법원의 판결을 받지 않고서도 시정명령이나 필요한 조치를 할 수 있다. O | X

1339 국가가 국토이용계획과 관련한 지방자치단체의 장의 기관위임사무의 처리에 관하여 지방자치단체의 장을 상대로 취소소송을 제기하는 것은 허용되지 않는다. O | X

> 1. 국민권익위원회가 소방청장에게 인사와 관련하여 부당한 지시를 한 사실이 인정된다며 이를 취소할 것을 요구하기로 의결하고 그 내용을 통지하자 소방청장이 국민권익위원회 조치요구의 취소를 구하는 소송을 제기한 사안에서, 처분성이 인정되는 국민권익위원회의 조치요구에 불복하고자 하는 소방청장으로서는 조치요구의 취소를 구하는 항고소송을 제기하는 것이 유효·적절한 수단으로 볼 수 있으므로 소방청장이 예외적으로 당사자능력과 원고적격을 가진다(대판 2018.8.1. 2014두35379). **2022·2021 국가직 9급, 2019 국회직 8급**
> 2. 국민권익위원회가 갑의 소속기관 장인 을 시·도선거관리위원회 위원장에게 '갑에 대한 중징계요구를 취소하고 향후 신고로 인한 신분상 불이익처분 및 근무조건상의 차별을 하지 말 것을 요구'하는 내용의 조치요구를 한 사안에서, … 비록 을이 국가기관이더라도 당사자능력 및 원고적격을 가진다고 보는 것이 타당하고, 을이 위 조치요구 후 갑을 파면하였다고 하더라도 조치요구가 곧바로 실효된다고 할 수 없고 을은 여전히 조치요구를 따라야 할 의무를 부담하므로 을에게는 위 조치요구의 취소를 구할 법률상 이익도 있다(대판 2013.7.25. 2011두1214). **2022 국회직 8급, 2016 국가직 9급**

1340 처분성이 인정되는 국민권익위원회의 조치요구에 불복하고자 하는 소방청장은 항고소송을 제기할 원고적격이 인정된다. O | X

1341 국가기관인 시·도 선거관리위원회 위원장은 국민권익위원회가 그에게 소속 직원에 대한 중징계요구를 취소하는 등의 조치 요구를 한 것에 대해서 취소소송을 제기할 원고적격을 가진다고 볼 수 없다. O | X

정답 및 해설

1338	O	1339	O	1340	O
1341	X	국가기관인 시·도 선거관리위원회 위원장에게도 조치 요구에 대해 취소소송을 제기할 원고적격이 인정된다.				

1. 공유수면매립목적 변경 승인처분으로 갑 수녀원에 소속된 수녀 등이 쾌적한 환경에서 생활할 수 있는 환경상 이익을 침해받는다고 하더라도 이를 가리켜 곧바로 갑 수녀원의 법률상 이익이 침해된다고 볼 수 없고, 자연인이 아닌 갑 수녀원은 쾌적한 환경에서 생활할 수 있는 이익을 향수할 수 있는 주체가 아니므로 위 처분으로 위와 같은 생활상의 이익이 직접적으로 침해되는 관계에 있다고 볼 수도 없다는 이유로, 갑 수녀원에 처분의 무효 확인을 구할 원고적격이 없다(대판 2012.06.28. 2010두2005). **2022 국회직 8급, 2016 지방직 9급**

2. 일반적으로 법인의 주주는 당해 법인에 대한 행정처분에 관하여 사실상이나 간접적인 이해관계를 가질 뿐이어서 스스로 그 처분의 취소를 구할 원고적격이 없는 것이 원칙이라고 할 것이지만, 그 처분으로 인하여 궁극적으로 주식이 소각되거나 주주의 법인에 대한 권리가 소멸하는 등 주주의 지위에 중대한 영향을 초래하게 되는데도 그 처분의 성질상 당해 법인이 이를 다툴 것을 기대할 수 없고 달리 주주의 지위를 보전할 구제방법이 없는 경우에는 주주도 그 처분에 관하여 직접적이고 구체적인 법률상 이해관계를 가진다고 보이므로 그 취소를 구할 원고적격이다(대판 2004.12.23. 2000두2648).

3. 사단법인 대한의사협회는 의료법에 의하여 의사들을 회원으로 하여 설립된 사단법인으로서, 국민건강보험법상 요양급여행위, 요양급여비용의 청구 및 지급과 관련하여 직접적인 법률관계를 갖지 않고 있으므로, 보건복지부 고시인 '건강보험요양급여행위 및 그 상대가치점수 개정'으로 인하여 자신의 법률상 이익을 침해당하였다고 할 수 없어 위 고시의 취소를 구할 원고적격이 없다(대판 2006.5.25. 2003두11988). **2013 국회직 8급**

4. 원천징수에 있어서 원천납세의무자는 과세권자가 직접 그에게 원천세액을부과한 경우가 아닌 한 과세권자의 원천징수의무자에 대한 납세고지로 인하여 자기의 원천세납세의무의 존부나 범위에 아무런 영향을 받지 아니하므로 이에 대하여 항고소송을 제기할 수 없다(대판 1994.9.9. 93누22234). **2015 국가직 9급**

5. 서훈의 일신전속적 성격은 서훈취소의 경우에도 마찬가지이므로, 망인에게 수여된 서훈의 취소에서도 유족은 그 처분의 상대방이 되는 것은 아니다(대판 1994.9.9. 93누22234). **2018 지방직 7급**

1342 재단법인인 수녀원은 수녀 등의 쾌적한 환경에서 생활할 수 있는 환경상 이익을 이유로 공유수면매립목적 변경 승인처분의 무효확인을 구할 법률상 이익이 인정되지 않는다. O | X

1343 일반적으로 법인의 주주는 당해 법인에 대한 행정처분에 관하여 사실상이나 간접적인 이해관계를 가질 뿐이어서 스스로 그 처분의 취소를 구할 원고적격이 없는 것이 원칙이다. O | X

1344 사단법인 대한의사협회는 「의료법」에 의하여 의사들을 회원으로 하여 설립된 사단법인으로서, 「국민건강보험법」상 요양급여행위, 요양급여비용의 청구 및 지급과 관련하여 직접적인 법률관계를 갖지 않고 있다. O | X

1345 사단법인 대한의사협회는 보건복지부 고시인 '건강보험요양급여행위 및 그 상대가치점수 개정'의 취소를 구할 원고적격이 있다. O | X

1346 원천납세의무자는 원천징수의무자에 대한 납세고지를 다툴 수 있는 원고적격이 없다. O | X

1347 서훈은 서훈대상자의 특별한 공적에 의하여 수여되는 고도의 일신전속적 성격을 가지는 것이므로, 망인에게 수여된 서훈이 취소된 경우 그 유족은 서훈취소처분의 상대방이 되지 아니한다. O | X

정답 및 해설

1342 O   1343 O   1344 O
1345 X 대한의사협회는 직접적인 법률관계를 갖지 않으므로 원고적격이 인정되지 않는다.
1346 O   1347 O

> 행정심판법 제37조 제1항에 '재결은 피청구인인 행정청과 그 밖의 관계 행정청을 기속한다'고 규정하고 있으므로 이에 따라 처분행정청은 재결에 기속되어 재결의 취지에 따른 처분의무를 부담하게 되므로 이에 불복하여 항고소송을 제기할 수 없다(대판 1998.5.8. 97누15432).

1348 처분행정청은 재결에 기속되어 재결의 취지에 따른 처분의무를 부담하게 되므로 행정심판의 인용재결에 불복하여 항고소송을 제기할 수 없다. O | X

> 도시 및 주거환경정비법 제13조 제1항 및 제2항의 입법 경위와 취지에 비추어 하나의 정비구역 안에서 복수의 조합설립추진위원회에 대한 승인은 허용되지 않는 점, 조합설립추진위원회가 조합을 설립할 경우 같은 법 제15조 제4항에 의하여 조합설립추진위원회가 행한 업무와 관련된 권리와 의무는 조합이 포괄승계하며, 주택재개발사업의 경우 정비구역 내의 토지 등 소유자는 같은 법 제19조 제1항에 의하여 당연히 그 조합원으로 되는 점 등에 비추어 보면, 조합설립추진위원회의 구성에 동의하지 아니한 정비구역 내의 토지 등 소유자도 조합설립추진위원회 설립승인처분에 대하여 같은 법에 의하여 보호되는 직접적이고 구체적인 이익을 향유하므로 그 설립승인처분의 취소소송을 제기할 원고적격이 있다(대판 2007.1.25. 2006두12289).

1349 주택재개발정비사업조합설립추진위원회 설립승인처분에 대한 그 구성에 동의하지 아니한 정비구역 내의 토지 등 소유자는 설립승인을 다툴 법률상 이익이 없다. O | X

정답 및 해설

1348 O
1349 X   그 구성에 동의하지 아니한 정비구역 내의 토지 등 소유자는 설립승인을 다툴 법률상 이익이 있다.

> 제약회사는 자신이 제조·공급하는 이 사건 약제에 대하여 국민건강보험법령 등 약제상한금액고시의 근거 법령에 의하여 보호되는 직접적이고 구체적인 이익을 향유한다고 할 것이고, 원고(머크주식회사)는 이 사건 고시로 인하여 이 사건 약제의 상한금액이 인하됨에 따라 위와 같이 근거 법령에 의하여 보호되는 법률상 이익을 침해당하였다고 할 것이므로, 이 사건 고시 중 이 사건 약제의 상한금액 인하 부분에 대하여 그 취소를 구할 원고적격이 있다고 할 것이다(대판 2006.12.21. 2005두16161).

1350 약제의 상한금액 인하고시에 대한 약제를 제조, 공급하는 제약회사는 약제의 상한금액 인하고시를 다툴 법률상 이익이 인정되지 않는다. O | X

> 교육부장관이 사학분쟁조정위원회의 심의를 거쳐 갑 대학교를 설치·운영하는 을 학교법인의 이사 8인과 임시이사 1인을 선임한 데 대하여 갑 대학교 교수협의회와 총학생회는 이사선임처분을 다툴 법률상 이익을 가지지만, 전국대학노동조합 대학교지부는 법률상 이익이 없다(대판 2015.7.23. 2012두19496). 2022 국회직 8급, 2017 국가직 7급, 2017 지방직 9급

1351 교육부장관이 사학분쟁조정위원회의 심의를 거쳐 학교법인의 이사와 임시이사를 선임한 데 대하여 그 대학교의 교수협의회와 총학생회는 이사선임처분을 다툴 법률상 이익을 가지지만, 직원으로 구성된 노동조합은 법률상 이익을 가지지 않는다. O | X

정답 및 해설

1350 X 약제를 제조, 공급하는 제약회사는 법률상 이익이 있다.
1351 O

협의 소익 인정여부에 대한 기출판례

[협의 소익 부정 판례]

① 영업정지의 기간이 경과한 후 영업정지의 취소
② 유효기간 만료 후 제기한 투전기업소갱신허가 신청을 거부한 처분의 취소
③ 중재재정 자체에 의하여 효력기간이 정하여져 있는 경우에 중재재정이 유효기간의 경과로 실효된 경우 중재재정의 취소
④ 환지처분 공고 후 환지예정지 지정처분의 취소 _{2024 국회직 8급}
⑤ 원자로건설허가처분 후 원자로부지 사전승인처분의 취소 _{2013 지방직 7급}
⑥ 기본행위의 하자를 이유로 적법한 인가처분의 취소를 구할 이익
⑦ 철거처분완료 후 대집행계고처분의 취소
⑧ 건축공사완료 후 이격거리 위반의 건축허가 _{2016 국가직 9급, 2013 지방직 7급}
⑨ 건축공사완료 후 준공검사 받은 후 준공처분의 취소
⑩ 건축사 업무정지처분 후 기간이 경과하여 실제로 가중된 제재처분을 받을 우려가 없는 경우 업무정지처분 _{2019 국가직 9급, 2017 지방직 9급, 2016 국가직 7급}
⑪ 치과의사국가시험 불합격처분 이후 새로 실시된 국가시험에 합격한 자가 불합격처분의 취소
⑫ 행정청이 공무원에 대하여 새로운 직위해제사유에 기한 직위해제처분을 한 경우 그 이전 직위해제처분의 취소 _{2016 지방직 7급}
⑬ 취소소송 제기 후 판결선고 전에 당해 처분을 취소한다는 내용의 형성적 재결이 이루어진 경우 당해처분의 취소
⑭ 사법시험 제1차 시험 불합격처분 이후에 새로이 실시된 사법시험 제1차 시험에 합격한 자의 그 불합격 처분의 취소 _{2016 국가직 9급}
⑮ 공익근무요원 소집해제신청을 거부당한 자가 계속하여 공익근무요원으로 복무한 후 복무기간 만료를 이유로 소집해제처분을 받은 후에 계속하여 소집해제신청거부처분을 다툰 경우 _{2021 지방직 9급, 2013 지방직 7급}
⑯ 상등병에서 병장으로의 진급요건을 갖춘 자에 대하여 진급처분을 행하지 아니한 상태에서 예비역편입처분
⑰ 현역병입영대상자로 병역처분을 받은 자가 그 취소소송 중 모병에 응하여 현역병으로 자진입대한 경우
⑱ 보충역편입처분 및 공익근무요원소집처분의 취소를 구하는 소의 계속 중 병역처분변경신청에 따라 제2국민역편입처분으로 병역처분이 변경된 경우
⑲ 허가신청의 반려처분의 취소를 구하는 소의 계속 중 반려처분을 직권취소하고 위신청을 재반려하는 경우 당초 반려처분
⑳ 개발제한구역 중 일부 취락을 개발제한구역에서 해제하는 내용의 도시관리계획변경결정에 대하여, 개발제한구역 해제 대상에서 누락된 토지의 소유자의 위 결정의 취소를 구할 이익 _{2021·2013 국가직 9급, 2018 지방직 9급}
㉑ 과징금부과처분의 취소재결에 대한 동종업자의 취소소송을 제기할 이익 _{2013 국회직 8급}
㉒ 재학중인 대학생들의 전공이 다른 교수임용으로 인한 학습권 침해
㉓ 과세관청이 법인의 소득처분 상대방에 대한 소득처분을 경정하면서 증액과 감액을 동시에 한 결과 전체로서 소득처분 금액이 감소된 경우 _{2017 지방직 9급}
㉔ 거부처분을 취소하는 재결이 있는 경우 이에 대한 후속처분을 다투고 그 재결 자체의 취소를 구할 법률상 이익 부정 _{2025 소방간부}
㉕ 구 「주택법」상 입주자나 입주예정자는 사용검사처분의 무효확인 또는 취소를 구할 법률상 이익 부정 _{2023 국가직 9급, 2019 국회직 8급, 2023·2019 소방간부, 2018 지방직 9급}
㉖ 도시 및 주거환경정비법상 이전고시가 효력을 발생한 이후에도 조합원 등이 관리처분계획의 취소 또는 무효확인을 구할 법률상 이익 부정 _{2013 국회직 8급}
㉗ 조합설립추진위원회 구성승인처분을 다투는 소송계속 중에 조합설립인가처분이 이루어진 경우 조합설립추진위원회 구성승인처분의 취소를 다툴 소익 부정 _{2018·2017 지방직 9급, 2016 국가직 7급}
㉘ 소음·진동배출시설에 대한 설치허가가 취소된 후 그 배출시설이 철거된 경우, 위 취소처분의 취소를 구할 소의 이익 (손해배상청구소송에서 인용받을 권리는 사실상 이해관계) _{2018 지방직 9급}

[협의 소익 긍정 판례]

① 서울대학교 불합격처분의 취소를 구하는 소송계속 중 당해연도의 입학시기가 지난 경우에도 불합격처분의 취소를 구할 소익 인정(다음 연도 입학 가능성) **2014 지방직 7급**

② 고등학교에서 퇴학처분을 받은 자가 고등학교졸업학력검정고시에 합격한 후라도 퇴학처분의 취소를 구할 소익 인정(정규 고등학교 졸업생으로서의 신분과 명예회복) **2016·2013 지방직 7급, 2015 국가직 9급**

③ 일반사면이 있은 후 파면처분의 취소를 구할 소익 인정(공무원으로서의 신분회복)

④ 제재처분의 효력기간이 경과한 후라도 그 처분을 받은 전력이 장래 불이익하게 취급되는 것으로 법정 가중요건으로 되어 있는 경우(현실적 가중제재의 위험제거) **2021 소방간부, 2017 지방직 9급, 2016 국가직 7급, 2016·2015 국가직 9급, 2014 지방직 7급**

⑤ 현역병입영대상자로서 현실적으로 입영을 한 자가 입영 이후의 법률관계에 영향을 미치고 있는 현역병입영통지처분을 다툴 소익 인정(재신체 검사로 다른 병역처분 가능성) **2019·2016 국가직 9급**

⑥ 도시개발사업의 공사 등이 완료된 후라도 도시개발사업의 시행에 따른 도시계획변경결정처분과 도시개발구역지정 처분 및 도시개발사업실시계획인가처분의 취소를 구할 소익 긍정(도시계획변경결정을 근거로 한 환지처분이나 수용보상금 재평가 가능성)

⑦ 유효기간이 경과된 뒤 중앙노동위원회의 중재재심결정 중 임금인상 부분의 취소를 구할 소의 이익 긍정(회사의 인상된 임금지급 가능성 다툴 실익)

⑧ 공무원이 파면처분 후 당연퇴직된 경우라도 파면처분의 취소를 구할 소의 이익 긍정(파면 후 당연퇴직시까지 미지급된 봉급 받을 권리 회복) **2021 지방직 9급**

⑨ 지방의회 의원에 대한 제명의결 취소소송 계속 중 의원의 임기가 만료된 경우에도 제명의결을 다툴 소익 긍정(제명의결시부터 임기만료시까지 월초수당을 받을 권리 회복) **2021 소방간부, 2021·2017 지방직 9급, 2019·2016 국가직 9급**

⑩ 한국방송공사 사장에 대한 해임처분의 무효확인 또는 취소소송 계속 중 임기가 만료된 경우에도 소익 긍정(해임처분시부터 임기만료시까지 봉급 받을 권리 회복) **2016 지방직 9급, 2014 국가직 9급**

⑪ 근로자가 중앙노동위원회 부당해고구제재심판정의 취소를 구하는 소송 중 정년이 된 경우 중앙노동위원회 재심판정을 다툴 소익 긍정(해고기간 중의 임금 상당액을 지급받을 이익)

⑫ 이주대책업무가 종결되고 그 공공사업을 완료하여 사업지구 내에 더 이상 분양할 이주대책용 단독택지가 없는 경우에도 이주대책대상자 선정신청을 거부한 처분의 취소를 구할 소익 긍정(보상금청구권 등의 권리를 확정하는 법률상 이익)

⑬ 공장등록이 취소된 후 그 공장시설물이 철거되었다 하더라도 공장등록취소를 다툴 소익 긍정(공장등록이 되는 경우 대도시 안의 공장을 지방으로 이전할 경우 조세특례제한법상의 세액공제 및 소득세 등의 감면혜택이 있음) **2019 국가직 9급**

⑭ 광업권의 존속기간이 만료되지 않은 상태에서 토지형질변경허가거부처분을 한 후 광업권의 존속기간이 만료된 경우라도 토지형질변경허가거부를 다툴 소익 긍정(광업권 존속기간이 연장될 가능성)

⑮ 개발제한구역 안에서의 공장설립을 승인한 처분이 위법하다는 이유로 쟁송취소되었다고 하더라도 그 승인처분에 기초한 공장건축허가처분이 잔존하는 경우 공장건축허가처분의 취소를 구할 소익 긍정(인근 주민들의 환경상 이익이 침해될 위험) **2022 소방간부, 2019 지방직 9급**

⑯ 수형자의 영치품에 대한 사용신청 불허처분 후 수형자가 다른 교도소로 이송된 경우 불허처분을 다툴 소익 긍정(영치품 신청에 대한 불허처분의 반복가능성) **2017 지방직 9급**

⑰ 임원취임승인 취소처분 후 학교법인의 정식이사들에 대하여 원래 정해져 있던 임기가 만료된 경우(승인취소처분이 위법해서 취소된 경우 후임이사 선임시까지 직무수행에 관한 긴급처리권을 가지게 됨) **2018 지방직 9급**

⑱ 임시이사 선임처분에 대하여 취소를 구하는 소송의 계속 중 임기만료 등의 사유로 새로운 임시이사들로 교체된 경우(새로운 임시이사 선임이 반복될 가능성)

⑲ 당초 주택재건축사업조합이 새로 조합설립변경인가처분을 받은 경우 당초 조합이 시공사 선정 등의 후속행위를 한 경우 당초의 조합설립인가처분의 무효확인을 구할 이익(후속행위도 소급해서 효력상실)

1352 개발제한구역 중 일부 취락을 개발제한구역에서 해제하는 내용의 도시관리계획변경결정에 대하여, 개발제한구역 해제 대상에서 누락된 토지의 소유자는 위 결정의 취소를 구할 법률상 이익이 있다. O | X

1353 고등학교졸업학력검정고시에 합격하였다 하더라도, 고등학교에서 퇴학처분을 받은 자는 퇴학처분의 취소를 구할 협의의 소익이 없다. O | X

1354 제재적 행정처분이 그 처분에서 정한 제재기간의 경과로 인하여 그 효과가 소멸되었으나 선행처분을 가중사유 또는 전제요건으로 하는 후행처분을 받을 우려가 현실적으로 존재하는 경우에는 선행처분의 취소를 구할 법률상 이익이 있다. O | X

1355 제재적 행정처분의 가중요건이 부령형식의 행정규칙으로 규정되어 있는 경우에 선행 제재처분의 제재기간이 경과한 후에는 그 처분의 취소를 구할 법률상 이익이 없다. O | X

1356 상등병에서 병장으로의 진급요건을 갖춘 자에 대하여 그 진급처분을 행하지 아니한 상태에서 예비역으로 편입하는 처분을 한 경우, 진급처분 부작위위법을 이유로 예비역편입처분취소를 구할 소의 이익이 있다고 할 수 없다. O | X

1357 임기 만료된 지방의회 의원이 지방의회를 상대로 한 의원제명처분취소 소송을 제기할 법률상 이익이 없다. O | X

1358 당초 반려처분을 직권취소함과 동시에 위 신청을 재반려하는 내용의 재처분을 한 경우, 당초의 반려처분의 취소를 구하는 소는 더 이상 소의 이익이 없다. O | X

정답 및 해설

1352 X 법률상 이익이 인정되지 않는다.
1353 X 정규 고등학교 졸업생으로서의 신분과 명예회복을 위해 고등학교 퇴학처분의 취소를 구할 협의의 소익을 인정한다.
1354 O
1355 X 제재적 행정처분의 가중요건이 부령형식의 행정규칙으로 규정되어 있는 경우에도 법률상 이익을 인정한다.
1356 O
1357 X 월초수당을 받을 권리가 회복된다는 점에서 법률상 이익이 있다.
1358 O

1359 행정청이 공무원에 대하여 새로운 직위해제사유에 기한 직위해제처분을 한 경우 그 이전 직위해제처분의 취소를 구할 소의 이익이 있다. O | X

1360 공익근무요원 소집해제신청을 거부한 후에 원고가 계속하여 공익근무요원으로 복무함에 따라 복무기간 만료를 이유로 소집해제처분을 한 경우 위 거부처분의 취소를 구할 소의 이익이 없다. O | X

1361 현역병입영 대상자로 병역처분을 받은 자가 그 취소소송 중 모병에 응하여 현역병으로 자진 입대한 경우, 소의 이익이 없다. O | X

1362 학교법인 임원취임승인의 취소처분에 대한 취소소송 제기 후 임시이사가 교체되어 새로운 임시이사가 선임된 경우, 위 취임승인취소처분 및 당초의 임시이사선임처분의 취소를 구할 소의 이익이 없다. O | X

1363 학교법인 임원취임승인의 취소처분 후 그 임원의 임기가 만료되고 구「사립학교법」소정의 임원결격사유 기간마저 경과한 경우에 취임승인이 취소된 임원은 취임승인취소처분의 취소를 구할 소의 이익이 없다. O | X

1364 배출시설에 대한 설치허가가 취소된 후 그 배출시설이 철거되어 다시 가동할 수 없는 상태라도 그 취소처분이 위법하다는 판결을 받아 손해배상청구소송에서 이를 원용할 수 있다면 배출시설의 소유자는 당해 처분의 취소를 구할 법률상 이익이 있다. O | X

1365 「도시 및 주거환경정비법」상 주택재건축사업조합이 새로이 조합설립인가처분을 받은 것과 동일한 요건과 절차를 거쳐 조합설립변경인가처분을 받은 경우, 당초의 조합설립인가처분이 유효한 것을 전제로 당해 주택재건축사업조합이 시공사 선정 등의 후속행위를 하였다 하더라도 특별한 사정이 없는 한 당초의 조합설립인가처분의 무효확인을 구할 소의 이익은 없다. O | X

정답 및 해설

1359 X 이전의 직위해제처분의 취소를 구할 소의 이익이 없다.
1360 O
1361 O
1362 X 반복될 가능성이 있다는 점에서 당초의 임시이사선임처분의 취소를 구할 소의 이익이 있다.
1363 X 후임이사 선임시까지 직무수행에 관한 긴급처리권을 가지게 된다는 점에서 임원취임승인처분의 취소를 구할 소의 이익이 없다.
1364 X 손해배상청구소송에서 이를 원용할 수 있다는 이유는 법률상 이익으로 인정되지 않는다.
1365 X 시공사 선정 등의 후속행위를 하였다면 당초의 조합설립인가처분의 무효확인을 구할 소의 이익이 있다.

「행정소송법」 제2조(정의) ① 이 법에서 사용하는 용어의 정의는 다음과 같다.
1. "처분등"이라 함은 행정청이 행하는 구체적 사실에 관한 법집행으로서의 공권력의 행사 또는 그 거부와 그 밖에 이에 준하는 행정작용(이하 "處分"이라 한다) 및 행정심판에 대한 재결을 말한다.

제19조(취소소송의 대상) 취소소송은 처분등을 대상으로 한다. 다만, 재결취소소송의 경우에는 재결 자체에 고유한 위법이 있음을 이유로 하는 경우에 한한다.

1. 항고소송의 대상이 되는 행정처분이라 함은 행정청의 공법상의 행위로서 특정사항에 대하여 법규에 의한 권리의 설정 또는 의무의 부담을 명하거나 기타 법률상 효과를 발생하게 하는 등 국민의 구체적인 권리의무에 직접적 변동을 초래하는 행위를 말하는 것이고, 행정권 내부에서의 행위나 알선, 권유, 사실상의 통지 등과 같이 상대방 또는 기타 관계자들의 법률상 지위에 직접적인 법률적 변동을 일으키지 아니하는 행위 등은 항고소송의 대상이 될 수 없다(대판 1995.11.21. 95누9099).

2. 어떠한 처분의 근거가 행정규칙에 규정되어 있다고 하더라도, 그 처분이 상대방에게 권리의 설정 또는 의무의 부담을 명하거나 기타 법적인 효과를 발생하게 하는 등으로 그 상대방의 권리의무에 직접 영향을 미치는 행위라면, 이 경우에도 항고소송의 대상이 되는 행정처분에 해당한다(대판 2004.11.26. 2003두10251). **2022 지방직 7급, 2020·2013 국가직 9급**

3. 상훈대상자를 결정할 권한이 없는 국가보훈처장이 기포상자에게 훈격재심사계획이 없다고 한 회신은 단순한 사실행위에 불과하므로 행정소송의 대상이 되지 아니한다(대판 1989.1.24. 88누3116). **2018 국회직 9급**

4. 군수가 농지의 보전 및 이용에 관한 법률에 의하여 특정지역의 주민들을 대리경작자로 지정한 행위는 그 주민들에게 유휴농지를 경작할 수 있는 권리를 부여하는 행정처분이고 이에 따라 그 지역의 읍장과 면장이 영농할 세대를 선정한 행위는 위 행정처분의 통지를 대행한 사실행위에 불과하다(대판 1980.9.9. 80누308). **2018 국회직 9급**

5. 건설부장관이 행한 국립공원지정처분은 그 결정 및 첨부된 도면의 공고로써 그 경계가 확정되는 것이고, 시장이 행한 경계측량 및 표지의 설치 등은 공원관리청이 공원구역의 효율적인 보호, 관리를 위하여 이미 확정된 경계를 인식, 파악하는 사실상의 행위로 봄이 상당하며, 위와 같은 사실상의 행위를 가리켜 공권력행사로서의 행정처분의 일부라고 볼 수 없고, 이로 인하여 건설부장관이 행한 공원지정처분이나 그 경계에 변동을 가져온다고 할 수 없다(대판 1992.10.13. 92누2325). **2014 국가직 9급**

6. 행정소송에서 쟁송의 대상이 되는 행정처분의 존부는 소송요건으로서 직권조사사항이고, 자백의 대상이 될 수 없는 것이므로, 설사 그 존재를 당사자들이 다투지 아니한다 하더라도 그 존부에 관하여 의심이 있는 경우에는 이를 직권으로 밝혀 보아야 할 것이고, 사실심에서 변론종결시까지 당사자가 주장하지 않던 직권조사사항에 해당하는 사항을 상고심에서 비로소 주장하는 경우 그 직권조사사항에 해당하는 사항은 상고심의 심판범위에 해당한다(대판 2004.12.24. 2003두15195). **2023 국회직 8급, 2020 국가직 9급, 2015 지방직 9급, 2015 지방직 7급**

1366 항고소송의 대상이 되는 행정처분이라 함은 원칙적으로 행정청의 공법상 행위로서 특정 사항에 대하여 법규에 의한 권리의 설정 또는 의무의 부담을 명하거나 기타 법률상 효과를 발생하게 하는 등으로 일반 국민의 권리의무에 직접 영향을 미치는 행위를 가리킨다. O | X

1367 어떠한 처분의 근거가 행정규칙에 규정되어 있다면 이 경우에는 항고소송의 대상이 되는 행정처분에 해당하지 않는다. O | X

1368 상훈대상자를 결정할 권한이 없는 국가보훈처장이 기포상자에게 훈격재심사계획이 없다고 한 회신은 단순 사실행위에 불과하여 항고소송의 대상되는 처분에 해당하지 않는다. O | X

1369 권한 있는 장관이 행한 국립공원지정처분에 따라 공원관리청이 행한 경계측량 및 표지의 설치는 행정처분이다. O | X

1370 농지법에 의하여 군수가 특정지역의 주민들을 대리경작자로 지정한 행위에 따라 그 지역의 읍장과 면장이 영농할 세대를 선정하는 행위는 항고소송의 대상이 될 수 없다. O | X

1371 행정소송에서 쟁송의 대상이 되는 행정처분의 존부에 관한 사항이 상고심에서 비로소 주장된 경우에 행정처분의 존부에 관한 사항은 상고심의 심판범위에 해당한다. O | X

정답 및 해설

1366 O
1367 X 행정규칙에 근거한 경우에도 처분성이 인정되면 항고소송의 대상이 된다.
1368 O
1369 X 단순 사실행위로서 행정처분이 아니다.
1370 O
1371 O

1. 이른바 고발은 수사의 단서에 불과할 뿐 그 자체 국민의 권리의무에 어떤 영향을 미치는 것이 아니고, 특히 독점규제및 공정거래에관한법률 제71조는 공정거래위원회의 고발을 위 법률위반죄의 소추요건으로 규정하고 있어 공정거래위원회의 고발조치는 사직 당국에 대하여 형벌권 행사를 요구하는 행정기관 상호간의 행위에 불과하여 항고소송의 대상이 되는 행정처분이라 할 수 없으며, 더욱이 공정거래위원회의 고발 의결은 행정청 내부의 의사결정에 불과할 뿐 최종적인 처분은 아닌 것이므로 이 역시 항고소송의 대상이 되는 행정처분이 되지 못한다(대판 1995.5.12. 94누13794).

2. 군인사법에 따라 각 군 참모총장이 수당지급대상자 결정절차에 대하여 수당지급대상자를 추천하거나 신청자 중 일부를 추천하지 아니하는 행위는 행정기관 상호간의 내부적인 의사결정과정의 하나일 뿐 그 자체만으로는 직접적으로 국민의 권리·의무가 설정, 변경, 박탈되거나 그 범위가 확정되는 등 기존의 권리상태에 어떤 변동을 가져오는 것이 아니므로 이를 항고소송의 대상이 되는 처분이라고 할 수는 없다(대판 2009.12.10. 2009두14231). **2019 국회직 8급**

3. 감사원의 징계 요구는 징계 요구를 받은 기관의 장이 요구받은 내용대로 처분하지 않더라도 불이익을 받는 규정도 없고, 징계 요구 내용대로 효과가 발생하는 것도 아니며, 징계 요구에 의하여 행정청이 일정한 행정처분을 하였을 때 비로소 이해관계인의 권리관계에 영향을 미칠 뿐, 징계 요구 자체만으로는 징계 요구 대상 공무원의 권리·의무에 직접적인 변동을 초래하지도 아니하므로, 행정청 사이의 내부적인 의사결정의 경로로서 '징계 요구, 징계 절차 회부, 징계'로 이어지는 과정에서의 중간처분에 불과하여, 감사원의 징계 요구와 재심의결정이 항고소송의 대상이 되는 행정처분이라고 할 수 없다(대판 2016.12.27. 2014두5637). **2021 국회직 8급, 2017 지방직 9급**

1372 공정거래위원회의 고발 의결은 행정청 내부의 의사결정에 불과하므로 항고소송의 대상이 되지 못한다. O | X

1373 공정거래위원회의 고발은 사직 당국에 대하여 형벌권 행사를 요구하는 행정기관 상호간의 행위로 항고소송의 대상되는 처분에 해당한다. O | X

1374 각 군 참모총장이 군인 명예전역수당지급 대상자 결정절차에서 국방부장관에게 수당지급 대상자를 추천하는 행위는 행정기관 상호간의 내부적인 의사결정과정의 하나일 뿐이므로 항고소송의 대상되는 처분이라 할 수 없다. O | X

1375 갑 시장이 감사원으로부터 감사원법에 따라 을에 대하여 징계의 종류를 정직으로 정한 징계요구를 받게 되자 감사원에 징계요구에 대한 재심의를 청구하였는데 감사원이 재심의청구를 기각한 사안에서, 감사원의 징계요구와 재심의청구 기각결정은 항고소송의 대상이 되는 행정처분이다. O | X

정답 및 해설

1372 O
1373 X 행정기관 상호간의 행위는 항고소송의 대상되는 처분이 아니다.
1374 O
1375 X 징계요구와 재심의 결정은 내부적 결정을 항고소송의 대상되는 처분이 아니다.

> 1. 지방의회를 대표하고 의사를 정리하며 회의장 내의 질서를 유지하고 의회의 사무를 감독하며 위원회에 출석하여 발언할 수 있는 등의 직무권한을 가지는 지방의회 의장에 대한 불신임의결은 의장으로서의 권한을 박탈하는 행정처분의 일종으로서 항고소송의 대상이 된다(대판 1994.10.11. 94두23).
> 2. 지방의회의 의장은 지방자치법 제43조, 제44조의 규정에 의하여 의회를 대표하고 의사를 정리하며, 회의장 내의 질서를 유지하고 의회의 사무를 감독할 뿐만 아니라 위원회에 출석하여 발언할 수 있는 등의 직무권한을 가지는 것이므로, 지방의회의 의사를 결정공표하여 그 당선자에게 이와 같은 의장으로서의 직무권한을 부여하는 지방의회의 의장선거는 행정처분의 일종으로서 항고소송의 대상이 된다고 할 것이다(대판 1995.1.12. 94누2602).

1376 지방의회 의장에 대한 불신임의결은 의장으로서의 권한을 박탈하는 행정처분의 일종으로서 항고소송의 대상이 된다. O | X

1377 지방의회 의장선거는 행정처분에 해당하지 않으므로 항고소송의 대상되는 처분에 해당하지 않는다. O | X

> 시장·군수 또는 구청장의 개별토지가격결정은 관계법령에 의한 토지초과이득세, 택지초과소유부담금 또는 개발부담금 산정의 기준이 되어 국민의 권리나 의무 또는 법률상 이익에 직접적으로 관계되는 것으로서 행정소송법 제2조 제1항 제1호 소정의 행정청이 행하는 구체적 사실에 관한 법집행으로서의 공권력행사이므로 항고소송의 대상이 되는 행정처분에 해당한다(대판 1994.2.8. 93누111).
> **2015 국회직 8급**

1378 개별공시지가결정은 행정청의 중간행위에 불과하여 항고소송의 대상이 되는 처분이 아니다. O | X

정답 및 해설

1376	O	
1377	X	의장으로서의 직무권한을 부여하는 행정처분이다.
1378	X	개별공시지가결정은 항고소송의 대상되는 처분이다.

1. 교육공무원법 제29조의2 제1항, 제13조, 제14조 제1항, 제2항, 교육공무원 승진규정 제1조, 제2조 제1항 제1호, 제40조 제1항, 교육공무원임용령 제14조 제1항, 제16조 제1항에 따르면 임용권자는 3배수의 범위 안에 들어간 후보자들을 대상으로 승진임용 여부를 심사하여야 하고, 이에 따라 승진후보자 명부에 포함된 후보자는 임용권자로부터 정당한 심사를 받게 될 것에 관한 절차적 기대를 하게 된다. 그런데 임용권자 등이 자의적인 이유로 승진후보자 명부에 포함된 후보자를 승진임용에서 제외하는 처분을 한 경우에, 이러한 승진임용제외처분을 항고소송의 대상이 되는 처분으로 보지 않는다면, 달리 이에 대하여는 불복하여 침해된 권리 또는 법률상 이익을 구제받을 방법이 없다. 따라서 교육공무원법상 승진후보자 명부에 의한 승진심사 방식으로 행해지는 승진임용에서 승진후보자 명부에 포함되어 있던 후보자를 승진임용 인사발령에서 제외하는 행위는 불이익처분으로서 항고소송의 대상인 처분에 해당한다고 보아야 한다(대판 2018.3.27. 2015두47492). **2022 소방간부, 2021·2019 국회직 8급, 2019 지방직 9급**

2. 만일 교육부장관이 자의적으로 대학에서 추천한 복수의 총장 후보자들 전부 또는 일부를 임용제청하지 않는다면 대통령으로부터 임용을 받을 기회를 박탈하는 효과가 있다. 이를 항고소송의 대상이 되는 처분으로 보지 않는다면, 침해된 권리 또는 법률상 이익을 구제받을 방법이 없다. 따라서 교육부장관이 대학에서 추천한 복수의 총장 후보자들 전부 또는 일부를 임용제청에서 제외하는 행위는 제외된 후보자들에 대한 불이익처분으로서 항고소송의 대상이 되는 처분에 해당한다고 보아야 한다(대판 2018.6.15. 2016두57564). **2019 국가직 9급**

1379 교육공무원 승진규정상 임용권자는 3배수의 범위 안에 들어간 후보자들을 대상으로 승진임용 여부를 심사하여야 하고, 이에 따라 승진후보자 명부에 포함된 후보자는 임용권자로부터 정당한 심사를 받게 될 것에 관한 절차적 기대를 하게 된다. O | X

1380 승진후보자 명부에 포함된 후보자를 승진임용에서 제외하는 처분은 불이익처분으로 볼 수 없고 항고소송의 대상인 처분에 해당하지 않는다. O | X

1381 국립대학교 총장의 임용권한은 대통령에게 있으므로, 교육부장관이 대통령에게 임용제청을 하면서 대학에서 추천한 복수의 총장 후보자들 중 일부를 임용제청에서 제외한 행위는 처분에 해당하지 않는다. O | X

혁신도시 최종입지로 선정하였음을 공표한 사실을 인정한 다음, 법과 법시행령 및 이 사건 지침에는 공공기관의 지방이전을 위한 정부 등의 조치와 공공기관이 이전할 혁신도시 입지선정을 위한 사항 등을 규정하고 있을 뿐 혁신도시입지 후보지에 관련된 지역 주민 등의 권리의무에 직접 영향을 미치는 규정을 두고 있지 않으므로, 피고가 원주시를 혁신도시 최종입지로 선정한 행위는 항고소송의 대상이 되는 행정처분으로 볼 수 없다(대판 2007.11.15. 2007두10198).

1382 혁신도시의 최종입지 선정행위는 상대방 또는 관계자들의 법률상 지위에 직접적인 영향을 미치는 행정처분이다. O | X

구 금융산업의 구조개선에 관한 법률 제16조 제1항 및 구 상호저축은행법 제24조의13에 의하여 금융감독위원회는 부실금융기관에 대하여 파산을 신청할 수 있는 권한을 보유하고 있는바, 위 파산신청은 그 성격이 법원에 대한 재판상 청구로서 그 자체가 국민의 권리·의무에 어떤 영향을 미치는 것이 아닐 뿐만 아니라, 위 파산신청으로 인하여 당해 부실금융기관이 파산절차 내에서 여러 가지 법률상 불이익을 입는다 할지라도 파산법원이 관할하는 파산절차 내에서 그 신청의 적법 여부 등을 다투어야 할 것이므로, 위와 같은 금융감독위원회의 파산신청은 행정소송법상 취소소송의 대상이 되는 행정처분이라 할 수 없다(대판 2006.7.28. 2004두13219).

1383 금융감독위원회의 부실금융기관에 대한 파산신청은 그 성격이 재판상 청구로서 그 자체가 국민의 권리의무에 어떤 영향을 미치는 것이 아니다. O | X

1384 위 파산신청으로 인하여 당해 부실금융기관이 파산절차 내에서 여러 가지 법률상 불이익을 입는다 할지라도 파산법원이 관할하는 파산절차 내에서 그 신청의 적법 여부 등을 다투어야 한다. O | X

1385 금융감독위원회의 파산신청은 행정소송법상 취소소송의 대상이 되는 행정처분에 해당한다. O | X

교도소장이 수형자 갑을 '접견내용 녹음·녹화 및 접견 시 교도관 참여대상자'로 지정한 사안에서, 위 지정행위는 수형자의 구체적 권리의무에 직접적 변동을 가져오는 행정청의 공법상 행위로서 항고소송의 대상이 되는 '처분'에 해당함(대판 2014.2.13. 2013두20899). 2022 지방직 7급, 2020 지방직 9급, 2018 국회직 8급, 2016 국가직 9급

1386 교도소장이 특정 수형자를 '접견내용 녹음·녹화 및 접견 시 교도관 참여대상자'로 지정한 행위는 항고소송의 대상되는 처분에 해당하지 않는다. O | X

정답 및 해설

- 1379 **O**
- 1380 **X** 후보자에 대한 불이익처분으로 항고소송의 대상되는 처분이다.
- 1381 **X** 후보자에 대한 불이익처분으로 항고소송의 대상되는 처분이다.
- 1382 **X** 지역 주민 등의 권리의무에 직접 영향을 미치지 않으므로 항고소송의 대상되는 처분이 아니다.
- 1383 **O**
- 1384 **O**
- 1385 **X** 별도의 파산절차가 있으므로 행정소송법상 처분에 해당하지 않는다.
- 1386 **X** 수형자의 권리의무에 직접 영향을 미치지 않으므로 항고소송의 대상되는 처분이다.

구 표시·광고의 공정화에 관한 법률 위반을 이유로 한 공정거래위원회의 경고의결은 당해 표시·광고의 위법을 확인하되 구체적인 조치까지는 명하지 않는 것으로 사업자가 장래 다시 표시·광고의 공정화에 관한 법률 위반행위를 할 경우 과징금 부과 여부나 그 정도에 영향을 주는 고려사항이 되어 사업자의 자유와 권리를 제한하는 행정처분에 해당한다(대판 2013.12.26. 2011두4930).

2022 소방간부, 2016 국회직 8급

1387 구「표시·광고의 공정화에 관한 법률」위반을 이유로 한 공정거래위원회의 경고의결은 항고소송의 대상이 되는 처분에 해당한다. O | X

한국토지주택공사가 택지개발사업의 시행자로서 택지개발예정지구 공람공고일 이전부터 영업 등을 행한 자 등 일정 기준을 충족하는 손실보상대상자들에 대하여 생활대책을 수립·시행하였는데, 직권으로 갑 등이 생활대책대상자에 해당하지 않는다는 결정을 하고, 갑 등의 이의신청에 대하여 재심사 결과로도 생활대책대상자로 선정되지 않았다는 통보를 한 사안에서, 부적격통보가 심사대상자에 대하여 한국토지주택공사가 생활대책대상자 선정 신청을 받지 아니한 상태에서 자체적으로 가지고 있던 자료를 기초로 일정 기준을 적용한 결과를 일괄 통보한 것이고, 각 당사자의 개별·구체적 사정은 이의신청을 통하여 추가로 심사하여 고려하겠다는 취지를 포함하고 있다면, 갑 등은 이의신청을 통하여 비로소 생활대책대상자 선정에 관한 의견서 제출 등의 기회를 부여받게 되었고 한국토지주택공사도 그에 따른 재심사과정에서 당사자들이 제출한 자료 등을 함께 고려하여 생활대책대상자 선정기준의 충족 여부를 심사하여 재심사통보를 한 것이라고 볼 수 있는 점 등을 종합하면, 비록 재심사통보가 부적격통보와 결론이 같더라도, 단순히 한국토지주택공사의 업무처리의 적정 및 갑 등의 편의를 위한 조치에 불과한 것이 아니라 별도의 의사결정 과정과 절차를 거쳐 이루어진 독립한 행정처분으로서 항고소송의 대상이 된다(대판 2016.7.14. 2015두58645).

2022 소방간부

1388 한국토지주택공사가 택지개발사업의 시행자로서 손실보상대상자들에 대한 생활대책의 수립·시행에 있어 생활대책대상자에 해당하지 않는다는 결정을 하고 그 결정에 대한 당사자들의 이의신청에 따른 재심사 결과로도 선정되지 않았다는 동일한 결론의 재심사통보를 받았다면, 그 재심사통보는 단순히 업무처리의 적정 및 편의를 위한 조치에 불과하므로 항고소송의 대상이 되지 아니한다. O | X

요양급여의 적정성 평가 결과 전체 하위 20% 이하에 해당하는 요양기관이 평가결과와 함께 그로 인한 입원료 가산 및 별도 보상 제외 통보를 받게 되면, 해당 요양기관은 평가결과 발표 직후 2분기 동안 요양급여비용 청구 시 입원료 가산 및 별도 보상 규정을 적용받지 못하게 되므로, 결국 위 통보는 해당 요양기관의 권리 또는 법률상 이익에 직접적인 영향을 미치는 공권력의 행사이고, 해당 요양기관으로 하여금 개개의 요양급여비용 감액 처분에 대하여만 다툴 수 있도록 하는 것보다는 그에 앞서 직접 위 통보의 적법성을 다툴 수 있도록 함으로써 분쟁을 조기에 근본적으로 해결하도록 하는 것이 법치행정의 원리에도 부합한다. 따라서 위 통보는 항고소송의 대상이 되는 처분으로 보는 것이 타당하다(대판 2013.11.14. 2013두13631).

2022 소방간부

1389 요양급여의 적정성 평가 결과 전체 하위 20% 이하에 해당하는 요양기관이 건강보험심사평가원으로부터 받은 입원료 가산 및 별도 보상 적용 제외 통보는 해당 요양기관의 권리 또는 법률상 이익에 직접적 영향을 미치는 공권력 행사에 해당하여 항고소송의 대상이 된다. O | X

> 행정소송법 제20조가 제소기간을 규정하면서 '처분 등이 있은 날' 또는 '처분 등이 있음을 안 날'을 각 제소기간의 기산점으로 삼은 것은 그때 비로소 적법한 취소소송을 제기할 객관적 또는 주관적 여지가 발생하기 때문이므로, 처분 당시에는 취소소송의 제기가 법제상 허용되지 않아 소송을 제기할 수 없다가 위헌결정으로 인하여 비로소 취소소송을 제기할 수 있게 된 경우, 객관적으로는 '위헌결정이 있은 날', 주관적으로는 '위헌결정이 있음을 안 날' 비로소 취소소송을 제기할 수 있게 되어 이때를 제소기간의 기산점으로 삼아야 한다(대판 2008.2.1. 2007두20997). _{2015 국회직 8급}

1390 처분 당시에는 취소소송의 제기가 법제상 허용되지 않아 소송을 제기할 수 없다가 위헌결정으로 인하여 비로소 취소소송을 제기할 수 있게 된 경우 객관적으로는 위헌결정이 있은 날, 주관적으로는 위헌결정이 있음을 안 날을 제소기간의 기산점으로 삼아야 한다. O | X

> 행정청이 식품위생법령에 따라 영업자에게 행정제재처분을 한 후 그 처분을 영업자에게 유리하게 변경하는 처분을 한 경우, 변경처분에 의하여 당초 처분은 소멸하는 것이 아니고 당초부터 유리하게 변경된 내용의 처분으로 존재하는 것이므로, 변경처분에 의하여 유리하게 변경된 내용의 행정제재가 위법하다 하여 그 취소를 구하는 경우 그 취소소송의 대상은 변경된 내용의 당초 처분이지 변경처분은 아니고, 제소기간의 준수 여부도 변경처분이 아닌 변경된 내용의 당초 처분을 기준으로 판단하여야 한다(대판 2007.4.27. 2004두9302). _{2023 소방간부, 2017 국가직 9급, 2017 지방직 9급, 2017 국회직 8급}

1391 영업자에 대한 행정제재처분에 대하여 행정심판위원회가 영업자에게 유리한 적극적 변경명령재결을 하고 이에 따라 처분청이 변경처분을 한 경우, 그 변경처분에 의해 유리하게 변경된 행정제재가 위법하다는 이유로 그 취소를 구하려면 변경된 내용의 당초처분을 취소소송의 대상으로 하여야 한다. O | X

정답 및 해설

1387 O
1388 X 별도의 의사결정 과정과 절차를 거쳐 이루어진 독립한 행정처분이다.
1389 O   1390 O   1391 O

1. 국세기본법 제22조의2의 시행 이후에도 증액경정처분이 있는 경우, 당초 신고나 결정은 증액경정처분에 흡수됨으로써 독립한 존재가치를 잃게 된다고 보아야 하므로, 원칙적으로는 당초 신고나 결정에 대한 불복기간의 경과 여부 등에 관계 없이 증액경정처분만이 항고소송의 심판대상이 되고, 납세의무자는 그 항고소송에서 당초 신고나 결정에 대한 위법사유 도 함께 주장할 수 있다고 해석함이 타당하다(대판 2004.10.15. 2003두6573). _{2019 지방직 7급, 2018 지방직 9급}

2. 증액경정처분이 있는 경우 당초처분은 증액경정처분에 흡수되어 소멸하고, 소멸한 당초처분의 절차적 하자는 존속하는 증액경정처분에 승계되지 아니한다(대판 2010.6.24. 2007두16493). _{2025 소방간부, 2023 국회직 8급, 2019 지방직 7급}

3. 과세표준과 세액을 감액하는 경정처분은 당초의 부과처분과 별개 독립의 과세처분이 아니라 그 실질은 당초의 부과처분 의 변경이고, 그에 의하여 세액의 일부 취소라는 납세자에게 유리한 효과를 가져오는 처분이므로, 그 경정처분으로도 아직 취소되지 아니하고 남아 있는 부분이 위법하다 하여 다투는 경우, 항고소송의 대상은 당초의 부과처분 중 경정처 분에 의하여 아직 취소되지 않고 남은 부분이고, 그 경정처분이 항고소송의 대상이 되는 것은 아니며, 이 경우 적법한 전심절차를 거쳤는지 여부도 당초 처분을 기준으로 판단하여야 한다(대판 2009.5.28. 2006두16403). _{2019 지방직 7급}

1392 증액경정처분이 있는 경우, 원칙적으로는 당초 신고나 결정에 대한 불복기간의 경과여부 등에 관계없이 증액경정처분만이 항고소송의 대상이 되고 납세의무자는 그 항고소송에서 당초 신고나 결정에 대한 위 법사유를 주장할 수 없다. O | X

1393 증액경정처분이 있는 경우, 당초 처분은 증액경정처분에 흡수되어 소멸하고, 소멸한 당초 처분의 절차적 하자는 존속하는 증액경정처분에 승계되지 아니한다. O | X

1394 감액경정처분이 있는 경우, 항고소송의 대상은 당초의 부과처분 중 경정처분에 의하여 아직 취소되지 않고 남은 부분이고, 적법한 전심절차를 거쳤는지 여부도 당초 처분을 기준으로 판단하여야 한다. O | X

정답 및 해설

1392 X 증액경정처분을 대상으로 항고소송 중에 당초 신고나 결정에 대한 위법사유를 주장할 수 있다.
1393 O
1394 O

> 1. 행정청이 국민의 신청에 대하여 한 거부행위가 항고소송의 대상이 되는 행정처분이 된다고 하기 위하여는 국민이 행정청에 대하여 그 신청에 따른 행정행위를 하여 줄 것을 요구할 수 있는 법규상 또는 조리상의 권리가 있어야 하며, … 국민의 법규상 또는 조리상의 신청권에 의한 신청에 대하여 행정청이 이를 거부하는 조치를 취하였다고 할지라도 이로써 신청인의 권리의무나 법률관계에 영향을 미치는 것이 아니라면 행정청이 한 거부의 의사표시는 항고소송의 대상이 되는 거부처분이 될 수 없다(대판 1997.5.9. 96누5933).
> 2. 과거에 법률에 의하여 당연퇴직된 공무원이 자신을 복직 또는 재임용시켜 줄 것을 요구하는 신청에 대하여 그와 같은 조치가 불가능하다는 행정청의 거부행위는 당연퇴직의 효과가 계속하여 존재한다는 것을 알려주는 일종의 안내에 불과하므로 원고의 실체상의 권리관계에 직접인 변동을 일으키는 것으로 볼 수 없고, 당연퇴직의 근거 법률이 헌법재판소의 위헌결정으로 효력을 잃게 되었다고 하더라도 당연퇴직된 이후 헌법소원 등의 청구기간이 도과한 경우에는 당연퇴직의 내용과 상반되는 처분을 요구할 수 있는 조리상의 신청권을 인정할 수도 없다고 할 것이어서, 이와 같은 경우 행정청의 복직 또는 재임용거부행위는 항고소송의 대상이 되는 행정처분에 해당한다고 할 수 없으므로 그 취소를 구하는 소는 부적법하다고 할 것이다(대판 2006.3.10. 2005두562). 2015 국회직 8급

1395 국민의 신청에 대한 행정청의 거부행위가 항고소송의 대상이 되는 행정처분에 해당하려면 행정청의 행위를 요구할 법규상 또는 조리상의 신청권이 별도로 있어야 하는 것은 아니다. O | X

1396 행정청이 이를 거부하는 조치를 취하였다고 할지라도 이로써 신청인의 권리의무나 법률관계에 영향을 미치는 것이 아니라면 행정청이 한 거부의 의사표시는 항고소송의 대상이 되는 거부처분이 될 수 없다. O | X

정답 및 해설

1395 **X** 법규상 또는 조리상의 신청권이 별도로 있어야 한다.
1396 **O**

1. 거부처분의 처분성을 인정하기 위한 전제요건이 되는 신청권의 존부는 구체적 사건에서 신청인이 누구인가를 고려하지 않고 관계 법규의 해석에 의하여 일반 국민에게 그러한 신청권을 인정하고 있는가를 살펴 추상적으로 결정되는 것이고, 신청인이 그 신청에 따른 단순한 응답을 받을 권리를 넘어서 신청의 인용이라는 만족적 결과를 얻을 권리를 의미하는 것은 아니다. 따라서 국민이 어떤 신청을 한 경우에 그 신청의 근거가 된 조항의 해석상 행정발동에 대한 개인의 신청권을 인정하고 있다고 보여지면 그 거부행위는 항고소송의 대상이 되는 처분으로 보아야 할 것이고, 구체적으로 그 신청이 인용될 수 있는가 하는 점은 본안에서 판단하여야 할 사항인 것이다(대판 1996.6.11. 95누12460). **2023 소방간부, 2021 지방직 9급**

2. 수익적 행정처분을 구하는 신청에 대한 거부처분은 당사자의 신청에 대하여 관할 행정청이 이를 거절하는 의사를 대외적으로 명백히 표시함으로써 성립된다. 거부처분이 있은 후 당사자가 다시 신청을 한 경우에는 신청의 제목 여하에 불구하고 그 내용이 새로운 신청을 하는 취지라면 관할 행정청이 이를 다시 거절하는 것은 새로운 거부처분이라고 보아야 한다. 관계 법령이나 행정청이 사전에 공표한 처분기준에 신청기간을 제한하는 특별한 규정이 없는 이상 재신청을 불허할 법적 근거가 없으며, 설령 신청기간을 제한하는 특별한 규정이 있더라도 재신청이 신청기간을 도과하였는지는 본안에서 재신청에 대한 거부처분이 적법한가를 판단하는 단계에서 고려할 요소이지, 소송요건 심사단계에서 고려할 요소가 아니다(대판 2021.1.14. 2020두50324).

1397 거부처분의 처분성을 인정하기 위한 전제요건이 되는 신청권의 존부는 구체적 사건에서 신청인이 누구인가를 고려하지 않고 관계 법규의 해석에 의하여 일반 국민에게 그러한 신청권을 인정하고 있는가를 살펴 추상적으로 결정된다. O│X

1398 거부처분의 성립요건으로서 신청권은 그 신청에 따른 단순한 응답을 받을 권리를 넘어서 신청의 인용이라는 만족적 결과를 얻을 권리를 의미한다. O│X

산업단지개발계획상 산업단지 안의 토지 소유자로서 산업단지개발계획에 적합한 시설을 설치하여 입주하려는 자는 산업단지지정권자 또는 그로부터 권한을 위임받은 기관에 대하여 산업단지개발계획의 변경을 요청할 수 있는 법규상 또는 조리상 신청권이 있고, 이러한 신청에 대한 거부행위는 항고소송의 대상이 되는 행정처분에 해당한다고 보아야 한다(대판 2017.8.29. 2016두44186). **2021 지방직 9급**

1399 산업단지개발계획상 산업단지 안의 토지 소유자로서 산업단지개발계획에 적합한 시설을 설치하여 입주하려는 자는 산업단지지정권자 또는 그로부터 권한을 위임받은 기관에 대하여 산업단지개발 계획의 변경을 요청할 수 있는 법규상 또는 조리상 신청권이 있다. O│X

정답 및 해설

1397	O	
1398	X	거부처분의 성립요건으로서 신청권은 그 신청에 따른 응답받을 권리를 뜻한다.
1399	O	

> 금강수계 중 상수원 수질보전을 위하여 필요한 지역의 토지 등의 소유자가 국가에 그 토지 등을 매도하기 위하여 매수신청을 하였으나 유역환경청장 등이 매수거절의 결정을 한 사안에서, 위 매수거절을 항고소송의 대상이 되는 행정처분으로 보지 않는다면 토지 등의 소유자로서는 재산권의 제한에 대하여 달리 다툴 방법이 없게 되는 점 등에 비추어, 그 매수 거부행위가 공권력의 행사 또는 이에 준하는 행정작용으로서 항고소송의 대상이 되는 행정처분에 당한다(대판 2009.9.10. 2007두20638).

1400 금강수계 중 상수원 수질보전을 위하여 필요한 지역의 토지 등의 소유자가 국가에 그 토지 등을 매도하기 위하여 매수신청을 하였으나 유역환경청장 등이 매수거절한 것은 항고소송의 대상되는 처분에 해당한다. O | X

> 피고는 건축위원회의 심의대상이 되는 건축물에 대한 건축허가를 신청하려는 사람으로 하여금 그 신청에 앞서 건축계획심의신청을 하도록 하고, 그 절차를 거치지 아니한 경우 건축허가를 접수하지 아니하고 있어 원고로서는 이 사건 건축물의 건축허가신청에 중대한 지장이 초래된 점 등에 비추어 보면, 피고의 이 사건 건축계획심의반려처분은 원고의 권리·의무나 법률관계에 직접 영향을 미쳤다고 할 것이다(대판 2007.10.11. 2007두1316). **2015 지방직 9급, 2014 국회직 8급**

1401 건축계획심의반려처분은 건축허가신청에 중대한 지장이 초래되는 점에서 권리의무나 법률관계에 직접 영향을 미치는 행위라 할 것이다. O | X

1402 거부행위가 항고소송의 대상인 처분이 되기 위해서는 그 거부행위가 신청인의 실체상의 권리관계에 직접적인 변동을 일으키는 것이어야 하며, 신청인이 실체상의 권리자로서 권리를 행사함에 중대한 지장을 초래하는 것만으로는 부족하다. O | X

정답 및 해설

1400 **O**
1401 **O**
1402 **X** 권리를 행사함에 중대한 지장을 초래하는 것도 포함된다.

> 주민등록번호를 관리하는 국가로서는 주민등록번호가 유출된 경우 그로 인한 피해가 최소화되도록 제도를 정비하고 보완해야 할 의무가 있으며, 일률적으로 주민등록번호를 변경할 수 없도록 할 것이 아니라 만약 주민등록번호 변경이 필요한 경우가 있다면 그 변경에 관한 규정을 두어서 이를 허용해야 하는 점 등을 종합하면, 피해자의 의사와 무관하게 주민등록번호가 유출된 경우에는 조리상 주민등록번호의 변경을 요구할 신청권을 인정함이 타당하고, 구청장의 주민등록번호 변경신청 거부행위는 항고소송의 대상이 되는 행정처분에 해당한다(대판 2017.6.15. 2013두2945). **2022 국가직 9급**

1403 인터넷 포털사이트의 개인정보 유출사고로 주민등록번호가 불법 유출되었음을 이유로 주민등록번호 변경신청을 하였으나 관할 구청장이 이를 거부한 경우, 그 거부행위는 처분에 해당하지 않는다. O | X

> 원고 등과 유사한 지위에 있는 전임강사에 대하여는 피고가 정규교사로 특별채용한 전례가 있다 하더라도 그러한 사정만으로 임용지원자에 불과한 원고 등에게 피고에 대하여 교사로의 특별채용을 요구할 법규상 또는 조리상의 권리가 있다고 할 수는 없으므로, 피고가 원고 등의 특별채용 신청을 거부하였다고 하여도 그 거부로 인하여 원고 등의 권리나 법적 이익에 어떤 영향을 주는 것이 아니어서 그 거부행위가 항고소송의 대상이 되는 행정처분에 해당한다고 할 수 없다(대판 2005.4.15. 2004두11626). **2022 국가직 9급**

1404 임용지원자가 특별채용 대상자로서 자격을 갖추고 있고 유사한 지위에 있는 자에 대하여 정규교사로 특별채용한 전례가 있다 하더라도, 교사로의 특별채용을 요구할 법규상 또는 조리상의 권리가 있다고 할 수 없다. O | X

> 1. 행정소송법 제19조는 취소소송은 행정청의 원처분을 대상으로 하되(원처분주의), 다만 "재결 자체에 고유한 위법이 있음을 이유로 하는 경우"에 한하여 행정심판의 재결도 취소소송의 대상으로 삼을 수 있도록 규정하고 있으므로 재결취소소송의 경우 재결 자체에 고유한 위법이 있는지 여부를 심리할 것이고, 재결 자체에 고유한 위법이 없는 경우에는 원처분의 당부와는 상관없이 당해 재결취소소송은 이를 기각하여야 한다(대판 1994.1.25. 93누16901). **2019·2014 국회직 8급, 2019 국가직 9급**
> 2. 행정처분에 대한 행정심판의 재결에 이유모순의 위법이 있다는 사유는 재결처분 자체에 고유한 하자로서 재결처분의 취소를 구하는 소송에서는 그 위법사유로서 주장할 수 있으나, 원처분의 취소를 구하는 소송에서는 그 취소를 구할 위법사유로서 주장할 수 없다(대판 1996.2.13. 95누8027). **2014 지방직 7급**

1405 재결취소소송의 경우 재결 자체에 고유한 위법이 있는지 여부를 심리할 것이고 재결자체에 고유한 위법이 없는 경우에는 원처분의 당부와는 상관없이 당해 재결취소소송은 기각되어야 한다. O | X

1406 행정처분에 대한 행정심판의 재결에 이유모순의 위법이 있다는 사유는 원처분의 취소를 구하는 소송뿐 아니라 재결처분의 취소를 구하는 소송에서도 그 취소를 구할 위법사유로 주장할 수 있다. O | X

행정심판청구가 부적법하지 않음에도 각하한 재결은 심판청구인의 실체심리를 받을 권리를 박탈한 것으로서 원처분에 없는 고유한 하자가 있는 경우에 해당하고, 따라서 위 재결은 취소소송의 대상이 된다고 할 것이다(대판 2001.7.27. 99두2970).
2015 지방직 9급, 2013 국가직 7급

1407 행정심판청구가 부적법하지 않음에도 각하한 재결은 원처분주의에 의해서 취소소송의 대상이 되지 않는다.
O | X

행정청이 골프장 사업계획승인을 얻은 자의 사업시설 착공계획서를 수리한 것에 대하여 인근 주민들이 그 수리처분의 취소를 구하는 행정심판을 청구하자 재결청이 그 청구를 인용하여 수리처분을 취소하는 형성적 재결을 한 경우, 그 수리처분 취소 심판청구는 행정심판의 대상이 되지 아니하여 부적법 각하하여야 함에도 위 재결은 그 청구를 인용하여 수리처분을 취소하였으므로 재결 자체에 고유한 하자가 있다(대판 2001.5.29. 99두10292).

1408 수리를 요하지 않는 신고에서 수리는 행정심판의 대상인 처분이 아니므로 각하재결해야 함에도 인용재결한 경우 재결자체의 고유한 위법이다.
O | X

이른바 복효적 행정행위, 특히 제3자효를 수반하는 행정행위에 대한 행정심판청구에 있어서 그 청구를 인용하는 내용의 재결로 인하여 비로소 권리이익을 침해받게 되는 자는 그 인용재결에 대하여 다툴 필요가 있고, 그 인용재결은 원처분과 내용을 달리하는 것이므로 그 인용재결의 취소를 구하는 것은 원처분에는 없는 재결에 고유한 하자를 주장하는 셈이어서 당연히 항고소송의 대상이 된다(대판 2001.5.29. 99두10292).
2024 소방간부

1409 제3자효를 수반하는 행정행위에 대한 행정심판청구에 있어서 그 청구를 인용하는 내용의 재결로 인하여 비로소 권리이익을 침해받게 되는 자는 그 인용재결에 대하여 다툴 필요가 있다.
O | X

1410 그 인용재결은 원처분과 내용을 달리하는 것이므로 그 인용재결의 취소를 구하는 것은 원처분에는 없는 재결에 고유한 하자를 주장하는 셈이어서 당연히 항고소송의 대상이 된다.
O | X

정답 및 해설

1403 X 주민등록번호 변경 신청권이 인정되므로 처분에 해당한다.
1404 O   1405 O
1406 X 원처분의 취소를 구하는 소송에서는 이를 주장할 수 없다.
1407 X 재결 자체에 고유한 위법으로 취소소송의 대상이 된다.
1408 O   1409 O   1410 O

> 항고소송은 원칙적으로 당해 처분을 대상으로 하나, 당해 처분에 대한 재결 자체에 고유한 주체, 절차, 형식 또는 내용상의 위법이 있는 경우에 한하여 그 재결을 대상으로 할 수 있다고 해석되므로, 징계혐의자에 대한 감봉 1월의 징계처분을 견책으로 변경한 소청결정 중 그를 견책에 처한 조치는 재량권의 남용 또는 일탈로서 위법하다는 사유는 소청결정 자체에 고유한 위법을 주장하는 것으로 볼 수 없어 소청결정의 취소사유가 될 수 없다(대판 1993.9.24. 93누5673). **2019 국회직 8급**

1411 징계혐의자에 대한 감봉 1월의 징계처분을 견책으로 변경한 소청결정 중 그를 견책에 처한 조치는 재량권의 남용 또는 일탈로서 위법하다는 사유는 소청결정 자체에 고유한 위법을 주장하는 것으로 볼 수 있다. O | X

> '처분'이란 「행정소송법」상 항고소송의 대상이 되는 처분을 의미하는 것으로서, 「행정소송법」 제2조의 처분의 개념 정의에는 해당한다고 하더라도 그 처분의 근거 법률에서 행정소송 이외의 다른 절차에 의하여 불복할 것을 예정하고 있는 처분은 항고소송의 대상이 될 수 없다. 검사의 불기소결정에 대해서는 검찰청법에 의한 항고와 재항고, 형사소송법에 의한 재정신청에 의해서만 불복할 수 있는 것이므로, 이에 대해서는 「행정소송법」상 항고소송을 제기할 수 없다(대판 2018.9.28. 2017두47465). **2020 국회직 8급, 2020·2019 국가직 9급, 2019 지방직 9급**

1412 검사의 불기소결정은 공권력의 행사에 포함되므로, 검사의 자의적인 수사에 의하여 불기소결정이 이루어진 경우 그 불기소결정은 항고소송의 대상되는 처분에 해당한다. O | X

> 1. 취소소송은 다른 법률에 특별한 규정이 없는 한 그 처분 등을 행한 행정청을 피고로 한다(행정소송법 제13조 제1항). 여기서 '행정청'이라 함은 국가 또는 공공단체의 기관으로서 국가나 공공단체의 의견을 결정하여 외부에 표시할 수 있는 권한, 즉 처분권한을 가진 기관을 말하고, 대외적으로 의사를 표시할 수 있는 기관이 아닌 내부기관은 실질적인 의사가 그 기관에 의하여 결정되더라도 피고적격을 갖지 못한다(대판 2014.5.16. 2014두274). **2020 국가직 9급, 2017 국가직 9급**
> 2. 국무회의에서 건국훈장 독립장이 수여된 망인에 대한 서훈취소를 의결하고 대통령이 결재함으로써 서훈취소가 결정된 후 국가보훈처장이 망인의 유족 갑에게 '독립유공자 서훈취소결정 통보'를 하자 갑이 국가보훈처장을 상대로 서훈취소결정의 무효 확인 등의 소를 제기한 사안에서, 갑이 서훈취소 처분을 행한 행정청(대통령)이 아니라 국가보훈처장을 상대로 제기한 위 소는 피고를 잘못 지정한 경우에 해당하므로, 법원으로서는 석명권을 행사하여 정당한 피고로 경정하게 하여 소송을 진행해야 한다(대판 2014.9.26. 2013두2518). **2016 지방직 9급**

1413 대외적으로 의사를 표시할 수 없는 내부기관이라도 행정처분의 실질적인 의사가 그 기관에 의하여 결정되는 경우에는 그 내부기관에게 항고소송의 피고적격이 있다. O | X

정답 및 해설

1411	X	소청결정 자체에 고유한 위법을 주장하는 것으로 볼 수 없다.
1412	X	형사소송으로 불복할 사안으로 행정소송법상 처분에 해당하지 않는다.
1413	X	대외적으로 의사를 표시할 수 없는 기관은 항고소송의 피고적격이 없다.

1. 행정관청이 특정한 권한을 법률에 따라 다른 행정관청에 이관한 경우와 달리 내부적인 사무처리의 편의를 도모하기 위하여 그의 보조기관 또는 하급행정관청으로 하여금 그의 권한을 사실상 행하도록 하는 내부위임의 경우에는 수임관청이 그 위임된 바에 따라 위임관청의 이름으로 권한을 행사하였다면 그 처분청은 위임관청이므로 그 처분의 취소나 무효확인을 구하는 소송의 피고는 위임관청으로 삼아야 한다(대판 1991.10.8. 91누520). **2020 국가직 7급, 2017 국가직 9급, 2014 국회직 8급**

2. 행정처분의 취소 또는 무효확인을 구하는 행정소송은 다른 법률에 특별한 규정이 없는 한 그 처분을 행한 행정청을 피고로 하여야 하며, 행정처분을 할 적법한 권한있는 상급행정청으로부터 내부위임을 받은데 불과한 하급행정청이 권한없이 행정처분을 한 경우에도 실제로 그 처분을 행한 하급행정청을 피고로 할 것이지 그 상급행정청을 피고로 할 것은 아니다(대판 1989.11.14. 89누4765). **2018 지방직 9급, 2017·2015 국가직 9급, 2014 국회직 8급**

1414 수임관청이 내부위임에 따라 위임관청의 이름으로 행한 처분에 대한 피고적격은 위임관청이다. O | X

1415 내부위임을 받은데 불과한 하급행정청이 권한 없이 하급행정청 명의로 행한 행정처분의 피고적격은 적법한 권한의 위임행정청이다. O | X

1. 항고소송은 다른 법률에 특별한 규정이 없는 한 원칙적으로 소송의 대상인 행정처분을 외부적으로 행한 행정청을 피고로 하여야 하고(행정소송법 제13조 제1항 본문), 다만 대리기관이 대리관계를 표시하고 피대리 행정청을 대리하여 행정처분을 한 때에는 피대리 행정청이 피고로 되어야 한다(대판 2018.10.25. 2018두43095). **2019 지방직 9급**

2. 대리권을 수여받은 데 불과하여 그 자신의 명의로는 행정처분을 할 권한이 없는 행정청의 경우 대리관계를 밝힘이 없이 그 자신의 명의로 행정처분을 하였다면 그에 대하여는 처분명의자인 당해 행정청이 항고소송의 피고가 되어야 하는 것이 원칙이지만, 비록 대리관계를 명시적으로 밝히지는 아니하였다 하더라도 처분명의자가 피대리 행정청 산하의 행정기관으로서 실제로 피대리 행정청으로부터 대리권한을 수여받아 피대리 행정청을 대리한다는 의사로 행정처분을 하였고 처분명의자는 물론 그 상대방도 그 행정처분이 피대리 행정청을 대리하여 한 것임을 알고서 이를 받아들인 예외적인 경우에는 피대리 행정청이 피고가 되어야 한다(대판 2006.2.23.자 2005부4). **2022 국회직 8급**

1416 대리기관이 대리관계를 표시하고 피대리행정청을 대리하여 행정처분을 한 때에는 피대리 행정청이 피고로 되어야 한다. O | X

1417 대리관계를 명시적으로 밝히지는 아니하였다 하더라도 처분명의자가 피대리 행정청 산하의 행정기관으로서 실제로 피대리 행정청으로부터 대리권한을 수여받아 피대리 행정청을 대리한다는 의사로 행정처분을 하였고 처분명의자는 물론 그 상대방도 그 행정처분이 피대리 행정청을 대리하여 한 것임을 알고서 이를 받아들인 예외적인 경우에는 피대리 행정청이 피고가 된다. O | X

정답 및 해설

1414 O
1415 X 하급행정청이 피고적격을 갖는다.
1416 O
1417 O

조례가 집행행위의 개입 없이도 그 자체로서 직접 국민의 구체적인 권리의무나 법적 이익에 영향을 미치는 등의 법률상 효과를 발생하는 경우 그 조례는 항고소송의 대상이 되는 행정처분에 해당하고, 이러한 조례에 대한 무효확인소송을 제기함에 있어서 행정소송법 제38조 제1항, 제13조에 의하여 피고적격이 있는 처분 등을 행한 행정청은, 행정주체인 지방자치단체 또는 지방자치단체의 내부적 의결기관으로서 지방자치단체의 의사를 외부에 표시한 권한이 없는 지방의회가 아니라, 구 지방자치법(1994.3.16. 법률 제4741호로 개정되기 전의 것) 제19조 제2항, 제92조에 의하여 지방자치단체의 집행기관으로서 조례로서의 효력을 발생시키는 공포권이 있는 지방자치단체의 장이다(대판 1996.9.20. 95누8003).

2020·2014 지방직 7급, 2022·2017·2016 국회직 8급, 2016·2015 국가직 9급

1418 처분적 조례에 대한 무효확인소송을 제기함에 있어서 피고적격이 있는 처분 등을 행한 행정청은 지방의회이다. O | X

납세자의 이의신청에 의한 재조사결정은 처분청의 후속 처분에 의하여 그 내용이 보완됨으로써 이의신청 등에 대한 결정으로서의 효력이 발생한다고 할 것이므로, 재조사결정에 따른 심사청구기간이나 심판청구기간 또는 행정소송의 제소기간은 이의신청인 등이 후속 처분의 통지를 받은 날부터 기산된다고 봄이 상당하다(대판 2014.7.24. 2011두14227).

2017·2015 지방직 9급, 2016 국회직 8급

1419 조세심판에서 재결청의 재조사결정에 따른 행정소송의 기산점은 후속처분의 통지를 받은 날이다. O | X

1. 취소소송은 처분 등이 있음을 안 날부터 90일 이내에 제기하여야 하고, 처분 등이 있은 날부터 1년을 경과하면 제기하지 못하며(행정소송법 제20조 제1항, 제2항), 청구취지를 변경하여 구 소가 취하되고 새로운 소가 제기된 것으로 변경되었을 때에 새로운 소에 대한 제소기간의 준수 등은 원칙적으로 소의 변경이 있은 때를 기준으로 하여야 한다(대판 2004.11.25. 2004두7023). **2017 지방직 9급**

2. 당사자가 동일한 신청에 대하여 부작위법확인의 소를 제기하였으나 그 후 소극적 처분이 있다고 보아 처분취소소송으로 소를 교환적으로 변경한 후 여기에 부작위법확인의 소를 추가적으로 병합한 경우, 최초의 부작위법확인의 소가 적법한 제소기간 내에 제기된 이상 그 후 처분취소소송으로의 교환적 변경과 처분취소소송에의 추가적 변경 등의 과정을 거쳤다고 하더라도 여전히 제소기간을 준수한 것으로 봄이 상당하다(대판 2009.7.23. 2008두10560). **2019 국회직 8급**

3. 동일한 행정처분에 대하여 무효확인소송을 제기하였다가 그 후 그 처분의 취소를 구하는 소송을 추가적으로 병합한 경우, 주된 청구인 무효확인소송이 적법한 제소기간 내에 제기되었다면 추가로 병합된 취소소송도 적법하게 제기된 것으로 보아야 한다(대판 2012.11.29. 2012두3743). **2021 국가직 9급, 2017 지방직 7급**

4. 항고소송으로 제기해야 할 사건을 민사소송으로 잘못 제기한 경우에 수소법원이 그 항고소송에 대한 관할을 가지고 있지 아니하여 관할법원에 이송하는 결정을 하였고, 그 이송결정이 확정된 후 원고가 항고소송으로 소 변경을 하였다면, 그 항고소송에 대한 제소기간의 준수 여부는 원칙적으로 처음에 소를 제기한 때를 기준으로 판단하여야 한다(대판 2022. 11. 17. 2021두44425). **2025 소방간부**

1420 판례는 청구취지의 변경으로 구소가 취하되고 신소가 제기된 것으로 되었을 때, 신소에 대한 제소기간의 준수는 원칙적으로 소의 변경이 있은 때를 기준으로 한다. O | X

1421 당사자가 적법한 제소기간 내에 부작위위법확인의 소를 제기한 후 동일한 신청에 대하여 소극적 처분이 있다고 보아 처분취소소송으로 소를 교환적으로 변경한 후 부작위위법확인의 소를 추가적으로 병합한 경우 제소기간을 준수한 것으로 볼 수 없다. O | X

1422 동일한 처분에 대하여 무효확인의 소를 제기하였다가 그 처분의 취소를 구하는 소를 추가적으로 병합한 경우, 주된 청구인 무효확인의 소가 적법한 제소기간 내에 제기되었다면 추가로 병합된 취소청구의 소도 적법하게 제기된 것으로 볼 수 있다. O | X

1423 항고소송으로 제기해야 할 사건을 민사소송으로 잘못 제기하였다가 이송결정에 따라 관할법원으로 이송된 뒤 항고소송으로 소변경을 한 경우, 그 항고소송에 대한 제소기간의 준수여부는 소변경시를 기준으로 판단하여야 한다. O | X

> 행정소송법 제20조 제1항은 '취소소송은 처분 등이 있음을 안 날부터 90일 이내에 제기하여야 하나 행정청이 행정심판청구를 할 수 있다고 잘못 알린 경우에 행정심판청구가 있은 때의 기간은 재결서의 정본을 송달받은 날부터 기산한다'고 규정하고 있는데, 위 규정의 취지는 불가쟁력이 발생하지 않아 적법하게 불복청구를 할 수 있었던 처분 상대방에 대하여 행정청이 법령상 행정심판청구가 허용되지 않음에도 행정심판청구를 할 수 있다고 잘못 알린 경우에, 잘못된 안내를 신뢰하여 부적법한 행정심판을 거치느라 본래 제소기간 내에 취소소송을 제기하지 못한 자를 구제하려는 데에 있다. 이와 달리 이미 제소기간이 지남으로써 불가쟁력이 발생하여 불복청구를 할 수 없었던 경우라면 그 이후에 행정청이 행정심판청구를 할 수 있다고 잘못 알렸다고 하더라도 그 때문에 처분 상대방이 적법한 제소기간 내에 취소소송을 제기할 수 있는 기회를 상실하게 된 것은 아니므로 이러한 경우에 잘못된 안내에 따라 청구된 행정심판 재결서 정본을 송달받은 날부터 다시 취소소송의 제소기간이 기산되는 것은 아니다. 불가쟁력이 발생하여 더 이상 불복청구를 할 수 없는 처분에 대하여 행정청의 잘못된 안내가 있었다고 하여 처분 상대방의 불복청구 권리가 새로이 생겨나거나 부활한다고 볼 수는 없기 때문이다(대판 2012.9.27. 2011두27247).
>
> 2025 소방간부, 2017 지방직 9급

1424 처분의 불가쟁력이 발생하였고 그 이후에 행정청이 당해 처분에 대해 행정심판청구를 할 수 있다고 잘못 알렸다면, 그 처분의 취소소송의 제소기간은 행정심판의 재결서를 받은 날부터 기산한다. O | X

정답 및 해설

1418 X 처분적 조례에 대한 피고는 공포권자인 지방자치단체의 장에게 있다.
1419 O
1420 O
1421 X 처음 적법한 제소기간 내에 소가 제기된 경우 제소기간을 준수한 것으로 봐야 한다.
1422 O
1423 X 처음에 소를 제기한 때를 기준으로 판단한다.
1424 X 이미 제소기간이 경과된 경우 행정심판을 거친 경우라 하더라도 취소소송의 제소기간은 경과한 것으로 봐야 한다.

> 1. 과세관청은 과세처분 이후는 물론 소송도중이라도 사실심 변론종결시까지 처분의 동일성이 유지되는 범위 내에서 처분사유를 추가·변경할 수 있다(대판 2001.10.30. 2000두5616). **2017 국가직 9급**
> 2. 행정처분의 취소를 구하는 항고소송에 있어서는 실질적 법치주의와 행정처분의 상대방인 국민에 대한 신뢰보호라는 견지에서 처분청은 당초처분의 근거로 삼은 사유와 기본적 사실관계가 동일성이 있다고 인정되는 한도 내에서만 다른 사유를 추가하거나 변경할 수 있을 뿐, 기본적 사실관계와 동일성이 인정되지 않는 별개의 사실을 들어 처분사유로 주장함은 허용되지 아니하고, 여기서 기본적 사실관계의 동일성 유무는 처분사유를 법률적으로 평가하기 이전의 구체적인 사실에 착안하여 그 기초가 되는 사회적 사실관계가 기본적인 점에서 동일한지 여부에 따라 결정된다(대판 2001.9.28. 2000두8684). **2017 국가직 9급, 2017 국가직 7급, 2014 국회직 8급**
> 3. 행정처분이 적법한가의 여부는 특별한 사정이 없는 한 처분당시의 사유를 기준으로 판단하면 되는 것이고 처분청이 처분당시에 적시한 구체적 사실을 변경하지 아니하는 범위안에서 단지 그 처분의 근거법령만을 추가변경하는 것은 새로운 처분사유의 추가라고 볼 수 없으므로 이와 같은 경우에는 처분청이 처분당시에 적시한 구체적 사실에 대하여 처분후에 추가변경한 법령을 적용하여 그 처분의 적법여부를 판단하여도 무방하다(대판 1988.1.19. 87누603). **2017·2016 국가직 9급, 2017 국가직 7급**

1425 처분사유의 추가·변경은 기본적 사실관계의 동일성이 인정되는 범위내에서 예외적으로 인정된다. O | X

1426 기본적 사실관계의 동일성 유무는 처분사유를 법률적으로 평가하기 이전의 구체적인 사실에 착안하여 그 기초가 되는 사회적 사실관계가 기본적인 점에서 동일한지 여부에 따라 결정된다. O | X

1427 처분청이 처분 당시 적시한 구체적 사실을 변경하지 아니하는 범위 내에서 단지 처분의 근거 법령만을 추가·변경하는 경우에 법원은 처분청이 처분 당시 적시한 구체적 사실에 대하여 처분 후 추가·변경한 법령을 적용하여 처분의 적법 여부를 판단할 수 있다. O | X

정답 및 해설

| 1425 | O | 1426 | O | 1427 | O |

> 1. 허가기준에 맞지 않아 허가신청을 반려한다는 사유와 이격거리 기준위배를 반려사유로 주장하는 것은 기본적 사실관계의 동일성이 인정된다(대판 1989.7.25. 88누11926).
> 2. 준농림지역에서의 행위제한이라는 사유와 자연경관 및 생태계의 교란, 국토 및 자연의 유지와 환경보전 등 중대한 공익상의 필요라는 사유는 기본적 사실관계의 동일성이 인정된다(대판 2004.11.26. 2004두4482). 2013 국가직 7급
> 3. 피고가 원심 심리 중에 당초의 처분사유인 국가를 당사자로 하는 계약에 관한 법률 시행령 제76조 제1항 제12호 소정의 '담합을 주도하거나 담합하여 입찰을 방해하였다'는 것으로부터 같은 항 제7호 소정의 '특정인의 낙찰을 위하여 담합한 자'로 이 사건 처분의 사유를 변경한 것은, 그 변경 전후에 있어서 같은 행위에 대한 법률적 평가만 달리하는 것일 뿐 기본적 사실관계를 같이 하는 것이므로 허용된다(대판 2008.2.28. 2007두13791).

1428 허가기준에 맞지 않는다는 이유로 허가신청을 반려하였다가 소송 계속 중 이격거리 기준위배를 반려사유로 주장한 경우에는 기본적 사실관계의 동일성이 인정되지 않는다. O│X

1429 준농림지역에서의 행위제한이라는 사유와 나중에 거부처분의 근거로 추가한 자연경관 및 생태계의 교란, 국토 및 자연의 유지와 환경보전 등 중대한 공익상의 필요라는 사유는 기본적 사실관계의 동일성이 인정되지 않는다. O│X

1430 담합을 주도하거나 담합하여 입찰을 방해하였다는 것과 특정인의 낙찰을 위하여 담합한 자라는 주장은 기본적 사실관계의 동일성이 인정된다. O│X

정답 및 해설

1428	X	기본적 사실관계의 동일성을 인정한 사안이다.
1429	X	기본적 사실관계의 동일성이 인정된다.
1430	O	

1. 이 사건에서 당초의 처분사유인 중기취득세의 체납과 그 후 추가된 처분사유인 자동차세의 체납은 각 세목, 과세년도, 납세의무자의 지위(연대납세의무자와 직접의 납세의무) 및 체납액 등을 달리하고 있어 기본적 사실관계가 동일하다고 볼 수 없고, 중기취득세의 체납이나 자동차세의 체납이 다같이 지방세의 체납이고 그 과세대상도 다같은 지입중기에 대한 것이라는 점만으로는 기본적 사실관계의 동일성을 인정하기에 미흡하다(대판 1989.6.27. 88누6160).
2. 무자료 주류판매 및 위장거래 금액이 부가가치세 과세기간별 총 주류판매액의 100분의 20 이상에 해당한다는 이유와 무면허판매업자에게 주류를 판매한 때 해당한다는 사실은 기본적 사실관계의 동일성이 부정된다(대판 1996.9.6. 96누7427).
3. 입찰참가자격을 제한시킨 당초의 처분 사유인 정당한 이유 없이 계약을 이행하지 않은 사실과 항고소송에서 새로 주장한 계약의 이행과 관련하여 관계 공무원에게 뇌물을 준 사실은 기본적 사실관계의 동일성이 없다(대판 1999.3.9. 98두18565).
4. 토석채취허가신청에 대하여 피고는 인근주민들의 동의서를 제출하지 아니하였음을 이유로 이를 반려하였다가 새로이 추가하는 처분사유는 토석채취를 하게 되면 자연경관이 심히 훼손되고 암반의 발파시 생기는 소음, 토석운반차량의 통행시 일어나는 소음, 먼지의 발생, 토석채취장에서 흘러 내리는 토사가 부근의 농경지를 매몰할 우려가 있는 등 공익에 미치는 영향이 지대하다는 사유 그 기본적 사실관계에 있어서 동일성이 인정되지 아니하는 별개의 사유라고 할 것이므로 피고는 이와 같은 사유를 이사건 반려처분의 근거로 추가할 수 없다(대판 1992.8.18. 91누3659).
5. 의료보험요양기관 지정취소처분의 당초의 처분사유인 구 의료보험법 제33조 제1항이 정하는 본인부담금 수납대장을 비치하지 아니한 사실과 항고소송에서 새로 주장한 처분사유인 같은 법 제33조 제2항이 정하는 보건복지부장관의 관계서류 제출명령에 위반하였다는 사실은 기본적 사실관계의 동일성이 없다(대판 2001.3.23. 99두6392).
6. 관할 군부대장의 동의를 얻지 못하였다는 당초의 불허가 이유와 소송에서 위 토지가 탄약창에 근접한 지점에 있어 공익적 측면에서 불허한다는 사유는 기본적 사실관계의 동일성이 부정된다(대판 1991.11.8. 91누70). **2013 국가직 7급**
7. 당초의 처분사유인 중기취득세의 체납과 그 후 추가된 처분사유인 자동차세의 체납이라는 사실은 기본적 사실관계의 동일성이 부정된다(대판 1989.6.27. 88누6160).

1431 당초의 처분사유인 중기취득세의 체납과 그 후 추가된 처분사유인 자동차세의 체납은 기본적 사실관계의 동일성이 인정된다. O | X

1432 주류면허 지정조건 중 제6호 무자료 주류판매 및 위장거래 항목을 근거로 한 면허취소 처분에 대한 항고소송에서, 지정조건 제2호 무면허판매업자에 대한 주류판매를 새로이 그 취소사유로 주장하는 것은 기본적 사실관계의 동일성이 인정된다. O | X

1433 군사시설보호구역 밖의 토지에 석유판매업 허가를 함에 있어서 관할 부대장의 그 동의가 없다는 이유로 한 불허가처분에 대한 소송에서, 당해 토지가 탄약창에 근접한 지점에 위치하고 있다는 사실을 불허가사유로 추가하는 것은 허용되지 않는다. O | X

정답 및 해설

1431 **X** 기본적 사실관계의 동일성이 인정되지 않는다.
1432 **X** 기본적 사실관계의 동일성이 인정되지 않는다.
1433 **O**

> 신청에 대한 거부처분의 효력을 정지하더라도 거부처분이 없었던 것과 같은 상태, 즉 거부처분이 있기 전의 신청시의 상태로 되돌아가는 데에 불과하고 행정청에게 신청에 따른 처분을 하여야 할 의무가 생기는 것이 아니므로, 거부처분의 효력정지는 그 거부처분으로 인하여 신청인에게 생길 손해를 방지하는 데 아무런 보탬이 되지 아니하여 그 효력정지를 구할 이익이 없다(대판 1995.6.21. 95두26). _{2021·2016 지방직 9급, 2018 국가직 7급, 2016·2015 국가직 9급}

1434 법원이 신청에 대한 거부처분의 효력을 정지하는 경우 행정청에게 신청에 따른 처분을 하여야 할 의무가 발생한다. O | X

1435 거부처분의 효력정지는 그 거부처분으로 인하여 신청인에게 생길 손해를 방지하는 데 아무런 보탬이 되지 아니하여 그 효력정지를 구할 이익이 없다. O | X

> 행정처분의 효력정지나 집행정지를 구하는 신청사건에 있어서는 행정처분 자체의 적법 여부는 궁극적으로 본안재판에서 심리를 거쳐 판단할 성질의 것이므로 원칙적으로 판단할 것이 아니고, 그 행정처분의 효력이나 집행을 정지할 것인가에 관한 행정소송법 제23조 제2항 소정의 요건의 존부만이 판단의 대상이 된다고 할 것이지만, 나아가 집행정지는 행정처분의 집행부정지원칙의 예외로서 인정되는 것이고 또 본안에서 원고가 승소할 수 있는 가능성을 전제로 한 권리보호수단이라는 점에 비추어 보면 집행정지사건 자체에 의하여도 신청인의 본안청구가 적법한 것이어야 한다는 것을 집행정지의 요건에 포함시켜야 할 것이다(대판 1995.2.28. 94두36). _{2014 국가직 9급}

1436 집행정지의 여부를 심사할 때 행정처분 자체의 적법 여부는 원칙적 판단대상이 아니다. O | X

1437 집행정지사건 자체에 의하여도 신청인의 본안청구가 적법한 것이어야 한다는 것을 집행정지의 요건에 포함시켜서는 안된다. O | X

정답 및 해설

1434 **X** 거부처분에 대한 집행정지에는 재처분의무가 발생하지 않는다.
1435 **O**
1436 **O**
1437 **X** 집행정지사건 자체에 의하여도 신청인의 본안청구가 적법한 것이어야 한다는 것을 집행정지의 요건에 포함시켜야 한다.

행정처분의 효력정지나 집행정지제도는 신청인이 본안 소송에서 승소판결을 받을 때까지 그 지위를 보호함과 동시에 후에 받을 승소판결을 무의미하게 하는 것을 방지하려는 것이어서 본안 소송에서 처분의 취소가능성이 없음에도 처분의 효력이나 집행의 정지를 인정한다는 것은 제도의 취지에 반하므로 효력정지나 집행정지사건 자체에 의하여도 신청인의 본안 청구가 이유없음이 명백하지 않아야 한다는 것도 효력정지나 집행정지의 요건에 포함시켜야 한다(대판 2004.5.17. 2004무6).

2021 지방직 9급

1438 집행정지사건 자체에 의하여도 신청인의 본안 청구가 이유없음이 명백하지 않아야 한다는 것도 효력정지나 집행정지의 요건에 포함시켜야 한다. O | X

행정처분의 집행정지는 행정처분집행부정지의 원칙에 대한 예외로서 인정되는 일시적인 응급처분이라 할 것이므로 집행정지결정을 하려면 이에 대한 본안소송이 법원에 제기되어 계속중임을 요건으로 하는 것이므로 집행정지결정을 한 후에라도 본안소송이 취하되어 소송이 계속하지 아니한 것으로 되면 집행정지결정은 당연히 그 효력이 소멸되는 것이고 별도의 취소조치를 필요로 하는 것이 아니다(대판 1975.11.11. 75누97).

2022 소방간부, 2016 국가직 8급, 2021 지방직 9급

1439 집행정지결정을 하려면 이에 대한 본안소송이 법원에 제기되어 계속중임을 요건으로 한다. O | X

1440 본안소송이 취하되어 소송이 계속하지 아니한 경우 집행정지결정의 효력은 행정청의 별도의 취소처분이 있어야 소멸한다. O | X

행정소송법 제23조 제2항 소정의 행정처분 등의 효력이나 집행을 정지하기 위한 요건으로서의 '회복하기 어려운 손해'라 함은 특별한 사정이 없는 한 금전으로 보상할 수 없는 손해로서 이는 금전보상이 불가능한 경우뿐만 아니라 금전보상으로는 사회관념상 행정처분을 받은 당사자가 참고 견딜 수 없거나 또는 참고 견디기가 현저히 곤란한 경우의 유형·무형의 손해를 일컫는다(대판 2004.5.17. 2004무6).

1441 집행정지 요건인 '회복하기 어려운 손해'라 함은 금전배상이 불가능한 경우와 사회통념상 원상회복이나 금전배상이 가능하더라도 금전배상만으로 수인할 수 없거나 수인하기 어려운 유·무형의 손해를 의미한다. O | X

정답 및 해설

1438	O	
1439	O	
1440	X	본안소송이 취하된 경우 집행정지결정의 효력은 자동 실효된다.
1441	O	

> 당사자가 처분 등이나 그 집행 또는 절차의 속행으로 인하여 재산상의 손해를 입거나 기업 이미지 및 신용이 훼손당하였다고 주장하는 경우에 그 손해가 금전으로 보상될 수 없어 '회복하기 어려운 손해'에 해당한다고 하기 위해서는 그 경제적 손실이나 기업 이미지 및 신용의 훼손으로 인하여 사업자의 자금사정이나 경영전반에 미치는 파급효과가 매우 중대하여 사업자체를 계속할 수 없거나 중대한 경영상의 위기를 맞게 될 것으로 보이는 등의 사정이 존재하여야 한다(대판 2003.10.9. 2003무23). **2022 소방간부**

1442 기업의 손해가 사업자의 자금사정이나 경영전반에 미치는 파급효과가 매우 중대하여 사업자체를 계속할 수 없거나 중대한 경영상의 위기를 맞게 될 것으로 보이는 등의 사정이 존재하는 경우 회복하기 힘든 손해에 해당한다. O | X

> 유흥접객영업허가의 취소처분으로 5,000여만원의 시설비를 회수하지 못하게 된다면 생계까지 위협받게 되는 결과가 초래될 수 있다는 등의 사정은 위 처분의 존속으로 당사자에게 금전으로 보상할 수 없는 손해가 생길 우려가 있는 경우라고 볼 수 없다(대판 1991.3.2. 91두1). **2014 국가직 9급**

1443 유흥접객영업허가의 취소처분으로 5,000여만 원의 시설비를 회수하지 못하게 된다면 생계까지 위협받을 수 있다는 등의 사정은 회복하기 어려운 손해에 해당한다. O | X

정답 및 해설

1442 **O**
1443 **X** 회복하기 어려운 손해에 해당하지 않는다.

1. 행정소송법 제23조에 의한 효력정지결정의 효력은 결정주문에서 정한 시기까지 존속하고 그 시기의 도래와 동시에 효력이 당연히 소멸하므로, 보조금 교부결정의 일부를 취소한 행정청의 처분에 대하여 법원이 효력정지결정을 하면서 주문에서 그 법원에 계속 중인 본안소송의 판결 선고 시까지 처분의 효력을 정지한다고 선언하였을 경우, 본안소송의 판결 선고에 의하여 정지결정의 효력은 소멸하고 이와 동시에 당초의 보조금 교부결정 취소처분의 효력이 당연히 되살아난다. 따라서 효력정지결정의 효력이 소멸하여 보조금 교부결정 취소처분의 효력이 되살아난 경우, 특별한 사정이 없는 한 행정청으로서는 보조금법 제31조 제1항에 따라 취소처분에 의하여 취소된 부분의 보조사업에 대하여 효력정지기간 동안 교부된 보조금의 반환을 명하여야 한다(대판 2017.7.11. 2013두25498). 2022 소방간부, 2018 국가지 7급

2. 일정한 납부기한을 정한 과징금부과처분에 대하여 '회복하기 어려운 손해'를 예방하기 위하여 긴급한 필요가 있고 달리 공공복리에 중대한 영향을 미치지 아니한다는 이유로 집행정지결정이 내려졌다면 그 집행정지기간 동안은 과징금부과처분에서 정한 과징금의 납부기간은 더 이상 진행되지 아니하고 집행정지결정이 당해 결정의 주문에 표시된 시기의 도래로 인하여 실효되면 그 때부터 당초의 과징금부과처분에서 정한 기간(집행정지결정 당시 이미 일부 진행되었다면 그 나머지 기간)이 다시 진행하는 것으로 보아야 한다(대판 2003.7.11. 2002다48023). 2022 지방지 7급

1444 보조금 교부결정 취소처분에 대하여 법원이 효력정지결정을 하면서 주문에서 그 법원에 계속 중인 본안소송의 판결 선고 시까지 처분의 효력을 정지한다고 선언하였을 경우, 본안소송의 판결 선고에 의하여 정지결정의 효력은 소멸하고 이와 동시에 당초의 보조금 교부결정 취소처분의 효력이 당연히 되살아난다. O | X

1445 일정한 납부기한을 정한 과징금부과처분에 대하여 집행정지결정이 내려졌다면 과징금부과처분에서 정한 과징금의 납부기간은 더 이상 진행되지 아니하고 집행정지결정의 주문에 표시된 종기의 도래로 인하여 집행정지가 실효된 때부터 다시 진행된다. O | X

1. 행정소송법 제8조 제2항가 동법에 특별한 규정이 없는 사항은 민사소송이 정하는 바에 의한다고 하였어도 무제한하게 적용한다는 뜻이 아니고 그 성질이 허용되는 한도에서만 민사소송법의 규정에 의한다는 뜻으로 해석할 것인 바, 항고소송에서 민사소송법 중 가처분에 관한 규정이 적용된다고 할 수 없다(대결 1961.11.20. 4292행상2). 2022 소방간부, 2016 국가지 9급, 2016 지방지 9급

2. 당사자소송에 대하여는 행정소송법 제23조 제2항의 집행정지에 관한 규정이 준용되지 아니하므로(행정소송법 제44조 제1항 참조), 이를 본안으로 하는 가처분에 대하여는 행정소송법 제8조 제2항에 따라 민사집행법상 가처분에 관한 규정이 준용되어야 한다(대판 2015.8.21. 2015무26). 2022·2016 국가지 7급

1446 「행정소송법」에는 「민사소송법」이 적용될 여지가 없다. O | X

1447 항고소송에는 「민사소송법」상의 가처분으로써 행정청의 어떠한 행정행위의 금지를 구하는 것은 허용될 수 없다. O | X

1448 당사자소송에 대하여는 「행정소송법」 제23조 제2항의 취소소송의 집행정지에 관한 규정이 준용된다. O | X

1449 당사자소송에 대하여는 「민사집행법」상 가처분에 관한 규정이 준용된다. O | X

> 행정소송법 제26조가 규정하는 바는 행정소송의 특수성에서 연유하는 당사자주의, 변론주의에 대한 일부 예외규정일 뿐 법원이 아무런 제한 없이 당사자가 주장하지 아니한 사실을 판단할 수 있는 것은 아니고, 기록상 현출되어 있는 사항에 관하여서만 직권으로 증거조사를 하고 이를 기초로 하여 판단할 수 있을 따름이다(대판 1994.4.26. 92누17402).
>
> 2014 국가직 9급, 2015 지방직 7급

1450 행정소송법 제26조의 직권심리는 변론주의에 예외규정일 뿐 법원이 아무런 제한 없이 당사자가 주장하지 아니한 사실을 판단할 수 있는 것은 아니다. O | X

1451 행정소송의 법원은 기록상 현출되어 있는 사항에 관하여서만 직권으로 증거조사를 하고 이를 기초로 하여 판단할 수 있을 뿐이다. O | X

> 행정처분의 적법여부는 처분당시의 사유와 사정을 기준으로 판단하여야 하고 처분청이 처분 이후에 추가한 새로운 사유를 보태어서 당초 처분의 흠을 치유시킬 수 없다고 할 것이지만, 이는 과세처분의 사유의 추가와 과세처분사유를 뒷받침할 수 있는 과세원인과 과세표준액 등에 관한 자료의 추가제출과는 구별되는 개념이므로, 과세처분취소소송에 있어 소송 당사자는 사실심변론종결시까지 과세원인과 과세표준액 등에 관한 모든 자료를 제출할 수 있고 그 자료에 의하여 과세처분의 적법여부를 주장할 수 있다(대판 1988.6.7. 87누1079).
>
> 2021 국회직 8급

1452 행정처분의 적법여부는 처분당시의 사유와 사정을 기준으로 판단하여야 하고 처분청이 처분 이후에 추가한 새로운 사유를 보태어서 당초 처분의 흠을 치유시킬 수 없는 것이 원칙이다. O | X

1453 과세처분취소소송에 있어 소송 당사자는 사실심변론종결시까지 과세원인과 과세표준액 등에 관한 모든 자료를 제출할 수 있고 그 자료에 의하여 과세처분의 적법여부를 주장할 수 있다. O | X

정답 및 해설

1444 O 1445 O
1446 X 「행정소송법」에 특별한 규정이 없으면 「민사소송법」이 준용된다.
1447 O
1448 X 당사자소송에는 취소소송의 집행정지가 준용되지 않는다.
1449 O 1450 O 1451 O 1452 O 1453 O

1. 행정처분이 무효인 경우에는 존치시킬 효력이 있는 행정행위가 없기 때문에 행정소송법 제28조의 사정판결을 할 수 없는 것이다(대판 1992.1.10. 91누8227). _{2015 국가직 9급, 2021 지방직 9급}
2. 법원이 사정판결을 할 필요가 있다고 인정하는 때에는 당사자의 명백한 주장이 없는 경우에도 일건 기록에 나타난 사실을 기초로 하여 직권으로 사정판결을 할 수 있다(대판 1995.7.28. 95누4629). _{2025 소방간부, 2017 국회직 8급, 2015 국가직 9급, 2022 지방직 9급, 2017 지방직 7급}

1454 무효확인소송의 경우에도 사정판결이 인정된다. O | X

1455 사정판결은 행정청의 신청이 있는 경우 가능하고 법원이 직권으로 사정판결을 할 수 없다. O | X

---

1. 전소와 후소의 소송물이 동일하지 아니하여도 전소의 기판력 있는 법률관계가 후소의 선결적 법률관계가 되는 때에는 전소의 판결의 기판력이 후소에 미쳐 후소의 법원은 전에 한 판단과 모순되는 판단을 할 수 없음은 상고이유에서 지적하는 바와 같으나, 확정판결의 기판력은 그 판결의 주문에 포함된 것, 즉 소송물로 주장된 법률관계의 존부에 관한 판단의 결론 그 자체에만 미치는 것이고 판결이유에서 설시된 그 전제가 되는 법률관계의 존부에까지 미치는 것은 아니다(대판 1999.10.12. 98다32441). _{2020 국가직 9급}
2. 행정소송법 제30조 제1항에 의하여 인정되는 취소소송에서 처분 등을 취소하는 확정판결의 기속력은 주로 판결의 실효성 확보를 위하여 인정되는 효력으로서 판결의 주문뿐만 아니라 그 전제가 되는 처분 등의 구체적 위법사유에 관한 이유 중의 판단에 대하여도 인정된다(대판 2001.3.23. 99두5238). _{2020·2014 국회직 8급}

1456 전소와 후소의 소송물이 동일하지 아니하여도 전소의 기판력 있는 법률관계가 후소의 선결적 법률관계가 되는 때에는 전소의 판결의 기판력이 후소에 미쳐 후소의 법원은 전에 한 판단과 모순되는 판단을 할 수 없다. O | X

1457 확정판결의 기판력은 그 판결의 주문과 판결이유에서 설시된 그 전제가 된 법률관계의 존부에까지 미친다. O | X

1458 확정판결의 기속력은 판결주문에 나타난 판단에만 미친다. O | X

정답 및 해설

1454 X 무효확인소송에는 사정판결이 인정되지 않는다.
1455 X 법원의 직권에 의한 사정판결도 인정된다.
1456 O
1457 X 기판력은 판결의 주문에만 미친다.
1458 X 기속력은 판결의 주문뿐만 아니라 그 전제가 되는 처분 등의 구체적 위법사유에 관한 이유 중의 판단에 대하여도 인정된다.

> 1. 행정처분취소청구를 기각하는 판결이 확정되면 그 처분이 적법하다는 점에 관하여 기판력이 생기고 그 소의 원고뿐만 아니라 관계 행정기관도 이에 기속된다 할 것이므로 면직처분이 위법하지 아니하다는 점이 판결에서 확정된 이상 원고가 다시 이를 무효라 하여 그 무효확인을 소구할 수는 없다(대판 1992.12.8. 92누6891). 2025 소방간부, 2021 국회직 8급, 2014 지방직 9급
> 2. 행정청이 관련 법령에 근거하여 행한 공사중지명령의 상대방이 명령의 취소를 구한 소송에서 패소함으로써 그 명령이 적법한 것으로 이미 확정되었다면, 이후 이러한 공사중지명령의 상대방은 그 명령의 해제신청을 거부한 처분의 취소를 구하는 소송에서 그 명령의 적법성을 다툴 수 없다(대판 2014.11.27. 2014두37665). 2022 지방직 9급

1459 행정처분취소청구를 기각하는 판결이 확정된 경우 원고가 다시 이를 무효라 하여 그 무효확인을 소송으로 제기할 수 있다. O | X

1460 공사중지명령의 상대방이 제기한 공사중지명령취소소송에서 기각판결이 확정된 경우 특별한 사정변경이 없더라도 그 후 상대방이 제기한 공사중지명령해제신청 거부처분취소소송에서는 그 공사중지명령의 적법성을 다시 다툴 수 있다. O | X

정답 및 해설

1459 X 처분의 취소청구를 기각하는 판결이 확정된 경우 동일한 처분에 대해 무효확인소송을 제기하는 것은 기판력에 저촉되어 허용되지 않는다.

1460 X 공사중지명령은 적법한 명령으로 기판력이 발생하므로 공사중지명령의 적법성을 다시 다툴 수 없다.

1. 확정판결의 당사자인 처분행정청이 그 행정소송의 사실심 변론종결 이전의 사유를 내세워 다시 확정판결과 저촉되는 행정처분을 하는 것은 허용되지 않는 것으로서 이러한 행정처분은 그 하자가 중대하고도 명백한 것이어서 당연무효라 할 것이다(대판 1990.12.11. 90누3560). _{2020 국회직 8급, 2014 지방직 9급, 2014 지방직 7급}

2. 징계처분의 취소를 구하는 소에서 징계사유가 될 수 없다고 판결한 사유와 동일한 사유를 내세워 행정청이 다시 징계처분을 한 것은 확정판결에 저촉되는 행정처분을 한 것으로서, 위 취소판결의 기속력이나 확정판결의 기판력에 저촉되어 허용될 수 없다(대판 1992.7.14. 92누2912). _{2017 국회직 8급}

3. 행정처분의 위법 여부는 행정처분이 행하여진 때의 법령과 사실을 기준으로 판단하므로, 확정판결의 당사자인 처분 행정청은 종전 처분 후에 발생한 새로운 사유를 내세워 다시 처분을 할 수 있고, 새로운 처분의 처분사유가 종전 처분의 처분사유와 기본적 사실관계에서 동일하지 않은 다른 사유에 해당하는 이상, 처분사유가 종전 처분 당시 이미 존재하고 있었고 당사자가 이를 알고 있었더라도 이를 내세워 새로이 처분을 하는 것은 확정판결의 기속력에 저촉되지 않는다(대판 2016.3.24. 2015두48235). _{2020 국가직 9급, 2016·2015 국가직 7급, 2022 지방직 9급}

1461 행정처분 취소판결이 확정된 경우에 처분행정청이 그 행정소송의 사실심 변론종결이전의 사유를 내세워 다시 확정판결에 저촉되는 행정처분을 하는 것은 확정판결의 기판력에 저촉되어 허용될 수 없다. O | X

1462 취소판결의 기속력에 위반하여 한 행정청의 행위는 취소사유에 해당한다. O | X

1463 계고처분의 취소를 구하는 소에서 징계사유가 될 수 없다고 취소확정판결한 사유와 동일한 사유를 내세워 행정청이 다시 징계처분을 한 것은 확정판결에 저촉되는 행정처분으로 허용될 수 없다. O | X

1464 행정처분이 판결에 의해 취소된 경우, 취소된 처분의 사유와 기본적 사실관계에서 동일성이 인정되지 않는 다른 사유를 들어 새로이 처분을 하는 것은 기속력에 반한다. O | X

정답 및 해설

1461 O
1462 X 기속력에 위반된 처분은 당연무효이다.
1463 O
1464 X 기본적 사실관계에서 동일성이 인정되지 않는 다른 사유를 들어 새로이 처분을 하는 것은 기속력에 위반되지 않는다.

1. 행정소송법 제30조 제2항의 규정에 의하면 행정청의 거부처분을 취소하는 판결이 확정된 경우에는 그 처분을 행한 행정청이 판결의 취지에 따라 이전의 신청에 대하여 재처분할 의무가 있다고 할 것이나, 그 취소사유가 행정처분의 절차, 방법의 위법으로 인한 것이라면 그 처분 행정청은 그 확정판결의 취지에 따라 그 위법사유를 보완하여 다시 종전의 신청에 대한 거부처분을 할 수 있고, 그러한 처분도 위 조항에 규정된 재처분에 해당한다(대판 2005.1.14. 2003두13045).

2. 과세처분시 납세고지서에 과세표준, 세율, 세액의 산출근거등이 누락되어 있어 이러한 절차 내지 형식의 위법을 이유로 과세처분을 취소하는 판결이 확정된 경우에 그 확정판결의 기판력은 확정판결에 적시된 절차 내지 형식의 위법사유에 한하여 미친다고 할 것이므로 과세처분권자가 그 확정판결에 적시된 위법사유를 보완하여 행한 새로운 과세처분은 확정판결에 의하여 취소된 종전의 과세처분과는 별개의 처분으로서 확정판결의 기판력에 저촉되는 것은 아니다(대판 1986.11.11. 85누231).

1465 행정청은 확정판결의 취지에 따라 절차, 방법의 위법사유를 보완하여 다시 종전의 신청에 대한 거부처분을 할 수 있다. O | X

1466 과세처분시 납세고지서에 절차 내지 형식의 위법을 이유로 과세처분을 취소하는 판결이 확정된 경우에, 과세처분권자가 그 확정판결에 적시된 위법사유를 보완하여 한 새로운 과세처분은 확정판결의 기판력에 저촉되지 않는다. O | X

거부처분에 대한 취소판결이 확정된 경우에는 그 처분을 행한 행정청은 판결의 취지에 따라 다시 처분을 하여야 할 의무를 부담하게 되므로, 취소소송에서 소송의 대상이 된 거부처분을 실체법상의 위법사유에 기하여 취소하는 판결이 확정된 경우에는 당해 거부처분을 한 행정청은 원칙적으로 신청을 인용하는 처분을 하여야 하고, 사실심 변론종결 이전의 사유를 내세워 다시 거부처분을 하는 것은 확정판결의 기속력에 저촉되어 허용되지 아니한다(대판 2001.3.23. 99두5238).

1467 취소소송에서 소송의 대상이 된 거부처분을 실체법상의 위법사유에 기하여 취소하는 판결이 확정된 경우에는 당해 거부처분을 한 행정청은 원칙적으로 신청을 인용하는 처분을 하여야 한다. O | X

1468 행정청은 사실심 변론종결 이전의 사유를 내세워 다시 거부처분을 하여도 기속력에 저촉되는 것은 아니다. O | X

1469 실체적 위법을 이유로 거부처분을 취소하는 판결이 확정된 경우, 해당 행정행위가 기속행위이든 재량행위이든 원고의 신청을 인용하여야 할 의무가 발생하는 점에서는 동일하다. O | X

정답 및 해설

1465 O   1466 O   1467 O
1468 X   기속력에 저촉된다.
1469 X   재량행위의 경우 행정청은 다른 공익상 이유로 거부할 수 있으므로 원고의 신청을 인용할 의무가 발생하는 것은 아니다.

행정처분의 적법 여부는 그 행정처분이 행하여 진 때의 법령과 사실을 기준으로 하여 판단하는 것이므로 거부처분 후에 법령이 개정·시행된 경우에는 개정된 법령 및 허가기준을 새로운 사유로 들어 다시 이전의 신청에 대한 거부처분을 할 수 있으며 그러한 처분도 행정소송법 제30조 제2항에 규정된 재처분에 해당된다(대판 1998.1.7. 97두22).

2020·2019·2018·2015 국회직 8급

1470 거부처분 후에 법령이 개정·시행된 경우 개정된 법령에 따른 새로운 사유로 거부처분하는 것은 기속력에 반하여 허용될 수 없다. O | X

1471 행정청은 그 행정소송의 사실심 변론종결 이후 발생한 새로운 사유를 내세워 다시 이전의 신청에 대한 거부처분을 할 수 없다. O | X

1. 거부처분에 대한 취소의 확정판결이 있음에도 행정청이 아무런 재처분을 하지 아니하거나, 재처분을 하였다 하더라도 그것이 종전 거부처분에 대한 취소의 확정판결의 기속력에 반하는 등으로 당연무효라면 이는 아무런 재처분을 하지 아니한 때와 마찬가지라 할 것이므로 이러한 경우에는 행정소송법 제30조 제2항, 제34조 제1항 등에 의한 간접강제신청에 필요한 요건을 갖춘 것으로 보아야 한다(대판 2002.12.11. 2002무22). 2025 소방간부, 2016 국회직 8급, 2016·2015 국가직 7급, 2018 지방직 9급

2. 행정소송법 제38조 제1항이 무효확인판결에 관하여 취소판결에 관한 규정을 준용함에 있어서 같은 법 제30조 제2항을 준용한다고 규정하면서도 같은 법 제34조는 이를 준용한다는 규정을 두지 않고 있으므로, 행정처분에 대하여 무효확인판결이 내려진 경우에는 그 행정처분이 거부처분인 경우에도 행정청에 판결의 취지에 따른 재처분의무가 인정될 뿐 그에 대하여 간접강제까지 허용되는 것은 아니라고 할 것이다(대결 1998.12.24. 98무37). 2021·2017·2016 국회직 8급, 2020 국가직 7급, 2019 지방직 9급

3. 특별한 사정이 없는 한 간접강제결정에서 정한 의무이행기한이 경과한 후에라도 확정판결의 취지에 따른 재처분의 이행이 있으면 배상금을 추심함으로써 심리적 강제를 꾀할 목적이 상실되어 처분상대방이 더 이상 배상금을 추심하는 것은 허용되지 않는다(대판 2004.1.15. 2002두2444). 2016·2013 국가직 7급

1472 거부처분에 대한 취소의 확정판결이 있은 후 재처분을 하였다 하더라도 그것이 종전 거부처분에 대한 취소의 확정판결의 기속력에 반하는 경우에는 간접강제가 허용된다. O | X

1473 거부처분에 대하여 무효확인판결이 내려진 경우 행정청이 아무런 재처분을 하지 않는 경우 간접강제가 가능하다. O | X

1474 간접강제결정에서 정한 의무이행기한이 경과한 후에라도 확정판결의 취지에 따른 재처분의 이행이 있으면 더 이상 배상금을 추심하는 것은 허용되지 않는다. O | X

정답 및 해설

1470 **X** 개정된 법령에 따른 새로운 사유로 거부하는 것은 기속력에 위반되지 않는다.
1471 **X** 행정청은 사실심변론종결 이후 발생한 새로운 사유를 내세워 다시 거부처분을 할 수 있다.
1472 **O**
1473 **X** 거부처분에 대한 무효확인판결에 대해서는 간접강제가 인정되지 않는다.
1474 **O**

> 행정처분을 취소하는 확정판결이 제3자에 대하여도 효력이 있다고 하더라도 일반적으로 판결의 효력은 주문에 포함한 것에 한하여 미치는 것이니 그 취소판결 자체의 효력으로써 그 행정처분을 기초로 하여 새로 형성된 제3자의 권리까지 당연히 그 행정처분 전의 상태로 환원되는 것이라고는 할 수 없고, 단지 취소판결의 존재와 취소판결에 의하여 형성되는 법률관계를 소송당사자가 아니었던 제3자라 할지라도 이를 용인하지 않으면 아니된다는 것을 의미하는 것에 불과하다 할 것이며, 따라서 취소판결의 확정으로 인하여 당해 행정처분을 기초로 새로 형성된 제3자의 권리관계에 변동을 초래하는 경우가 있다 하더라도 이는 취소판결 자체의 형성력에 기한 것이 아니라 취소판결의 위와 같은 의미에서의 제3자에 대한 효력의 반사적 효과로서 그 취소판결이 제3자의 권리관계에 대하여 그 변동을 초래할 수 있는 새로운 법률요건이 되는 까닭이라 할 것이다(대판 1986.8.19. 83다카2022). _{2020 국가직 9급}

1475 취소판결의 제3자효에 의해 그 행정처분을 기초로 하여 새로 형성된 제3자의 권리까지 당연히 그 행정처분 전의 상태로 환원된다. O | X

1476 취소판결의 제3자효는 단지 취소판결의 존재와 취소판결에 의하여 형성되는 법률관계를 소송당사자가 아니었던 제3자라 할지라도 이를 용인하지 않으면 아니된다는 것을 의미하는 것에 불과하다. O | X

1477 취소판결의 확정으로 인하여 당해 행정처분을 기초로 새로 형성된 제3자의 권리관계에 변동을 초래하는 것은 취소판결 자체의 형성력에 기한 것이고 제3자에 대한 효력의 반사적 효과가 아니다. O | X

> 무효확인소송의 보충성을 규정하고 있는 외국의 일부 입법례와는 달리 우리나라 행정소송법에는 명문의 규정이 없어 이로 인한 명시적 제한이 존재하지 않는다. 이와 같은 사정을 비롯하여 행정에 대한 사법통제, 권익구제의 확대와 같은 행정소송의 기능 등을 종합하여 보면, 행정처분의 근거 법률에 의하여 보호되는 직접적이고 구체적인 이익이 있는 경우에는 행정소송법 제35조에 규정된 '무효확인을 구할 법률상 이익'이 있다고 보아야 하고, 이와 별도로 무효확인소송의 보충성이 요구되는 것은 아니므로 행정처분의 무효를 전제로 한 이행소송 등과 같은 직접적인 구제수단이 있는지 여부를 따질 필요가 없다고 해석함이 상당하다(대판 2008.3.20. 2007두6342). _{2017 국회직 8급, 2013 국가직 9급, 2020 국가직 7급, 2020 지방직 9급}

1478 처분에 대한 무효확인소송에는 처분의 근거법률에 보호되는 법률상 이익 외에 확인소송의 보충성이 요구된다. O | X

1479 무효확인소송에서 '무효확인을 구할 법률상 이익'이 있는지를 판단할 때, 행정처분의 무효를 전제로 한 이행소송 등과 같은 직접적인 구제수단이 있는지를 먼저 따질 필요는 없다. O | X

정답 및 해설

1475 X 취소판결의 제3자효에 의해 그 행정처분을 기초로 하여 새로 형성된 제3자의 권리까지 당연히 그 행정처분 전의 상태로 환원되는 것은 아니다.
1476 O
1477 X 취소판결의 확정으로 인하여 당해 행정처분을 기초로 새로 형성된 제3자의 권리관계에 변동을 초래하는 것은 제3자에 대한 효력의 반사적 효과이다.
1478 X 처분에 대한 무효확인소송에는 확인소송의 보충성이 요구되지 않는다.
1479 O

> 행정처분의 당연무효를 주장하여 그 무효확인을 구하는 행정소송에 있어서는 원고에게 그 행정처분이 무효인 사유를 주장·입증할 책임이 있다(대판 2010.5.13. 2009두3460). 2017 국회직 8급, 2016 지방직 9급, 2017 지방직 7급

1480 행정처분의 당연무효를 주장하여 그 무효확인을 구하는 행정소송에 있어서는 피고에게 그 행정처분이 무효인 사유를 입증할 책임이 있다. O | X

> 부작위위법확인의 소는 부작위상태가 계속되는 한 그 위법의 확인을 구할 이익이 있다고 보아야 하므로 원칙적으로 제소기간의 제한을 받지 않는다. 그러나 행정소송법 제38조 제2항이 제소기간을 규정한 같은 법 제20조를 부작위위법확인소송에 준용하고 있는 점에 비추어 보면, 행정심판 등 전심절차를 거친 경우에는 행정소송법 제20조가 정한 제소기간 내에 부작위위법확인의 소를 제기하여야 한다(대판 2009.7.23. 2008두10560). 2019·2016 국회직 8급, 2020 국가직 9급, 2019·2016 지방직 9급, 2017 지방직 7급

1481 부작위위법확인소송은 제소기간의 제한이 없으므로 행정심판을 거친 경우에도 제소기간의 제한 없이 부작위위법확인소송을 제기할 수 있다. O | X

> 부작위위법확인소송의 대상인 '부작위'란 '행정청이 당사자의 신청에 대하여 상당한 기간 내에 일정한 처분을 하여야 할 법률상 의무가 있음에도 불구하고 이를 하지 아니하는 것'을 말한다(제2조 제1항 제1호, 제2호). 여기에서 '처분'이란 행정소송법상 항고소송의 대상이 되는 처분을 의미하는 것으로서, 행정소송법 제2조의 처분의 개념 정의에는 해당한다고 하더라도 그 처분의 근거 법률에서 행정소송 이외의 다른 절차에 의하여 불복할 것을 예정하고 있는 처분은 항고소송의 대상이 될 수 없다(대판 2018.9.28. 2017두47465). 2020 국가직 9급

1482 어떠한 처분에 대하여 그 근거 법률에서 행정소송 이외의 다른 절차에 의하여 불복할 것을 예정하고 있는 경우, 그 처분이 「행정소송법」상 처분의 개념에 해당한다고 하더라도 그 처분의 부작위는 부작위위법확인소송의 대상이 될 수 없다. O | X

정답 및 해설

1480 X 원고에게 무효를 입증할 책임이 있다.
1481 X 부작위위법확인소송은 행정심판을 거친 경우 제소기간의 제한이 있다.
1482 O

1. 당사자의 신청이 있은 이후 당사자에게 생긴 사정의 변화로 인하여 위 부작위가 위법하다는 확인을 받는다고 하더라도 종국적으로 침해되거나 방해받은 권리와 이익을 보호·구제받는 것이 불가능하게 되었다면 그 부작위가 위법하다는 확인을 구할 이익은 없다(대판 2002.6.28. 2000두4750). **2022 소방간부, 2020 국가직 9급**

2. 소제기의 전후를 통하여 판결시까지 행정청이 그 신청에 대하여 적극 또는 소극의 처분을 함으로써 부작위상태가 해소된 때에는 소의 이익을 상실하게 되어 당해 소는 각하를 면할 수가 없는 것이다(대판 1990.9.25. 89누4758). **2018 국회직 8급**

1483 처분의 신청 후에 원고에게 생긴 사정의 변화로 인하여, 그 처분에 대한 부작위가 위법하다는 확인을 받아도 종국적으로 침해되거나 방해받은 원고의 권리·이익을 보호·구제받는 것이 불가능하게 되었다면, 법원은 각하판결을 내려야 한다. O | X

1484 조례를 통하여 노동운동이 허용되는 사실상의 노무에 종사하는 공무원의 구체적 범위를 규정하지 않고 있는 것에 대하여 부작위위법확인의 소를 제기하였으나 상고심 계속 중에 정년퇴직한 경우에도 소의 이익이 인정된다. O | X

1485 소제기의 전후를 통하여 판결시까지 행정청이 그 신청에 대하여 적극 또는 소극의 처분을 함으로써 부작위상태가 해소된 때에는 소의 이익을 상실하게 되어 당해 소는 각하를 면할 수가 없다. O | X

정답 및 해설

1483 O
1484 X 정년퇴직한 공무원은 공무원으로 복직이 되지 않으므로 소의 이익이 없다.
1485 O

「행정소송법」제31조(제3자에 의한 재심청구) ① 처분등을 취소하는 판결에 의하여 권리 또는 이익의 침해를 받은 제3자는 자기에게 책임없는 사유로 소송에 참가하지 못함으로써 판결의 결과에 영향을 미칠 공격 또는 방어방법을 제출하지 못한 때에는 이를 이유로 확정된 종국판결에 대하여 재심의 청구를 할 수 있다. 2015 국회직 8급, 2018 지방직 9급, 2016 서울시 7급
② 제1항의 규정에 의한 청구는 확정판결이 있음을 안 날로부터 30일 이내, 판결이 확정된 날로부터 1년 이내에 제기하여야 한다.

공무원연금관리공단의 인정에 의하여 퇴직연금을 지급받아 오던 중 공무원연금법령의 개정 등으로 퇴직연금 중 일부 금액의 지급이 정지된 경우에는 당연히 개정된 법령에 따라 퇴직연금이 확정되는 것이지 구 공무원연금법 제26조 제1항에 정해진 공무원연금관리공단의 퇴직연금 결정과 통지에 의하여 비로소 그 금액이 확정되는 것이 아니므로, 공무원연금관리공단이 퇴직연금 중 일부 금액에 대하여 지급거부의 의사표시를 하였다고 하더라도 그 의사표시는 퇴직연금 청구권을 형성·확정하는 행정처분이 아니라 공법상의 법률관계의 한쪽 당사자로서 그 지급의무의 존부 및 범위에 관하여 나름대로의 사실상·법률상 의견을 밝힌 것에 불과하다고 할 것이어서, 이를 행정처분이라고 볼 수는 없고, 그리고 이러한 미지급 퇴직연금에 대한 지급청구권은 공법상 권리로서 그 지급을 구하는 소송은 공법상의 법률관계에 관한 소송인 공법상 당사자소송에 해당한다(대판 2004.12.24. 2003두15195).

1486 공무원연금관리공단의 인정에 의하여 퇴직연금을 지급받아 오던 중 공무원연금법령의 개정 등으로 퇴직연금 중 일부 금액의 지급이 정지된 경우에는 공무원연금관리공단의 퇴직연금 결정과 통지에 의하여 비로소 그 금액이 확정된다. O | X

1487 공무원연금관리공단이 퇴직연금 중 일부 금액에 대하여 지급거부의 의사표시는 행정처분이라고 볼 수는 없다. O | X

1488 이러한 미지급 퇴직연금에 대한 지급청구권은 공법상 권리로서 그 지급을 구하는 소송은 공법상의 법률관계에 관한 소송인 공법상 당사자소송에 해당한다. O | X

정답 및 해설

1486 X 개정된 법령에 따라 퇴직연금이 확정된다.
1487 O
1488 O

제3조(행정소송의 종류) 행정소송은 다음의 네가지로 구분한다.
1. 항고소송: 행정청의 처분등이나 부작위에 대하여 제기하는 소송
2. 당사자소송: 행정청의 처분등을 원인으로 하는 법률관계에 관한 소송 그 밖에 공법상의 법률관계에 관한 소송으로서 그 법률관계의 한쪽 당사자를 피고로 하는 소송

국토의 계획 및 이용에 관한 법률 제130조 제3항에서 정한 토지의 소유자·점유자 또는 관리인이 사업시행자의 일시 사용에 대하여 정당한 사유 없이 동의를 거부하는 경우, 사업시행자는 해당 토지의 소유자 등을 상대로 동의의 의사표시를 구하는 소를 제기할 수 있다. 이와 같은 토지의 일시 사용에 대한 동의의 의사표시를 할 의무는 '국토의 계획 및 이용에 관한 법률'에서 특별히 인정한 공법상의 의무이므로, 그 의무의 존부를 다투는 소송은 '공법상의 법률관계에 관한 소송으로서 그 법률관계의 한쪽 당사자를 피고로 하는 소송', 즉 행정소송법 제3조 제2호에서 규정한 당사자소송이라고 보아야 한다(대판 2019.9.9. 2016다262550).   2020 국가직 7급

1489 국토의 계획 및 이용에 관한 법률상 토지소유자 등이 도시·군계획시설 사업시행자의 일시 사용에 대하여 정당한 사유 없이 동의를 거부하는 경우, 사업시행자가 토지소유자를 상대로 동의의 의사표시를 구하는 소송은 당사자소송으로 보아야 한다.   O | X

정답 및 해설

1489 O

1. '민주화운동관련자 명예회복 및 보상 등에 관한 법률' 제17조는 보상금 등의 지급에 관한 소송의 형태를 규정하고 있지 않지만, 위 규정 전단에서 말하는 보상금 등의 지급에 관한 소송은 '민주화운동관련자 명예회복 및 보상 심의위원회'의 보상금 등의 지급신청에 관하여 전부 또는 일부를 기각하는 결정에 대한 불복을 구하는 소송이므로 취소소송을 의미한다고 보아야 하며, 후단에서 보상금 등의 지급신청을 한 날부터 90일을 경과한 때에는 그 결정을 거치지 않고 위 소송을 제기할 수 있도록 한 것은 관련자 등에 대한 신속한 권리구제를 위하여 위 기간 내에 보상금 등의 지급 여부 등에 대한 결정을 받지 못한 때에는 지급 거부 결정이 있는 것으로 보아 곧바로 법원에 심의위원회를 상대로 그에 대한 취소소송을 제기할 수 있다고 규정한 취지라고 해석될 뿐, 위 규정이 보상금 등의 지급에 관한 처분의 취소소송을 제한하거나 또는 심의위원회에 의하여 관련자 등으로 결정되지 아니한 신청인에게 국가를 상대로 보상금 등의 지급을 구하는 이행소송을 직접 제기할 수 있도록 허용하는 취지라고 풀이할 수는 없다(대판 2008.4.17. 2005두16185).

   2024·2019 소방간부, 2014 국회직 8급, 2015 지방직 7급

2. 광주민주화운동관련자보상등에관한법률 제15조 본문의 규정에서 말하는 광주민주화운동관련자보상심의위원회의 결정을 거치는 것은 보상금 지급에 관한 소송을 제기하기 위한 전치요건에 불과하다고 할 것이므로 위 보상심의위원회의 결정은 취소소송의 대상이 되는 행정처분이라고 할 수 없다.

3. 같은 법에 의거하여 관련자 및 유족들이 갖게 되는 보상 등에 관한 권리는 헌법 제23조 제3항에 따른 재산권침해에 대한 손실보상청구나 국가배상법에 따른 손해배상청구와는 그 성질을 달리하는 것으로서 법률이 특별히 인정하고 있는 공법상의 권리라고 하여야 할 것이므로 그에 관한 소송은 행정소송법 제3조 제2호 소정의 당사자소송에 의하여야 할 것이며 보상금 등의 지급에 관한 법률관계의 주체는 대한민국이다(대판 1992.12.24. 92누3335).

   2015 국회직 8급

1490 민주화운동 관련자 명예회복 및 보상 등에 관한 법률 에 따른 보상심의위원회의 보상금 등 지급기각 결정을 다투는 소송은 당사자소송에 해당한다. O | X

1491 광주민주화운동 관련 보상금 지급에 관한 소송은 당사자소송에 해당한다. O | X

정답 및 해설

1490 X 보상심의위원회의 지급기각결정을 다투는 소송은 항고소송이다.
1491 O

당사자소송을 인정한 판례

① 법령의 개정에 따른 국방부장관의 퇴역연금금액 감액조치(대판 2003.9.5. 2002두3522)
② 구 공무원연금법령의 개정 등으로 퇴직연금 중 일부 금액의 지급이 정지된 경우 공무원연금관리공단이 퇴직연금 중 일부금액에 대한 지급거부의 의사표시(대판 2004.7.8. 2004두244)　　　2019 소방간부, 2015·2014 국회직 8급, 2018 국가직 9급
③ 지방자치단체가 보조금 지급결정을 하면서 일정 기한 내에 보조금을 반환하도록 하는 교부조건을 부가한 사안에서 보조사업자에 대한 지방자치단체의 보조금반환청구소송(대판 2011.6.9. 2011다2961).　　　2019 소방간부, 2023 국회직 8급, 2021 국가직 7급
④ 납세의무자에 대한 국가의 부가가치환급세액 지급의무에 대응하는 국가에 대한 납세의무자의 부가가치세 환급세액 지급청구소송(대판 2013.3.21. 2011다95564).　　　2019 소방간부, 2017·2016 국가직 9급, 2021·2018 국가직 7급, 2017 지방직 9급, 2017·2015 지방직 7급
⑤ 납세의무부존재확인의 소(대판 2000.9.8. 99두2765)　　　2019 지방직 9급
⑥ 지방소방공무원이 자신이 소속된 지방자치단체를 상대로 초과근무수당의 지급을 구하는 소송(대판 2013.3.28. 2012다102629)
⑦ 구 「법관 및 법원공무원 명예퇴직수당 등 지급규칙」에서 정한 명예퇴직수당액에 미치지 못한 경우 법관의 명예퇴직수당의 차액의 지급청구에 대한 법원행정처장의 기급거부(대판 2016.5.24. 2013두14863).　　　2018 국가직 9급, 2017 지방직 9급, 2019 지방직 7급
⑧ 국가공무원법령상 연가보상비 지급청구(대판 1999.7.23. 97누10857)　　　2019 지방직 7급
⑨ 광주민주화운동관련자 보상 등에 관한 법률상의 보상에 관한 권리(대판 1992.12.24. 92누3335)
⑩ 구 석탄산업법상의 석탄가격안정지원금 지급청구의 소(대판 1997.5.30. 95다28960)　　　2020 지방직 7급
⑪ 텔레비전방송수신료통합징수권한부존재확인소송(대판 2008.7.24. 2007다25261)　　　2015 국회직 8급
⑫ 구 도시재개발법에 의한 재개발조합에 대해 조합원 자격확인을 구하는 소송(대판 1999.2.25. 97누14606)
⑬ 지방전문직 공무원 채용계약 해지의 의사표시(대판 1993.9.14. 92누4611)　　　2017 지방직 9급
⑭ 사업주가 당연가입자가 되는 고용보험 및 산재보험에서 보험료 납부의무 부존재확인의 소(대판 2016.10.13. 2016다221658).

행정소송법 제8조 제2항에 의하면 행정소송에도 민사소송법의 규정이 일반적으로 준용되므로 법원으로서는 공법상 당사자소송에서 재산권의 청구를 인용하는 판결을 하는 경우 가집행선고를 할 수 있다(대판 2000.1.28. 99두3416).　　　2020 지방직 7급

1492 법원으로서는 국가를 상대로 하는 공법상 당사자소송에서 재산권의 청구를 인용하는 판결을 하는 경우 가집행선고를 할 수 없다.　　　O | X

정답 및 해설

1492　**X**　국가를 상대로 하는 당사자소송에서 국가에 대해 가집행선고를 할 수 있다.

임병주 행정법총론 판례 기출족보 OX 1500제

발 행 일	2025년 06월 13일
발 행 처	마이패스북스
주 소	서울시 관악구 대학6길 51 3층
문 의	mypass@mypassjob.com
홈페이지	www.dokgong.com
정 가	28,000원

이 도서의 판권은 마이패스북스에 있으며, 수록된 모든 내용에 대해서는 발행처의 허가 없이 무단으로 사용하거나, 복제 및 변형할 수 없습니다.
Copyright © MYPASSBOOKS Co. All right reserved.